www.ingramcontent.com/pod-product-compliance
Lightning Source LLC
Chambersburg PA
CBHW042039200426
43209CB00060B/1695
* 9 7 8 1 7 3 9 8 2 5 2 2 5 *

الصحيح المختار
من علوم العترة الأطهار
الجزء الأول

بسم الله الرحمن الرحيم

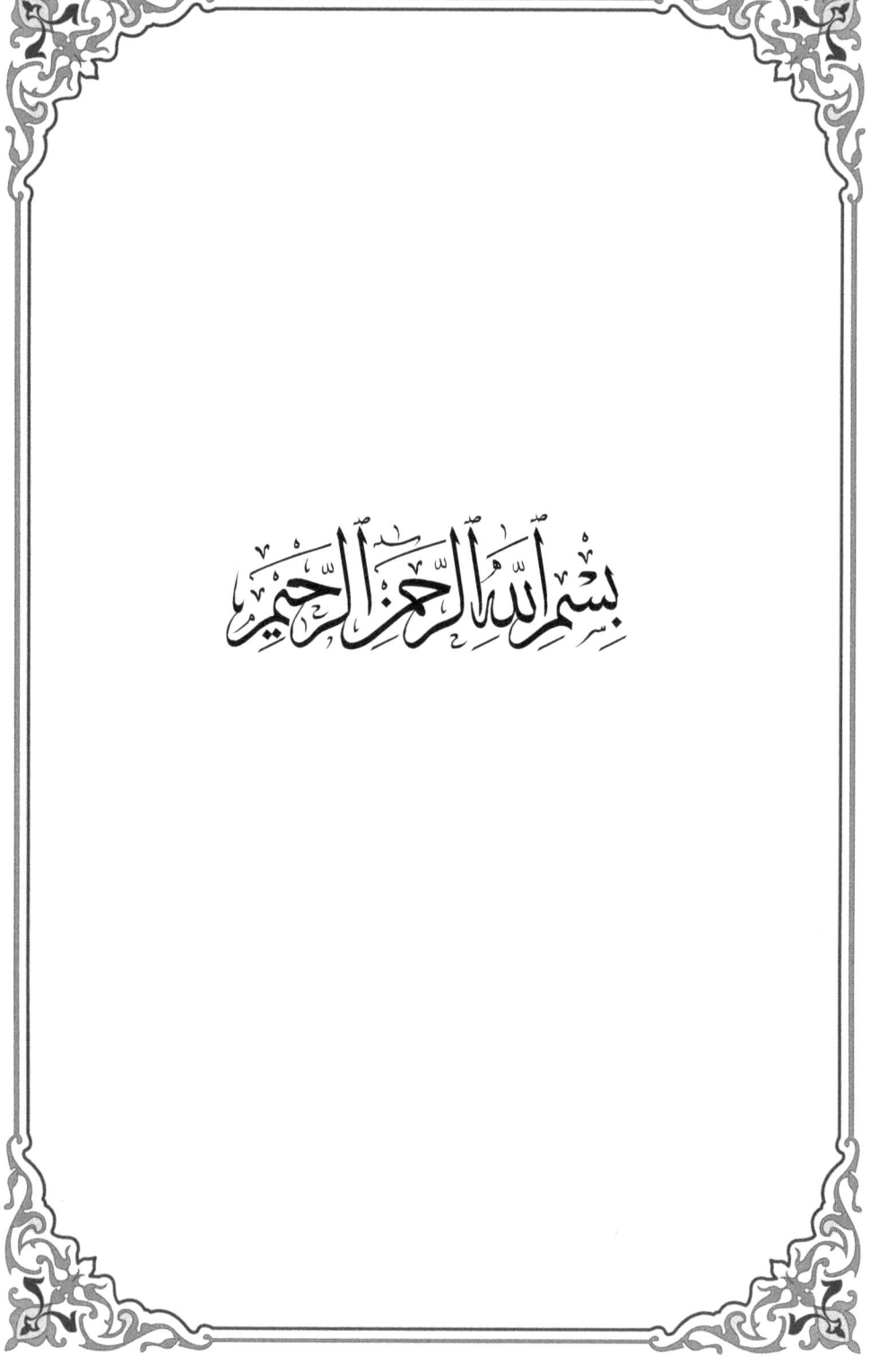

الصحيح المختار
من علوم العترة الأطهار

جمعه السيد العلامة المحدث
محمد بن الحسن بن محمد بن يحيى العجري المؤيدي
(ت1430هـ/2009م)

تحقيق
إبراهيم يحيى عبد الله الدرسي

الجزء الأول

مؤسسة الإمام زيد بن علي الثقافية
دار النضيري للدراسات والنشر
Dar Al-Nadhiri for Studies & Publications

دار النضيري للدراسات والنشر
Dar Al-Nadhiri for Studies & Publications

المالك والمدير العام
أسامة بن أبو بكر النضيري
الموقع الإلكتروني:
https://www.daralnadhiri.com
البريد الإلكتروني:
daralnadhiri@gmail.com
هاتف: 2 911682 7961 44+
لندن- المملكة المتحدة

مؤسسة الإمام زيد بن علي الثقافية

الصحيح المختار من علوم العترة الأطهار ج1
محمد العجري (مؤلف)
إبراهيم الدرسي (محقق)
673 صفحة، (تحقيقات تراثية 5)
17×24.4

ISBN: 978-1-7398252-2-5

«الآراء التي يتضمنها الكتاب لا تعبر بالضرورة عن وجهة نظر الدار».

جميع الحقوق محفوظة
لا يسمح بإعادة إصدار أو طبع أو نشر هذا الكتاب أو أي جزء منه أو تخزينه في نطاق استعادة المعلومات أو نقله بأي شكل من الأشكال دون إذن خطي سابق من **دار النضيري للدراسات والنشر**

الطبعة الأولى: 1444هـ-2023م

المحتويات

تقديم 23
مقدمة التحقيق 25
الفصل الأول: ترجمة المؤلف 28
مشائخه: 28
إجازاته: 30
مؤلفاته: 31
وفاته: 32
الفصل الثاني: حول علم الحديث 33
الأول: في شروط الرواية عند أئمة الزيدية 43
الثاني: أئمة الزيدية لا يروون إلا ما صح من طريقهم، ولا يقبلون رواية كافر التأويل وفاسقه 47
المحور الأول: هل تقبل رواية المخالفين من المحدثين وغيرهم من المخالفين لآهل البيت عليهم السلام؟ 48
وأما المحور الثاني: هل كتب الحديث من الصحاح والسنن والمسانيد كتب موثوقة عند أئمة الزيدية ويصح الاحتجاج بها؟ 65
الثالث: في قبول أئمتنا للمراسيل 75
الرابع: علم الرجال والجرح والتعديل 79
الفصل الثالث: حول الكتاب 89

أما المسلك الأول: وهو في أهمية الكتاب ومكانته	90
شروط المؤلف	91
مكانة الكتاب عند علماء الزيدية	93
المسلك الثاني: حول تحقيق الكتاب	97
صورة تفويض ورثة المؤلف	102
نماذج مصورة من مخطوطة الكتاب	103
الصحيح المختار من علوم العترة الأطهار ج1	109
[مقدمة المؤلف]	111
[بحث في اختلاف الأئمة]	118
[حجية قول أمير المؤمنين علي عليه السلام]	125
[شرط المؤلف ومراجع كتابه]:	134
باب القول في لا عمل إلا بنية	138
[تراجم: الإمام أبي طالب، ووالده]	139
[تراجم: عبد الله بن أحمد بن سلام، ووالده]	141
[ترجمة محمد بن منصور المرادي]	141
[ترجمة عبد الله بن داهر وعمرو بن جميع]	142
كتاب الطهارة	147
[ترجمة حسين بن علوان، وأبي خالد الواسطي]	148
باب القول في الفأرة تقع في السمن فتموت	150
[ترجمة علي بن عاصم، وأبي البختري]	151
باب القول فيما يقال عند دخول المخرج والخروج منه	152
باب القول في ستر العورة وما نهي عن التبرز فيه من المواضع	154
باب القول في النهي عن استقبال القبلة بالغائط والبول، وعن الاستنجاء باليمين	157
باب القول في الأسوار والأبوال	159
[ترجمة علي بن سليمان، والحسن بن عبد الواحد، وأحمد بن صبيح]	160
[ترجمة محمد بن بكر، وأبي الجارود]	162

[ترجمة محمد بن عثمان النقاش]	164
[ترجمة أبي عبد الله العلوي صاحب الجامع الكافي]	165
باب القول في طهارة الطعام يموت فيه الخنفساء	166
[ترجمة علي بن إسماعيل الفقيه]	166
باب القول في الاستنجاء بالماء	167
باب القول في الوضوء وفضله	169
[ترجمة الديباجي، وابن ماتي، والرواجني]	171
[ترجمة عمرو بن ثابت، وعبد الله بن محمد، وسعيد بن المسيب]	172
[ترجمة علي بن الحسن والد الناصر الأطروش]	176
[ترجمة علي بن جعفر الصادق]	177
[ترجمة أبي الطاهر العلوي، وآبائه]	177
باب القول في صفة الوضوء وحدوده	185
[ترجمة الإمام المؤيد بالله]	187
[ترجمة محمد بن راشد]	188
باب القول في السواك وفضله	190
باب القول في مسح الرقبة، ونضح الغابّة، وسكب الماء على موضع السجود	191
باب القول فيمن لم يكمل وضوءه	192
باب القول في الدعاء حال الوضوء وبعده	194
باب القول في نواقض الوضوء	197
[ترجمة الإمام الهادي وبعض آبائه]	200
[ترجمة ابن أبي أويس]	200
[ترجمة الحسين بن عبد الله بن ضميرة، وأبيه، وجده]	201
باب القول في يسير الدم	203
باب القول في عدم الوضوء مما مسته النار، ومس الذكر، ووضوء من لم يحدث	204
باب القول في نسخ المسح على الخفين	206
باب في الغسل الواجب والسنة	211

باب القول في البول قبل الغسل 213

[ترجمة الحسين بن نصر، وخالد بن عيسى، وحصين بن مخارق] 214

باب القول في صفة الغسل من الجنابة 215

[ترجمة جعفر بن محمد النيروسي] 218

باب القول في إعادة الوضوء للصلاة بعد الغسل 219

باب في المسح على الجبائر 220

باب القول في تفريق الغسل 221

باب القول في التقاء الختانين 222

باب القول في المرأة ترى في المنام ما يرى الرجل 224

باب القول في الجنب يطعم قبل أن يغتسل 225

باب القول في المرأة هل تنقض شعرها عند الغسل من الجنابة 226

باب القول في مقدار ما يكفي الغسل، وغسل الرجل والمرأة من إناء واحد 228

باب القول في عَرَق الجنب والحائض 230

باب القول في المجدور ومن به قروح إذا اغتسلا 231

باب القول في مصافحة الجنب 233

باب القول في الجنب والحائض يقرآن الشيء من القرآن 234

باب القول في التيمم وصفته 235

باب في التلوم إلى آخر الوقت واستبقاء الماء مخافة الضرر 238

[ترجمة يحيى بن عبد الحميد الحماني] 241

باب القول في التيمم لكل صلاة 242

[ترجمة ابن أبي شيبة، وهشيم، وحجاج بن أرطأة] 242

باب القول في استبقاء الماء مع خوف الضرر، وفيمن ترك الماء مظنة أن يلقاه .. 244

[ترجمة عطاء بن السائب، وزاذان] 244

[ترجمة سعيد الكندي، ومسعدة العبدي] 246

باب الحيض أقل الطهر 246

[ترجمة محمد بن عبيد، وعلي بن هاشم، وإسماعيل بن أبي خالد، والشعبي] . 247

باب القول في المستحاضة وما تؤمر به	249
باب القول في الحائض ما تقضي	253
باب القول فيما للرجل من امرأته إذا كانت حائضاً	255
باب القول في الرجل يأتي امرأته وهي حائض	256
[ترجمة الروياني والبصري، والحسين المصري، وأبي طاهر زيد بن الحسن]..	257
باب القول في النفاس وكم تقعد النفساء	258
باب القول في أن الحيض والنفاس بمعنى واحد	261
كتاب الصلاة	265
القول في المحافظة على الصلوات	265
[ترجمة ابن عدي ووجه قبول روايته]	265
[ترجمة محمد بن محمد بن الأشعث]	266
[ترجمة موسى بن إسماعيل بن موسى بن جعفر، وآبائه]	267
[ترجمة يحيى بن الحسين الحسني، وعلي بن مهرويه، وداود الغازي]	269
باب القول في أوقات الصلوات	272
باب القول في الأوقات المكروهة	278
باب القول في تأخير الصلاة عن وقتها	279
باب القول في الجمع بين الصلاتين في السفر والحضر	281
باب القول في أن الشفق الحمرة لا البياض	286
[ترجمة محمد بن جميل، ومصبح بن الهلقام]	286
[ترجمة إسحاق بن الفضل، وعبيد الله بن محمد]	287
باب القول في الأذان وفضله	288
باب القول فيمن يؤذن للناس	289
باب القول في الأذان قبل الوقت	290
[ترجمة حسن العرني، وابن أبي يحيى]	290
باب القول في صفة الأذان وأنه وحي لا رؤيا	293
[ترجمة أبي العلاء، ومحمد ابن الحنفية]	298

باب القول في التأذين بحي على خير العمل، وأن التثويب محدث 300
[ترجمة علي بن الحسين الظاهري، ومحمد بن محمد بن عبد العزيز]......... 301
باب القول في التطريب بالأذان 305
باب القول في أخذ الأجرة على الأذان 307
بابا القول في متابعة المؤذن 308
باب القول فيمن سمع الأذان وهو في مسجد ثم خرج منه 309
باب القول في عدم وجوب الأذان والإقامة على النساء 309
باب القول في مفتاح الصلاة 310
باب القول في استقبال القبلة 311
باب صفة الصلاة والدخول فيها 312
باب القول في استفتاح الصلاة 317
باب القول فيمن قال الاستفتاح والتعوذ قبل التكبير 321
باب القول في نية الصلاة 322
باب القول في التكبيرة الأولى 324
باب القول في رفع اليدين عند التكبيرة الأولى 324
باب القول فيمن قال إن رفع الأيدي منسوخ 325
باب القول في السكتات في الصلاة 327
[ترجمة أبي كريب، وحفص بن غياث].......................... 327
باب القول في النهي عن وضع الكف على الكف في الصلاة 328
باب القول في القراءة في الصلاة، والجهر ببسم الله الرحمن الرحيم 329
[ترجمة محمد بن إبراهيم بن ميمون]............................ 333
[ترجمة أبي مالك الجنبي، وعبد الله بن عطاء، وأبي حمزة الثمالي]..... 337
[ترجمة الحكم بن سليمان، وعلي بن حكيم الأودي]................ 339
باب القول في القراءة في الصلاة 339
باب القول في التأمين في الصلاة 343
باب القول في القيام في الصلاة 344

باب القول في صفة الركوع والسجود وما يقال فيها من الذكر 345	
[ترجمة علي بن رجاء، وعلي بن القاسم الكندي].................346	
[ترجمة محمد بن عبيد الله بن أبي رافع، وأبيه، وجده، ومحمد بن بلال الروياني] 347	
باب القول في الاعتدال من الركوع والسجود 349	
باب القول في قول الإمام والمنفرد (سمع الله لمن حمده)، والمؤتم (ربنا لك الحمد) 351	
باب القول في النهي عن القراءة في الركوع والسجود 351	
باب القول في تكبير النقل والسجود على سبعة أعضاء 352	
[ترجمة سفيان بن عيينة، وعبد الله بن طاووس، وأبيه].................353	
باب القول في إثبات القنوت 354	
[ترجمة زُبيد اليامي، وابن أبي ليلى] 355	
باب القول في القنوت بعد الركوع 356	
[ترجمة محمد بن ميمون الزعفراني] 356	
[ترجمة أحمد بن السري، والحسن بن علي أخي الإمام الفخي].........357	
[ترجمة محمد بن علي العطار، وحسين الأشقر]......................358	
[ترجمة السائب بن مالك] 359	
[ترجمة محمد بن الحسين العلوي، ووالده، وزيد بن الحسن]...........360	
باب القول في القنوت قبل الركوع 361	
[ترجمة إسماعيل بن إسحاق الأسدي أو الراشدي]....................362	
[ترجمة الحسن بن صالح بن حي] 363	
[ترجمة الإمام عبد الله بن موسى الجون].............................365	
باب القول في القنوت بالقرآن 365	
باب القول في القنوت بالدعاء 367	
[ترجمة إسماعيل اليشكري، وعمرو بن شمر، وجابر الجعفي]..........367	
باب القول في التشهد الأوسط 373	
[ترجمة محمد بن كثير، ومحمد بن عبيد الله]........................376	
باب القول في رفع الأصبع في التشهد 376	

باب القول في الجهر بالقراءة في الأولتين والتسبيح في الآخرتين	377
باب القول في صفة الجلوس في التشهد الأخير وما يقال فيه	380
باب القول في التسليم من الصلاة	382
[ترجمة عاصم، ومندل، وأبي رزين]	384
باب القول في الخشوع في الصلاة	385
[ترجمة الإمام الموفق بالله، وشيخه أبي الحسن، والجعابي]	387
[ترجمة القاسم بن محمد بن عبد الله، وأبيه]	389
باب المفسدات للصلاة وما نهي عنه فيها	391
التثاؤب والضحك في الصلاة:	391
تحريم الكلام في الصلاة:	392
الالتفات في الصلاة	393
النهي عن الصلاة لمن به حاجة إلى البول والغائط:	394
الرعاف في الصلاة:	395
البصاق في الصلاة والتوكي فيها:	395
أنواع أخر من المفسدات:	396
باب القول في الضعيف يعتمد على الشيء في الصلاة	397
باب القول في المصلي هل يتقي في السجود حر الأرض وبردها	398
باب القول في درء المارِّ ووضع السترة بين يدي المصلي	399
باب القول في الصلاة في أعطان الإبل	401
باب القول فيما نهي عن الصلاة فيه من المواطن	402
باب القول في الصلاة في ثوب واحد	404
باب القول في الصلاة في جوف الكعبة والسفينة	405
باب القول في صلاة العريان والصلاة في الماء والطين	405
باب القول في الصلاة على الراحلة	406
باب القول في صلاة العليل	408
باب صلاة الجماعة والقول في فضلها	411

باب القول في إمامة الصلاة من أحق بالإمامة	414
باب القول في الإمام متى يكبر	420
باب القول في إقامة الصفوف وفضل الصف الأول وميامن الإمام	422
باب القول في المؤتم أين يقف	424
باب القول في حكم من صلى خلف الصف	425
باب القول في القراءة خلف الإمام	426
باب القول في الفتح على الإمام إذا طال تحيره	427
باب القول في اللاحق يدرك الإمام راكعاً أو ساجداً	429
[ترجمة الحسن بن الحكم الحبري]	430
باب القول في النهي للإمام عن التطويل بالصلاة	432
باب القول في انحراف الإمام إلى الناس بعد التسليم	433
باب القول في الإمام إذا فسدت صلاته هل تفسد على من خلفه؟	433
باب القول في التجميع في مسجد قد جمع فيه وسقوط الإذن والإقامة والتحية	434
باب القول فيمن صلى في غير المسجد أو فيه ثم أقيمت الصلاة	435
باب القول فيمن سلم تسليمتين قبل إتمام الصلاة والحدث فيها	436
[ترجمة إسرائيل، وعاصم بن ضمرة]	437
باب القول في الرجل يهم في الصلاة فلم يدرِ كم صلى	438
باب القول في الإمام يقرأ آية سجدة في الصلاة	439
باب القول في عزائم سجود القرآن وما يقال في سجود التلاوة	441
باب القول في الإمام إذا سلم أين يتطوع	443
[ترجمة ميسرة بن حبيب النهدي]	443
باب القول في إمامة النساء	444
باب القول في الدعاء دبر الصلوات	445
وقراءة آية الكرسي دبر المكتوبات	445
التسبيح والتهليل بعد الصلوات	446
[ترجمة محمد بن إسماعيل الأحمسي]	447

باب القول في الدعاء بعد صلاة الفجر والانصراف من الصلاة 448
باب القول في الجلوس بعد صلاة الفجر حتى تطلع الشمس 449
باب القول في التعقيب بعد صلاة المغرب وفضله 451
باب السهو وسجدتيه وسجدتيه على من يجب عليه سجود السهو 452
باب القول فيمن قام في موضع جلوس 455
باب القول فيمن نسي القراءة ونحوها في الصلاة 456
باب القول في سجود السهو بعد التسليم 457
باب القول في صفة تشهد سجدتي السهو 459
باب صلاة الجمعة القول في الصلاة الوسطى 459
باب القول في فضل يوم الجمعة والصلاة على النبي -صلى الله عليه وآله- فيها 460
[ترجمة أبي ضمرة أنس بن عياض] 463
[ترجمة حرب بن الحسن، ويحيى بن مساور] 466
[ترجمة سفيان بن وكيع] 468
باب القول في اشتراط الإمام الأعظم في صلاة الجمعة 469
باب القول في وقت صلاة الجمعة 472
[ترجمة داهر بن يحيى الرازي] 473
باب القول في الخطبتين يوم الجمعة والإنصات حالهما 474
باب القول فيما يقرأ في صلاة الجمعة والجهر بذلك والقنوت فيها 478
باب القول في المشي إلى الجمعة حافياً وتعليق النعلين باليسرى 480
باب القول في التنفل قبل الجمعة وبعدها 482
باب القول في صيام يوم الجمعة 482
[ترجمة عبد العزيز بن علي الخياط، ومحمد بن أحمد المفيد، ومحمد بن أحمد بن الهيثم، وجعفر بن محمد بن الحسن] 482
باب القول في السفر يوم الجمعة 484
باب القول في اجتماع العيد والجمعة ومن قال لا جمعة ولا تشريق إلا في مصر جامع 485
باب صلاة العيدين 486

المحتويات

باب القول في عدم الأذان والإقامة في العيدين 489
باب القول فيما يقرأ في صلاة العيدين 490
باب القول في صلاة العيدين في الجبان والتكبير عند الخروج......................... 491
باب القول في الذهاب في طريق والرجوع من أخرى 492
[ترجمة علي بن محمد العلوي، ووالده محمد بن عبيد الله] 493
باب القول في الأكل قبل الخروج في عيد الفطر 494
[ترجمة محمد بن زيد الحسيني] 495
باب القول فيمن لا يشهد المصر من أهل القرى كيف يصنع 496
باب القول في تكبير التشريق 497
باب القول في صفة تكبير التشريق 498
باب صلاة السفر 500
باب القول في أقل السفر 504
[ترجمة محمد بن علي بن الحسين بن زيد].. 505
باب القول في حد الإقامة التي يجب على المسافر فيها إتمام الصلاة 507
[ترجمة ضرار بن صرد، وعبد العزيز بن محمد الجهني] 507
باب صلاة الخوف وصفتها 509
خاتمة في صلاة الخوف في المغرب 512
باب سنن الفرائض والقول في الوتر ووقته وأنه ليس بحتم 513
[ترجمة محمد بن الحسين اليمان، ومحمد بن شجاع، وأبي نعيم، وسفيان الثوري] 516
باب القول فيما يقرأ في الوتر وكم هو ركعات 517
باب القول في الدعاء دبر الوتر وعند انفلاق الفجر 519
باب القول فيمن كان يسلم في الركعتين من الوتر 520
باب القول في ركعتي الفجر والمغرب 521
[ترجمة أحمد بن محمد الآبنوسي، وعبد العزيز بن إسحاق البغدادي] 522
[ترجمة علي بن محمد النخعي، وسليمان المحاربي، ونصر بن مزاحم، وإبراهيم الزبرقان] 523

باب القول فيما يقرأ في ركعتي الفجر والمغرب	525
باب القول في الاتكاء بعد ركعتي الفجر على الجانب الأيمن وما يقال حاله من الذكر	526
باب قضاء الصلوات	527
باب القول فيما يقضي المغمى عليه من الصلوات	531
باب تابع لباب القضاء	532
باب القول في صلاة الاستسقاء	533
باب القول فيما يستحب من الخطب في الاستسقاء	534
باب القول في صلاة الكسوف	536
باب القول في صلاة التسبيح	539
[ترجمة أبان بن أبي عياش، وسعيد بن جبير]	541
باب القول في مكملات الخمسين	543
باب القول في صلاة الضحى	544
باب القول في صلاة التراويح	548
باب القول في النهي عن صلاة التراويح	549
باب القول في الاستخارة	551
باب القول في صلاة الغفلة	553
باب القول في فضل التطوع بالليل والنهار وعدد ذلك	553
[ترجمة سلمان الفارسي]	554
كتاب المساجد	561
القول في فضل المساجد	561
ما يقال من الذكر عند دخول المسجد والخروج منه	562
باب القول في النهي لمن أكل الثوم ونحوه أن يدخل المسجد	563
باب القول في التقاط الأذى من المسجد	564
باب القول في النهي عن استطراق المسجد، وإنشاد الشعر والضالة فيه، وفي النخام فيه	565

باب القول في النهي عن النوم في المسجد	567
[ترجمة محمد بن سليمان الكوفي، وأبي بكر بن أبي عياش، وحرام بن عثمان] .	567
[ترجمة جابر بن عبد الله الأنصاري، وولديه محمد وعبد الرحمن]	568
باب القول في الأمر بسد الأبواب الشارعة إلى المسجد إلا باب علي – عليه السلام–	569
[ترجمة فطر بن خليفة، وعبد الله بن شريك، وعبد الله بن أرقم، وسعد بن أبي وقاص]	570
باب القول في أن الجلوس في المسجد اعتكاف	571
باب القول في الجلوس في المسجد مع الفاقة	571
كتاب الجنائز	577
القول في ذكر الموت والاستعداد له	577
باب القول في الأمراض والأعواض وعيادة المرضى	578
[تراجم رجال سند الإمام المرشد بالله عليه السلام]	581
باب القول في الوصية عند حضور الموت	586
[خبر وفاة النبي –صلى الله عليه وآله وسلم–]	587
[ترجمة عبد الله الإيوازي، ومحمد النيروسي، والإمام موسى الجون]	594
[ترجمة صاحب المحيط بالإمامة]	595
[ترجمة المستعين بالله علي بن أبي طالب الحسني الآملي]	597
[ترجمة زيد بن إسماعيل الحسني]	598
[كيفية الوصية عند الهادي عليه السلام]	599
باب القول في توجيه الميت إلى القبلة وتلقينه كلمة التوحيد	601
باب النهي عن الصياح على الميت	602
[ترجمة حمزة بن أحمد، وعمه عبد العظيم، وبعض آبائه]	605
باب القول في الصبر عند المصيبة والاسترجاع	609
باب القول في التعزية	609
باب القول في غسل الميت وتعجيل دفنه	610
باب القول في الشهيد وما ينزع عنه من الثياب	612

باب القول في المحترق بالنار كيف يغسل 614
باب القول في الرجل هل يغسل المرأة أو تغسله هي؟، وهل يُغسل أقل من النصف من بدن الإنسان؟ 614
باب في غسل من مات جنباً وفي الغريق والمصعوق كم يُتَربص بهما؟ 617
باب القول في الميت يوجد ولا يدري أمسلم هو أو كافر ما يفعل به وفي الخنثى ما يصنع به 618
باب القول فيمن أحق أن يلي غسل الميت وصفة الغسل 618
باب القول في تكفين الميت وعدد الأثواب التي يكفن فيها 620
باب القول في المحرم يموت هل يغطى رأسه وهل يحنط؟ 622
باب القول في غسل النبي -صلى الله عليه وآله وسلم- وتكفينه ودفنه، وأن اللحد لنا والضرح لغيرنا 623
[ترجمة إسماعيل بن عبد الله بن جعفر الطيار، وأبيه] 624
[ترجمة عبد العزيز الدراوردي] 629
باب القول في جعل المسك في الحنوط 630
باب القول في صفة حمل الجنازة والمشي خلفها 631
باب الصلاة على الميت هل يُصَلَّى على الأغلف 634
باب القول في المولود متى يصلى عليه 636
باب القول في الصلاة على المرجوم 637
باب القول في عدم الصلاة على الفاسق والباغي 639
باب القول في الصلاة على الشهيد 640
باب القول في عدم الصلاة على سبعة ومنهم البخيل وآكل الربا 641
باب القول في الصلاة على الميت ودفنه في الأوقات المكروهة 641
باب القول فيمن أحق بالصلاة على الميت 642
باب القول في الإمام أين يقف من جنازة الرجل والمرأة 643
باب القول في صفة الصلاة على الميت وكيف يصنع إذا اجتمع جنائز رجال ونساء 644
باب القول في عدد تكبير صلاة الجنازة 649

باب القول في رفع الأيدي عند التكبيرة الأولى في الجنازة ووضع الكف على الكف 652

باب القول في دفن الميت وكيف يوضع في اللحد وما يقال من الذكر عنده 653

باب القول في ثواب من حثي على ميت وما يقال عنده من الذكر 656

باب القول في الصلاة على القبر 657

باب القول في دفن الجماعة في القبر الواحد 658

باب القول في دفن ما سقط من ابن آدم 660

باب القول في الميت هل يفرش له في القبر؟، وهل يستر القبر عند الدفن؟، وهل تجصص القبور؟ 661

باب القول في وفاة أمير المؤمنين علي بن أبي طالب -عليه السلام- وفي بعض وصاياه 662

باب القول في أولياء الله كيف يحشرون 666

باب القول في زيارة القبور وما يقال عندها من الذكر 667

[ترجمة الحسن بن حمزة الحسيني، وأحمد بن عبد الله البرقي، وأحمد بن محمد البرقي، وأبيه] 669

بسم الله الرحمن الرحيم

تقديم

الحمد لله وسلام على عباده الذين اصطفى. اللهم صل على محمد وعلى آل محمد وبارك على محمد وعلى آل محمد كما صليت وباركت على إبراهيم وعلى آل إبراهيم إنك حميد مجيد .

وبعد: فإن من أعظم نعم الله تعالى على خلقه أن أرسل إليهم رسلاً مبشرين ومنذرين، يهدونهم إلى الحق وإلى صراط مستقيم، وإلى ما فيه صلاحهم وسعادتهم في الدنيا والآخرة، وختمهم بأعظمهم وأفضلهم محمد بن عبدالله بن عبدالمطلب بن هاشم صلوات الله عليه وعلى آله، وأنزل عليه القرآن هدى لهم وأعظم هدى، وتكفل بحفظه، وأمر نبيه بتعيين خلفاء لكتابه وقرناء له، وهم أهل بيته، ودل على أنهم والقرآن لا يفترقان، وأنهم ورثته وحملته وأهله، ثم أوكل إليهم حمل رسالته ونشرها، وتبيين الصحيح من المكذوب عليه، فهم أمناؤه على خلقه وصفوته من عباده، لا يجوز أخذ العلم من غيرهم، فبينوا ووضحوا الصحيح من الكاذب، مما روي عن جدهم رسول الله صلى الله عليه وآله وسلم بمعيار موافقته للقرآن أو مخالفته له، فهم أهل القرآن وأهل السنة الصحيحة التي لا تخالف القرآن الكريم ولا تخرج عن دائرته، فكان لزاماً علينا نشر علومهم وتراثهم الذي أودعوا فيه الحق وبينوه، وحذروا فيه من الباطل والكذب وبينوه.

وهذا الكتاب من أعظم ما ألف في جمع حديثهم القرآني، الذي رووه عن آبائهم وعن أشياعهم الثقات نقلة علومهم، ولأهمية هذا الكتاب كان لزاماً نشره لما فيه مما لا أراني أقدر على وصفه فهو يصف نفسه بنفسه ومهما قلت فلن أوفيه حقه.

وقد كان قبل مدة طلب مني السيد العلامة يحيى بدر الدين الحوثي حفظه الله العمل على تحقيق الكتاب ليطبع ويعم نفعه، فرأيت أن هذه المهمة بعيدة عن مثلي لقلة بضاعتي، وقصور باعي، فطلبت من السيد العلامة التقي إبراهيم بن يحيى الدرسي حفظه الله أن يقوم بذلك، فوافق الطلب نية في نفسه وعزماً، فاتفقت الإراداتان، وتم المطلوب بتوفيق الله وعونه.

والشكر لله أولاً وأخيراً ثم للسيد العلامة يحيى بدرالدين الحوثي على اهتمامه بنشر تراث أهل البيت الذي يعتبر بحق تراثاً قرآنياً لا يخرج عن كتاب الله قيد أنملة.

ثم لا بد من تقديم جزيل الشكر والتقدير للسيد العلامة التقي، والمحقق الألمعي، إبراهيم بن يحيى الدرسي الحمزي حفظه الله ورعاه، فلولا أن وفقني الله لعرض الرأي عليه بتحقيق الكتاب وتكرمه بقبول العمل واجتهاده في إخراج الكتاب كما يليق به لربما لم يكن ليرَ النور، إلا بعد سنوات وسنوات، فللأسف بعض من بقي لنا من المشتغلين بتحقيق الكتب انشغلوا عن علوم أهل البيت التي تمثلها مصنفات قدمائهم، وأصحاب منهجهم، واتجهوا لتحقيق كتب المعتزلة وبعض المتأخرين ممن اشتغلوا بالنقل عن مخالفي أهل البيت من سائر الفرق ويحسبون أنهم يتقنون صنعاً.

وإلى الله المشتكى من إعراض الناس عن هذه الكنوز التي فيها فلاحهم وصلاحهم ونجاتهم في الدنيا والآخرة، ولا حول ولا قوة إلا بالله العلي العظيم .

وصلى الله وسلم على سيدنا محمد وعلى آله الطيبين الطاهرين .

يوسف عبدالإله الضحياني

10 / شوال / 1443هـ.

صنعاء

بسم الله الرحمن الرحيم

مقدمة التحقيق

الحمد لله رب العالمين، الذي شيد قواعد الدين الحنيف، وحرسها من النقص والتحريف، بأعلام أهل البيت النبوي الشريف، فنفوا عن الدين كل زيغ وتزييف، وجعلهم أساطين الملة، وسلاطين الأدلة برغم أهل التلبيس والتصحيف، نحمده على نعمه الكثيرة حمد المعترف.

وأشهد أن لا إله إلا الله وحده لا شريك له، له الملك وله الحمد وهو على كل شيء قدير.

وأشهد أن محمداً عبده ورسوله، أرسله الله رحمة للعالمين، بشيراً ونذيراً، وداعياً إلى الله بإذنه وسراجاً منيراً، صلى الله عليه وعلى آله الطيبين الطاهرين وسلم تسليماً كثيراً.

وبعد: بين يديك أيها القارئ الكريم، تحفة من تحف آل محمد -عليهم السلام-، وجوهرة فريدة من جواهر علمهم، طالما تشوقت إليه نفوس العلماء العاملين، وتطلعت إليه أبصار المطلعين، وتسابقت في اقتنائه أقدام الباحثين.

فهو درة غالية الأثمان، وجوهرة فاخرة في عقد الجمان، وذخيرة من ذخائر آل محمد -عليهم السلام-، في أوساط الكتب مشهور، وبين الصحف مذكور، يتنافس في اقتنائه الأخيار، ويحرص عليه الفضلاء والأبرار.

هذا الكتاب الذي طلعت أقماره، وشعت أنواره، وانتشرت أخباره، واشتهرت

أسراره، وقل نظيره، وتلألأت تباشيره، وتطلعت إليه نفوس ذوي الهمم العالية، شوقاً إلى فوائده، واقتناص شوارده، واحتواء فرائده.

وطالما كان حبيس رفوف الكتب، وأسير الخزائن والمكاتب، نلقاه بين قائمة أسماء الكتب لدى المحققين، ولا نجده ضمن المطبوعة لدى الناشرين، ولقد طالت المدة من قبل المحتجزين لهذا الكتاب وأمثاله من روائع تراث آل محمد، بل التراث الإسلامي، فبعض المحققين - الذين يريدون أن يحمدوا بما لم يفعلوا – يحتجز عنده عشرات الكتب التي لها عشرات السنين، وهو يدعي تحقيقها، والحرص على نشرها، بل وينشر أسمائها ضمن قائمة تحقيقاته التي يعمل فيها، وطلاب الفوائد ينتظرون بفارغ الصبر خروجها إلى النور، ويتطلعون بكل شوق ولهف إلى رؤيتها مطبوعة ليسارعوا إلى اقتنائها، ولكن للأسف دون جدوى.

إنما نسمع القعقعة ولا نرى الطحن، بالرغم من الحاجة الماسة إليه.

وتراهم يزاحمون وينافسون في طباعة ما قد طبع في الأسواق وانتشر، وليت أنهم يأتون بجديد، أو عمل منافس فريد، فيشكروا عليه، ولو أنهم استغلوا تلك الجهود والأوقات والأموال في طباعة ما لم يطبع، ونشر ما لم ينشر، لكان خيراً لهم وأعظم أجراً، فبدلاً من المزاحمة في طريق واحد، اسلك درباً آخر، وافتح مجالاً لغيرك، ولا تجعل كل شيء حكراً عليك، وكأنه ملك لك، أو كأنك أحق به من غيرك، مع أنك وغيرك فيه على سواء، وقد يكون للسابق بالنشر أولوية في ذلك، لا سيما بين أهل البلد الواحد والمذهب الواحد، ولا سيما مع وجود عشرات بل مئات الكتب التي تحتاج إلى نشر وتحقيق، ولكن:

**هوى النفوس سريرة لا تعلم	كم حار فيها عالم متكلمُ**

فهذا الكتاب يعتبر من أهم الكتب في بابه، بل لا يوجد له نظير في موضوعه.

وكان هذا الكتاب الجليل رهين الأدراج، وحبيس المكاتب، تراه في قائمة أسماء

المحققين، يتبجحون بتحقيقه، ويتنافسون فيه، ولا تجد لذلك رسماً في الواقع.

وإذ نحن بصدد التقديم لتحقيق هذا الكتاب، سنتكلم في هذه المقدمة حول ثلاثة فصول:

الفصل الأول: حول ترجمة المؤلف.

الفصل الثاني: حول علم الحديث.

الفصل الثالث: حول الكتاب وتحقيقه.

الفصل الأول: ترجمة المؤلف

هو السيد العلامة، المحدث الفهامة محمد بن الحسن بن محمد بن يحيى بن أحمد بن الحسين بن محمد -الملقب العجري- بن يحيى بن محمد بن يحيى الملقب الشهيد بن محمد بن صلاح بن علي بن الحسين بن الإمام عز الدين بن الحسن بن الإمام الهادي لدين الله علي بن المؤيد بن جبريل بن المؤيد بن أحمد بن الأمير شمس الدين يحيى بن أحمد بن يحيى العالم بن يحيى بن الناصر بن الحسن بن الأمير المعتضد بالله العالم عبد الله بن الإمام المنتصر بالله محمد بن الإمام المختار القاسم بن الإمام الناصر لدين الله أحمد بن الإمام الهادي إلى الحق المبين يحيى بن الحسين بن القاسم بن إبراهيم بن إسماعيل بن إبراهيم بن الحسن بن الحسن بن علي بن أبي طالب عليهم السلام.

قال الأخ المؤرخ الأديب عبد الرقيب مطهر حجر في نبلاء صعدة أثناء ترجمته: وهو من محاسن علماء البلاد الصعدية، والمدينة الضحيانية، عالم متفنن، ناقل، جيد الخط، انقطع إلى تحصيل الكتب ونساختها، ورصد الفوائد، وإلحاق الأواخر بالأوائل، وله اليد الطولى في علم الحديث لاسيما مرويات الأحاديث في كتب الزيدية، وهو بحق واحد العصر في ذلك، وله تواضع، وميل إلى الخمول. انتهى.

مولده رحمه الله: سنة (1352)هـ، في هجرة ضحيان، وبها نشأ وتعلم في بيت مشهور من بيوت العلم والفضل.

مشائخه:

أما مشائخه في بداية الطلب وأوائل التعلم:

ابتدأ التعلم والقرآءة على يد والده السيد العلامة الحسن بن محمد بن يحيى العجري المتوفى سنة (1388)هـ، فأخذ عليه في القرآن الكريم، ومبادئ الكتب، كمتن الأزهار في الفقه، والآجرومية والقطر في النحو.

ثم قرأ في المكتب على سيدنا حمود الحاشدي، وسيدنا العلامة عبد العزيز الغالبي -رحمهما الله تعالى-.

ثم تدرج في أخذ العلم عن علماء وقته في مدينة ضحيان، فأخذ على العلماء الآتية أسماؤهم:

1 - سيدنا العلامة أحمد بن علي جران قرأ عليه في كنز الرشاد.

2 - السيد العلامة أحمد بن محمد شمس الدين قرأ عليه في أصول الفقه، في متن الكافل وشروحه.

3 - السيد العلامة الكبير عبد العظيم بن الحسن الحوثي -رحمه الله- في شرح الغاية، والجامع الكافي، ومهذب الإمام المنصور بالله عبد الله بن حمزة، ورسائل الإمام زيد بن علي، وشطراً من البحر الزخار، والمناهل الصافية.

4 - السيد العلامة أحمد بن الحسن الحوثي في شرح المفصل.

5 - السيد العلامة الكبير أمير الدين بن الحسين بن محمد الحوثي في شرح التجريد.

6 - السيد العلامة الحجة، نجم العترة، الحسن بن الحسين الحوثي في شرح ابن أبي الحديد ولوامع الأنوار.

7 - عمه السيد العلامة الحجة، جمال الدين علي بن محمد بن يحيى العجري، في شرح الثاثين المسألة، وبيان ابن مظفر، والخبيصي، وغيرها.

8 - السيد العلامة فخر الدين عبد الله بن عبد الله العنثري في الفاكهي والبحرق.

9 - السيد العلامة يحيى بن الحسين بن محمد الحوثي، في المصابيح لأبي العباس الحسني، وأنوار اليقين للإمام الحسن بن بدر الدين.

10 - القاضي العلامة يحيى بن محمد جعفر، في شرح الأزها، والفرائض، وغيرهما.

ثم لازم التدريس في أمالي الإمام أبي طالب، وأمالي الإمام أحمد بن عيسى، وأمالي الإمام المرشد بالله، ومناقب محمد بن سليمان الكوفي، والإعتصام للإمام القاسم بن محمد، والشفاء للأمير الحسين بن بدر الدين، وغيرها.

إجازاته:

وقد حصل على الكثير من الإجازات العامة في الرواية، من أكابر علماء الزيدية، فمنها:

1 - إجازة عامة عن عمه السيد الإمام علي بن محمد العجري، في جميع مؤلفاته ورسائله، وجميع الطرق الموصلة إلى الإجازات المشهورة، كإجازة الغالبي، وأحمد بن سعد الدين المسوري، وإجازة مرغم، وسبيل الرشاد للإمام الحسن بن يحيى القاسمي.

2 - إجازة من السيد العلامة الحسن بن عبد الله بن الإمام الهادي القاسمي، في جميع مؤلفاته ومؤلفات والده، ومؤلفات جده الإمام الهادي القاسمي.

3 - إجازة من مولانا الإمام الحجة مجد الدين بن محمد بن منصور المؤيدي، في جميع مؤلفاته، وجميع الطرق الموصلة إلى الكتب المحتوية على الإجازات العامة.

4 - إجازة من السيد العلامة المفتي، إسماعيل بن أحمد المختفي.

5 - إجازة من شيخنا السيد العلامة المجتهد المحقق العابد الزاهد الحسن بن محمد الفيشي.

6 - إجازة في جميع كتب الإمامية من السيد العلامة محمد بن الحسين الجلالي الحسني، وأرسل إليه بالإجازة الكبرى للمرعشي، التي تضمنت إجازات قيمة من الزيدية والإمامية والمخالفين.

مؤلفاته:

له الكثير من المؤلفات والرسائل، عددها العلامة المؤرخ عبد السلام الوجيه في كتابه أعلام المؤلفين الزيدية، وهي كالآتي:

📖 الصحيح المختار من علوم العترة الأطهار . (أربعة مجلدات ، جمع فيها ما صح عنده من الحديث في كتب الزيدية، وهو الذي بين يديك، وسيأتي الكلام حوله، في الفصل الثالث من هذه المقدمة إن شاء الله تعالىٰ.

📖 إرشاد الأنام إلىٰ أدلة الأحكام. ـ خ ـ مكتبة المؤلف، جمع فيه الأخبار التي اشتمل عليها كتاب شرح الأحكام للعلامة علي بن بلال.

(طبع باسم: إعلام الأعلام بأدلة الأحكام، تحقيق عبدالله حمود العزي سنة 1423هـ).

📖 أسنىٰ الذكر في أحاديث منتخبة من كتاب الذكر . ـ خ ـ مكتبة المؤلف.

📖 البروج المضية في الأربعين الحديث النبوية. ـ خ ـ مكتبة المؤلف.

📖 جامع الأخبار النبوية والآثار العلوية. ـ خ ـ مكتبة المؤلف.

📖 الجواب الزيدي في مسألة رفع الأيدي. ـ خ ـ مكتبة المؤلف.

📖 الجواهر الحسان المنتزع من عقود العقيان . ـ خ ـ مكتبة المؤلف، ونسخ مصورة كثيرة بمكتبات صعدة.

📖 الجواهر المضيئة في الكشف عن أسانيد الزيدية. ـ خ ـ مكتبة المؤلف.

📖 الخلافات الواردة فيمن طلق ثلاثاً في كلمة واحدة. ـ خ ـ مكتبة المؤلف.

📖 دلائل الإمامة في كتاب المحيط بالإمامة. ـ خ ـ مكتبة المؤلف.

📖 الصراط المستقيم في مذهب القاسم بن إبراهيم. ـ خ ـ مكتبة المؤلف.

📖 القنوت قبل الركوع وبعده. ـ خ ـ مكتبة المؤلف.

📖 تكميل تفسير الإمام الهادي. (جمع) . ــ خ ــ مصور بمكتبة محمد بن عبد العظيم. عن أصل بمكتبة المؤلف.

📖 الشامل الوافي في أخبار الجامع الكافي ــ خ ــ مكتبة المؤلف مجلدان.

📖 الكاشف المفيد عن رجال وأخبار شرح التجريد. ــ خ ــ مكتبة المؤلف، وعدة مكتبات. نسخة خطية بمكتبة يحيى راوية .

📖 لوامع الأنوار في الناسخ والمنسوخ من الآثار. ــ خ ــ مكتبة المؤلف.

📖 مسند أهل البيت - عليهم السلام -. ــ خ ــ مكتبة المؤلف.

📖 وبل الغمام من كلام أمير المؤمنين - عليه السلام -. ــ خ ــ مكتبة المؤلف.

📖 الدرر المصونة في الأسرار المخزونة ــ خ ــ مصور بمكتبة محمد بن عبد العظيم. عن أصل بخط المؤلف.

فهذه المؤلفات القيمة، والرسائل النافعة، التي لا زالت مخطوطة، فيها فوائد جمة، وعلوم مهمة، أسأل الله أن يسهل من يخرجها إلى حيز الوجود الظاهر.

وفاته:

وكانت وفاته رحمه الله في عزلة أحمى الطلح، من بلاد ولد مسعود، ناحية سحار، وقت نزوحه هناك، أثناء الحرب الغاشمة على صعدة وما والاها من المناطق، في آخر يوم من شهر ذي الحجة الحرام 29 / 12 / 1430هـ.

وقبره في المقبرة الواقعة شامي قرية أحمى غربي البيح.

الفصل الثاني: حول علم الحديث

تحتل السنة النبوية على صاحبها وآله أفضل الصلاة والتسليم – قولاً وفعلاً وتقريراً- مكانة عظيمة، ومنزلة سامية في التشريع الإسلامي، فهي تعتبر المصدر التشريعي الثاني بعد كتاب الله تعالى -القرآن الكريم، الذي لا يأتيه الباطل من بين يديه ولا من خلفه تنزيل من حكيم حميد-.

وهي وإن نسبت إلى النبي -صلى الله عليه وآله وسلم- لكونه المبلغ لها، فهي عن الله تعالى، كما قال الله جل جلاله: ﴿إِنْ هُوَ إِلَّا وَحْيٌ يُوحَىٰ ۝٤ عَلَّمَهُۥ شَدِيدُ ٱلْقُوَىٰ ۝٥﴾، وكما يقول تعالى: ﴿وَمَآ ءَاتَىٰكُمُ ٱلرَّسُولُ فَخُذُوهُ وَمَا نَهَىٰكُمْ عَنْهُ فَٱنتَهُوا۟﴾، فهي الشرائع المبينة، والأحكام المفصلة.

والسنة النبوية هي المعبر عنها، بأحاديث النبي صلى الله عليه وآله

وقد اهتم المسلمون بحفظ السنة النبوية وتدوينها، والعمل بها وترتيبها وتبويبها.

وقد حث النبي -صلى الله عليه وآله وسلم- ورغب في حفظ أحاديثه، وأمر الشاهد بتبليغها للغائب، في أحاديث كثيرة، لكي تصل الأحكام التشريعية إلى أمته.

كما روي عنه -صلى الله عليه وآله وسلم- أنه قال: ((نضّر اللّه امرءاً سمع مقالتي فوعاها حتى يؤديها إلى من لم يسمعها كما سمعها)).

وعن ثابت بن قيس، قال: قال رسول اللّه -صلى الله عليه وآله وسلم-: ((تسمعون ويسمع منكم ويسمع من الذين يسمعون منكم، ويسمع من الذين يسمعون من الذين يسمعون منكم، ثم يأتي بعد ذلك قوم سمان يحبون السِّمَن، ويشهدون قبل أن يستشهدوا)).

وعن حرام بن حكيم، قال: سمعت أنس بن مالك يقول: سمعت رسول اللّه -صلى الله عليه وآله وسلم- يقول: ((حدثوا عني كما سمعتم)).

وقد طال العهد بيننا وبين نبينا محمد نبي الرحمة -صلى الله عليه وآله وسلم-،

وتوسطت قرون كثيرة، وروى عنه الحفاظُ الثقاتُ الحقَّ، وجاء الظالمون والغافلون بغيره، فأُدخل في السنة النبوية ودُس فيها ما ليس منها، حتى افترقت الأمة إلى فرق شتى، وجحدت كل أمة غيرها ولم تقبل لها قولاً.

وأصبحت كل فرقة من فرق الإسلام تحتج على أقوالها وآرائها ومذاهبها بما ترويه وتسنده عن النبي -صلى الله عليه وآله وسلم- من أخبارها، وتدعي أنه الصحيح وأن ما عند غيرها هو الباطل، وتدعي أنها أحرص الفرق على الحفاظ السنة الصحيحة، والدفاع عنها، وتنقية الصحيح من الموضوع، وتمييز القوي من الضعيف.

وقد نبه النبي -صلى الله عليه وآله وسلم- على أن سنته الصحيحة هي الملازمة لشيئين: هما كتاب الله تعالى، وعترته أهل بيته، كما قال -صلى الله عليه وآله وسلم-: ((أيها الناس، إني خلّفت فيكم كتاب الله وسنتي، وعترتي أهل بيتي، فالمضيع لكتاب الله كالمضيع لسنتي، والمضيع لسنتي كالمضيع لعترتي؛ أما إن ذلك لن يفترق حتى ألقاه على الحوض)).

فمن هنا نعرف أن السنة لا تتعارض مع كتاب الله تعالى بل توافقه، وأن العترة الطاهرة لا تخالف السنة النبوية بل تعمل بها وتطبقها وتوافقها، لأنهم القائمون بها، والحامون لها، والمحامون عنها.

وقد اعتاد أكثر الناس قلب الحقائق، وإنكار الوثائق، والتشكيك في البراهين القطعية، وإنكار المسلمات الضرورية والنظرية.

وقد أخبر النبي -صلى الله عليه وآله وسلم- أنه سيكذب عليه، كما قال -صلى الله عليه وآله وسلم-: ((سيكذب علي كما كذب على الأنبياء من قبلي)).

وقال أمير المؤمنين وسيد الوصيين علي بن أبي طالب عليه السلام: (إن في أيدي الناس حقاً وباطلاً، وصدقاً وكذباً، وناسخاً ومنسوخاً، وعاماً وخاصاً، ومحكماً ومتشابهاً، وحفظاً ووهماً، ولقد كذب على رسول الله -صلى الله عليه وآله وسلم-

على عهده حتى قام خطيباً فقال: ((من كذب علي متعمداً فليتبوأ مقعده من النار))، وقد وقع ما أخبر به -صلى الله عليه وآله وسلم-.

فإن الحديث المروي في أيدي الأمة غير مصون من إفك المنافقين، ووضع الفاسقين، ووهم الواهمين، وحشو الملاحدة، وأهل البدع والأهواء من المارقين الخوارج، وعتاة النواصب، وغلاة الروافض، وطغاة المجبرة والمشبهة، وهمج القصاص والوعاظ والحشوية، وأغتام الظاهرية والكرامية، وغيرهم، كنساك الجهلة المتعبدين والمتصوفين.

والذي يدل على وقوع ذلك كما أخبر به النبي -صلى الله عليه وآله وسلم-، وكما قال أمير المؤمنين علي عليه السلام: ما ذكره علماء الحديث في كتبهم، ونقلوه في مصنفاتهم، قال الإمام الهادي الحسن بن يحيى القاسمي عليه السلام في كتابه محاسن الأنظار، ما لفظه:

نقل الحاكم بسنده إلى عائشة قالت: جمع أبي الحديث عن رسول اللّه صلى اللّه عليه وعلى آله وسلم فكانت خمس مائة حديث، فبات ليلة يتقلب كثيراً، قالت: فغمني فقلت: أتتقلب لشكوى أو لشيء بلغك؟.

فلما أصبح قال: أي بنية، هلمي بالأحاديث التي عندك فجئته بها فدعا بنار فحرقها، فقلت: لم حرقتها؟.

قال: خشيت أن أموت وهي عندي فيكون فيها أحاديث من رجل قد ائتمنته ووثقت به، ولم يكن كما حدثني فأكون قد نقلت ذاك. انتهى.

وقال ابن الجوزي: ذكر ابن أبي خيثمة: أن غياث بن إبراهيم النخعي حدث المهدي -الخليفة العباسي- وهو يلعب بالحمام، بحديث: «لا سبق إلاَّ في نصل أو خف»، فزاد فيه: أو جناح، فقال المهدي: أشهد أن قفاك قفا كذاب. انتهى.

وغير ذلك، كمن ألجيء إلى إقامة دليل على ما أفتى به:

كما نُقل عن أبي الخطاب بن دحية أنَّه وضع حديثاً في قصر صلاة المغرب.

وكما حكي عن عبد العزيز بن الحارث التميمي الحنبلي من رؤساء الحنابلة أنَّه سئل عن فتح مكة فقال: عنوة فطولب بالحجة فقال: حدثنا ابن الصواف، حدثني أبي، قال: حدثنا عبد الرزاق، عن معمر، عن الزهري، عن أنس أن الصحابة اختلفوا في فتح مكة أكان صلحاً أم عنوة، فسألوا عن ذلك رسول اللّه، فقال: كان عنوة.

قال عمر بن مسلم: فلما قمنا سألته فقال: صنعته في الحال، أدفع به الخصم.

وروى العقيلي بإسناده إلى محمد بن سعيد أنَّه قال: لا بأس إذا كان كلام حسن أن تصنع له إسناداً.

وقال أبو العباس القرطبي: استجاز بعض فقهاء العراق نسبة الحكم الذي دل عليه القياس إلى رسول اللّه صلى اللّه عليه وعلى آله وسلم نسبة قولية وحكاية نقلية، فيقول في ذلك: قال رسول اللّه صلى اللّه عليه وعلى آله وسلم.

قال العلامة شيعي الآل أحمد بن سعد الدين المسوري -رضي الله عنه- في الرسالة المنقذة: وهذا أبو الحسن علي بن محمد بن سيف المدائني المحدث الكبير، روى في كتاب الأحداث قال:

كتب معاوية لعنه اللّه نسخة إلى عماله بعد عام الجماعة: أن برئت الذمة ممن روى شيئاً من فضل أبي تراب وأهل بيته ... إلى أن قال فيها:

وكتب إليهم: أن انظروا من قِبَلَكم من شيعة عثمان ومحبيه وأهل ولايته، الذين يروون فضائله ومناقبه فأدنوا مجالسهم، واكتبوا إليّ بكل ما يروي كل رجل منهم، واسمه، واسم أبيه وعشيرته، ففعلوا ذلك حتى أكثروا في فضائل عثمان ومناقبه لما كان يبعثه إليهم معاوية من الصلات والكساء والحباء والقطائع، فكثر ذلك في كل مصر، فتنافسوا في الدنيا، فليس يجيء أحد من الناس عاملاً من عمال معاوية فيروي في عثمان فضيلة أو منقبة إلا كتب اسمه وقربه وشفعه، فلبثوا بذلك حيناً.

ثُمَّ كتب معاوية إلى عماله: إن الحديث في عثمان قد كثر وفشى في كل مصر وفي كل وجه وناحية، فإذا جاء كتابي هذا فادعوا الناس إلى الرواية في فضائل الصحابة والخلفاء الأولين ولا تتركوا خبراً يرويه أحد من المسلمين في فضائل أبي تراب وشيعته إلاَّ وأتوني بمناقض له في الصحابة، فإن هذا أحب إليّ وأقر لعيني، وأدحض لحجة أبي تراب وشيعته، وأشد عليهم من مناقب عثمان وفضله، فقريت كتبه على الناس فرويت أخبار كثيرة في مناقب الصحابة مفتعلة لا حقيقة لها، وحشد الناس في رواية ما يجري هذا المجرى حتى أشادوا بذكر ذلك، وألقي إلى معلمي الكُتَّاب فعلموا صبيانهم وغلمانهم من ذلك الكثير الواسع، حتى رووه وتعلموه كما يتعلمون القرآن، وحتى علموه بناتهم ونساءهم وخدمهم وحشمهم.

إلى أن قال فيها:

ومضى على ذلك الفقهاء والقضاة والولاة، وكان أعظم الناس في ذلك بلية القراء المراءون والمتصنعون الذين يظهرون الخشوع والتنسك فيفتعلون الأحاديث ليحضوا بذلك عند ولاتهم، ويقربوا مجالسهم، ويصيبوا به الأموال والضياع والمنازل، حتى انتقلت تلك الأخبار والأحاديث إلى أيدي الدَّيَّانين الذي لا يستحلون الكذب فنقلوها ورووها وهم يظنون أنها حق، ولو علموا أنها باطل لما رووها ولا يدينوا بها.

إلى أن قال فيها:

وولي عبد الملك بن مروان واشتد على الشيعة وولّى عليهم الحجاج فتقرب إليه أهل النسك والصلاح والدين ببغض علي عليه السلام وموالاة أعدائه، وموالاة من يدعي من الناس أنهم أيضاً أعداؤه، فأكثروا في الرواية في فضلهم وسوابقهم ومناقبهم ... إلى أن قال فيها:

وقال ابن أبي الحديد: وقد روى ابن عرفة المعروف بنفطويه وهو من أكابر المحدثين وأعلامهم في تاريخه ما يناسب هذا الخبر، وقال: إن أكثر الأحاديث

الموضوعة في فضائل الصحابة افتعلت في أيام بني أمية تقرباً إليهم بما يظنون أنهم يرغمون به أنوف بني هاشم، انتهى.

قال المتوكل على الله أحمد بن سليمان عليه السلام في حقائق المعرفة: وقد روي عن بعض الملحدين أن السلطان أمر بقتله، فقال: افعلوا ما شئتم، فقد حللت عليكم الحرام، وحرمت عليكم الحلال، ودسست في مذهبكم أربعة آلاف حديث، انتهى.

وفي تنقيح الأنظار: وقد روى العقيلي بسنده إلى حماد بن زيد، قال: وضعت الزنادقة على رسول الله -صلى الله عليه وعلى آله وسلم- أربعة عشر ألف حديث ... إلى أن قال:

وضرب امتُحنوا بأولادهم أو وراقين لهم فوضعوا أحاديث ودسوها عليهم فحدثوا بها من غير أن يشعروا كعبد الله بن محمد بن ربيعة بن قدامة.

إلى أن قال:

وذكر الإمام أبو بكر محمد بن منصور السمعاني: أن بعض الكرامية ذهب إلى جواز وضع الحديث عن النبي -صلى الله عليه وعلى آله وسلم- فيما لا يتعلق به حكم من الثواب والعقاب ترغيباً للناس في الطاعة وزجراً لهم عن المعصية.

إلى أن قال، فيه:

وروى ابن حبان في مقدمة تاريخ الضعفاء، بإسناده إلى عبد الله بن يزيد المعري: أن رجلاً من أهل البدع رجع عن بدعته فجعل يقول: انظروا الحديث عمن تأخذونه فإنا كنا إذا رأينا رأياً جعلنا له حديثاً. انتهى.

ولفظه في جامع الأصول ما لفظه: قال شيخ من شيوخ الخوارج بعد أن تاب: إن هذه الأحاديث دين فانظروا عمن تأخذون دينكم، فإنا كنا إذا هوينا أمراً صيرنا له حديثاً. انتهى.

قال في شرح البالغ المدرك لأبي طالب -عليه السلام-: وروي عن بعض كبار أصحاب الحديث أنَّه قال: نصف الأحاديث كذب.

وفيه أيضاً: يرويه بسنده عن سليمان بن حرب، قال: دخلت على شيخ وهو يبكي فقلت له: ما يبكيك؟ فقال: وضعت أربع مائة حديث كذباً وجعلتها في تاريخ الناس فلا أدري كيف أصنع.

وفيه أيضاً: أنَّه صلى أحمد بن حنبل ويحيى بن معين في مسجد الرصافة فقام بين أيديهم قاص، فقال: حدثنا أحمد بن حنبل ويحيى بن معين قالا: حدثنا عبد الرزاق، قال: أخبرنا معمر بن قتادة عن أنس، قال: قال رسول اللّه -صلى اللّه عليه وعلى آله وسلم-: «من قال لا إله إلاَّ اللّه خلق اللّه من كل كلمة منها طيراً منقاره من ذهب وريشه من مرجان ... » وأخذ في قصة نحواً من عشرين ورقة، فجعل أحمد ينظر إلى يحيى ويحيى بن معين ينظر إلى أحمد بن حنبل، فقال: أنت حدثته بهذا؟ فقال: واللّه ما سمعت به إلا هذه الساعة فسكتا حتى فرغ من قصصه ... إلى أن قال فيه: فقال له يحيى: من حدثك بهذا؟ فقال: أحمد بن حنبل ويحيى بن معين، فقال: أنا يحيى بن معين وهذا أحمد بن حنبل وما سمعنا بهذا قط من رسول اللّه صلى اللّه وعلى آله وسلم، فقال له: أنت يحيى بن معين؟ قال: نعم، قال: ما زلت أسمع أن يحيى بن معين أحمق حتى هذه الساعة، قال يحيى: وكيف علمت أني أحمق؟ قال: كأنه ليس في الدنيا يحيى بن معين وأحمد بن حنبل غيركما كتبته عن سبعة عشر رجلاً أسماؤهم أحمد بن حنبل. انتهى.

قال في الإقبال: ولقد قال شعبة: لم يفتش أحد عن الحديث تفتيشي فوجدت ثلثي ما فتشت عنه كذباً.

إلى أن قال فيه: قال بعضهم: إذا كتبت فقمش، وإذا عملت ففتش.

وقال فيه: قال شعبة إمام المحدثين: تسعة أعشار الحديث كذب.

وقال الدار قطني: ما الحديث الصَّحيح في الحديث إلاَّ كالشعرة البيضاء في الثور الأسود. انتهى.

وقال في محاسن الأنظار أيضاً: واعلم أنَّه قد اتهم بعض الصحابة في بعض وقد كُذِّب بعضهم، ذكر في إملاء النقيب أبي جعفر -رضي الله عنه- ما لفظه: وهذا علي عليه السلام يقول: ما حدثني أحد بحديث من رسول اللّه -صلى اللّه عليه وعلى آله وسلم- إلاَّ استحلفته عليه.

أليس هذا اتهاماً لهم بالكذب ... إلى أن قال فيها: وقد صرح غير مرة بتكذيب أبي هريرة، وقال: لا أجد أكذب من هذا الدوسي على رسول اللّه -صلى اللّه عليه وعلى آله وسلم-. انتهى.

وفي شرح البالغ المدرك ما لفظه: وروي عن عمر أنَّه كان ينكر على أبي هريرة كثرة الروايات عن النبي -صلى الله عليه وآله وسلم-، وقال: لَتُقِلّنَّ الرواية عن رسول اللّه -صلى اللّه عليه وعلى آله وسلم- أو لأنفينك إلى جبال دوس. انتهى.

ويدل على ذلك أيضاً: قول أبي بكر عند تحريقه للأحاديث التي عنده: خشيت أن أموت وهي عندي فتكون فيها أحاديث من رجل قد ائتمنته ووثقت به ولم يكن كما حدثني فأكون فقد نقلت ذاك.»

وأخرج الحاكم في مستدركه في جملة حديث ذكر عند عائشة أن علياً قتل ذا الثدية فقالت لي يعني لمسروق لأنَّه راوي الحديث: إذا أنت قدمت الكوفة فاكتب لي ناساً ممن شهد ذلك ممن تعرف من أهل البلد، فلما قدمت وجدت الناس أسباعاً فكتبت من كل سبع عشرة ممن شهد ذلك، قال: فأتيتها بشهادتهم، فقالت: لعن اللّه عمرو بن العاص فإنه زعم لي أنَّه قتله بمصر.

قال في الاعتصام: وفي مسند علي بن أبي طالب عليه السلام- رواية عمر بن حفص عن عبد اللّه بن أبي شيبة بإسناده إلى نعيم بن دجاجة، قال: كنت جالساً عند علي عليه السلام إذ جاءه أبو مسعود البدري، فقال علي: قد جاء فروخ، فجاء فجلس، فقال علي: إنك تفتي الناس؟ قال: نعم وأخبرهم أن الآخر يعني علياً -عليه السلام- يعرض به شر.

قال: فأخبرني هل سمعت من شيء؟ قال: نعم سمعته يقول: لا يأتي على الناس

سنة مائة وعلى الأرض عين تطرف، فقال علي عليه السلام: أخطأت استك الحفرة، وأخطأت في الأول فتواك إنَّما قال لكل من حضره يومئذ: هل الرخاء إلاَّ بعد المائة.

وفيه أيضاً: روي أن عمر حبس ثلاثة: ابن مسعود، وأبا الدرداء، وأبا مسعود الأنصاري، وقال: قد أكثرتم الحديث عن رسول اللّه -صلى اللّه عليه وعلى آله وسلم-.

وفيه أيضاً: وأبو بكر وعمر لم يقبلا خبر عثمان في رد الحكم طريد النبي -صلى اللّه عليه وعلى آله وسلم- إلى المدينة، وأبو بكر أيضاً لم يقبل خبر المغيرة بن شعبة في ميراث الجدة حتى انضاف إليه غيره، وعمر لم يقبل خبر أبي موسى في الاستئذان أيضاً وحده حتى رواه غيره.

وفيه أيضاً: وأخرج مسلم عن مجاهد قال: جاء بشير العدوي إلى ابن عباس فجعل يحدث ويقول: قال رسول اللّه -صلى اللّه عليه وعلى آله وسلم- وجعل ابن عباس لا يأذن لحديثه ولا ينظر إليه، فقال: له بشير: مالي أراك لا تسمع إليَّ حديثي أحدثك عن رسول اللّه -صلى اللّه عليه وعلى آله وسلم- ولا تسمع؟ فقال ابن عباس: إنا كنا مرة إذا سمعنا رجلاً يقول: قال رسول اللّه -صلى اللّه عليه وعلى آله وسلم- ابتدرته أبصارنا وأصغينا أسماعنا، فلما ركب الناس الصعبة والذلول لم نأخذ من الناس إلاَّ ما نعرف.

وفيه قال الحاكم وسرد إسناده إلى ربيعة بن يزيد، قال: قعدت إلى الشعبي بدمشق في خلافة عبد الملك فحدث رجل من الصحابة عن رسول اللّه -صلى الله عليه وآله وسلم- أنَّه قال: «اعبدوا ربكم ولا تشركوا به شيئاً وأقيموا الصلاة وآتوا الزكاة وأطيعوا الأمراء فإن كان خيراً فلكم وإن كان شراً فعليهم وأنتم منه برآء». فقال له الشعبي: كذبت، انتهى.

وفي إملاء النقيب أبي جعفر -رضي الله عنه-: روى بعض الصحابة عن النبي -صلى اللّه عليه وعلى آله وسلم- أنَّه قال: «الشؤم في ثلاثة: المرأة والدار والفرس»،

فأنكرت عائشة ذلك وكذبت الراوي ... إلى أن قال فيها: وروى بعض الصحابة عنه -صلى اللّه عليه وعلى آله وسلم- أنَّه قال: «التاجر فاجر» فأنكرت عائشة ذلك وأنكرت على الراوي ... إلى أن قال فيها: وأنكر قوم من الأنصار رواية أبي بكر: ((الأئمة من قريش))، ونسبوه إلى افتعال هذه الكلمة.

وقال فيها: وطعن ابن عباس في حديث أبي هريرة عن رسول اللّه -صلى اللّه عليه وعلى آله وسلم-: «إذا استيقظ أحدكم من نومه فلا يدخلن يده في الإناء حتى يتوضأ» وقال: فما نصنع بالمهراس. انتهى المراد نقله من محاسن الأنظار.

فإذا كان الأمر بهذه الخطورة – كما علمت من الروايات السابقة- فلابد من التحري والاحتياط، حتى لا نضيف أو ننسب إلى النبي -صلى الله عليه وآله وسلم- ما لم يقل، فنقع في شيء من المخاوف المتقدمة.

ولأجل هذا ترى أئمة أهل البيت -عليهم السلام- وعلمائهم يتحرون ويحتاطون أشد الحيطة والحذر في الرواية عن النبي -صلى الله عليه وآله وسلم-، فلا يروون إلا ما صح لهم عن رسول الله -صلى الله عليه وآله وسلم-، وجعلوا لهم شروطاً وأسساً قوية متينة، محكمة رصينة، ليأمنوا من الوقوع فيما يحذرون.

وفي أثناء هذه المقدمة نلمح إلى بعض الأمور الهامة التي يحتاج إليها الزيدي في علم الحديث، ويستطيع من خلالها أن يعرف قوة الاستدلال لدى أئمة الزيدية، والرد على كل من يحاول استهداف روايات أهل البيت -عليهم السلام- للتشكيك فيها، أو تضعيفها، أو التقليل من حامليها.

فعلم الحديث عند أهل البيت -عليهم السلام- من أهم العلوم، ويولونه من الأهمية والأولوية ما ليس لغيره، لأنهم أعرف بما كان عليه أبوهم رسول الله -صلى الله عليه وآله وسلم-، وهم أولاده وذريته وعترته، وصاحب البيت أدرى بالذي فيه.

وقد حاول بعض المصنفين والمؤلفين -الذين ارتموا في أحضان التعصب والاعتساف، وغلب عليهم عند الجدال قلة الإنصاف- أن يهون من جانب أهل

البيت عليهم السلام في علم الحديث، وأن يجعلهم عالة على غيرهم في الرواية، وتبعهم على ذلك المقلدون من أرباع المثقفين، وأنصاف المتعلمين، الذين لا خبرة لهم بعلم أهل البيت -عليهم السلام- ولا دراية، ولا اطلاع في البداية ولا في النهاية، وإنما هم كالببغاء الذي يحكي ما سمع، ولو فتشوا في كتب العترة قليلاً، واغترفوا من علمهم سلسبيلاً، لعلموا بطلان ما حكوا وبه حكموا، وعرفوا عدم صحة ما نقلوا وبه تكلموا.

وهذه الأمور التي نود أن نلمح إليها ونشير على جهة الاختصار، هو الجواب على بعض الشبه الواهية، والاعتراضات الهابطة، حول علم الحديث عند الزيدية.

الأول: في شروط الرواية عند أئمة الزيدية

قد يظن البعض ممن لا خبرة عنده، أو ممن يقلد غيره، لمرض في قلبه، أو غرض لديه، أن أئمة الزيدية ليس لهم شروط في رواية الحديث، بل يروون الغث والسمين، ويقبلون القوي والضعيف، وأنهم لا معرفة لديهم في تمييز الصحيح من الموضوع، وهذا ظن فاسد، وقول كاسد، ناتج عن الجهل بعلم أهل البيت -عليهم السلام-.

فإن أئمة العترة وعلماءها قد جعلوا قواعد لعلم الحديث، واشترطوا شروطاً إذا كان الخبر المروي لهم موافقاً لها قبلوه وعملوا به، وإذا لم يكن موافقاً لها ردوه أو تأولوه إن أمكنهم تأويله.

وقد ذكر أئمتنا -عليهم السلام- شروطهم، وحرروها في مصنفاتهم، وعند الجواب على من سألهم، فإليك، ذلك:

قال السيد العلامة الكبير أحمد بن الإمام الهادي الحسن القاسمي -عليهما السلام- في كتابه العلم الواصم في الرد على هفوات الروض الباسم -وهذا الكلام مأخوذ من عدة مواضع من الكتاب المذكور، وفي بعضه تقديم وتأخير وزيادة-:

وهـاك شروط أئمتنا -عليهم السلام-:

فعنـد القاسم والهادي -رضي الله عنهما- لا يقبل من الحديث إلا ما كان متواتراً، أو مجمعاً على صحته، أو كان رواته ثقات، وله في كتاب الله أصل وشاهد.

وكلام المنصور بالله عبد الله بن حمزة -عليهم السلام- في الأولين، وقال في الثالث: هو أن يكون الخبر سليم الإسناد عن المطاعن، سليم المتن من الاحتمالات، متخلصاً من معارضة الكتاب والسنة.

وكلام الإمام شرف الدين مثل ذلك، وقال في الآخر: أو صححه آل محمد.

قال في شرح خطبة الأثمار، ما لفظه: فاعلم أنَّه لا يعتمد على شيء من الحديث إلاَّ على ما ثبت تواتره لفظاً أو معنىً، أو ثبت تلقيه بالقبول من الأمة -لا سيما من جماعة أهل الحل والعقد من أهل بيت الرسول الذين جعلهم اللّه سبحانه قرناء الكتاب العزيز، والأمان لأهل الأرض، والسفينة المنجية من الهلكة، والكهف الحريز، فإن أقوى أدلة حجيَّة إجماع الأمة أدلة حجية إجماع أهل البيت كما أوضحه والدنا الإمام المهدي عليه السلام في آخر المنية والأمل وفي باب الإجماع من شرح المعيار بما لا مدفع له-، أو بما صح وثبت بتصحيح أهل البيت الذين سلم تصحيحهم من آفات تصحيح غيرهم التي ذكرناها والتي لم نذكر، وذلك المذكور -من المتواتر والمتلقى بالقبول، أو الصَّحيح المقيدين بما ذكرنا- قليل جداً، وسائر الأحاديث إنَّما يذكرها من يذكر إما للاستظهار بها مع ظاهر قرآن، أو سنة صحيحة، أو استشهاد بضم بعض إلى بعض من المحتملات، أو تقوية قياس ثبت الحكم به في المسألة، أو زيادة ترغيب في طاعة، أو ترهيب عن معصية، أو قطع حجاج خصم يقول بقبول مثل ذلك الحديث الذي لا يقول به المورد له والمحتج به، أو لبيان فساد مثل ذلك الحديث من مخالفته لقاطع من عقل أو نقل، أو صحيح من نقل، أو غير ذلك من الأغراض الصحيحة، وحين تحقق هذه القواعد تعرف أن طرق أهل

البيت عليهم السلام في أمر الأحاديث النبوية وتخريجهم أصح الطرق، وأحق التخاريج من حيث سلامتها مما لحق غيرها من فساد في الأصول والفروع، انتهى.

وشرط الإمام الحسن بن يحيى يتبين في كلامه، حيث قال: المخرج من الاختلاف في الحلال والحرام اتباع المحكم المنصوص عليه من كتاب الله سبحانه، والأخذ بالأخبار المشهورة المتسق بها الخبر - من غير تواطئ- عن رسول الله، وعن علي، أو عن أخيار العترة عليهم الصلاة والسلام، الموافقة للمحكم من كتاب الله تعالى، واتباع الأبرار الأتقياء من الأخيار من عترة رسول الله -صلى الله عليه وآله وسلم-».

وقال المرتضى لدين الله محمد بن يحيى الهادي -رضي الله عنهما- في بعض أجوبته:

ولسنا ندخل من الحديث ما كان باطلاً عندنا، وإنما كثير من الأحاديث مخالف لكتاب الله سبحانه ومضاد لـه، فلم نلتفت إليها ولم نحتج بها كان كذلك منها.

وكلما وافق الكتاب وشهد لـه بالصواب صح عندنا وأخذنا به.

وما كان من الحديث أيضاً مما رواه أسلافنا أباً فأباً عن علي بن أبي طالب -رضي الله عنه- عن رسول الله -صلى الله عليه وآله وسلم- فنحن نحتج به.

وما كان مما رواه الثقات من أصحاب رسول الله -صلى الله عليه وآله وسلم- قبلناه وأخذناه وأنفذناه، وما كان خلاف ذلك لم نره صواباً ولم نقل به...إلى أن قال -رضي الله عنه: وفي الحديث الذي ترويه العامة ما لا تقوم به حجة، ولا تصح به بينة، ولا شهد لـه كتاب ولا سنة، وكل ما قلناه وأجبنا به فشاهده في كتاب الله تعالى، وفي السنة المجمع عليها عن رسول الله -صلى الله عليه وآله وسلم-، أو حجة من العقل يصدقها الكتاب، فكل ما كان من هذه الطرق فهو أصح مطلوب وأنفذ حجة.

وأما الصادق -عليهم السلام-: فقد روى في العلوم عن أحد العلوية أنه

قال لجعفر الصادق: إن قوماً من أصحابنا خلطوا عليّ في شيء من الحجج، قال: فقال لي: ألست قد أدركت أباك وسمعت منه؟ قال: قلت: بلى، قال: ورأيت خالك محمد بن علي وسمعت منه؟ ورأيت خالك زيد بن علي وسمعت منه؟ قال: وعدد عليّ رجالاً من أهلنا، قال: [في] كل ذلك أقول: بلى، قال: فقال لي: فانظر إلى ما سمعت منهم فخذ به، وما سمعت به من غيرهم فارم به، تهتد. ا هـ.

فدلّ على أن الهدى عنده رد السماع عن غير أهله وأنه لا يؤخذ إلا عنهم.

وأما المؤيد بالله فقال ما لفظه: وعندنا لا يحل لأحد أن يروي الحديث عن رسول الله -صلى الله عليه وآله وسلم- إلا إذا سمعه من فم المحدث العدل فحفظه ثم حدّث به كما سمعه، فإن كان إماماً تلقاه بالقبول وإن كان غير إمام فكذلك، ثم ما روي غير مرسل وصح سنده، فإن المراسيل عندنا وعند عامة الفقهاء لا تقبل.

قال أبو العباس الحسني ـ رحمه الله ـ: والفاسق لا يحتج بسنده.

قال أحمد بن عيسى ـ رحمه الله ـ ما معناه: والذي نأخذ به من قول أصحابنا، وما أسندوا من ذلك إلى النبي -صلى الله عليه وآله وسلم- ولا أؤثر به على الأخذ بقول أصحابنا إذا صح عنهم القول فيه.

وأما محمد بن منصور فقال في (تتمة الاعتصام): إن المعروف من مذهب ابن عبد الله اشتراط العدالة في المخبر، وقال فيها: ورواية الحافظ محمد بن منصور من أعلى درجات التعديل لمن أسند إليه من مشائخه.

قال في (الروض النضير): وقد ثبت عن قدماء أهل البيت -عليهم السلام- كزيد بن علي والباقر والصادق وأحمد بن عيسى والقاسم بن إبراهيم ومن في طبقتهم أنهم لا يروون ويحتجون إلا بمن ثبت لديهم عدالته، وصح عندهم ثقته وأمانته. ا هـ.

وأما الأمير الحسين بن بدر الدين صاحب (الشفاء) فمن قواعده قوله في (ينابيع النصيحة): إن رواية غير العدل الضابط مردودة بلا خلاف.

وقال في ديباجة كتاب (الشفاء) ما لفظه: رغبت أن أجمع من عيون ما حفظته، ونفيس ما رويته، زبداً مما صحت أسانيدها ومتونها، وتشعبت أفانينها وشجونها، وثبت عندي ضبط رواتها وعدالتهم، إذ هم علماء الآثار وثقاتهم.

وقال الأمير الحسين في ينابيع النصيحة أيضاً: ومنها أن أخبار الآحاد لا يجوز الأخذ بها ولا العمل عليها إلا متى تكاملت شرائطها وهي ثلاثة:

أحدها: أن يكون الراوي عدلاً ضابطاً؛ لأن رواية غير العدل الضابط مردودة بلا خلاف... إلى أن قال:

ثانيها: أنه لا يعارض أدلة المعقول، ولا محكم الكتاب، ولا السنة المعلومة... إلى أن قال:

وثالثها: أن لا يرد في أصول الدين ولا فيما يؤخذ فيه بالأدلة العلمية. انتهى.

ومن خلالها تعلم أن شروطهم أشد وأقوى من شروط غيرهم.

فهذه هي شروط الرواية عند أئمة العترة عليهم السلام، التي تجعلك مطمئن البال، ساكن النفس، مستئنس الفؤاد في قبول مروياتهم، ولا يخالجك معها شك، ولا يعتريك ريب.

الثاني: أئمة الزيدية لا يروون إلا ما صح من طريقهم، ولا يقبلون رواية كافر التأويل وفاسقه

مما يروجه من لا قدم له راسخ في علم الحديث عند الزيدية: أن الزيدية عالة على المخالفين في الرواية، فليس لدى الزيدية روايات من طريقهم إلا ما أخذوه عن المخالفين لهم.

وهذه دعوى بينة العوار، واضحة البطلان سريعة الانهيار، لو كان الأمر كذلك لما احتاجوا إلى تلك الشروط التي امتلأت بها الأسفار، وتحير فيها العلماء الكبار، ولم يقدر على اشتراطها النقاد والنظار.

ويمكن تلخيص القول في هذا الأمر على محورين:

المحور الأول: هل تقبل رواية المخالفين من المحدثين وغيرهم من المخالفين لأهل البيت عليهم السلام؟

فالجواب، ومن الله أستمد التوفيق للصواب:

الرواية عن المخالفين من القضايا التي وقع فيها الاختلاف قديماً وحديثاً، وهي قضية معروفة ومشهورة في الكتب الحديثية والأصولية، ومبنى الخلاف فيها قائم على قاعدة معروفة، وهي: هل الفسق والكفر سلب أهلية أو مظنة تهمة:

فمن ذهب إلى أنه سلب أهلية، فهو يمنع من القبول.

ومعنى ذلك: أن الأمور التي عليها المخالف تجعله غير مؤهل للرواية، ولو كان ظاهره التمسك والالتزام بالشريعة.

ومن ذهب إلى أنه مظنة تهمة: فهو يقبل رواية المخالف.

ومعنى ذلك: أن الأمور التي المخالف عليها لا تسلبه أهلية الرواية، وإنما هي مظنة ارتكابه لأمور أخرى تمنع القبول.

ومن ذهب إلى أن قبول رواية المخالف فلا يعني ذلك أنه قد قال بعدالته وصلاحه، وإنما يسمونه عدل الرواية لا عدل الديانة.

قال مولانا الإمام الحجة مجد الدين المؤيدي في لوامع الأنوار (2/ 524):

وكان معظم البحث في شأن المحاربين لإمام المتقين، وقائد الغر المحجلين، أمير المؤمنين، وسيد الوصيين، وأخي سيد النبيين -صلوات الله وسلامه عليهم أجمعين- وإن كان الخلاف فيهم وفي غيرهم، من المبتدعين الضالين، المخالفين لقواعد العدل والتوحيد، ومسائل النبوة والإمامة والوعد والوعيد، وجميع قواطع الدين، التي لم يعذر اللهُ فيها أحداً من المكلفين؛ لأنهم مصدر الفتنة، ومنهم معظم المحنة، في لبس الحق بالباطل، والصدق بالكذب، ودعوى كون الجميع سُنة؛

ولكونهم أصل كل خلاف وفساد في الدين، كما هو معلوم للمطلعين، مسلّم عند العلماء العاملين.

فأقول وبالله أصول: إن القابلين لمن هم بزعمهم من المتأولين، كالمحاربين لأمير المؤمنين، وأهل بيته المطهرين - عليهم الصلاة والسلام - طائفتان:

أما الطائفة الأولى: فهم موافقون في الحكم بما قضت به البراهين، على أولئك المحاربين، من الناكثين والقاسطين والمارقين، وغيرهم من المخالفين، في قواعد الدين، وحاكمون بضلالهم وفسقهم، بل وكفر بعضهم، وكونهم غير معذورين.

قالوا: ولكن من كان منهم مدلياً بشبهة، وهو المتأول، لم تبطل الثقة، وظن الصدق بخبره، ولكون ذلك الفسق والكفر مظنة تهمة، لا سلب أهلية؛ فمن ظن صدقه وجب قبوله، وهو المعتمد في القبول، كما هو مذكور في الأصول.

وهذا هو المسمى عندهم بفاسق التأويل، إنْ أقدم على ما يوجب الفسق، وكافره إن أقدم على ما يوجب الكفر؛ ويسمونه أيضاً عدل الرواية لا الديانة؛ وإلى هذا ذهب من يقبلهم من العدلية.

ولكن أهل العرفان منهم والتحقيق، لم يقبلوا من تبين من أمره التمرد والعناد، والسعي في الأرض بالفساد، كما قدمنا عن الإمام المؤيد بالله، والأمير الحسين - رضي الله عنهما -، وغيرهما من القابلين جرحهم لبعض من مال إلى جانب معاوية، فكيف بذلك المارد الطاغية؟!!.

وقد صرح الإمام المؤيد بالله في شرح التجريد برد روايته، وسقوط عدالته؛ وكيف لا، وهو إمام الفئة الباغية، الداعية إلى النار، في متواتر الأخبار؟

[حيث قال في شرح التجريد (1/ 473)، ولفظه: معاوية عندنا لا يعمل على حديثه؛ لسقوط عدالته].

هذا، ونقول في الجواب عليهم: المقدمتان ممنوعتان:

أما الأولى: فكيف بقاء الثقة بمن وردت النصوص القاطعة عن الله - تعالى -،

وعن رسوله -صلى الله عليه وآله وسلم- ببغيهم في دين الله - تعالى - وخروجهم عن أمر الله - تعالى -، ومروقهم ونفاقهم، وفسقهم وشقاقهم، وكونهم حرباً لله - تعالى - ولرسوله -صلى الله عليه وآله وسلم-.

قد أوجب الله - تعالى - قتالهم، وأباح دماءهم وأموالهم؛ وهذا لا نزاع فيه بيننا وبينهم، وإن نازع فيه منازع، فإنه لِمَا غمره من العناد أو الجهل؛ وقد قطعه البرهان القاطع.

فكيف لا تكون تلك البراهين المعلومة مبطلة للثقة، رافعة لظن الصدق؟!!.

وهلا جعل الجرح بالنصوص من الله - تعالى - ومن رسوله -صلى الله عليه وآله وسلم- بمثابة جرح أحد المعتمدين من شيوخه.

أمْ كيف يكون مُعْتَمَداً عليه، مركوناً إليه، صادقاً، مَنْ صار في حكم الله - تعالى - ناكثاً أو قاسطاً أو مارقاً، أو منافقاً كافراً أو فاسقاً؟

وأنى لكم بعدالة من كان مشاقاً لرب العالمين، ولرسوله الأمين، مبتدعاً في الدين، متبعاً لغير سبيل المؤمنين؟ فأين تذهبون، ما لكم كيف تحكمون؟.

ولعمر الله، إنه ليظهر أنه ما حملهم على قبولهم إلا ضيق مجال الرواية، إن اعتبروا عدالة الديانة؛ ولكن الحق اتباع الحجة، وحكم الكتاب والسنة، وإن أدى إلى ما أدى إليه ذلك، من ضيق المسالك؛ وأَهْوِن بدين وشريعة، لا يثبتان إلا من تلك الطرائق الشنيعة.

ولأجل هذا لم يوسع نطاق الرواية قدماء أئمة العترة -عليهم السلام-، بل اقتصر كثير منهم على روايته عن أبيه عن جده.

نعم، وأما المقدمة الثانية: فعلى فرض حصول الظن بصدق من هذا حاله على بُعْدِه، فغير مسلّم وجوب قبوله؛ وهلم الدليل، وليس إليه من سبيل.

وقد مرّ الكلام على ذلك، وبسطت البحث فيه، في إيضاح الدلالة، وفي فصل

الخطاب، وفي الحجج المنيرة، وفي التحف الفاطمية.

وسبق هذا النقض بفاسق التصريح وكافره، فإنه مجمع على ردّهما، وإن فرض ظنّ صدقهما؛ وقد ضاق بذلك ذرعاً السيد الحافظ محمد بن إبراهيم الوزير، وأجاب بما لا يخفى فساده، على ذي نظر سليم، وهو أقوى المنازعين باعاً، وأوسعهم اطلاعاً.

وقد أقرّ هو بفسقهم على شدّة محاماته، وكثرة تلوّناته، كما قدّمنا؛ حيث قال في العواصم(1/ 375): «فأمّا حرب علي -رضي الله عنه-، فهو فسق بغير شَكٍّ»، وله الولاية العظمى، التي هي عمدة في الدين.

وقال أيضاً في العواصم والقواصم (3/ 221) ما لفظه: مع القطع بأن الحق مع أمير المؤمنين -رضي الله عنه-، وأن محاربه باغٍ عليه، مباح الدم، خارج عن الطاعة والجماعة؛ وقد تقدّم وسيأتي أن هذا إجماع الأمّة، برواية أئمة السنة، دعْ عنك الشيعة...إلى آخره.

هذا، وأما الطائفة الثانية: فهم القائلون بأنهم اجتهدوا، فلا إثم عليهم، وإن حكموا بخطئهم وبغيهم.

وهذا قول النابتة الحشوية، الذين يسمون أنفسهم السنية، وإيّاهم عنى القائل:

قَالَ النَّوَاصِبُ قَدْ أَخْطَا مُعَاوِيَةٌ ... فِي الاجْتِهَادِ وَأَخْطَا فِيْهِ صَاحِبُهُ

قُلْنَا: كَذَبْتُمْ فَلِمْ قَالَ النَّبِيُّ لَنَا: ... فِي النَّارِ قَاتِلُ عَمَّارٍ وَسَالِبُهُ

إلى قوله: ولهم ترّهات وروايات مفتريات، تفرّد بها المبطلون، لا تقاوم عشر معشار ما يردها من القرآن والسنة الجامعة، التي أجمع على روايتها وتواترها الفريقان؛ تلك آيات الله نتلوها عليك بالحق، فبأي حديث بعد الله وآياته يؤمنون؟. انتهى كلامه.

فمن هذا الكلام يتبين لك أن من يقول بقبول رواية المخالف لا يلزم منها القول

بعدالة الراوي، لأن الرواية ليست تعديلاً، كما قال مولانا الإمام الحجة مجد الدين بن محمد المؤيدي في الجزء الثالث من لوامع الأنوار في ترجمته لأبي هريرة، حيث قال:

والراجح أن الرواية لا تفيد التعديل، إلا أن يصرح الراوي أنه لا يروي إلا عن عدل، وإن روى عن غيره فللاحتجاج، مع التصريح بذلك؛ ويلحق بذلك من علم من حاله أنه لا يروي إلا عن عدل.

ولم يصح عندي الحكم على كتاب بتعديل جميع رواته، إلا كتابين:

أولهما: مجموع إمام الأئمة زيد بن علي -رضي الله عنهما-، فإن رواته من لدينا إليه أئمة العترة وأولياؤهم، وقد رواه عن آبائه -عليهم السلام-.

وثانيهما: أحكام الإمام الأعظم، الهادي إلى الحق -رضي الله عنه-، فإن رواته من لدينا إليه أعلام العترة وأولياؤهم، وأما رجاله فما كان عن آبائه فكرواية الإمام زيد بن علي عن آبائه -عليهم السلام-، وما كان عن غيرهم فهم ثقات أثبات؛ ويستثنى تلك الرواية الواحدة عن أبي هريرة، التي ظهر أنها ليست عمدته؛ لما علم من عادته المستمرة.

وأما ما كان من البلاغات ونحوها، فتحمل على الصحة؛ لما علم من تحرّيه واحتياطه، وأنه ما روى عن غير الموثوق بهم إلا في مقام الاحتجاج على الغير بما يقبله، كالـذي في الأوقات في المنتخب، وقد صرح بذلك؛ وقد سبق القول في الرد على الوزير بما فيه الكفاية.

وأما سائر المؤلفات، فلا بد من النظر في الرجال؛ لعدم التزامهم الصحة، إلا الإمام المؤيد بالله -رضي الله عنه- في شـرح التجريد، والأمير الحسين -رضي الله عنه- في الشفاء، فقد التزما الصحة؛ ولكنهما يقبلان المخالفين، وقد صرحا بذلك؛ فلا يفيد ذلك الالتزام إلا من يقبل المتأولين، فلا بد من البحث عن الرواة؛ وقد سبق الكلام في المقصود عندهما بالمتأولين، وأنهما لم يقصدا المتمرّدين؛ بدليل

جرحها لمن كان كذلك من الرواة؛ فهذا عندي هو التحقيق، والله تعالى ولي التوفيق. انتهى المراد.

ومن هنا نعرف أن من صح عنه القول بقبول رواية المخالفين فليس يذهب إلى القول بعدالتهم، فمن يورد هذه ليجعلها شبهة له، ويتخذها ذريعة يعبر من خلالها إلى القول بعدالة البغاة والمخالفين، فليس قوله بصحيح، فقد قطعنا شغبه، وأبطلنا متمسكه.

ويزيد ذلك وضوحاً:

قال السيد العلامة الكبير، علامة العصر الأخير، عبد الله بن الإمام الهادي الحسن القاسمي في جواب الأسد في شفاعة قارئ سورة الصمد:

فإن قيل: إنهم يروون عن أعدائهم ويحتجون برواتهم.

قلت: أما السلف الأول: من الهادي إلى الحق إلى الوصي سوى الحافظ المرادي، فلا، وهذه أسانيدهم ومروياتهم في أيدي أتباعهم كثيرة، وعلى البسيطة معروفة مشهورة لم يوجد فيها ناصبي ولا قاسط برواية، ولا ضعيف في دينه أو ضبطه، ولا متهوم على أهل بيت نبيه.

وأما من بعدهم: فإن السادة الهارونيين ثم من بعدهم توسعوا في الرواية، واحتجوا على الخصم بروايته، ومزجوا رواة أصحابنا برواتهم، ووكلوا الخلف إلى معرفتهم بعلوم السلف ورواتهم، ولم يعلموا بما طرأ على من بعدهم من التقصير، وعدم عض الناجذ على معرفة رواة أسلافهم، بل عكف كثير منهم على كتب التقليد حتى جهل التمييز، واشتبه عليه القاسط من الشيعي، والثقة من ضده، ولم يترجم لأولئك إلا أصحابهم المعنيون بمعرفتهم، فاحتاج من أتى إلى البحث عن أولئك الرواة للمعرفة والتمييز، وما في ذلك من ضير:

علمت الشر لا للشر لكن لتوقيه

وأما ما رواه الآل وأتباعهم: فتراجمهم في غضون مؤلفاتهم معروفة، وبعض

المؤلفات بها مخصوصة كتأليف أبي القاسم عبد العزيز بن إسحاق، ولعلي بن الحسين الأصفهاني، ونصر بن مزاحم، وأبي مخنف وغيرهم الطيب الحسن، ويقرب منهم أبو جعفر الطبري في ذيل المذيل، ومن طلب وجد إن شاء الله.

فإن قيل: إنكم تأخذون من مؤلفاتهم وبرواياتهم تعملون.

قلت: أخذُنا عنها على أحد وجهين:

إما احتجاجاً عليهم برواياتهم: وهو الغالب، والحق ما شهدت به الأعداء، وفي الظنيات الموافقة لحكم الكتاب والسنة الصحيحة الثابتة بروايات الآل وأتباعهم، وكان المأخوذ عن المطاعن الصحيحة سالماً، وفي دلالته غير مباين لأدلة مواضعها في الأصول، ويشهد لها قول الوصي: (ما كلمة حكمة في جوف منافق يقبضه الله حتى يلقيها على فمه) أو كما قال، وقوله -صلى الله عليه وآله وسلم- ((الحكمة ضالة المؤمن)).

وقال مولانا الإمام الحجة مجد الدين المؤيدي في لوامع الأنوار (1/

فإن قلت: إن آل محمد (ع)، وشيعتهم -رَضِي الله عَنْهم-، قد رووا في مؤلفاتهم عن هؤلاء الفريق، وسلكوا مع السالكين لتلك الطريق.

قلت: لا يخلو هذا القائل من أن يكون من أهل النظر والاطلاع، أو من الهمج الرَّعاع، الواقفين على الجمود والاتباع.

إن كان الأول، فهو من الملبسين للحق بالباطل، وحسابه في ذلك على الملك العادل.

وإن كان الثاني، فيقال: إنه لملبوس عليك، وما كان لك أن تغمض عينيك، وتلقي بيديك، ولقد سمعتَ ومانظرتَ، وتوهّمْتَ وما فكّرْتَ؛ وماحالك إلا كما قيل:

فَقُلْ لِمَنْ يَدَّعِي فِي العِلْمِ مَعْرِفَةً   حَفِظْتَ شَيئًا وَغَابَتْ عَنْكَ أَشياءُ

والجواب: أما التولي لهؤلاء الظالمين، والترضي عن القوم الفاسقين، والمجادلة عن أولئك المختانين، فحاشا اللَّه، ومعاذ اللَّه؛ كيف؟! وأولهم وآخرهم، ومقتصدهم وسابقهم، وجميع أهل التوحيد والعدل، يحكمون على جميع هؤلاء بما حكم اللَّه تعالى به ورسوله -صلى الله عليه وآله وسلم- عليهم من البغي والنفاق، والنكث والشقاق، والمروق عن دين الملك الخلاق؛ وتبرؤهم عنهم، وإنكارهم لزيغهم معلوم، يصرحون به في جميع الدفاتر، ويبلغونه على فروع المنابر.

كيف؟! وإمامهم الأعظم، وسيدهم المقدم، أمير المؤمنين، وإمام المتقين - صَلَوَاتُ الله عَلَيْهم - مصرِّح بالبراءة منهم، واللعن لهم في الصلوات، التي هي أقرب القربات، وفي غيرها من المقامات؛ وهو أول من أجرى عليهم حكم اللَّه ورسوله في جهادهم وقتالهم، وسفك دمائهم؛ وهو في ذلك وغيره إمام الأئمة، وهادي هداة الأمة، والمبين لهم ما اختلفوا فيه، من بعد أخيه - صلوات اللَّه وسلامه عليه وآله -.

وأما الرواية عنهم: فإن كانت لتأكيد الحجة على المخالفين، وإقامة البرهان على المنازعين، بما يقرون بصحته، ولا يستطيعون دفع حجته، فلا ضير في ذلك، ولا اعتراض عند أولي العلم على من سلك تلك المسالك؛ وهذا شأن علماء الأمة من موالف ومخالف.

وقد صرح بذلك أئمة آل محمد - عليه وعليهم الصلاة والسلام -، عند روايتهم عن المخالفين؛ كما أبانه الإمام الهادي إلى الحق في باب الأوقات من المنتخب(صـ 36)؛ والإمام الناصر للحق في كتابه البساط؛ والإمام المؤيد بالله في خطبة التجريد(1/ 45-46)؛ والإمام أبو طالب في شرح البالغ المدرك(صـ 54)؛ والإمام المنصور بالله في الشافي (1/ 149)؛ والإمام شرف الدين [في شرح خطبة الأثمار (مخطوط)، (صـ47)، والسيد صارم الدين [الفلك الدوار (صـ/ 233-234)]؛ وغيرهم من آل الرسول - عليه وعليهم الصلاة والسلام-.

[قلت: كالإمام المطهر بن يحيى -عليهما السلام-، حكاه عنه ولده الإمام محمد

بن المطهر عليهم السلام. ذكره في الفلك الدوار (ص234)، والإمام المنصور بالله القاسم بن محمد عليهما السلام كما في الاعتصام (2/ 361)].

وذلك معلوم لا ريب فيه، مكشوف لناظريه، وإن كان قد اتخذه وسيلة إلى التغرير والتلبيس، على من لا اطلاع له، بعضُ أولي التمويه؛ مع أنه في رواية قدماء أئمتنا (ع)، أقل قليل، كما يعلم ذلك أولوا التحصيل.

وإن كانت الرواية للاعتماد عليها، والاستناد إليها؛ فأما عن هؤلاء الفاسقين المجاهرين وأمثالهم فحاشا وكلا، وكلماتهم في ذلك ناطقة، ومؤلفاتهم على ذلك شاهدة متطابقة.

هذا الإمام المؤيد بالله (ع) يقول في شرح التجريد(1/ 175) في الزهري، ما لفظه: والزهري عندنا في غاية السقوط.

وقال في وائل بن حُجْر [شرح التجريد (1/ 401)] ما لفظه: وائل عندنا غير مقبول؛ لأنه فيما روي كان يكتب بأسرار علي (ع) إلى معاوية؛ وفي دون ذلك تسقط العدالة..إلخ.

وقال الإمام المنصور بالله (ع) في الشافي(3/ 220)، عند الكلام على بعض الرواة [هو قيس بن أبي حازم] ما لفظه: ومن دخل بغض علي قلبه، فأقل أحواله ألا تقبل روايته.

إلى قوله: وأما عن أهل التأويل، الذين لم يقدموا إلا عن شبهة، فقد اختلفت الأقاويل، وكثر في ذلك القال والقيل، والمعتمد الدليل؛ وقد مال كثير من المتأخرين إلى القبول، ومحل البحث في ذلك علم الأصول؛ ولكنهم لم يقصدوا بذلك هؤلاء المتَجَرِّين المتهتكين، الذين قامت النصوص القاطعة على كونهم من الباغين، المنافقين المارقين، الداعين إلى النار، وبئس القرار.

وهذا الإمام المؤيد بالله [في شرح التجريد (1/ 175)]، والأمير الحسين (ع)

[في شفاء الأُوام (1/ 314)]، وغيرهما، جرحوا الزهري بمخالطة الجبابرة، ووائلاً بكتابة الأسرار [شرح التجريد (1/ 401)]، وجريراً باللحوق بالأشرار [شرح التجريد (1/ 188)، (6/ 534)، ينابيع النصيحة (ص/ 134-135)]، وقيساً ببغض إمام الأبرار [ينابيع النصيحة للأمير الحسين (صـ 133)]؛ وهما ممن يصرّح بقبول المتأولين؛ ولكنهما لم يريدا من لا شبهة له كهؤلاء المضلين.

وإنما بسطت الكلام؛ لأنه قد كثر الخبط والتخليط في هذا المقام، وصار من لا تحقيق له بمقاصد الأعلام، أو الأمر عنده واضح ولكنه يريد التلبيس على قاصري الأفهام؛ كما قال بعض أئمتنا (ع): يُدْمِج الإشكال عموماً، ويصير المعلوم موهوماً، فيتم ذلك على من لارسوخ لقدمه في مجال الأنظار، ولاثبوت لفهمه في مزالق الأخطار.

وَمَا انْتِفَاعُ أَخِي الدُّنْيَا بِنَاظِرِهِ ... إِذَا اسْتَوَتْ عِنْدَهُ الأَنْوَارُ وَالظُّلَمُ

والقصد الخروج من العهدة، فيما أمر اللّه تعالى به من بيان الحجة، وإيضاح المحجة، والقيام بواجب النصح، لمن ألقى السمع وهو شهيد، والله ولي التوفيق والتسديد. انتهى كلامه.

قال الإمام يحيى شرف الدين -رضي الله عنه- في شرح خطبة الأثمار في أمر أهل الحديث ما لفظه: فإن أهل البيت وأتباعهم وغيرهم ينازعونهم في قواعد كثيرة من أمر الجرح والتعديل، بحيث أن كثيراً مما يعده أهل الحديث جرحاً يعده غيرهم من شروط العدالة، والعكس، ويعتقدون -وهو الاعتقاد الصَّحيح الذي لا محيد عنه-: أن المتسمين بأهل الحديث أخلوا بأصل عظيم، هو أصل الأصول في الحقيقة، وهو النظر في أحوال الرواة والنقلة ممن يعتقدون أنَّهم صحابة النبي، ممن قد رآه صلى اللّه عليه وعلى آله وسلم وسمع منه، فحين يصلون إلى الصحابي لا ينظرون له في حال، ويقطعون بعدالة كل الصحابة.

وهذا معلوم الاختلال والفساد، لموافقتهم لنا في المصرحين بالارتداد والكفر

والفسق من الصحابة، وبالأدلة الواضحة في ساقطي العدالة من غير المصرحين، وضعف الدليل الذي تعلقوا به في تعديل الصحابة ومعارضته بما ظاهره الإبطال له.

ولم يلج -أول من عُني بهذه الشبهة المضلة إلاَّ كراهة أمير المؤمنين كرم اللّه وجهه، وكراهة أهل بيته، حين عرف أنَّه لا يتم لهم-، هذه الشبهة لم يبق لهم أي طريق في التفضيل لغير علي كرم اللّه وجهه عليه، ولا أي طريق في عدم تفسيق من خالفه وخالف أهل البيت عليهم السلام، ولا أي ترخيص في الخروج عن سننهم القويمة وصراطهم المستقيم، فإنه لم يكن لهم طريق يُدلون بها في هذه المذاهب الباطلة إلاَّ ما كان من رواية المجروحين من الصحابة، أو ممن اعتمد على أحاديثهم، وبنى على تعديلهم وجرى في العداوة والبغضاء، -لمن جعلهم اللّه سبحانه له على عباده المحجة البيضاء، وأوجب لهم المحبة والولاء- مجراهم.

فإذا عرفت هذا مع أن غيره مما يشق ذكره أكثر في شأن الحديث النبوي وكثرة ما روي منه وقع التساهل فيما يحتاج إليه ضرورة:

فاعلم أنَّه لا يُعتمد على شيء من الحديث إلاَّ على:

[1] ما ثبت تواتره لفظاً أو معنىً.

[2] أو ثبت تلقيه بالقبول من الأمة، لا سيما من جماعة أهل الحل والعقد؛ من أهل بيت الرسول الذين جعلهم اللّه سبحانه قرناء الكتاب العزيز، والأمان لأهل الأرض، والسفينة المنجية من الهلكة، والكهف الحريز، فإن أقوى أدلة حجيَّة إجماع الأمة أدلة حجية إجماع أهل البيت كما أوضحه والدنا الإمام المهدي عليه السلام في آخر المنية والأمل، وفي باب الإجماع من شرح المعيار، بما لا مدفع له.

[3] أو بما صح وثبت بتصحيح أهل البيت الذين سلم تصحيحهم من آفات تصحيح غيرهم التي ذكرناها والتي لم نذكر.

وذلك المذكور من المتواتر والمتلقى بالقبول أو الصَّحيح المقيدين بما ذكرنا قليل جداً.

وسائر الأحاديث إنَّما يذكرها من يذكر؛ إما للاستظهار بها مع ظاهر قرآن، أو سنة صحيحة، أو استشهاد بضم بعض إلى بعض من المحتملات، أو تقوية قياس ثبت الحكم به في المسألة، أو زيادة ترغيب في طاعة، أو ترهيب عن معصية، أو قطع حجاج خصم يقول بقبول مثل ذلك الحديث، الذي لا يقول به المورد له والمحتج به، أو لبيان فساد مثل ذلك الحديث من مخالفته لقاطع من عقل، أو نقل، أو صحيح من نقل، أو غير ذلك من الأغراض الصحيحة.

وحين تحقق هذه القواعد تعرف أن طرق أهل البيت عليهم السلام في أمر الأحاديث النبوية وتخريجهم أصح الطرق، وأحق التخاريج، من حيث سلامتها مما لحق غيرها من فساد في الأصول والفروع. انتهى.

قال الإمام الهادي الحسن بن يحيى القاسمي -رضي الله عنه-: وقوله: وإنما صح وثبت بتصحيح أهل البيت الذين سلم تصحيحهم من آفات تصحيح غيرهم ... الخ:

وذلك كالمجموع، وأمالي أحمد، وجامعي الهادي، وما احتج به المؤيد بالله -عليه السلام- في شرح التجريد، وما رواه قدماء أئمتنا -عليهم السلام-.

كما أشار إليه سيدنا العلامة أحمد بن يحيى حابس -رضي الله عنه- حيث قال ما لفظه: ولنا سلف بحمد اللّه صالح لا نجد لفقهاء العامة مثله يروون الحديث عن الآباء والأجداد الطاهرين، عن سيد المرسلين، لا يشاركهم فيه مشارك إلاَّ من عرفوا عدالته من شيعتهم الأخيار كزيد بن علي ومحمد الباقر وجعفر الصادق والإمام أحمد بن عيسى وغيرهم، فهم اتخذوا من طرق الحديث أبهجها وأحسنها. انتهى.

وقال الإمام القاسم بن محمد -رضي الله عنه- ما لفظه: وما يجري في كتب أصحابنا وغيرهم من إيراد أحاديث من لا تقبل روايته عندهم، فإنما يوردونه لأغراض لا يلزم من إيرادها العمل بها، مثل الاحتجاج بها على من يقبله أو يقويه، أو الترجيح لما يوافق، أو المبالغة، والاستئناس، أو تقوية قياس، أو ترجيحه على ما

يساويه في الأساس، أو زيادة ترغيب وترهيب فيما لا يحتاج فيه إلى إثبات حكم من أحكام الشريعة من الأذكار والأوراد والطب والرقية وغير ذلك. انتهى.

ومن خلال النصوص السابقة عن الأئمة الهادين، نعرف بطلان دعوى من يدعي الإجماع من أئمة الزيدية أنهم قبلوا روايات وشهادات المخالفين، من البغاة والخوارج والمتأولين، كمحمد بن إبراهيم الوزير، ومن تبعه من المقلدين له.

فقد كان سبباً في زيغ كثير من المعاندين والمقلّدين، وهو الذي فتح الباب على مصراعيه للمخالفين، والذي أقحمه في المخالفة لآبائه الأئمة الهادين، مقامات الجدال والمعارضة، ومثارات التعصب في المخاصمة، فالمقلّدون لما في كتبه من المعارضات للآل، التي أثارها غضب الجدال، لا أصل لهم.

وقد أجاب عليه علماء الزيدية الأكابر، من الأوائل المعاصرين له والأواخر، بما مُلِأت به الصحف والدفاتر، ولا يحتج به المخالفون إلا لهوى في أنفسهم، وحاجة في صدورهم.

قال مولانا الإمام الحجة مجد الدين المؤيدي في لوامع الأنوار الجزء الثاني في الفصل السابع (2/ 520): وقد أكثر محمد بن إبراهيم المحاولة لجعل قبول المتأول قولاً لجميع الزيدية، تارة بالتخريج، وتارة بالتقدير، ومرة بالإلزام؛ وأطال في ذلك الاضطراب والكلام، على نحو ما مرّ في المجهول ولم يقف على طائل ولا مرام.

وكذلك أطنب في تقرير الإجماع المدعى من أهل الصدر الأول، وسرد حكايات القابلين لهم من أئمة أهل البيت (ع)، وغيرهم.

ونقول: إن كان المراد أنه قد روي فلا نزاع؛ ولكنها روايات آحادية، لا توجب القطع في هذا المقام الكبير، الذي هو عمدة في الدين، وطريقة إلى شريعة سيد المرسلين - صَلَوَاتُ الله عَلَيْهِم - ولم يذكر عن الحاكين للإجماع رواية واحدة، لا صحيحة ولا فاسدة، تتصل بالمدعى إجماعهم، أن أحداً منهم قبل خبراً أو فتيا عن مخالفيهم؛ وإنما هي دعاوٍ مجردة، توافقت عليها حكايات أهل هذه الأقوال؛ ولا

يبعد أنها جميعاً مأخوذة عن ناقل واحد، تبع فيها الآخرُ الأولَ، كغيرها مما هو على هذا المنوال، مع أنها معارضة بروايات متصلة، عن المدعى إجماعهم، بالرد لأخبار مخالفيهم، هي أصح وأوضح:

فمن ذلك: ما رواه الإمام الأعظم، بسند آبائه (ع)، في شأن الواقعة التي بعث معاوية قوماً يسألون عنها علياً، فقال - صَلَوَاْتُ الله عَلَيْه -: لعن الله قوماً يرضون بحكمنا، ويستحلون قتالنا...إلى آخر ما في المجموع.

ففيه إنكار صحيح، بل لعن صريح، على الراضين بالحكم مع استحلال القتال، وأنهما متنافيان.

لا يقال: إنهم يستحقون اللعن لغير ذلك.

لأنا نقول: نعم، ولكنه هنا رَتَّبَه على هذا الوصف، ولولا ذلك، لما كان لذكره فائدة، وطريقة الحكم والخبر واحدة.

ومنها: الرواية التي أخرجها مسلم [(2/ 628)، رقم (1087)]، عن ابن عباس -رَضِي الله عَنْهما-، وفيها: أنه أخبره كريب برؤية هلال رمضان بالشام، أنهم رأوه وصاموا.

ثم قال له: أو لا نكتفي برؤية معاوية وصيامه؟

فقال ابن عباس: لا، هكذا أمرنا رسول الله -صلى الله عليه وآله وسلم-.

إلى قوله:

وأخرج مسلم (1/ 27) عن مجاهد، قال: جاء بُشَيْرٌ العَدَوِيُّ إلى ابن عباس، فجعل يحدث ويقول: قال رسول الله -صلى الله عليه وآله وسلم-.

وجعل ابن عباس لا يأذن لحديثه، ولا ينظر إليه.

فقال له بشير: مالي أراك لا تسمع إلى حديثي؟ أحدثكم عن رسول الله -صلى الله عليه وآله وسلم- ولا تسمع؟!

فقال ابن عباس: إنا كنا مرة إذا سمعنا رجلاً يقول: قال رسول الله -صلى الله عليه وآله وسلم- ابتدرته أبصارنا، وأصغينا أسماعنا؛ فلما ركب الناس الصعبة والذلول، لم نأخذ من الناس إلا ما نعرف.

ومما أجاب به أهل المنع: ما ذكره ابن الإمام (ع) في شرح الغاية، حيث قال: وذلك لأنه لم يثبت أن أحداً من هؤلاء المتأولين أقام شهادة، أو روى خبراً عند من يعتقد فسقه؛ وظهر ذلك ظهوراً يقتضي أن ينقل ما جرى فيه، من رَدٍّ أو قَبول، فقولهم: لو رد شيء من ذلك لنقل غير صحيح؛ لأن وجوب نقله مترتب على وقوعه.

فما لم يقع، كيف يجب نقل رده أو قبوله؟

ولو سلم وقوعه، فلا نسلم أن رده لم ينقل؛ كيف، وقد روى مسلم في صدر صحيحه عن ابن سيرين (1/ 28)، قال: لم يكونوا يسألون عن الإسناد؛ فلما وقعت الفتنة، قالوا: سموا لنا رجالكم؛ فينظر إلى أهل السنة، فيؤخذ حديثهم، وينظر إلى أهل الابتداع، فلا يؤخذ حديثهم...إلى آخر كلامه، انتهى المراد.

فما ذكره من دعوى الإجماع أو الاتفاق من الزيدية على قبول روايات المخالفين.

فهي دعوى عاطلة عن البرهان، خالية من الحجة والبيان، لا دليل عليها، بل المعلوم أن أكثرهم لم يقبلوها، إلا مع ظاهر آية أو قياس أو بضم بعضها إلى بعض حتى يحصل ما يوجب الظن بصدقه، وإنما أوردها ابن الوزير لأجل الجدال والخصام.

وأما ما يتناقله المقلدون على غير بصيرة لابن الوزير:

فهم لم يأتوا بجديد، وإنما هم عالة على ابن الوزير، فإذا بطل الأصل بطل الفرع.

ومهما كانت درجة أحدهم العلمية، أو مكانته الاجتماعية، فلا يعني ذلك أننا سننقض قواعد الأئمة السابقين، والعلماء المتقدمين بقوله، بل نقول: اختياره له، وقوله محسوب عليه لا على غيره، إن صحت دعواه، كما قال السيد العلامة الكبير أحمد بن الإمام الهادي الحسن القاسمي في العلم الواصم في الرد على هفوات الروض الباسم (صـ47):

شروط الزيدية معروفة صريحاً، وأما الفلتات والمحتملات فلا ندعي لهم

العصمة، وهذه مصنفاتهم منادية على عدم قبول رواية المجهول بل الغالب عليهم الجزم بعدم قبول رواية فاسق التأويل فكيف بالمجهول، ومدعي الغرائب مطالب بالبرهان، وكلام المنصور مصرح به في (شرح السيلقية) عند ذكر معاوية بن أبي سفيان.

على أن اختيار المتأخر لا يضر مذهب المتقدم من أئمتنا، قرناء الكتاب، ورؤساء أولي الألباب.

ومما يزيد قولنا تأكيداً، ويفند ما ادعوه تفنيداً، هذه النصوص الآتية، عن بعض أئمة العترة الزاكية، الذين يذكرونهم في معرض ما يدعونه من الدعاوى الباطلة، فنقول:

قال الإمام المنصور بالله عبد الله بن حمزة عليه السلام في شرح الأربعين السيلقية في شرح الحديث الثاني والثلاثين (صـ 458 – منشورات مركز الإمام المنصور بالله عليه السلام، بتحقيقنا):

وإنما قبلنا الرواية عنه –أي عن معاوية-: لأنها في حال ستره قبل انكشاف أمره، ولأن الحكمة ضالة المؤمن يأخذها من كل من وجدها معه، ولأن الحديث مما يتعلق بالوعظ والتخويف. انتهى.

وقال في الشافي (2/ 137): في الجواب على فقيه الخارقة في قوله:

وأما قوله –أي فقيه الخارقة-: وليت شعري أبو هريرة عندك صادق فيما يروي فكيف تطعن في روايته في غير هذا أم هو بخلاف هذا، فلا يجوز لك أن تروي عنه، أم تريد تصديقه فيما يروي لك، وتكذيبه فيما يروي لغيرك فهذا تحكم لا يسلم، والظاهر أنك ما رويت عنه إلا وأنت تعتقد صدقه فاقبل منا كل ما رويناه عن أبي هريرة فإنه لازم لك.

ثم قال الإمام عليه السلام: فالجواب: أنا لا ننكر ما صحت روايته بطريق أحد من الصحابة –رضي الله عنهم- سواء كان أبا هريرة أو غيره، وإنما الشأن في صحة

السند، وكون الخبر غير مخالف للأصول على حد لا يمكن تأويله.

وقال الإمام المنصور بالله عليه السلام كما في القسم الثاني من السعي المشكور، مبيناً السبب في قبول شهادات المخالفين ورواياتهم، وأنها للضرورة لما عدمت العدالة الشرعية:

ولما طال الأمد على المسلمين وقست قلوب كثير منهم وخالفوا أهل بيت نبيهم في الدين، وتنكبوا سبل الهادين لم يبق المتمسك بالحق إلا الأقلون، كما قال تعالى: ﴿وَقَلِيلٌ مِّنْ عِبَادِيَ ٱلشَّكُورُ ﴿١٣﴾﴾[سبأ/ 13]، وقال سبحانه: ﴿وَمَآ ءَامَنَ مَعَهُۥٓ إِلَّا قَلِيلٌ ﴿٤٠﴾﴾ [هود40]، وبعض من ينسب إلى الإسلام بالنطق بالشهادتين قد ترك شرائع الإسلام ورفضها، وبعض من ينتحل الإسلام خرج عن الإسلام بالاعتقادات الخبيثة التي بعضها يؤدي إلى الكفر، وبعضها يؤدي إلى الفسق وهو الأقل، ولا ضرورة أكبر من هذا لانتشار كلمة الإسلام في الآفاق، وكونهم لا يفزعون تديناً إلا إلى الشرع النبوي -زاده الله جلالةً وعزّاً-؛ فلو منعنا من شهادة بعضهم لبعض لأدى إلى تلف الأموال، واختلال الأحوال، وهذه ضرورة لا يجهلها أحد من أهل المعرفة، وقد أجاز جُل أهل العلم شهادة أهل الأهواء والمذاهب وبعض أقوالهم يؤدي إلى الكفر باتفاق، وقد ذكر أيضاً أهل التحصيل من العلم -بل جمهورهم- قبول أخبار المخالفين في الاعتقادات، وروى عنهم المحققون بغير مناكرة في ذلك، والأخبار نوع من الشهادة وتجري مجراها في بعض الأحكام، فإن كانت هناك بلدة لا يوجد فيها العدل العدالة الشرعية كان حكمها حكم الضرورة، وقبلت شهادة ثقاتهم، ومن لا يعرف بالكذب والخيانة منهم؛ لأن الشهادة مرجعها إلى غالب الظن، وقد يغلب في ظننا صدق كثير من العصاة، وقاطعي الفرض، ولا ينسب إلى كثير منهم الكذب ولا الخيانة في الشهادة، وقد يخشى ذلك من كثير من المظهرين للدين، فكما أنه يرجع في الشهادة إلى غالب الظن يعتبر الحاكم نفسه في ذلك: فإن غلب في ظنه صدق الشاهد حكم بشهادته، وإن لم يغلب في ظنه ترك، وكذلك الحكم في كل شاهد؛ فاعلم هذا الأصل، وتلك العلة التي يدور عليها الحكم نفياً وإثباتاً.

وقد علمنا أن كفر كثير من المخالفين لنا من أهل المذاهب، وأن التاركين للفرائض أهون جرماً من العُبَّاد منهم والنساك، بل أكثر عبادتهم يزدادون بها من الله بُعداً، فقد أجاز أهل العلم شهادتهم وقبلوا أخبارهم، فما المانع من قبول شهادة عصاة الأمة إن لم يوجد غيرهم ويكون ذلك ضرورة، بل هو عين الضرورة؛ لأن أكثر البلاد -بل جلها إلا القليل - لا يوجد فيها من تصح عدالته شرعاً على الوجه المعتبر عندنا، فأي ضرورة أعظم من هذه. انتهى كلامه، وهو واضح أن السبب هو الضرورة، لعدم وجود من تصح عدالته شرعاً.

وقال الإمام يحيى بن حمزة عليهما السلام في كتابه (الانتصار) (1/ 913): والزُّهْري هذا ضعيف العدالة، ويروى أنَّه كان من جملة حرسة الخشبة التي صُلِب عليها زيد بن علي، ومثل هذا يُسقط العدالة، ويحطُّ منها.

وأما من قبل رواية المخالف من بعض علماء الزيدية فهو رأي له، ليس للزيدية، ولا ينقض ذلك ما اشترطه الأئمة في الرواية.

وقد قدمنا أنهم وإن قبلوا رواياتهم فليس ذلك تعديلاً لهم.

وفيما ذكرنا ونقلنا من الكلام عن الأئمة والعلماء الذين سردهم في سؤاله، ما يدل على أن من نقل عنهم التعميم قد أخطأ في ذلك.

وكذلك من توهم أنهم يحكمون بعدالة من قبلوا روايته فقد أخطأ ولبّس.

وأما المحور الثاني: هل كتب الحديث من الصحاح والسنن والمسانيد كتب موثوقة عند أئمة الزيدية ويصح الاحتجاج بها؟

مما يثيره أهل الشغب ادعاؤهم أن أئمة الزيدية يجعلون كتب الحديث من الصحاح والسنن والمسانيد كتباً موثوقة، ويحتجون بها.

والجواب وبالله التوفيق:

هذه من جملة قائمة ادعاءاتهم المفتراة، التي سودوا بها الأوراق، وهي عاطلة

الجيد عن الأطواق، لا تثبت عند اشتداد الجدال على ساق، بل تولي منهزمة وقد ضاق بها الخناق، لأن كلام الأئمة واضح المنهاج، لا ميل فيه ولا اعوجاج، وكلماتهم متواردة على نسق واحد.

ونلخص الجواب عن هذا في وجوه:

الوجه الأول: في شيءٍ مما ظفرنا به من كلام أئمتنا في كتب المحدثين:

ذكر الإمام المهدي -رضي الله عنه- في (المنهاج) ما لفظه: ولقد وقفت على كتاب (القياس) للهادي -رضي الله عنه- فذكر فيه من تقبل روايته ومن لا تقبل، في كلام طويل، من جملته: أنه ذكر أهل الحديث فضعف روايتهم، حتى قال: ولهم كتابان يعبرون عنهما بالصحيحين -يعني صحيح البخاري ومسلم- ثم قال: وإن بينهما وبين الصحة لمسافات ومراحل، هذا معنى كلامه.

ولعمري إنه على ورعه لا يقول ذلك عن وهم وتخمين، بل عن علم ويقين. انتهى.

وقال الإمام الهادي -رضي الله عنه- في المنتخب (36) بعد أن روى عن كتب العامة في باب الأوقات: وإنما جمعنا في هذا الباب هذه الأخبار برواية الثقات من رجال العامة، لئلا يحتجوا فيه بحجة، فقطعنا حججهم بروايات ثقاتهم، فافهم ذلك، فلك فيه كفاية إن شاء الله، والقوة بالله. انتهى.

وقال في (الجامع الكافي) ما لفظه: قال الحسن بن يحيى -عليهم السلام-: سألت عن سماع العلم من أهل الخلاف وذكرت أن قوماً يكرهون ذلك.

فالجواب: أن النبي -صلى الله عليه وآله وسلم- قد بلغ ما أمر به، وعلّم أمته ما فرض عليهم ولم يقبض رسول الله -صلى الله عليه وآله وسلم- إلا عن كمال الدين، فسنة رسول الله -صلى الله عليه وآله وسلم- منقسمة عند من سمعها من أصحابه، فمنهم من حفظ، ومنهم من قدم وأخر ونسي وغفل، ومنهم من بدل وغير وزاد ونقص.

وقد ثبتت الحجة من رسول الله -صلى الله عليه وآله وسلم- على أمته أنه بلغ إليهم ما أمر به، ودلهم على من يحفظ ما نسوا، ويعلم ما جهلوا، وأمرهم بالتمسك به عند اختلافهم، والاتباع له عند تفرقهم، فقال -صلى الله عليه وآله وسلم- ((يا علي حربك حربي، وسلمك سلمي، وأنت مع الحق والحق معك))، ثم أعلمهم بموضع الحق والهدى بعد أمير المؤمنين -رضي الله عنه- بالدلالة على عترته.

فما روته العامة من سنة رسول الله -صلى الله عليه وآله وسلم- المشهورة، المتسق بها الخبر عن غير تواطئ، أخذت وحملت من كل من يؤديها، إذا كان يحسن التأدية لها مأمون على الصدق فيها، وما جاء من الآثار التي تخالف ما مضى عليه آل رسول الله -صلى الله عليه وآله وسلم- ترك من ذلك ما خالفهم، وأخذ ما وافقهم، ولم نضيق سماع ذلك من كل من نقله من أهل الخلاف، إذا كان يعرف بالصدق على هذا التمييز.

ولا خير في السماع من أهل الخلاف إذا لم يكن مع المستمع تمييز. انتهى.

وقال المرتضى لدين الله محمد بن يحيى الهادي -عليهم السلام- في جواب مسائل عبد الله بن الحسن، في مجموع رسائل المرتضى (2/ 563): «وقلت: لأي معنى لا ندخل الأحاديث في أقوالنا؟

ولسنا ندخل من الحديث ما كان باطلاً عندنا، لأنا رأينا في كثير من الأحاديث مخالفة لكتاب الله عز وجل ومضادة لـه، فلم نلتفت إليها ولم نحتج بما كان كذلك منها، وكلما وافق الكتاب وشهد لـه بالصواب صح عندنا وأخذنا به، وما كان من الحديث أيضاً مما رواه أسلافنا أباً فأباً عن علي بن أبي طالب -رضي الله عنه- عن رسول الله-صلى الله عليه وآله وسلم- فنحن نحتج به، وما كان مما رواه الثقات من أصحاب رسول الله-صلى الله عليه وآله وسلم- قبلناه وأخذناه وأنفذناه، وما كان خلاف ذلك لم نره صواباً ولم نقل به.

إلى قوله -رضي الله عنه-: وفي الحديث الذي ترويه العامة ما لا تقوم به حجة،

ولا تتضح به بينة، ولا شهد لـه كتاب ولا سنة، وكل ما قلناه وأجبنا به فشاهده في كتاب الله تعالى، وفي السنة المجمع عليها عن رسول الله -صلى الله عليه وآله وسلم-، أو حجة من العقل يصدقها الكتاب، فكل ما كان من هذه الطريق فهو أصح مطلوب، وأنور حجة في القلوب، وليس يجوز تفسيره إلا لأهله الذين خصهم الله عز وجل بعلمه من أهل بيت نبيه عليه وعليهم السلام .

وقال في الروض الباسم نقلاً عن (الزهور):

وفيها عن أبي طالب أنه قال: لا يقبل خبر فاسق التأويل وكافره.

وروي عن أبي طالب أنه قال: وكيف نقبل رواية من شرك في دماءنا وسود علينا؟!!

وقال الإمام أبو طالب في شرح البالغ المدرك (54)، بعد أن روى أخباراً من طرق المخالفين: واعلم أنه دعانا إلى ذكر هذه الأخبار بنقل العامة ـ وإن كان قد نقلها عندنا من نثق به من أئمتنا -عليهم السلام- إلى رسول الله -صلى الله عليه وآله وسلم-، ومشائخ أهل العدل والتوحيد ـ إنكارُ فقهائهم حجج العقول، والرجوع إليها في متشابه القرآن والأخبار).

وقال الإمام المنصور بالله عبدالله بن حمزة -رضي الله عنه- في الشافي [3/ 345] مبيناً السبب الموجب للرواية عن المخالفين: ونحن لا ننقل إلا ما صحّ لنا بالنقل الصحيح، أو كان من رواية ضدنا؛ للاحتجاج عليه، ولم نورد ذلك إلا ومعنا من البرهان عنه ما يكفي ويزيد تأكيداً.

قال السيد العلامة الكبير أحمد بن الإمام الهادي الحسن القاسمي في العلم الواصم:

إذا عرفت هـذا علمت أنه روى الإجماع عنهم مجازفة، وعدم تثبت في النقل، وتدليس في الحكاية عنهم على من لا بصيرة لـه بهذا الشأن، واستنفر بيد شلاء، وصال على خصمه بيد جذاء، ولو عاملناه بما عامل الزيدية به لكان أهلاً أن يرمى

بعدم العدالة والتثبيت، وبالتدليس، يعلم ذلك من يقف على كتب الزيدية ومصنفاتهم ورواياتهم ثم يقف على روايته عنهم.

ثم قال بعد كلام طويل سيأتي بعضه: إذا عرفت هذا فليخبرنا في وقت وقع الإجماع، أما أوائل الزيدية فإنهم لا يقبلون إلا ما كان من طريقهم، وأما المتأخرون فقد بينا كيفية قبولهم لأخبار العامة.

على أننا ننكر عليه دلالة الموافقة من الألفاظ التي حكاها عن المنصور بالله- عليهم السلام- وغيره مع تقدم الخلاف وتأخره من الفريقين كما ذكرنا، ومن ادعى دعوى فعليه البرهان . انتهى المراد.

الوجه الثاني: في ذكر بعض من انتقد على البخاري ومسلم، من علماء الإسلام.

قال العلامة محمد بن إسماعيل الأمير في توضيح الأفكار شرح تنقيح الأَنظار لابن الوزير (1/ 94): وهذا التَّلَقِّي لأَحاديث الصحيحين يَحتاجُ مُدَّعيه في إثبات هذه الدعوى إلى دليل، فنقول: هذه الدعوى تحتاج إلى استفسارٍ عن طرفيها، هل المراد: كلُّ الأمة من خاصة وعامة، كما هو ظاهر الإطلاق؟ أو المجتهدون من الأمة؟! وهو معلوم بأنَّ الأَول غير مراد، فالمراد الثاني وهو دعوى أنَّ كلَّ فردٍ فردٍ من مجتهدي الأمة تَلَقَّى الكتابين بالقَبول، ولا بُدَّ من إقامة البيِّنة على هذه الدعوى، ولا يَخفى أنَّ إقامتَهُ عليها من المتعذرات عادةً، كإقامة البينة على دعوى الإجماع، فإنَّ هذا فردٌ من أَفراده،...، مع أنَّ هذا الإجماع بتلقي الأمة لها لا يتمُّ إلاَّ بعد عصر تأليفهما بزمان حتى ينتشرا، ويبلغا مشارق الأرض ومغاربها، وينْزلا حيث نزل كلُّ مجتهد، مع أَنَّه يغلب في الظن أنَّ في العلماء المجتهدين مَن لا يعرف الصحيحين، فإنَّ معرفتَهُما بخصوصهما ليست شرطًا في الاجتهاد قطعًا.

والحاصل: منع هذه الدعوى، ثم إن سلمت هذه الدعوى في هذا الطرف، ورد سؤال الاستفسار عن الطرف الثاني، وهو: هل المراد من تلقي الأمة لهذين الكتابين الجليلين معرفة الأمة بأنهما تأليف الإمامين الحافظين؟، فهذا لا يفيد إلاّ صحة الحكم بنسبتهما إلى مؤلفيهما، ولا يفيد المطلوب، أو المراد تلقيها لكلِّ فردٍ فردٍ من أفراد

أحاديثهما بأنَّه عن رسول الله -صلى الله عليه وآله وسلم-؟ وهذا هو المفيد للمطلوب، إذ هو الذي رُتِّبَ عليه الاتفاق على تعديل رواتهما؛ إذ التلقي بالقبول: هو ما حكم المعصوم بصحته ضمنًا - كما رسمه المصنف في كتبه - وهو يلاقي معنى ما أسلفناه عن الأصوليين من أنَّه: ما كانت الأمة بين متأول له، وعامل به؛ إذ لا يكون ذلك إلاّ بما صح لهم، ولكن هذه الدعوى لا يخفى عدم تسليمها في كل حديث من أحاديث الصحيحين غير ما استثنى؛ إذ المعصوم هو الأمة جميعًا أو مجتهدوها، ولا يتم أنَّ كل حديثٍ حكم المعصومُ بصحته ضمنًا؛ إذ ذلك فرع إطلاع كلِّ فرد من أفراد المجتهدين على كلِّ فرد من أفراد أحاديث الكتابين.

إلى أن قال: ولئن سلمنا أن مجتهدي الأمة كلهم تلقوا أحاديث الصحيحين بالقبول، وصاروا بين عامل بكل فردٍ من أحاديثهما، ومتأول، فإنَّه لا يدل ذلك على المدَّعى، وهو الصحة؛ لأنَّ الحسن يعمل به ويتأول، فليس التلقي بالقبول خاصًّا بالصحيح... »، إلخ كلامه.

وروى الحافظ المزيُّ في تهذيب الكمال (1/ 64)، في ترجمة (أحمد بن عيسى بن حَسَّان المِصْري)، رقم الترجمة (84) بإسناده إلى البَرْذَعِيِّ، قال: «شهدتُ أبا زُرْعَةَ ذَكَرَ كتابَ (الصحيح) الذي أَلَّفَه مسلم بن الحجاج، ثم الفضل الصائغ على مثاله، فقال لي أبو زُرْعَةَ: هؤلاء قومٌ أَرادوا التقدم قبل أوانه، فعملوا شيئًا يتسوقون به، أَلَّفوا كتابًا لم يُسبقوا إليه؛ ليقيموا لأنفسهم رياسةً قبل وقتها.

وأتاه ذات يوم -وأنا شاهدٌ- رجلٌ بكتاب (الصحيح) من رواية مسلم، فجعل ينظر فيه، فإذا حديثٌ عن أَسباط بن نصر. فقال أبو زُرْعَةَ: ما أَبعد هذا من الصحيح! يُدخلُ في كتابه أسباطَ بنَ نصر؟!، ثم رأى في الكتاب قَطَنَ بنَ نُسَيْر، فقال لي: وهذا أطمُّ من الأول،...، ثم قال لي: يُحَدِّثُ عن أمثال هؤلاء، ويترك محمدَ بنَ عجلان ونظراءَه، ويُطَرِّقُ لأَهل البدع علينا، فيجدون السبيل بأن يقولوا لحديث إذا احْتُجَّ عليهم به: ليس هذا في كتاب الصحيح، ورأيتُهُ يَذمُّ من وضعَ هذا الكتابِ ويُؤَنِّبه،...، وقدم مسلمٌ بعد ذلك الري فبلغني أَنَّه خرج إلى أبي عبد الله محمد بن مسلم بن وارة فجفاه وعاتبه على هذا الكتاب، وقال له نحوًا مما قاله لي أبو زرعة:

إنَّ هذا يُطَرِّقُ لأَهل البدع علينا»، إلخ. وانظر شرح صحيح مسلم للنووي (1/ 30)، وقد ذكر الحافظ ابن حجر في طبقات المدلسين (ص/ 26)، رقم (28)، مسلم بن الحجاج، ونقل عن ابن مندة أنه قال في حقِّ مسلم: «أنه كان يقول فيما لم يسمعه من مشائخه: قال لنا فلان. وهو تدليس،...».

وروى الذهبي في السير (12/ 280)، ط: (مؤسسة الرسالة) في ترجمة الذُّهلي وابنه: «وقال أبو قريش الحافظ: كنتُ عند أبي زُرْعَة، فجاء مسلمُ بنُ الحجاج، فسلَّم عليه، وجَلَسَ ساعة، وتذاكرا. فلما أن قام قلتُ له: هذا جَمَعَ أربعة آلاف حديث في (الصحيح)، فقال: فلمن ترك الباقي؟ ثم قال: هذا ليس له عَقْلٌ، لو دَارَى محمدَ بنَ يحيى [الذُّهْلِيَّ] لصار رجلًا».

قال العلامة المحقق المقبلي: وهذان البخاري ومسلم رويا عن عقبة بن سعيد بن العاص وهو جليس الحجاج، وعن مروان بن الحكم، وتجنب البخاري من لا يحصى من الحفاظ العباد كما تخبرك عنه كتب الجرح والتعديل مع أن من رويا عنه متكلم فيه بالضعف الكثير، بل في رجال الصحيحين من تكلم فيه كذلك، ومنهم من لم يعدل صريحا ولا كثر الرواة عنه حتى يصير كالمعدل.

قال -يعني الذهبي- في ترجمة يحيى بن مالك الذماري: في رواة الصحيحين عدد كثير ما علمنا أن أحداً نصَّ على توثيقهم. انتهى.

وقال ابن حجر في مقدمة فتح الباري (ص/ 501)، ط: (دار الكتب العلمية): «فإن هذه المواضع متنازع في صحتها، فلم يحصل لها من التلقي ما حصل لمعظم الكتاب، وقد تعرض لذلك ابن الصلاح في قوله: إلاّ مواضع يسيرة انتقدها عليه الدارقطني وغيره.

وقال شرح النووي في مقدمة شرحه لصحيح مسلم (1/ 25): ما أَخَذَ عليهما يعني على البخاري ومسلم وقَدَحَ فيه معتمدٌ من الحفَّاظ فهو مستثنى مما ذكرناه؛ لعدم الإجماع على تلقيه بالقبول. انتهى»، قال ابن حجر: «وهو احترازٌ حَسَنٌ».

قال المقبلي في الأبحاث المسدّدة (ط1/ ص696)، ط: (مكتبة الجيل الجديد):

«هذا البخاري ومسلم ترَكَا أَئمةً مشاهير، وتجنباهم عَمْدًا، ثم في رجالهما من لا يوثق، ولا عرف إلاّ من رواية راوٍ واحدٍ. قال الذهبي: فيهما شيء كثير، ترك التعرض لهم في كتابه الميزان لكثرتهم.

وقال ابن دقيق العيد: المشهور عند المحدثين ردُّ من كان كذلك.

وقال ذلك غيره أيضًا، بل قال أبو الحسن بن القطان: من كان كذلك ما علمنا إسلامه، فكيف عدالته.

وقال المقبلي: وكذلك من روى عنه اثنان وأكثر، فإنَّه لا يخرج بذلك عن اسم الجهالة...».

قال العلامة الكبير أحمد بن الإمام الهادي القاسمي في العلم الواصم:

ومن أراد استيفاء ما قيل في الصحيحين من أهل الأحاديث فليقف على (مقدمة فتح الباري) ليعلم عدم وقوع الإجماع الذي زعمه السيد محمد بن إبراهيم، -قلت: وقلده في الدعوى يحيى بن الحسين بن المنصور-، وأنه قد تكلم في صحتهما الموالف والمخالف بالحق والباطل، وليس مقصدنا إلا رداً للدعاوى الموهومة من العبارات النادرة، وإلا فأئمتنا " لم يقطعوا بكذب ما في الصحيحين جميعه، بل قبلوا ما عرفوا صحته.

وقال السيد البدر المنير محمد بن إسماعيل الأمير - رحمه الله - ما لفظه: كانتقاد الحافظ أبي الحسن الدارقطني على الشيخين فإن مجموع ما انتقده عليهما من الأحاديث مائة حديث وعشرة، انفرد البخاري منها بثلاثة وسبعين حديثاً، واشترك هو ومسلم في اثنين وثلاثين حديثاً، وقد أجاب عنه غيره من الحفاظ بأجوبة فيها الغث والسمين، وجملة من قدح فيه من رجال البخاري ثلاثمائة وثمانية وتسعون، وقد دفع الحافظ ابن حجر ما قدح به فيهم بعضه فيه تكلف وبعضه واضح.

إلى أن قال: وبهذا التحقيق علمت مزية الصحيحين لا ما ادعاه ابن الصلاح من تلقي الأمة لهما بالقبول فإنه قول غير مقبول قد حققنا في (ثمرات النظر في علم

الأثر) بطلانه بما لا مزيد فيه.

ومثله في البطلان قول العلامة الجلال في ديباجة (ضوء النهار): إنه يجب العمل بما حسنوه أو صححوه كما يجب العمل بالقرآن، فإنه كلام باطل قد بينا وجه بطلانه في (منحة الغفار). انتهى.

ثم قال أيضاً في سياق البحث الذي نحن بصدده:

ثانياً: أن إطلاق الإجماع إنما هو متوجه إلى اتفاق الجمهور ممن تعقب البخاري ومسلماً من أهل الحديث، وفيه من البُعد ما لا يخفى لتعدد الأقطار، وتفرقهم في الأمصار، وكون إجماع الجمهور ليس بحجة.

على أن المحدثين نصوا على عدم قبول رواية الداعية من المبتدعة وهم مثبتون من رجال الصحيحين.

ونصوا على ضعف أبي حنيفة لروايته عن الضعفاء، وقد ثبت أن البخاري ومسلماً رويا عن الضعفاء وغيرهم، ومن اعتذر لهما بأنهما لم يرويا عنهم إلا وقد ثبت لهما ذلك من طريق صحيحة عدلا عنها لعلو السند وغير ذلك من المحامل فمن باب التجويز، ولو فتحنا ذلك الباب لما صح لنا طعن في خبر ولا عدالة، بل لو فتحنا التجويزات لأمكن ذلك في النبوة وغيرها.

والحق الذي لا غبار عليه: أن الصحيحين كغيرهما من الكتب، وقد أخرجا ما أخرجاه مسنداً فبرئا من العهدة، وعلى العامل التفتيش عن تلك الطرق، ولا يلزم من هذا الخطأ على المصنف مع الإسناد، وكل على أصله، والترجيح باتفاق العقائد نوع من الغلو، والعبرة في هذا الشأن بالضبط مع الصدق وعدم التجاري على المعاصي، وخصوصاً أبواب سلاطين الجور. فافهم. انتهى كلامه.

وقد أكثر السيد محمد بن إبراهيم الوزير من المغالطة في المعارضة، حتى قال حفيده الإمام المنصور بالله محمد بن عبد الله الوزير -رضي الله عنه- في كتابه الشهير

فرائد اللآلي، كما نقله عنه مولانا الإمام الحجة مجد الدين المؤيدي في لوامع الأنوار (2/):

ولما كانت يده قوية، ولا منازع له في الأعلمية، ولم يستقم له الجري على منهاج أهله، ولا أمكنه التصريح بمخالفتهم، جاء بالتخاليط والترميم، والتلفيق في المسائل، والترقب لأي لفظة، أو شبهة أو دلالة، من علوم أهله، أو من قول أعدائهم.

إلى قوله: فيجعله حجته لما يرويه، ويسلك -بزعمه- تلك الطريقة، وأنها أوضح محجة.

إلى قوله: ومدار احتجاجه بأحاديث الخصوم لأهله، إما حقاً، أو لزوماً، وتناسى ما روى عن الخصوم.

إلى قوله: فيما اتفق عليه الفريقان، وتناسى تأصيلهم، وتقريرهم، أن الداعية إلى المذهب، وبدعته لا يقبل، ولا دليل له على ذلك، إلا مجرد أنهم أهل السنة، وأهل الصحاح، حتى أضاف تلك البدع إلى الصدر الأول، بدليل اتصال السند، وتناسى أن من طهرهم الله تطهيراً، وقرنهم بالكتاب العزيز، وأمر بالتمسك بهم، وأمن الأمة من الضلال، وشبههم بسفينة نوح، وباب حطة، وجعلهم الشهداء، وأهل الاجتباء والاصطفاء، وشرع لهم الصلاة مع أبيهم -صلى الله عليه وآله وسلم- بكل تشهد، لم يقبلوا أولئك الخصوم، ولا رفعوا لرواياتهم رأساً؛ فكيف يحتج عليهم بروايات خصومهم؟!

قال الإمام (ع): والعجب كل العجب من أعلام ممن يرون الحشوية وأمثالهم بعين الرضى، ويتعصب لهم، ويلفق شبهاً يعتذر بها لهم، كما ترى صنيع الوالد محمد بن إبراهيم؛ فإنه بالغ في مدحهم، والثناء عليهم، وتجميلهم، والاعتماد على رواياتهم، والاحتجاج بها على أهله وآبائه، في جميع كتبه.

إلى قوله: وخصيمهم يوم القيامة، رسول الله -صلى الله عليه وآله وسلم- الذي وصى بأهله ثلاثاً وقال: ((فانظروا كيف تخلفوني فيهم))، فخلفوه بهذه الخلافة فيهم.

إلى قوله: ومراده يلفق بين أهله وأعدائهم؛ ومحال جمع الماء والنار، وجمع الموالاة والمعاداة، وجمع الجنة وجـهنم؛ فتذبذب، فلاذا تأتى ولا ذا حصل، وقد روي عنه – رحمه الله – الرجوع عن تلك العجائب.

إلى قوله: فهو الظن فيه، والرجوى. انتهى المراد.

قال مولانا الإمام الحجة مجد الدين المؤيدي بعد سياقه لما سبق : ومن الكلام العظيم، للحافظ محمد بن إبراهيم، قوله [في العواصم والقواصم (2/ 428)]: فَانْظُرْ بعين الإنصاف إلى أئمة العترة الطاهرة، ونجوم العلم الزاهرة، كيف سَلِمَتْ علومُهُم من كلِّ شَيْن، وخَلَصَتْ من كلِّ عَيْب، ولم يَشُبْ تَصانيفَهُم شيءٌ من غلو المتكلمين، ولا حَطَّ من قدر شيعتهم المتعبدين شيءٌ من بِدعِ المتصوفين، ولا ظَهَرَ في أدلتِهم على مذاهبهم شيءٌ من تكَلُّفِ المتعصبين، ولا استمـالتهم عن المنهاج السوي شُبَهُ الْمُشَبِّهِيْن؛ تَنَزَّهُوا عن غُلوِّ الإمامية الجُهَّال، وعَمَايَةِ النَّواصِبِ الضُّلَّال، وهَفَواتِ أهل الحديث والاعتزال؛ فهم النمرقة الوسطى، وسفينة النجا، والعصمة من الأهواء، بعد أبيهم المصطفى -صلى الله وسلم عليه وعليهم أجمعين-. انتهى.

الثالث: في قبول أئمتنا للمراسيل

مما يثيره أهل الجدل والخصام: أن الزيدية تقبل الأخبار المرسلة، فلا يمكن تمييز ما رواه الثقة مما رواه غير الثقة، وأما غيرهم فقد حفظوا الأحاديث بالأسانيد المسلسلة.

وهذه من شبه أهل التشكيك، التي تدل على القول الواهي الركيك، وقد أجاب عنها علماء الزيدية الفحول، بما لا يدع مجالاً للجهول.

قال فخر الآل، علامة العصر الأخير عبد الله بن الإمام الحسن القاسمي -رضي الله عنهما- في جواب الأسد في شفاعة قارئ سورة الصمد:

فإن قيل: إنهم حفظوا أخبارهم بسلسلة الإسناد فتميز الثقة عندهم من

الضعيف، والصحيح من الحسن، والمنقطع من الموصول، والمرسل من المتصل، والمعضل من السالم.

قلت: المعيار في الرواية: العدالة والضبط، فمتى حصلا في الراوي، فسواء سلسل رجال الإسناد أم أرسله عن الأخيار الثقات، وإن عدما فسواء أرسل أم أسند، إذ لا نأمنه في تركيبه للسند وسلسلته أن يكون من فعله عمداً أو وهماً، كما قد وقع من ذلك كثير.

على أن غالب روايات أسلافنا سلسلة الأسانيد، وإن أرسل مرسل منهم كالهادي إلى الحق، والقاسم بن إبراهيم، والباقر وابنه، وزين العابدين، والحسن بن الحسن، وولده وولد ولده وأمثالهم فهو أقوى من مسندات أهل الدنيا غيرهم، إذ المعلوم أن أحداً منهم لأن يَخِرُّ من السماء إلى الأرض أحب إليه من أن يروي عن جده رسول الله -صلى الله عليه آله- ما لا يعلم أنه قاله، ومن يخالجه شك في رواية أحدهم إلا من أعمى الله بصيرته كابن القطان والبخاري وأمثالهما، ولا ألومهم في ذلك، فالعدو لا يرضى عن عدوه. انتهى.

قال مولانا الإمام الحجة مجد الدين المؤيدي في لوامع الأنوار (2/ 340):

والترجيح بين المسند والمرسل، اللذين هما على الصفة المعتبرة، مختلف فيه.

والمختار عندي أنه موضع اجتهاد، وأنه يختلف باختلاف أحوال الراوي والمروي له؛ فإن الراوي قد يكون من أئمة الدين المحتاطين، المطلعين على أحوال الراوين، والمروي له على خلاف ذلك، بحيث لو سمي له الرواة لم يعرف أحوالهم، أو يعرف معرفة غير راسخة؛ فلا شك أن الإرسال في هذه الصورة ممن لا يرسل إلا عن عدل أرجح، وفيه كفاية المؤنة بتحمل العهدة عن البحث، ونظر هذا الإمام على كل حال أقوى؛ وقد يكون الحال على العكس، فلا ريب مع ذلك أن الإسناد أولى وأحرى؛ لتلك المرجحات الأولى.

وعلى هذا الترجيح فيما بينهما من الدرجات، ومع استواء الحالين، فالإسناد أصح

وأوضح؛ إذ يجوز أن يكون المرسل لم يطلع على موجب لجرح في الرواة، أو أحدهم، أو نحو ذلك؛ وبالاطلاع على الرجال يرتفع هذا الاحتمال.

وكذا من صح عنه أنه لا يروي إلا عن عدل سواء أسند أو أرسل؛ لتحمله العهدة على الإطلاق، وزيادة الاستفادة من إسناده؛ لمعرفة ثقات الرجال عنده، والوقوف على الأحوال، وبيان تعدد الطرق عند اختلاف الإسناد، وللترجيح بين الرواة مع التعارض، ولصحته بالإجماع، ونحو ذلك مما لا يخفى من مرجحات الإسناد على الإرسال.

ولم يعدل أئمة الهدى - صَلَوَاتُ الله عَلَيْهِم - عنه في بعض الأحوال إلا لمقاصد راجحة، ومقتضيات واضحة، لا تخفى على ذوي الأنظار الصالحة، منها: قطع تشكيك المتمردين على السامعين؛ لتناول المخالفين بالطعن والجرح لثقات المرضيين، وصيانة الأعلام، من ألسن الجفاة الطغام.

ومنها: محبة التخفيف مع كثرة الاشتغال بأحوال المسلمين، وجهاد المضلين، والقيام بمعالم الدين، وإحياء فرائض رب العالمين.

ومنها: الإحالة بالمراسيل في مقام على ما علم لهم من الأسانيد الصحيحة في غير ذلك المقام، وغير ذلك مما لا يذهب عن أفهام المطلعين الأعلام.

فهذا الذي ترجح لدي في هذا الباب، والله الموفق للصواب.

وما أحسن كلام نجم الأعلام الحسين بن الإمام (ع) حيث قال: فمرسلات الأئمة المعروفين بالأمانة والحفظ، كالهادي (ع)، ومن في طبقته من أئمة أهل البيت(ع) وغيرهم، مقبولة؛ وذلك لأن من ظاهر أحواله الثقة والدين والأمانة، يبعد أن يروي الأخبار الواردة في العبادات والأحكام الشرعية، عمن لا يثق به، من دون أن ينبه على ذلك ويدل عليه؛ لأن الغرض من روايتها الرجوع إليها، والعمل بموجبها.

وأما المُرْسَلات، التي تجدها في كتب المتأخرين من أصحابنا وغيرهم، فإنا إذا

فتشنا عن أسانيدها، وجدنا المجروح فيها كثيراً، إلا أن يقال بقبول خبر المجهول، ولا قائل به على الإطلاق، انتهى.

قال صارم الدين -رضي الله عنه-: وأدلة قبول الآحاد تشمله، ولحمل رواته على السلامة.

المنصور: ولمشاركته المسند في علة القبول وهي: العدالة، والضبط.

قلت: قد سبقت الإشارة إلى الحجة على قبول المرسل.

قال الإمام الحجة، المنصور بالله عبدالله بن حمزة [في الشافي (1/ 147)]: والذي يدل على صحة ما ذهبنا إليه أن الصحابة اتفقوا على العمل بالمراسيل اتفاقهم على العمل بالمسانيد.

وساق في الشافي كلاماً شافياً، وبياناً وافياً، وبرهاناً كافياً.

وقال الإمام المهدي (ع) في المعيار، بعد حكاية الخلاف: لنا إجماع الصحابة على قبوله كالمسند؛ قد أرسلوا، ولم ينكر، ومنه قول البراء: ليس كلما أحدثكم به سمعته من رسول الله -صلى الله عليه وآله وسلم- إلا أنا لا نكذب؛ وأرسل ابن عباس ((إنما الربا في النسية))، ولم ينكر، وقول النخعي: وإن سمعت من جماعة، قلت: قال ابن مسعود، انتهى.

قال في الغاية وشرحها: أطبق الصحابة والتابعون على القبول من غير نكير.

ثم ساق...إلى قوله: قلنا: ما ذكرتموه من الاحتجاج صحيح، ولكنه لا يفيد تعمياً وشمولاً لكل من وقع منه الإرسال، كما هو المُدَّعَى.

قلت: يعني لأهل الإطلاق.

قال: وذلك أن من عددتموه من الصحابة، ومن بعدهم من التابعين والأئمة، لا يرسلون إلا عمن ارتضوه في دينه وضبطه.

قلت: وهذا هو الحق، وهو أعدل الأقوال؛ وقد بسط الكلام على الرد والقبول في الأصول.

وقال مولانا أيضاً في التحف شرح الزلف:

أما الإرسال فمذهب أهل البيت ومن تابعهم أنه إذا صح لهم الحديث ووثقوا بطرقه أرسلوه في كثير من الروايات، في المؤلفات المختصرات، قال الإمام المنصور بالله عبدالله بن حمزة في سياق المراسيل بعد أن فصل أقسام الخبر: فمذهبنا أن ذلك يجوز ولا نعلم خلافاً بين العترة عليهم السلام، ومن قال بقولهم، وهو مذهب أبي حنيفة وأصحابه، مالك والمتكلمين، بلا خلاف في ذلك بين من ذكرنا، إلا ما يجيء عن عيسى بن أبان، فإنه قال: تقبل مراسيل الصحابة والتابعين وتابعي التابعين، ومن نزل عن درجتهم لم تقبل مراسيله إلا أن يكون إماماً.

إلى أن قال: وخالف في ذلك الذين يَتَسَمَّون بأصحاب الحديث والظاهرية، وقد نسب ذلك إلى الشافعي، وتعليله هذه المقالة يقضي بأنه يجوز قبول المراسيل، لكن لا على الإطلاق.

قال عليه السلام: الدليل على صحة ما ذهبنا إليه أن العلة التي أوجبت قبول مسند الراوي هي قائمة في مرسله، وهي العدالة والضبط.

إلى أن قال: والذي يدل على صحة ما ذهبنا إليه: أن الصحابة اتفقوا على العمل بالمراسيل، اتفاقهم على العمل بالمسانيد.

قلت: وهذه حجة لازمة، وبينة قائمة. انتهى المراد.

الرابع: علم الرجال والجرح والتعديل

يدندن كثير من المخالفين بأن الزيدية ليس لهم مصنف في العلل والجرح والتعديل، ولا اهتمام لديهم بعلم الرجال، ولا حظ لهم في ذلك ولا نصيب، وهذه من قبيل مشاغبات أهل الشغب.

قد يتوهم كثير من الجهال أنه ليس لأهل البيت ولا لشيعتهم بسطة في علم الحديث وعلم الرجال والجرح والتعديل وسائر العلوم، وذلك الظان إنما أُتي من قِبَل نفسه ومن جهة قصور همته، فإن القصور لا ينتج الكمال، فإنه ما من علم عقلي أو نقلي إلا ولهم فيه السَّابقة الأولى، واليد الطولى، فمنهم من اشتهر بالتحقيق في اللغة، وبعضهم في الأصول، وبعضهم في التفسير وغير ذلك من العلوم الإسلامية، فلهم مثلما لغيرهم، فإنَّ هذه العلوم لم تختص بفريقٍ بل كل علم لَهُ رجال من جميع الطوائف، فمنهم من له في علم واحدٍ حظ كامل، فبرع فيه ولم تشغله عنه الشواغل، ومنهم من تَعدَّاه إلى ثانٍ أو ثالث، والعلوم هبَات، وكم من محقق لا يلحق، قد زاغ عن الحق.

والناس صنفان: صنف همَّة الرواية، وصنف همه الرعاية والدراية.

وأهل البيت وشيعتهم همهم الرعاية والدراية والعمل، وقليل العلم مع العمل كثير.

فالزيدية وإن قلّت كتب الرجال المخصوصة في هذا الشأن لديهم، فلا يعني ذلك أن الزيدية لا تعرف رجالها وعلماءها ورواتها، وإنما السبب في عدم إفراد علم الرجال بمؤلفات خاصة هو ما ذكره العلامة الكبير المؤرخ الشهير أحمد بن صالح بن أبي الرجال في مقدمة كتابه مطلع البدور، من الأمور التي تتلخص فيما يلي:

الأول: قوله: فإن كل إمامٍ داعي من أئمتهم لهم في إمامته وصفاته الخَلْقيَّة والخُلُقيَّة مجلدات تساوي السيرة التي اعتنى بها ابن هشام، بل رُبَّما كان للإمام ثلاث سير يعتني بها ثلاثة من العلماء، ولكن الزيدية -كثرهم الله- اقتصروا على هذا النوع في ذكر علمائهم، ورأوا أنَّ العناية بالمتبوع تغني عن التابع، فإنَّ رؤساء الأمَّة هم دعاة آل محمد صلوات الله عليه وعليهم، فاقتصروا على ذلك، ووقع الإخلال بذكر جماعَة من العلماء النبلاء أهل الكمالات في العلميَّات والعمليَّات ممن تشد إليهم الرحال، وتُثَنَّى عليهم الخناصر عند تعداد الكملة من الرجال، مع أنهم ليسوا

كغيرهم بل لهم مقام أجل إذ هم الأتباع الموافقون لآل لمحمد -صلى الله عليه وآله وسلم- في الأقوال والأفعال.

الثاني: قوله: فدعتني الرغبة في الخير إلى كتابة أسماء جماعة ظفرت بأسمائهم في كتب مفرَّقة على جهة التقريب لا التحقيق والاستقصاء، فإنه محال لكثرة عددهم مع تعدد الأزمنة، فإن الزيدية أقدم المذاهب أصلاً، فإن إمامهم عليه السلام هو شيخ الإمام أبي حنيفة، وأبو حنيفة أقدم الفقهاء الأربعة، وبلاد الزيدية متشتتة بالعراق وهم العدد، وبالحجاز فإن بوادي المدينة المشرفة على أصل الفطرة الأولى من مذهب آل محمَّد؛ لأنهم في باديتهم لا يخالطون، فبقوا على صفتهم، ومنهم من هو في اليمن النجود منه والعوالي، وبعض بطون تهامة، وأمَّا المغرب فذكر من هنالك الدامغاني، وذكر بعض العلماء أنهم العدد الكثير، فإن زيدية اليمن بالنسبة إليهم كالشعرة البيضاء في أديم الثور الأسود، هذا كلامه، فالاستقصاء محال.

الثالث: قوله: وهاهنا كلام نفيس ذكره الحافظ السيد محمد بن إبراهيم، وعبّر عن هذا المرام بأوفى عبارة، والحق ما قال -والله يحب الإنصاف-، قال السيد المذكور في عواصمه ما لفظه:

لا يشك من أنصف من نفسه وترك العصبية في رأيه أن هذه الأمة المرحومة قد تقسمت الفضائل، وانتدبت كل طائفة منها لإتقان عمل فاضل، فأهل الأدب أتقنوا الإعراب، وأتوا في جميع أنواعه بما يأخذ بمجامع الألباب، وأهل القراءات حفظوا الحروف القرآنيَّة، وبيَّنوا المتواتر والصحيح والشاذ في إعراب الآي السماوية، وأهل الحديث ضبطوا الآثار والسنن، وأوضحوا أحوال الرجال وبيّنوا العلل، والفقهاء أوعبوا الكلام على الحوادث، وأفادوا معرفة اختلاف الأمة واجتماعها، وأهل الأصول ذللوا سبل الاجتهاد، ومهَّدوا كيفية الاستنباط، وكذلك سائر أهل الفنون المفيدة والعلوم النفيسة، وكل أبدع وأجاد، وأحسن وأفاد، وأكمل ما تعرَّض له وزاد.

وممَّن ذكر هذا المعنى الإمام المؤيَّد بالله في كتابه في إثبات النبوءات، والشيخ الصَّالح الشهرودي صاحب عوارف المعارف، فإذا عرفت هذا فلا يعزب عنك معرفة خصيصتين:

الخصيصة الأولى: أن أهل البيت -عليهم السلام- اختصوا من هذه الفضائل بأشرف أقسامها، وأطول أعلامها، وذلك لأنهم كانوا على ما كان عليه السَّلف الصالح من الصحابة والتابعين من الاشتغال بجهاد أعداء الله، وبذل النفوس في مرضاة الله، مع الإعراض عن زهرة الدنيا، وترك المتشابهات والاقتصاد في المأكول والملبوس، والأمر بالمعروف والنهي عن المنكر، والقيام بالفرائض والنوافل في أفضل أوقاتها على أتم هيئاتها، وتلاوة القرآن العظيم، والتهجد آناء الليل والنهار، والتحري، والخوف من الله تعالى، والدعاء إلى الله عز وجل بالحكمة والموعظة الحسنة، وبذل النصيحة للناس، وتعليمهم معالم الهدى، والاقتصار في العلم على ما اقتصر عليه رسول الله -صلى الله عليه وآله وسلم-، وعلى ما اقتصر عليه أصحابه المشهود لهم في كتاب الله تعالى بأنهم خير أمة أخرجت للناس، وعلى ما اقتصر عليه التابعون الذين شهد لهم رسول الله -صلى الله عليه وآله وسلم- بأنهم من خير القرون، فإن جميع هؤلاء ما تشاغلوا بالإكثار من التواليف والتفاريع وجمع الحديث الكثير، وقد قال العلماء -رضي الله عنهم-: إن طريقة السلف أسلم، وطريقة الخلف أعلم، والأفضل للمسلمين الاقتداء بالسلف، فإنهم كانوا على طريقة قد رآهم عليها رسول الله -صلى الله عليه وآله وسلم- فأقرَّهم عليها، والله ما يعدل السلامة شيء، فنسأل الله السلامة.

ولا شك أن عنايتهم بعد تحصيل ما لا بدَّ منه من العلم إنما كانت بالجهاد وافتقاد العامَّة والأمر بالمعروف والنهي عن المنكر والمحافظة على أورادهم في التهجد وقيام الليل ومناقشة النفوس وتهذيبها، وذلك أفضل مما كان عليه أكثر المحدِّثين والفقهاء من الإخلال بكثير من هذه الفضائل الجليلة والنعوت الجميلة التي وردت نصوص الآيات القرآنية في وصف المؤمنين بذكرها ولم يشتغل السلف الصَّالحون بغيرها،

والذي كانوا عليه أولى من الإخلال به، بسبب الاشتغال بجمع العلم الزائد على الكفاية، وقد نص الإمام المنصور بالله -عليه السلام- على مثل هذا الكلام في كتاب (المهذب)، واحتج بفعل رسول الله -صلى الله عليه وآله وسلم- وفعل السلف الصَّالح، ولله دره ما كان أحسن استخراجه للفوائد من أفعال السلف الصالح وأحوالهم -رضي الله عنهم-.

ثم ساق السيد محمد في هذا المساق كلاماً حسناً حتى قال: وقد صح عن رسول الله -صلى الله عليه وآله وسلم- أنه ذكر أويسا القرني وأخبر أنه يشفع في مثل ربيعة ومضر وجاء في فضله ما لم يحضرني الآن مع أن بعض أهل الحديث من أهل الحفظ الواسع والإطلاع التام على معرفة الرجال، ذكر أنه لم يرو عن أويس حديث قط.

ولقد كان السَّلف يُقِلُّون الرواية جداً، فعن أبي عمرو الشيباني، قال: كنت أجلس إلى ابن مسعود حولاً لا يقول قال رسول الله -صلى الله عليه وآله وسلم-، فإذا قال: قال رسول الله، استقبلته الرعدة، وقال: هكذا أو نحو ذا أو وهذا، مع أن ابن مسعود كان من أوعية العلم، وأعيان علماء الصحابة، وأهل الأصحاب والتلامذة، فلم تزد مروياته على ثماني مائة حديث وثمانية وأربعين حديثاً، وكذلك أضرابه من السَّابقين الأولين، ونبلاء الأنصار والمهاجرين، هذا أبو ذر الغفاري الذي ما أظلت الخضراء أصدق لهجة منه روى مائتي حديث وثمانين حديثاً.

وهذا سلمان الفارسي الذي قال فيه عليٌّ عليه السلام: إنه أدرك العلم الأوَّل والعلم الثاني ، روى ستين حديثاً.

وهذا أبو عبيدة بن الجراح أمين الأمة روى أربعة عشر حديثاً.

وأمثال هؤلاء السَّادة النجباء، والأعلام العلماء، الذين نص المصطفى عليه الصلاة والسلام على أن غيرهم لو أنفق مثل أحد ما بلغ مدّ أحدهم ولا نصفه.

ولقد روَى أبو أسامة عن سفيان الثوري -أحد أقطاب الحديث التي تدور رحَاه عليها- أنه قال: ليس طلب الحديث من عدَّة الموت، لكنه علم يتشاغل به الرجل.

قال بعض حفاظ الحديث: صدق والله سفياناً، فإن طلب الحديث شيء غير الحديث.

فطلب الحديث اسم عرفي لأمور زائدة على تحصيل ماهيَّة الحديث، وكثير منها مراقي إلى العلم، وأكثرها أمور يستعفُّ بها المحدث، من تحصيل النسخ المليحة، ويطلب المعالي، وتكثير الشيوخ، والفرح بالألقاب والثناء، وتمني العمر الطويل ليروى، وحب التفرد، إلى أمور عديدة لازمة للأغراض النفسَانية لا للأعمال الرَّبانية، فإذا كان طلب الحديث النبوي محفوفاً بهذه الآفات فمتى خلاصك منها إلى الإخلاص، ومتى كان علم الآثار مدخولاً، فما ظنك بعلم المنطق والجدل وحكمة الأوائل التي تسلب الإيمان وتورث الشكوك والحيرة. انتهى.

قلت: والذي اشتغل به أهل البيت عليهم السلام هو العلم النافع، الذي روى فيه عن رسول الله -صلى الله عليه وآله وسلم- أنه قال: ((العلم ثلاثة وما سوى ذلك فهو فضل: آية محكمة، أو سنَّة قائمة، أو فريضة عادلة)) رواه أبو داود في سننه إلى آخر كلام هذا السيِّد الحافظ.

وحاصل كلامه: أن الأئمة اشتغلوا بالعمل، وكذلك أقوال أتباعهم، فإنهم لا يجيزون التخلف عنهم، وطريقهم في الورع مشهورة، حتى أن بعض المتكلمين في الرجال جعل الدَّليل على أن عقدة -والد الحافظ أحمد بن عقدة رحمه الله- زيدي المذهب، بأنه ضاع له درهم أو قال دينار، فطلبه الحاضرون حتى وجدُوه، فلم يقبلْه، وقال: من أين لي أنه درهمي؟ أو قال: ديناري، قال: وهذا يدل على أنه زيدي المذهب، فإنَّ هذه طريقة علماء الزيدية، ومع هذا فلهم في العلم اليد المبسوطة. انتهى المراد.

وقد أوردت الكلام بطوله لما فيها من الفوائد الهامة، وبعضها يختص ما نحن بصدده.

فهذه بعض المسببات والموجبات لقلة أو عدم توفر المصنفات في علم الرجال، لا سيما لدى المتقدمين.

وقد أجاب السيد العلامة الكبير أحمد بن الإمام الهادي الحسن القاسمي -رضي الله عنهما- في العلم الواصم على ابن الوزير حيث أورد ذلك، فقال حاكياً كلامه ومجيباً عليه:

واعتراضه أيضاً - أي محمد بن إبراهيم الوزير- بأن أهل البيت ليس لهم مصنف في العلل، فيصح منهم التصحيح والرد، بل اختص بذلك المحدثون.

إلى قوله: والجواب عن هذه من وجوه: إلى قوله:

الوجه الثاني: أن قدماء العترة -عليهم السلام- اعتمدوا على الكتاب العزيز ومن السنة على ما وافقه إما بظاهر آية أو قياس جلي أو نحو ذلك.

وما ذكروه من غير هذه الطريقة التي عن سلفهم فللاستظهار أو غير ذلك من المحامل.

وبالجملة فكل من خالفهم في العقائد غير مقبول النقل من كان وكيف كان وكلامهم في ذلك ظاهر.

وما ذكره المتأخرون من القبول: فذلك للاحتجاج على الخصم بما يحجه، نصرة للتخريج لا غير ذلك، وقد سبق ذرواً من كلامهم في معنى هذا.

على أن من كانت هذه طريقته ارتفع عن القال والقيل والجرح والتعديل:

أما الطريقة القرآنية فظاهر.

وأما المتواتر فلا يشترط فيه ذلك.

وما لم يعضده ظاهر قرآن ولا غيره؛ فمردود عندهم.

وأما قوله: إنه لا يكفي المجتهد من أهل الإسلام كتبهم لعدم مؤلف في العلل.

فاعتراض ضعيف؛ لأنه إن وافقهم المجتهد في عقائدهم وجب أن يكفيه ما كفاهم، وإن خالفهم في الأصول فقد سد باب التصويب، ونادت عليه الأدلة بأنه في مخالفتهم غير مصيب، مع أن كتب العلل مع ما قدمنا غير محتاج إليها البتة.

ثم نقل -رحمه الله- كلام محمد بن إبراهيم الوزير في (الروض الباسم)، حيث قال: إن معرفة كتب الجرح والتعديل غير مشترطة فيما نص على صحته إمام مشهور بالحفظ والأمانة حتى يعارضه قول من هو أرجح منه أو مثله، وإنما يحتاج إليها في معرفة كثير من أحاديث المسانيد الذي لم يصحح مصنفوها كل ما روي فيها. انتهى.

ثم قال مجيباً على ابن الوزير: والحاصل عند أئمتنا تصحيح كل ما نصوا على صحته من الأخبار، وحصر طرقهم في أهل طريقتهم، وهذه المندوحة التي ذكرتَها غالبها غير مقبول عند النقاد، مطرح الثمرة عند أهل الاجتهاد، بل حذر من قبولها المصنفون وأنت منهم، بل الأعلام من الفرق عن ذلك هاربون، ولتلك المندوحة مقبحون.

أَمَا قد اشترط محققوا الأصوليين اتحاد مذهب المعدِّل والمعدَّل والجارح والمجروح؛ إذ الاختلاف في سبب الجرح والتعديل يقضي بعدم قبول الإطلاق فيهما ولو كان من عارف، فكم من جرح عند جارح تعديل عند الآخر، وقد جعلتَ في (تنقيح الأنظار) قولهم: كذاب؛ مما يلحق بالجرح المطلق.

وقلتَ: لأنه يطلق على من يخالف ما تقرر عند المخالف كبعض الشيعة، ومن ذلك قولهم: فلان هالك، ساقط الحديث، متروك، قد يطلق على المبتدع الداعية وربما كان من التورع عن الكذب والعدالة والحفظ بمكان.

وقلتَ في سياق مراتب التخريج: فإن قلت: فأي هذه الألفاظ جرحه متبين السبب.

قلت: ليس فيها صريح في ذلك ولكن أقربها إلى ذلك قولهم: وضّاع ـ انتهى.

قال في (التعليق الممجد على موطأ محمد): وبعض الجرح صدر من المتأخرين المتعصبين كـ (الدار قطني) و (ابن عدي) وغيرهما ممن تشهد القرائن الجلية بأنه في هذا الجرح من المتعسفين، والتعصب أمر لا يخرج منه البشر.

إلى أن قال: وقد تقرر أن مثل ذلك غير مقبول عن قائله بل هو موجب لجرح نفسه.

قال بعضهم في الدار قطني: وقد تكلم في أحد الأئمة الأربعة ومن أين له تضعيفه؟! وهو يستحق التضعيف بنفسه، فإنه روى في مسنده أحاديث مستقيمة ومعلومة ومنكرة وغريبة وموضوعة.

قال آخر: وهناك خلق لهم تَشَدُّدٌ في جرح الرواة يجرحون من غير مثال، ويدرجون الأحاديث الغير الموضوعة في الموضوعات، منهم ابن الجوزي، والجوزجاني، والمجد الفيروز آبادي، وابن تيمية الحراني، وابن القطان وغيرهم، فلا يجترئ على قبول قولهم من دون التحقيق إلا من هو غافل عن أحوالهم.

ومنهم من عادته في تصانيفه - كابن عدي في كامله، والذهبي في ميزانه - أن يذكر ما قيل في الرجل من دون فصل ما بين المقبول والمهمل، فإياك ثم إياك أن تجرح أحداً بمجرد قولهم من دون تقيد بأقوال غيرهم...إلى أن قال: وبعض الجروح لا تثبت برواية معتبرة كروايات الخطيب في جرحه، وأكثر من جاء بعده عيال على روايته وهي مردودة ومجروحة. انتهى.

وهذا كلامهم في بعضهم الآخر، ألا ترى أنا لو قبلنا قولهم في جرح الشيعة كافة، ومن قال: القرآن مخلوق، أو توقف فيه، أو قال بعدم خلق الأفعال لله، أو روى ما يخالف قواعدهم لضاعت السنة، وأنورت البدعة، وانطمس الإسلام وأعلامه، وانهدم الدين وأركانه. انتهى.

وقد ألفت بحمد الله تعالى المؤلفات الواسعة في علم الرجال لدى الزيدية خاصة:

فمنها: كتاب الطبقات للمولى العلامة إبراهيم بن القاسم، ومختصره الجداول لعلامة العصر الأخير عبد الله بن الإمام الهادي الحسن بن يحيى القاسمي.

ومنها: مطلع البدور ومجمع البحور للمؤرخ الشهير أحمد بن صالح بن أبي

الرجال، وغيرها كثير، فالحمد لله العلي الكبير.

وقد طال البحث في هذا الفصل، ولم أكن أود التطويل، لكن الحديث ذو شجون، مع أنني لم أستكمل البحث كما ينبغي أن يكون، فمن أراد الاستكمال رجع إلى الأمهات التي أشرت إلى النقل والأخذ عنها.

وأما بقية مواضيع علم الحديث فتحتاج إلى مؤلف مستقل، إلا أن مولانا الإمام الحجة مجد الدين المؤيدي عليه السلام في الفصل السابع من لوامع الأنوار، قد بين وأوضح ما هو الصحيح المعمول عليه من قواعد المحدثين عند أهل البيت –عليهم السلام-.

أما غيره من الكتب والبحوثات التي وضعها أربابها في علم الحديث عند الزيدية، فهي في الواقع إنما تدخل الزيدية ضمن قائمة أهل الحديث، حيث أخذوا أكثر قواعد المحدثين من كتب أهل الحديث وجعلوها من قواعد الحديث عند الزيدية بتنميق عبارة، وتحسين إشارة، بدون دلالة لهم ولا أمارة.

والحاصل أن من أراد أن يجمع بين علم الحديث عند الزيدية وعلم الحديث عند المحدثين فقد بنى على جرف هار، وحاول الجمع بين الماء والنار، ودون ذلك خرط القتاد، وسف الرماد، أين الطاهر من النجس؟، وأين الضياء من الغلس؟، وأين أعوج من عدس؟، شتان ما بين الحمار والفرس.

وصلى الله وسلم على سيدنا محمد المختار وآله الأطهار.

الفصل الثالث: حول الكتاب

اعلم أيها المطلع الكريم: أن هذا الكتاب الذي بين يديك من روائع التراث الزيدي خصوصاً، والإسلامي عموماً.

فقد بذل فيه مؤلفه - جزاه الله خيراً- جهداً عظيماً في استخلاص الروايات الصحيحة من أمهات الكتب الحديثية لدى الزيدية، وإفرادها من غيرها.

فكتاب (الصحيح المختار) كاسمه، فهو ضالة الناشد، وبغية الطالب والرائد، الذي يريد أن يعرف السنة الصحيحة التي تلقاها الثقات عن الثقات إلى النبي - صلى الله عليه وآله وسلم-.

فهو محتوى على أكثر من (3300) ثلاثة آلاف وثلاثمائة حديث عن النبي - صلى الله عليه وآله وسلم-، وأمير المؤمنين علي -عليه السلام-، من طريق أهل البيت عليهم السلام، مما صحت طريقه، وسلمت أسانيده.

أو مما أرسله الثقات الأثبات من الأئمة الأعلام -عليهم السلام-.

غير الأقوال الموقوفة على أفراد من عيون أعيان الصحابة والتابعين.

وغير الأقوال المحكية عن الأئمة الهادين، الذين احتوتها واشتملت عليها المراجع الحديثية، التي استخلص المؤلف منها هذه الزبد الشافية، والنبذ الوافية.

فروايات أهل البيت -عليهم السلام- لا يقاس بها روايات غيرهم، لأنهم قرناء القرآن، وعدل الكتاب، وهم الثقل الأصغر، المعنيون بقول النبي -صلى الله عليه وآله وسلم-: ((إني تارك فيكم ما إن تمسكتم به لن تضلوا من بعدي أبدا، كتاب الله وعترتي وسنتي، فالمضيع لكتاب الله كالمضيع لسنتي، والمضيع لسنتي كالمضيع لعترتي)).

فأهل البيت هم حملة الكتاب والسنة، وهم رواة العلم ورعاته، وهم أهل الرواية والدراية والرعاية، لأن حملة العلم ورواته كثير، ولكن أهل رعايته والدراية به قليل.

فهذا الكتاب العظيم عصارة الصحيح من روايات أئمة العترة، في كتبهم الحديثية.

ومن خلاله تعرف تَمَكُّن أهل البيت -عليهم السلام- في علم الحديث، وأنهم هم أهل الحديث الحق، وأن غيرهم لا يصل إليهم ولا يقاربهم في شروطهم وتحريهم وورعهم وخبرتهم وقوة استدلالاتهم.

وكلامنا في هذا الفصل يندرج تحت ثلاثة مسالك:

المسلك الأول: أهمية الكتاب ومكانته بين علماء الزيدية.

المسلك الثاني: حول تحقيق الكتاب

أما المسلك الأول: وهو في أهمية الكتاب ومكانته

فاعلم أن هذا الكتاب المبارك بالغ الأهمية في بابه وموضوعه، فأهميته لا تنقص عن أهمية أصوله ومراجعه التي أخذ منها.

فإن المصنف -رحمه الله- لما رأى الحملات والتشنيعات التي يقوم بها أعداء العترة، على كتب العترة وشيعتهم ومروياتهم الحديثية، من أنها مأخوذة من طرق المخالفين لهم، وأنهم عالة على غيرهم، وأنهم لا أسانيد لهم، وأنهم يعتمدون على رجال خصومهم، وأنهم لا رجال لهم يعتمدون عليهم في الأسانيد، إرادة من الخصم للتهوين والتنقيص في مرويات الزيدية، لغرض التنفير عنها، وعن قبولها، أراد المصنف أن يبين أن للزيدية اليد الطولى في ذلك الذي يدعي الخصم عدم توفره لديهم، وأن كتبهم مشحونة برواياتهم الخاصة بهم، وأنهم غير محتاجين إلى الأخذ عن غيرهم، إلا استظهاراً، أو تأكيداً وتقوية، أو احتجاجاً.

وأن لهم من الرجال الثقات العدول الأثبات من يستغنون بهم عن رجال المخالفين.

فقد اشتمل هذا الكتاب على علمين وفنين هامين:

الأول: علم الحديث الروائي.

الثاني: علم الرجال.

فأما علم الحديث الروائي: فقد جمع واستخرج واستخلص الأحاديث النبوية، والأخبار العلوية، وبعض الإجماعات المروية عن العترة الزكية، وما لا يستغنى عنه من الفوائد والأقوال المروية عن قدماء العترة النبوية، كل ذلك من معتمدات أصول كتب الآل وشيعتهم المهتدين بهديهم، والسالكين سبيلهم، وقد ذكر في مقدمة الكتاب الأصول المعتمدة، والمراجع التي جمع منها هذا الكتاب، فلا نطيل بتعدادها.

وإنما أورد وجمع ما توفرت فيه شروط الرواية التي اشترطها في كتابه.

شروط المؤلف

وشروطه التي اشترطها هي ما قاله في مقدمة كتابه:

والطريقة لكتابنا هذا في الأحاديث النبوية، والآثار العلوية، أنا لا ننقل من الأخبار النبوية والآثار العلوية إلا ما هو صحيح الإسناد، أو مرسل أرسله إمام من الأئمة المتقدمين، أو جزم بصحته، كالباقر، والصادق، وزيد بن علي، وطبقتهم، وكالقاسم والهادي وطبقتهما صلوات الله عليهم أجمعين.

هذا؛ وقد انطوى الضمير، وعلم به اللطيف الخبير، على ترك النظر في كتب العامة، والركون إليهم لأني لست بمطمئن من الولوج في الشبهات، واقتحام أبواب الجهالات، وترك التمسك بمن أنزل الله فيهم الآيات، وأبان فيهم واضح الدلالات.

وقال في موضع آخر:

لأن الشرط أنا لا نقبل من الأسانيد إلا ما ظهر لنا أن رجاله من ثقات محدثي الشيعة، سواء صرحنا به في الكلام إليه أم لا، ولا يقبل من هو مجهول، أو مستور أو غير شيعي.

ونقبل ما أرسله أحد الأئمة المتقدمين كالهادي، والقاسم، وزيد بن علي، والباقر، والصادق، والكامل، وأولادهم، وزين العابدين، وأولاده، ومن في طبقة كل من

هؤلاء الأئمة من الأئمة -عليهم السلام-.

وقال أيضاً في معرض كلام له:

ليس على شرطنا إيراد شيء من روايات العامة، ولا نحتج برواياتهم إلا ما وافق استشهاداً فقط.

وقال أيضاً: وروايات الهادي -رضي الله عنه- وأمثاله من الأئمة -عليهم السلام- مما شرطنا قبولها في أول كتابنا هذا سواء كانت مسندة أو مرسلة.

فهذه الشروط التي التزم المؤلف رحمه الله إيراد الأحاديث المسندة والمرسلة التي توافقها، وما كان خلاف ذلك فلم يورده، ولو كان مروياً في الكتب التي اعتمد النقل منها، وجعلها أصولاً.

وأما علم الرجال:

فالمؤلف يشترط في الرجال: العدالة المحققة، ولا يعتمد على رواية كافر التأويل ولا فاسقه.

وقد ضمن كتابه تعديل رجال الأسانيد، وبيان أحوالهم، وتواريخهم، واعتمد في تعديل الرجال على ما يلي:

كتاب الجداول، للسيد العلامة العابد فخر الدين عبدالله ابن الإمام الهادي الحسن بن يحيى القاسمي -رضي اللَّه عنهم-، المختصر من طبقات الزيدية الكبرى.

وعلى مطلع البدور ومجمع البحور، للقاضي العلامة صفي الدين أحمد بن صالح بن أبي الرجال -رحمه اللَّه-.

وعلى مجموع عمه العلامة جمال الدين والإسلام، وتاج العلماء الأعلام، الولي بن الولي علي بن محمد بن يحيى بن أحمد بن الحسين العجري المؤيدي، الذي جمعه في ثقات محدثي الشيعة.

وعلى ما نقله عن الإمام الحجة مجد الدين المؤيدي -عليه السلام-، في كتابه

لوامع الأنوار، أو غيره.

وعلى من ذكرهم السيد العلامة المهدي بن الهادي اليوسفي المشهور بالنوعة، في كتابه الإقبال.

فهذه الكتب المذكورة قد اعتنى مؤلفوها بجمع الرجال الثقات من الشيعة، فمن نصوا على تعديله وأنه من ثقات محدثي الشيعة، اكتفى بذلك.

ومن لم يذكر في تلك الكتب السابقة، فطريقته في معرفة عدالته وكونه من رجال الشيعة:

إما بالبحث عنه في كتب التواريخ والسير التي تذكر أنه من رجال الشيعة.

وإما بتوسطه بين إمامين، بأن يروي عن إمام ويروي عنه إمام، ويتكرر ذلك في عدة روايات، فهو يدل على ثقته واعتمادهم عليه.

وإما بمصاحبته لأحد الأئمة.

وإما بخروجه للجهاد مع أحد الأئمة أيضاً.

فمن كان كذلك فقد جزم بتعديله؛ لكونه من أتباع آل محمد -صلى الله عليه وآله وسلم- ومحبيهم على ما ظهر له بعد البحث.

وقد وفق لإصابة الصواب في ذلك، فالحمد لله على كل حال.

مكانة الكتاب عند علماء الزيدية

وقد احتل هذا الكتاب المبارك محلاً جليلاً، ومنزلاً جميلاً، وراج رواجاً كبيراً في أوساط الزيدية، فلا يكاد تخلو منه مكتبة عالم من العلماء الذين عاصروا المؤلف أو أتوا بعده، وتجد لهم من الثناء عليه في كلامهم الشيء الكثير الذي يدل على ذلك.

بل إن العلماء قاموا بقراءته على مؤلفه وجامعه، وبعض أولئك العلماء كانوا من مشائخ المصنف وتتلمذ على أيديهم، فقد وجدت في آخر الجزء الرابع بخط السيد

العلامة المجتهد العابد عبد العظيم بن الحسن الحوثي رحمه الله، - وهو أحد مشائخ المصنف- ما لفظه:

الحمد لله، قد تم لنا قرآءة هذا المجلد والثلاثة المجلدات قبله على مؤلفه، ونحن جماعة عدة من الإخوان كثرهم الله، والله يتقبل من الجميع، ويجعل أعمالنا خالصة لوجهه الكريم، ويرزقنا العمل بما علمناه، بتاريخ شهر جمادى الأولى سنة (1397)هـ وكتب عبد العظيم حسن الحوثي وفقه الله.

وجدت ذلك في آخر الجزء الرابع، في النسخة التي أخذتها من مكتبة المولى العلامة الحجة محمد بن عبد العظيم الحوثي حفظه الله.

وكذلك في أول كل جزء من الأجزاء الأربعة، وجدت بخط المولى العلامة الكبير بدر الدين بن أمير الدين الحوثي رحمه الله ما لفظه:

الحمد لله وأنا أرويه كله إلى نهاية الجزء الرابع، وذلك آخر البحث في حسن الخاتمة، حديث ((سلوا الله السداد))، أروي هذا الكتاب كله عن السيد العلامة محمد بن حسن العجري حفظه الله بالمناولة له كله، والإجازة فيه كله بعينه، وبالسماع لبعضه، وكتب بدر الدين الحوثي، بتاريخ 29 / جمادى الثانية / سنة 1396هـ.

وناولني المؤلف المذكور نسخته التي بخط يده الكريمة، ناولنيه وأجاز لي روايته عنه في وقت واحد، والحمد لله وصلى الله على محمد وآله وسلم، وكتب بدر الدين الحوثي، بتاريخه المذكور.

وتحته إمضاء بخط السيد العلامة أحمد بن صلاح الهادي قال فيه ما لفظه:

وأنا أرويه بالإجازة والمناولة والسماع لبعضه عن المؤلف رضي الله عنه، حسبما ذكر، بتاريخه 8 جمادى الأولى سنة 1397هـ. المفتقر إلى الله أحمد صلاح بن الهادي وفقه الله.

وقد كان مولانا الإمام الحجة مجد الدين المؤيدي عليه السلام شرع في تأليف كتاب جامع لما صح عنده من الروايات، مع إعمال الأدلة، وبيان مدلولاتها، والجمع بين مختلفاتها، وكان قد سماه (البلاغ المبين بصحيح سنة الرسول الأمين، صلى الله عليه وعلى آله الطيبين الطاهرين)، وكان قد بدأ في أوائل كتاب الطهارة.

فلما بلغه ما قام به السيد العلامة محمد بن الحسن العجري من جمع كتابه هذا توقف عن إتمام كتابه ذلك، مع ما عاقه عن إتمامه من كثرة الشواغل، وما توارد عليه من عوامل الموانع، كما قال عليه السلام في ذلك:

هذا، وفي خلال العمل السابق جمع الولد العلامة الأوحد محمد بن حسن العجري بارك اللَّه في أعماله، وكثر في أهل العلم من أمثاله، ما تحصل له من الأخبار معتمداً على ما سبق تصحيحه من الأسانيد في لوامع الأنوار، وعلى مختصر الطبقات في تراجم الرجال، وعرض ذلك بعد طلبه عليَّ، وفوّض النظر فيما رأيته إليَّ، وقد كنت قصدت الاكتفاء به إن كان وافياً بالمراد؛ ولما تصفحته، وجدته قد أفاد، إلاَّ أن ثمة فوائد يلزم أن تزاد، مع أنه طال بما تعرض له من المباحث الخارجة عن المقصود، وبنقل التراجم من مختصر الطبقات، وما أخذ منها لبعض رجال الإسناد، ومحل ذلك كتب الرجال، كطبقات الزيدية، ومختصرها، ومطلع البدور، والفلك الدوار، وما تضمنته كتب السير والأخبار. إلى آخر كلامه.

وهذه شهادة كافية من علم الزيدية الأكبر، وحافظها المعتمد الأشهر، ومن شهد له خزيمة فهو حسبه.

وقد رأيت أن أورد كلام السيد العلامة، الولي الفهامة، محمد بن يحيى بن الحسين الحوثي رحمه الله في مقدمة كتابه (المختار، من الأحاديث والآثار) الذي اختصره من هذا الكتاب الذي بين يديك، حيث فقال ما لفظه:

وفي خلال ذلك قام لهذه الفكرة والعمل، الأخ العلامة الولي، السيد التقي، عزالدين، محمد بن الحسن بن محمد العجري المؤيدي حفظه اللَّه، وجزاه عنا وعن

الدين أفضل الجزاء، فجمع كثيراً من الأحاديث النبوية، والآثار العلوية، وبعض الإجماعات المروية، وما لا يستغنى عنه من الفوائد المروية عن قدماء العترة النبوية، كل ذلك من كتب الآل ومحبيهم المهتدين بهديهم، والسالكين سبيلهم، وضمنه تعديل الرجال، وبيان حالهم، وطرقهم، وتاريخهم. إلى قوله:

وسماه (الصحيح المختار من علوم العترة الأطهار)، فجاء بحمد الله كتاباً جامعاً نافعاً.

ثم بين السبب الملجئ له إلى اختصاره، فقال:

ولما رأيت الهمم قد تقاصرت عن النقل، وكنت أحب نقله، رأيت أن أحذف ما تكلم به وزبره في شأن الرجال؛ ليسهل علينا نقله، وأنه يكفينا تعديلهم في الجملة، ومن أراد التحقيق والإطلاع، فمحل ذلك كتب الرجال، والسير.

وتركت ما تعرض له من الأحاديث الواردة في أهل البيت عليهم السلام عموماً، وفي أمير المؤمنين علي عليه السلام خصوصاً؛ لكون الغرض هنا المسائل الفرعية، ولأن ما ورد فيهم عليهم السلام لا يحصى كثرة، ولا يستوعب ذلك إلاَّ الأسفار الضخمة، فإن كان من روايتهم ورواية أتباعهم؛ فلا إشكال، وإن كان من رواية غيرهم وأعدائهم، فالحق ما شهدت به الأعداء، وما أجمع عليه أو تلقي بالقبول فواضح، ومحل ذلك كتب المناقب، والسير. إلى قوله:

هذا والمؤلف متى وجد الحديث نقله بلفظه وسنده، وتكرر ذلك وطال، فإذا وجدنا ذلك استكفينا بأحد الروايات، وذكرنا أن الرواية الأخرى مثلها، أو بزيادة كذا، أو نقص كذا، أو بلفظ كذا للاختصار، ومع أنه الأم فمتى وجد الحديث كتبه وألحقه، ونحن نجعله في محله اللائق به حتى أنا ننقل من باب إلى باب، ومتى وجدنا رواية غفل عنها، أو سهى عنها مثل تلك الروايات أو نحوها، ألحقناها، وهو القليل، ونتصرف في كثير من التبويبات بما يقتضيه الحال والمقام من المناسبة، ومع هذا فإن بعض النقل على عجل؛ فلا يخلو من الزلل.

وما تضمنه هذا الكتاب من مراسيل قدماء أئمتنا عليهم السلام، فبناء على صحتها لديهم، واعتمادهم عليها، وهم في الانتقاد والتحري للصواب والصحيح بمكان، يعرف ذلك أهل البحث والإطلاع، ونحن إنما نقتبس من أنوارهم، ونتبع آثارهم، وليس أحاديث الكتاب هذا مما تفرد به أهل البيت عليهم السلام، ومحبيهم -رضي اللَّه عنهم-، فهي مخرجة من كتب السنة، ولنا أمل إن شاء اللَّه في تخريجها منها، ومن أراد ذلك بحث وتطلع، وفي الروض النضير شرح المجموع ما يدل على ذلك، وليست هذه الأحاديث الصحاح فحسب، إنما هي المتيسر من الكتب الموجودة الآن، وثمة كتب غيرها مما اشتملت على الصحيح، وكذلك المتواتر والمتلقى بالقبول، وإنما هذا بعض جمع وتقريب لمن لم يكن عنده بعض الأمهات، وليس الترك لبعض الأحاديث لعدم صحته، بل لعدم المعرفة لرجاله، أو مذهب المرسل في إرساله، ومن تحقق شيئاً مماثلاً لهذه الأحاديث استدركه، وفوق كل ذي علم عليم.

وقد أعجب المؤلف -حفظه اللَّه- ما فعلته، والغرض الإفادة من الجميع.

وقد عد المؤلف مراسيل محمد بن منصور المرادي -رضي اللَّه عنه- في الجامع الكافي: من الصحاح، وليس لنا طريق إلى صحة جميع ما أرسله، فإنه قد يرسل الحديث الذي أورده في الأمالي مسنداً من طريق غير مختارة في هذا الكتاب، ونحن إذا وجدناها مماثلة لما نقل عن الأمالي أو غيرها أثبتناها، وإلاَّ كتبناها في الهامش حاشية وللناظر نظره.

انتهى المراد نقله من مقدمة المختار من الأحاديث والآثار، وفيها مزيد فائدة لبيان ما لم نتعرض له من الكلام على بعض محتويات الصحيح المختار.

المسلك الثاني: حول تحقيق الكتاب

تحقيق وطباعة هذا الكتاب وأمثاله من كتب أهل البيت وأشياعهم هو خدمة لعلوم أهل البيت، وشرف كبير لمن يقوم به.

فعندما عرض علي الأخ الفاضل الأديب الحلاحل يوسف بن عبد الإله الضحياني -وفقه الله- فكرة تحقيق هذا الكتاب، مع وجود من يتكفل بطباعته،

سرني ذلك كثيراً، لأن الصعوبة التي نواجهها هو في النشر، لا في التحقيق.

فحين نرى الكثير من مؤسسات ومكتبات النشر والطباعة لديها احتكار في الطبع، وتحفُّظ وانحيازية في النشر، فلا ينشرون ولا يطبعون إلا لمن توفرت فيه لديهم شروط خاصة، مفادها السمع والطاعة والتبعية لهم، نُصابُ بالإحباط الكبير، وإن قمنا بنشر شيء فعلى قدر التمكن والاستطاعة التي تكون محصورة في إطار معين، لا نتمكن من تجاوزه.

هذا إن سلمنا من المحاربة والمعارضة من قِبَلِ من لديهم الاستطاعة على النشر، ويمتلكون المطابع الكبرى في ذلك.

فلو قدمت لهم كتاباً أو رسالة صغيرة لأحد الأئمة المتقدمين، أو العلماء المشهورين قديماً أو حديثاً، لما أسعدوا إلى ذلك، ولما أجابوا إلى ما هنالك.

بينما لو قدم لهم من يرتضون طاعته واتباعه كتاباً أو رسالة كيفما كان حجمه، وكيفما كانت أهميته سارعوا إلى تلبية طلبه، بغض النظر عن أولوية أو أهمية ذلك الموضوع.

ومن جهة أخرى أصبح همُّ أكثرهم النقر لا النشر والأجر، فإنا لله وإنا إليه راجعون، وهذا عارض جر إليه الكلام، لا يخلو من فائدة لأولي الأفهام.

ولما كان المؤلف من العلماء المعاصرين، والنسخة المتداولة لدى العلماء هي نسخة المؤلف التي بخطه، وهي بخط نسخي جيد، ولديه خبرة عالية، وتحر فائق في النقل، وقد اعتمد على نسخ خطية صحيحة متداولة بين أوساط العلماء في وقته، كان ذلك من عوامل التخفيف من صعوبات المقابلة للنُّسَخِ، والتصحيح لها، ولكن الصعوبة أتت من جهة أخرى هي: الرجوع إلى الأمهات المطبوعة ومقابلة النصوص المأخوذة في الكتاب منها عليها.

وليكون المطلع والقارئ على بينة ومعرفة لكيفية التحقيق، نذكر التنبيهات التالية:

التنبيه الأول: ما كان من زيادة في المطبوع على ما في كتاب الصحيح المختار

وضعناه بين معكوفين هكذا [ ] وضربنا عليه حاشية نبهنا عليه فيها.

وما كان من زيادة في الكتاب وهو نقصان في المطبوع فكذلك وضعناه بين معكوفين [ ] أيضاً، ولم نضرب له في الحاشية، لأنه من أصل الكتاب، فليكن ذلك على بال منك، فما وجدته بين معكوفين وليس عليه حاشية فهو من أصل كتاب الصحيح المختار، وساقط من النسخة المطبوعة.

التنبيه الثاني: أضفنا أرقام الصفحات والأجزاء -إن كانت-، من الكتب المطبوعة، في أصل الكتاب، بعد ذكر الكتاب المنقول عنه، في نفس السطر مباشرة، هكذا - للتمثيل-: في مجموع زيد بن علي -رضي الله عنهما- [345]:، ليسهل الرجوع إليها عند الحاجة إلى ذلك، ولتخفيف التثقيل للكتاب بالحواشي، إلا ما كان في أول الجزء الأول إلى كتاب الصلاة تقريباً فكنا قد جعلناه في الحاشية، ثم ترجح وضع الجزء والصفحة بين معكوفين كما سبق، وأبقيناه في الحاشية ليعلم المطلع الطبعة التي اعتمدنا عليها فيما تعددت طبعاته من الكتب.

وأما ما لا يزال مخطوطاً فقد تركناه على أصل وضعه، إلا ما كان في الجزء الأول عند ذكر شرح القاضي زيد، ثم ترجح الترك لتعدد النسخ الخطية.

التنبيه الثالث: أهملت التخريج للأحاديث من كتب أهل السنة، لأن ذلك يتنافى مع غرض المؤلف من كتابه، لأنه قصد إيراد الروايات من الطرق الخاصة بأهل البيت عليهم السلام وأشياعهم -رضي الله عنهم-.

وأيضاً لوجود التخريجات في المطولات كالروض النضير والاعتصام وغيرهما، ولوجودها أيضاً في بعض الأصول المطبوعة من إضافات المحققين، فمن أراد التخاريج رجع إلى ما ذكرناه.

التنبيه الرابع: أضفنا في الكتاب الترقيم العددي للأحاديث النبوية، والأخبار العلوية المروية في الكتاب، سواء كانت مما أسند أو مما أرسل، وسواء كانت مما تكرر بسنده ولفظه في بعض الأصول أم لا.

ولم أضف الترقيم العددي إلى الأقوال المروية عن أفراد الأئمة، ولا إلى ما ذكر من الإجماعات في الكتاب، ولا إلى غيرها مما ليس حديثاً نبوياً، أو خبراً علوياً.

والغرض منه معرفة عدد الأخبار التي اختارها المصنف في كتابه، حيث بلغ عددها [3292] ثلاثة آلاف حديث ومائتين واثنين وتسعين حديثاً، منها [530] خمسمائة وثلاثون حديثاً في الجزء الرابع، الذي هو خاص بالمناقب والفضائل ومكارم الأخلاق والشمائل.

وقد احتوى الجزء الأول على [1084] ألف حديث وأربعة وثمانين حديثاً.

واحتوى الجزء الثاني على [867] ثمانمائة وسبعة وستين حديثاً.

واحتوى الجزء الثالث على [802] ثمانمائة حديث وحديثين.

واحتوى الجزء الرابع على [530] خمسمائة وثلاثين حديثاً.

أما الروايات الموقوفة على بعض الصحابة أو التابعين، أو بعض أفراد الأئمة الهادين، فكثيرة جداً.

وفي الختام أتقدم بالشكر إلى كل من أعانني على التحقيق؛ بصف أو مقابلة أو تصحيح، وأخص بالذكر لجنة التصحيح والمقابلة في مركز الإمام المنصور بالله عبد الله بن حمزة -عليه السلام-، طلاب العلم الشريف، وهم: حمزة صالح محمد الدرسي، وعلي حسين الشرفي، وحسين يحيى محمد الدرسي، وأسأل الله تعالى أن يكتب أجرهم ويجعل ذلك في ميزان حسناتهم.

كما أتقدم بالشكر الجزيل الخالص للقائمين والعاملين في دار النضيري للدراسات والنشر، على ما يقومون به من خدمة واهتمام في نشر علوم أهل البيت - عليهم السلام-، جعل الله تلك الأعمال مكللة بالنجاح، موسومة بالقبول والصلاح، وجزاهم خير الجزاء في الدنيا والآخرة، فقد نعشوا فينا روح الأمل والحياة بوجود من يسعى في نشر علوم أهل البيت دون انحياز أو احتكار أو تهميش، بالرغم من أنها لا تربطنا بهم علاقة دنيوية أو معرفة شخصية سابقة، إلا

رابطة الدين والأخوة الإسلامية.

كما أتقدم بالشكر الجزيل والتقدير للأخ الفاضل الأديب المحقق الأريب، يوسف بن عبد الإله الضحياني المؤيدي، فهو الذي شجعني على تحقيق هذا الكتاب وأخبرني بوجود من سيقوم بنشره وطباعته وإخراجه إلى النور.

وأسأل الله تعالى أن يتقبل منا صالح الأعمال، وأن يجعل أعمالنا وأفعالنا وأقوالنا خالصة لوجهه الكريم، وأن يرزقنا العلم النافع والعمل به، وأن يرزقنا اتباع محمد وآله الأطهار، وأن يلحقنا بهم في الدنيا ودار القرار، إنه على كل شيء قدير وبالإجابة جدير، ولا حول ولا قوة إلا بالله العلي العظيم، وصلى الله وسلم على سيدنا محمد رسول الله المصطفى، وعلى آله الطاهرين.

سبحان ربك رب العزة عما يصفون، وسلام على المرسلين، والحمد لله رب العالمين

كان الفراغ من هذه المقدمة في المنتصف من الليلة المسفرة عن يوم الخميس

بتاريخ 16 / ربيع الآخر / 1444هـ

الموافق 11 / 11 / 2022م

الفقير إلى عفو الله القدير

إبراهيم يحيى عبد الله الدرسي الحمزي، وفقه الله.

الحمزات – صعدة – اليمن

صورة تفويض ورثة المؤلف

الحمد لله

محمد حسن العجري
أنا يحيى محمد حسن العجري باسم ورثة حي العلامة
رحمه الله أفوض الأخ/ زيد السقاري الغلاوي و يحيى بدر الدين
الحوثي بطباعة مؤلف والدي (الصحيح المختار في علوم
العترة الأطهار) تفويضاً مطلقاً وأرفض أي تفويض لغيره
ومن ادعى أن لديه تفويضاً من الوالد فهو غير صحيح ولا يعمل
عليه وإن كان سبق من الوالد تفويضاً فهو مؤقت بوقته
وقد بطل لأنه قد سبق منه نية بعتبهم في ذلك الحين
فهم سنوه ولم يتم شيئاً بعد أن رفض من يقوم بطبعه في
تلك المدة مرضاً أغالبه عشرين سنة وعشرين في طبعه من حقوق
الطبع والأرباح فرفض ذلك وأنا كنت الواسطة في ذلك
فرفض تماماً بأنه قد سبق منه تفويضاً لأناس يقومون بطبعه
خلال شهرين من تاريخه فانتظر الشهرين فلم يتم شيء منهم
وهم سنون وبعد سنتين توفي الوالد والكتاب لم يطبع حتى الآن
مدة أكثر من عشر سنوات وهذا للعلم ولكم شكراً

بتاريخ [illegible]
والسلام

نماذج مصورة من مخطوطة الكتاب

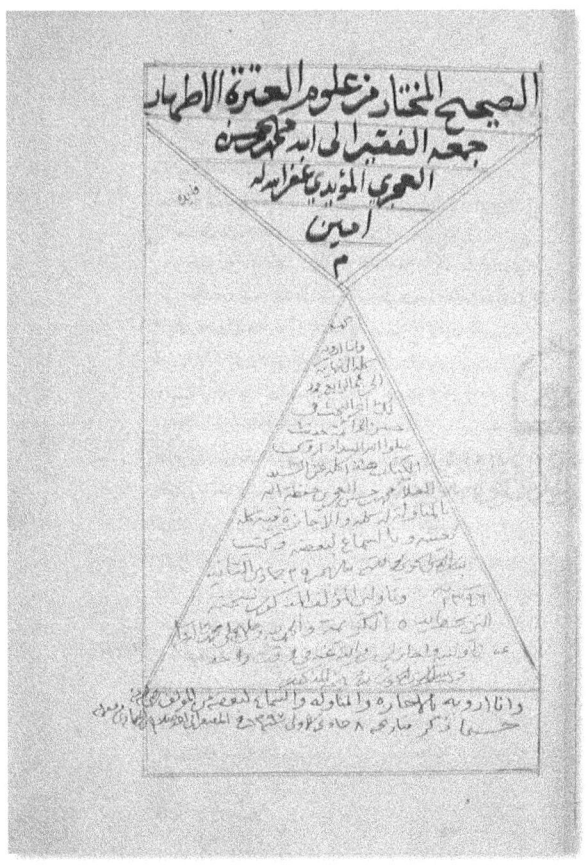

الصحيح المختار من علوم العترة الأطهار
جمعه الفقير إلى الله محمد بن حسن
العجري المؤيدي عفا الله عنه
آمين

صفحة عنوان الجزء الأول

أول الجزء الأول

٢٧٦

الى برقة يعني قرية بقم واهل قم كلهم شيعة انتهى ٥ خرج له ابو طالب
٥ واما احمد بن محمد فقال في الجداول احمد بن محمد بن خالد البرقي عن ابيه وعلي بن
نعمان ويحيى بن يزيد النوفلي وعنه حميده احمد بن عبدالله البرقي ومحمد بن
عبدالله بن يحيى قال ابن حجر عالم الشيعة له تصانيف في الرفض وقال الذهبي
من كبار الرافضة انتهى ٥ خرج له ابو طالب عليه السلام ٥ واما والده فقال
في الجداول ابيه محمد بن خالد البرقي عن محمد بن احمد بن ابي نصر والحسين بن زيد بن علي
وعنه احمد بن محمد الاشعري وولده احمد بن محمد وذكره في الاكمال انتهى ٥ خرج له
ابو طالب عليه السلام ٥ قلت الذي يظهر ان هولاء جميعا من رجال الشيعة فرواتهم
متكررة في الامالي في احاديث كثيرة ٥ الهادي عليه السلام في الاحكام حدثني
ابي عن ابيه انه قال حدثني رجل من بني هاشم كان صواما قواما عن ابيه
يسنده الى النبي صلى الله عليه وآله وسلم انه قال قال رسول الله صلى الله عليه وآله وسلم
من زارني في حياتي او زار قبري بعد وفاتي صلت عليه ملائكة الله اثنى
عشر الف سنة ٥ قال وبلغنا عن الحسين عليه السلام انه قال للنبي صلى الله عليه
وآله وسلم يا رسول الله ما لمن زارنا فقال رسول الله صلى الله عليه وآله وسلم
من زارني حيا او ميتا او زار اباك حيا او ميتا او زار اخاك حيا او ميتا
او زارك حيا او ميتا كان حقيقا علي ان استنقذه يوم القيمة ٥ قال وبلغنا
عنه صلى الله عليه وآله وسلم انه قال من زار قبري وجبت له شفاعتي انتهى ٥ ٥
يقول مولفه غفر الله له ذنوبه وانا له الشفاعة جده محمد صلى الله عليه وآله وسلم
انتهى الفراغ من الجزء الاول من الصحيح المختار من علوم العترة الاطهار ونقله
من المسودة التي فرغنا منها في يوم السبت لعله ٢٦ او ٢٧ شهر رجب ١٣٧٤ هجريه
فليعلم ... شهر القعده سنة ١٣٩٥ وذلك بحوث هجرة ضحيان ... وكتبه ...

آخر الجزء الأول

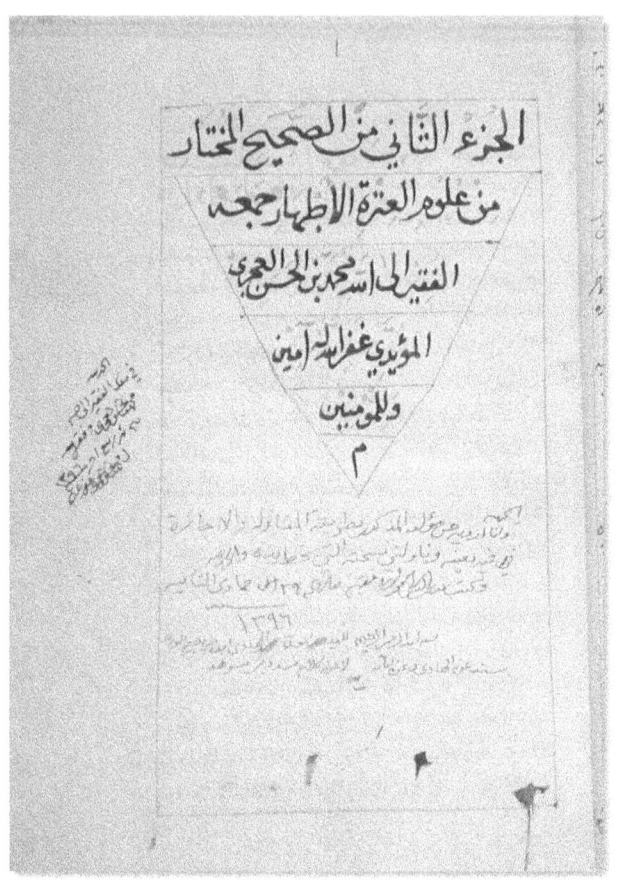

الجزء الثاني من الصحيح المختار
من علوم العترة الأطهار جمعه
الفقير إلى الله محمد بن الحسن العجري
المؤيدي غفر الله له آمين
وللمؤمنين

صفحة عنوان الجزء الثاني

أول الجزء الثاني

ويحتاج الى الاذن ما لم تزوج امه فاحمد فان تزوجت او ماتت فالجدة ام
ام الام احق به فان لم تكن فالجدة ام الاب اولى به انتهى ۞ والى هنا
انتهى الجزء الثاني من الصحيح المختار من علوم العترة الاطهار الذي
وافق الفراغ من تسويده في شهر ربيع الاول سنة سبعة وسبعين
وثلثمائة والف وكان الفراغ من نقل هذا مع زيادات مفيدة ليلة
السبت الموافق ٩ شهر جمادى الاولى سنة ١٣٩٦ ستة وتسعين وثلثمائة والف
وذلك بهجرة ضحيان حرسها الله بالعلماء العاملين والله اسال ان يغفر
الذنوب وان يجعل الاعمال خالصة لوجهه الكريم بحق محمد واله الطاهرين
عليهم الصلاة والتسليم بقلم جامعه الفقير الى الله [illegible] العجري غفر الله له
ولوالديه وللمؤمنين آمين ۞

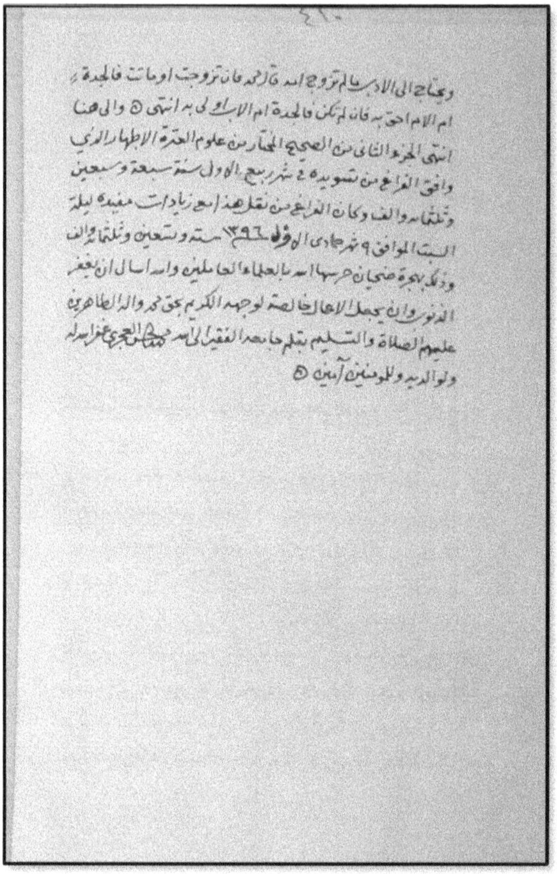

آخر الجزء الثاني

الصحيح المختار
من علوم العترة الأطهار

الجزء الأول

[مقدمة المؤلف]

بسم الله الرحمن الرحيم

رب يسر ولا تعسر، يا كريم

الحمد لله الذي أعلا منازل العلماء العاملين، وأبان وصفهم في آي من الذكر المبين، وجعلهم حججاً على العالمين؛ فكان بذلك قوام الدين، وتبصرةٌ للمتقين، وضياءٌ لمن استضاء من المكلفين.

وأشهد أن لا إله إلا الله وحده لا شريك له القوي المتين، شهادة أدخرها ليوم يقوم الناس لرب العالمين.

وأشهد أن سيدنا محمداً عبده ورسوله، صلى الله عليه وعلى آله الطاهرين، أرسله رحمة للعالمين، وحجة على الناس يوم الدين.

وأشهد أن علياً أمير المؤمنين، وإمام المتقين، ويعسوب المسلمين، والخليفة من بعد النبي الأمين، المحبُّ له من المؤمنين، والمبغَضُ له من المنافقين.

والصلاة والسلام على سيدنا محمد الأمين، وعلى آله الطيبين الطاهرين، قرناءُ الكتاب إلى يوم الدين، وأمناءُ الله على عباده المتقين، المتمسكُ بهم من المهتدين، والحائدُ عنهم من الضالين.

أما بعد:

فيقول المفتقر إلى مولاه، الراجي غفرانه وتقواه، أسير الذنوب، ومهبط البلاوي والعيوب، محمد بن الحسن بن محمد بن يحيى بن أحمد بن الحسين بن محمد (الملقب العجري) بن يحيى بن محمد بن يحيى الملقب الشهيد بن محمد بن صلاح بن علي بن الحسين بن الإمام عز الدين بن الحسن بن الإمام الهادي لدين الله علي بن المؤيد بن جبريل بن المؤيد بن أحمد بن الأمير شمس الدين يحيى بن أحمد بن يحيى العالم بن

يحيى بن الناصر بن الحسن بن الأمير المعتضد بالله العالم عبد الله بن الإمام المنتصر بالله محمد بن القاسم بن الإمام الناصر لدين الله أحمد بن الإمام الهادي إلى الحق المبين يحيى بن الحسين بن القاسم بن إبراهيم بن إسماعيل بن إبراهيم بن الحسن بن الحسن بن علي بن أبي طالب -صلوات الله عليهم أجمعين-.

هذا مختصر جامع لزبد من الأحاديث النبوية، والآثار العلوية، بالأسانيد المرضية، عند كثير من الزيدية، والسلالة المحمدية، وسميته (**الصحيح المختار من علوم العترة الأطهار**)، ومعتمد نقلي إن شاء الله تعالى:

من أمالي[1] الإمام أحمد بن عيسى[2]، ومجموع الإمام الأعظم زيد بن علي[3]، وأمالي ....

(1) الأمالي المعروفة بعلوم آل محمد، التي سماها الإمام المنصور بالله -رضي الله عنه- (بدائع الأنوار) والذي قام بجمعها هو العلامة محمد بن منصور المرادي -رحمه الله-، وأضاف إليه روايات من غير طريق الإمام أحمد بن عيسى، وقد طبع مرتين، المرة الأولى بعنوان (العلوم)، والمرة الثانية بعنوان (رأب الصدع)، بتعليق علي بن إسماعيل المؤيد.

(2) الإمام أبو عبدالله، أحمد بن عيسى بن زيد بن علي -عليهم السلام-، فقيه آل محمد، المحدث الكبير، والعالم الشهير، والحافظ المسند، والثقة المعتمد، أحد الأئمة الأعلام، وأكابر عظماء الإسلام، ورموز أهل البيت الكرام، مولده في محرم سنة (157)هـ، وقيل: سنة (158)هـ، وتوفي في رمضان سنة(240)هـ، وقيل سنة (247)هـ، كان مقيماً بالمدينة، فقيل لهارون الغوي: إنه يسعى للخروج عليك، فأحضره إلى بغداد، وسجنه، فتخلص من السجن، وأختبأ مدة ببغداد، ثم ذهب إلى البصرة، فحاول هارون العثور عليه، فلم يقدر، وبقي بها متخفياً مستتراً يتنقل من دار إلى دار إلى أن مات بالبصرة، وأخباره كثيرة، ومناقبه غزيرة.

(3) الإمام الشهيد السعيد، فاتح أبواب الجهاد والإجتهاد، المنزه عن كل شين، أبو الحسين، زيد بن علي بن الحسين بن علي بن أبي طالب -عليهم السلام-، ولد في المدينة المنورة سنة (75)هـ على الأصح، اشتهر الإمام زيد -رضي الله عنه- بالعلم والعبادة، والعفة والزهادة، ولازم القرآن واختلى به ثلاث عشرة سنة حتى عرف واشتهر بحليف القرآن، وفاق أقرانه وأهل زمانه في جميع الصفات والخصال علماً وعملاً واجتهاداً وشجاعة وفصاحة وبلاغة وبياناً، وصرامة في قول الحق، حتى حظي بمكانة سامية، في أوساط علماء الإسلام، وبالخصوص بين أهل البيت -عليهم السلام-، فقد أجمع عليه الموالف والمخالف من جميع الفرق والطوائف، فهم مجمعون على فضله وعلمه وعبادته وورعه وتقدمه في جميع صفاته، خرج على فرعون هذه الأمة، هشام بن عبد الملك الأموي، يوم الأربعاء 23
=

أبي طالب[4]، وصحيفة علي بن موسى الرضا[5]، وأحكام الإمام الهادي إلى الحق[6]، والمنتخب له، وشرح التجريد ....

من محرم سنة (122)هـ، واستشهد -رضي الله عنه- ليلة الجمعة، (25) محرم سنة (122)هـ، وله من العمر (46) سنة، وأخباره طويلة.

(4) الإمام الناطق بالحق أبو طالب، يحيى بن الحسين بن هارون بن الحسين بن محمد بن هارون بن محمد بن القاسم بن الحسن بن زيد بن الحسن بن علي بن أبي طالب -عليهم السلام-، مولده سنة (340) هـ، نشأ على طريقة الهدى والسداد، والتقوى والرشاد، أخذ العلم عن علماء عصره في شتى فنون العلم، حتى برز في مضماره، وخاض في موج غماره، والتقط درره من قعور بحاره، وكان في الفضل والعلم والورع والزهد والعبادة والفصاحة والبلاغة والتصانيف بالمحل الرفيع، قال ابن حجر العسقلاني في لسان الميزان(6/ 248) فقال في ترجمته: (كان إماماً على مذهب زيد بن علي، وكان فاضلاً غزير العلم، مكثراً، عارفاً بالأدب وطريقة الحديث، إلى قوله: ذكره أبو طاهر فقال: كان من أمثل أهل البيت، ومن المحمودين في صناعة الحديث، وغيره من الأصول والفروع)، وقال الإمام المنصور بالله عبد الله بن حمزة -رضي الله عنه- في الشافي: (لم يبق فن من فنون العلم إلا طار في أرجائه، وسبح في أثنائه، وله تصانيف جمة في الأصول والفروع)، قام -رضي الله عنه- بعد وفاة أخيه الإمام المؤيد بالله سنة(411)هـ، وأقام آمراً بالمعروف، ناهياً عن المنكر، على طريقة العترة الكرام، جاداً في مرضات الله، مجدداً لدين الله، مشتغلاً بصلاح الأمة، وإنفاذ أحكام الله تعالى، وجهاد الظالمين، ومنابذة الفاسقين، وعبادة الله حتى أتاه اليقين، وتوفي -رضي الله عنه- سنة (424هـ)، وقيل: (422هـ)، عن نيف وثمانين سنة، وقبره (بجرجان).

(5) الإمام علي الرضا بن موسى الكاظم بن محمد الباقر بن علي السجاد بن الحسين السبط بن علي أمير المؤمنين -عليهم السلام-. ولادته -رضي الله عنه- في شهر القعدة سنة (148)هـ كان على درجة عالية من العلم والحلم، والفهم والفضل والتقوى، على طريقة آبائه الطاهرين، وكان كثير الصوم، قليل النوم، كثير الذكر، كثير المعروف والصدقة، يجلس على الحصير، ويتقوت باليسير، بايعه المأمون لليلتين خلتا من شهر رمضان سنة (201)هـ، وقلبوا السواد إلى الخضرة، ومن لبس السواد مزق عليه في جميع الآفاق، وكذلك كسوة البيت الحرام، وكان المأمون وأولاده وأهل بيته وبنو هاشم أول من بايعه، ثم الناس على مراتبهم، والأمراء والقواد، وجميع الأجناد، وأعطى الناس المأمون عطاء واسعاً للبيعة، وضرب اسمه في السكة والطراز، وجعل له في الخطبة موضعاً، وكانت تلك البيعة بالإمامة، فكان يقول المأمون للرضا: أنت الإمام الباطن وأنا الإمام الظاهر، وقيل: بل كانت بولاية العهد فقط، وقد أجمع على إمامته أهل البيت وغيرهم، ووضع له المأمون السم في عصير عنب أسقاه إياه، لما دخل لعيادته في مرضه، بعد البيعة والعهود الأكيدة، فتوفي -رضي الله عنه- في آخر شهر صفر سنة (203)هـ، وعمره (55) سنة.

(6) الإمام الهادي إلى الحق يحيى بن الحسين بن القاسم بن إبراهيم بن إسماعيل بن إبراهيم بن الحسن بن الحسن بن علي بن أبي طالب -عليهم السلام-، ولد: في الرس من المدينة سنة (145)هـ، ونشأ وترعرع بها، وأخذ العلم على يد أبيه وأعمامه، وكان موصوفاً من حال صباه بفضل القوة والشدة =

للمؤيد بالله[7]، وأمالي المرشد بالله[8]، ومصابيح أبي العباس الحسني[9]،

والبأس، والشجاعة والإقدام، والاشتغال بالعلم، وقد ذاع صيته، وشاع فضله، ووردت فيه بشارات وآثار عن جده النبي -عليه السلام- وأبيه الوصي -رضي الله عنه-، اختصه الله بعلم الجفر، وكان معه ذو الفقار سيف أمير المؤمنين -رضي الله عنه-، راسله أهل اليمن فخرج إليهم الخرجة الأولى سنة (280)هـ، وكان عمرُهُ خمساً وثلاثين عاماً، فاجتمعوا إليه وبايعوه إماماً على كتاب الله وسنة نبيه -عليه السلام-، ثم عاد إلى الرس حين أظهروا التمرد والعصيان، ثم خرج الخرجة الثانية في عام (284)هـ فأقام الله به الدين في أرض اليمن، وأحيا به رسوم الفرائض والسنن، وجدد أحكام خاتم النبيين، وآثار سيد الوصيين، وفتح صعدة ونجران وخيوان، وصنعاء وذمار وحيسان، وبعث عماله إلى عدن، ودوخ ملوك اليمن، وطرد جند بني العباس من الجفاتم، وأنصارهم من صنعاء ومخاليف اليمن، وله مع القرامطة الخارجين عن الإسلام نيف وسبعون وقعة، كانت له اليد فيها كلها، ومع بني الحارث نيف وسبعون وقعة، وخُطب له بمكة المشرفة سبع سنين، عاصر ثلاثة من خلفاء الدولة العباسية، فكان بداية أمره في أيام المعتضد، واستمر إلى أيام المكتفي، وكانت وفاته في أيام المقتدر، وقبضه الله إليه شهيداً بالسم، وعمره (53) عاماً، ليلة الأحد (20) من ذي الحجة سنة (298)هـ، وقبره الشريف في جامعه الذي أسسه بصعدة مشهور مزور.

(7) الإمام المؤيد بالله، أبو الحسين، أحمد بن الحسين بن هارون بن الحسين بن محمد بن هارون بن محمد بن القاسم بن الحسن بن زيد بن الحسن بن علي بن أبي طالب -عليهم السلام-، مولده سنة (333)هـ، بآمل طبرستان في الكلاذجة، تقع في شمال إيران على بحر الخزر، ونشأ على طلب العلم والتزود منه منذ صباه، حتى طار في أرجاء العلوم، وسبح في بحارها، وارتشف من سلسبيل أنهارها، وكان عارفاً باللغة والنحو، متمكناً من التصرف في منثورها ومنظومها، وكان يعرف العروض والقوافي ونقد الشعر، وكان فقيهاً بارعاً، متقدماً في مناظراً، وكان متقدماً في علم الكلام وأصول الفقه حتى لا يعلم أنه في أيها كان أقدم وأرجح، وتأدب في عنفوان شبابه، لم يرَ في عصره مثله علماً وفضلاً وزهداً، وعبادة وحلماً وسخىً، وشجاعة وورعاً، ما بقي علم من علوم الدنيا والدين إلا وقد ضرب فيه بأوفى نصيب، وأحرز فيه أوفر حظ، وكان في الورع والتقشف والإحتياط والتقزز إلى حد تقصر العبارة دونه، والفهم عن الإحاطة به، داعا إلى الله سنة (380)هـ وتوفي سنة (411)هـ.

(8) الإمام المرشد بالله أبو الحسين يحيى بن الحسين بن إسماعيل بن زيد بن الحسن بن جعفر بن الحسن بن محمد بن جعفر بن عبد الرحمن الشجري بن القاسم بن الحسن بن زيد بن الحسن بن علي بن أبي طالب -عليهم السلام-، دعا إلى الله سنة(479)هـ في الجيل والديلم والري وجرجان، ومضى على منهاج سلفه الصالحين، آمراً بالمعروف وناهياً عن المنكر، حتى توفاه الله سنة (479)هـ عن (67) سنة، وهو صاحب الأماليين، الأولى الأمالي الكبرى المعروفة: بالخميسية، وهي المقصودة في النقل في هذا الكتاب، والثانية الصغرى المعروفة: بالإثنينية، والتي تسمى الأنوار.

(9) السيد الإمام أبو العباس، أحمد بن إبراهيم بن الحسن بن إبراهيم بن الإمام محمد بن سليمان بن داود بن الحسن بن الحسن بن علي بن أبي طالب، العالم، الحافظ، الحجة، شيخ الأئمة، وارث الحكمة، رباني =

وشرح الأحكام لعلي بن بلال(10)، والجامع الكافي لأبي عبد الله العلوي(11)،

آل الرسول، وإمام المعقول والمنقول، وصاحب العلوم الواسعة، والمؤلفات الجامعة، التي منها: النصوص، وشرح المنتخب والأحكام، والمصابيح، تتلمذ على: الإمام الناصر الحسن الأطروش، ومن شيوخه: القاسم بن عبدالعزيز بن إسحاق بن جعفر البغدادي، وعبدالرحمن بن أبي حاتم، وغيرهما، وتتلمذ عليه: الإمامان الجليلان الأخوان المؤيد بالله، وأبو طالب الهارونيان، عاش في الجيل والديلم، وخرج إلى فارس، وبغداد، وعاصر: القاهر، والراضي، والمتقي العباسي، وتوفي -رضي الله عنه- بجرجان سنة (353)هـ ولعل قبره بها أيضاً.

(10) العلامة المحقق، صاحب التصانيف الفائقة، علي بن بلال الآملي، أبو الحسن، العالم الحافظ المحدث، من أكابر علماء الزيدية ومشاهيرهم من مدينة آمل طبرستان، وهو مولى السيدين الإمامين المؤيد بالله وأبي طالب، من المحصلين في المذهب، قال ابن أبي الرجال: وفضله في المذهب يلحق بسادته الهارونيين، وهو أحد الآخذين عن الإمام الهادي الصغير حين قدم إلى العراقين وديلمان، سمع عليه الأحكام للإمام الهادي، وكان الإمامان المؤيد بالله وأبو طالب من الحاضرين ذلك السماع في سنة 361هـ، له كتب مصنفة في فقه الناصرية والقاسمية هي العمدة في هذاالشأن، ولم أقف على تاريخ مولده ولا وفاته، ولعلها في أواخر القرن الرابع الهجري، ودفن في قرية وارقوبة، من بلاد فارس من كورة اصطخر قرب يزد.

(11) السيد الإمام المحدث الثقة العالم مسند الكوفة أبو عبدالله، محمد بن علي بن الحسن بن علي بن الحسين بن عبد الرحمن بن القاسم بن محمد البطحاني بن القاسم بن الحسن بن زيد بن الحسن السبط -عليهم السلام-، مولده في رجب سنة (377)هـ، في الكوفة، ونشأ بها وأخذ عن علمائها، وسمع الحديث فيها، وأدرك جملة من تلامذة الحافظ ابن عقدة، فحمل عنهم العلم،، حتى صار مسندها وحافظها ومحدثها، وأحد كبار فقهائها، وهو في الشهرة بالكوفة في العترة كأبي حنيفة في فقهائها، واسع الإطلاع، كثير الرواية، ثم رحل إلى بغداد، وأخذ عن علمائها، ورجع إلى الكوفة، وعكف على التدريس والتأليف حتى أصبح قبلة يقصده طلاب العلم ورواة الحديث، وفاق مشائخ عصره، واحتل المكانة المرموقة، والشهرة العظيمة، روى عن مشائخ جلَّةٍ، توفي بالكوفة في ربيع الأول سنة (445)هـ.

وأما كتابه الجامع الكافي: فقد جمع فيه علم الأئمة بالعراق، فاجتمع فيه ما لم يجتمع في غيره، وهو ستة مجلدات، اعتمد فيه على ذكر مذهب الإمام نجم آل الرسول، القاسم بن إبراهيم، والإمام فقيه آل محمد، أحمد بن عيسى، والإمام الحسن بن يحيى بن الحسين بن الإمام الأعظم زيد بن علي، وعلامة العراق، محمد بن منصور المرادي - رضوان الله عليهم -.

قال: لأنه رأى زيدية العراق، يعولون على مذاهبهم، وذكر أنه جمعه من نيف على ثلاثين مصنفاً، من مصنفات محمد بن منصور، وأنه اختصر أسانيد الأحاديث، مع ذكر الحجج، فيما وافق وخالف، وقد طبع في ثمانية مجلدات.

وكتاب الذكر لمحمد بن منصور المرادي(12)، وكتاب النهي لمحمد بن يحيى بن الحسين بن القاسم بن إبراهيم(13)، والبساط للإمام الناصر الحسن بن علي(14)،

---

(12) الشيخ الفاضل، شيخ العترة والشيعة، عذب الشريعة لمن أراد بحر الشريعة، محمد بن منصور بن يزيد المقري المرادي، أبو جعفر الكوفي، أحد الأعلام المعمرين، إمام في العلوم، حافظ، محدِّث، مسند، واحد مشاهير رجال الزيدية في العراق، وعلم العلماء في عصره ومصره وغير مصره، مولده بالكوفة في (150)هـ تقريباً، وبها نشأ، وسمع الحديث فيها، وجلُّ مشائخه منها، وتتلمذ على أيدي أئمَّة آل البيت، كما تتلمذ عليه جماعة منهم، وصحب الإمام القاسم بن إبراهيم الرسي -رضي الله عنه- 25 سنة، وهو أخص علماء الزيدية به، وأكثرهم رواية عنه، وحج مع الإمام أحمد بن عيسى -رضي الله عنه- نيفاً وعشرين حجة، وكان الأئمة في زمنه يجلونه إجلال الأب الكريم، وهو ينزلهم في منزلهم الشريف العظيم، وله المواقف الكريمة فقد اجتمعوا بمنزله سنة 220هـ وبايعوا الإمام القاسم بن إبراهيم، وقد عاش متستراً لتعلقه بالعترة، عاكفاً على نشر العلم، وسماع الحديث، والتأليف، واهتم بعلوم العترة وكتبهم اهتماماً بالغاً، وخلف تراثاً فكرياً زاخراً، وتعمر طويلاً قرابة قرن ونصف من الزمان، ووفاته ما بين (290هـ - 300هـ).

(13)الإمام المرتضى لدين الله أبو القاسم محمد بن الإمام الهادي إلى الحق يحيى بن الحسين بن القاسم بن إبراهيم -عليهم السلام-، مولده سنة (272)هـ تقريباً، ونشأ على طريقة سلفه في العلم والورع والعبادة والزهادة، متحلياً بالتقوى واليقين، على طريقة الأئمة الهادين، في كافة خصال البر والخير والفضل، خرج مع أبيه الإمام الهادي إلى الحق إلى اليمن، وشهد معه أكثر معاركه، وولاه قيادة الجيش عدة مرات، بل كان من أكبر قواده وأشجع فرسانه، يعتمد عليه في المهمات، ويثق به في المواقف الحرجة، وكان فارساً هماماً، وبطلاً مغواراً، ينازل الأقران، ويجدل الفرسان، ويصول في الميدان، ببسالة علوية، وشجاعة هدوية، رغم صغر سنه وحداثته، بايعه الناس بالإمامة بعد أيام قليلة من وفاة والده الإمام الهادي إلى الحق -رضي الله عنه- في غرة شهر محرم الحرام سنة (299)هـ، بعد من وفاة والده -رضي الله عنه-، وأقام بصعدة، وكاتب عمال أبيه وأقرهم على أعمالهم، فلما كان يوم الخميس لإحدى وعشرين ليلة خلت من شهر ذي القعدة الحرام من نفس العام الذي بويع فيه سنة (299)هـ، جمع وجوه القبائل، وقواد العشار، ورؤساء العمال، فذكر لهم أشياء عابها عليهم، وكره منهم فعلها، وعزم على التخلي عن الأمر والاعتزال، ثم سلّم الأمر لأخيه الناصر أحمد بن الهادي، وتفرغ للعبادة والطاعة لله تعالى إلى أن توفاه الله في يوم الأحد لسبع خلت من شهر محرم الحرام سنة (310)هـ، وعمره اثنان وثلاثون عاماً، ودفن يوم الاثنين، وقبره بجوار والده الإمام الهادي -رضي الله عنه-، يضمهما تابوت واحد.

(14)هو الإمام الناصر للحق الكبير، أبو محمد، الحسن بن علي بن الحسن بن علي بن عمر الأشرف بن علي بن الحسين بن علي بن أبي طالب -عليهم السلام-، ويقال له الأطروش -لطرش أصابه من ضربة وقعت في أذنه لما أخذه الجستاني وضربه بالسياط، بسبب أنه سعي به إليه أنه يطلب =

وغيرهم من كتاب الآل -عليهم السلام-، وشيعتهم الكرام -رضي الله عنهم-.

إذا عرفت هذا، فاعلم أن كثيراً من مؤلفات الأئمة -صلوات الله عليهم- غير موجودة بأيدينا حال تأليفنا لهذا الكتاب، وإنما الأمهات المذكورة نبذة يسيرة، وإلا فلأئمة آل رسول الله -صلى الله عليه وآله وسلم- المؤلفات الواسعة في جميع الفنون.

هذا الإمام الناصر الأطروش الحسن بن علي -صلوات الله عليه- له المؤلفات الواسعة في جميع العلوم قد ضلت عنا وليس بأيدينا من مؤلفاته -عليه السلام- إلا البساط.

وكذلك مؤلفات الإمام أبي طالب -عليه السلام- التي أعظمها شرح التحرير، فإن فيه من السنة النبوية بأسانيدها الكثير الطيب، وليس بأيدينا من مؤلفاته -عليه السلام- إلا الأمالي والتحرير وشرح البالغ المدرك.

وكذلك مؤلفات أبي العباس الحسني -رحمه الله-، شيخ السيدين في الحديث

الدعوة لنفسه-، ولد -رضي الله عنه- في المدينة المنورة (225)هـ، وقيل سنة (230)هـ، نشأ في المدينة المنورة، وأخذ العلم عن جماعة من أهل البيت هناك، ثم ارتحل إلى الكوفة، وروى عن شيخ الشيعة بالعراق محمد بن منصور المرادي، وغيره، ثم خرج إلى طبرستان سنة(270)هـ، وكان جامعاً لعلم القرآن والكلام والفقه والحديث والأدب والأخبار واللغة، جيد الشعر، مليح النوادر، مفيد المجلس، ناشئاً على الزهد والورع، مثابراً على العبادة، أقام في الديلم سنين، وهم كفار على دين المجوسية ومنهم جاهلية، وكذلك الجيل، فدعاهم إلى الله عز وجل فاستجابوا وأسلموا وبنى في الديلم مساجد، وذكر أن الذين أسلموا على يديه بلغوا ألف ألف نسمة، وقد اتفق الموالف والمخالف أنه من أئمة الهدى القائمين بالقسط، قال الطبري في تاريخه: ولم يرد الناس مثل عدل الأطروش وحسن سيرته وإقامته الحق، وقال ابن حزم ما لفظه: الحسن الأطروش الذي أسلم على يديه الديلم، إلى قوله: وكان هذا الأطروش فاضلاً حسن المذهب عدلاً في أحكامه.إلى آخر كلامه، وتوفي بآمل ليلة الخميس لخمس بقين من شعبان سنة (304)هـ، وفاضت نفسه -رضي الله عنه- وهو ساجد وله أربع وسبعون سنة، وشوهد في الليلة التي توفي فيها نور ساطع من الدار التي هو فيها إلى عنان السماء.

التي منها شرح الأحكام، وشرح النصوص، وكتاب رؤوس مسائل الخلاف، وغيرها.

وكم لأئمة آل رسول الله -صلى الله عليه وآله وسلم- من المؤلفات، ومن أراد الاطلاع على مؤلفاتهم فليطالع تراجمهم.

والمرجو من إخواني الزيدية استدراك ما فاتني من الأحاديث النبوية، والآثار العلوية، بالأسانيد المرضية، ليحصل الغرض الذي رمناه، والمعنى الذي أردناه.

[بحث في اختلاف الأئمة]

ولقد يلوح في بعض الأذهان اختلافُ آل محمد -صلى الله عليه وآله وسلم- فيما بينهم في مسائل معروفة، وأشياء مألوفة، كما سيجيء في كتابنا هذا إن شاء الله، فربما يلتبس عليه الأمر، ويقول: قد أمرنا الله باتباع آل محمد، وأنهم -صلوات الله عليهم- السفينة الناجية، ولكن وجدناهم غير متفقين، وفي كثير من المسائل مختلفين، فلا ندري من نتبع وبمن نقتدي مع اختلافهم، حتى يحصل الامتثال لأمر الله باتباعهم.

ونحن مجيبون عن هذا الخاطر بما ظَفِرْنا به من كلامهم -صلوات الله عليهم- في اختلافهم، فنقول وبالله التوفيق، الهداية إلى واضح الطريق:

قال في الأحكام للهادي إلى الحق يحيى بن الحسين -صلوات الله عليه-: باب القول في اختلاف آل محمد -صلى الله عليه وآله وسلم-:

قال يحيى بن الحسين -صلوات الله عليه-: إن آل محمد -صلى الله عليه وآله وسلم- لا يختلفون إلا من جهة التفريط، فمن فرط منهم في علم آبائه، ولم يتبع علم أهل بيته أباً فأباً، حتى ينتهي إلى علي بن أبي طالب -عليه السلام-، والنبي -صلى الله عليه وآله وسلم-، وشارك العامة في أقاويلها، لزمه الاختلاف، لا سيما

إذا لم يكن ذا نظر وتمييز، وردِّ ما ورد عليه إلى الكتاب، ورد كل متشابه إلى المحكم، فأما ما كان منهم مقتبساً من آبائه أباً فأباً حتى ينتهي إلى الأصل، غير ناظر في قول غيرهم، ولا ملتفت إلى رأي سواهم، وكان مع ذلك فَهِمَاً مميزاً، حاملاً لما يأتيه على الكتاب والسنة المجمع عليها، والعقل الذي ركبه الله حجة فيه، وكان راجعاً في جميع أمره إلى الكتاب، ورد المتشابه منه إلى المحكم، فذلك لا يضل أبداً، ولا يخالف الحق أصلاً. انتهى كلامه -صلوات الله عليه وسلامه-.

وقال الإمام الأعظم زيد بن علي -صلوات الله عليه- في الجواب على من سأله عن أهل بيته -عليهم السلام-: وكتبت تسألني عن أهل بيتي وعن اختلافهم.

فاعلم -يرحمك الله-: أن أهل بيتي فيهم المصيب وفيهم المخطئ، غير أنه لا يكون هداة الأمة إلا منهم، فلا يصرفك عنهم الجاهلون، ولا يزهدك فيهم الذين لا يعلمون، وإذا رأيت الرجل منصرفاً عن هدينا، زاهداً في علمنا، راغباً عن مودتنا، فقد ضل لا شك عن الحق، وهو من المبطلين الضالين، وإذا ضل الناس عن الحق لم تكن الهداة إلا منا، فهذا قولي يرحمك الله في أهل بيتي -عليهم السلام-.

[وقال الإمام القاسم بن إبرهيم -صلوات الله عليه- في جوابه على ولده الإمام الأعظم محمد بن القاسم -رضي الله عنه-: وسألته عن الإختلاف الذي بين أهل البيت:

فقال: يؤخذ من ذلك بما أجمعوا عليه ولم يختلفوا فيه، وأما ما اختلفوا فيه فما وافق الكتاب والسنة المعروفة فقول من قال به فهو المقبول المعقول. انتهى.

وقال الإمام الأعظم أبو الحسين زيد بن علي -صلوات الله عليه- في الجواب على من سأله عن رواة الصحابة للآثار، ما لفظه:

وكتبت تسألني عن رواة الصحابة للآثار عن الرسول -صلى الله عليه وآله

وسلم- وبارك وترحم وتحنن، وقلت: إنك قد نظرت في روايتهم فرأيت فيها ما يخالف الحق.

فاعلم يرحمك اللّه: أنه ما ذهب نبي قط من بين أمته إلا وقد أثبت اللّه حججه عليهم، لئلا تبطل حجج اللّه وبيِّناته، فما كان من بعده من بدعة وضلالة فإنما هو من الحَدَث الذي كان من بعده، وإنه يكذب على الأنبياء -صلوات الله عليه- وسلامه، وقد قال رسول اللّه -صلى الله عليه وآله وسلم-: «أعرضوا الحديث إذا سمعتموه على القرآن فما كان من القرآن فهو عني وأنا قلته، وما لم يكن على القرآن فليس عني ولم أقله، وأنا بريء منه».

وعليك بعلي بن أبي طالب -صلوات الله عليه- وسلامه، فإنه كان باب حكمة رسول اللّه -صلى الله عليه وآله وسلم-، وكان وصيه في أمته، وخليفته على شريعته، فإذا ثبت عنه شيء فاشدد يدك به، فإنك لن تضل ما اتبعت علياً -صلوات الله عليه- وسلامه. انتهى] (15).

وقال في الجامع الكافي: قال محمد: في كتاب أحمد: سمعت أحمد بن عيسى يقول: لا يختلف آل رسول الله -صلى الله عليه وآله وسلم- في حق حكم من الله عز وجل، وذكر اختلاف أبي جعفر وزيد بن علي -رضي الله عنه- في نكاح نساء أهل الذمة:

فقال أبو جعفر: هو حلال.

وقال زيد بن علي: هو حرام.

قال أحمد بن عيسى: فلم يحرمه زيد بن علي على أن تحريمه حكم من الله، ولو كان كذلك لبرئ [كل] ممن خالفه، وبرئ كل واحد منهما من صاحبه، ولكن حرمه من جهة النظر [ممن خالفه] على أنه عنده كذلك(16).

─────────

(15) ما بين القوسين من هامش نسخة المؤلف بخطه، قال في آخرها: تمت مؤلف.
(16) الجامع الكافي (8/ 32)، وما بين القوسين غير موجود في النسخة المطبوعة.

قال محمد: حدثنا عباد، عن عمرو بن ثابت، عن أبيه، قال قلت: لأبي جعفر: إنكم تختلفون، قال: إنا نختلف ونجتمع، ولم يجمعنا الله على ضلالة[17].

وقال الحسن: كل ما أجمع عليه أبرار العترة أن رسول الله -صلى الله عليه وآله وسلم- قاله فقد لزم أهل الإسلام العمل به.

وقال الحسن: والحجة من الله عز وجل آية محكمة من كتاب الله تحل حلالاً، أو تحرم حراماً، أو تأمر بأمر، أو تنهى عن نهي.

وقال الحسن في وقت آخر: الحجة من الله على الخلق آية محكمة تدل على هدى، أو ترد عن ردى، أو سنة من رسول الله -صلى الله عليه وآله وسلم- مشهورة، متسق بها الخبر عن غير تواطؤ، أو عن علي، أو عن الحسن، أو عن الحسين -عليهم السلام-، أو عن أبرار العترة العلماء الأتقياء، المتمسكين بالكتاب والسنة، الذين دل عليهم رسول الله -صلى الله عليه وآله وسلم-، وأخبر أن الهدى فيهم.

وإن رسول الله -صلى الله عليه وآله وسلم- قد أخبرنا أن الهدى في التمسك بالكتاب، وبمن تمسك بالكتاب من العترة، فهذا موضع الحق والهدى، وبه تقوى الحجج في ما اختلف الناس فيه، وذلك أن أهل الإسلام أجمعوا على التصديق بالله، والتصديق بالنبي -صلى الله عليه وآله وسلم-، والتصديق بالكتاب الذي جاء به من عند الله، بإجماع الأمة بالأخبار المشهورة عن غير تواطؤ.

وقال الحسن في وقت آخر: المخرج من الاختلاف في الحلال والحرام، اتباعُ المحكم المنصوص عليه من كتاب الله، والأخذ بالأخبار المشهورة المتسق بها

---

(17) أمالي أحمد بن عيسى، باب مسائل من التفسير للقاسم بن إبراهيم (4/ 322).

الخبر عن غير تواطؤ عن رسول الله -صلى الله عليه وآله وسلم-، أو عن علي، أو عن خيار العترة، الموافقة للمحكم من كتاب الله، أو اتباع الأبرار الأتقياء الأخيار من عترة رسول الله -صلى الله عليه وآله وسلم-، فهذه الحجج الواجبة على المسلمين[18].

وقال الحسن: فيما اجتمعت الأمة من الفرائض فإن إجماعهم هو الحجة على اختلافهم، لأن النبي -صلى الله عليه وآله وسلم- قال: «**ما كان الله ليجمع أمتي على ضلالة**»، وأما ما اختلفوا فيه من حلال أو حرام أو حكم أو سنة؛ فدلالة رسول الله -صلى الله عليه وآله وسلم- في ذلك قائمة بقوله: «**إني تارك فيكم الثقلين؛ كتاب الله وعترتي أهل بيتي، ولن يفترقا حتى يردا علي الحوض**»، فهذا موضع الحجة منه عليهم، وهذا خبر مشهور تلقته الأمة عن غير تواطؤ، فأبرار آل رسول الله -صلى الله عليه وآله وسلم- رؤساء الأمة وقادتها وسادتها، الذي قال رسول الله -صلى الله عليه وآله وسلم-: إن الهدى في التمسك بهم، وإنما هذا خاص بهم دون غيرهم، الذين أورثوا الكتاب، وأمر برد الأمور إليهم، فقال: ﴿فَسۡـَٔلُوٓاْ أَهۡلَ ٱلذِّكۡرِ إِن كُنتُمۡ لَا تَعۡلَمُونَ ٤٣﴾[النحل:43] انتهى[19].

وفي الجامع الكافي أيضاً: قال محمد سمعت أبا الطاهر أحمد بن عيسى يقول: إذا سمعتُ بحديثين وثبتا عندي؛ حديث عن النبي -صلى الله عليه وآله وسلم-، وحديث عن علي -عليه السلام-: أخذت بالحديث الذي عن علي -عليه السلام-؛ لأنه كان أعلم الناس بأخر ما كان عليه النبي -صلى الله عليه وآله وسلم-[20].

---

(18) الاعتصام (1/ 11) عن الجامع الكافي.
(19) الاعتصام (1/ 133) عن الجامع الكافي.
(20) أمالي الإمام أحمد بن عيسى، باب التكبير في التشريق (232).

وقال الحسن بن يحيى: وإذا روي عن النبي -صلى الله عليه وآله وسلم- خبر فرواه علماء آل رسول الله -صلى الله عليه وآله وسلم- على غير ما روته الأمة عن النبي -صلى الله عليه وآله وسلم-، وكانت الحجة فيما رواه آل رسول الله -صلى الله عليه وآله وسلم-، وأثبتوه عن النبي -صلى الله عليه وآله وسلم-،

وكذلك الرواية عن أمير المؤمنين إذا روت الأمة عنه خلاف ما روى خيار آل رسول الله -صلى الله عليه وآله وسلم-؛ كانت الحجة وصحة النقل ما رواه علماء آل رسول الله -صلى الله عليه وآله وسلم- عن أمير المؤمنين، فإذا اختلفت الأمة بعد أمير المؤمنين في الأحكام والسنن، كان ما صح عن علماء آل رسول الله -صلى الله عليه وآله وسلم- أوجب أن يؤخذ به، وتُرك ما سواه، وبذلك أُمروا أن يُتمسك بهم عند الاختلاف والتفرق، فإن جاء عن أبرار العترة ما تختلف الرواية في النقل والأخبار أخذنا من ذلك بأوثق ما جاءنا عنهم، وأحوطه للدين، وأبعده من الشبهة، فإن حدثت حادثة لم يبلغنا عنهم فيها خبر كان ذلك شورى بين العابدين من المؤمنين، فإن اجتمعوا على أمر عمل به، وإن اختلفوا أخذ في ذلك بالاحتياط فيما حدث، بأشق الأمرين على الأبدان، وأبعده من الهوى، وكذلك سمعنا عن النبي -صلى الله عليه وآله وسلم- أنه قال: «دع ما يريبك إلى ما لا يريبك»، وسمعنا عن أمير المؤمنين -عليه السلام- أنه قال: (ما ورد عليّ أمران كلاهما رضا، إلا أخذت بأشقهما على نفسي، وأبعدهما من هواي)، فهذا موضع الحجة والصواب عند اختلاف الأمة وافتراقها. انتهى.

[وقال المؤيد بالله -عليه السلام- في الإفادة: سألت وفقك الله تعالى وإيانا لسوك مناهج الأبرار، ولزوم مدارج الأخيار، وأعاننا وإياك على طاعته، واتباع سبيل مرضاته- عن الخلاف الذي بين القاسم ويحيى والناصر -عليهم السلام- في فروع الأحكام، وذكرت أن العامة الذين قلّ تمييزهم، وضعف تحصيلهم، يستعظمونه؛ حتى أدى ذلك إلى أن تبرأ بعضهم من بعض، وضلل بعضهم بعضاً، أن يأتمّ في فرضه ببعض، وظنوا أن العصمة بينهم منقطعة، والأخوة مرتفعة.

الجواب: اعلم أن المسائل التي ذكرتها وذكرت خلافهم -عليهم السلام-

فيها هي مسائل الاجتهاد، أو جارية مجرى مسائل الاجتهاد منها، فالذي أذهب إليه أن كل مجتهد فيها إذا توفرت أسباب اجتهاده فهو مصيب الحق، مؤدٍّ ما كلفه الله تعالى، وإن خالف فيها بعضهم بعضاً؛ لأن الله تعالى لا يكلف العلماء في مسائل الاجتهاد غير الأخذ بما أداهم إليه اجتهادهم إذا اجتهدوا ولم يقصروا فيه، ومن فعل ما كلفه الله تعالى، وأداه على ما كلفه، فقد أطاع الله وأصاب الحق، جعلنا الله من أهله، ووفقنا له.

وما جرى مجرى مسائل الاجتهاد منها؛ فهو الذي يكون الحق فيه واحداً إلا أن الخطأ فيه لا يوجب قطع الولاية ولا التوقف فيها، بل يكون القائل به على جملة الولاية لا يؤول عنه بشيء من أحكامها، يجوز الاقتداء به في الصلاة والجهاد، والأخوة مع ذلك باقية، والعصمة كما كانت، فإذا كانت تلك المسائل أجمع لا تخلو من هذا الذي ذكرناه، وكان قد ثبت لكل واحد من هؤلاء الثلاثة من الفضل والعلم والدين ما ثبت له، فأي عاقل يستجيز البرآءة منه أو من أصحابه، لولا أن الهوى قد ملكهم، واتباع الرياسة والشرف قد استولى عليهم، عصمنا الله من ذلك.

واعلم أن من اقتدى بالقاسم أو بيحيى أو بالناصر -عليهم السلام- في هذه المسائل التي أشرت إليها؛ فإنه عندنا على جملة الولاية، والصلاة خلف كل واحد من هولاء عندنا جائزة، والمتبري من أيهم كان عاصياً آثماً فليتق الله سبحانه مَن تعرّض لذلك، ولينصح نفسه، وليعلم أنه محاسب على ذلك، ومسؤول عنه، وليسلك ما سلكه أوائلنا -عليهم السلام- في هذا الباب، فإنه من المشهور المعلوم عند من درس الكتب وقرأ الأخبار، أن هذا الجنس من المسائل قد اختلف فيه قول زيد بن علي، وجعفر بن محمد، وأحمد بن عيسى، ومحمد بن عبدالله، وأخيه إبراهيم، وأبيهما عبدالله بن الحسن، ومن جرى مجراهم في الفضل والعلم والدين، وكانوا مع ذلك متواصلين متحابين، يرى بعضهم تعظيم بعض، والصلاة خلفه، والجهاد بين يديه، إلى أن حدث في جهال الشيعة من طلب

الرئاسة، وابتغى الشرف، فَضَلَّ وأَضَلّ، عصمنا الله وإياكم من مضلات الفتن، وهدانا وإياكم لما هو أرشد وأحمد، والله حسبنا ونعم الوكيل. انتهى بلفظه][21].

[حجية قول أمير المؤمنين علي عليه السلام]

إذا عرفت كلام الأئمة صلوات الله عليهم في شأن الاختلاف؛ فاعلم أن مناط الدين النبوي واعتماد الأئمة -صلوات الله عليهم- علي بن أبي طالب -صلوات الله عليه- فقوله الحجة والحق، وهو المرجع لأئمة آل محمد صلوات الله عليهم أجمع، وذلك لما ورد فيه من رسول الله -صلى الله عليه وآله وسلم- من الأخبار الدالة على اتباعه وأنه مع الحق والحق معه.

ونحن نورد نبذة مما ظفرنا به من الأحاديث الصحيحة الثابتة عن رسول الله -صلى الله عليه وآله وسلم- في شانه -صلوات الله عليه-، لكون كتابنا هذا راجعاً إليه ومن طريقه، فهو إمامنا وقدوتنا، اللهم احشرنا في زمرته، وارزقنا اتباعه إنك على كل شيء قدير.

فنقول وبالله التوفيق، والهداية إلى واضح الطريق:

[1] **أخرج الإمام الأعظم زيد بن علي -صلوات الله عليه- في مجموعه:** عن أبيه عن جده عن علي -عليهم السلام- قال: قال لي رسول الله **-صلى الله عليه وآله وسلم-: «أنت أخي، ووزيري، وخير من أخلفه بعدي، بحبك يعرف المؤمنون، وببغضك يعرف المنافقون، من أحبك من أمتي فقد برئ من النفاق، ومن أبغضك لقي الله عز وجل منافقاً»** انتهى[22].

[2] **وأخرج الإمام علي بن موسى الرضا -صلوات الله عليه- في الصحيفة:** عن أبيه عن آبائه عن علي -عليهم السلام- قال: قال رسول الله -صلى الله عليه

(21) ما بين القوسين من هامش نسخة المؤلف بخطه، قال في آخرها: تمت مؤلف.

(22) مسند الإمام زيد (405) طبعة مكتبة اليمن الكبرى.

وآله وسلم-: «يا علي أنا سيد المرسلين، وأنت يعسوب المؤمنين، وإمام المتقين، وقائد الغر المحجلين» انتهى(23).

[3] وأخرج الإمام أبو طالب -عليه السلام- في الأمالي: فقال: حدثنا أبو الحسين، يحيى بن الحسين بن محمد بن عبيد الله الحسني، قال: حدثنا علي بن محمد بن مهرويه القزويني، قال: حدثنا داود بن سليمان الغازي، قال: حدثنا علي بن موسى الرضى، عن أبيه موسى بن جعفر، عن أبيه جعفر بن محمد بن علي، عن أبيه محمد بن علي، عن أبيه علي بن الحسين، عن أبيه الحسين بن علي، عن أبيه علي -عليهم السلام-، قال: قال رسول الله -صلى الله عليه وآله وسلم-: «**يا علي أنت فارس العرب، وقاتل الناكثين، والقاسطين، والمارقين، وأنت أخي، ومولى كل مؤمن ومؤمنة، وأنت سيف الله الذي لا يخطي، وأنت رفيقي في الجنة**» انتهى(24).

رجال هذا الإسناد من ثقات محدثي الشيعة رضي الله عنهم، وسيأتي الكلام عليهم.

[4] وأخرج زيد بن علي -رضي الله عنه- في المجموع: عن أبيه، عن جده، عن علي -عليهم السلام-، قال: قال رسول الله -صلى الله عليه وآله وسلم-: «**قال لي ربي ليلة أسري بي: من خلفتُ على أمتك يا محمد؟ قال: قلت: أنت أعلم يا رب، قال: يا محمد، إني انتجبتك برسالتي، واصطفيتك لنفسي، فأنت نبيي، وخيرتي من خلقي، ثم الصديق الأكبر، الطاهر المطهر، الذي خلقته من طينتك، وجعلته وزيرك، وأبا سبطيك؛ السيدين الشهيدين، الطاهرين المطهرين، سيدي شباب أهل الجنة، وزوجتُه خير نساء العالمين، أنت شجرة، وعلي أغصانها، وفاطمة ورقها، والحسن والحسين ثمارها، خلقتكم من طينة عليين، وخلقت**

---

(23) صحيفة الإمام علي بن موسى (453) المطبوع مع مسند الإمام زيد، طبعة مكتبة اليمن الكبرى.

(24) تيسير المطالب في أمالي أبي طالب، الباب الثالث، ص(109) رقم (67).

شيعتكم منكم، إنهم لو ضربوا على أعناقهم بالسيوف لم يزدادوا لكم إلا حباً.

قلت: يا رب ومن الصديق الأكبر قال: أخوك علي بن أبي طالب»، قال: (بشرني بها رسول الله -صلى الله عليه وآله وسلم-، وابناي الحسن والحسين منها، وذلك قبل الهجرة بثلاثة أحوال) (25).

[5] وفيه: حدثني زيد بن علي، عن أبيه، عن جده، عن علي -عليهم السلام- قال: لما حضرت غزوة [تبوك] (26) دعاني رسول الله -صلى الله عليه وآله وسلم- ودعا زيداً وجعفراً؛ فعرض على جعفر أن يستخلفه على المدينة وأهله، فأبى وحلف أن لا يتخلف عنه، فتركه رسول الله -صلى الله عليه وآله وسلم-.

ثم عرض ذلك على زيد؛ فاستعاذه من ذلك؛ فأعاذه رسول الله -صلى الله عليه وآله وسلم-.

ثم دعاني، فذهبت لأتكلم؛ فقال لي: «**لا تتكلم حتى أكون أنا الذي آذن لك**»، فاغرورقت عيناي؛ فلما رأى ما بي أذن لي فقلت: (يا رسول الله؛ خلال ثلاث ما منهن غنى، قال: «**وما ذاك؟**»، قلت: يا نبي الله: والله ما أملك شيئاً، وما

---

(25) مسند الإمام زيد (405) طبعة مكتبة اليمن الكبرى.

(26) ما بين القوسين كلمة [تبوك] غير موجودة في نسخة مسند الإمام زيد [طبعة مكتبة اليمن الكبرى]، ولا في الروض النضير شرح مجموع الفقه الكبير (5/ 362)[طبعة مكتبة المؤيد]، وقد علق مولانا الحجة مجد الدين المؤيدي على حاشية مسند الإمام زيد حين ذكر المحشي وقال: هي غزوة تبوك، فقال مولانا: ليست غزوة تبوك، لأنها لم تكن إلا بعد مؤتة التي استشهد فيها جعفر بن أبي طالب وزيد بن حارثة رضوان الله عليهما، بل هي غزوة أخرى، يعلم ذلك. تمت نقلاً عن خطه -رضي الله عنه-.

وفي حاشية على الأصل من خط المؤلف -رحمه الله- مالفظه:

لم يذكر في المنهاج الجلي شرح مجموع زيد بن علي لفظ تبوك، وإنما ذكر لما حضرت غزوة، وهو الصواب؛ لأن غزوة تبوك متأخرة عن غزوة مؤتة التي قتل فيها زيد وجعفر، ورواية المنهاج هي الموافقة لرواية الحاكم في المستدرك، والحسكاني في شواهد التنزيل، والحموي في فرائد السمطين وغيرهم لهذا الحديث. تمت مؤلف.

عندي شيء، وما بي غنى عن سهم أصيبه مع المسلمين؛ فأعود به علي وعلى أهل بيتك.

وأما الأخرى فما بي غنى عن أن أطأ موطئاً يغيظ الكفار، ولا أقطع وادياً، ولا يصيبني ظمأٌ ولا نصب ولا مخمصة في سبيل الله؛ ليكتب الله به لي أجراً حسناً.

وأما الثالثة: فإني أخاف أن تقول قريش ما أسرع ما خذل ابن عمه ورغب بنفسه عن نفسه.

فقال رسول الله -صلى الله عليه وآله وسلم-: «**إني مجيب في جميع ما قلتَ:**

أما ما ترجو من السهم: فإنه قد أتانا بهار من فلفل فبعه واستنفع به حتى يرزقك الله عز وجل من فضله.

وأما رغبتك في الأجر في المخمصة والنصب في سبيل الله: أفما ترضى أن تكون مني بمنزلة هارون من موسى إلا أنه لا نبي بعدي.

وأما قولك: إن قريشاً تقول: ما أسرع ما خذل ابن عمه: فقد قالوا لي أشد من هذا قالوا: إني ساحر وكذاب، فما ضرني ذلك شيئاً»[27].

[6] وفيه: حدثني زيد بن علي، عن أبيه، عن جده، عن علي -عليه السلام- قال: قال رسول الله -صلى الله عليه وآله وسلم-: «**يا علي لعنتك من لعنتي، ولعنتي من لعنة الله، ومن يلعن الله فلن تجد له نصيراً**»[28].

[7] وفيه: حدثني زيد بن علي، عن أبيه، عن جده، عن علي -عليهم السلام- قال: (ما دخل نوم عيني، ولا غمض رأسي، على عهد رسول الله -صلى الله عليه وآله وسلم- حتى علمت ذلك اليوم ما نزل به جبريل -عليه السلام-؛ من

(27) مسند الإمام زيد (407) طبعة مكتبة اليمن الكبرى.

(28) مسند الإمام زيد (404) طبعة مكتبة اليمن الكبرى.

حلال أو حرام، أو سنة أو كتاب، أو أمر أو نهي، وفيمن نزل). انتهى[29].

[8] **وأخرج علي بن موسى الرضى -رضي الله عنه- في الصحيفة**: بسنده عن آبائه عن علي -عليهم السلام- قال: قال رسول الله -صلى الله عليه وآله وسلم-: «**يا علي إن الله قد غفر لك، ولذريتك، ولشيعتك، ولمحبي شيعتك، ولمحبي محبي شيعتك، فأبشر فإنك الأنزع البطين؛ منزوع من الشرك، مبطون من العلم**»[30].

[9] وفيها: بسنده عن أبيه، عن آبائه، عن علي -عليهم السلام- قال: قال رسول الله -صلى الله عليه وآله وسلم-: «**يا علي إذا كان يوم القيامة أخذت بحجزة الله، وأخذت أنت بحجزتي، وأخذ ولدك بحجزتك، وأخذت شيعة ولدك بحجزهم، فترى أين يؤم بنا**»[31].

[10] وفيها: بسنده عن آبائه، عن علي -عليهم السلام- قال: قال رسول الله -صلى الله عليه وآله وسلم-: «**لما أسري بي إلى السماء أخذ جبريل بيدي فأقعدني على درنوك من درانيك الجنة، ثم ناولني سفرجلة، فبينا كنت أقلِّبُها؛ إذا تفلقت فخرجت منها جارية حوراء لم أر أحسن منها، فقالت: السلام عليك يا محمد، قلت: من أنت؟، قالت: الراضية المرضية، خلقني الجبار من ثلاثة أصناف: أسفلي من مسك، ووسطي من كافور، وأعلائي من عنبر، فعجنني من ماء الحيوان، ثم قال لي الجبار: كوني، فكنتُ، لأخيك وابن عمك علي بن أبي طالب**»[32].

[11] وفيها: بإسناده عن آبائه، عن علي -عليهم السلام- قال: قال رسول

---

(29) مسند الإمام زيد (385) طبعة مكتبة اليمن الكبرى.

(30) صحيفة الإمام علي بن موسى (456) المطبوع مع مسند الإمام زيد، طبعة مكتبة اليمن الكبرى.

(31) صحيفة الإمام علي بن موسى (454) المطبوع مع مسند الإمام زيد، طبعة مكتبة اليمن الكبرى.

(32) صحيفة الإمام علي بن موسى (453) المطبوع مع مسند الإمام زيد، طبعة مكتبة اليمن الكبرى.

الله -صلى الله عليه وآله وسلم-: «**يا علي إنك قسيم النار والجنة، وإنك تقرع باب الجنة فتدخلها بلا حساب**»[33].

[12] وفيها بإسناده عن آبائه، عن علي -عليهم السلام- قال: قال رسول الله -صلى الله عليه وآله وسلم-: «**يا علي إذا كان يوم القيامة كنتَ أنت وولدك على خيل بُلْقٍ، مُتَوَّجُون بالدر والياقوت فيأمر الله بكم إلى الجنة والناس ينظرون**»[34].

[13] وفيها: بإسناده عن آبائه، عن علي -عليهم السلام- قال: قال رسول الله -صلى الله عليه وآله وسلم-: «**إذا كان يوم القيامة نوديتُ من بُطنان العرش: نعم الأب أبوك إبراهيم، ونعم الأخ أخوك علي بن أبي طالب**»[35].

[14] وفيها: بإسناده عن آبائه، عن علي -عليهم السلام- قال: قال رسول الله -صلى الله عليه وآله وسلم-: «**من كنت مولاه فعلي مولاه، اللهم وال من والاه، وعاد من عاداه، واخذل من خذله، وانصر من نصره**»[36].

[15] وفيها: بإسناده عن آبائه، عن علي -عليهم السلام- قال: قال رسول الله -صلى الله عليه وآله وسلم-: «**يا علي لولاك ما عُرِف المؤمنون بعدي**»[37].

[16] وفيها: بإسناده عن آبائه، عن علي -عليهم السلام- قال: قال رسول الله -صلى الله عليه وآله وسلم-: «**إنك أعطيتَ ثلاثاً ما أعطيتُ أنا مثلهن**»، قلت: فداك أبي وأمي، ما أعطيتُ؟! قال -صلى الله عليه وآله وسلم-: «**أعطيت**

---

(33) صحيفة الإمام علي بن موسى (455) المطبوع مع مسند الإمام زيد، طبعة مكتبة اليمن الكبرى.

(34) صحيفة الإمام علي بن موسى (456) المطبوع مع مسند الإمام زيد، طبعة مكتبة اليمن الكبرى.

(35) صحيفة الإمام علي بن موسى (456) المطبوع مع مسند الإمام زيد، طبعة مكتبة اليمن الكبرى.

(36) صحيفة الإمام علي بن موسى (457) المطبوع مع مسند الإمام زيد، طبعة مكتبة اليمن الكبرى.

(37) صحيفة الإمام علي بن موسى (457) المطبوع مع مسند الإمام زيد، طبعة مكتبة اليمن الكبرى.

صهراً مثلي، وأعطيتَ مثل زوجتك فاطمة، وأعطيتَ مثل ولديك الحسن والحسين»(38).

[17] وفيها: بإسناده عن آبائه، عن علي -عليهم السلام- قال: قال رسول الله -صلى الله عليه وآله وسلم-: «يا علي إني سألت ربي فيك خمس خصال فأعطاني:

أما أولهن: فسألت ربي أن تنشق عني الأرض وأنفض التراب عن رأسي وأنت معي، فأعطاني.

وأما الثانية: فسألت ربي أن يوقفني عند كفة الميزان وأنت معي، فأعطاني.

وأما الثالثة: فسألت ربي أن يجعلك حامل اللواء؛ وهو لواء الله الأكبر، تحته المفلحون الفائزون في الجنة، فأعطاني.

وأما الرابعة: فسألت ربي أن تسقي أمتي من حوضي، فأعطاني.

وأما الخامسة: فسألت ربي أن يجعلك قائد أمتي إلى الجنة، فأعطاني ربي، والحمد لله الذي مَنَّ عليَّ بذلك»(39).

[18] وفيها: بإسناده عن آبائه عن علي -عليهم السلام- قال: قال رسول الله -صلى الله عليه وآله وسلم-: «يا علي ليس في القيامة راكب غيرنا، ونحن أربعة»، فقام إليه رجل من الأنصار فقال: يا رسول الله من هم؟ قال: «أنا على دابة البراق، وأخي صالح على ناقة الله تعالى التي عُقرت، وعمي حمزة على ناقتي العضباء، وأخي علي بن أبي طالب على ناقة من نوق الجنة، وبيده لواء الحمد، ينادي: لا إله إلا الله محمد رسول الله -صلى الله عليه وآله وسلم-، فيقول الآدميون: ما هذا إلا ملك مقرب، أو نبي مرسل، أو حامل عرش، فيجيبهم

---

(38) صحيفة الإمام علي بن موسى (458) المطبوع مع مسند الإمام زيد، طبعة مكتبة اليمن الكبرى.
(39) صحيفة الإمام علي بن موسى (454) المطبوع مع مسند الإمام زيد، طبعة مكتبة اليمن الكبرى.

ملك من بُطنان العرش: يا معشر الآدميين؛ ليس ملكاً مقرباً، ولا نبياً مرسلاً، ولا حمال عرش، هذا علي بن أبي طالب»(40).

[19] وفيها: بإسناده عن آبائه، عن علي -عليهم السلام- قال: «**من أحبني وجدني عند مماته بحيث ما يحب، ومن أبغضني وجدني عند مماته بحيث ما يكره**»(41).انتهى.

[20] وأخرج الإمام المرشد بالله في الأمالي، والإمام أبو طالب في الأمالي، والإمام المؤيد بالله في الأمالي، واللفظ للمرشد بالله -عليه السلام-؛ قال المرشد بالله -عليه السلام-: أخبرنا الشريف أبو طالب يحيى بن الحسين بن هارون الحسني البطحاني إجازة، وحدثنا عنه جماعة، قال: حدثنا أبو العباس أحمد بن إبراهيم الحسني -رحمه الله-، قال: حدثنا أبو زيد عيسى بن محمد العلوي، قال: حدثنا محمد بن منصور المرادي، قال: حدثنا الحكم بن سليمان، عن نصر بن مزاحم، عن أبي خالد، عن الإمام الشهيد أبي الحسين زيد بن علي، عن أبيه، عن جده، عن علي -عليهم السلام- قال: كان لي عشر من رسول الله -صلى الله عليه وآله وسلم- ما أحب أن لي بإحداهن ما طلعت عليه الشمس: قال لي: «**يا علي أنت أخي في الدنيا والآخرة، وأقرب الخلق مني موقفاً يوم القيامة، ومنزلي مواجه منزلك في الجنة كما يتواجه منزل الأخوين في الدنيا، وأنت الوارث، والوصي، والخليفة في الأهل والمسلمين، وأنت صاحب لوائي في الدنيا والآخرة، ووليك وليي، ووليي ولي الله، وعدوك عدوي، وعدوي عدو الله**». انتهى(42).

ورجال هذا الإسناد من ثقات محدثي الشيعة، وسيأتي الكلام عليهم قريباً إن

---

(40) صحيفة الإمام علي بن موسى (458) المطبوع مع مسند الإمام زيد، طبعة مكتبة اليمن الكبرى.

(41) صحيفة الإمام علي بن موسى (458) المطبوع مع مسند الإمام زيد، طبعة مكتبة اليمن الكبرى.

(42) أمالي المرشد بالله الخميسية (1/ 185) رقم (694)، وتيسير المطالب في أمالي أبي طالب، الباب الثالث، صـ(108) رقم (65)، الأمالي الصغرى للمؤيد بالله، الحديث الحادي والعشرون، صـ(102).

شاء الله .

[21] **وأخرج محمد بن سليمان الكوفي -رحمه الله- في المناقب**: فقال محمد بن سليمان، قال: حدثناخضر بن أبان، قال : حدثنا يحيى بن عبد الحميد الحِماني، قال: حدثنا قيس بن الربيع، عن سعد الخفاف (هو سعد بن طريف)، عن الأصبغ بن نباتة، عن أبي أيوب الأنصاري، قال: خرج رسول الله -صلى الله عليه وآله وسلم- يوم عرفة فقال: «**أيها الناس: إن الله باهى بكم الملائكة في هذا اليوم؛ فغفر لكم عامة، وغفر لعلي خاصة:**

فأما العامة: فهم من لم يحدث بعدي أحداثاً، وهو قول الله: ﴿فَمَن نَّكَثَ فَإِنَّمَا يَنكُثُ عَلَىٰ نَفْسِهِۦ﴾[الفتح:10].

وأما الخاصة: فطاعته طاعتي -يعني علياً-، ومن عصاه فقد عصاني، ثم قال له: قم يا علي، فقام حتى وضع كفه في كف رسول الله -صلى الله عليه وآله وسلم-، فقال رسول الله -صلى الله عليه وآله وسلم-: «أيها الناس: إني رسول الله إليكم عامة، وطاعتي مفروضة، ألا وإني غير محابي لقومي، ولا محابي لقرابتي، وإنما أنا رسول الله، وما على الرسول إلا البلاغ المبين، ألا وإن هذا جبريل يخبرني عن ربي: أن السعيد كل السعيد من أحب علياً في حياتي وبعد مماتي، ألا وإن الشقي حق الشقي من أبغض علياً في حياتي وبعد وفاتي». انتهى[43].

رجال هذا الإسناد كلهم من ثقات محدثي الشيعة، وسيأتي الكلام عليهم جميعاً، وخضر بن أبان هو الهاشمي، ذكره الذهبي في الميزان وضعفه، ولا التفات إلى ذلك، فالرجل من ثقات محدثي الشيعة.

[22] **وفي المناقب أيضاً -أعني مناقب محمد بن سليمان الكوفي -رحمه الله- ما**

(43) مناقب أمير المؤمنين لمحمد بن سليمان الكوفي (1/ 207) رقم (127).

لفظه: محمد بن سليمان، قال: حدثنا خضر بن أبان، قال: حدثنا يحيى بن عبد الحميد الحماني، عن قيس بن الربيع، عن ليث بن أبي سليم، عن ابن أبي ليلى، عن الحسن بن علي، قال: قال رسول الله -صلى الله عليه وآله وسلم-: «**يا أنس انطلق ادع لي سيد العرب -يعني علياً-**» فقالت عائشة: يا رسول الله؛ ألست سيد العرب؟ قال: «**أنا سيد ولد آدم وعلي سيد العرب**»، فلما جاء عليٌّ أرسل رسول الله -صلى الله عليه وآله وسلم- إلى الأنصار فأتوه فقال: «**يا معشر الأنصار ألا أدلكم على ما إن تمسكتم به لن تضلوا من بعدي**»، قالوا: بلى يا رسول الله قال: «**هذا علي، فأحبوه لحبي، وأكرموه لكرامتي، فإن جبريل أخبرني بالذي قلت لكم عن الله**» انتهى[44].

رجال هذا الإسناد من ثقات محدثي الشيعة، وسيأتي الكلام عليهم.

إذا عرفت ما تقدم من الأحاديث النبوية التي ليست إلا نبذة يسيرة مما ورد فيه -عليه السلام- ظهر لك أن الحق معه، وعلى لسانه، وأنه واجب حبه واتباعه، وسنزيد بعضاً مما ورد فيه -عليه السلام- وفي أهل البيت -عليهم السلام- إن شاء الله في آخر كتابنا هذا، فترى العجب العجاب، من الأحاديث الصحيحة الثابتة فيهم عن رسول الله -صلى الله عليه وآله وسلم-، ليكون المتمسك بهم على بصيرة -صلوات الله عليهم-، أما الإحاطة بما ورد فيهم -عليهم السلام- مما رواه المخالف والموالف فيحتاج إلى موسوعات كبرى.

[شرط المؤلف ومراجع كتابه]:

والطريقة لكتابنا هذا في الأحاديث النبوية، والآثار العلوية، أنا لا ننقل من الأخبار النبوية والآثار العلوية إلا ما هو صحيح الإسناد، أو مرسل أرسله إمام من الأئمة المتقدمين، أو جزم بصحته، كالباقر، والصادق، وزيد بن علي،

(44) مناقب أمير المؤمنين لمحمد بن سليمان الكوفي (2/ 514) رقم (1016).

وطبقتهم، وكالقاسم والهادي وطبقتهما صلوات الله عليهم أجمعين.

هذا؛ وقد انطوى الضمير، وعلم به اللطيف الخبير، على ترك النظر في كتب العامة، والركون إليهم لأني لست بمطمئن من الولوج في الشبهات، واقتحام أبواب الجهالات، وترك التمسك بمن أنزل الله فيهم الآيات، وأبان فيهم واضح الدلالات.

أولئك آبائي فجئني بمثلهم   إذا جمعتنا يا جرير المجامع

نعم؛ وما سأنقله إن شاء الله في تراجم الرجال فما ذكرت، قال في الجداول: فهي للسيد العلامة، علامة العصر، ومعدن التقى والفخر، عبدالله بن الإمام الهادي لدين الله الحسن بن يحيى القاسمي أيده الله(45)، اختصرها من طبقات الزيدية

---

(45) العلامة الكبير، والمحدث الخطير، والبدر المنير، جبل العلم الراسخ، وطود العترة النبوية الشامخ، علامة العصر، ومجتهد الآل، عبد الله بن الإمام الهادي إلى الحق الحسن بن يحيى بن علي بن أحمد بن علي بن القاسم بن الحسن بن محمد بن أحمد بن الحسن بن زيد بن محمد بن أبي القاسم بن الإمام الهادي إلى الحق علي بن المؤيد -عليهم السلام-، القاسمي المؤيدي، المجتهد المطلق، ولد في صعدة سنة(1307)هـ، ونشأ في بيت من بيوت العلم والزهد والعبادة والورع والتقوى، حتى فاق على أقرانه، وأربى على أهل زمانه، وصار علماً مشاراً إليه، وبدراً في الظلمات يستضاء به، بلغ في العبادة والزهد مبلغاً عظيماً، وحل في الورع والدين محلاً عالياً رفيعاً، وكان حافظاً لأكثر المتون في شتى الفنون، وكان يحفظ البحر الزخار غيباً، وكان قوياً في ذات الله شديد البغض والعداوة لأعداء الله، كثير الذكر لله تعالى لا يفوِّت شيئاً من وقته في غير فائدة، عاكفاً على التدريس والتأليف والإفتاء، ولازم والده الإمام الهادي القاسمي في حضره وسفره، وتنقل معه من ضحيان إلى هجرة فللة إلى المزار، وبقي معه في أم ليلى أيام ولايته وهجرته إليها عند أن خذله أنصاره وحصر فيها قرابة شهرين أو أكثر، وارتحل معه إلى الحرجة، ثم إلى بني مالك، ثم إلى قطابر، ثم إلى باقم وبها استقر، له الكثير من المصنفات في شتى فنون العلم، منها (كرامات الأولياء في مناقب خير الأوصياء وعترته الأصفياء) -طبع-، و(نجوم الأنظار المنتزع من البحر الزخار) -طبع ومعه (مواهب الغفار بتخريج أحاديث نجوم الأنظار)، و(الجواهر المضيئة في تراجم رجال الحديث عند الزيدية) و (الجداول الصغرى المختصرة من الطبقات الكبرى) ـ تحت التحقيق ـ و(الجواب الأسدّ في شفاعة قارئ سورة الصمد)-طبع-، وغيرها الكثير، وتوفي -رضي الله عنه- سنة(1375)هـ عن عمر ناهز(68) عاماً، وقبره في مقبرة باقم مشهور مزور.

للسيد العلامة، صارم الدين إبراهيم بن القاسم بن المؤيد بالله محمد بن القاسم بن محمد رضي الله عنهم[46]، وما نقلت من غيرها فسأصرح إن شاء الله تعالى بالأصل الذي نقلت منه، كمطلع البدور ومجمع البحور، للقاضي العلامة أحمد بن صالح بن أبي الرجال -رحمه الله-[47]، ومجموع الوالد العلامة جمال الدين والإسلام، وتاج العلماء الأعلام، الولي بن الولي علي بن محمد بن يحيى بن أحمد بن الحسين العجري

---

(46) إبراهيم بن القاسم بن المؤيد بالله محمد بن الأمام القاسم بن محمد الحسني، اليمني، الشهاري، العالم الحافظ المسند، عَلَم العلماء الأعلام، ومفخر الآل الكرام، خاتمة المحققين، وسلطان المدققين، وإمام الجرح والتعديل، وباقي الآل المجتهدين، حافظ المعقول والمنقول، وعين أعيان الآل الأكرمين، الجامع لكمال الخصال،وخصال الكمال، طيب العنصر، ذو الفهم والتحقيق، والاطلاع الباهر والتدقيق، نشأ في بيت علم وحُكم وأدب، فبرع في شتى الفنون، وأشتهر بمؤلفه الجليل: (طبقات الزيدية) الذي جمع فيه أسماء الرواة في كتب الأئمة الزيدية، وعليها المدار في ذلك، وهو يدل على تمكنه في هذا الفن وتبحُّره وسعة إطلاعه وسبقه، ومؤلفه لم يسبقه إليه أحد من أصحابنا في بابه، عُيّن حاكماً في مدينة تعز من جهة المنصور ابن المتوكل، ولم يزل هناك حتى توفي فيها سنة (1153)هـ، وقبره بمقبرة اللجينات في تعز، بجوار قبر الإمام إبراهيم بن تاج الدين.

(47) أحمد بن صالح بن محمد بن علي بن سليمان، المعروف بابن أبي الرجال، العدوي التميمي، اليمني الصنعاني الزيدي، القاضي شهاب الدين أبو الحسن، من أعيان علماء الزيدية المحققين وأعلامها المشهورين، كان له في العلوم اليد الطولى، والسابقة الأولى، مؤرخ شهير، واسع الإطلاع حافظ للأنساب والتواريخ قديمها والحديث، ولد في شعبان سنة (1029)هـ، وارتحل عند البلوغ إلى مدينة صعدة فأخذ على مشائخها في الفقه والنحو والأصولين، ورجع منها إلى شهارة أواخر أيام المؤيد بالله محمد بن القاسم -رضي الله عنه- سنة (1049)هـ، تقريباً، فاتصل بمقامه وأسمع عليه وعلى الحافظ المسوري في كتب الحديث والتفسير وغيرها، وكان مع تقدمه في العلوم وتصنيفه فيها أديباً مؤرخاً بل هو عمدة المؤرخين الزيدية في ماقام به من جمع أغلب تراجم رجالتهم التي لم تكن قد جمعت قبله في مصنف جامع، واتصل بالإمام المتوكل على الله إسماعيل بن القاسم من بداية دعوته حتى وفاته (1054-1087هـ) فكان وزيره وعيبة سره وكاتب رسائله ومكاتباته إلى النواحي والبلدان، وأسند إليه مهمات عدة، منها إلى مكة لتقريب فقهاء الحرم، وبعد وفاة المتوكل وتجاذب أطراف دعوة الإمامة كان أحد الأعيان الساعيين إلى تثبيت إمامة المهدي أحمد بن الحسن، وتوفي في أيامه بالروضة خارج صنعاء ودفن هناك في شهر ربيع الأول سنة (1092)هـ، وله التصانيف النفيسة منها: (مجمع البحور ومطلع البدور) طبع في أربعة مجلدات، وغيره.

المؤيدي اليحيوي[48]، فسح الله في أجله، الذي جمعه في ثقات محدثي الشيعة اختصره من الطبقات، وغيرهما مما سنصرح باسمه ومؤلفه.

هذا ولنا بمن الله تعالى إلى الكتب المذكورة طرق صحيحة تركناها خوفاً من التطويل، ولقد قام بأمر ذلك الشأن، وهذبه لفرسان ذلك الميدان، السيد العلامة، ضياء الإسلام، مجد الدين بن محمد بن منصور المؤيدي[49] -رضي الله

(48) السيد الإمام الكبير، حافظ علوم الأئمة والأمة الشهير، جمال الدين علي بن محمد بن يحيى العجري المؤيدي، مولده بهجرة فللة سنة (1320)هـ، توفي والده وهو في الثامنة فكفله عمه السيد العلامة عبدالله بن يحيى العجري ونقله معه إلى حيدان من بلاد خولان، وبدأ في أوائل الطلب هناك، ثم انتقل مهاجراً إلى ضحيان وإلى صارة وإلى فللة من النواحي الجماعية، وأخذ على مشائخ العلم بتلك الهجرالعلمية حتى نبغ وفاق، وبلغ رتبة الاجتهاد بالاتفاق، وحفظ فنون العلوم، منقطوقها والمفهوم، معقولها والمسموع، ومن أبرز مشائخه نجم العترة الحسن بن الحسين الحوثي، وفخر العترة عبدالله بن عبدالله العنثري وغيرهما، وسكن مدينة ضحيان عاكفاً على التعليم والتأليف، والحكم بين الناس والإفتاء، والأمر بالمعروف والنهي عن المنكر، وتخرج عليه جم غفير، وجمع كبير، وله صيت عال، وشهرة كبيرة، بل كان مرجعاً دينياً كبيراً، وفصلت على يديه كثير من النزاعات القبلية، والخصومات الشرعية، والقضايا الكبيرة بين القبائل التي عجز قضاة المحاكم الرسمية عن القطع فيها، ولم يزل بضحيان إلى أن توفي بها في التاسع من شهررجب سنة (1407)هـ، وله من العمر (87) عاماً، وقد خلف المؤلفات الواسعة، والفتاوى النافعة، والرسائل وأبحاث المفيدة الجامعة، منها (مفتاح السعادة)، و(الفتاوى) و(الأنظار السديدة)، وغيرها.

(49) هو علم الزيدية الأكبر، ومرجعها الأشهر، وتاجها الأزهر، الإمام الحجة، المجدد للدين، أبو الحسين، مجد الدين بن محمد بن منصور بن أحمد بن عبد الله بن يحيى بن الحسن بن يحيى بن عبد الله بن علي بن صلاح بن علي بن الحسين بن الإمام الهادي إلى الحق عز الدين بن الحسن -عليهم السلام-، المؤيدي الحسني، شيخ الشيوخ، ومرجع أهل العلم والرسوخ، ولد -رضي الله عنه- في 26 من شهر شعبان، سنة(1332)هـ في هجرة برط، أخذ على والده العلامة الكبير محمد بن منصور، وعلى نجم العترة الحسن بن الحسين الحوثي، حتى فاق الأقران، وأربى على أهل الزمان، وبلغ الغاية في العلوم والكمال، وانتهت إليه أسانيد كتب الآل، وأخذ عامة عليه علماء العصر، وجلهم من تلاميذه وتلاميذ تلاميذه، وَهَبَ عمره للعلم والعمل والجهاد، وإرشاد العباد، وعكف على التدريس والتأليف والإفتاء والأمر بالمعروف والنهي عن المنكر، وأسر القلوب بتواضعه وأخلاقه، وتعمقه في العلوم والمعارف، وهو أشهر من أن يوصف، وأعرف من أن يعرف، له المؤلفات العظيمة التي أصبحت مدرساً للزيدية، ومرجعاً لطوائف الأمة المحمدية، كـ (لوامع الأنوار)، و(التحف شرح الزلف)، وكتاب (الحج والعمرة)، و(مجمع
=

عنه-، فجمع سفراً عظيماً، وحصناً حصيناً، سماه (لوامع الأنوار، وجوامع العلوم والآثار).

وهذا أوان الشروع فيما نريد، فنقول وبالله الإعانة والتسديد:

باب القول في لا عمل إلا بنية

[23] **أبو طالب -عليه السلام- في الأمالي:** وبه قال أخبرنا أبي قال أخبرنا عبد الله بن أحمد بن سلام قال أخبرنا أبي، قال: حدثنا محمد بن منصور، قال: حدثنا عبد الله بن داهر، عن عمرو بن جميع، عن جعفر بن محمد، عن أبيه، عن جده، عن أبيه، عن علي -عليه السلام- قال: قال رسول الله -صلى الله عليه وآله وسلم-: «قرآءة القرآن في الصلاة أفضل من قرآءة القرآن في غير الصلاة وقرآءة القرآن في غير الصلاة أفضل من ذكر الله تعالى وذكر الله تعالى أفضل من الصدقة والصدقة أفضل من الصيام والصيام جنة من النار» ثم قال: «لا قول إلا بعمل ولا قول ولا عمل إلا بنية ولا قول ولا عمل ولا نية إلا بإصابة السنة»[50] انتهى.[51]

الفوائد)، وغيرها من الرسائل والبحوث النافعة، وتوفي في (6) من شهر رمضان، سنة (1428)هـ، وقبره في صرح مسجده بضحيان مشهور مزور.

(50) عن علي -رضي الله عنه- قال: قال رسول الله -صلى الله عليه وآله وسلم-: «لا قول إلا بعمل، ولا قول ولا عمل إلا بنية، ولا قول ولا عمل ولا نية إلا بإصابة السنة» أخرجه المؤيد بالله -رضي الله عنه- في شرح التجريد.

وعن أبي هريرة قال: قال رسول الله -صلى الله عليه وآله وسلم-: «قرآن في صلاة أفضل من قرآن في غير صلاة، وقرآن في غير صلاة أفضل مما سواه من الذكر، والذكر أفضل من الصدقة، والصدقة أفضل من الصيام، والصيام جنة حصينة من النار، والإيمان قول وعمل، ولا قول ولا عمل إلا بنية، ولا قول ولا عمل ولا نية إلا باتباع السنة» أخرجه المرشد بالله -رضي الله عنه- في الأمالي.

وعن أنس قال: قال رسول -صلى الله عليه وآله وسلم-: «لا عمل لمن لا نية له» أخرجه البيهقي في سننه.

وعن سعد بن أبي وقاص وأبي موسى، مرفوعاً: «إنك لا تنفق نفقة تبتغي بها وجه الله إلا أجرت فيها حتى ما تجعل في في امرأتك» أخرجه، عن أبي موسى الديلمي في الفردوس وأخرجه، عن سعد البخاري. تمت من حاشية من على الأصل.

(51) تيسير المطالب في أمالي أبي طالب، الباب الثالث عشر، صـ(242) رقم (117).

الرجال:

أما الإمام أبو طالب: فقال في الجداول:

[تراجم: الإمام أبي طالب، ووالده]

يحيى بن الحسين بن هارون بن محمد البطحاني بن القاسم بن زيد بن الحسن بن علي بن أبي طالب، الإمام أبو طالب، الإمام الناطق بالحق.

[يروي] عن أبي العباس الحسني، ومحمد بن عثمان النقاش، وابن عدي، وغيرهم ممن ذكر في هذا الكتاب.

وعنه الموفق بالله، وأبو عبدالله العلوي، والحاكم الجشمي، والسيد العلامة محمد بن جعفر بن علي خليفة الحسني، والسيد العلامة علي بن أحمد بن القاسم بن الحسين.

قال المنصور بالله: لم يبق من العلم فن إلا طار في أرجائه، ونسج في أثوابه(52)، وله تصانيف جمة، ولم يكن له شغل مدة حياته إلا نشر العلم، وتجديد رسوم الإسلام إلى أوان قيامه بعد وفاة أخيه المؤيد بالله سنة إحدى عشرة وأربعمائة، ثم اشتغل بصلاح الأمة، وإنفاذ أحكام الله، وجهاد الظالمين، ومنابذة الفاسقين، وعبادة الله حتى أتاه اليقين. انتهى.

ولما قام لم يتخلف عنه أحد من علماء جهته لمعرفتهم بكماله وفضله وتوفي -عليه السلام- بطبرستان سنة أربع وعشرين وأربعمائة. انتهى.

وأما والده الحسين بن هارون:

فقال في الطبقات -أعني طبقات الزيدية للسيد صارم الدين إبراهيم بن القاسم بن الإمام المؤيد بالله محمد بن القاسم بن محمد بن علي -عليهم السلام-

---

(52) الذي في الشافي: وسبح في أثنائه.

ما لفظه: الحسين بن هارون بن محمد بن القاسم بن زيد بن الحسن بن علي بن أبي طالب، الحسني، البطحاني، أبو أحمد ويحيى.

قال ابن عنبة: أما هارون بن محمد فولده خمسة، وذكر منهم الحسين.

قلت: يروي عن الناصر للحق، وإبراهيم بن محمد الأيلي، ومحمد بن أحمد الصفواني، ومحمد بن أسد، وحمزة بن القاسم العلوي، وعبد الله بن سلام، ومحمد بن الحسن بن الوليد، والعقيقي، وعمه علي بن الحسين، وأحمد بن علي بن إبراهيم، وإسحاق المقري.

وروى عنه أولاده السادة المؤيد بالله والسيد أبو طالب.

قال ابن عنبة: ومن أولاده الشريفان الجليلان أبو الحسين أحمد، وأخوه أبو طالب يحيى، ولهما أعقاب.

قال القاضي أحمد: كان من أعيان أصحاب الناصر للحق الحسين بن علي، وروى بعض أحواله، ثم قال: هكذا نقلته في رجال الزيدية والظاهر أنه إمامي، قلت: ونحوه ذكره الحاكم والعذر في نقله بين الزيدية اختصاصهم به ونقله لأخبارهم.

قلت: وقد ذكر المؤيد بالله أنه لا يقبل رواية الإمامية وقد قبل رواية أبيه وهو محتمل، والله أعلم.

خرج له الأئمة الثلاثة. انتهى.

وقال في الجداول: قال القاضي أحمد: الظاهر أنه إمامي.

قلت: روى عنه ولده وقد صرح أنه لا يقبل أخبار الإمامية.

وثانياً: اختلاطه بالإمام الناصر وعلماء الزيدية ولو كان لما كان كذلك، والله أعلم، [ووثقه المنصور بالله][53]. انتهى.

(53) ما بين القوسين زيادة من الجداول – مخطوط-.

[تراجم: عبد الله بن أحمد بن سلام، ووالده]

وأما عبد الله بن أحمد بن سلام:

فقال في الجداول: عبد الله بن أحمد بن محمد بن سلام، عن أبيه، وعنه الحسين بن هارون، كان أحد أعيان الناصر، ثم الداعي، وكان عالماً ورعاً ديناً، توفي بعد العشر والثلاثمائة. انتهى. خرج له أبو طالب.

وأما والده:

فقال في الجداول: أحمد بن محمد بن سلام، عن القاسم بن إبراهيم، وكان أحد أصحابه، أكثر عنه.

وعنه: ابن عنبة، وعباد بن يعقوب، ومحمد بن منصور، وغيرهم.

وعنه: ولده عبد الله، وعلي بن أبي سليمان، ومحمد بن بلال شيخ السيد (ع) وغيرهم.

قال مولانا: وهو من رجال الشيعة وخالصتهم. انتهى.

وقال في الطبقات: قال في الإفادة في ذكر أصحاب القاسم -عليه السلام- كان ابن سلام شيخاً عارفاً فاضلاً، صاحب فقه كثير، ورواية غزيرة. انتهى.

[ترجمة محمد بن منصور المرادي]

وأما محمد بن منصور المرادي:

فقال في الجداول: محمد بن منصور بن يزيد المرادي، أبو جعفر الكوفي، علامة العراق، وإمام شيعة العترة الكرام.

روى عن القاسم بن إبراهيم، وأحمد بن عيسى، والحسن بن يحيى، وعبد الله بن موسى، وهؤلاء الأئمة الذين اجتمعوا في داره في يوم من أقطار متباينة، فطلب محمد منهم الاجتماع على أحدهم والقيام بأمر الأمة، والقصة معروفة.

وروى عن أبي الطاهر، وخلائق قد ذُكروا في هذا التأليف.

وعنه الناصر الأطروش، وأبو زيد عيسى بن محمد العلوي شيخ العترة، وعلي بن ماتي، وغيرهم.

كان أحد أعلام الزيدية المعمرين، وشيخ الأئمة المطهرين، وكان الأئمة يجلونه إجلال الأب الكريم، وهو ينزلهم منزلة الشريف العظيم، وكان شيخاً معمراً.

[روى](54) عن ابن جريج(55) وأدرك الناصر، توفي بعد التسعين والمائتين. انتهى.

[ترجمة عبد الله بن داهر وعمرو بن جميع]

وأما عبد الله بن داهر:

فقال في الجداول: عبد الله بن داهر الرازي، أبو سليمان المعروف بالأحمري.

عن أبيه، وعمرو بن جميع، وعبيد الله بن عبد القدوس.

وعنه محمد بن منصور، فأكثر، وحسين بن أحمد، وأحمد بن أبي خيثمة.

عداده في الشيعة، عامة ما يرويه في فضائل الوصي، فغمزوه لذلك، ولا يضره، روايتُه في كتب أئمتنا متكررة. انتهى.

وأما عمرو بن جميع:

قال في الجداول: عمرو بن جميع الكوفي، أبو المنذر العبدي.

عن الصادق، والكامل، وجويبر.

وعنه عبد الله بن داهر الرازي، ويحيى بن الحارث وغيرهما.

أحد رجال الشيعة، وقد نالوا منه، روى له أئمتنا. انتهى.

[24] **الناصر للحق -عليه السلام- في البساط:**، قال: حدثنا محمد بن منصور، قال: حدثنا عبد الله بن داهر، عن عمرو بن جميع، عن جعفر بن محمد،

---

(54) فراغ في الأصل. قدر كلمة وما بين القوسين أثبتناه من الجداول
(55) أي روى محمد، عن ابن جريج وهو من المتقدمين تمت مؤلف

عن أبيه، عن جده قال: قال رسول الله -صلى الله عليه وآله وسلم-: «قرآءة القرآن في الصلاة أفضل من قرآءة القرآن في غير الصلاة، وقرآءة القرآن في غير الصلاة أفضل من ذكر الله، وذكر الله أفضل من الصدقة، والصدقة أفضل من الصيام، والصيام جنة من النار» ثم قال: «لا قول إلا بعمل، ولا قول ولا عمل إلا بنية، ولا قول ولا عمل ولا نية إلا بإصابة السنة». انتهى[56].

الرجال:

أما الإمام الناصر للحق الحسن بن علي الأطروش -عليه السلام-:

فهو أشهر من أن يترجم له، ولا حاجة إلى الترجمة عنه.

وأما بقية رجال الإسناد فقد تقدموا جميعاً آنفاً، والحمد لله.

[25] **سلسلة الإبريز:** من رواية ذرية سيد المرسلين صلوات الله عليهم، عن أمير المؤمنين -عليه السلام- قال: قال رسول الله -صلى الله عليه وآله وسلم-: «الأعمال[57] بالنية» **انتهى**[58].

لا حاجة إلى أن نتكلم، عن رجالها فهي مشهورة جداً، ولها سند من لدن الفقير إلى الله محمد بن الحسن العجري غفر الله له إلى رسول الله -صلى الله عليه وآله وسلم- كلهم من الأخيار أكثر السند من آل محمد -عليهم السلام-، والله الموفق للصواب[59].

---

(56) البساط للإمام الناصر الأطروش صـ(66).

(57) عن عمر بن الخطاب قال سمعت رسول الله -صلى الله عليه وآله وسلم- يقول: «إنما الأعمال بالنيات، وإنما لكل امرئٍ ما نوى، فمن كانت هجرته إلى الله ورسوله فهجرته إلى الله ورسوله، ومن كانت هجرته إلى دنيا يصيبها أو امرأة يتزوجها فهجرته إلى ما هاجر إليه»، أخرجه المرشد بالله -رضي الله عنه- في أول أماليه، وأخرجه الستة إلا الموطا، عن عمر بن الخطاب مرفوعاً. تمت من حاشية على الأصل.

(58) سلسلة الإبريز، المروية في لوامع الأنوار (1/ 620).

(59) ولإتمام الفائدة نذكر السند إلى سليلة الإبريز، كما أورده مولانا الإمام الحجة مجد الدين المؤيدي في لوامع الأنوار (1/ 618) حيث قال:

=

سلسلة الإبريز، بالسند العزيز، أرويها بالأسانيد السابقة إلى الإمام شرف الدين، عن السيد صارم الدين، عن السيد أبي العطايا، عن أبيه، عن الواثق بالله المطهر بن الإمام محمد بن الإمام المطهر بن يحيى، عن أبيه، عن جده، وهذا السند من أسانيدنا المتصلة بآل محمد، ليس بيني وبين الإمام المطهر بن يحيى أحد من غير العترة المطهرة (ع)، إلا على سبيل المتابعة.

(رجع) عن عمران بن الحسن قراءة، عن عبد الرحمن بن أبي حرمي.

قلت: ترجم له السيد الإمام -رضي الله عنه- في الفصل الأول من الجزء الثالث، وأفاد أنه من العصابة الزيدية، قال فيها: العطار أبو القاسم المكي.

قال: حدثنا بسلسلة الإبريز، بالسند العزيز، الشريفُ بقيةُ السادة بحلب، أحمد بن محمد بن جعفر.

قلت: قال السيد الإمام -رضي الله عنه- في ترجمته: أبو جعفر، وذكر روايته.

إلى قوله: وكان سيداً شريفاً ثقة، بقية السادة الحسينية بحلب؛ هكذا ذكره عمران بن الحسن، في ذكر السلسلة المذكورة. انتهى.

عن بقية المشائخ، محمد بن علي بن ناشر الأنصاري.

قلت: ذكره السيد الإمام بها في السند.

(رجع) قال: أخبرنا السيد الإمام الأطهر، شرف الدين، بقية السادة ببلخ، أبو محمد الحسن بن علي بن أبي طالب الحسيني قراءة علينا، من لفظه غير مرّة، سنة سبع وعشرين وخمسمائة، قال: حدثني سيدي، ووالدي أبو الحسن علي بن أبي طالب في سنة ست وستين وأربعمائة، قال: حدثني سيدي ووالدي أبو طالب الحسن بن عبيد الله الحسيني، في سنة أربع وثلاثين وأربعمائة، قال: حدثني سيدي ووالدي عبيدالله، قال: حدثني والدي محمد، قال: حدثني والدي عبيدالله، قال: حدثني والدي علي، قال: حدثني سيدي ووالدي الحسن الأمير، أول من دخل بلخ من هذه الطائفة، قال: حدثني والدي الحسين، قال: حدثني سيدي ووالدي جعفر الملقب بالحجة.

قلت: ترجم لكل واحد من هذه العصابة العلوية المحمدية، في طبقات الزيدية، وجعفر عاشرهم، وأمير المؤمنين الخامس عشر منهم (ع)، ولا يلتفت إلى مافي بعض كتب الإجازات من النقص والزيادة، فهذا الصحيح.

قال في ترجمة جعفر: أبو الحسين، يروي عن آبائه، وعنه ولده الحسين.

إلى قوله: وكان القاسم بن إبراهيم الرسي يقول: جعفر بن عبيد الله، من أئمة آل محمد؛ وكان فصيحاً، وكان أبو البختري وهب بن وهب قد حبسه بالمدينة ثمانية عشر شهراً، فما أفطر إلا العيدين. انتهى.

قلت: وهو أخو السيد الإمام عالم أهل بيت محمد، وعابدهم، علي بن عبيدالله، الذي أوصى إليه الإمام محمد بن إبراهيم، وهو جدّ يحيى بن الحسن بن جعفر العقيقي، صاحب نجم آل الرسول -صَلَوَاتُ الله عَلَيْهم وسلامه-، مؤلف كتاب الأنساب.

والعقب لجعفر الحجة من ولديه، الحسن، والحسين، ومن ولده الأمراء بالمدينة، وملوك بلخ.

(رجع) قال: حدثني سيدي ووالدي عبيدالله الزاهد، قال: حدثني سيدي ووالدي الحسين الأصغر، قال: حدثني سيدي ووالدي علي بن الحسين زين العابدين، قال: حدثني سيدي ووالدي الحسين المظلوم الشهيد، سبط رسول الله -صلى الله عليه وآله وسلم-، قال: حدثني سيدي ووالدي أمير المؤمنين، ويعسوب الدين، علي بن أبي طالب -صَلَوَاتُ الله عَلَيْه وسلامه وعليهم أجمعين-، قال: قال رسول الله -صلى الله عليه وآله وسلم-:

كتاب الطهارة

كتاب الطهارة

القرآن الكريم: قال الله سبحانه : ﴿وَثِيَابَكَ فَطَهِّرْ ۝٤﴾ [المدثر:4]

[26] **المرتضى محمد بن يحيى بن الحسين في كتاب النهي:** عن أبيه، عن آبائه، عن علي -عليه السلام- قال: «نهى رسول الله -صلى الله عليه وآله وسلم- أن يصلي الرجل في ثوب غير طاهر» انتهى[60].

[27] **أمالي أحمد بن عيسى -رضي الله عنه-:** حدثنا محمد حدثني أحمد بن عيسى، عن حسين، عن أبي خالد، عن زيد ، عن آبائه، عن علي -عليه السلام- قال: (عذاب القبر في ثلاثة: من البول والدين والنميمة[61]. انتهى[62].

الرجال:

أما محمد بن منصور: فقد مر.

---

(60) مجموع الإمام المرتضى بن الهادي -عليهم السلام- المناهي (2/ 761).

(61) عن الحسن، قال: قال رسول الله -صلى الله عليه وآله وسلم-: «استنزهوا من البول، فإن عامة عذاب القبر من البول» أخرجه محمد بن منصور في أمالي أحمد بن عيسى، وأخرجه في الجامع الكافي.

وعن ابن عباس قال: دخلت مع النبي -صلى الله عليه وآله وسلم- في بعض حوائط الغابة فإذا بقبرين، فقال رسول الله -صلى الله عليه وآله وسلم-: «سبحان الله، سبحان الله، إن صاحبي هذين القبرين يعذبان في غير كبير، أما أحدهما فكان يمشي بالنميمة، وأما الآخر فكان لا يستنزه من البول، ثم أخذ جريدة رطبة فكسرها، فجعل عند رأس كل منهما نصفاً وقال: لعله يرفعه عنهما ما دامتا رطبتين» أخرجه المرشد بالله في الأمالي (2/ 418)رقم(2961)، وهذا لفظه.

وأخرج نحوه المؤيد بالله -رضي الله عنه- في شرح التجريد بسند صحيح رجاله جميعاً من ثقات محدثي الشيعة، وأخرج نحوه أيضاً الستة إلا الموطا بروايات متعددة تتضمن بعضها زيادات.

وعن أنس قال: قال رسول الله -صلى الله عليه وآله وسلم-: «تنزهوا من البول فإن عامة عذاب القبر منه» أخرجه الدارقطني.

وأخرج البزار والطبراني نحوه عن ابن عباس، وأخرج نحوه الحاكم وأحمد وابن ماجه، عن أبي هريرة. تمت من حاشية على الأصل.

(62) أمالي أحمد بن عيسى، باب التوقي من البول (1/ 21).

وأما أحمد بن عيسى بن زيد بن علي بن الحسين بن علي بن أبي طالب -عليهم السلام-: فهو أحد الأئمة المشهورين علماً وفضلاً وعبادة وورعاً وزهداً، لا حاجة إلى التكلم عنه لشهرته.

[ترجمة حسين بن علوان، وأبي خالد الواسطي]

وأما حسين بن علوان:

فقال في الجداول: الحسين بن علوان بن قدامة الكلبي، أبو علي، نزيل بغداد.

عن: الصادق، وعبد الله بن الحسن، وأبي خالد فأكثر، وجماعة.

وعنه: فقيه آل رسول الله أحمد بن عيسى، وأحمد بن صبيح، وجعفر السدوسي، وأحمد بن يحيى بن مالك، وحسن بن حسين، وأحمد بن الأزهر، والحسين بن السكين البلدي، ومالك بن الأزهر، وإسماعيل بن عباد، وعدة.

عداده من ثقات محدثي الشيعة، احتج به من أئمة آل رسول الله -صلى الله عليه وآله وسلم-؛ أحمد بن عيسى، والناصر للحق، والمؤيد بالله، وأبو طالب، وغيرهم.

طعن فيه النواصب لاختصاصه بأئمة آل رسول الله -صلى الله عليه وآله وسلم- ومودته لهم ، توفي في بضع عشرة ومائتين، وقد ترجم له الحلبي فأحسن. انتهى.

وأما أبو خالد:

فقال في الجداول: عمرو بن خالد الواسطي القرشي، مولى بني هاشم.

عن الإمام زيد بن علي، والباقر، والثوري، وخلق.

وعنه: إبراهيم بن الزبرقان، وحسين بن علوان، وعطاء بن السائب، وعطية بن مالك، وطائفة.

وفاته: في عشر الخمسين والمائة -رحمه الله- ضعفه المائلون، عن العترة، ووثقه آل رسول الله -صلى الله عليه وآله وسلم- وأتباعهم، وكفى بذلك.

فإن قيل: قد وجدنا الأئمة يقدمون على روايته في بعض المواضع غيره.

قلت: غير خاف على اللبيب تشتت آل رسول الله -صلى الله عليه وآله وسلم- وشيعتهم في البلدان، وتسترهم في الأقطار، فلم يمكن إلا أن يعلموا في الحادثة بها بلغهم عن غيره وبلغهم عنه لكن بطريق لم تبلغ عندهم رتبة الصحة.

والوجه على هذا: أن أحداً من الأئمة لم يردّ شيئاً من روايته جاءت عنه على الوجه الصحيح، وإنما التبس عليك أنك رأيتهم يعملون بخلاف الرواية التي عنه فتوهمت أنهم قد علموها عنه على الوجه الذي يعملون به في المواضع الأخرى، وليس كذلك، بل بلغهم ذلك من غير الوجه الذي يثقون به، لا كما توهمت، ولو كان لقالوا قد روى أبو خالد كذا وكذا على الوجه الذي يعمل به ورجحنا غيره لعلة أن أبا خالد كذا وكذا، وهذا لم يجِ.

لكن روى له أئمتنا أجمع واعتمدوها، وقد بسط الكلام في ترجمته القاضي العلامة الحسين بن أحمد السياغي وأجاب، عن كل ما تشبث به القادحون وكذا بسط في ترجمته مولانا والإمام القاسم بن محمد وغيرهم. انتهى.

[28] **مجموع زيد بن علي -رضي الله عنه-**: حدثني زيد بن علي، عن أبيه، عن جده، عن علي -عليهم السلام- قال: (عذاب القبر من ثلاث من الدين والبول والنميمة). انتهى[63].

(63) المجموع الحديثي والفقهي المسمى بمسند الإمام زيد بن علي طبعة مؤسسة الإمام زيد بن علي الثقافية صــ(69).

باب القول في الفأرة تقع في السمن فتموت

[29] **أمالي أحمد بن عيسى -رضي الله عنه-:** ونا محمد قال نا عباد بن يعقوب، عن علي بن عاصم، عن عطاء، عن أبي البختري، عن علي - صلى الله عليه - في الفأرة تقع في السمن فتموت، قال: (إن كان جامداً أخذت وما حولها فألقيت وأكل ما بقي، وإن كان ذائباً لم يؤكل، وإذا وقعت في البئر فماتت نزحت حتى يغلبهم الماء[64] وإذا وقعت في الخل فماتت أهريق). انتهى[65].

---

(64) عن ميمونة قالت: إن رسول الله -صلى الله عليه وآله وسلم- سئل، عن فأرة وقعت في السمن قال: (ألقوها وما حولها وكلوا سمنكم) أخرجه البخاري وعن أبي هريرة أن رسول الله -صلى الله عليه وآله وسلم- قال: «إذا وقعت الفأرة في السمن فإن كان جامدا فألقوها وما حولها وإن كان مائعاً فلا تقربوه» أخرجه أبو داوود وعن علي -رضي الله عنه- أنه قال: (في الفأرة إذا وقعت في البئر فانزحها حتى يغلبك الماء) أخرجه المؤيد بالله في شرح التجريد.

وأخرج المؤيد بالله -عليهم السلام- في شرح التجريد أيضاً، عن علي -رضي الله عنه-، قال: «إذا سقطت الفأرة أو الدابة في البئر فانزحها حتى يغلبك الماء».

وأخرج المؤيد بالله أيضاً، عن علي -رضي الله عنه- أنه قال: (في بئر وقعت فيها فأرة ينزح ماؤها).

وعن علي -رضي الله عنه- أنه قال: (إذا سقطت الفارة أو الدابة في البئر فانزحها حتى يعتدل الماء)، أخرجه الطحاوي في شرح معاني الآثار.

وعن جعفر بن محمد، عن أبيه أن علي بن أبي طالب قال: (إذا وقعت الفأرة في البئر فماتت فيها نزح منها دلو أو دلوان فإن تفسخت ينزح منها خمسة أو سبعة) أخرجه البيهقي في السنن.

قال في الروض النضير: وقد استشكل الإمام عز الدين في شرح البحر إيجاب النزح مع عدم التغير، وكونه مقدراً بحد معلوم فقال: هل عندكم -والحالة هذه- أن الماء طاهر فلا حاجة إلى النزح منه، لأن الطاهر لا يفتقر إلى تطهير، أو عندكم أنه نجس كله، فهو خلاف ما ذكرتم أنه لا ينجس جميعه إلا بأحد أمور ثلاثة، إما بأن يكون النجس الواقع عليه مائعاً، أو بأن يكون جامداً يتفسخ، أو بأن يكون جامداً ثقيلاً يرسب كالآدمي ونحوه، ومع نجاسته كله ما الموجب لطهارته بنزح تلك الدلاء مع بقاء بقية المتنجس، وهل تلك التقديرات منصوصة؟؛ فأين النصوص؟ أو استنبطت بقياس، أو أمارات شرعية فما هي؟ أو على حسب جرم النجاسة؟ فقد ساويتم بين أمور متفاوتة كالفارة، والعصفور، والآدمي، والجدي، والدجاجة، والحمامة. انتهى. تمت من حاشية على الأصل.

(65) في أمالي أحمد بن عيسى (1/ 90): (حتى يغلبها الماء وإذا وقعت في الخل فماتت أريق).

ومثله في الجامع الكافي، عن علي -عليه السلام- بزيادة: (وانتفع به) بعد قوله: (وإن كان ذائباً لم يؤكل).

[الرجال]:

[أما] عباد بن يعقوب وعطاء بن السائب: سيأتي الكلام عليهما.

[ترجمة علي بن عاصم، وأبي البختري]

وأما علي بن عاصم:

فقال في الجداول: علي بن عاصم بن صهيب، أبو الحسن الواسطي، مولى أبي بكر.

عن خالد الحذاء، وحصين بن عبد الرحمن، وعطاء بن السائب، وحميد الطويل، وخلق.

وعنه أحمد، وعلي بن الجعد، وابنه عاصم، ويعقوب بن أبي شيبة، وغيرهم.

اختلف فيه المحدثون: فأما أحمد فقال: هو والله عندي ثقة وأنا أحدث عنه، احتج به الأربعة إلا النسائي. انتهى.

قلت: عده السيد العلامة المهدي بن الهادي اليوسفي -رحمه الله- في الإقبال من ثقات محدثي الشيعة وعيونهم.

وأما أبو البختري:

فقال في الجداول: أبو البختري -بالخاء المعجمة- سعيد بن فيروز الطائي مولاهم.

عن علي، وابن مسعود مرسلاً، وعن ابن عباس، وابن عمر، وغيرهم.

وعنه عمرو بن مرة، وعطاء بن السائب.

وثقه أبو زرعة وابن معين، وقال ابن أبي مخرمة: ثقة ثبت فيه تشيع قليل. انتهى.

قلت: عده السيد المذكور في الإقبال من ثقات محدثي الشيعة وعيونهم.

باب القول فيما يقال عند دخول المخرج والخروج منه

[30] **أمالي أحمد بن عيسى -رضي الله عنه-**: أخبرنا أبو جعفر محمد بن منصور بن يزيد قال: حدثني أحمد بن عيسى بن زيد، عن حسين بن علوان، عن أبي خالد، عن زيد بن علي، عن آبائه، عن علي -عليهم السلام- أنه كان إذا دخل المخرج قال: (بسم الله اللهم إني أعوذ بك من الرجس النجس الخبيث المخبث الشيطان[66] الرجيم). انتهى[67].

[31] **المؤيد بالله -عليه السلام- في شرح التجريد**: وروى محمد بن منصور، عن أحمد بن عيسى، عن حسين بن علون، عن أبي خالد، عن زيد بن علي، عن آبائه، عن علي -عليهم السلام- أنه كان إذا دخل المخرج قال: (بسم الله اللهم إني أعوذ بك من الرجس النجس الخبيث المخبث الشيطان الرجيم). انتهى[68].

[32] **مجموع زيد بن علي -رضي الله عنه-**: حدثني زيد بن علي -رضي الله

---

(66) وعن أبي جحيفة، عن علي -رضي الله عنه- قال: قال رسول الله -صلى الله عليه وآله وسلم- «ستر ما بين [أعين] الجن وعورات بني آدم إذا دخل الكنيف أن يقول: بسم الله»، أخرجه الترمذي، وأحمد في المسند، وابن ماجه.

ونحوه عن أنس: أخرجه الحكيم الترمذي، وابن أبي الدنيا في مكائد الشيطان، وابن السني في عمل اليوم والليلة، وأبو الشيخ في العظمة، والطبراني في الأوسط.

ونحوه عن أبي سعيد: أخرجه ابن منيع، وابن أبي الدنيا، والحكيم الترمذي، وأبو الشيخ.

وعن ابن عمر قال كان رسول الله -صلى الله عليه وآله وسلم- إذا دخل الخلاء قال: «اللهم إني أعوذ بك من الرجس النجس الشيطان الرجيم»، أخرجه ابن السني، والطبراني في كتاب الدعاء.

وعن أبي أمامة أن رسول الله -صلى الله عليه وآله وسلم- قال: «لا يعجز أحدكم إذا دخل الخلاء أن يقول: اللهم إني أعوذ بك من الرجس النجس الخبيث المخبث الشيطان الرجيم» أخرجه ابن ماجة. تمت من حاشية على الأصل.

(67) أمالي أحمد بن عيسى -رضي الله عنه- كتاب الطهارة (1/ 14).

(68) شرح التجريد (1/ 113).

عنه- حدثني زيد بن علي، عن أبيه، عن جده، عن علي -عليهم السلام- أن كان إذا دخل المخرج قال: (بسم الله اللهم إني أعوذ بك من الرجس النجس الخبيث المخبث الشيطان الرجيم، فإذا خرج من المخرج قال: الحمد لله الذي عافني في جسدي الحمد لله الذي أماط عني الأذى). انتهى(69).

[33] **الجامع الكافي**: قال محمد إذا أراد الرجل الدخول إلى الغائط فليقل عند دخوله قبل أن يكشف عورته قدر ما يسمع نفسه ولا يجهر بذلك: (بسم الله الحافظ المؤدي، أعوذ بالله من الرجس النجس، الخبيث المخبث، الشيطان الرجيم)، وروي نحو ذلك، عن علي - صلى الله عليه - .

وعن النبي -صلى الله عليه وآله وسلم- أنه كان إذا دخل المخرج قال: «اللهم إني أعوذ بك من الخبث والخبائث»(70)، وإذا خرج من المخرج فليقل: «الحمد لله الذي أماط عني الأذى وكفاني المؤنة»، وإذا قام من البول قال: «الحمد لله الذي هنأني دخوله، وسَهَّل عليَّ خروجه». انتهى(71).

[34] **الهادي -عليه السلام- في الأحكام**: روي عن أمير المؤمنين -عليه السلام- أنه كان إذا خرج من المتبرز قال: (الحمد لله الذي عافاني في جسدي الحمد لله الذي أماط عني الأذى). انتهى(72).

---

(69) المجموع الحديثي والفقهي المسمى بمسند الإمام زيد بن علي طبعة مؤسسة الإمام زيد بن علي الثقافية صـ(71).

(70) عن أنس قال كان النبي -صلى الله عليه وآله وسلم- إذا دخل الخلاء قال: «اللهم إني أعوذ بك من الخبث والخبائث» أخرجه البخاري ومسلم وأهل السنن.

وعن ابن عمر قال كان رسول الله -صلى الله عليه وآله وسلم- إذا خرج من الخلاء قال: «الحمد لله الذي أذاقني لذته، وأبقى فيّ قوته، وأذهب عني أذاه»، أخرجه ابن السني والطبراني. تمت من حاشية على الأصل.

(71) الجامع الكافي باب الاستنجاء (1/ 333، 334).

(72) الأحكام في الحلال والحرام للإمام الهادي -رضي الله عنه- طبعة مكتبة أهل البيت (1/ 39).

[35] **الجامع الكافي**: وروى محمد بإسناده، عن علي - صلى الله عليه - أنه كان إذا خرج من المخرج قال: (الحمد الله الذي عافاني في جسدي الحمد لله الذي أماط عني الأذى).

وعن النبي -صلى الله عليه وآله وسلم- أنه قال: «إذا خرج أحدكم من الخلاء فليقل : الحمد لله الذي أذهب عني ما يؤذيني وأمسك عني ما ينفعني» انتهى (73).

[36] **أمالي أحمد بن عيسى** -رضي الله عنه-: حدثنا محمد بن منصور، قال: حدثنا أحمد بن عيسى، عن حسين بن علوان، عن أبي خالد، عن زيد، عن آبائه، عن علي -عليهم السلام- أنه كان إذا خرج من المخرج قال: (الحمد لله الذي عافاني في جسدي الحمد لله الذي أماط عني الأذى). انتهى (74).

باب القول في ستر العورة وما نهي عن التبرز فيه من المواضع

[37] **المرتضى** -عليه السلام- في النهي: عن أبيه، عن آبائه، عن علي -عليهم السلام-، عن رسول الله -صلى الله عليه وآله وسلم- أنه : « نهى أن يقضي الرجل حاجته من الغائط والناس ينظرون»، أراد -صلى الله عليه وآله وسلم- أن لا يبول أحد ولا يتغوط والناس ينظرونه، وقال: «استتروا واستحيوا فإن الستر والحياء من الإيمان(75)».

_____
(73) الجامع الكافي باب الاستنجاء (1/ 334).
(74) أمالي أحمد بن عيسى -رضي الله عنه- كتاب الطهارة (1/ 15).
(75) عن أبي هريرة أن رسول الله -صلى الله عليه وآله وسلم- قال: «ومن أتى الغائط فليستتر فإن لم يجد إلا أن يجمع كثيباً من رمل فليستدبره؛ فإن الشيطان يلعب بمقاعد بني آدم، من فعل فقد أحسن، ومن لا، فلا حرج»، أخرجه أبو داوود في جملة حديث.
وعن عبدالله بن جعفر قال: (أردفني رسول الله -صلى الله عليه وآله وسلم- ذات يوم خلفه فأسر إلي حديثاً لا أحدث به أحداً من الناس، وكان أحب ما استتر به رسول الله -صلى الله عليه وآله وسلم- لحاجته هدف أو حائش نخل) أخرجه مسلم. الهدف: شيء مرتفع، وحائش النخل: حائطه.
وعن المغيرة قال كنت مع رسول الله -صلى الله عليه وآله وسلم- في سفر فأتى حاجته فأبعد في =

ونهى أن ينظر الرجل إلى عورة الرجل.

ونهى أن تنظر المرأة إلى عورة المرأة، وقال: «عورة المسلم على المسلم حرام»(76).

ونهى أن يدخل الحمام إلا بمئزر، وقال : «من كان يؤمن بالله واليوم الآخر فلا يدخلن إلا بمئزر»(77).

ونهى النساء عن دخول الحمام وقال: «لعن الله داخلات الحمام»(78).

ونهى أن يبول الرجل عرياناً(79) أو قائماً(80)، ونهى أن يبال على قبر أو بين

المذهب. أخرجه الترمذي وأبي داوود والنسائي نحوه.

وعن عبدالرحمن بن أبي قراد قال: خرجت مع رسول الله -صلى الله عليه وآله وسلم- إلى الخلاء فكان إذا أراد الحاجة أبعد. أخرجه النسائي.

وعن جابر: أن النبي -صلى الله عليه وآله وسلم- كان إذا أراد البراز انطلق حتى لا يراه أحد. أخرجه أبو داوود. تمت من حاشية على الأصل.

(76) عن بهز بن حكيم، عن أبيه، عن جده -وكانت له صحبة- قال: قلت: يارسول الله، عوراتنا ما نأتي منها وما نذر؟ قال: «احفظ عورتك إلا من زوجتك أو ما ملكت يمينك» قلت: يا رسول الله، فالرجل يكون مع الرجل، قال: «إن استطعت أن لا يراها أحد فافعل»، قلت: يارسول الله، فالرجل يكون خالياً، قال: «فالله أحق أن يستحيى منه من الناس»، أخرجه أبو داوود، والترمذي، مع رواية أخرى نحو هذه. تمت من حاشية على الأصل.

(77) عن أبي سعيد الخدري قال: قال رسول -صلى الله عليه وآله وسلم- (من كان يؤمن بالله واليوم الآخر فلا يدخل الحمام إلا بمئزر) أخرجه الطبراني في الأوسط والبزار وأخرج الطبراني في الكبير وأبو داوود نحوه. تمت من حاشية على الأصل.

(78) عن ابن عباس، عن النبي -صلى الله عليه وآله وسلم- قال: «من كان يؤمن بالله واليوم الآخر فلا يدخل حليلته الحمام»، أخرجه الطبراني في الكبير.

وعن جابر: قال: قال رسول الله -صلى الله عليه وآله وسلم-: «من كان يؤمن بالله واليوم الآخر فلا يدخل حليلته الحمام إلا من عذر» أخرجه الترمذي والنسائي. تمت من حاشية على الأصل.

(79) عن العباس بن عبد المطلب، أن النبي -صلى الله عليه وآله وسلم- قال: «نُهيت أن أمشي وأنا عريان»، أخرجه المؤيد بالله -رضي الله عنه- في شرح التجريد. تمت من حاشية على الأصل.

(80) عن عائشة قالت: ما بال رسول الله -صلى الله عليه وآله وسلم- قائماً منذ أنزل عليه القرآن. أخرجه المؤيد بالله -رضي الله عنه- في شرح التجريد.

=

المقابر ونهى، عن الغائط على الطريق(81) ونهى أن يستقبل الرجل الريح وهو يبول(82). انتهى(83).

[38] الجامع الكافي: قال القاسم -عليه السلام- ومحمد : يكره للرجل أن يبول قائماً إلا من علة أو عجلة . انتهى(84).

[39] أمالي أحمد بن عيسى -رضي الله عنه-: حدثنا محمد بن منصور، قال: حدثنا أحمد بن صبيح، عن حسين بن علوان، عن أبي خالد، عن زيد بن علي، عن آبائه، عن علي -عليهم السلام- قال: نهانا رسول الله -صلى الله عليه وآله وسلم- أن يتبرز الرجل منا بين القبور، أو تحت الشجرة المثمرة، أو على ضفة نهر جار). انتهى(85).

رجال هذا الإسناد من ثقات محدثي الشيعة وقد مر الكلام عليهم.

وعن عائشة أيضاً قالت: من حدثكم أن رسول الله -صلى الله عليه وآله وسلم- كان يبول قائماً فلا تصدقوه. أخرجه المؤيد بالله -رضي الله عنه- في شرح التجريد، وأخرجه الترمذي والنسائي بزيادة: إنما كان يبول قاعداً. تمت من حاشية على الأصل.

(81) عن معاذ قال: قال رسول الله -صلى الله عليه وآله وسلم-: «اتقوا الملاعن الثلاثة: البراز في الموارد، وقارعة الطريق، والظل»، أخرجه أبو داوود ومسلم نحوه عن أبي هريرة. تمت من حاشية على الأصل.

(82) عن سراقة بن مالك، عن النبي -صلى الله عليه وآله وسلم- قال: «إذا أتى أحدكم الغائط فلا تستقبلوا القبلة، واتقوا مجالس اللعن، والظل، والماء، وقارعة الطريق، واستمخروا الريح، واستبشوا على سوقكم، وأعدوا النبل» أخرجه ابن أبي حاتم في الملل. تمت من حاشية على الأصل.

(83) مجموع الإمام المرتضى بن الهادي -عليهم السلام- المناهي (2/ 762، 763، 768، 761).
(84) الجامع الكافي باب الاستنجاء (1/ 339).
(85) وفي أمالي أحمد بن عيسى (1/ 15) (على ضفة النهر الجاري).

باب القول في النهي عن استقبال القبلة بالغائط والبول، وعن الاستنجاء باليمين

[40] **الهادي -عليه السلام- في الأحكام:** بلغنا عن رسول الله -صلى الله عليه وآله وسلم- أنه نهى أصحابه عن استقبال القبلة واستدبارها في الغائط، وعن استنجائهم بأيمانهم(86).انتهى(87).

[41] **الهادي -عليه السلام- في المنتخب:** روي عنه -صلى الله عليه وآله وسلم- أنه قال: «إذا أتى أحدكم الغائط فلا يستقبل القبلة ولا يستدبرها، شرقوا أو غربوا»(88).

---

(86) عن سلمان -رضي الله عنه-قال: قال لي بعض المشركين وهم يستهزؤن: إن صاحبكم ليعلمكم حتى الخرآءة، قال: (أجل، أمرنا أن لا نستقبل القبلة، ولا نستنجي بأيماننا، ولا نكتفي بدون ثلاثة أحجار ليس فيها رجيع) أخرجه في أمالي أحمد بن عيسى، والجامع الكافي.

وعن عبد الرحمن بن يزيد، قال: قالوا لسلمان: قد علمكم نبيكم كل شيء حتى الخِرآءة! قال: (أجل، قد نهانا أن نستقبل القبلة بالغائط أو البول)، أخرجه المؤيد بالله في شرح التجريد.

وعن أبي هريرة أن النبي -صلى الله عليه وآله وسلم- قال: «إذا جلس أحدكم على حاجته فلا يستقبل القبلة ولا يستدبرها»، أخرجه مسلم وأبو داوود والنسائي بزيادة «ولا يستطب بيمينه»، وكان يأمرنا بثلاثة أحجار، وينهى عن الروث والرمة.

وعن سلمان قال: قيل له: لقد علمكم نبيكم -صلى الله عليه وآله وسلم- كل شيء حتى الخرآءة!، قال: (أجل، لقد نهانا أن نستقبل القبلة بغائط أو بول، أو أن نستنجي باليمين، وأن نستنجي بأقل من ثلاثة أحجار، وأن نستنجي برجيع أو عظم)، أخرجه أبو داوود والترمذي وللنسائي نحوه. تمت من حاشية على الأصل.

(87) الأحكام في الحلال والحرام للإمام الهادي -رضي الله عنه-، طبعة مكتبة أهل البيت (1/ 39).

(88) عن أبي أيوب أن النبي -صلى الله عليه وآله وسلم- قال: «إذا أتيتم الغائط فلا تستقبلوا القبلة ولا تستدبروها ولكن شرقوا أو غربوا »، قال أبو أيوب فلما فقدمنا الشام ووجدنا مراحيض قد بنيت قبل القبلة فننحرف عنها ونستغفر الله. أخرجه البخاري ومسلم والترمذي وأبو داوود وللموطأ والنسائي نحوه وللمؤيد بالله -رضي الله عنه- في شرح التجريد نحوه عن أبي أيوب تمت من حاشية على الأصل.

قال الهادي -عليه السلام-: إن هذا الحديث صحيح. انتهى[89].

[42] **الجامع الكافي**: قال محمد: إذا أراد الرجل الغائط أو البول فلا يعجل برفع ثوبه حتى يدنو من الأرض، ويستتر ما استطاع من كشف العورة بلغنا ذلك عن النبي -صلى الله عليه وآله وسلم- [90]، وإن كان في صحراء فليستتر بحجارة أو كثيب رمل إن أمكن ذلك، ولا يستقبل القبلة ولا يستدبرها بغائط ولا بول، فإن ذلك مكروه، وقد نهي عنه.

وروي عن سلمان قال: أمرنا أن لا نستقبل القبلة ولا نستدبرها، ولا نستنجي بأيماننا، ولا نكتفي بدون ثلاثة أحجار ليس فيها رجيع. انتهى.

وفيه أيضاً: وقال الحسن بن يحيى -عليه السلام-فيما روى ابن صباح عنه[91]-، وهو قول محمد: واستقبال القبلة بالبول والغائط مكروه، وقد نهي عنه. انتهى.

وفيه أيضاً: قال القاسم -عليه السلام-: قد جاء في الحديث الكراهية في استقبال القبلة بالغائط والبول ما قد ذكروا، وإنما ذلك في الفضاء من الأرض أشد، وقد ذكر أنه رأى النبي -صلى الله عليه وآله وسلم- استقبل القبلة وهو قاعد لحاجته في مخرجه[92]. انتهى[93].

---

(89) المنتخب للإمام الهادي -رضي الله عنه- طبعة دار الحكمة صـ(22).

(90) عن أنس وابن عمر قالا كان رسول الله -صلى الله عليه وآله وسلم- إذا أراد الحاجة لم يرفع ثوبه حتى يدنو من الأرض أخرجه أبو دوود والترمذي تمت من حاشية على الأصل.

(91) هو عبد الله بن صباح البزار، ذكره في مقدمة الجامع الكافي، وليس هو عبد الله بن الصباح بن عبد الله الهاشمي العطار البصري، كما توهمه محقق الجامع الكافي فالأول كوفي، والثاني بصري، وشتان ما بينهما.

(92) عن ابن عمر، أنّه قال: يتحدث الناس عن رسول اللّه -صلى الله عليه وآله وسلم- بحديث وقد اطلعت على رسول اللّه -صلى الله عليه وآله وسلم- من ظهر بيته وهو يقضي حاجته محجوزاً عليه بِلَبِن - فرأيته مستقبل القبلة. أخرجه المؤيد بالله في شرح التجريد.

=

[43] **المرتضى -عليه السلام- في النهي**: عن أبيه، عن آبائه، عن علي -عليهم السلام- قال: «نهى -صلى الله عليه وآله وسلم- أن يستنجي أحد بيمينه». انتهى[94].

باب القول في الأسوار والأبوال

[44] **المؤيد بالله -عليه السلام- في شرح التجريد**: وقد أخبرنا أبو العباس الحسني، قال أخبرنا علي بن سليمان، قال: حدثنا أحمد بن محمد بن سلام، قال: حدثنا الحسن بن عبد الواحد، قال: حدثنا أحمد بن صبيح، عن حسين بن علوان، عن عبد الله بن الحسن -عليه السلام- قال: قال رسول الله -صلى الله عليه وآله وسلم-: «كل شيء يجتر فلحمه حلال، ولعابه حلال، وسؤره حلال، وبوله حلال[95]» ....

وعن جابر بن عبد الله، قال: كان نهانا رسول اللّه -صلى الله عليه وآله وسلم- أن نستقبل القبلة أو نستدبرها بفروجنا للبول، ثم رأيته قبل موته بعام يبول مستقبل القبلة. أخرجه المؤيد بالله في شرح التجريد، والترمذي، وأبو داوود.

وعن عائشة قالت: ذكر عند رسول اللّه -صلى الله عليه وآله وسلم- أن أناساً يكرهون استقبال القبلة بفروجهم، فقال رسول اللّه -صلى الله عليه وآله وسلم-: «أو قد فعلوا ذلك؟ حولوا مقعدتي نحو القبلة»، أخرجه المؤيد بالله في شرح التجريد.

وعن أبي قتادة: أنه رأى النبي -صلى الله عليه وآله وسلم- يبول مستقبل القبلة. أخرجه الترمذي. تمت من حاشية على الأصل.

(93) الجامع الكافي (1/ 334- 335-336) وتكملة كلام القاسم -رضي الله عنه- صـ (334 - 335) كما في الجامع الكافي: (وإنما كراهية هذا لأنه يستحب إجلال القبلة؛ لحرمتها، عن استقبالها واستدبارها بالغائط والبول، فإن فعل ذلك فاعل فأرجو أن لا يكون بآثم ولا حرج).

(94) مجموع الإمام المرتضى بن الهادي عليهما السلام، المناهي (2/ 763).

(95) عن البراء بن عازب قال: قال رسول الله -صلى الله عليه وآله وسلم-: «ما أكل لحمه فلا بأس ببوله»، أخرجه المؤيد بالله في شرح التجريد، والبيهقي في السنن.

وعن علي -رضي الله عنه- عن النبي -صلى الله عليه وآله وسلم- قال: «لا بأس بأبوال الإبل والبقر والغنم وكلِّ شي يؤكل لحمه إذا أصاب ثوبك»، أخرجه المؤيد بالله -رضي الله عنه- في شرح التجريد.

=

انتهى(96).

الرجال:

[ترجمة علي بن سليمان، والحسن بن عبد الواحد، وأحمد بن صبيح]

أما علي بن سليمان:

فقال في الجداول: علي بن سليمان، عن أحمد بن سلام، وعنه أبو العباس الحسني . انتهى.

أخرج له المرشد بالله والمؤيد بالله، قلت: والذي يظهر أنه من ثقات محدثي الشيعة.

وأما أحمد بن محمد بن سلام: فقد تقدم.

وأما الحسن بن عبد الواحد:

فقال في الجداول: الحسن بن عبد الواحد القزويني.

عن: أحمد بن عيسى العلوي، وحسن العرني، وإبراهيم بن محمد بن ميمون.

وعنه: محمد بن أحمد الأيادي، وأحمد بن محمد بن سلام، وعلي بن أحمد

وعن أنس: أن النبي -صلى الله عليه وآله وسلم- (أمر العرنيين أن يشربوا أبوال الإبل وألبانها)، أخرجه أبو طالب في الأمالي.

وعن أنس أيضاً: (أن أناساً من عرينة قدموا على النبي -صلى الله عليه وآله وسلم-، فقال لهم النبي -صلى الله عليه وآله وسلم-: «اشربوا من أبوالها وألبانها» -يعني الإبل-، أخرجه المؤيد بالله في شرح التجريد.

وعن أنس أيضاً قال: (قدم ناس من عرينة على رسول اللّه -صلى الله عليه وآله وسلم- بالمدينة، فاجتووها، فقال: « لو خرجتم إلى ذود لنا فشربتم من ألبانها »، قال: وذكر قتادة أنَّه حفظ عنه أبوالها. أخرجه المؤيد بالله في شرح التجريد، وأخرجه الستة إلا الموطأ بروايات متعددة.

وأخرج حديث «كل شيء يجتر»: الطوسي في تهذيب الأحكام، عن عبدالله بن الحسن -رضي الله عنه- مرفوعاً. تمت من حاشية على الأصل.

(96) شرح التجريد (1/ 93).

التميمي، تكلم عليه الذهبي، قال مولانا: وثقه المؤيد بالله. انتهى.

أخرج له الناصر والمؤيد بالله وأبو طالب وصاحب المحيط.

وأما أحمد بن صبيح:

فقال في الجداول: أحمد بن صبيح اليشكري الأسدي.

عن حسين بن علوان وأبان وغيرهما.

وعنه أحمد بن عيسى، والمرادي، وحسن بن عبد الواحد، ومحمد بن إسماعيل الأحمسي، توفي قريباً من المائتين، اعتمد عليه الأئمة، لا يقبل ما قالت النواصب فيه. انتهى.

أخرج له المؤيد بالله وأبو طالب والمرشد بالله ومحمد بن منصور.

وقال في طبقات الزيدية: أحمد بن صبيح اليشكري الأسدي، عن حسين بن علوان الكلبي، وعن أبان، عن أنس، وعن محمد بن الحسن الهمداني، ومحمد بن عبد الرحمن الأصبهاني، وعبد الله بن خراش، وعصمة بن خالد، وطريف بن ناصح.

وعنه محمد بن منصور المرادي، وحسن بن عبد الواحد، ومحمد بن إسماعيل الأحمسي، ومحمد وعلي ابنا أحمد بن عيسى، وحمزة بن القاسم، توفي قريباً من المائتين.

قلت: هو من رجال المؤيد بالله وممن وثقه، ومقبول على رأي أصحابنا.

ذكر الذهبي أحمد بن صبيح وقال: أحمد لا يعتمد عليه.

قلت: اعتمد عليه أئمتنا وخرجوا له وهم الأئمة الخمسة إلا الجرجاني. انتهى.

وأما الحسين بن علوان: فقد تقدم.

وأما كامل آل محمد -عليهم السلام-: فلا يحتاج إلى ترجمة، فهو أشهر من أن يترجم عنه.

[45] **أمالي أحمد بن عيسى -رضي الله عنه-**: حدثنا محمد، حدثنا أحمد بن عيسى، عن محمد بن بكر، عن أبي الجارود قال: سمعت أبا جعفر يقول: قال رسول الله -صلى الله عليه وآله وسلم-: «إنما الهر من أهل البيت»(97)، وقال أبو جعفر: توضأ من سورها واشرب. انتهى(98).

الرجال:

[ترجمة محمد بن بكر، وأبي الجارود]

أما محمد بن بكر:

فقال في الجداول: محمد بن بكر الهمداني الأرحبي.

عن الباقر، وأبي الجارود وغيرهما.

وعنه أحمد بن عيسى بن زيد بن علي، ومخول، ومحمد بن جبلة، عداده في رجال الشيعة. انتهى.

---

(97) عن عائشة أن رسول الله -صلى الله عليه وآله وسلم- قال في الهرة: «إنها ليست بنجس، هي كبعض أهل البيت»، أخرجه ابن خزيمة في صحيحه، والحاكم والبيهقي.

عن كبشة ابنت كعب: أنها صبّت لأبي قتادة ماءً يتوضأ به، فجاءت هرة تشرب، فأصغى لها الإناء، فجعلت أنظر، فقال: يا بنت أخي، أتعجبين؟ قال رسول اللّه -صلى الله عليه وآله وسلم-: «إنها ليست بنجسة، إنها من الطوافين عليكم والطوافات»، أخرجه المؤيد بالله في شرح التجريد، وأبو داوود والترمذي والنسائي.

وأخرجه المؤيد بالله عن كعب بن عبد الرحمن، عن جده أبي قتادة بطريق أخرى.

وعن عائشة أن رسول الله -صلى الله عليه وآله وسلم- (كان يصغي الإناء للهر ويتوضأ بفضله)، أخرجه المؤيد بالله في شرح التجريد، وأبو داوود.

نعم، وأخرج حديث كبشة مالك والشافعي وأحمد والأربعة وابن خزيمة وابن حبان والحاكم والدارقطني والبيهقي. تمت من حاشية على الأصل.

(98) أمالي أحمد بن عيسى، باب من رخص في سؤر الدواب (1/ 64).

أخرج له الناصر ومحمد بن منصور وأبو طالب.

وأما أبو الجارود:

فقال في الجداول: زياد بن المنذر، أبو الجارود، الأعمى، الكوفي، المشهور بكنيته، عن الإمام زيد بن علي، وولده يحيى والكامل، والباقر، والصادق، وأبي الطفيل، وخلق.

وعنه إسماعيل بن أبان، ونصر بن مزاحم، وإسماعيل بن صبيح، وخلق.

أحد رجال الزيدية، وإليه تنسب الجارودية، ثقة مأمون، وقد نالت منه النواصب، ولا إلتفات إلى قولهم، واحتج به الترمذي. انتهى.

أخرج له الناصر والمؤيد بالله وأبو طالب والمرشد بالله ومحمد بن منصور وابن السمان.

وأما أبو جعفر:

فهو الباقر، لا يحتاج إلى ترجمة، وهو أشهر من أن يترجم عنه.

[46] وفي أمالي أحمد بن عيسى أيضاً: حدثنا محمد حدثنا أحمد بن عيسى، عن حسين، عن أبي خالد، عن زيد بن علي، عن علي بن أبي طالب -صلوات الله عليه-: في الإبل والبقر والغنم وكل شيء يحل أكله فلا بأس بشرب ألبانها وأبوالها، ويصيب ثوبك، إلا الخيل العراب؛ فإنه يحل أكل لحومها، ويكره رجيعها، ورجيع الحمر وأبوالها. انتهى(99).

[47] المؤيد بالله -عليه السلام- في شرح التجريد: وأخبرنا أبو عبد الله محمد بن عثمان النقاش، قال: حدثنا الناصر للحق الحسن بن علي، عن محمد بن منصور، قال: حدثنا أحمد بن عيسى، عن الحسين بن علوان، عن أبي خالد

---

(99) أمالي أحمد بن عيسى، باب من رخص في بول ما يؤكل لحمه (1/ 65).

الواسطي، عن زيد بن علي، عن علي -عليه السلام- في الإبل والبقر والغنم وكل شيء يحل أكله فلا بأس بشرب ألبانها وأبوالها ويصيب ثوبك. انتهى[100].

الرجال:

[ترجمة محمد بن عثمان النقاش]

أما محمد بن عثمان النقاش:

فقال في الجداول: محمد بن عثمان بن سعيد النقاش، أبو عبد الله، عن الناصر للحق، وعنه الأخوان. انتهى.

قلت: المشهور أنه من رجال الشيعة الثقات[101]، والله أعلم.

وكيف لا يكون كذلك وأستاذه إمام وتلميذه إمام.

وأما الناصر: فلا حاجة إلى الترجمة عنه، لكونه أشهر من أن يترجم عنه.

[48] **أمالي أحمد بن عيسى -رضي الله عنه-**: حدثنا محمد، حدثنا أحمد بن عيسى، عن حسين، عن أبي خالد، عن زيد، عن آبائه، عن علي -عليهم السلام- قال: رأيت رسول الله -صلى الله عليه وآله وسلم- وطئ بعر بعير رطب فمسحه بالأرض ثم صلى ولم يحدث وضوءاً ولم يغسل قدماً. انتهى[102].

[49] **مجموع زيد بن علي -رضي الله عنه-**: حدثني زيد بن علي، عن أبيه، عن جده، عن علي -عليهم السلام- قال: رأيت رسول الله -صلى الله عليه وآله وسلم- وطئ بعر بعير رطب فمسحه بالأرض وصلى ولم يحدث وضوءاً ولم

---

(100) شرح التجريد (1/ 94).

(101) قال مولانا الإمام الحجة مجد الدين المؤيدي في لوامع الأنوار (1/ 537): وهو من المشايخ الحفاظ، أكثر الرواية عنه الإمامان عن الإمام الناصر للحق (ع)، وكثر الاعتماد منهما عليه، وتحقق اختصاصه بأئمة آل محمد -صلى الله عليه وآله وسلم-.

(102) أمالي أحمد بن عيسى، باب من رخص في سؤر الدواب (1/ 64).

يغسل قدماً. انتهى (103).

[50] **الجامع الكافي**: وعن علي – صلى الله عليه – قال: رأيت رسول الله – صلى الله عليه وآله وسلم- وطئ بعر بعير رطب فمسحه بالأرض ثم صلى ولم يغسل قدماً انتهى (104).

الرجال:

[ترجمة أبي عبد الله العلوي صاحب الجامع الكافي]

أما صاحب الجامع الكافي:

فقال في الجداول: محمد بن علي بن الحسن بن علي بن الحسين بن عبد الرحمن بن القاسم بن الحسن بن زيد بن الحسن بن علي بن أبي طالب، أبو عبد الله، العلوي الكوفي، الثقة العالم الفقيه، مسند الكوفة.

عن محمد بن محمد بن محمد بن عبد الله بن الحسين، ومحمد بن محمد بن عيسى العلوي، وعلي بن الحسن بن يحيى العلوي، وخلائق.

روى مصنفات محمد بن منصور، عن عدة، وروى عن أبيه، وقد ذكر مشائخه في أول كتابه الجامع الكافي.

وعنه أحمد بن عبد الله العلوي، وأبو الغنائم، ومحمد بن محمد بن حمزة، وأحمد ومحمد ابنا سعيد بن وهب، والمرشد بالله، وابن المغازلي.

قال الذهبي: وآخرين.

روى عنه بالإجازة عمر بن إبراهيم العلوي في سنة أربعين وأربعمائة، وفيها توفي، وقال: ما رأيت من كان يفهم فقه الحديث مثله، وكان حافظاً، أخرج عنه

---

(103) المجموع الحديثي والفقهي المسمى بمسند الإمام زيد بن علي طبعة مؤسسة الإمام زيد بن علي الثقافية صـ(65).

(104) الجامع الكافي كتاب الطهارة (1/ 286).

الحافظ الصوري وأفاد عنه، وكان يفتخر به. توفي -رحمه الله- سنة خمس وأربعمائة.

قلت: وله كتاب (التأذين بحي على خير العمل) وقد ذكرنا رجال إسناده بهذا التأليف. انتهى.

أخرج له المرشد بالله، وأبو الغنائم النرسي، وابن المغازلي، وصاحب المحيط بالإمامة.

وأما بقية رجال الإسناد: فقد تقدموا جميعاً.

باب القول في طهارة الطعام يموت فيه الخنفساء

[51] **المؤيد بالله -عليه السلام- في شرح التجريد:** واستدل يحيى -عليه السلام- بما أخبرنا به: أبو الحسين علي بن إسماعيل، قال: حدثنا الناصر للحق الحسن بن علي، قال: حدثنا محمد بن منصور، قال: حدثنا أحمد بن عيسى، عن حسين بن علوان، عن أبي خالد، عن زيد بن علي، عن آبائه، عن علي -عليهم السلام- قال: أتي رسول الله -صلى الله عليه وآله وسلم- بجفنة قد أُدِمَت فوجد فيها خنفسآءة أو ذبابة فأمر به فطرح ثم قال: «سموا وكلوا فإن هذا لا يحرم شيئاً»(105). انتهى.(106)

الرجال:

[ترجمة علي بن إسماعيل الفقيه]

أما أبو الحسين علي بن إسماعيل:

فقال في الجداول: علي بن إسماعيل بن إدريس، أبو الحسين، المعروف بالفقيه، أحد رجال الزيدية المشهورين.

---

(105) عن سلمان الفارسي -رضي الله عنه-قال: قال رسول الله -صلى الله عليه وآله وسلم-: «إن كل طعام وقعت فيه دابة ليس لها دم فهو حلال أكله وشربه ووضوءه» أخرجه الدارقطني والبيهقي. تمت من حاشية على الأصل.

(106) شرح التجريد (1/ 98).

عن الناصر للحق، ومحمد بن الحسين بن اليمان، وعنه السيدان.

قال القاضي أحمد بن صالح: كان حجة حافظاً مجتهداً محدثاً، توفي في حدود الخمسين والثلاثمائة. انتهى.

وأما بقية رجال الإسناد: فقد تقدموا جميعاً.

[52] **الهادي -عليه السلام- في المنتخب**: وقد بلغنا وصح عندنا، عن النبي -عليه السلام- أنه أتي بجفنة من طعام فوجد فيها خنفساء فأمر بها فطرحت ثم قال: «سموا عليها».

وكذلك [أيضاً] أتي بجفنة طعام فوجد فيها ذباباً فطرحه وقال: «سموا وليس هذا يحرم شيئاً». انتهى(107).

[53] **الهادي -عليه السلام- في الأحكام**: وفي ذلك ما بلغنا ، عن رسول الله -صلى الله عليه وآله وسلم- أنه أتي بجفنة [مأدومة] فوجد فيها خنفساء فأمر بها فطرحت وقال: «سموا عليها وكلوا فإن هذا لا يحرم شيئاً، وأُتي بطعام فوجد فيه ذباباً فطرحه ثم قال: كلوا فإن هذا لا يحرم شيئاً». انتهى(108).

باب القول في الاستنجاء بالماء

[54] **أمالي أحمد بن عيسى -رضي الله عنه-**: وأخبرنا محمد، حدثني أحمد بن عيسى، عن حسين بن علوان، عن أبي خالد، عن زيد بن علي، عن آبائه، عن علي -عليهم السلام-، عن النبي -صلى الله عليه وآله وسلم-: «أن امرأة سألته هل يجزي امرأة أن تستنجي بغير الماء قال: لا إلا أن لا تجد(109) ....

(107) المنتخب للإمام الهادي -رضي الله عنه- طبعة دار الحكمة صـ(120).

(108) الأحكام في الحلال والحرام للإمام الهادي -رضي الله عنه- طبعة مكتبة أهل البيت (2/ 293).

(109) عن عائشة قالت: (غَسل المرأة قُبُلها من السنة)، أخرجه الدارقطني في الأفراد.

وعنها قالت: (مرن أزواجكن أن يستطيبوا بالماء فإني أستحييهم، فإن رسول الله -صلى الله عليه وآله =

الماء» انتهى(110).

[55] **المؤيد بالله في شرح التجريد**: والذي يدل على ذلك ما رواه زيد بن علي، عن آبائه، عن علي -عليهم السلام-، عن النبي -صلى الله عليه وآله وسلم-: «أن امرأة سألته هل يجزي المرأة أن تستنجي بشيء سوى الماء قال: لا، إلا أن لا تجد الماء». انتهى(111).

[56] **أمالي أحمد بن عيسى** -رضي الله عنه-: وأخبرنا محمد، قال: حدثنا أحمد بن عيسى، عن حسين، عن أبي خالد، عن زيد، عن آبائه، عن علي -عليهم السلام- قال: قال رسول الله -صلى الله عليه وآله وسلم-: «لا تستنجي المرأة

وسلم- كان يفعله)، أخرجه الترمذي.

وعن أبي أيوب وجابر بن عبدالله وأنس بن مالك أن هذه الآية لما نزلت {فيه رجال يحبون أن يتطهروا والله يحب المطهرين} قال رسول الله -صلى الله عليه وآله وسلم- «يا معشر الأنصار إن الله قد أثنى عليكم في الطهور، فما طهوركم؟» قالوا: نتوضأ للصلاة، ونغتسل للجنابة، ونستنجي بالماء، قال: «فهو ذاك فعليكموه» أخرجه ابن ماجه.

وأخرج نحوه الإمام أبو الفتح الديلمي -رضي الله عنه- في تفسيره البرهان، ورواه رزين والبزار في مسنده.

وعن أنس قال كان رسول الله -صلى الله عليه وآله وسلم- إذا خرج لحاجته تبعته أنا وغلام منا معنا إداوة من ماء -يعني يستنجي به-.

وفي رواية: (أن رسول الله -صلى الله عليه وآله وسلم- دخل حائطاً فتبعه غلام منا ومعه ميضاة فوضعها عند سدرة، فقضى رسول الله -صلى الله عليه وآله وسلم- حاجته فخرج علينا وقد استنجى بالماء)، أخرجه البخاري ومسلم.

وعن أبي هريرة أن النبي -صلى الله عليه وآله وسلم- قال: «جاءني جبريل فقال: يا محمد إذا توضأت فانتضح»، أخرجه الترمذي.

وعن عائشة قالت: قال رسول الله -صلى الله عليه وآله وسلم-: «عشر من الفطرة: قص الشارب، وإعفاء اللحية، والسواك، والاستنشاق بالماء، وقص الأظفار، وغسل البراجم، ونتف الإبط، وحلق العانة، وانتضاح الماء»، أخرجه مسلم وأبو داوود والترمذي والنسائي. تمت من حاشية على الأصل.

(110) أمالي أحمد بن عيسى، باب ما أمر به من الاستنجاء (1/ 23).
(111) شرح التجريد (1/ 116).

بشيء سوى الماء إلا أن لا تجد الماء» انتهى(112).

[57] **مجموع زيد بن علي** -رضي الله عنه-: حدثني زيد بن علي، عن أبيه، عن جده، عن علي -عليهم السلام- قال: قال رسول الله -صلى الله عليه وآله وسلم-: «لا تستنجي المرأة بشيء سوى الماء إلا أن لا تجد الماء». انتهى(113).

باب القول في الوضوء وفضله

[58] **أمالي أحمد بن عيسى** -رضي الله عنه-: قال أبو جعفر محمد بن منصور وجدت في كتابي، عن عيسى بن عبد الله، قال: حدثني أبي، عن أبيه، عن جده، عن علي -صلى الله عليه- قال: قال رسول الله -صلى الله عليه وآله وسلم-: «باب وثيق بينكم وبين الشيطان الطهور»(114) انتهى.

رجال هذا الإسناد سيأتي الكلام عليهم قريباً إن شاء الله.

[59] **أبو طالب** -عليه السلام- **في الأمالي**: وبه قال أخبرنا أبو أحمد علي بن الحسين بن علي الديباجي ببغداد، قال أخبرنا أبو الحسين علي بن عبد الرحمن بن عيسى بن ماتي، قال: حدثنا محمد بن منصور، قال: حدثنا عباد بن يعقوب، عن عمرو بن ثابت، عن عبد الله بن محمد بن عقيل، عن سعيد بن المسيب، عن أبي سعيد الخدري قال: قال رسول الله -صلى الله عليه وآله وسلم-: «ألا أدلكم على ما يكفر الله به الخطايا، ويزيد في الحسنات» قالوا: بلى يا رسول الله، قال: «إسباغ الوضوء على المكاره، وكثرة الخطا إلى [هذه] المساجد، وانتظار الصلاة بعد الصلاة، فما منكم من رجل يخرج من بيته متطهراً فيصلي في الجماعة مع المسلمين

---

(112) أمالي أحمد بن عيسى، باب ما أمر به من الاستنجاء (1/ 23).
(113) المجموع الحديثي والفقهي المسمى بمسند الإمام زيد بن علي طبعة مؤسسة الإمام زيد بن علي الثقافية صـ(69).
(114) أمالي أحمد بن عيسى، باب الطهور للصلاة وما يقال عنده (1/ 32).

ثم يجلس في مجلسه ينتظر الصلاة الأخرى إلا والملائكة تقول: [اللهم اغفر له]، اللهم ارحمه، فإذا قمتم إلى الصلاة فسووا صفوفكم، وسدوا الفُرَج، فإني أراكم من وراء ظهري، وإذا قال إمامكم: الله أكبر، فقولوا: الله أكبر، فإذا ركع فاركعوا، وإذا قال: سمع الله لمن حمده، فقولوا: ربنا لك الحمد، وخير صفوف الرجال المقدم، وشرها المؤخر، وخير صفوف النساء المؤخر، وشرها المقدم(115)، يا معشر النساء إذا سجد الرجال فاخفضن أبصاركن، ولا تَرَيْنَ

---

(115) عن علي -رضي الله عنه- أن رسول الله -صلى الله عليه وآله وسلم- قال: «إسباغ الوضوء في المكاره، وإعمال الأقدام إلى المساجد، وانتظار الصلاة بعد الصلاة، يغسل الخطايا غسلاً»، أخرجه أبو يعلى والبزار والطبراني بزيادة في أوله قوله: «ألا أدلكم على ما يكفر الله به الخطايا».

وعن أبي هريرة أن رسول الله -صلى الله عليه وآله وسلم- قال: «ألا أدلكم على ما يمحو الله به الخطايا، ويرفع به الدرجات؟»، قالوا: بلى يا رسول الله، قال: «إسباغ الوضوء على المكاره، وكثرة الخطا إلى المساجد، وانتظار الصلاة بعد الصلاة، فذلكم الرباط، فذلكم الرباط»، أخرجه مسلم والترمذي والنسائي والموطأ.

وعن علي -رضي الله عنه- قال: قال النبي -صلى الله عليه وآله وسلم-: «ألا أدلكم على ما يكفر الله به الذنوب والخطايا؛ إسباغ الوضوء على المكاره، وكثرة الخُطا إلى المساجد، وانتظار الصلاة بعد الصلاة، فذلك الرباط»، أخرجه أبو طالب -رضي الله عنه- في الأمالي.

وعن أبي هريرة عن النبي -صلى الله عليه وآله وسلم-: «الأبعد فالأبعد من المسجد أعظم أجراً عند الله»، أخرجه أبو داوود وابن ماجة.

وعن أبي سعيد الخدري أن رسول الله -صلى الله عليه وآله وسلم- قال: «لا يزال العبد في صلاة ما دام في مصلاه ينتظر الصلاة، تقول الملائكة: اللهم اغفر له، اللهم ارحمه، حتى ينصرف أو يحدث»، أخرجه أحمد.

وعن علي -رضي الله عنه- قال: قال رسول الله -صلى الله عليه وآله وسلم-: «إن العبد إذا جلس في مصلاه بعد الصلاة صلت عليه الملائكة، وصلاتهم عليه: اللهم اغفر له، وإن جلس ينتظر الصلاة صلت عليه وصلاتهم عليه: اللهم اغفر له، اللهم ارحمه»، أخرجه أحمد، وأخرجه أبو داوود عن أبي هريرة، وأخرجه البخاري ومسلم.

نعم: وأما الأمر في الحديث الشريف بتسوية الصفوف ومتابعة الإمام فسيأتي إن شاء الله تعالى تخريج ذلك في باب صلاة الجماعة.

وأما قوله خير الصفوف الرجال المقدم .....الخ: فعن أبي هريرة قال: قال رسول الله -صلى الله عليه وآله وسلم-: «خير صفوف الرجال أولها وشرها آخرها، وخير صفوف النساء آخرها وشرها أولها»، أخرجه مسلم والترمذي وأبو داوود. تمت من حاشية على الأصل.

عورات الرجال من ضيق الأزر». انتهى(116).

الرجال:

[ترجمة الديباجي، وابن ماتي، والرواجني]

أما علي بن الحسين الديباجي:

فقال في الجداول: علي بن الحسين بن علي البغدادي، أبو أحمد الوراق، المعروف بالديباجي، عن علي الجابري، وعنه محمد بن يزداذ. انتهى.

قلت: وعنه أبو طالب -عليه السلام- والذي يظهر أنه من رجال الشيعة رضي الله عنهم، وذلك لأن شيخه من رجال الشيعة وهو علي بن عبد الرحمن، وتلميذه إمام وهو أبو طالب -عليه السلام-، فيبعد أن يكون من النواصب. والله أعلم.

وأما علي بن عبد الرحمن:

فقال في الجداول: علي بن عبد الرحمن بن عيسى بن زيد بن ماتي -بفتح المثناة فوقية، وقيل بكسرها- أبو الحسين الكاتب مولى آل زيد بن علي البغدادي، عن محمد الأمالي سنة اثنين وخمسين ومائتين، وعن الحسن بن الحكم الحيري(117)، وعلي بن محمد المخزومي، وكان شيخاً معمراً، توفي سنة سبع وأربعين وثلاثمائة، وبه اتصلت طريق القاضي جعفر بالأمالي، وعداده في ثقات الشيعة، وأحد رجال الإكمال. انتهى.

وأما محمد بن منصور: فقد تقدم.

---

(116) تيسير المطالب في أمالي أبي طالب الباب السادس عشر في ذكر الصلاة ص(307).
(117) هكذا في الأصل، وهو تصحيف، والصحيح: الحسين بن الحكم الحبري.

وأما عباد بن يعقوب:

فقال في الجداول: عباد بن يعقوب الرَّوَاجِنِي، شيخ الشيعة، أبو سعيد.

عن الحسين بن زيد، وابن أبي يحيى، وشريك، وخلق.

وعنه محمد بن منصور، والبخاري، والترمذي، وابن ماجه، وخلق.

وثقه أبو حاتم، وقال الدارقطني والذهبي: صدوق.

وعداده في رجال الزيدية وأحد ثقات محدثي الشيعة، ولا التفات إلى ما قاله النواصب فيه(118)، توفي سنة ستين ومائتين، وما ورد عباد غير مضاف، وعنه محمد بن منصور فهو ابن يعقوب. انتهى.

[ترجمة عمرو بن ثابت، وعبد الله بن محمد، وسعيد بن المسيب]

وأما عمرو بن ثابت:

فقال في الجداول: عمرو بن ثابت بن هرمز، أبو المقدام، البكري الوايلي الكوفي، عن أبيه، عن علي بن الحسين، وعن أبي إسحاق، وسلمة بن كهيل، والأعمش.

وعنه سويد بن سعيد، وعلي بن حكيم، وعباد بن يعقوب، وجماعة.

روى معاوية بن صالح، عن يحيى: أنه كان لا يكذب في حديثه.

وقال أبو داود: ليس تشبه أحاديثه الشيعة، قال الذهبي: يعني مستقيمة.

توفي سنة اثنتين وسبعين ومائة، عداده في ثقات محدثي الشيعة، وقد نالوا منه لذلك، وقد يلبس بعُمَر بن ثابت الأنصاري –بالضم– وهو ناصبي، وهذا

---

(118) قال في هدي الساري (579): عَبَّاد بن يعقوب الرَّواجِنِي الكوفيُّ، أبو سعيد، رافضي مشهور إلاّ أنّه كان صدوقاً، وثّقه أبو حاتم. وقال الحاكم: كان ابن خزيمة إذا حدَّث عنه يقول: حدثنا الثقة في روايته، المتهم في رأيه عبَّاد بن يعقوب. وقال ابن حبان: كان رافضيّاً داعية. وقال صالح بن محمد: كان يشتم عثمان (رض) انتهى المراد.

بالفتح وهو شيعي .انتهى.

وأما عبد الله بن محمد بن عقيل:

فقال في الجداول: عبد الله بن محمد بن عقيل بن أبي طالب، عن عمر، وجابر، وأنس، وأبي الطفيل، وزين العابدين، وخلق.

وعنه السفيانان، والحسن بن صالح، وقيس بن الربيع، وخلق.

قال الحاكم: كان أحمد وإسحاق يحتجان بحديثه.

وقال ابن عدي: روى عنه جماعة من الثقات المعروفين يكتب حديثه.

وقال الترمذي: صدوق.

وقال ابن عبد البر: هو شريف عالم لا يطعن عليه إلا متحامل، وهو أقوى من كل من ضعفه. توفي بعد الأربعين والمائة. انتهى.

قلت: وسبب تضعيفه التشيع. والله أعلم.

وذكر السيد العلامة المهدي بن الهادي اليوسفي المشهور بمهدي النوعة(119): أن عبد الله بن محمد بن عقيل من عيون الشيعة وثقاتهم ذكره في الإقبال.

وأما سعيد بن المسيَّب -أو المسيِّب- بهما:

فقال في الجداول: سعيد بن المسيب بن حزن بن أبي وهب، أبو محمد القرشي،

---

(119) المهدي بن الهادي بن علي بن أحمد بن محمد بن علي بن سليمان بن أحمد بن السيد العالم الزاهد إسحاق بن الإمام الداعي إلى الله يوسف بن الإمام المنصور بالله يحيى بن الإمام الناصر أحمد بن الإمام الهادي إلى الحق يحيى بن الحسين -عليهم السلام-.

السيد الفخيم، والعلامة الرائس المبجل المحترم، الشهير بصاحب النوعة، قد كان دعا للإمامة لما رأى الاختلاط من عمال المتوكل، جمع خزانة من الكتب عظيمة، وبسطة يده في الأموال في اليمن الأسفلوالشام، وعمر في بيوت الله العمائر الحسنة، له القدم الراسخة في العلم والبذل.

له من المؤلفات (الإقبال تاج أرباب الكمال) من عرفه حكم بجودة فهمه، وطول باعه في العلوم، توفي سنة اثنين وسبعين وألف، وقبره بساقين شرقي مسجد الداعي، مشهور مزور.

المخزومي، عن علي، وأبي سعيد، وجابر، وابن عباس، وأبي هريرة، وخلق من الصحابة والتابعين.

وعنه ابن جدعان، وابن المنكدر، والزهري، وعبد الله بن محمد بن عقيل، وخلق.

مجمع على جلالته، توفي سنة أربع وتسعين، احتج به الجماعة . انتهى.

وأما أبو سعيد الخدري:

فقال في الجداول: أبو سعيد الخدري، من فضلاء الصحابة والمكثرين، محالفاً للصبر، غزا مع رسول الله -صلى الله عليه وآله وسلم- اثني عشر غزوة أولها الخندق واستصغر يوم بدر، ولم يكن أفقه منه، وشهد مع علي حرب الخوارج، وروى حديثاً فيهم، روى عنه العطاء، وخلق. انتهى.

[60] **أمالي أحمد بن عيسى -رضي الله عنه-:** وبه، قال: حدثنا محمد بن منصور، قال: حدثنا عباد بن يعقوب ، عن عمرو بن ثابت، عن عبد الله بن محمد بن عقيل، عن سعيد بن المسيب، عن أبي سعيد الخدري قال: قال رسول الله -صلى الله عليه وآله وسلم-: «ألا أدلكم على ما يكفر الله به الخطايا، ويزيد [به] في الحسنات» قالوا: بلى يا رسول الله، قال: «إسباغ الوضوء على المكاره، وكثرة الخطا إلى [هذه] المساجد، وانتظار الصلاة بعد الصلاة، فما منكم من رجل يخرج من بيته متطهراً فيصلي في الجماعة مع المسلمين ثم يجلس ينتظر الصلاة الأخرى إلا أن الملائكة تقول: اللهم اغفر له اللهم ارحمه، فإذا قمتم إلى الصلاة فسووا صفوفكم، وأقيموها، وسُدوا الفُرَجَ، فإني أراكم من وراء ظهري، فإذا قال إمامكم: الله أكبر فقولوا: الله أكبر، فإذا ركع فاركعوا، وإذا قال سمع الله لمن حمده فقولوا: ربنا لك الحمد، وخير صفوف الرجال المقدم وشرها المؤخر، وخير صفوف النساء المؤخر وشرها المقدم، يا معشر النساء إذا سجد الرجال فاخفضن أبصاركن لا ترين عورات الرجال من ضيق الأزر»[120]. انتهى.

---

(120) أمالي أحمد بن عيسى، باب من أبواب الصلاة (1/ 190).

رجال هذا الإسناد قد تقدم الكلام عليهم جميعاً.

[61] **الإمام الناصر -عليه السلام- في البساط:** وحدثني أخي الحسين بن علي ومحمد بن منصور المرادي، قال: حدثنا علي بن الحسن -يعنيان أبي -عليه السلام-، عن علي بن جعفر، عن أخيه موسى بن جعفر، عن أبيه جعفر بن محمد، قال: قال رسول الله -صلى الله عليه وآله وسلم-: «من أسبغ وضوءه، وأحسن صلاته، وأدى زكاة ماله، وخزن لسانه، وكف غضبه، وأدى النصيحة لهل بيت نبيه -صلى الله عليه وآله وسلم- فقد استكمل حقائق الإيمان وأبواب الجنة مفتحة له».انتهى(121).

[62] **المؤيد بالله -عليه السلام- في الأمالي:** أخبرنا السيد أبو الحسين الهاروني قال: أخبرنا أبو عبدالله محمد بن عثمان النقاش، قال أخبرنا الناصر للحق الحسن بن علي -عليه السلام- عن محمد بن منصور، عن علي بن الحسن الحسيني، عن علي بن جعفر، عن أخيه موسى بن جعفر، عن أبيه جعفر بن محمد قال: قال رسول الله -صلى الله عليه وآله وسلم-: «من أسبغ وضوءه، وأحسن صلاته، وأدى زكاة ماله، وخزن لسانه، وكف غضبه، وأدى النصيحة لهل بيت رسول الله -صلى الله عليه وآله وسلم- فقد استكمل حقائق الإيمان وأبواب الجنة(122)

---

(121) البساط للإمام الناصر الأطروش صـ(72).

(122) أخرجه ابن المغازلي في المناقب فقال: أخبرنا أبو الحسن أحمد بن المظفر بن أحمد العطار،، قال: حدثنا أبو محمد عبدالله بن محمد بن عثمان الملقب بابن السقاء الحافظ، قال أخبرنا محمد بن محمد بن الأشعث، قال حدثني موسى بن إسماعيل، قال حدثني أبي، عن أبيه، عن جده جعفر بن محمد، عن أبيه، عن جده علي بن الحسين، عن أبيه، عن جده علي علي -عليهم السلام- قال: قال رسول الله -صلى الله عليه وآله وسلم-: « من أسبغ وضوءه، وأحسن صلاته، وأدى زكاة ماله، وكف غضبه، وسجن لسانه، وبذل معروفه، واستغفر لذنبه، وأدى النصيحة لأهل بيتي؛ فقد استكمل حقائق الإيمان، وأبواب الجنة له مفتحة» انتهى.

وأخرجه في مستدرك وسائل الشيعة للميرزا حسين النوري من الإمامية في الجزء الأول فقال: (الجعفريات): أخبرنا محمد، حدثني موسى، حدثنا أبي، عن أبيه، عن جده جعفر بن محمد، عن أبيه، عن جده علي بن الحسين، عن أبيه، عن جده علي -عليهم السلام- قال: قال رسول الله - =

مفتحة له». انتهى[123].

الرجال: قد تقدم الكلام على رجال هذا الإسناد والذي قبله، إلا الحسين بن علي فسيأتي الكلام عليه.

[ترجمة علي بن الحسن والد الناصر الأطروش]

وأما والده هو والناصر -عليه السلام-: فقال في الجداول:

علي بن الحسن بن عمر بن علي بن الحسين بن علي بن أبي طالب، أبو الحسن العسكري، عن أبيه، وأبي هاشم المحمدي، وعلي بن جعفر، وغيرهم.

وعنه أولاده الناصر والحسين، ومحمد بن منصور، وأحمد بن محمد بن جعفر العلوي، كان إماماً حافظاً، أحد مشائخ أئمة أهل البيت، توفي قريباً من الخمسين والمائتين. انتهى.

خرج له المؤيد بالله، والمنصور بالله، وأبو طالب، والمرشد بالله، ومحمد بن منصور، والناصر -عليه السلام-.

صلى الله عليه وآله وسلم-: «من أسبغ وضوءه، وأحسن صلاته، وأدى زكاة ماله، وكف غضبه، وسجن لسانه، واستغفر لذنبه، وأدى النصيحة لأهل بيت نبيه فقد استكمل حقائق الإيمان وأبواب الجنة مفتحة له».

قوله: (الجعفريات) هو كتاب فيه قدر ألف حديث، رواه محمد بن محمد بن الأشعث، عن موسى بن إسماعيل، عن آبائه، وقد ذكر ابن عدي في ترجمة محمد بن محمد بن الأشعث، ومحمد في أول الإسناد وهو محمد بن محمد بن الأشعث -رحمه الله- وقد ذكرنا ترجمته في الصحيح.

وأخرج الحديث أيضاً الصدوق أحد رجال الإمامية في ثواب الأعمال ص50 فقال: أبي -رحمه الله-، قال حدثني محمد بن يحيى العطار، قال حدثني العمركي النوفكي، عن علي بن جعفر، عن أخيه موسى بن جعفر، عن أبيه جعفر بن محمد عليهما السلام قال: قال رسول الله -صلى الله عليه وآله وسلم-: «من أسبغ وضوءه وأحسن صلاته وأدى زكاة ماله وكف غضبه وسجن لسانه واستغفر لذنبه وأدى النصيحة لأهل بيت نبيه -صلى الله عليه وآله وسلم- فقد استكمل حقائق الإيمان وأبواب الجنة مفتحة له» تمت مؤلف من حاشية على الأصل.

(123) الأمالي الصغرى الحديث التاسع عشر صـ(103).

[ترجمة علي بن جعفر الصادق]

وأما علي بن جعفر:

فقال في الجداول أيضاً: علي بن جعفر بن محمد بن علي بن الحسين بن علي بن أبي طالب.

عن أخيه موسى بن جعفر، والحسين بن زيد بن علي، وعمر بن أحمد.

وعنه موسى بن سلمة، وعلي بن حمزة، ونصر بن علي، وغيرهم.

قال ابن عنبة: كان عالماً كبيراً، وخرج مع أخيه محمد بمكة ثم رجع وكان يرى رأي الإمامية. قلت: هو أتقى من ذلك إن شاء الله، توفي سنة ستة عشر ومائتين، احتج به الترمذي. انتهى.

[63] أمالي أحمد بن عيسى -رضي الله عنه-: حدثني محمد حدثني أبو الطاهر، قال: حدثني أبي، عن أبيه، عن جده، عن أبيه، عن علي -عليهم السلام- قال: قال رسول الله -صلى الله عليه وآله وسلم-: «تأتي أمتي يوم القيامة غراً محجلين من أثر الوضوء». انتهى (124).

الرجال:

[ترجمة أبي الطاهر العلوي، وآبائه]

أما أبو الطاهر العلوي:

فقال في الجداول: أحمد بن عيسى بن عبد الله بن محمد بن عمر بن علي بن أبي طالب، أبو الطاهر، عن أبيه، عن آبائه، والنفس الزكية، والحسين بن زيد، وابن فديك، وغيرهم.

---

(124) أمالي أحمد بن عيسى، باب الطهور للصلاة وما يقال عنده (1/ 32).

وعنه الحسن بن يحيى، ومحمد بن منصور، وأحمد بن يحيى بن المنذر، وحسن بن عبد الواحد، وغيرهم.

وقد تكلم فيه النواصب كعادتهم في وصم أهل هذا البيت وشيعتم، ولا ضير فإن العدو لا يألوا في عدوه. انتهى.

وأما والده عيسى بن عبد الله:

فقال في الجداول: عيسى بن عبد الله بن محمد بن عمر بن علي بن أبي طالب، أبو أحمد، ويسمى المبارك، عن آبائه، وعنه ولده أحمد بن عيسى، وعباد بن يعقوب، وحسن بن حسين الأنصاري، وإبراهيم بن محمد بن ميمون، وغيرهم.

وكان سيداً شريفاً، عالماً نسابة، معدوداً في كبراء الأئمة وفضلائهم، ولا التفات إلى ما قالت النواصب فيه، فقد تكلموا فيمن هو أعظم منه. انتهى.

وأما والده عبد الله بن محمد:

فقال في الجداول: عبد الله بن محمد بن عمر بن علي بن أبي طالب، أبو محمد.

عن أبيه، وزيد بن علي، والباقر.

وعنه ابنه عيسى، وابن المبارك، وأبو أسامة، وغيرهم.

قال بعضهم: صالح الحديث ثقة، ووثقه ابن حبان.

قلت: هو من الأماثل الثقات، العلماء الأشراف، لا يتكلم فيه إلا ناصبي، قال مولانا: هو ممن وثقه المؤيد بالله، توفي في أيام المنصور، احتج به أبو داود والنسائي. انتهى.

وأما والده:

فقال في الجداول: محمد بن عمر بن علي بن أبي طالب، أبو عبد الله المدني، أحد الأشراف، عن أبيه، وابن الحنفية، وعلي بن الحسين، وعبد الله بن أبي رافع.

وعنه بنوه عبيد الله وعبدالله وعمر، وابن جريج، والثوري، ويحيى بن أيوب، وأبو خالد عمرو بن خالد، وجماعة.

وثقه ابن حبان في الميزان، ما علمت به بأساً ولا رأيت لهم فيه كلاماً، وقال ابن القطان: حديثه حسن، قال مولانا: وثقه المؤيد بالله، توفي في عشر الخمسين والمائة احتج به الأربعة. انتهى.

وأما والده عمر بن علي بن أبي طالب:

فقال في الجداول: عمر بن علي بن أبي طالب الأكبر.

عن أبيه، وعنه بنوه محمد وعبد الله وغيرهما.

كان ذا سن وفضل، وجود وعفة، وتخلف عن الحسين، وثقه المؤيد بالله، ذكره في الإفادة، وثقه العجلي، وليس بصحيح أنه قتل مع مصعب، وقد قيل: إنه عمر الأصغر، والله أعلم بصحة ذلك، توفي في ينبع سنة سبع وسبعين وقيل: خمس، احتج به الأربعة. انتهى.

[64] **أمالي أحمد بن عيسى** -رضي الله عنه-: وحدثنا محمد، حدثني أبو الطاهر، قال: حدثني أبي، عن أبيه، عن جده، عن أبيه، عن علي -عليهم السلام- قال: قال رسول الله -صلى الله عليه وآله وسلم-: «لما أسري بي إلى السماء قيل لي: فيم يختصم الملأ الأعلى؟، قلت: لا أدري فعلمني، قال: في إسباغ الوضوء في السبرات، ونقل الأقدام إلى الجماعات، وانتظار الصلاة بعد(125)

---

(125) عن ابن عباس أن رسول الله -صلى الله عليه وآله وسلم- قال: «أتاني ربي فقال يا محمد هل تدري فيما يختصم الملأ الأعلى؟ فقلت: نعم، يختصمون في الكفارات والدرجات، قال: وما الكفارات؟ قلت: المكث في المساجد بعد الصلوات، والمشي على الأقدام إلى الجماعات، وإبلاغ الوضوء في المكاره، ومن فعل ذلك عاش بخير ومات بخير، وكان من خطيئته كيوم ولدته أمه»، هذا من جملة حديث أخرجه أحمد في المسند، وعبدالرزاق، وعبد بن حميد، والترمذي، عن ابن عباس. والترمذي والطبراني في الكبير وابن مردويه عن معاذ.
=

الصلاة». انتهى(126).

[65] **مجموع زيد بن علي -رضي الله عنه-**: حدثني زيد بن علي، عن أبيه، عن جده، عن علي -عليهم السلام- قال: (أفضل الأعمال إسباغ الوضوء في السبرات ونقل الأقدام إلى الجماعات وانتظار الصلاة بعد الصلاة). انتهى(127).

[66] **أبو طالب -عليه السلام- في الأمالي**: وبه، قال: حدثنا أبو العباس أحمد بن إبراهيم الحسني -رحمه الله-، قال: حدثنا أبو زيد عيسى بن محمد العلوي -رحمه الله-قال: حدثنا محمد بن منصور المرادي، قال: حدثنا أحمد بن عيسى بن زيد بن علي، عن الحسين بن علوان، عن أبي خالد الواسطي، عن زيد بن علي، عن آبائه، عن علي -صلوات الله عليهم- قال: قال رسول الله -صلى الله عليه وآله وسلم-: «أعطيت ما لم يعط أحد من الأنبياء قبلي؛ جعلت لي الأرض مسجداً وطهوراً؛ وذلك قوله -عز وجل -: ﴿**فَلَمْ تَجِدُوا۟ مَآءً فَتَيَمَّمُوا۟ صَعِيدًا طَيِّبًا**﴾[النساء:43]، وأُحل لي المغنم ولم يُحلّ للأنبياء قبلي؛ وذلك قوله عز وجل: ﴿**وَٱعْلَمُوٓا۟ أَنَّمَا غَنِمْتُم مِّن شَىْءٍ فَأَنَّ لِلَّهِ خُمُسَهُۥ وَلِلرَّسُولِ**﴾[الأنفال:41]، ونصرت بالرعب على مسيرة شهر.

وابن مردويه، عن أبي أمامة.
وابن مردويه والطبراني في الكبير عن أبي رافع.
والطبراني في الكبير وابن مردويه عن طارق بن شهاب.
والطبراني في السنة وابن مردويه عن أبي هريرة.
والطبراني في الكبير والسنة وابن مردويه عن أنس.
والطبراني في الكبير والخطيب عن أبي عبيدة بن الجراح.
والحكيم والطبراني عن عبدالرحمن بن عابس.
وأحمد في المسند عنه، وعن بعض الصحابة.
والحكيم والبزار والطبراني في السنة عن ثوبان. تمت من حاشية على الأصل.

(126) أمالي أحمد بن عيسى، باب إسباغ الوضوء وفضله على المكاره (1/ 34).

(127) المجموع الحديثي والفقهي المسمى بمسند الإمام زيد بن علي طبعة مؤسسة الإمام زيد بن علي الثقافية صـــ(91).

وفضلت على الأنبياء بثلاث: تأتي أمتي يوم القيامة غراً محجلين معروفين من بين الأمم، ويأتي المؤذنون يوم القيامة أطول الناس أعناقاً؛ ينادون بشهادة أن لا إله إلا الله وأني رسول الله، والثالثة: ليس من نبي إلا وهو يحاسب يوم القيامة بذنب غيري؛ لقوله تعالى: ﴿لِيَغْفِرَ لَكَ ٱللَّهُ مَا تَقَدَّمَ مِن ذَنۢبِكَ وَمَا تَأَخَّرَ﴾(128)

---

(128) عن علي -رضي الله عنه-، قال: قال رسول الله -صلى الله عليه وآله وسلم- : « أعطيت خمساً لم يعطهن أحد قبلي: أرسلت إلى الأبيض والأسود والأحمر، وجعلت لي الأرض مسجداً وطهوراً، ونصرت بالرعب مسيرة شهر، وأحلت لي الغنائم، ولم تحل لأحد قبلي، وأعطيت جوامع الكلم » ذكره في جمع الجوامع للسيوطي، وعزاه إلى العسكري في الأمثال.

وعن علي -رضي الله عنه- قال: قال رسول الله -صلى الله عليه وآله وسلم-: « أعطيت ما لم يعط أحد من الأنبياء: نصرت بالرعب، وأعطيت مفاتيح الأرض، وسميت أحمد، وجُعل الترابُ لي طهوراً، وجعلت أمتي خير الأمم»، أخرجه أحمد في المسند، والبيهقي في الدلائل.

وعن ابن عمر قال: قال رسول الله -صلى الله عليه وآله وسلم-: «أعطيت خمساً لم يعطهن نبي قبلي: بعثت إلى الناس كافة، الأحمر والأسود، ونصرت بالرعب يرعب مني عدوي على مسيرة شهر، وأطعمت المغنم، وجعلت لي الأرض مسجداً وطهوراً، وأعطيت الشفاعة، فأخرتها لأمتي يوم القيامة»، أخرجه البزار، والطبراني وزاد «وكان كل نبي يبعث إلى قريبه».

وفي جمع الجوامع نحوه، ونسبه إلى أحمد في المسند، والحكيم، من حديث ابن عباس، ونحوه عن جابر، أخرجه في الصحيحين، ونحوه عن أبي هريرة عند مسلم.

نعم؛ وللثلاث الأخر شواهد معنوية، وعن جابر قال: قيل يا رسول الله: كيف تعرف من لم تر من أمتك ؟ قال: «غراً -أحسبه قال:- محجلين من آثار الوضوء» أخرجه البزار، وأخرج نحوه أحمد والطبراني في الكبير، عن أبي أمامة.

وعنه -صلى الله عليه وآله وسلم- أنه قال: «أنتم الغر المحجلون يوم القيامة من إسباغ الوضوء، فمن استطاع منكم أن يطيل غرته فليفعل»، أخرجه مسلم.

وعن أبي هريرة أن النبي -صلى الله عليه وآله وسلم- قال: «المؤذنون أطول الناس أعناقاً يوم القيامة»، أخرجه أبو الشيخ في الأذان.

وأخرج نحوه أحمد عن أنس، وعن عائشة: أن نبي الله -صلى الله عليه وآله وسلم-: (كان يقوم من الليل حتى تتفطر قدماه، فقالت عائشة : لِمَ تصنع هذا يا رسول الله وقد غفر الله لك ما تقدم من ذنبك وما تأخر ؟!.

قال: « أفلا أكون عبداً شكوراً»، فلما كثر لحمه صلى جالساً، فإذا أراد أن يركع قام فقرأ ثم ركع)، أخرجه البخاري.

وبمعناه أحاديث عن أنس، وابن مسعود، وأبي هريرة، والنعمان بن بشير، وأبي جحيفة، ذكر ذلك السياغي -رحمه الله- في الروض. تمت من حاشية على الأصل.

[الفتح:2] »انتهى[129].

الرجال:

أما أبو العباس:

فقال في الجداول: أحمد بن إبراهيم أبو العباس الحسني.

قال المنصور بالله: الفقيه المناظر، المحيط بألفاظ العترة أجمع، غير مُدَافَعٍ ولا مُنَازَع، كان في محل الإمامة، ومنزل الزعامة.

وقال الحاكم: كان عالماً فاضلاً جامعاً بين علم الكلام وفقه الزيدية.

عن أبيه، وشيخ الزيدية عبد العزيز بن إسحاق، وشيخ العلوية عيسى بن محمد الحسيني.

وعنه المؤيد بالله وأبو طالب والمرشد بالله وغيرهم من أئمتنا، توفي في سنة اثنين وخمسين وثلاثمائة -رحمه الله-.انتهى.

وأما عيسى بن محمد العلوي:

فقال في الجداول: عيسى بن محمد بن أحمد بن عيسى بن يحيى بن الحسين بن زيد بن علي بن الحسين بن علي بن أبي طالب، عن محمد بن منصور حديث الأئمة القدماء، وعن الحسين بن الحكم الحبري، والحسين بن القاسم وغيرهما.

وعنه أبو العباس الحسني سمع منه حديث القدماء، وكان من أكابر العلماء الزيدية، وأحد مشائخهم في وقته، وكان متكلماً، توفي سنة ست وعشرين وثلاثمائة. انتهى.

وبقية رجال الإسناد قد تقدموا جميعاً.

---

(129) تيسير المطالب الباب الثاني صـ(74).

[67] **أمالي أحمد بن عيسى -رضي الله عنه-**: حدثنا محمد، حدثنا أحمد بن عيسى، عن حسين بن علوان، عن أبي خالد، عن زيد، عن آبائه، عن علي - صلى الله عليه -، قال: قال رسول الله -صلى الله عليه وآله وسلم-: «أعطيت ثلاث لم يعطهن نبي قبلي؛ جعلت لي الأرض مسجداً وطهوراً؛ قال الله -تعالى-: ﴿فَلَمْ تَجِدُواْ مَآءً فَتَيَمَّمُواْ صَعِيدًا طَيِّبًا﴾[النساء:43]، وأحل لي المغنم ولم يحل لأحد قبلي؛ قوله -تعالى-: ﴿۞ وَٱعْلَمُوٓاْ أَنَّمَا غَنِمْتُم مِّن شَيْءٍ فَأَنَّ لِلَّهِ خُمُسَهُۥ وَلِلرَّسُولِ﴾ [الأنفال:41]، ونصرت بالرعب على مسيرة شهر، وفضلت على الأنبياء يوم القيامة بثلاث: تأتي أمتي يوم القيامة منزلتها منزلة الأنبياء، غراً محجلين معروفين من بين الأمم، ويأتي المؤذنون يوم القيامة أطول الناس أعناقاً، معروفين من بين الأمم؛ ينادون بشهادة أن لا إله إلا الله، وأن محمداً عبده ورسوله، والثالثة: أنه ما من نبي إلا وهو يحاسب يوم القيامة بذنب غيري؛ لقوله -تعالى-: ﴿لِّيَغْفِرَ لَكَ ٱللَّهُ مَا تَقَدَّمَ مِن ذَنۢبِكَ وَمَا تَأَخَّرَ﴾ [الفتح:2]» انتهى(130).

[68] **مجموع زيد بن علي -رضي الله عنه-**: حدثني زيد بن علي، عن أبيه، عن جده، عن علي -عليهم السلام- قال: قال رسول الله -صلى الله عليه وآله وسلم-: «أعطيت ثلاثاً لم يعطهن نبي قبلي: جعلت لي الأرض مسجداً وطهوراً؛ قال الله -عز وجل-: ﴿فَلَمْ تَجِدُواْ مَآءً فَتَيَمَّمُواْ صَعِيدًا طَيِّبًا﴾[النساء:43]، وأحل لي المغنم ولم يحل لأحد قبلي؛ قوله -تعالى-: ﴿۞ وَٱعْلَمُوٓاْ أَنَّمَا غَنِمْتُم مِّن شَيْءٍ فَأَنَّ لِلَّهِ خُمُسَهُۥ وَلِلرَّسُولِ وَلِذِي ٱلْقُرْبَىٰ﴾[الأنفال:41] الآية، ونصرت بالرعب على مسيرة شهر، وفضلت على الأنبياء -عليهم السلام- يوم القيامة بثلاث: تأتي أمتي يوم القيامة غراً محجلين من آثار الوضوء، معروفين من بين الأمم، ويأتي المؤذنون يوم القيامة أطول الناس أعناقاً، ينادون بشهادة أن لا إله إلا الله، وأن محمداً عبده ورسوله، والثالثة: ليس من نبي إلا وهو يحاسب يوم القيامة بذنب

---

(130) أمالي أحمد بن عيسى، باب الطهور للصلاة وما يقال عنده (1/ 32).

غيري؛ لقوله -تعالى-: ﴿لِيَغْفِرَ لَكَ ٱللَّهُ مَا تَقَدَّمَ مِن ذَنۢبِكَ وَمَا تَأَخَّرَ﴾» انتهى[131].

[69] **أمالي أحمد بن عيسى -رضي الله عنه-**: وحدثنا محمد حدثني أحمد بن عيسى، عن حسين، عن أبي خالد، عن زيد، عن آبائه، عن علي -عليهم السلام- قال: قال رسول الله -صلى الله عليه وآله وسلم-: «ما من امرئ مسلم قام في جوف الليل إلى سواكه فاستن به، ثم تطهر فأسبغ الوضوء، ثم قام إلى بيت من بيوت الله عز وجل إلا أتاه ملك فوضع فاه على فيه فلا يخرج من جوفه شيء إلا دخل في جوف الملك حتى يجيء به يوم القيامة شهيداً[132] شفيعاً» انتهى[133].

[70] **مجموع زيد بن علي -رضي الله عنه-**: حدثني زيد، عن أبيه، عن جده، عن علي -عليهم السلام- قال: قال رسول الله -صلى الله عليه وآله وسلم-: «ما من امرء مسلم قام في جوف الليل إلى سواكه فاستن به ثم تطهر للصلاة فأسبغ الوضوء ثم قام إلى بيت من بيوت الله عز وجل إلا أتاه ملك فوضع فاه على فيه فلا يخرج من جوفه شيء إلا دخل جوف الملك حتى يجيء به يوم القيامة شهيداً شفيعاً» انتهى[134].

---

(131) المجموع الحديثي والفقهي المسمى بمسند الإمام زيد بن علي طبعة مؤسسة الإمام زيد بن علي الثقافية صـ(71).

(132) عن علي قال: (أُمرنا بالسواك) وقال: «إن العبد إذا قام يصلي أتاه الملك فقام خلفه يستمع القرآن ويدنو، فلا يزال يستمع ويدنو حتى يضع فاه على فيه، فلا يقرأ آية إلا كانت في جوف الملك»، أخرجه البيهقي في سننه، وأخرج نحوه ابن المبارك، عن علي -رضي الله عنه- حكاه السيوطي في جمع الجوامع، وأخرجه البزار، قال السياغي: ورواه أبو نعيم، وفيه: «فطيبوا أفواهكم للقرآن».

وعن حذيفة قال: «كان رسول الله -صلى الله عليه وآله وسلم- إذا قام من الليل يشوص فاه بالسواك»، أخرجه الشيخان. تمت من حاشية على الأصل.

(133) أمالي أحمد بن عيسى، باب من أبواب الصلاة (1/ 21).

(134) المجموع الحديثي والفقهي المسمى بمسند الإمام زيد بن علي طبعة مؤسسة الإمام زيد بن علي الثقافية صـ(70).

[71] الهادي -عليه السلام- في الأحكام: وفي إسباغ الوضوء ما بلغنا عن النبي -صلى الله عليه وآله وسلم- أنه قال: «ما من امرئ مؤمن يتوضأ فيحسن وضوءه ثم يصلي إلا غفر الله له ما بينه وبين الصلاة الأخرى حتى يصليها».

وفي إسباغ الوضوء: ما بلغنا عن رسول الله -صلى الله عليه وآله وسلم- أنه قال: «ألا أخبركم بما يمحو الله به الخطايا، ويرفع به الدرجات: إسباغ الوضوء على المكاره، وكثرة الخطا إلى المساجد، وانتظار الصلاة بعد الصلاة، فذلكم الرباط، فذلكم الرباط». انتهى(135).

باب القول في صفة الوضوء وحدوده

[72] أمالي أحمد بن عيسى -رضي الله عنه-: وحدثنا محمد، حدثنا أحمد بن عيسى، عن حسين، عن أبي خالد، عن زيد بن علي، عن آبائه، عن علي -عليهم السلام- قال: جلستُ أتوضأ وأقبل النبي -صلى الله عليه وآله وسلم- حين ابتدأتُ في الوضوء، فقال: «تمضمض واستنشق واستنثر» ثم غسلت وجهي ثلاثاً، فقال: «قد يجزيك من ذلك مرتان»، وغسلت ذراعي ومسحت برأسي مرتين فقال: «قد يجزيك من ذلك المرة»، وغسلت قدمي فقال: «يا علي خلل الأصابع قبل أن تخلل»(136) ....

---

(135) الأحكام في الحلال والحرام للإمام الهادي -رضي الله عنه- طبعة مكتبة أهل البيت (1/ 41،42).

(136) وعن ابن عباس قال: قال رسول الله -صلى الله عليه وآله وسلم-: «تمضمضوا واستنشقوا، والأذنان من الرأس»، أخرجه أبو نعيم في الحلية، والمؤيد بالله في شرح التجريد، عن سليمان بن موسى مرفوعاً.
وعن ابن عباس قال: قال رسول الله -صلى الله عليه وآله وسلم-: «استنثروا -مرتين أو ثلاثاً-»، أخرجه أبو داوود، وابن ماجه، والحاكم.
وعن لقيط بن صبرة قال: قال رسول الله -صلى الله عليه وآله وسلم-: «إذا توضأت فأبلغ في الاستنشاق، إلا أن تكون صائماً»، أخرجه المؤيد بالله في شرح التجريد، وأخرجه أبو داوود والترمذي والنسائي بزيادة: «وخلل بين الأصابع».
=

بالنار». انتهى[137].

[73] **المؤيد بالله -عليه السلام- في شرح التجريد:** ويدل على ذلك ما أخبرنا به أبو العباس أحمد بن إبراهيم الحسني -رضي الله عنه-، قال: أخبرنا أبو زيد عيسى

وعن جابر قال: (توضأ رسول الله -صلى الله عليه وآله وسلم- مرة مرة، ومرتين مرتين، وثلاثاً ثلاثاً)، أخرجه المؤيد بالله في شرح التجريد.

وأخرج المؤيد بالله عن علي -رضي الله عنه- وعثمان أنهما توضيا ثلاثاً ثلاثاً، وقالا: (هكذا كان يتوضأ رسول الله -صلى الله عليه وآله وسلم-).

وعن عبد خير عن علي -رضي الله عنه- أنه أُتي بركوة في طشت، فأكفأ الركوة على يده فغسلها ثلاثاً، ثم تمضمض واستنشق من كف واحدة ثلاثاً، وغسل وجهه ثلاثاً، وذراعيه ثلاثاً، ثم أدخل يده في الإناء، فمسح رأسه، وغسل رجليه ثلاثاً، ثم قال: هذا وضوء نبيكم -صلى الله عليه وآله وسلم- فاعملوا به.

أخرجه محمد بن منصور في أمالي أحمد بن عيسى، والمؤيد بالله في شرح التجريد.

وأخرج نحوه عن عبد خير عن علي -رضي الله عنه- أبو داوود، والنسائي، وابن حبان، وابن ماجة، والبزار، وأبو داوود الطياسي في مسنده، وأحمد في مسنده، وابن منيع، والدارمي، وابن خزيمة، وأبو يعلى الموصلي، وابن الجارود، والدارقطني في سننه، والضيا في المختارة، وعبدالرزاق، وأبو بكر بن أبي شيبة.

وأخرج نحوه الطحاوي، والترمذي، وأبو داوود، والبزار، وعبدالرزاق، عن أبي خير، عن علي -رضي الله عنه-.

وأخرج نحوه عن الحسن بن علي عن علي -رضي الله عنه- النسائي في المجتبى، والمزني في الأطراف، والطبراني في الكبير، والطحاوي، وابن جرير وسعيد بن منصور وعن جابر قال: قال رسول الله -صلى الله عليه وآله وسلم-: «ويل للعراقيب من النار»، أخرجه المؤيد بالله في شرح التجريد، وأبو طالب.

وعن ابن عباس أن رسول الله -صلى الله عليه وآله وسلم- قال لرجل من ثقيف: « إذا توضأت فخلل أصابع يديك ورجليك بالماء»، أخرجه محمد بن منصور في الأمالي.

وعن أنس أن رسول الله -صلى الله عليه وآله وسلم- خلل لحيته وقال: «بهذا أمرني ربي»، أخرجه المؤيد بالله في شرح التجريد.

وأخرج أيضاً عن أنس أن النبي -صلى الله عليه وآله وسلم- قال: «أتاني جبريل -رضي الله عنه- فقال إذا توضأت فخلل لحيتك». وكل هذه الأحاديث شواهد لما ورد في الباب. تمت من حاشية على الأصل.

(137) أمالي أحمد بن عيسى، باب من أبواب الصلاة (1/ 26).

بن محمد العلوي الرازي، قال: حدثنا محمد بن منصور، قال: حدثنا أحمد بن عيسى، عن حسين بن علوان، عن أبي خالد، عن زيد بن علي، عن آبائه، عن علي -عليهم السلام- قال: جلست أتوضأ فأقبل رسول الله -صلى الله عليه وآله وسلم- حين ابتدأت في الوضوء فقال: «تمضمض واستنشق واستنثر» انتهى(138).

الرجال:

[ترجمة الإمام المؤيد بالله]

أما المؤيد بالله -عليه السلام-:

فقال في الجداول: أحمد بن الحسين الهاروني الإمام الأعظم المؤيد بالله.

مولده بآمل سنة (333)هـ، كان -عليه السلام- ورعاً لم ير في عصره مثله علماً وفضلاً وزهداً وعبادة وسخاءً وشجاعة.

روى عن أبي العباس الحسني، وأبي بكر المقري، ومحمد بن عثمان النقاش، وعدة.

وعنه يوسف الجرجاني، والحسين بن محمد صاحب المحيط، وجماعة، توفي -صلوات الله عليه- يوم عرفة سنة إحدى عشرة وأربعمائة، عن ثمان وسبعين سنة. انتهى.

أما بقية رجال الإسناد: فقد تقدموا جميعاً.

[74] **مجموع زيد بن علي** -رضي الله عنه-: حدثني زيد بن علي، عن أبيه، عن جده، عن علي -عليهم السلام- قال: «رأيت رسول الله -صلى الله عليه وآله وسلم- توضأ فغسل وجهه وذراعيه ثلاثاً ثلاثاً، وتمضمض واستنشق ثلاثاً ثلاثاً، ومسح برأسه وأذنيه مرة مرة، وغسل قدميه ثلاثاً». انتهى(139).

---

(138) شرح التجريد (1/ 229).
(139) المجموع الحديثي والفقهي المسمى بمسند الإمام زيد بن علي طبعة مؤسسة الإمام زيد بن علي الثقافية ص(63).

[75] **الجامع الكافي**: قال القاسم -عليه السلام- والحسن -عليه السلام- في رواية ابن صباح عنه وهو قول محمد الوضوء ثلاثاً ثلاثاً سنة من النبي -صلى الله عليه وآله وسلم-. انتهى (140).

[76] **أمالي أحمد بن عيسى** -رضي الله عنه-: حدثنا محمد بن منصور، قال: حدثنا محمد بن راشد، قال: حدثنا عيسى بن عبد الله، قال أخبرنا أبي، عن أبيه، عن جده، عن علي -عليهم السلام- قال: قال رسول الله -صلى الله عليه وآله وسلم-: «لا صلاة لمن لا وضوء له، ولا وضوء لمن لم يذكر الله»(141). انتهى (142).

الرجال:

[ترجمة محمد بن راشد]

أما محمد بن راشد:

فقال في الجداول: محمد بن راشد، أبو عبد الله الخزاعي، الدمشقي، المكحولي.

عن عيسى بن عبد الله بن محمد بن عمر، وعن إسماعيل بن أبان، وغيرهما.

وعنه عباد بن يعقوب المرادي، وخلق.

وثقه أحمد وابن معين والنسائي.

قال أبو حاتم: صدوق، وقال عبد الرزاق: ما رأيت أورع منه في الحديث،

---

(140) الجامع الكافي (1/ 369).
(141) عن حذيفة عن النبي -صلى الله عليه وآله وسلم- قال: « لا وضوء لمن لم يذكر اسم الله»، أخرجه في أمالي أحمد بن عيسى، وفيها نحوه عن أنس.
وأخرج المؤيد بالله شرحه نحوه عن علي -رضي الله عنه-، وعن أسماء بنت سعيد بن زيد بن عمر، وعن أبيها مرفوعاً، وأخرج الحاكم نحوه عن أبي هريرة مرفوعاً، وأخرجه عن أبي هريرة مرفوعاً البيهقي والدارقطني. تمت من حاشية على الأصل.
(142) أمالي أحمد بن عيسى كتاب الطهارة (1/ 16).

توفي سنة ست وستين ومائة، عداده في ثقات محدثي الشيعة العدلية، وقد نالوا منه بعضهم لذلك، احتج به الأربعة. انتهى.

وأما بقية رجال الإسناد فقد تقدموا جميعاً.

[77] أمالي أحمد بن عيسى -رضي الله عنه-: وحدثنا محمد، حدثنا أبو الطاهر، قال: حدثني أبي، عن أبيه عند جده، عن علي -عليهم السلام- قال: قال رسول الله -صلى الله عليه وآله وسلم-: «خللوا أصابعكم قبل أن تخلل بالنار» انتهى (143).

[78] الهادي -عليه السلام- في الأحكام: وفي ذلك ما بلغنا عن رسول الله -صلى الله عليه وآله وسلم- أنه قال: «خللوا الأصابع بالماء قبل أن تخلل بالنار».

وفي الأحكام أيضاً: وفي ذلك ما بلغنا عن رسول الله -صلى الله عليه وآله وسلم- أنه قال: «ويل للعراقيب من النار»، وقال: «ويل لبطون الأقدام من النار». انتهى (144).

[79] المؤيد بالله -عليه السلام- في الأمالي: أخبرنا أبو عبد الله محمد بن عثمان النقاش، قال أخبرنا الناصر للحق الحسن بن علي -عليه السلام- عن محمد بن منصور المرادي، قال: أخبرنا أبو الطاهر العلوي، قال: حدثنا أبي، عن أبيه، عن جده، عن علي -عليهم السلام- قال: قال رسول الله -صلى الله عليه وآله وسلم-: «خللوا أصابعكم قبل أن تخلل بالنار». انتهى (145).

محمد بن عثمان النقاش قد مرّ الكلام عليه.

---

(143) أمالي أحمد بن عيسى، باب من أبواب الصلاة (1/ 18).
(144) الأحكام في الحلال والحرام للإمام الهادي -رضي الله عنه- طبعة مكتبة أهل البيت (1/ 66، 44).
(145) الأمالي الصغرى الحديث الثالث عشر ص(94).

باب القول في السواك وفضله

[80] **المؤيد بالله -عليه السلام- في شرح التجريد**: وأخبرنا محمد بن عثمان النقاش، قال: حدثنا الناصر، قال: حدثنا محمد بن منصور، قال: حدثنا أحمد بن عيسى، عن حسين بن علوان، عن أبي خالد، عن زيد بن علي، عن آبائه، عن علي -عليهم السلام- قال: قال رسول الله -صلى الله عليه وآله وسلم-: «من أطاق السواك مع الطهور فلا يدعه» انتهى[146].

[81] **أمالي أحمد بن عيسى -رضي الله عنه-**: حدثنا محمد قال: حدثني أحمد بن عيسى، عن حسين بن علوان، عن أبي خالد، عن زيد، عن آبائه، عن علي -عليهم السلام- قال: قال رسول الله -صلى الله عليه وآله وسلم-: «لولا أني أخاف أن أشق على أمتي لفرضت عليهم السواك مع الطهور، ومن أطاق السواك مع الطهور فلا يدعه»[147]. انتهى[148].

[82] **مجموع زيد بن علي -رضي الله عنه-**: حدثني زيد بن علي، عن أبيه، عن جده، عن علي -عليهم السلام- قال: قال رسول الله -صلى الله عليه وآله وسلم-: «لولا أني أخاف أن أشق على أمتي لفرضت عليهم السواك مع الطهور فلا تدعه يا علي ومن أطاق السواك مع الطهور فلا يدعه» انتهى[149].

---

(146) شرح التجريد (1/ 155).

(147) وعن علي -رضي الله عنه- قال: قال رسول الله -صلى الله عليه وآله وسلم-: «لولا أن أشق على أمتي لأمرتهم بالسواك مع الطهور»، أخرجه الطبراني في الأوسط.

وعن علي -رضي الله عنه- وأبي هريرة قالا: قال رسول الله -صلى الله عليه وآله وسلم-: «لولا أن أشق على أمتي لأمرتهم بالسواك عند كل صلاة»، أخرج حديثَ علي البزارُ، والطحاوي، وأحمد. وحديثُ أبي هريرة أخرجه البخاري ومسلم والترمذي وأبو داوود والحاكم والنسائي والعقيلي والبيهقي. وأخرج ابن خيثمة في التاريخ نحوه عن أم حبيبة بزياده قوله: «كما يتوضأون».

وعن عائشة أن رسول الله -صلى الله عليه وآله وسلم- قال: «لولا أن أشق على أمتي لأمرتهم بالسواك مع الوضوء عند كل صلاة»، أخرجه ابن حبان في صحيحه. تمت من حاشية على الأصل.

(148) أمالي أحمد بن عيسى، باب ما أمر به من السواك وفضله (1/ 21).

(149) المجموع الحديثي والفقهي المسمى بمسند الإمام زيد بن علي طبعة مؤسسة الإمام زيد بن علي الثقافية صـ(70).

[83] **صحيفة علي بن موسى الرضى -رضي الله عنه-**: عن أبيه، عن آبائه، عن علي -عليهم السلام- قال: قال رسول الله -صلى الله عليه وآله وسلم-: «إن أفواهكم طرق من طرق ربكم فنظفوها[150]». انتهى[151].

[84] **الهادي -عليه السلام- في الأحكام**: بلغنا عن زيد بن علي، عن آبائه، عن علي -عليهم السلام- قال: قال رسول الله -صلى الله عليه وآله وسلم-: «لولا أني أخاف أن أشق على أمتي لفرضت عليهم السواك مع الطهور فمن أطاق السواك مع الطهور فلا يدعه» انتهى[152].

[85] **الجامع الكافي**: قال الحسن ومحمد: والسواك سنة.

قال محمد: وقد جاء فيه عن النبي -صلى الله عليه وآله وسلم- أمر وتأكيد، وروى محمد، عن النبي -صلى الله عليه وآله وسلم- أنه قال: «لولا أن أشق على أمتي لفرضت السواك مع الطهور فمن أطاق السواك مع الطهور فلا يدعه». انتهى[153].

باب القول في مسح الرقبة، ونضح الغابّة، وسكب الماء على موضع السجود

[86] **أمالي أحمد بن عيسى -رضي الله عنه-**: حدثنا محمد حدثنا أحمد بن عيسى، عن حسين، عن أبي خالد، عن زيد، عن آبائه، عن علي -عليهم السلام- قال: قال رسول الله -صلى الله عليه وآله وسلم-: «من توضأ ومسح على

---

(150) عن علي -رضي الله عنه- قال: قال رسول الله -صلى الله عليه وآله وسلم-: «إن أفواهكم طرق القرآن فطهروها بالسواك»، أخرجه المؤيد بالله في شرح التجريد، وقد مر حديث علي -رضي الله عنه- عند البزار، وأبي نعيم: «فطهروا أفواهكم»، وقوله: «فطيبوا أفواهكم للقرآن» عند تخريجنا لحديث: «ما من امرئ مسلم قام في جوف الليل» في باب القول في فضل الوضوء. تمت من حاشية على الأصل.

(151) صحيفة الإمام علي بن موسى (496) المطبوع مع مسند الإمام زيد، طبعة مكتبة اليمن الكبرى.

(152) الأحكام في الحلال والحرام للإمام الهادي -رضي الله عنه- طبعة مكتبة أهل البيت (1/ 40).

(153) الجامع الكافي (1/ 356،355).

سالفتيه بالماء وقفاه أمن من الغل يوم القيامة» انتهى(154).

[87] المؤيد بالله -عليه السلام- في شرح التجريد: ويبين أن مسح الرقبة سنة ما أخبرنا به محمد بن عثمان، قال: حدثنا الناصر -عليه السلام-، قال: حدثنا محمد بن منصور، قال: حدثنا أحمد بن عيسى، عن حسين بن علوان، عن أبي خالد، عن زيد بن علي، عن آبائه، عن علي -عليهم السلام- قال: قال رسول الله -صلى الله عليه وآله وسلم-: «من توضأ ثم مسح من الماء سالفتيه وقفاه أمن من الغل يوم القيامة»(155).

[88] أمالي أحمد بن عيسى -رضي الله عنه-: وحدثنا محمد، حدثنا أبو الطاهر، حدثنا حسين بن زيد، عن جعفر، عن أبيه، قال: كان علي -عليه السلام- يوضئ النبي -صلى الله عليه وآله وسلم- فلم يكن يدع أن ينضح غابته -ثلاثاً-، قال حسين قلت لجعفر: وما غابته؟ فأشار إلى باطن لحيته.

[89] وحدثنا محمد، حدثنا أبو الطاهر أحمد بن عيسى بن عبد الله، قال: حدثني حسين بن زيد، عن جعفر، عن أبيه قال: «كان رسول الله -صلى الله عليه وآله وسلم- يسكب الماء على موضع سجوده». انتهى(156).

باب القول فيمن لم يكمل وضوءه

[90] أمالي أحمد بن عيسى -رضي الله عنه-: حدثنا محمد حدثنا أحمد بن عيسى، عن حسين بن علوان، عن أبي خالد، عن جعفر، عن أبيه، عن علي - صلى الله عليه - قال: بينا أنا ورسول الله -صلى الله عليه وآله وسلم- جالسان في المسجد إذ أقبل رجل من الأنصار حتى سلم وقد تطهر وعليه أثر الطهور فتقدم في مقدم المسجد

---

(154) أمالي أحمد بن عيسى، باب مسح الرأس وتخليل الأصابع (1/ 28).
(155) شرح التجريد (1/ 156).
(156) أمالي أحمد بن عيسى كتاب الطهارة (1/ 18).

ليصلي، فرأى رسول الله -صلى الله عليه وآله وسلم- جانباً من عقبه جافاً فقال: «يا علي أترى ما أرى»، قلت: نعم فقال رسول الله -صلى الله عليه وآله وسلم-: «يا صاحب الصلاة إني أرى جانباً من عقبك جافاً، فإن كنت أمسسته الماء فامضه، وإن كنت لم تمسسه الماء فاخرج من الصلاة»، فقال: يا رسول الله كيف أصنع، أستقبلُ الطهور؟، قال: «لا، بل اغسل ما بقي»، فقلت: يا رسول الله، لو صلاها هكذا كانت صلاته مقبولة قال: «لا، حتى يعيدها». انتهى (157).

[91] **المؤيد بالله -عليه السلام- في شرح التجريد**: أخبرنا محمد بن عثمان النقاش، قال: حدثنا الناصر للحق -عليه السلام-، قال: حدثنا محمد بن منصور، قال: حدثنا أحمد بن عيسى، عن حسين بن علوان، عن أبي خالد الواسطي، عن جعفر بن محمد، عن آبائه، عن علي -عليهم السلام- قال: بينا أنا ورسول الله -صلى الله عليه وآله وسلم- جالسان في المسجد إذ أقبل رجل من الأنصار حتى سلم وقد تطهر وعليه أثر الطهور فتقدم في مقدم المسجد ليصلي، فرأى رسول الله -صلى الله عليه وآله وسلم- جانباً من عقبه جافاً فقال لي: «يا علي هل ترى ما أرى» قلت: نعم، فقال رسول الله -صلى الله عليه وآله وسلم-: «يا صاحب الصلاة إني أرى جانباً من عقبك جافاً، فإن كنت أمسسته الماء فامض في صلاتك، وإن كنت لم تمسسه الماء فاخرج من الصلاة»، فقال: يا رسول الله كيف، أستقبلُ الطهور؟، قال: «لا، بل اغسل ما بقي»، فقلت: يا رسول الله لو صلى هكذا أكانت صلاته مقبولة قال: «لا حتى يعيدها». انتهى (158).

[92] **الهادي -عليه السلام- في الأحكام**: بلغنا عن رسول الله -صلى الله عليه وآله وسلم- أنه قال: «ويل للعراقيب من النار» وقال: «ويل لبطون الأقدام من النار» انتهى (159).

---

(157) أمالي أحمد بن عيسى، باب من قال لا تقبل صلاة إلا بطهور (1/31).
(158) شرح التجريد (1/142).
(159) الأحكام في الحلال والحرام للإمام الهادي -رضي الله عنه- طبعة مكتبة أهل البيت (1/45).

باب القول في الدعاء حال الوضوء وبعده

[93] الهادي -عليه السلام- في الأحكام: فيقول ما روي عن أمير المؤمنين عليه صلوات رب العالمين فقد بلغنا عنه أنه كان يقول: إذا وضع طهوره أمامه: بسم الله، وبالله، وعلى ملة رسول الله -صلى الله عليه وآله وسلم-.

ثم يغسل فرجه فيقول: اللهم حصن فرجي [برحمتك] عن معاصيك.

ثم يتمضمض فيقول: اللهم لقني حجتي يوم لقاك.

ثم يستنشق فيقول: اللهم لا تحرمني رائحة الجنة برحمتك.

ثم يغسل وجهه فيقول: اللهم بيض وجهي يوم تبيض وجوه وتسود وجوه.

ثم يغسل يده اليمنى فيقول: اللهم أعطني كتابي بيميني، واغفر ذنبي.

ثم يغسل يده اليسرى فيقول: اللهم لا تؤتني كتابي بشمالي، وتجاوز عن سيء أفعالي.

ثم يمسح رأسه فيقول: اللهم غشني رحمتك، وأتمم علي نعمتك.

ثم يجيل يديه على رقبته فيقول: اللهم قني الأغلال يوم الحساب.

ثم يغسل رجليه إلى الكعبين فيقول: اللهم ثبت قدمي على الصراط المستقيم يوم تزل الأقدام، يا ذا الجلال والإكرام.

ثم يخلل بين أصابعهما ويبتدي في الغسل باليمنى (160) ....

---

(160) أخرج نحوه عن محمد بن الحنفية، عن أبيه علي -رضي الله عنه- في أمالي أحمد بن عيسى وأمالي المؤيد بالله -رضي الله عنه- وزادا بعد قوله يوم تزل الاقدام، قوله:
ثم استوى قائماً فقال: اللهم كما طهرتنا من النجس فطهرنا من الذنوب.
ثم قال بيده هكذا، يقطر الماء من أنامله، ثم قال : يا بني افعل كفعلي هذا، فإنه ما من قطرة تقطر من أناملك إلا خلق الله منها ملكاً يستغفر لك إلى يوم القيامة، ويكون ثواب تسبيح ذلك الملك لك إلى يوم القيامة.
يا بني إنه من فعل كفعلي هذا تساقط عنه الذنوب كما تساقط الورق عن الشجر في اليوم العاصف).
وقال الأسنوي في كتاب المهمات على شرح الرافعي والروضة، ما لفظه:
الرابعة عشر : أن يحافظ على الدعوات الواردة في الوضوء:
=

منهما»انتهى(161).

[94] أمالي أحمد بن عيسى -رضي الله عنه-: وحدثنا محمد، حدثنا أحمد بن عيسى، عن حسين، عن أبي خالد، عن زيد، عن آبائه، عن علي -عليهم السلام- قال: (ما من مسلم يتوضأ ثم يقول عند وضوءه: سبحانك اللهم وبحمدك، أشهد أن لا إله إلا أنت، أستغفرك وأتوب إليك، اللهم اجعلني من التوابين واجعلني من المتطهرين، واغفر لي إنك على كل شيء قدير، إلا كتب في رق وختم عليها

فيقل في غسل الوجه: اللهم بيض وجهي يوم تبيض وجوه وتسود وجوه.
وعند غسل اليد اليمنى: اللهم أعطني كتابي بيميني، وحاسبني حساباً يسيراً.
وعند غسل اليسرى: اللهم لا تعطني كتابي بشمالي ولا من وراء ظهري.
وعند مسح الرأس: اللهم حرم شعري وبشري على النار، وروي: اللهم احفظ رأسي وما حوى، وبطني وما وعى.
وعند مسح الأذنين: اللهم اجعلني من الذين يستمعون القول فيتبعون أحسنه.
وعند غسل الرجلين: اللهم ثبت قدمي يوم تزل الأقدام.
ورد بها الأثر عن السلف الصالحين انتهى.
اعترض عليه في الروضة فقال قلت: هذا الدعاء لا أصل له ولم يذكره الشافعي والجمهور والله أعلم.
وما ادعاه من كونه لا أصل له ذكره في شرح المهذب والمنهاج وغيرهما وليس كذلك فقد روي من طرق:
منها: عن أنس قال: دخلت على النبي -صلى الله عليه وآله وسلم- فلما أن غسل يديه قال: بسم الله والحمد لله ولا حول ولا قوة إلا بالله.
فلما استنجى قال: اللهم حصن فرجي، ويسر لي أمري.
فلما أن تمضمض واستنشق قال: اللهم لقني حجتي، ولا تحرمني رائحة الجنة.
فلما أن غسل وجهه قال: اللهم بيض وجهي يوم تبيض الوجوه.
فلما أن غسل ذراعه قال: اللهم أعطني كتابي بيميني.
فلما أن مسح يده على رأسه قال: اللهم غشنا برحمتك، وجنبنا عذابك.
فلما أن غسل قدميه قال: اللهم ثبت قدمي يوم تزل الأقدام.
ثم قال النبي -صلى الله عليه وآله وسلم-: «والذي بعثني بالحق نبياً ما من عبد قالها عند وضوئه لم يقطر من خلل أصابعه قطرة إلا خلق الله منها ملكاً يسبح الله تعالى بسبعين لساناً، يكون ثواب ذلك التسبيح له إلى يوم القيامة»، رواه ابن حبان في تاريخه في ترجمة عباد بن صهيب، وقد قال فيه أبو داوود: إنه صدوق قدري، وقال أحمد: ما كان بصاحب كذب، وفي الحديث ذكر أصل الدعاء، وإن كان مخالفاً في الكيفية. انتهى. تمت من حاشية على الأصل.
(161) الأحكام في الحلال والحرام للإمام الهادي -رضي الله عنه- طبعة مكتبة أهل البيت (1/ 41).

ووضعت تحت العرش حتى تدفع إليه بخاتمها يوم القيامة[162]». انتهى[163].

[95] **مجموع زيد بن علي -رضي الله عنه-**: حدثني زيد بن علي، عن أبيه، عن جده، عن علي -عليهم السلام- قال: قال رسول الله -صلى الله عليه وآله وسلم-: «ما من مسلم يتوضأ ثم يقول عند فراغه من وضوءه: سبحانك اللهم وبحمدك، أشهد أن لا إله إلا أنت، أستغفرك وأتوب إليك، اللهم اجعلني من التوابين، واجعلني من المتطهرين، واغفر لي إنك على كل شيء قدير؛ إلا كتبت في رق ثم ختم عليها ثم وضعت تحت العرش حتى تدفع إليه بخاتمها يوم القيامة» انتهى[164].

---

(162) عن سالم بن أبي الجعد، عن علي -رضي الله عنه- قال: (إذا توضأ الرجل فليقل: أشهد أن لا إله إلا الله وأشهد أن محمداً عبده ورسوله، اللهم اجعلني من المتطهرين)، أخرجه عبدالرزاق، وسعيد بن منصور.

وعن علي -رضي الله عنه- أيضاً: أنه كان إذا فرغ من وضوءه قال: (أشهد أن لا إله إلا الله، وأشهد أن محمداً عبده ورسوله، اللهم اجعلني من التوابين واجعلني من المتطهرين)، أخرجه ابن أبي شيبة.

وعن عمر قال: قال رسول الله -صلى الله عليه وآله وسلم-: «ما منكم من أحد يتوضأ فيسبغ الوضوء ثم يقول: أشهد أن لا إله إلا الله وحده لا شريك له، وأشهد أن محمداً عبده ورسوله إلا فتحت له أبواب الجنة»، أخرجه مسلم والترمذي، وزاد: «اللهم اجعلني من التوابين، واجعلني من المتطهرين»، ومثل رواية الترمذي رواها البزار والطبراني في الأوسط من طريق ثوبان مرفوعاً، وابن ماجة من حديث أنس، وعن الخدري: «من توضأ فقال: سبحانك اللهم وبحمدك، أشهد أن لا إله إلا أنت، أستغفرك وأتوب إليك، كتبت في رق ثم طبع بطابع، فلم يكسر إلى يوم القيامة»، أخرجه النسائي في عمل اليوم والليلة، والحاكم في المستدرك، وقد روي عن أبي سعيد مرفوعاً وموقوفاً.

قلت: وللوقف هنا حكم الرفع، إذ ليس للإجتهاد فيه مسرح.

وعن ثوبان قال: قال النبي -صلى الله عليه وآله وسلم-: «من توضأ فقال: أشهد أن لا إله إلا الله، وأن محمداً رسول الله، فتحت له الأبواب الثمانية من الجنة يدخل من أيها شاء»، أخرجه المرشد بالله -رضي الله عنه- في الأمالي. تمت من حاشية على الأصل.

(163) أمالي أحمد بن عيسى، باب في المسح بالمنديل بعد الوضوء (1/ 30).

(164) المجموع الحديثي والفقهي المسمى بمسند الإمام زيد بن علي طبعة مؤسسة الإمام زيد بن علي الثقافية صـــ(71).

[96] **أمالي أحمد بن عيسى -رضي الله عنه-**: وحدثني محمد، حدثنا أحمد بن عيسى، عن حسين، عن أبي خالد، عن أبي جعفر قال: قال رسول الله -صلى الله عليه وآله وسلم-: «من قال إذا فرغ من وضوءه: اللهم اجعلني من التوابين، واجعلني من المتطهرين، واغفر لي إنك على كل شيء قدير؛ وجبت له الجنة، وغفرت ذنوبه ولو كانت مثل البحر». انتهى(165).

باب القول في نواقض الوضوء

[97] **المؤيد بالله -عليه السلام- في شرح التجريد**: والذي يدل على فساد ما ذهبت إليه الإمامية: ما أخبرني به محمد بن عثمان النقاش، قال: حدثنا الناصر -عليه السلام-، قال: حدثنا محمد بن منصور، قال: حدثنا أحمد بن عيسى، عن حسين بن علوان، عن أبي خالد، عن زيد بن علي، عن آبائه، عن علي -عليهم السلام- قال: كنت رجلاً مذاءً واستحيت أن أسأل رسول الله -صلى الله عليه وآله وسلم- فأمرت المقداد بن الأسود فسأله، فقال له رسول الله -صلى الله عليه وآله وسلم-: «يا مقداد هي أمور ثلاثة: الودي وهو شيء يتبع البول كهيئة المني؛ فذلك منه الطهور ولا غسل منه، والمذي أن ترى شيئاً أو تذكره فتمذي؛ فذلك منه الطهور ولا غسل منه، والمني الماء الدافق إذا وقع مع الشهوة أوجب الغسل»انتهى(166).

[98] **أمالي أحمد بن عيسى -رضي الله عنه-**: ونا محمد، حدثني أحمد بن عيسى، عن محمد بن بكر، عن أبي الجارود، قال: حدثني أبو جعفر قال: كان علي رجلاً مذاءً فقال لعمر: قد عرفت حال فاطمة وإني أستحي أن أسأل رسول الله -صلى الله عليه وآله وسلم-، فذكر ذلك للنبي -صلى الله عليه وآله وسلم- فقال: «إذا كان منياً ماجاً ففيه الغسل، وإذا كان مذياً فاغسله، وتوضأ وضوءك للصلاة». انتهى.

(165) أمالي أحمد بن عيسى، باب في المسح بالمنديل بعد الوضوء (1/ 30).

(166) شرح التجريد (1/ 159).

[99] وفيها أيضاً: وحدثنا محمد، حدثني أحمد بن عيسى، عن حسين، عن أبي خالد، عن زيد، عن آبائه، عن علي -عليهم السلام- قال: كنت رجلاً مذاءً فاستحييت أن أسأل رسول الله -صلى الله عليه وآله وسلم- فأمرت المقداد فسأله، فقال رسول الله -صلى الله عليه وآله وسلم-: «يا مقداد بن الأسود هي أمور ثلاثة:

الودي: شيء يتبع البول كهيئة المني؛ فذلك منه الطهور ولا غسل منه.

والمذي: أن ترى شيئاً أو تذكره فينتشر فتمذي؛ فذلك منه الطهور ولا غسل منه.

والمني: الماء الدافق إذا وقع مع الشهوة وجب الغسل». انتهى (167).

[100] **مجموع زيد بن علي** -رضي الله عنه-: حدثني زيد بن علي، عن أبيه، عن جده، عن عليه -عليهم السلام- قال: كنت رجلاً مذاءً فاستحييت أن أسأل رسول الله -صلى الله عليه وآله وسلم-، عن ذلك لمكان ابنته مني، فأمرت المقداد بن الأسود فسأله فقال: «يا مقداد هي أمور ثلاثة:

الودي: شيء يتبع البول كهيئة المني؛ فذلك منه الطهور ولا غسل منه.

والمذي: أن ترى شيئاً أو تذكره فينتشر؛ فذلك منه الطهور ولا غسل منه.

والمني: الماء الدافق إذا وقع مع الشهوة وجب الغسل (168). انتهى (169).

---

(167) أمالي أحمد بن عيسى، باب في المني والمذي والودي (1/45).
(168) أخرج نحوه عن علي -رضي الله عنه- البخاري ومسلم وأبو داوود والترمذي والنسائي وابن ماجة، وفي روايتهم أن أمير المؤمنين ذكر ذلك لرسول الله -صلى الله عليه وآله وسلم-، وأخرج نحوه المؤيد بالله -رضي الله عنه- في شرح التجريد، وفيه: أن عماراً أمره علي -رضي الله عنه- أن يسأل النبي -صلى الله عليه وآله وسلم-، وأخرجه البخاري ومسلم وأبو داوود والنسائي، عن المقداد أن علياً أمره أن يسأل النبي -صلى الله عليه وآله وسلم- بنحو ما هنا، وأخرج البيهقي نحوه عن علي -رضي الله عنه- وأنه الذي سأل النبي -صلى الله عليه وآله وسلم-. تمت من حاشية على الأصل.
(169) المجموع الحديثي والفقهي المسمى بمسند الإمام زيد بن علي طبعة مؤسسة الإمام زيد بن علي الثقافية صـ(67).

[101] **أمالي أحمد بن عيسى -رضي الله عنه-**: وحدثنا محمد، قال: حدثنا محمد بن راشد، عن إسماعيل بن أبان، عن جعفر بن محمد، عن أبيه، عن علي -عليهم السلام- في الرجل يخرج من دبره الدود قال: يتوضأ. انتهى(170).

رجال هذا الإسناد قد تقدم الكلام على رجلين منهم؛ وهما محمد بن منصور، ومحمد بن راشد، وأما إسماعيل بن أبان فسيأتي، وهم من رجال الشيعة -رضي الله عنهم-.

[102] **الهادي -عليه السلام- في الأحكام**: بلغنا عن زيد بن علي، عن أبيه، عن علي بن أبي طالب -رضي الله عنه-أنه قال: قال رسول الله -صلى الله عليه وآله وسلم-: «لا تقبل الصلاة إلا بطهور، ولا تقبل الصلاة إلا بقرآن، ولا تتم صلاة إلا بزكاة، ولا تقبل صدقة من غلول»(171).

[103] حدثني أبي، عن أبيه أنه، قال: حدثنا أبو بكر بن أبي أويس، عن حسين بن عبدالله بن ضميرة، عن أبيه، عن جده، عن علي بن أبي طالب -عليه السلام- قال: (من رعف وهو في صلاته فلينصرف وليتوضأ وليستأنف(172)

---

(170) أمالي أحمد بن عيسى كتاب الطهارة (1/ 17).

(171) عن ابن مسعود مرفوعاً: «لا يقبل الله صلاة بغير طهور، ولا صدقة من غلول، وابدأ بمن تعول»، أخرجه الطبراني، وأخرجه أبو عوانة عن أبي بكر مرفوعاً، وأخرجه الحاكم والشيرازي في الألقاب عن طلحة بن عبيدالله مرفوعاً، وأخرجه الطبراني عن عمران بن حصين مرفوعاً، في الكبير، وأخرجه البيهقي ومسلم، عن ابن عمر مرفوعاً.

وعن ابن عمر مرفوعاً: «لا يقبل الإيمان والصلاة إلا بزكاة»، أخرجه الديلمي.

وعن أنس مرفوعاً: «لا يقبل الله صلاة رجل لا يؤدي الزكاة حتى يجمعهما، فإن الله تعالى قد جمعهما فلا تفرقوا بينهما»، أخرجه أبو نعيم في الحلية.

وعن عائشة مرفوعاً: «كل صلاة لا يقرأ فيها بفاتحة الكتاب» وفي رواية: «بأمّ القرآن فهي خداج» أخرجه مسلم وأحمد في المسند، وابن ماجة وأبو بكر بن أبي الشيبة، والبيهقي في القراءة. تمت من حاشية على الأصل.

(172) عن علي -رضي الله عنه- قال قلت: يا رسول الله، الوضوء كتبه الله علينا من الحدث فقط؟ فقال رسول الله -صلى الله عليه وآله وسلم-: «لا، بل من سبع من حدث، وبول، ودم سائل، وقيء ذارع، ودسعة تملأ الفم، ونوم مضطجع، وقهقهة في الصلاة»، أخرجه المؤيد بالله في شرح التجريد.

وأخرجه محمد في أمالي أحمد بن عيسى، عن عبيد بن حسان، وحمزه بن سنان، يرفعان الحديث.

=

الصلاة). انتهى[173].

الرجال:

[ترجمة الإمام الهادي وبعض آبائه]

أما يحيى بن الحسين الهادي إلى الحق -عليه السلام-:

فهو أشهر من أن يترجم له وعلمه وشجاعته وسخاؤه وعبادته وأمره بالمعروف، ونهيه عن المنكر أشهر من نار على علم، لا ينكر ذلك إلا مكابر.

وأما والده الحسين:

فقال في الجداول: الحسين بن القاسم الرسي، عن أبيه، وعنه ولده الهادي للحق، وعبد الله بن الحسين، والحسين بن عبد الله.

يسمى الحافظ، وكان عالماً فاضلاً أحد قدماء العترة، توفي -رحمه الله- في أواخر الثلاث المائة. انتهى.

وأما الإمام الأعظم ترجمان الدين القاسم بن إبراهيم:

فهو أشهر من أن يترجم له، فشهرته بالعلم والعمل والفضل والكمال تغني عن التكلم عليه -صلوات الله عليه- وعلى سلفه الطاهرين، وأولاده النجباء الميامين.

[ترجمة ابن أبي أويس]

وأما أبو بكر بن أبي أويس:

فقال في الجداول: أبو بكر بن أبي أويس عبد الحميد بن عبيد الله بن أبي أويس بن مالك الأصبحي المدني، عن أبيه، وابن عجلان، وحسين بن ضميرة،

وعن سلمان -رضي الله عنه-قال: سال من أنفي دم فسألت النبي -صلى الله عليه وآله وسلم- فقال: «أحدث لما حدث وضوءه»، أخرجه الطبراني في الكبير والأوسط. تمت من حاشية على الأصل.

(173) الأحكام في الحلال والحرام للإمام الهادي -رضي الله عنه- طبعة مكتبة أهل البيت (1/ 43).

وسليمان بن بلال، وخلق.

وعنه القاسم بن إبراهيم الرسي، وزيد بن الحسن، وأخوه إسماعيل، وأبو الطاهر أحمد بن عيسى، وغيرهم، وثقه ابن معين والذهبي، توفي سنة اثنتين وثلاثين، احتج به الجماعة إلا الترمذي. انتهى.

عداده في ثقات محدثي الشيعة.

قال شيخنا أبو الحسين مجد الدين بن محمد بن منصور المؤيدي –فسح الله في أجله– في الكلام على ترجمة أبي بكر بن أويس ما لفظه: قلت وهو –أي أبو بكر وهؤلاء الذين ذكروا في ترجمته هنا –جميعاً من الثقات الأثبات نجوم آل محمد وأعلام شيعتهم. انتهى.

[ترجمة الحسين بن عبد الله بن ضميرة، وأبيه، وجده]

وأما الحسين بن عبد الله بن ضميرة:

فقال في الجداول: الحسين بن عبد الله بن ضميرة، عن أبيه، عن جده.

وعنه إسماعيل بن أبي أويس، وابن أبي يحيى، وزيد بن الحباب، وغيرهم.

عداده في ثقات محدثي الشيعة، روى عنه أئمة الرسول؛ القاسم، والهادي، وأحمد بن عيسى، وأبو طالب، والمؤيد بالله.

قال أحمد بن عبد الله الوزير: الحسين بن عبد الله من شيعة أهل البيت وموالي النبي –صلى الله عليه وآله وسلم–، وقد روى له الأئمة القاسم، وأحمد بن عيسى، والهادي عنه ولروايتهم عنه تنزهه، عن الكذب وقد نالت منه النواصب كغيره لعل وفاته بعد الستين والمائة تقريباً. انتهى.

وأما عبد الله بن ضميرة:

فقال في الطبقات: عبد الله بن ضمرة أو ضميرة السلولي، عن أبيه وغيره، وعنه ولده الحسين وعِدَّة، وثقه العجلي، خرج له الهادي يحيى بن الحسين،

والأخوان، ومحمد. انتهى.

وأما والده ضميرة:

فقال في الجداول: ضميرة بن أبي ضميرة له ولأبيه صحبة من موالي النبي -صلى الله عليه وآله وسلم-.

يروي عن علي، وعنه ولده عبد الله يعد في المدنيين. انتهى.

خرج له من أئمتنا الهادي إلى الحق، ومحمد بن منصور، والمؤيد بالله، وأبو طالب -عليهم السلام-.

[104] **أمالي أحمد بن عيسى -رضي الله عنه-**: وحدثنا محمد، حدثني قاسم بن إبراهيم، قال: حدثني أبو بكر بن أبي أويس، عن حسين بن عبد الله بن ضميرة، عن أبيه، عن جده، عن علي -عليه السلام- قال: **(من رعف وهو في الصلاة فلينصرف وليتوضأ وليأتنف)**.انتهى(174).

[105] **المؤيد بالله في شرح التجريد**: وأخبرنا محمد بن عثمان النقاش، قال: حدثنا الناصر -عليه السلام-، قال: حدثنا محمد بن منصور، قال: حدثنا أحمد بن عيسى، عن حسين بن علوان، عن أبي خالد، عن زيد بن علي، عن آبائه، عن علي -عليهم السلام- قال: قال رسول الله -صلى الله عليه وآله وسلم-: «القلس(175) يفسد الوضوء» انتهى(176).

---

(174) وفي أمالي أحمد بن عيسى، باب الرعاف والدم السائل (1/ 40) (فلينصرف وليتوضأ ويستأنف).

(175) عن زيد بن علي، عن آبائه -عليهم السلام-، عن علي -رضي الله عنه- قال: قال رسول الله -صلى الله عليه وآله وسلم-: «القلس حدث»، أخرجه الدارقطني في سننه.

وعن أبي الدرداء: أن رسول الله -صلى الله عليه وآله وسلم- قاء فتوضأ.

قال معدان بن أبي طلحة الراوي للحديث: فلقيت ثوبان في مسجد دمشق فذكرت له ذلك؛ فقال: صدق، وأنا صببت له وضوءه. أخرجه الترمذي.

قال في التلخيص: وأخرجه أحمد وأصحاب السنن الثلاثة، وابن الجارود، وابن حبان، والدارقطني، والبيهقي، وابن منده، والطبراني والحاكم. تمت من حاشية على الأصل.

(176) شرح التجريد (1/ 161).

[106] **أمالي أحمد بن عيسى** -رضي الله عنه-: وحدثنا محمد، حدثني أحمد بن عيسى، عن حسين بن علوان، عن أبي خالد، عن زيد، عن آبائه، عن علي -عليهم السلام- قال: قال رسول الله -صلى الله عليه وآله وسلم-: «القلس يفسد الوضوء»(177).

[107] **مجموع زيد بن علي** -رضي الله عنه-: حدثني زيد بن علي، عن أبيه، عن جده، عن علي -عليهم السلام- قال: قال رسول الله -صلى الله عليه وآله وسلم-: «القلس يفسد الوضوء»(178).

باب القول في يسير الدم

[108] **المؤيد بالله** -عليه السلام- في شرح التجريد: أخبرنا محمد بن عثمان النقاش، قال: حدثنا الناصر -عليه السلام-، قال: حدثنا، محمد بن منصور، قال: حدثنا أحمد بن عيسى، عن حسين بن علوان، عن أبي خالد، عن زيد بن علي، عن آبائه، عن علي -عليهم السلام- قال: (خرجت مع رسول الله -صلى الله عليه وآله وسلم- وقد تطهر للصلاة فأمس إبهامه أنفه فإذا دم فأعاده مرة أخرى فلم ير شيئاً، وجف ما في إبهامه فأهوى بيده إلى الأرض فمسحها، ولم يحدث وضوءاً ومضى إلى الصلاة). انتهى(179).

[109] **مجموع زيد بن علي** -رضي الله عنه-: حدثني زيد بن علي، عن أبيه، عن جده، عن علي -عليهم السلام- قال: (خرجت مع رسول الله -صلى الله عليه وآله وسلم- وقد تطهر للصلاة فأمس إبهامه أنفه فإذا دم فأعادها مرة فلم ير شيئاً فأهوى بها إلى الأرض فمسحه ولم يحدث وضوءاً ومضى إلى الصلاة).

---

(177) أمالي أحمد بن عيسى، باب القلس وما جاء فيه (1/ 38).
(178) المجموع الحديثي والفقهي المسمى بمسند الإمام زيد بن علي طبعة مؤسسة الإمام زيد بن علي الثقافية صـ(65).
(179) شرح التجريد (1/ 163).

انتهى(180).

[110] **أمالي أحمد بن عيسى** -رضي الله عنه-: حدثني أحمد بن عيسى، عن حسين، عن أبي خالد، عن زيد بن علي، عن، عن علي بن أبي طالب -عليهم السلام- قال: (خرجت مع رسول الله -صلى الله عليه وآله وسلم- وقد تطهر للصلاة فأمس إبهامه أنفه فإذا دم، فأعادها مرة فلم ير شيئاً وجف ما في إبهامه، فأهوى بها إلى الأرض فمسحه ولم يحدث وضوءاً ومضى إلى الصلاة). انتهى(181).

ومثله في الجامع الكافي.

باب القول في عدم الوضوء مما مسته النار، ومس الذكر، ووضوء من لم يحدث

[111] **مجموع زيد بن علي** -رضي الله عنه-: حدثني زيد بن علي، عن أبيه، عن جده، عن علي -عليهم السلام- قال: (لا وضوء على من مس ذكره)(182).

ـــــــــــــــــــ

(180) المجموع الحديثي والفقهي المسمى بمسند الإمام زيد بن علي طبعة مؤسسة الإمام زيد بن علي الثقافية ص(68).

(181) أمالي أحمد بن عيسى، باب الرعاف والدم السائل (1/ 40).

(182) عن طلق بن علي: أن رسول الله -صلى الله عليه وآله وسلم- سئل، عن مس الذكر؟، فقال: «هل هو إلا بضعة منه»، أخرجه المؤيد بالله في شرح التجريد، وأحمد، وأصحاب السنن، والدارقطني، وصححه عمر بن علي الفلاس، والطحاوي، وابن حبان، والطبراني، وابن حزم، والشافعي، وأبو حاتم، وأبو زرعة، والبيهقي، والمازني في الاعتبار، وأخرجه المؤيد بالله أيضاً بطريق أخرى، ولفظه: أنه سأل رسول الله -صلى الله عليه وآله وسلم-: (أفي مس الذكر وضوء)، قال: «لا».

وعن حسن البصري: أن خمسة من أصحاب رسول الله -صلى الله عليه وآله وسلم- علي ابن أبي طالب، وابن مسعود، وحذيفة، وعمران بن حصين، ورجلاً آخر، قال الآخر: (ما أبالي مسست ذكري أو أرنبتي)، وقال الآخر: (فخذي) وقال الآخر: (ركبتي)، أخرجه المؤيد بالله في شرح التجريد، والطبراني في الكبير.

وعن أبي أمامة أن النبي -صلى الله عليه وآله وسلم- سئل عن مس الذكر فقال: «هل هو إلا حذوة =

انتهى[183].

[112] **أمالي أحمد بن عيسى -رضي الله عنه-:** ونا محمد، حدثني أحمد بن عيسى، عن حسين، عن أبي خالد، عن أبي جعفر، عن آبائه، عن علي -عليهم السلام- قال: (اعتكف رسول الله -صلى الله عليه وآله وسلم- العشر الأواخر من شهر رمضان فلما نادى بلال بالمغرب أُتِي رسول الله -صلى الله عليه وآله وسلم- بكتف جزور مشوية، فأمر بلالاً فكف هنيهة فأكل -عليه السلام- وأكلنا، ثم دعا بلبن إبل قد مذق له فشرب وشربنا، ثم دعا بماء فغسل يده من غمر اللحم، ثم مضمض فاه، ثم تقدم فصلى بنا ولم يحدث طهوراً)[184]. انتهى[185].

منك»، أخرجه المؤيد بالله في شرح التجريد.

وعن علي -رضي الله عنه- قال: (ما أبالي أنفي مسست أو أذني أو ذكري)، أخرجه الطحاوي.

ونحوه عن عائشة مرفوعاً بدون قوله: (أذني)، أخرجه أبو يعلى. تمت من حاشية على الأصل.

(183) المجموع الحديثي والفقهي المسمى بمسند الإمام زيد بن علي طبعة مؤسسة الإمام زيد بن علي الثقافية صـ(66).

(184) عن عطاء، عن ابن عباس قال لقد رأيتني في هذا البيت عند رسول الله -صلى الله عليه وآله وسلم- وقد توضأ ثم لبس ثيابه فجاء المؤذن فخرج إلى الصلاة حتى إذا كان في الحجرة خارجا من البيت لقيته هدية عضو من شاة فأكل منها لقمة أو لقمتين ثم صلى وما مس ماء أخرجه مسلم في الصحيح وعن فاطمة الزهراء -عليها السلام- أن رسول الله -صلى الله عليه وآله وسلم- أكل في بيتها عرقا فجاءه بلال فأذنه بالصلاة فقام يصلي فأخذت بثوبه فقالت (يا أبتي ألا تتوضأ فقال مم أتوضأ أي بنية فقلت مما مست النار فقال أو ليس أطهر طعامنا مما مست النار) أخرجه مسدد وأبو يعلى وأحمد بن حنبل وعن أم سلمة أنها نشلت كتفا لرسول الله -صلى الله عليه وآله وسلم- من قدر فأكل منها ثم خرج إلى الصلاة أخرجه أحمد بن منيع وأبو يعلي والنسائي في اليوم والليلة

وعن علي -رضي الله عنه- كان رسول الله -صلى الله عليه وآله وسلم- يأكل الثريد ويشرب اللبن ويصلي ولا يتوضأ أخرجه أبو يعلى ورواه أبو داوود وغيره من حديث أنس وعن عائشة أن النبي -صلى الله عليه وآله وسلم- كان يمر بالقدر فيتناول منه العرق فيصيب منه ثم يصلي ولا يتوضأ أخرجه أبو بكر بن أبي شيبة وأحمد وأبو يعلى وعن ابن مسعود قال رأيت رسول الله -صلى الله عليه وآله وسلم- يأكل اللحم ثم يقوم إلى الصلاة فما يمس قطرة ماء أخرجه أبو يعلى وأحمد بن حنبل. تمت من حاشية على الأصل.

(185) أمالي أحمد بن عيسى، باب من كان لا يتوضأ مما مست النار (1/ 43).

[113] **وفي أمالي أحمد بن عيسى أيضاً** حدثني أحمد بن عيسى، عن حسين، عن أبي خالد، عن زيد، عن آبائه، عن علي -عليهم السلام- أنه توضأ ثم مسح على نعليه فلما فرغ قال: هذا وضوء من لم يحدث(186). انتهى(187).

باب القول في نسخ المسح على الخفين

[114] **مجموع زيد بن علي -رضي الله عنه-**: حدثني زيد بن علي، عن أبيه، عن جده، عن علي -عليهم السلام-: (أن رسول الله -صلى الله عليه وآله وسلم- مسح قبل نزول المائدة فلما نزلت آية المائدة لم يمسح بعدها(188)».

---

(186) عن النزال بن سبرة، قال: رأيت علياً -رضي الله عنه- صلى الظهر، ثم قعد للناس في الرحبة، ثم أُتِيَ بماء، فمسح بوجهه ويديه، ومسح برأسه ورجليه، وشرب فضله قائماً، ثم قال: (إن أناساً يزعمون أن هذا يكره، وإني رأيت رسول اللّه -صلى الله عليه وآله وسلم- يصنع مثل ما صنعت، وهذا وضوء من لم يُحْدِث). أخرجه المؤيد بالله في شرح التجريد. تمت من حاشية على الأصل.

(187) أمالي أحمد بن عيسى، باب وضوء من لم يحدث (1/ 36).

(188) عن ابن عباس، قال: (مسح رسول اللّه -صلى الله عليه وآله وسلم- على الخفين، فَسُئِل الذين يزعمون ذلك: أقبل المائدة أم بعدها؟، ما مسح رسول اللّه -صلى الله عليه وآله وسلم- بعد المائدة، ولأن أمسح على ظهر عير في الفلاة، أحب إليَّ من أن أمسح على الخفين)، أخرجه أحمد في مسنده، والمؤيد بالله في شرح التجريد، واللفظ له.

وعن ابن عباس قال: أنا عند ابن عمر حين سأله سعد وابن عمر عن المسح على الخفين، فقضى لسعد، قال: فقلت لسعد: قد علمنا أن رسول الله -صلى الله عليه وآله وسلم- مسح على الخفين، ولكن أقبل المائدة أم بعدها؟، لا يخبرك أحد أن رسول الله -صلى الله عليه وآله وسلم- مسح بعد المائدة، فسكت عمر. أخرجه البيهقي في سننه، وأحمد بن حنبل في مسنده، والطبراني في الأوسط.

وروى ابن ماجة طرفاً منه.

وعن عائشة أنها قالت: (لأن أحزهما بالسكين أحب إلي من أن أمسح عليهما)، أخرجه المؤيد بالله في شرح التجريد.

وعن أبي هريرة قال: (ما أبالي على ظهر خفي مسحتُ أم على ظهر حمار)، أخرجه المؤيد بالله في شرح التجريد.

وعن زاذان قال: قال علي لأبي مسعود: (أنت المحدث أن رسول الله -صلى الله عليه وآله وسلم- مسح على الخفين)، قال: (أو ليس كذلك)، قال: (أقبل المائدة أم بعدها)، قال: (لا أدري)، قال: =

انتهى(189).

[115] **الهادي -عليه السلام- في الأحكام:** أجمع آل رسول الله -صلى الله عليه وآله وسلم- أنه لا مسح على شيء من ذلك، وأن من مسح على شيء من ذلك فلم يتوضأ، وأنه لا صلاة إلا بوضوء.

[116] **وفي الأحكام أيضاً:** حدثني أبي، عن أبيه أنه قال: لم أر أحداً من آل رسول الله -صلى الله عليه وآله وسلم- يشك في أن قرآءة رسول الله -صلى الله عليه وآله وسلم- وعلي بن أبي طالب -رحمة الله عليه- وجميع أهلها وجميع

(لا دريت، إنه من كذب على رسول الله -صلى الله عليه وآله وسلم- متعمداً فليتبوأ مقعده من النار)، أخرجه الذهبي في الميزان في ترجمة زكريا بن يحيى الكسائي.

وعن نصر البارقي قال: سألت زيد بن علي، عن المسح على الخفين فقال -رضي الله عنه-: (نحن أهل البيت لا نمسح، وكان أبونا لا يمسح، وما رأيت أحداً من أهل بيتي يمسح على خف قط)، أخرجه أبو عبدالله العلوي -رحمه الله- في كتاب أسماء التابعين.

وعن سعيد بن خثيم قال: كنت عند زيد بن علي -رضي الله عنه- فقال له معاوية بن إسحاق الأنصاري -رحمه الله- تعالى: يا ابن رسول الله، هل عندكم علم من رسول الله -صلى الله عليه وآله وسلم- لا يعرفه الناس؟ فقال: (نعم، علم جم يتوارثه الأصاغر من الأكابر) قال: قلت: ما هو ؟ قال: (كان محمد بن علي الباقر كبيرنا يجتمع إليه ولد الحسن والحسين -عليهم السلام- فيقرأ لهم القرآن بحرف علي -رضي الله عنه-، ويخرج إليهم علمه، قال: قلت: وما علمه ؟ قال: (ما تحتاج إليه هذه الأمة من حلالها وحرامها، وأنساب العرب وما يكون من لدن النبي -صلى الله عليه وآله وسلم- حتى تقوم الساعة، وأنه لا صلاة لمن مسح على الخفين، وأن لا يخافت ببسم الله الرحمن الرحيم، ومن ترك الصوت فيما يجهر فيه بالقراءة فقد نقص صلاته، وأن لا يأكل الجري ولا المارماهي، وما ليس عليه فلوس من السمك، والأمر بالمعروف والنهي عن المنكر واجب على من أمكنته منا الفرصة بالعلم، ومن زعم أن أحداً أولى بهذا الأمر منا فلا ذمة له ونحن منه براء، هذه والله فطرة الإسلام، ودين محمد عليه وعلى آله الصلاة والسلام، عليها أحيا، وعليها أموت، ومن تابعني من المؤمنين، ولا قوة إلا بالله العظيم)، أخرجه السيد العلامة النحرير النسابة قاضي دمشق أبو الغنائم عبدالله بن الحسن بن محمد بن الحسن بن عيسى بن يحيى بن الحسين بن زيد بن علي بن الحسين بن علي بن أبي طالب -عليهم السلام- في كتاب أنساب الطالبيين بسنده إلى سعيد بن خثيم -رحمه الله-. تمت من حاشية على الأصل.

(189) المجموع الحديثي والفقهي المسمى بمسند الإمام زيد بن علي طبعة مؤسسة الإمام زيد بن علي الثقافية صـ(72).

المهاجرين من بعدهما {وأرجلَكم} بالنصب يردونها بالواو نسقاً على غسل الوجه. انتهى[190].

[116] **أمالي أحمد بن عيسى -رضي الله عنه-**: وحدثنا محمد حدثنا أحمد بن عيسى، عن حسين، عن أبي خالد، عن أبي جعفر قال: سأله رجل فقال: المرأة توضأ للصلاة هل يجزيها أن تمسح على خمارها؟، قال: (لا، ولو أن يمس الماء مقدم رأسها).

وحدثنا محمد، حدثنا أحمد بن عيسى، عن حسين، عن أبي خالد، عن زيد، عن آبائه، عن النبي -صلى الله عليه وآله وسلم- مثله.

وحدثنا محمد، حدثنا جعفر، عن قاسم بن إبراهيم في المرأة تمسح على خمارها، [قال]: أهل بيت النبي -صلى الله عليه وآله وسلم- لا يرون ذلك. انتهى[191].

[117] **مجموع زيد بن علي -رضي الله عنه-**: حدثني زيد بن علي، عن أبيه، عن جده الحسين بن علي -رضي الله عنه- قال: (إنا ولد فاطمة -عليها السلام- لا نمسح على الخفين ولا عمامة ولا كمة ولا خمار ولا جهاز.انتهى[192].

[118] **المؤيد بالله -عليه السلام- في شرح التجريد**: أخبرنا أبو الحسين بن إسماعيل، قال: أخبرنا الناصر، قال: حدثنا محمد بن منصور، قال: حدثنا أحمد بن عيسى، عن حسين بن علوان، عن أبي خالد، عن زيد بن علي، عن آبائه، عن علي -عليهم السلام- قال: (لما كان في ولاية عمر جاء سعد بن أبي وقاص فقال: يا أمير المؤمنين؛ ما لقيت من عمار؟، قال: (وما ذاك)، قال: (حيث خرجت وأنا أريدك ومعي الناس، فأمرت منادياً فنادى بالصلاة، ثم دعوت بطهور فتطهرت

---

(190) الأحكام في الحلال والحرام للإمام الهادي -رضي الله عنه- طبعة مكتبة أهل البيت (1/ 65،66).

(191) أمالي أحمد بن عيسى، باب من كره المسح على الخمار (1/ 66،65).

(192) المجموع الحديثي والفقهي المسمى بمسند الإمام زيد بن علي طبعة مؤسسة الإمام زيد بن علي الثقافية صـ(72).

ومسحت على خفي، وتقدمتُ أصلي، فاعتزلني عمار، فلا هو اقتدى بي ولا هو تركني، فجعل ينادي من خلفي: يا سعد أصلاة بغير وضوء؟)، فقال عمر: يا عمار؛ اخرج مما جئتَ به، فقال: (نعم، كان المسح قبل المائدة)، فقال عمر: يا أبا الحسن ما تقول؟ قال: (أقول إن المسح كان من رسول الله -صلى الله عليه وآله وسلم- في بيت عائشة، والمائدة أنزلت في بيتها)، فأرسل عمر إلى عائشة فقالت: (كان المسح قبل المائدة، وقل لعمر: والله لأن تقطع قدماي بعقبيهما أحب إلي من أن أمسح عليهما)، فقال عمر: لا نأخذ بقول امرأة، ثم قال: أنشد الله امرءاً شهد المسح من رسول الله -صلى الله عليه وآله وسلم- لما قام فقام ثمانية عشر رجلاً كلهم رأى رسول الله -صلى الله عليه وآله وسلم- يمسح وعليه جبة شامية ضيقة اليدين، فأخرج يديه من تحتها ثم مسح على خفيه من تحتها، فقال عمر: ما ترى يا أبا الحسن، فقال: (سلهم قبل المائدة أو بعدها)، فسألهم، فقالوا: ما ندري، فقال علي: (أنشد الله أمرءاً مسلماً علم أن المسح كان قبل نزول المائدة لما قام)، فقام اثنان وعشرون رجلاً فتفرق القوم؛ وهؤلاء يقولون لا نترك ما رأينا، وهؤلاء يقولون لا نترك ما رأينا[193]. انتهى[194].

[119] **أمالي أحمد بن عيسى -رضي الله عنه-:** حدثني علي ومحمد ابنا أحمد بن عيسى، عن أبيهما أنه سئل عن صلاة النبي -صلى الله عليه وآله وسلم- كيف كانت قبل نزول المائدة أبوضوء أم بمسح؟.

فقال: إن جبريل نزل فعلم النبي -صلى الله عليه وآله وسلم- الوضوء بتمامه،

---

(193) ويشبه هذه القضية القضية التي دارت بين سعد وابن عمر عند عمر وقد مر أحد الروايات لها، والرواية الأخرى: هي ما أخرجه الطبراني في الأوسط، عن ابن عباس أنه قال: (ذكر المسح على الخفين عند عمر بين سعد وعبدالله بن عمر، فقال عمر: سعد أفقه منك، فقال عبدالله بن العباس: يا سعد إنا لا ننكر أن رسول الله -صلى الله عليه وآله وسلم- مسح، ولكن ما مسح منذ نزلت المائدة، فإنها أحكمت كل شيء، وكانت آخر سورة نزلت في القرآن إلا براءة، قال: فلم يتكلم أحد.

وأخرج ابن ماجة طرفاً منه. تمت من حاشية على الأصل.

(194) شرح التجريد (1/ 186).

فكان يتوضأ بالوضوء التام ويصلي، ثم أنزل الله آية الوضوء في سورة المائدة بتأكيد الوضوء الأول، والقرآن نزل بالغسل. انتهى (195).

[120] **الجامع الكافي**: قال القاسم -عليه السلام-: وأهل النبي -صلى الله عليه وآله وسلم- لا يرون أن تمسح المرأة على خمارها.

وقال القاسم -عليه السلام- أيضاً، فيما حدثنا علي، عن محمد، عن أحمد، عن عثمان، عن القومسي عنه: أجمع آل رسول الله -صلى الله عليه وآله وسلم- على ترك المسح على الخفين.

قال القومسي: فقلت له أتنهى عن المسح على الخفين.

قال: نعم أشد ما.

وقال الحسن بن يحيى: أجمع آل رسول الله -صلى الله عليه وآله وسلم- على غسل القدمين، وعلى النهي عن المسح على الخفين، وعلى النهي عن المسح على القدمين والخمار والعمامة والكمة، وأن ذلك كله لا يجزي المتطهر عندهم من الرجال والنساء. انتهى (196).

وقال القاسم -عليه السلام- في جوابه على ولده محمد بن القاسم -رضي الله عنه-: وأما المسح على الخفين فإن أهل البيت مجمعون أنه فاسد لا يجوز، وأما المسح على القدمين فليس فيه إلا ما يقول أصحاب الإمامية عمن يقولون به، ولم ندرك أحداً من آل الرسول إلا وهو يفعل بخلاف ما قالوا به فيغسل ولا يمسح. انتهى (197).

[121] **مجموع زيد بن علي** -رضي الله عنه-: حدثني زيد بن علي، عن أبيه، عن جده، عن علي -عليهم السلام- أنه كان يقول: سبق الكتاب الخفين (198).

---

(195) أمالي أحمد بن عيسى، باب رفع المرأة يديها في الصلاة (1/ 251).
(196) الجامع الكافي (1/ 363، 364).
(197) مجموع كتب ورسائل الإمام القاسم بن إبراهيم الرسي مسائل القاسم (2/ 569).
(198) عن ابن عباس قال: (سبق الكتاب الخفين)، أخرجه المؤيد بالله في شرح التجريد. وأخرجه أبو بكر بن أبي شيبة، عن علي -رضي الله عنه-.
=

انتهى (199).

باب في الغسل الواجب والسنة

[122] أمالي أحمد بن عيسى -رضي الله عنه-: وأخبرنا محمد، حدثني أحمد بن عيسى، عن حسين، عن أبي خالد، عن زيد، عن آبائه، عن علي -عليهم السلام- قال: الغسل من الجنابة واجب، ومن غسل الميت وإن تطهرت أجزأك [والغسل من الحمام وإن تطهرت أجزأك والغسل من الحجامة وإن تطهرت أجزأك](200) وغسل العيدين وما أحب أن أدعهما وغسل الجمعة وما أحب أن أدعه لأني سمعت رسول الله -صلى الله عليه وآله وسلم- يقول: «من أتى الجمعة فليغتسل»(201). انتهى (202).

_____

وفي جمع الجوامع من مسند علي -رضي الله عنه- عن رجل من الموالي قال: سمعت منادي علي بن أبي طالب ينادي: يا أيها الناس إن الكتاب قد سبق المسح على الخفين -ثلاث مرات-. أخرجه ابن جرير. انتهى. من حاشية على الأصل.

(199) المجموع الحديثي والفقهي المسمى بمسند الإمام زيد بن علي طبعة مؤسسة الإمام زيد بن علي الثقافية ص(73).

(200) ما بين القوسين غير موجود في أمالي أحمد بن عيسى، وهو في أصل هذا الكتاب، والموجود في نسخة الأمالي: (والغسل من الحجام وإن تطهرت أجزأك).

(201) عن زاذان قال: سألنا علياً عن الغسل؟ قال: (الاغتسال إذا شئت) قلت: إنما أسألك عن الغسل الذي هو الغسل، قال: (يوم الجمعة، ويوم عرفة، ويوم الفطر، ويوم النحر)، أخرجه المؤيد بالله -رضي الله عنه- في شرح التجريد.
وعن علي -رضي الله عنه- قال: (الطهارات ست: من الجنابة، ومن الحمام، ومن غسل الميت، والحجامة، والغسل للجمعة، والغسل للعدين)، قال السيوطي في الجامع الكبير: أخرجه عبدالرزاق.
وعن عائشة: أن النبي -صلى الله عليه وآله وسلم- قال: «نغتسل من أربع: من الجنابة، ويوم الجمعة، ومن غسل الميت، والحجامة» أخرجه البيهقي.
وعنها أيضاً قالت: قال رسول الله -صلى الله عليه وآله وسلم-: «الغسل من خمسة: من الجنابة، والحجامة، وغسل يوم الجمعة، وغسل الميت، والغسل من ماء الحمام»، أخرجه البيهقي.
وعن عبدالله بن عمر قال: (كنا نغتسل من خمسة: من الحجامة، والحمام، ونتف الإبط، ومن الجنابة، ويوم الجمعة)، أخرجه البيهقي. تمت من حاشية على الأصل.

(202) أمالي أحمد بن عيسى، باب الغسل الواجب والسنن (1/ 47).

[123] **مجموع زيد بن علي** -رضي الله عنه-: حدثني زيد بن علي، عن أبيه، عن جده، عن علي -عليهم السلام- قال: (الغسل من الجنابة واجب، ومن غسل الميت سنة؛ وإن تطهرت أجزأك، والغسل من الحجامة؛ وإن تطهرت أجزأك، وغسل العيدين؛ وما أحب أن أدعهما، وغسل الجمعة وما أحب أن أدعه؛ لأني سمعت رسول الله -صلى الله عليه وآله وسلم- يقول: «من أتى الجمعة فليغتسل». انتهى (203).

[124] **الهادي** -عليه السلام- **في الأحكام**: والغسل في يوم الجمعة فليس بفرض واجب، وإنما أمر به رسول الله -صلى الله عليه وآله وسلم- أصحابه لأنهم كانوا يكونون في أعمالهم ومكاسبهم فيصيبهم الغبار والتراب، ويتراكم عليهم العرق، ثم يأتي وقت الصلاة يوم الجمعة فيحضرون للصلاة وهم على تلك الحال، فيزدحمون فيثور منهم رائحة ذلك الغبار مع العرق، فيتأذى بعضهم ببعض، فأمرهم رسول الله -صلى الله عليه وآله وسلم- بالغسل يوم الجمعة، ففعلوا، فذهبت تلك الرائحة، وأماطوا بالماء ما كان يعلوهم منها(204). انتهى (205).

---

(203) المجموع الحديثي والفقهي المسمى بمسند الإمام زيد بن علي طبعة مؤسسة الإمام زيد بن علي الثقافية صـ(66).

(204) عن ابن عباس أنه سأله رجل عن الغسل يوم الجمعة أواجب هو؟، قال: (لا، وسأحدثكم عن بدء الغسل؛ كان الناس محتاجين، وكانوا يلبسون الصوف، وكانوا يسقون النخل على ظهورهم، وكان مسجد النبي -صلى الله عليه واله وسلم- ضيقاً متقارب السقف، فراح الناس في الصوف فعَرِقوا، وكان منبر النبي -صلى الله عليه وآله وسلم- قصيراً إنما هو ثلاث درجات، فعَرِق الناس في الصوف فثارت أرواحهم أرواح الصوف، فتأذى بعضهم ببعض حتى بلغت أرواحُهم رسولَ الله -صلى الله عليه وآله وسلم- وهو على المنبر، فقال: «يا أيها الناس: إذا جئتم الجمعة فاغتسلوا، وليمسن أحدكم من أطيب طيب إن كان عنده»، أخرج البخاري بعضه، ورواه أحمد، ورواه البيهقي وزاد: قال ابن عباس: (ثم جاء الله بالخير ولبسوا غير الصوف، وكُفُوا العمل، وَوُسِّعَ مسجدُهم، وذهب بعض الذي كان يؤذي بعضهم بعضاً من العرق). تمت من حاشية على الأصل.

(205) الأحكام في الحلال والحرام للإمام الهادي -رضي الله عنه- طبعة مكتبة أهل البيت (1/121).

[125] **أمالي أحمد بن عيسى** -رضي الله عنه-: وحدثنا محمد، حدثنا الحكم بن سليمان، عن يحيى بن عقبة بن أبي العيزار، عن أبي إسحاق، عن الحارث، عن علي -عليه السلام- قال: (أمرنا رسول الله -صلى الله عليه وآله وسلم- بغسل يوم الجمعة، [والعيدين، ويوم عرفة](206) وليس بواجب. انتهى(207).

هذا سند صحيح رجاله جميعاً من ثقات محدثي الشيعة.

والحكم بن سليمان: شيخ محمد من شيعة العترة النبوية وثقاتهم، روى في فضائلهم الكثير الطيب، وقد سلم من ألسنة النواصب.

ويحيى بن عقبة بن أبي العيزار: من ثقات محدثي الشيعة، تكلم فيه الخصوم ورموه بالكذب، وهكذا دأبهم في وصم من اقتفى أثر آل محمد -عليهم السلام-.

أما أبو إسحاق السبيعي والحارث: فسيأتي الكلام عليهما في التيمم، وهما من ثقات محدثي الشيعة.

باب القول في البول قبل الغسل

[126] **المؤيد بالله** -عليه السلام- في شرح التجريد: والدليل على ذلك: ما أخبرنا به أبو العباس الحسني، قال أخبرنا أبو زيد العلوي، وأخبرنا محمد بن عثمان النقاش، قال: حدثنا الناصر للحق، قالا: حدثنا محمد بن منصور، عن حسين بن نصر بن مزاحم، عن خالد بن عيسى العكلي، عن حصين بن مخارق، عن جعفر بن محمد، عن أبيه، قال: قال رسول الله -صلى الله عليه وآله وسلم-: «إذا جامع الرجل فلا يغتسل حتى يبول، وإلا تردد بقية المني فكان منه داء لا دواء له» انتهى(208).

___

(206) ما بين القوسين زيادة من الأمالي (1/ 48)، غير ثابت في الأصل.
(207) أمالي أحمد بن عيسى، باب الغسل الواجب والسنن (1/ 48).
(208) شرح التجريد (1/ 193).

[125] أمالي أحمد بن عيسى -رضي الله عنه-: وحدثنا محمد، حدثنا حسين بن نصر، عن خالد، عن حصين، عن جعفر، عن أبيه قال: قال رسول الله -صلى الله عليه وآله وسلم-: «إذا جامع الرجل فلا يغتسل حتى يبول، وإلا تردد بقية المني فكان منه داء لا دواء له» انتهى (209).

الرجال:

[ترجمة الحسين بن نصر، وخالد بن عيسى، وحصين بن مخارق]

أما الحسين بن نصر:

فقال في الجداول: الحسين بن نصر بن مزاحم المنقري، عن أبيه، وسليمان بن يزيد، وعطية بن الحارث، وخالد بن عيسى، عن حصين بن المخارق، عن الأئمة القدماء.

وعنه محمد بن منصور، وأبو الفرج الأصبهاني كثيراً من سير الأئمة بغير واسطة، وبعضه بواسطة أحمد بن عيسى، والعباس بن الفضل، وعلي بن العباس البجلي، له اتساع في الرواية واليد، عن العترة وشيعتهم.

قال مولانا: وثقه المؤيد بالله. انتهى.

أخرج له الناصر ومحمد والمؤيد بالله وأبو طالب والمرشد بالله وابن المغازلي.

وأما خالد بن عيسى العكلي:

فقال في الجداول: خالد بن عيسى العكلي، عن حصين بن مخارق.

وعنه حسين بن نصر.

قال مولانا: هو من رجال الشيعة وممن وثقه المؤيد بالله. انتهى.

أخرج له الناصر ومحمد والمؤيد بالله وأبو طالب وابن المغازلي.

_____
(209) أمالي أحمد بن عيسى، باب في الجنب يغتسل قبل أن يبول (1/ 46).

وأما حصين بن مخارق:

فقال في الجداول: الحصين بن المخارق بن ورقاء، أبو جنادة، عن زيد بن علي، والباقر، والصادق، والنفس الزكية، والحسين بن زيد، ومحمد بن زيد، وعبيد الله بن الحسين، والإمام يحيى بن عبد الله، والحسن بن زيد بن الحسن، وغيرهم من الشيعة.

وعنه الحسن بن سعيد بن عثمان الخراز، وأحمد بن صبيح، وخالد بن عيسى، وحجاج، وعدة.

قال مولانا: فمن روى عن هؤلاء الأئمة الثقات لا يكون إلا من الشيعة الثقات، ولا التفات إلى ما ذكره الذهبي وغيره.

قال: وأخرج له الطبراني ووثقه والمؤيد بالله ووثقه ولعل وفاته رأس المائتين. انتهى (210).

أخرج له محمد بن منصور والمؤيد بالله وأبو طالب والمرشد بالله وأبو عبد الله العلوي وابن المغازلي.

باب القول في صفة الغسل من الجنابة

[127] **أمالي أحمد بن عيسى -رضي الله عنه-**: ونا أحمد بن عيسى، عن حسين، عن أبي خالد، عن زيد، عن آبائه، عن علي -عليهم السلام- قال: (لما

---

(210) قال مولانا الإمام الحجة مجد الدين المؤيدي -رضوان الله عليه-: الولي السابق، الحُصَيْنُ بن الْمُخَارِق -بضم الميم، وبالخاء المعجمة، فألف، وكسر الراء المهملة، والقاف- أبو جنادة السلولي، الكوفي، المتوفى رأس المائتين تقريباً، الراوي عن أعلام العترة: الإمام الأعظم، وأخيه الباقر، وولده، والإمام محمد بن عبدالله النفس الزكية، والإمام يحيى بن عبد الله، وعبد الله بن الحسين عن آبائهم(ع)، احتج به الإمام المؤيد بالله ووثقه، ومحمد بن منصور، فمن أسانيده المعتمدة عن الإمام أحمد بن عيسى، عن حسين بن نصر بن مزاحم، عن خالد بن عيسى العُكْلي، عن الحصين بن المخارق، عن جعفر بن محمد (ع). لوامع الأنوار (1/ 482).

كان في ولاية عمر قدم عليه نفر من أهل الكوفة فقال: مَن القوم؟ فقالوا: نفر من أهل العراق فقال: بإذن أم بغير إذن، قالوا: لا، بل بإذن، قال: لو غير ذلك قلتم لأنكلتكم عقوبة، قالوا: جئناك نسألك عن أشياء، قال: هاتوا، قالوا: نسألك عن الغسل من الجنابة، وعن أمور ذكروها، فقال: ويحكم؛ أسحرة أنتم؟ ما سألني عنهن أحد منذ سألت رسول الله -صلى الله عليه وآله وسلم- عنهن، ألست شاهداً يا أبا الحسن، قال: قلت: بلى، قال: فأدِّ ما أجابني رسول الله -صلى الله عليه وآله وسلم-، فإنك أحفظ لذلك مني.

فقلت: سألته عن الغسل من الجنابة.

فقال -عليه السلام-: «تصب على يديك قبل أن تدخل يدك في إنائك، ثم تضرب بيدك إلى مراقك فتنقي ما ثَمَّ، ثُمّ تضرب بيدك إلى الأرض، ثم تصب عليها من الماء، ثم تمضمض وتستنشق وتستنثر -ثلاثاً-، وتغسل وجهك وذراعيك -ثلاثاً-، [وتمسح برأسك، وتغسل قدميك، ثم تفيض الماء على رأسك -ثلاثاً-](211)، وتفيض الماء على جانبيك، وتدلك من جسدك ما نالت(212) يداك». انتهى(213).

---

(211) ما بين القوسين سقط من الأصل، وهو ثابت في الأمالي (1/ 48 ، 49).

(212) قال في الروض أورد الهيثمي في مجمع الزوائد، عن عمر ما هو قريب منه ولفظه: عن رجل من القوم الذين سألوا عمر بن الخطاب فقالوا إنا أتيناك نسألك، عن ثلاث، عن صلاة الرجل في بيته تطوعا وعن الغسل من الجنابة وعن الرجل ما يصح له من امرأته إذا كانت حائضا فقال: أسحار أنتم لقد سألتموني، عن شيء ما سألني عنه أحد منذ سألت عنه رسول الله -صلى الله عليه وآله وسلم-، فقال : صلاة الرجل في بيته تطوعا نور فمن شاء نور بيته، وقال في الغسل من الجنابة: يغسل فرجه ويتوضأ ثم يفيض على رأسه ثلاثا وقال في الحائض: له ما فوق الإزار أخرجه الطبراني في الأوسط وروى ابن ماجه قصة الصلاة في البيت ورواه أحمد ورواه أبو يعلى والبيهقي في سننه وفي رواية الطبراني وأبي يعلى أنه قال -صلى الله عليه وآله وسلم- (تدلك رأسك كل مرة)، أي من الثلاث الغرفات التي على الرأس. تمت من حاشية على الأصل.

(213) أمالي أحمد بن عيسى، باب صفة الغسل من الجنابة (1/ 49،48).

[128] **مجموع زيد بن علي** -رضي الله عنه-: حدثني أبو خالد -رحمه الله- قال: سألت زيداً -عليه السلام- عن الغسل من الجنابة فقال: تغسل يديك ثلاثاً، ثم تستنجي وتوضأ وضوءك للصلاة، ثم تغسل رأسك ثلاثاً، ثم تفيض الماء على سائر جسدك ثلاثاً، ثم تغسل قدميك، قال: حدثني بهذا أبي، عن أبيه، عن جده، عن علي بن أبي طالب -كرم الله وجهه-، عن النبي (214) -صلى الله عليه وآله وسلم- . انتهى(215).

[129] **أمالي أحمد بن عيسى** -رضي الله عنه-: وحدثنا محمد، حدثنا جعفر، عن قاسم بن إبراهيم، في غسل الجنابة كيف هو؟، قال: الذي روي عن النبي -صلى الله عليه وآله وسلم- «أنه توضأ فغسل يديه، ثم غسل فرجه، ثم مسح يده اليسرى بالأرض، وكان يفيض الماء بيمينه على يساره، ثم غسل يديه فتمضمض واستنشق -ثلاثاً-، وغسل وجهه -ثلاثاً-، وذراعيه -ثلاثاً ثلاثاً-، ثم مسح رأسه، ثم أفاض الماء على رأسه -ثلاثاً-، ثم على سائر جسده، ومسح جسده بيده، ثم تنحى عن الموضع الذي أفاض على جسده فيه وغسل رجليه بعد ذلك». انتهى(216).

الرجال:

---

(214) عن ميمونة بنت الحارث قالت وضعت للنبي -صلى الله عليه وآله وسلم- غسلا يغتسل به من الجنابة فأكفأ الإناء على يده اليمنى فغسلها مرتين أو ثلاثاً ثم صب على فرجه فغسل فرجه بشماله ثم ضرب بيده الأرض فغسلها ثم تمضمض واستنشق وغسل وجهه ويديه ثم صب على رأسه وجسده ثم تنحى ناحية فغسل رجليه فناولته المنديل فلم يأخذه وجعل ينفض الماء، عن جسده أخرجه أبو داوود والترمذي وقال في الروض هذه الحديث متفق عليه. تمت من حاشية على الأصل.
(215) المجموع الحديثي والفقهي المسمى بمسند الإمام زيد بن علي طبعة مؤسسة الإمام زيد بن علي الثقافية صـ(66).
(216) أمالي أحمد بن عيسى، باب صفة الغسل من الجنابة (1/ 49).

[ترجمة جعفر بن محمد النيروسي]

جعفر، هو ابن محمد النيروسي:

قال في الجداول: جعفر بن محمد بن شعبة النيروسي الطبري، عن الإمام القاسم بن إبراهيم، وعبد الله بن موسى الحسني، وعباد بن يعقوب، وعلي بن أحمد الأودي، وعنه المرادي، والناصر للحق، وعبد الله بن الحسن الإيوازي.

قلت: كان جعفر من الفضلاء العظام، صاحب القاسم، اختص بالمسائل المعروفة بمسائل النيروسي. انتهى.

خرج له محمد وصاحب المحيط بالإمامة.

[130] **مجموع زيد بن علي** -رضي الله عنه-: حدثني زيد بن علي، عن أبيه، عن جده -عليهم السلام-، عن علي بن أبي طالب كرم الله وجهه قال: (لما كان في ولاية عمر قدم عليه نفر من أهل الكوفة قالوا: جئناك نسألك عن أشياء، نسألك عن الغسل من الجنابة، وما يحل للرجل من امرأته إذا كانت حائضاً.

فقال: بإذن جئتم أم بغير إذن.

قالوا: لا، بل بإذن.

قال: لو غير ذلك قلتم لنكلتكم عقوبة، ويحكم أسحرة أنتم لقد سألتموني عن أشياء ما سألني عنهن أحد منذ سألت رسول الله -صلى الله عليه وآله وسلم- عنهن، ألست كنت شاهدي يا أبا الحسن؟

قال: قلت: بلى.

قال: فأد ما أجابني به رسول الله -صلى الله عليه وآله وسلم- فإنك أحفظ لذلك مني.

فقلت: سألته عن الغسل من الجنابة، فقال -صلى الله عليه وآله وسلم-: «تصب الماء على يديك قبل أن تدخلهما في إنائك، ثم تضرب بيدك إلى مراقك فتنقي ما ثَمّ، ثُمّ تضرب بيدك إلى الأرض، ثم تصب عليها من الماء، ثم تمضمض وتستنشق وتستنثر -ثلاثاً-، ثم تغسل وجهل وذراعيك -ثلاثاً ثلاثاً-، وتمسح برأسك، وتغسل قدميك، وتفيض الماء على رأسك -ثلاثاً-، وتفيض الماء على جانبيك، وتدلك من جسدك ما نالت يداك».

وسألته: ما لك من امرأتك إذا كانت حائضاً.

قال -صلى الله عليه وآله وسلم-: «ما فوق الإزار، ولا تطلع على ما تحته»، انتهى(217).

باب القول في إعادة الوضوء للصلاة بعد الغسل

[131] **الهادي -عليه السلام- في الأحكام:** حدثني أبي، عن أبيه أن رسول الله -صلى الله عليه وآله وسلم- اغتسل من الجنابة فتوضأ فغسل يديه، ثم غسل فرجه، وكان يفيض الماء بيمينه على يساره، ثم غسل يده، ثم تمضمض واستنشق وغسل وجهه، ثم غسل ذراعيه -ثلاثاً ثلاثاً-، ثم مسح رأسه، ثم أفاض الماء على رأسه، ثم غسل سائر جسده، ومسح جسده بيده، ثم تنحى عن الموضع الذي أفاض الماء على جسده فيه، ثم غسل رجليه بعد ذلك، ثم أعاد وضوءه(218) للصلاة. انتهى(219).

(217) المجموع الحديثي والفقهي المسمى بمسند الإمام زيد بن علي طبعة مؤسسة الإمام زيد بن علي الثقافية صـ(77، 78).

(218) عن علي -رضي الله عنه- قال: (من اغتسل من جنابة ثم حضرت الصلاة فليتوضأ)، أخرجه المؤيد بالله في شرح التجريد، وعن عطاء وزاذان وميسرة: (أن علياً -رضي الله عنه- كان يتوضأ بعد الغسل)، أخرجه المؤيد بالله أيضاً في شرح التجريد. تمت من حاشية على الأصل.

باب في المسح على الجبائر

[132] **أمالي أحمد بن عيسى -رضي الله عنه-**: حدثني أحمد بن عيسى، عن حسين، عن أبي خالد، عن زيد بن علي، عن آبائه، عن علي -عليهم السلام- قال: (أصيبت إحدى زندي مع رسول الله -صلى الله عليه وآله وسلم- فأمر به رسول الله -صلى الله عليه وآله وسلم- فجُبِّر، فقلت: يا رسول الله كيف أصنع بالوضوء؟ فقال: امسح(220) على الجبائر، فقلت: والجنابة قال كذلك فافعل. انتهى(221).

[133] **مجموع زيد بن علي -رضي الله عنه-**: حدثني زيد بن علي، عن أبيه، عن جده، عن علي -عليهم السلام- قال: كسرت إحدى زندي مع رسول الله -صلى الله عليه وآله وسلم- فأمر رسول الله -صلى الله عليه وآله وسلم- فجبر فقلت: يا رسول الله كيف أصنع بالوضوء؟ قال: «امسح على الجبائر» قلت: والجنابة، قال: «كذلك فافعل». انتهى(222).

---

(219) الأحكام في الحلال والحرام للإمام الهادي -رضي الله عنه- طبعة مكتبة أهل البيت (1/ 48).

(220) عن علي -رضي الله عنه- قال: (انكسر إحدى زِندَيّ، فسألت رسول الله -صلى الله عليه وآله وسلم- فأمرني أن أمسح على الجبائر)، أخرجه عبدالرزاق في مصنفه، والدارقطني، وابن السني، وأبو نعيم معاً في الطب.

وعن جابر، قال: (خرجنا في سفر فأصاب رجلاً معنا حجرٌ في رأسه فشجه فاحتلم، فسأل أصحابه هل تجدون لي رخصة في التيمم؟، فقالوا: ما نجد لك رخصة وأنت تقدر على الماء، فاغتسل، فمات، فلما قدمنا على النبي -صلى الله عليه وآله وسلم- أخبر بذلك فقال: «قتلوه قتلهم الله، ألا سألوا إذا لم يَعلموا فإنما شفاء العي السؤال، إنما كان يكفيه أن يتيمم ويعصب على جرحه خرقه، ثم يمسح عليها، ويغسل سائر جسده»، أخرجه أبو داوود، والحاكم، والدارقطني، أخرجاه من رواية ابن عباس.

وأخرجه عن ابن عباس: ابن ماجة وابن حبان في صحيحه.

وأخرج مثل حديث الباب البيهقي في سننه: عن زيد بن علي بثلاث طرق.

وأخرج أبو عبدالله العلوي في كتاب أسماء التابعين بسنده إلى علي -رضي الله عنه- عن النبي -صلى الله عليه وآله وسلم-: «أنه كان يمسح على الجبائر». تمت من حاشية على الأصل.

(221) أمالي أحمد بن عيسى، باب في المسح على الجبائر (1/ 55).

(222) المجموع الحديثي والفقهي المسمى بمسند الإمام زيد بن علي طبعة مؤسسة الإمام زيد بن علي الثقافية صـ(73).

[134] المؤيد بالله -عليه السلام- في شرح التجريد: أخبرنا محمد بن عثمان النقاش، قال: حدثنا الناصر للحق -عليه السلام-، قال: حدثنا محمد بن منصور، قال: حدثنا أحمد بن عيسى، عن حسين بن علوان، عن أبي خالد، عن زيد بن علي، عن آبائه، عن علي -عليهم السلام- قال: (أصيبت إحدى زندي مع رسول الله -صلى الله عليه وآله وسلم- فجبرت، فقلت: يا رسول الله، كيف أصنع بالوضوء؟ قال: «امسح على الجبائر» قال: قلت: فالجنابة، قال: «كذلك فافعل». انتهى (223).

باب القول في تفريق الغسل

[135] أمالي أحمد بن عيسى -رضي الله عنه-: وحدثنا محمد، حدثنا أحمد بن عيسى، عن عيسى، عن أبي خالد، عن زيد، عن آبائه، عن علي -عليهم السلام- قال: (جاء رجل إلى النبي -صلى الله عليه وآله وسلم- فقال: يا رسول الله، أصابتني جنابة فغسلت رأسي، ثم جلست حتى جف رأسي، أفاعيد الماء على رأسي وجسدي)، قال: «لا يجزيك غسل رأسك عن(224) الإعادة». انتهى (225).

[136] مجموع زيد بن علي -رضي الله عنه-: وحدثني زيد بن علي، عن أبيه، عن جده، عن علي بن أبي طالب -عليهم السلام- قال: جاء رجل إلى النبي -صلى الله عليه وآله وسلم- فقال: يا رسول الله أصابتني جنابة فغسلت رأسي ثم جلست حتى جف رأسي أفأعيد الماء على رأسي قال: «لا بل يجزيك غسل رأسك، عن الإعادة». انتهى (226).

---

(223) شرح التجريد (1/ 208).
(224) عن ابن مسعود: أن رجلاً سأل النبي -صلى الله عليه وآله وسلم-، عن الرجل يغتسل من الجنابة فيخطئ بعض جسده الماء، فقال رسول الله -صلى الله عليه وآله وسلم-: «يغسل ذلك المكان ثم يصلي»، أخرجه الترمذي، وابن ماجة، والبيهقي، والطبراني في الكبير. تمت من حاشية على الأصل.
(225) أمالي أحمد بن عيسى، باب من رخص في تفريق الغسل (1/ 50).
(226) المجموع الحديثي والفقهي المسمى بمسند الإمام زيد بن علي طبعة مؤسسة الإمام زيد بن علي الثقافية صـ(67).

باب القول في التقاء الختانين

[137] **مجموع زيد بن علي** -رضي الله عنه-: حدثني زيد بن علي، عن أبيه، عن جده، عن علي -عليهم السلام- قال: (إذا التقى الختانان وتوارت الحشفة فقد وجب الغسل(227) أنزل أو لم ينزل). انتهى(228).

[138] **أمالي أحمد بن عيسى** -رضي الله عنه-: حدثني أحمد بن عيسى، عن محمد بن بكر، عن أبي الجارود، قال سمعت أبا جعفر يقول: اجتمعت قريش والأنصار، فقالت الأنصار: الماء من الماء، وقالت قريش: إذا التقى الختانان، فقد وجب الغسل، فترافعوا إلى علي - صلى الله عليه -، فقال علي - صلى الله عليه -: (يا معشر الأنصار أيوجب الحد)، قالوا: نعم، قال: (أيوجب المهر)، قالوا: نعم، فقال: (ما بال ما أوجب الحد والمهر لا يوجب الماء فأبوا وأبى). انتهى(229).

[139] **الهادي** -عليه السلام- **في الأحكام**: حدثني أبي، عن أبيه في الرجل يجامع المرأة فلا ينزل هل عليهما الغسل أم لا؟ فقال: قد اختلف في ذلك، عن النبي -صلى الله عليه وآله وسلم- وعن علي -عليه السلام- واختلف

---

(227) عن علي -رضي الله عنه- قال: (إذا اختلف الختانان فقد وجب الغسل)، أخرجه الطحاوي. وعن علي -رضي الله عنه- أيضاً قال: (إذا جاوز الختان الختان فقد وجب الغسل)، أخرجه البيهقي في سننه.
وأخرج عبدالرزاق، عن علي -رضي الله عنه- قال: (التقاء الختانين كما يجب الحدّ كذلك يجب الغسل، أيوجب الحد ولا يوجب قدحاً من الماء).
وعن عائشة قالت: قال النبي -صلى الله عليه وآله وسلم-: «إذا جاوز الختانُ الختانَ فقد وجب الغسل»، أخرجه المؤيد بالله في شرح التجريد من طريقين.
وأخرج المؤيد بالله في شرح التجريد، عن أبي بن كعب: «أن رسول الله -صلى الله عليه وآله وسلم- جعل الماء من الماء رخصة في أول الإسلام، ثم نهى عن ذلك وأمر بالغسل»، وأخرجه عن أُبَيٍّ أبو داوود والترمذي. تمت من حاشية على الأصل.
(228) المجموع الحديثي والفقهي المسمى بمسند الإمام زيد بن علي طبعة مؤسسة الإمام زيد بن علي الثقافية صـ(67).
(229) أمالي أحمد بن عيسى، باب من قال إذا التقى الختانان وجب الغسل (1/ 50،51).

المهاجرون والأنصار وكثرت فيه الروايات غير أن الاحتياط أن يغتسل وقد قيل: إن ما أوجب الحد أوجب الغسل انتهى[230].

[140] **أمالي أحمد بن عيسى** -رضي الله عنه-: جعفر عن قاسم بن إبراهيم: في الرجل يجامع المرأة فلا ينزلان هل عليهما الغسل أم لا؟

قال: قد اختلف عن النبي -صلى الله عليه وآله وسلم-، وعن علي -عليه السلام-، واختلف فيه المهاجرون والأنصار، وكثرت الأحاديث في هذا، غير أن الاحتياط أن يغتسل، ومن ترك الغسل منه وتوضأ وأخذ بما ذكر عن كثير من رجال الأنصار، وعن علي، وابن عباس، وتأول ما جاءت به الآثار لم يكن كمن لم يغتسل بعد الإنزال.

وقد قالوا: إن ما أوجب الحد أوجب الغسل.

وقالوا أيضاً: الماء من الماء.

قال محمد: الذي نأخذ به إذا التقى الختان وجب الغسل، وكذلك سمعنا، عن النبي -صلى الله عليه وآله وسلم-، وعن علي بن أبي طالب صلى الله عليه انتهى[231].

[141] **الجامع الكافي**: قال القاسم -عليه السلام-: اختلف عن النبي وعن علي - صلى الله عليهما-: في الرجل يجامع امرأته فلا ينزلان، واختلف فيه المهاجرون والأنصار، وكثرت الأحاديث في هذا، غير أن الاحتياط أن يغتسل، ومن ترك الغسل منه وتوضأ وأخذ بما ذكر عن كثير من الأنصار، وعن علي -صلى الله عليه -، وابن عباس، وتأول ما جاءت به الآثار، لم يكن كمن لم يغتسل بعد الإنزال.

---

[230] الأحكام في الحلال والحرام للإمام الهادي -رضي الله عنه- طبعة مكتبة أهل البيت (1/48).

[231] أمالي أحمد بن عيسى، باب من قال إذا التقى الختانان وجب الغسل (1/51).

وقد قالوا: إن ما أوجب الحد أوجب الغسل.

وقالوا أيضاً: الماء من الماء. انتهى[232].

باب القول في المرأة ترى في المنام ما يرى الرجل

[142] **أمالي أحمد بن عيسى -رضي الله عنه-**: حدثني أحمد بن عيسى، عن حسين، عن أبي خالد، عن زيد، عن آبائه، عن علي -عليهم السلام- قال: دخلت أنا ورسول الله -صلى الله عليه وآله وسلم- على عائشة، -وذلك قبل أن تؤمر بالستر دوننا-، فإذا عندها نسوة من قريش والأنصار، فقالت عائشة: يا رسول الله؛ هؤلاء النسوة جئنك يسألنك عن أشياء يستحيين من ذكرها، فقال -صلى الله عليه وآله وسلم-: «إن الله لا يستحيي من الحق»، قالت: المرأة ترى في المنام ما يرى الرجل؛ هل عليها الغسل؟

فقال: «عليها الغسل، إن لها ماءً كماء الرجل، ولكنّ الله أسر ماءها، وأظهر ماء الرجل، فإذا ظهر ماؤها على ماء الرجل ذهب الشبه إليها، وإذا ظهر ماء الرجل على مائها ذهب الشبه إليه، وإذا اختلطا كان الشبه منها ومنه، فإذا ظهر منها ماء كما يظهر من الرجل فلتغتسل، ولا يكون ذلك إلا من شرارهن[233]». انتهى[234].

---

(232) الجامع الكافي (1/ 402).

(233) عن أنس بن مالك: أن أم سليم حدثت أنها سألت نبي الله -صلى الله عليه وآله وسلم- عن المرأة ترى في منامها ما يرى الرجل؛ فقال رسول الله -صلى الله عليه وآله وسلم-: «إذا رأت ذلك المرأة فلتغتسل»، فقالت أم سلمة: واستحييت من ذلك، قالت: وهل يكون هذا؟ فقال نبي الله -صلى الله عليه وآله وسلم-: «نعم، فمن أين يكون الشبه، إن ماء الرجل غليظ أبيض، وماء المرأة رقيق أصفر، فمن أيهما علا أو سبق يكون منه الشبه»، أخرجه مسلم، وأخرج نحوه عن عائشة.

قال في الروض: وفي الباب أحاديث كثيرة.

وعن علي -رضي الله عنه-: أنه سئل عن المرأة ترى في المنام ما يرى الرجل.

قال: (سلوها فإن رأت بلة فلتغتسل)، أخرجه محمد بن منصور الأمالي. تمت من حاشية على الأصل.

(234) أمالي أحمد بن عيسى، باب من أبواب الصلاة (1/ 52،51).

[143] **الجامع الكافي**: قال محمد: إذا رأى في المنام كأنه يجامع ثم انتبه فوجد بللاً فليغتسل، وبه جاء الأثر عن النبي -صلى الله عليه وآله وسلم- (235)، وعن علي -صلى الله عليه-، وإن لم يجد بللاً فلا غسل عليه، وإن انتبه من نومه فوجد بللاً ولم يكن رأى في نومه شيئاً فلا غسل عليه حتى يتيقن أنه احتلام، [وإن رأت المرأة في المنام ما يرى الرجل فأنزلت فعليها الغسل](236).

وروى محمد، عن علي -صلى الله عليه- نحو ذلك. انتهى(237).

باب القول في الجنب يطعم قبل أن يغتسل

[144] **مجموع زيد بن علي** -رضي الله عنه-: حدثني زيد بن علي، عن أبيه، عن جده، عن علي -عليهم السلام-: (أن النبي -صلى الله عليه وآله وسلم- سئل هل يطعم الجنب قبل أن يغتسل قال: «لا، حتى يغتسل، أو يتوضأ للصلاة»(238). انتهى(239).

---

(235) عن عائشة قالت: سئل رسول الله -صلى الله عليه وآله وسلم- عن الرجل يجد البلل ولا يذكر احتلاماً؛ قال: «يغتسل»، وعن الرجل يرى أنه قد احتلم ولم يجد بللاً؛ قال: «لا غسل عليه».
قالت أم سلمة: يا رسول الله، هل على المرأة ترى ذلك غسل؟ قال: «نعم، إن النساء شقائق الرجال»، أخرجه الترمذي، والبغوي في المصابيح، وأخرجه محمد بن منصور في الأمالي. تمت من حاشية على الأصل.

(236) ما بين القوسين زيادة في الأصل، غير موجود في الجامع الكافي.

(237) الجامع الكافي (1/ 404).

(238) عن علي -رضي الله عنه- قال: «الجنب لا يأكل حتى يتوضأ وضوءه للصلاة» أخرجه السيوطي في مسند علي، وسعيد بن منصور، وأبو بكر بن أبي شيبة.
وعن عائشة، قالت: (كان رسول الله -صلى الله عليه وآله وسلم- إذا أراد أن يأكل أو ينام وهو جنب توضأ وضوءه للصلاة)، متفق عليه، وأخرجه ابن ماجة عن جابر، وكذلك ابن خزيمة عنه، وأخرجه عن أم سلمة وأبي هريرة الطبراني في الأوسط.
وأخرج عبدالرزاق بسند صحيح رجاله من ثقات محدثي الشيعة، عن علي -رضي الله عنه-: أنه كان إذا أراد أن يأكل أو ينام يتوضأ وضوءه للصلاة. تمت من حاشية على الأصل.

(239) المجموع الحديثي والفقهي المسمى بمسند الإمام زيد بن علي طبعة مؤسسة الإمام زيد بن علي الثقافية صـ(69).

[145] **أمالي أحمد بن عيسى -رضي الله عنه-:** وحدثنا محمد، حدثني أحمد بن عيسى، عن حسين، عن أبي خالد، عن زيد، عن آبائه، عن علي -عليهم السلام-: أن النبي -صلى الله عليه وآله وسلم- سئل عن الجنب؛ هل يطعم قبل أن يغتسل؟ قال: «لا، حتى يغتسل أو يتطهر طهوره للصلاة». انتهى[240].

[146] **الهادي -عليه السلام- في الأحكام:** قال يحيى بن الحسين -صلوات الله عليه-: ينبغي له -يعني الجنب- أن يغسل فرجه ويديه ويتمضمض قبل أن يأكل وينام[241] وإن فعل غير ذلك لم يحرم عليه غير أنه يكون مخالفاً للأثر. انتهى[242].

باب القول في المرأة هل تنقض شعرها عند الغسل من الجنابة

[147] **الهادي -عليه السلام- في الأحكام:** حدثني أبي، عن أبيه: في المرأة هل تنقض شعرها عند اغتسالها من الجنابة؟

قال: لا تنقض شعرها، لأن الماء يأتي على ذلك كله، ولكن تجمع شعرها على رأسها، وتصب عليه الماء حتى يأتي على ذلك، وتعصره وتحركه حتى تعلم أن

---

(240) أمالي أحمد بن عيسى، باب في الجنب يطعم قبل أن يغتسل (1/ 57).

(241) عن عائشة قالت: (كان رسول الله -صلى الله عليه وآله وسلم- إذا أراد أن ينام وهو جنب توضأ، وإذا أراد أن يشرب؛ قالت: غسل يديه)، أخرجه النسائي وابن خزيمة.

وأخرج أصحاب السنن عن عائشة: (أن رسول الله -صلى الله عليه وآله وسلم- كان ينام وهو جنب، ولا يمس ماء)، وأخرجه البيهقي، وأخرجه مسلم دون قوله: (ولا يمس ماء)، وأخرج الطبراني في الكبير حديث عائشة الأول.

وعن ابن عمر: أنه سأل النبي -صلى الله عليه وآله وسلم- أينام أحدنا وهو جنب؟ قال: «نعم إن شاء»، أخرجه ابن خزيمة، وابن حبان، وهو في الصحيحين؛ دون قوله: «إن شاء»، وفي رواية لمسلم: «نعم، يتوضأ ثم لينم حتى يغتسل إذا شاء».

وأخرج عبدالرزاق، عن عائشة قالت: كان رسول الله -صلى الله عليه وآله وسلم- إذا أراد أن يأكل وهو جنب غسل يديه ثم تمضمض وأكل. تمت من حاشية على الأصل.

(242) الأحكام في الحلال والحرام للإمام الهادي -رضي الله عنه- طبعة مكتبة أهل البيت (1/ 50).

الماء قد وصل إلى أصوله، وكذلك ذكر عن أم سلمة زوج النبي -صلى الله عليه وآله وسلم- أنه أمرها بذلك، وكانت كثيرة الشعر، شديدة الظُّفُر فلم يأمرها أن تنقض شعرها(243) . انتهى(244).

[148] **مجموع زيد بن علي -رضي الله عنه-:** قال أبو خالد -رحمه الله- سألت زيد بن علي -عليه السلام- عن غسل الحائض والنفساء، قال -عليه السلام-: مثل غسل الجنابة.

قلت: هل تنقض شعر رأسها؟.

قال -عليه السلام-: لا، سألتْ أمُّ سلمة النبيَّ -صلى الله عليه وآله وسلم-، عن ذلك فقال -صلى الله عليه وآله وسلم- : «**يكفيك ثلاث غسلات**». انتهى(245).

[149] **أمالي أحمد بن عيسى -رضي الله عنه-:** [ثنا] جعفر بن محمد، عن قاسم بن إبراهيم: في المرأة هل تنقض شعرها عند اغتسالها من الجنابة والحيض؟

قال: لا تنقض شعرها عند الجنابة، الماء يأتي على ذلك، تجمع شعرها على رأسها وتصب الماء عليه وتعصره وتحركه حتى تعلم أن الماء قد وصل إلى أصول الشعر، وكذلك ذكرت أم سلمة زوج النبي -صلى الله عليه وآله وسلم- أنه أمرها بذلك،

---

(243) عن أم سلمة قالت: قلت: يا رسول الله؛ إني امرأة أَشُدُّ ظُفَر رأسي -أو قالت: عُقَص رأسي- أفأنقضه للجنابة والحيضة؟.

قال: «لا، إنما يكفيك أن تفرغي عليك ثلاث حفنات ثم قد طهرت» أخرجه مسلم في الصحيح.

وعن عبيد بن عمير قال: بلغ عائشة أن عبدالله بن عمرو يأمر النساء إذا اغتسلن أن ينقضن رؤوسهن، فقالت: يا عجباً لابن عمرو هذا يأمر النساء إذا اغتسلن أن ينقضن رؤوسهن؛ أفلا يأمرهن أن يحلقن رؤوسهن، لقد كنت أغتسل أنا ورسول الله -صلى الله عليه وآله وسلم- من إناء واحد، ولا أزيد على أن أفرغ على رأسي ثلاث إفراغات). أخرجه مسلم والبيهقي، وأخرج حديث أم سلمة محمد بن منصور في الأمالي. تمت من حاشية على الأصل.

(244) الأحكام في الحلال والحرام للإمام الهادي -رضي الله عنه- طبعة مكتبة أهل البيت (1/ 51).

(245) المجموع الحديثي والفقهي المسمى بمسند الإمام زيد بن علي طبعة مؤسسة الإمام زيد بن علي الثقافية صــ(78).

وكانت كثير الشعر، شديدة الظُّفُر، فلم يأمرها أن تنقض شعرها، وأما عند اغتسالها من الحيض فإنها تنقض شعرها أعجب إلينا(246). انتهى(247).

باب القول في مقدار ما يكفي الغسل، وغسل الرجل والمرأة من إناء واحد

[150] **أمالي أحمد بن عيسى -رضي الله عنه-:** وحدثنا محمد، حدثني أحمد بن عيسى، عن حسين، عن أبي خالد، عن زيد، عن آبائه، عن علي -عليهم السلام- قال: كنا نؤمر في الغسل من الجنابة للرجل بصاع وللمرأة بصاع ونصف(248). انتهى(249).

---

(246) عن عائشة: أن النبي -صلى الله عليه وآله وسلم- قال لها في الحيض: «انقضي شعرك واغتسلي»، أخرجه المؤيد بالله -رضي الله عنه- في شرح التجريد.

(247) أمالي أحمد بن عيسى، باب غسل المرأة الجنب وما يوجب الغسل (1/ 58).

(248) عن أنس قال: (كان رسول الله -صلى الله عليه وآله وسلم- يغتسل بالصاع إلى خمسة أمداد، ويتوضأ بالمد)، أخرجه الشيخان، وأبو داوود، والنسائي، والترمذي.

وأخرج مسلم نحوه عن سفينة مولى النبي -صلى الله عليه وآله وسلم-.

وأخرج نحوه أبو داوود عن عائشة وجابر.

وأخرج أحمد وأبو داوود من حديث أنس قال: (كان رسول الله -صلى الله عليه وآله وسلم- يتوضأ بإناء يسع رطلين، ويغتسل بالصاع)، وأخرج نحوه الترمذي.

وعن عبدالله بن زيد: (أن رسول الله -صلى الله عليه وآله وسلم- أُتي بثلثي مد فجعل يدلك ذراعيه)، أخرجه أحمد وصححه ابن خزيمة.

وعن أم عمارة الأنصارية: (أن رسول الله -صلى الله عليه وآله وسلم- توضأ بإناء فيه قدر ثلثي مد)، أخرجه البيهقي.

وعن أبي أمامة: (أن النبي -صلى الله عليه وآله وسلم- توضأ بنصف مد)، أخرجه البيهقي، في رواية: (بقسط من ماء).

وأخرج مسلم من حديث عائشة، أنها كانت تغتسل هي والنبي -صلى الله عليه وآله وسلم- من إناء واحد يسع ثلاثة أمداد أو قريباً من ذلك)، وأخرج نحوه النسائي من حديث عائشة.

وعن عائشة: (أن النبي -صلى الله عليه وآله وسلم- كان يغتسل من إناء هو الفرق من الجنابة)، وفي رواية: (من إناء واحد فيه قدر الفرق)، أخرجه البخاري، ومسلم، وأبو داوود، وأحمد، والنسائي. تمت من حاشية على الأصل.

(249) أمالي أحمد بن عيسى، باب ما يتوضأ به ويغتسل به من الجنابة (1/ 35).

[151] **مجموع زيد بن علي -رضي الله عنه-:** حدثني زيد بن علي، عن أبيه، عن جده، عن علي -عليهم السلام- قال: كنا نؤمر في الغسل من الجنابة للرجل بصاع وللمرأة بصاع ونصف. انتهى (250).

[152] **الهادي -عليه السلام- في الأحكام:** روي عن النبي -صلى الله عليه وآله وسلم- في الطهور للصلاة بالمد من الماء والغسل من الجنابة بالصاع .

قال يحيى بن الحسين -صلوات الله عليه-: هذا حديث قد روي والله أعلم بصدقه . انتهى (251).

[153] **الجامع الكافي:** قال القاسم -عليه السلام-: ليس في مقدار الماء الذي يتوضأ به ويغتسل به شيء معلوم، وإنما هو على قدر ما يعلم أنه قد استنقى، وقد ذكر عن النبي -صلى الله عليه وآله وسلم- أنه كان يتوضأ بالمد، ويغتسل بالصاع، فإذا أتى المتطهر على كل عضو من أعضاء الوضوء فغسله فقد صار في الطهارة إلى ما أمره الله به، وتأويل الوضوء في اللسان: إنما هو إنقاء ما يُغسَل، ألا ترى أنه لو غسل ما أمر بغسله من ثوب نجس أو مثله، ثم لم ينق البول لما زال حكم النجاسة عنه، ولا جاز أن يدعى غاسلاً ولا مطهراً، والعرب تقول إذا أمرت بالشيء من الأرض أو غيرها من تنقية: نظف يا هذا ما تعمل ووضه، فإذا أنقاه قيل قد وضاه. انتهى (252).

ومثله في أمالي أحمد بن عيسى -رضي الله عنه-.

[154] **أمالي أحمد بن عيسى -رضي الله عنه-:** وحدثني أحمد بن عيسى، عن

---

(250) المجموع الحديثي والفقهي المسمى بمسند الإمام زيد بن علي طبعة مؤسسة الإمام زيد بن علي الثقافية ص(69).

(251) الأحكام في الحلال والحرام للإمام الهادي -رضي الله عنه- طبعة مكتبة أهل البيت (1/ 43).

(252) الجامع الكافي (1/ 375، 376).

محمد بن بكر، عن أبي الجارود، قال: حدثني أبو جعفر قال: كان رسول الله -صلى الله عليه وآله وسلم- يغتسل هو وبعض أزواجه من إناء واحد من الجنابة[253]. انتهى[254].

[155] **الجامع الكافي**: وروى محمد بأسانيده عن بعض أزواج النبي -صلى الله عليه وآله وسلم- قالت: (كنت أغتسل أنا ورسول الله -صلى الله عليه وآله وسلم- من الجنابة من إناء واحد إلا أنه الفرق).

وقال الحسن -عليه السلام-: كان رسول الله -صلى الله عليه وآله وسلم- يبدأ بالغسل وكره فضل وضوء المرأة[255]. انتهى[256].

باب القول في عَرَقِ الجنب والحائض

[156] **مجموع زيد بن علي -رضي الله عنه-**: حدثني زيد بن علي، عن أبيه، عن جده، عن علي -عليهم السلام-، عن النبي -صلى الله عليه وآله وسلم- في

---

(253) عن أم سلمة قالت: (كنت أغتسل أنا ورسول الله -صلى الله عليه وآله وسلم- من إناء واحد)، أخرجه المؤيد بالله في شرح التجريد، وأخرج نحوه مسلم والنسائي عن عائشة.

وعن ابن عمر قال: (كان الرجال والنساء يتوضؤون في زمن رسول الله -صلى الله عليه وآله وسلم- من إناء واحد). أخرجه الموطأ والنسائي وأبو داوود. تمت من حاشية على الأصل.

(254) أمالي أحمد بن عيسى، باب من رخص للرجل والمرأة في الغسل من إناء واحد من الجنابة (1/ 55).

(255) وعن عبد الله بن سَرخس، قال: «نهى رسول اللّه -صلى الله عليه وآله وسلم- أن يغتسل الرجل بفضل المرأة، والمرأة بفضل الرجل، ولكن يشرعان جميعاً»، أخرجه المؤيد بالله في شرح التجريد.

وعن حميد بن عبد الرحمن، قال: لقيت مَنْ صَحِبَ النبي اللّه -صلى الله عليه وآله وسلم- كما صحبه أبو هريرة أربع سنين، قال: «نهى رسول اللّه -صلى الله عليه وآله وسلم- أن يغتسل الرجل بفضل المرأة، والمرأة بفضل الرجل»، أخرجه المؤيد بالله في شرح التجريد، وأخرجه أبو داوود والنسائي، وأخرجه من حديث الحكم بن عمرو أبو داوود والترمذي، وزاد في رواية: «أو قال: سورها». تمت من حاشية على الأصل.

(256) الجامع الكافي (1/ 292، 291).

الحائض والجنب يعرقان في الثوب قال: «الحيض والجنابة حيث جعلهما الله فلا يغسلا ثوبهما»[257]). انتهى[258].

[157] **أمالي أحمد بن عيسى -رضي الله عنه-**: حدثني أحمد بن عيسى، عن حسين بن علوان، عن أبي خالد، عن زيد، عن آبائه، عن علي -عليهم السلام- أن النبي -صلى الله عليه وآله وسلم- سئل عن الجنب والحائض يعرقان في الثوب حتى يلتصق عليهما.

فقال: «إن الحيض والجنابة حيث جعلهما الله ليس في العَرَق، فلا يغسلا ثوبهما» انتهى[259]. ومثله في الجامع الكافي.

باب القول في المجدور ومن به قروح إذا اغتسلا

[158] **أمالي أحمد بن عيسى -رضي الله عنه-**: حدثني أحمد بن عيسى، عن حسين، عن أبي خالد، عن زيد، عن آبائه، عن علي -عليهم السلام- في الرجل تكون فيه القروح والجراحات والجدري قال: (اصبب عليه الماء صباً). انتهى[260].

---

(257) عن مسروق أن ابن عباس دخل على خالته ميمونة رضي الله عنها زوج النبي -صلى الله عليه وآله وسلم- فقالت: ما لك يا ابن أختي أشعث؟! فقال: كانت مُرجِّلتي أم عمارة حائضاً.

قالت: (فما بال الحيضة من اليد لقد رأيت رسول الله -صلى الله عليه وآله وسلم- يستدفي في حجر المرأة من نسائه، ولقد رأيته تعطيه المرأة الخمرة وهي حائض)، أخرجه أبو الفتح اليعمري في شرح الترمذي.

وعن أبي هريرة قال: بينما رسول الله -صلى الله عليه وآله وسلم- في المسجد فقال: «يا عائشة ناوليني الخمرة»، فقالت: إني حائض، فقال: «إن حيضتك ليست في يدك»، أخرجه مسلم. تمت من حاشية على الأصل.

(258) المجموع الحديثي والفقهي المسمى بمسند الإمام زيد بن علي طبعة مؤسسة الإمام زيد بن علي الثقافية صـ(68).

(259) أمالي أحمد بن عيسى، باب في عرق الجنب والحائض (1/ 55) قال فيه: يعرقان في الثوب حتى يلتصق عليهما، فقال: الحيض والجنابة حيث جعلهما الله وليس في الثوب فلا يغسل ثوبهما.

(260) أمالي أحمد بن عيسى، باب في وضوء صاحب الجدري والقروح (1/ 54).

[159] **المؤيد بالله -عليه السلام- في شرح التجريد**: وأخبرنا محمد بن عثمان النقاش، قال: حدثنا الناصر -عليه السلام-، قال: حدثنا محمد بن منصور، قال: أخبرنا أحمد بن عيسى، عن حسين، عن أبي خالد، عن زيد بن علي، عن آبائه، عن علي -عليهم السلام-: أن رجلاً أتاه فقال: إن أخي به جدري وقد أصابته جنابة؛ فكيف يصنع قال: يمموه(261). انتهى(262).

[160] **أمالي أحمد بن عيسى -رضي الله عنه-**: حدثني أحمد بن عيسى، عن حسين، عن أبي خالد، عن زيد، عن آبائه، عن علي -عليهم السلام- قال: إذا كانت بالرجل قروح فاحشة لا يستطيع أن يغتسل فليتوضأ وضوءه للصلاة وليصب عليه الماء صباً. انتهى(263).

[161] **مجموع زيد بن علي -رضي الله عنه-**: حدثني زيد بن علي، عن أبيه، عن جده، عن علي -عليهم السلام- في الرجل تكون به القروح والجدري والجراحات قال: (اصبب عليه الماء صباً). انتهى(264).

[162] **أمالي أحمد بن عيسى -رضي الله عنه-**: أحمد بن عيسى، عن حسين، عن أبي خالد، عن زيد، عن آبائه، عن علي -عليهم السلام- أنه أتاه رجل فقال: إن ابني أو أخي به جدري وقد أصابته جنابة فيكف أصنع به؟ قال: يمموه. انتهى(265).

---

(261) عن ابن عباس رفعه في قوله تعالى {وإن كنتم مرضى أو على سفر} قال: (إذا كانت بالرجل الجراحة في سبيل الله أو القروح أو الجدري فيَجْنَبُ فيخاف إن اغتسل أن يموت فليتيمم)، أخرجه البيهقي، عن ابن عباس من طرق، وفي بعضها موقوف على ابن عباس. تمت من حاشية على الأصل.

(262) شرح التجريد (1/ 210).

(263) أمالي أحمد بن عيسى، باب في وضوء صاحب الجدري والقروح (1/ 54).

(264) المجموع الحديثي والفقهي المسمى بمسند الإمام زيد بن علي طبعة مؤسسة الإمام زيد بن علي الثقافية صـ(73).

(265) أمالي أحمد بن عيسى، باب في وضوء صاحب الجدري والقروح (1/ 54).

[163] **مجموع زيد بن علي -رضي الله عنه-**: حدثني زيد بن علي، عن أبيه، عن جده، عن علي -عليهم السلام- قال: (إذا كانت بالرجل قروح فاحشة لا يستطيع أن يغتسل معها، فليتوضأ وضوءه للصلاة، وليصب عليه الماء صباً).

[164] حدثني زيد بن علي، عن أبيه، عن جده، عن علي -عليهم السلام- أنه أتاه رجل فقال: إن أخي أو ابن أخي به جدري وقد أصابته جنابة فيكف نصنع به؟ فقال: يمموه . انتهى[266].

باب القول في مصافحة الجنب

[165] **أمالي أحمد بن عيسى -رضي الله عنه-**: وحدثنا محمد، حدثني أحمد بن عيسى، عن حسين بن علوان، عن أبي خالد، عن زيد، عن آبائه، عن علي -رضي الله عنه- قال: عاد رسول الله -صلى الله عليه وآله وسلم- وأنا معه رجلاً من الأنصار فتطهر للصلاة، ثم خرجنا فإذا نحن بحذيفة بن اليمان، فأومأ رسول الله -صلى الله عليه وآله وسلم- إلى ذراع حذيفة ليدعم عليها، فنخسها حذيفة فأنكر ذلك رسول الله -صلى الله عليه وآله وسلم- فقال: «مالك يا حذيفة» فقال: (إني جنب)، فقال: «يا حذيفة أبرز ذراعك، فإن المسلم ليس بنجس»، ثم وضع كفه على ذراعه وإنها لرطبة فادَّعَم عليها حتى انتهى إلى المسجد، ثم قال: «يا حذيفة انطلق فأفض عليك من الماء ثم أجب الصلاة» ثم دخل فصلى بنا، ولم يحدث وضوءاً، ولم يغسل يداً. انتهى[267].

[166] **مجموع زيد بن علي -رضي الله عنه-**: حدثني زيد بن علي، عن أبيه، عن جده، عن علي -عليهم السلام-: أن النبي -صلى الله عليه وآله وسلم- صافح حذيفة بن اليمان فقال: يا رسول الله: إني جنب، فقال له النبي -صلى الله

---

(266) المجموع الحديثي والفقهي المسمى بمسند الإمام زيد بن علي طبعة مؤسسة الإمام زيد بن علي الثقافية صـ(73).

(267) في أمالي أحمد بن عيسى، باب في مصافحة الجنب (1/ 56) فحبسها حذيفة.

عليه وآله وسلم-: «إن المسلم ليس بنجس[268]». انتهى[269].

باب القول في الجنب والحائض يقرآن الشيء من القرآن

[167] **أمالي أحمد بن عيسى -رضي الله عنه-:** حدثنا أحمد بن عيسى، عن حسين، عن أبي خالد، عن زيد، عن آبائه، عن علي -عليهم السلام- قال: تقرأ الجنب والحائض الآية والآيتين ويمسان الدرهم فيه اسم الله ويتناولان الشيء من المسجد[270]...

---

(268) عن حذيفة: أن رسول الله -صلى الله عليه وآله وسلم- لقيه وهو جنب فحاد عنه، فاغتسل ثم جاء، فقال: إني كنت جنباً، فقال: «إن المسلم لا يَنْجُس»، أخرجه مسلم واللفظ له، وابن ماجة، وأبو داوود، وأخرجه الطبراني عن أبي موسى.

وعن حذيفة أيضاً قال: (صافحني النبي -صلى الله عليه وآله وسلم- وأنا جنب)، أخرجه البزار. تمت من حاشية على الأصل.

(269) المجموع الحديثي والفقهي المسمى بمسند الإمام زيد بن علي طبعة مؤسسة الإمام زيد بن علي الثقافية صــ(68).

(270) عن عبدالرحمن السلمي قال: سئل علي -رضي الله عنه- عن الجنب يقرأ؛ قال: (لا، ولا حرفاً)، أخرجه البيهقي.

وعن علي -رضي الله عنه- أيضاً قال: (اقراو القرآن ما لم تصب أحدكم جنابة؛ فإن أصابته جنابة فلا، ولا حرفاً واحداً)، أخرجه الدارقطني.

وعن علي -رضي الله عنه- قال: (اقرأ القرآن على كل حال ما لم تكن جنباً) أخرجه البيهقي.

وعن علي -رضي الله عنه- أيضاً: (اقرأوا القرآن ولا حرج ما لم يكن أحدكم جنباً؛ فإن كان جنباً فلا، ولا حرفاً واحداً)، أخرجه عبدالرزاق، وابن جرير، والبيهقي.

وعن علي -رضي الله عنه- أيضاً، قال: إن رسول الله -صلى الله عليه وآله وسلم- كان يخرج من الخلاء فيقرينا القرآن، ويأكل معنا اللحم، ولم يكن يحجبه -أو قال: يحجزه- عن القرآن شيء ليس الجنابة)، أخرجه أبو داوود واللفظ له، والترمذي، والنسائي، وابن ماجة مختصراً، وابن حبان في صحيحه، والحاكم في المستدرك، وقال: صحيح الإسناد.

وعن ابن عمر قال: قال رسول الله -صلى الله عليه وآله وسلم-: «لا يقرأ الحائض ولا الجنب شيئاً من القرآن»، أخرجه الترمذي، وابن ماجة، والمؤيد بالله.

وعن علي -رضي الله عنه- قال: (كان رسول الله -صلى الله عليه وآله وسلم- يعلمنا القرآن على كل حال إلا الجنابة)، أخرجه المؤيد بالله -رضي الله عنه- في شرح التجريد من طريقين.

وعن علي -رضي الله عنه- قال: (رأيت رسول -صلى الله عليه وآله وسلم- توضأ ثم قرأ شيئاً من =

انتهى(271).

[168] **مجموع زيد بن علي** -رضي الله عنه-: حدثني زيد بن علي، عن أبيه، عن جده، عن علي -عليهم السلام- قال: يقرأ الجنب والحائض الآية والآيتين ويمسان الدرهم الذي فيه اسم الله تعالى، ويتناولان الشيء من المسجد. انتهى(272).

باب القول في التيمم وصفته

[169] **الهادي** -عليه السلام- في الأحكام: حدثني أبي، عن أبيه قال: حدثني أبو بكر بن أبي أويس، عن الحسين بن عبد الله بن ضميرة، عن أبيه، عن جده، عن علي بن أبي طالب -عليه السلام- أنه قال: (في التيمم الوجه واليدان إلى المرفقين)(273). حدثني أبي، عن أبيه في التيمم قال: حد التيمم بالصعيد إلى

القرآن، وقال: «هكذا لمن ليس بجنب، وأما الجنب فلا ولا آية»، أخرجه أبو يعلى.
وعن علي -رضي الله عنه- قال: قال رسول الله -صلى الله عليه وآله وسلم-: «ستة كرهها الله عز وجل فكرهتُها للأئمة من ذريتي وليكرهها الأئمة لأشياعهم: العبث في الصلاة، والمنّ في الصدقة، والرفث في الصيام، والضحك بين القبور، والتطلع في الدور، وإتيان المساجد جنباً»، أخرجه أبو طالب في الأمالي، وإسناده صحيح.
وأخرج نحوه في مستدرك وسائل الشيعة من طريق محمد بن محمد الأشعث الكوفي، عن موسى بن إسماعيل بن موسى بن جعفر بن محمد، عن أبيه، عن آبائه، عن علي -عليهم السلام- مرفوعاً.
وأخرج الصدوق في أماليه بسنده إلى جعفر الصادق، عن آبائه، عن علي -عليهم السلام- مرفوعاً.
تمت من حاشية على الأصل.
(271) أمالي أحمد بن عيسى، باب من رخص للجنب والحائض يقرآن الشيء من القرآن (1/ 79).
(272) المجموع الحديثي والفقهي المسمى بمسند الإمام زيد بن علي طبعة مؤسسة الإمام زيد بن علي الثقافية ص(77).
(273) عن علي -رضي الله عنه- قال في التيمم ضربة للوجه وضرب لليدين إلى المرفقين أخرجه عبدالرزاق في مصنفه وعن ابن عمر قال بينما النبي -صلى الله عليه وآله وسلم- في سكة من سكك المدينة وقد خرج النبي -صلى الله عليه وآله وسلم- من غائط أو بول فسلم عليه رجل فلم يرد عليه ثم إن النبي -صلى الله عليه وآله وسلم- ضرب بكفيه فمسح بوجهه مسحة ثم ضرب بكفيه الثانية فمسح على ذراعيه إلى المرفقين وقال إنه لم يمنعني أن أرد عليك إلا إني لم أكن
=

المرفقين كحد الوضوء وقد ذكر، عن علي بن أبي طالب -عليه السلام- أنه كان يأمر بذلك. انتهى(274).

[170] **أمالي أحمد بن عيسى -رضي الله عنه-:** حدثنا محمد قال: حدثني قاسم بن إبراهيم، قال: حدثني أبو بكر بن أبي أويس، عن حسين بن عبد الله بن ضميرة، عن أبيه، عن جده، عن علي -عليه السلام- أنه قال: في التيمم الوجه واليدان إلى المرفقين ثلاثاً مثل الوضوء . انتهى(275).

[171] **الجامع الكافي:** قال أحمد والقاسم والحسن ومحمد: التيمم ضربتان ضربة للوجه وضربة لليدين إلى المرفقين، وروى محمد نحو ذلك، عن النبي -صلى الله عليه وآله وسلم- وعن علي - صلى الله عليه -، وقال القاسم -عليه السلام-: حد التيمم بالصعيد إلى المرفقين كحد الوضوء وقد ذكر عن علي -عليه السلام- أنه كان يأمر بذلك. انتهى(276).

[172] **المؤيد بالله -عليه السلام- في شرح التجريد:** وروى يحيى، عن أبيه، عن جده القاسم -عليه السلام- قال: حدثني أبو بكر بن أبي أويس، عن حسين

على وضوء أو قال على طهارة أخرجه البيهقي وعن جابر، عن النبي -صلى الله عليه وآله وسلم- أنه قال التيمم ضربتان ضربة للوجه وضربة لليدين إلى المرفقين أخرجه البيهقي أيضا والدارقطني والحاكم وأخرجه البزار، عن عمار وأخرجه، عن عمار المؤيد بالله في شرح التجريد وعن أسلع التميمي، قال: كنت مع النبي -صلى الله عليه وآله وسلم- في سفر، فقال لي: « يا أسلع، قم فارحل بنا » قلت: يا رسول الله، أصابتني بعدك جنابة، فسكت حتى أتاه جبريل -رضي الله عنه- بآية التيمم، فقال لي: « يا أسلع، قم، فتيمم صعيداً طيباً، ضربتين: ضربةً لوجهك، وضربة لذراعيك، ظاهرهما وباطنهما» فلما انتهينا إلى الماء، قال: « يا أسلع، قم، فاغتسل » أخرجه المؤيد بالله في شرح التجريد والقاضي زيد في الشرح والدارقطني والطبراني نعم وأخرج حديث ابن عمر السابق المؤيد بالله في شرح التجريد. تمت من حاشية على الأصل.

(274) الأحكام في الحلال والحرام للإمام الهادي -رضي الله عنه- طبعة مكتبة أهل البيت (1/ 58).

(275) أمالي أحمد بن عيسى، باب في التيمم وصفته (1/ 68).

(276) الجامع الكافي (1/ 431،430).

بن عبد الله بن ضميرة، عن أبيه، عن جده، عن علي -عليه السلام- أنه قال: أعضاء التيمم الوجه واليدان إلى المرفقين. انتهى[277].

[173] **مجموع زيد بن علي -رضي الله عنه-**: حدثني زيد بن علي، عن أبيه، عن جده، عن علي -عليهم السلام- قال: التيمم ضربتان للوجه وضربة للذراعين إلى المرفقين . انتهى[278].

[174] **أمالي أحمد بن عيسى -رضي الله عنه-**: حدثني أحمد بن عيسى، عن محمد بن بكر، عن الجارود قال: حدثني أبو جعفر قال: خرج رسول الله -صلى الله عليه وآله وسلم- فإذا هو بعمار -رضي الله عنه- في رملة يتمرغ فيها فقال: «مالك تمعك تمعك الحمار فقال: أصابتني جنابة فقال: إنما يجزيك أن تصنع هكذا ثم ضرب بيده ثلاثاً فتيمم» انتهى[279].

[175] **المؤيد بالله -عليه السلام- في شرح التجريد**: الذي يدل على أن من لم يجد الماء تيمم حاضراً أو مسافراً ما أخبرنا به محمد بن عثمان النقاش، قال: حدثنا الناصر -عليه السلام-، قال: حدثنا محمد بن منصور، قال: حدثنا أحمد بن عيسى، عن حسين، عن أبي خالد، عن زيد بن علي، عن آبائه، عن علي -عليهم السلام- قال: قال رسول الله -صلى الله عليه وآله وسلم-: «جعلت لي الأرض مسجداً وترابها طهوراً قال الله -تعالى-: ﴿فَلَمْ تَجِدُواْ مَآءً فَتَيَمَّمُواْ صَعِيدًا طَيِّبًا﴾[النساء:43]». انتهى[280].

---

(277) شرح التجريد (1/ 222).

(278) المجموع الحديثي والفقهي المسمى بمسند الإمام زيد بن علي طبعة مؤسسة الإمام زيد بن علي الثقافية صـ(74).

(279) أمالي أحمد بن عيسى، باب في صفة التيمم (1/ 69).

(280) شرح التجريد (1/ 116).

باب في التلوم إلى آخر الوقت واستبقاء الماء مخافة الضرر

[176] **مجموع زيد بن علي** -رضي الله عنه-: حدثني زيد بن علي، عن أبيه، عن جده، عن علي -عليهم السلام-، في الجنب لا يجد الماء، قال: «يتيمم ويصلي، فإذا وجد الماء اغتسل ولا يعيد الصلاة»(281). انتهى(282).

[177] **أمالي أحمد بن عيسى** -رضي الله عنه-: إسماعيل بن موسى، عن شريك، عن أبي إسحاق، عن الحارث، عن علي - صلى الله عليه - قال: (يتلوم الجنب إلى آخر الوقت، فإن وجد الماء اغتسل وصلى وإن لم يجد تيمم وصلى، فإذا وجد الماء اغتسل ولم يعد»(283). انتهى(284).

---

(281) عن علي -رضي الله عنه- في قوله تعالى {ولا جنباً إلا عابري سبيل حتى تغتسلوا} قال: (نزلت هذه الآية في المسافر تصيبه الجنابة فيتيمم ويصلي حتى يجد الماء)، أخرجه الفريابي، وابن أبي شيبة، وعبد بن حميد، وابن أبي حاتم، وابن المنذر، وابن حريرن وابن كثيرن والبيهقي من عدة طرق.
وعبدالرزاق وأخرج البخاري والبيهقي وأحمد ومسلم، عن عمران بن حصين نحوه مرفوعاً، إلا أنه لم يذكر الآية بلفظ: إن رسول الله -صلى الله عليه وآله وسلم- قال للرجل الذي لم يصل: «ما منعك أن تصلي مع القوم»، قال: أصابتني جنابة ولا ماء، قال: «عليك بالصعيد فإنه يكفيك».
وعن أبي ذر قال: قلت يا رسول الله أصيب أهلي ولا أقدر على الماء، قال: (أصب أهلك، ولو لم تجد الماء عشر سنين فإن التراب كافيك» أخرجه محمد بن منصور في أمالي أحمد بن عيسى.
وأخرج نحوه أبو داود والترمذي والنسائي وابن حبان والحاكم في المستدرك.
وأخرج نحوه أيضاً المؤيد بالله في شرح التجريد وعن حذيفة قال: قال رسول الله -صلى الله عليه وآله وسلم-: «جعلت تربتها لنا طهوراً إذا لم نجد الماء -يعني الأرض-»، أخرجه المؤيد بالله في شرح التجريد والبيهقي تمت من حاشية على الأصل.
(282) المجموع الحديثي والفقهي المسمى بمسند الإمام زيد بن علي طبعة مؤسسة الإمام زيد بن علي الثقافية صـ(74).
(283) عن علي -رضي الله عنه- قال: اطلب الماء حتى يكون آخر الوقت، فإن لم تجد ماء تيمم ثم صل. أخرجه البيهقي. تمت من حاشية على الأصل.
(284) أمالي أحمد بن عيسى، باب في الجنب الذي لا يقدر على الماء ولا على الصعيد الطيب (1/70).

كتاب الطهارة

الرجال:

إسماعيل بن موسى:

فقال في الجداول: إسماعيل بن موسى الفزاري، أبو محمد، ابن بنت السدي.

عن مالك وشريك وعيسى بن يونس وخلق.

وعنه محمد بن منصور فأكثر، وموسى بن هارون، وخلائق.

قال ابن عدي: أنكروا عليه غلوه في التشيع.

وفي الكاشف: صدوق شيعي، وقال أبو حاتم: صدوق، وقال النسائي: لا بأس به، توفي سنة خمس وأربعين ومائة، وعداده في الزيدية وهو مسندها، احتج به الأربعة إلا النسائي وذكره ابن حبان في الثقات. انتهى.

أخرج له محمد بن منصور وأبو طالب والمرشد بالله وصاحب المحيط وابن السمان.

وأما شريك:

فقال في الجداول: شريك بن عبد الله بن أنس، ويقال: شريك بن عبد الله بن أبي شريك، وهو أويس بن الحارث الكوفي النخعي، أبو عبد الله.

عن أبي إسحاق السبيعي، وسلمة بن كهيل، والأعمش، وأمم.

وعنه وكيع، وعباد بن يعقوب، وعثمان بن أبي شيبة، وثقه يحيى القطان وابن معين في رواية العجلي، له ترجمة بسيطة، وعداده في ثقات محدثي الشيعة.

توفي سنة سبع وسبعين ومائة. انتهى.

وأما أبو إسحاق:

فقال في الجداول: عمرو بن عبد الله الهمداني السبيعي، أبو إسحاق الكوفي،

عن عدي بن حاتم، وزيد بن أرقم، وابن عباس، وأبي الطفيل، وعن علي بواسطة، روى عن عدة من الصحابة وعن جماعة من التابعين.

قال مولانا: نحو ثلاثمائة شيخ.

وعنه ابنه يونس، وإسرائيل، وشعبة، والسفيانان، وشريك، وحجاج، وحسن بن صالح، وعمرو بن ثابت، وقيس بن الربيع، وخلائق.

احتج به الجماعة(285)، توفي سنة سبع وعشرين ومائة، وعداده في ثقات محدثي الشيعة. انتهى.

وأما الحارث:

فقال في الجداول: الحارث، عن علي، وابن مسعود.

وعنه أبو إسحاق، والشعبي، وعمرو بن مرة، وجابر الجعفي، وابن سيرين.

هو الحارث بن عبد الله الهمداني، صاحب أمير المؤمنين، وحيث أطلق في كتابنا فهو المراد، ورتبتُه التقديم لكن وقع في الأصل هكذا.

قال القاضي عياض: أُسِيءُ الظن بالحارث، لَمَّا عرف من حاله التشيع ودعوى الوصاية لعلي، وقد تكلم عليه غيره، وذنبه حبه لآل رسول الله –صلى الله عليه وآله وسلم–.

قال السيد أحمد بن عبد الله الوزير: لا يمتري أهل البيت في عدالة الحارث وجلالته وفضله، ذكره السيد صارم الدين وابن حميد(286) في ثقات محدثي

---

(285) قال الذهبي في سير أعلام النبلاء (6/ 186)، رقم (795): شيخ الكوفة وعالمها ومحدثها، وكان –رحمه الله– من العلماء العاملين، ومن جلة التابعين، وهو ثقة حجة بلا نزاع، وقد كبر وتغير حفظه تغير السن، ولم يختلط. وقال ابن حجر في التقريب: مكثر، ثقة، عابد، اختلط بأخرة.
(286) وابن حابس والمهدي بن الهادي صاحب النوعة، وابن حابس في المقصد الحسن والمهدي في الإقبال تمت مؤلف

الشيعة، توفي سنة خمس وستين، احتج به الأربعة. انتهى.

[178] المؤيد بالله -عليه السلام- في شرح التجريد: ومما يعتمد عليه ما أخبرنا به أبو العباس الحسني -رضي الله عنه-، قال: أخبرنا محمد بن بلال، قال أخبرنا محمد بن عبد العزيز، قال: حدثنا الحماني، قال: حدثنا شريك، عن أبي إسحاق، عن الحارث، عن علي -عليه السلام- في الجنب لا يجد الماء: (يتلوم ما بينه وبين آخر الوقت؛ فإن وجد الماء وإلا تيمم وصلى). انتهى (287).

الرجال:

أما محمد بن بلال، ومحمد بن عبد العزيز فسيأتي الكلام عليهما، وهما ممن وثقهم المؤيد بالله -عليه السلام-.

[ترجمة يحيى بن عبد الحميد الحماني]

وأما الحماني: فهو يحيى بن عبد الحميد.

قال في الجداول: يحيى بن عبد الحميد بن عبد الرحمن بن ميمون الحماني، أبو زكريا الكوفي.

عن أبيه، وقيس بن الربيع، وشريك، وحسين الأشقر، وغيرهم.

وعنه البغوي، وإبراهيم بن منيع، وطائفة.

وثقه ابن معين، وقال ابن عدي: لم أر له شيئاً منكراً، وأردوا أن لا بأس به، وقال الذهبي: شيعي بغيض.

توفي سنة ثمان وعشرين ومائتين، وعداده في ثقات محدثي الشيعة، واحتج به الجماعة. انتهى.

أخرج له المؤيد بالله وأبو طالب والمرشد بالله -عليهم السلام-، والسيلقي وأبو الغنائم النرسي -رضي الله عنهما-.

_____

(287) شرح التجريد (1/ 214).

وأما بقية رجال الإسناد فقد تقدموا آنفاً.

باب القول في التيمم لكل صلاة

[179] أمالي أحمد بن عيسى -رضي الله عنه-: وحدثنا محمد حدثنا حسين بن نصر، عن خالد، عن حصين، عن جعفر، عن أبيه قال: مضت السنة أن لا يصلى بالتيمم إلا صلاة واحدة ونافلتها. انتهى(288).

[180] المؤيد بالله -عليه السلام- في شرح التجريد: وروى أبو بكر بن أبي شيبة، قال: حدثنا هشيم، عن حجاج، عن أبي إسحاق، عن الحارث، عن علي -عليه السلام- قال: (تيمم لكل صلاة)(289). انتهى(290).

الرجال:

[ترجمة ابن أبي شيبة، وهشيم، وحجاج بن أرطأة]

أما أبو بكر بن أبي شيبة: فهو من رجال الشيعة.

قال في الجداول: عبد الله بن محمد بن إبراهيم بن عثمان العبسي، مولاهم أبو بكر ابن أبي شيبة، الكوفي الحافظ، أحد الأعلام، صاحب المصنف.

عن ابن عيينة، والفضل بن دكين، ويحيى بن أبي زائدة، وحاتم بن إسماعيل، وخلق.

وعنه أحمد، والشيخان، وأبو داود، وابن ماجه، والحسن بن سفيان، والبغوي، وخلق.

أثنى عليه العلماء وَزَكَّوْهُ، ووثقه أبو حاتم، عدداه هو وأخويه عثمان والقاسم،

---

(288) أمالي أحمد بن عيسى، باب في التيمم أي وقت هو وكم صلاة يصلي بالتيمم (1/ 73).
(289) عن علي -رضي الله عنه- قال: (يتيمم لكل صلاة)، أخرجه البيهقي بإسناده إلى أبي بكر بن أبي شيبة، عن هشيم، عن حجاج، عن أبي إسحاق، عن الحارث، عن علي -رضي الله عنه-.
وعن ابن عباس قال: (من السنة أن لا يصلي الرجل بالتيمم إلا صلاة واحدة، ثم يتيمم للصلاة الأخرى) أخرجه البيهقي في السنن.
(290) شرح التجريد (1/ 217).

في ثقات محدثي الشيعة، احتج به الجماعة إلا النسائي، توفي سنة خمس وثلاثين ومائتين. انتهى.

وأما هشيم:

فقال في الجداول: هشيم بن بشير السلمي، أبو معاوية الواسطي، نزيل بغداد الحافظ، عن الزهري، وعمرو بن دينار، ومغيرة بن مقسم، وابن الزبير، وأيوب السختياني، والأعمش، وخلق كثير.

وعنه شعبة، والثوري، وأحمد، وأبو بكر بن أبي شيبة، وخلق.

قال أبو حاتم: لا يسأل عنه في صدقه وأمانته وصلاحه.

وقال في التذكرة: لا نزاع أنه كان من الحفاظ الثقات، إلا أنه كثير التدليس.

وقال حماد بن زيد: ما رأيت من المحدثين أمثل من هشيم.

وقال ابن سعد: ثقة حجة إذا قال أخبرنا.

قلت: الرجل رجل ثقة، خرج مع النفس الزكية، واستشهد في المعركة ولده معاوية بن هشيم، وأخوه الحجاج بن بشير.

توفي هشيم في شعبان سنة ثلاث وثمانين ومائة، احتج به الجماعة. انتهى.

وقال في الجداول أيضاً: فائدة أينما ورد هشيم مطلقاً فهو المترجم له. انتهى.

وأما حجاج فهو ابن أرطأة:

قال في الجداول: حجاج بن أرطأة النخعي، أبو أرطأة الكوفي، قاضي البصرة، أحد الأعلام.

عن عكرمة، وعطاء، وأبو إسحاق، وابن أبي ليلى وخلق.

وعنه عبد الرزاق وشعبة وسفيان وخلق.

أثنى عليه أحمد والثوري وغيرهما، عداده في الشيعة، وحيث أطلق في الأمالي والراوي أبو معاوية فهو المراد.

توفي سنة سبع وأربعين ومائة، احتج به مسلم والأربعة. انتهى.

وأما أبو إسحاق والحارث: فقد تقدما؛ وهما من رجال الشيعة.

باب القول في استبقاء الماء مع خوف الضرر، وفيمن ترك الماء مظنة أن يلقاه

[181] **مجموع زيد بن علي -رضي الله عنه-**: حدثني زيد بن علي، عن أبيه، عن جده، عن علي -عليهم السلام- قال: (إذا كنت في سفر ومعك ماء وأنت تخاف العطش فتيمم واستبق الماء لنفسك). انتهى[291].

[182] **أمالي أحمد بن عيسى -رضي الله عنه-**: وحدثنا محمد، حدثنا إسماعيل بن موسى، عن شريك، عن عطاء، عن زاذان، عن علي -صلى الله عليه- في الرجل معه الماء اليسير، قال: (يبقيه لشفته ويتيمم)، وفي نسخة الشريف قال: (يبقيه لنفسه[292]. انتهى[293].

الرجال:

أما إسماعيل بن موسى، وشريك: فقد تقدما آنفاً.

[ترجمة عطاء بن السائب، وزاذان]

وأما عطاء فهو ابن السائب:

قال في الجداول: عطاء بن السائب الثقفي الكوفي.

عن أنس، وابن أبي أوفى، والحسن، وابن أبي ليلى، والشعبي، وخلق.

---

(291) المجموع الحديثي والفقهي المسمى بمسند الإمام زيد بن علي طبعة مؤسسة الإمام زيد بن علي الثقافية، صـ(74).

(292) أخرج البيهقي في السنن بسنده إلى شعبة، عن عطاء، عن زاذان، عن علي -رضي الله عنه- قال إذا أصابتك جنابة فأردت أن تتوضأ أو تغتسل وليس معك من الماء إلا ما تشرب وأنت تخاف فتيمم. تمت من حاشية على الأصل.

(293) أمالي أحمد بن عيسى، باب في الرجل يجنب وليس معه إلا ماء قليل (1/ 72).

وعنه الأعمش، والثوري، والحمادان، وشعبة، وشريك، وقيس بن الربيع.

وعداده في الشيعة الخلص، وثقه أحمد، والنسائي، والعجلي، وحماد بن زيد، قال: فمن سمع منه قبل الاختلاط فهو صحيح.

توفي سنة ست وثلاثين ومائة، احتج به البخاري والأربعة. انتهى.

خرج له محمد بن منصور، والمؤيد بالله، وأبو طالب، والمرشد بالله، والجرجاني، والسيلقي، وأبو الغنائم النرسي.

وأما زاذان:

فقال في الجداول: زاذان؛ أبو عمرو، وأبو عبد الله الكندي، مولاهم الكوفي.

عن علي، وسلمان، وابن مسعود، وغيرهم.

وعنه عيسى بن عاصم، وسلم بن عبد الرحمن، وعطاء، وطائفة.

كان من أصحاب أمير المؤمنين وشيعته، قال ابن عدي: أحاديثه لا بأس بها وثقه ابن معين، توفي سنة اثنين وثمانين، احتج به مسلم والأربعة، انتهى . أخرج له المؤيد بالله وأبو طالب والمرشد بالله ومحمد.

[183] **وفي أمالي أحمد بن عيسى أيضاً:** حدثنا محمد حدثنا عباد بن يعقوب، عن سعيد بن عمروعن مسعدة، عن جعفر، عن أبيه قال: قال رسول الله -صلى الله عليه وآله وسلم-: «من مر بماء في وقت صلاة فتركه لما يرجوا أمامه فلم يجد الماء فتيمم وصلى، فإذا وجد الماء اغتسل وأعاد الصلاة». انتهى(294).

الرجال:

أما عباد بن يعقوب:

هو الرواجِنِي، أحد ثقات محدثي الشيعة، قد مر الكلام عليه.

---

(294) أمالي أحمد بن عيسى، باب في الجنب الذي لا يقدر على الماء ولا على الصعيد الطيب (1/ 70).

[ترجمة سعيد الكندي، ومسعدة العبدي]

وأما سعيد بن عمرو:

فهو سعيد بن عمرو الكندي، أحد الأعلام، عن مسعدة بن صدقة وغيره.

وعنه عباد بن يعقوب.

كان من رجال الشيعة وثقاتهم، توفي سنة ثلاث ومائتين.

ومسعدة:

هو ابن صدقة العبدي، أحد الأعلام، عن الصادق والنفس الزكية وغيرهما، وعنه سعيد بن عمرو، وغيره.

عداده في ثقات محدثي الشيعة، لما أقف له على تاريخ وفاة.

باب الحيض أقل الطهر

[184] أمالي أحمد بن عيسى -رضي الله عنه-: وحدثنا محمد، قال: حدثنا محمد بن عبيد، عن علي بن هاشم، عن ابن أبي خالد، عن عامر، قال: جاءت امرأة إلى علي قد طلقها زوجها، فزعمت أنها حاضت في شهر ثلاث حيض، طهرت عند كل قرؤ وصلت، فقال علي لشريح: قل فيها فقال شريح: إن جاءت ببينة من بطانة أهلها ممن يرضى دينه وأمانته يشهدون أنها حاضت في شهر ثلاث حيض وطهرت عند كل قرؤ وصلت فهي صادقة وإلا فهي كاذبة فقال علي: (قالون) بالرومية أصبت. انتهى (295).

---

(295) أمالي أحمد بن عيسى المطبوع باسم رأب الصدع (2/ 1132)، وأما في نسخة العلوم المطبوع فقد سقط هذا الخبر مع الطبع مع جملة أحاديث، وهو مصحح في النسخة المقروءة.

الرجال:

[ترجمة محمد بن عبيد، وعلي بن هاشم، وإسماعيل بن أبي خالد، والشعبي]

أما محمد بن عبيد‏(296):

فقال في الجداول: محمد بن عبيد بن [محمد بن] واقد الكندي، المحاربي، أبو جعفر النحاس، الكوفي.

عن ابن المبارك، والحكم بن ظهير، وشريك، ومحمد بن ميمون، وخلق.

وعنه محمد بن جرير، والطحاوي، ومحمد بن منصور، والأربعة سوى ابن ماجة، وثقه ابن حبان.، توفي سنة خمس وأربعين ومائتين.

قال مولانا: والذي يظهر لي أنه من رجال الشيعة. انتهى.

أخرج له الناصر -عليه السلام-، ومحمد بن منصور، والمؤيد بالله، وأبو طالب، والمرشد بالله -عليهم السلام-.

وأما علي بن هاشم:

فقال في الجداول: علي بن هاشم بن البريد‏(297)، العابدي مولاهم، عن ابن أبي ليلى، والأعمش، وعبد الملك بن أبي سليمان.

وعنه محمد بن الصلت، وإسحاق بن إسرائيل، وأبو معمر، ومحمد بن عبيد المحاربي، وغيرهم.

قال أبو زرعة وابن المديني: صدوق، وقال أحمد: ما أرى به بأساً، وثقه ابن معين،

---

(296) انظر ترجمته: تهذيب التهذيب لابن حجر (9/ 201)، رقم (547)، ورمز لمن أخرج له، بأنهم: أبو داوود والترمذي والنسائي، وقال في التقريب: صدوق من العاشرة، مات سنة إحدى وخمسين [ومائتين]، وقيل قبل ذلك.

(297)- انظر ترجمته: تهذيب الكمال (5/ 307)، رقم (4736)، تهذيب التهذيب (7/ 331)، رقم (4987)، ورمزا لمن أخرج له، وهم: البخاري في الأدب المفرد، ومسلم، والأربعة. وقال في التقريب: «صدوق يتشيع».

قال في التهذيب: والنسائي وأبو حاتم، توفي سنة ثمانين ومائتين، عداده في ثقات محدثي الشيعة، وخرج مع الإمام الحسين بن علي الفخي -عليه السلام- . انتهى.

وأما ابن أبي خالد: فاسمه إسماعيل.

قال في الجداول: إسماعيل بن أبي خالد، البجلي الأحمسي[298]، أبو عبد الله الكوفي، الطحان، أحد الأعلام.

عن أبي حنيفة والحسن والشعبي وعنه شعبة والسفيانان ومحمد بن عبيد وخلق، عداده في خلص الشيعة، وثقه العجلي، توفي سنة ست وأربعين ومائة، احتج به الجماعة. انتهى .

أخرج له محمد وأبو طالب والمؤيد بالله والمرشد بالله.

وأما الشعبي:

فقال في الجداول: الشعبي، هو عامر بن شرحبيل، الحميري الشعبي، أبو عمرو الكوفي، إمام العلم، ولد لست سنين مضت من إمارة عمر.

عن الوصي، وابنيه الحسنين، وزين العابدين، وجابر، وابن مسعود، وأنس، وكثير من الصحابة والتابعين.

وعنه إسحاق، والأعمش، والحكم، والسفيانان، وجابر الجعفي، وأمم.

قال الشعبي: أدركت خمسمائة من أصحاب النبي -صلى الله عليه وآله وسلم- أو أكثر.

ومن كلامه: أحبب آل محمد ولا تكن رافضياً.

وثقه أبو نعيم وأبو زرعة، وعداده في ثقات محدثي الشيعة، وقد غلط من قال: إنه لم يسمع الوصي، توفي سنة أربع أو خمس ومائة، احتج به الجماعة. انتهى.

(298) سير أعلام النبلاء (6/ 383)، رقم (914)، تهذيب الكمال (1/ 227)، رقم (432)، تهذيب التهذيب (1/ 263)، رقم (479)، أخرجه له الجماعة. قال في التقريب: «ثقة ثبت».

أخرج له محمد والمؤيد بالله وأبو طالب والمرشد بالله والجرجاني.

باب القول في المستحاضة وما تؤمر به

[185] **أمالي أحمد بن عيسى -رضي الله عنه-**: حدثنا محمد بن منصور، قال: حدثني أحمد بن عيسى، عن حسين، عن أبي خالد، عن زيد، عن آبائه -عليهم السلام- قال: أتت رسولَ الله -صلى الله عليه وآله وسلم- امرأةٌ فزعمت أنها تستفرغ الدم، فقال رسول الله -صلى الله عليه وآله وسلم-: «لعن الله الشيطان هذه ركضة من الشيطان في رحمك فلا تدعي الصلاة لها»، فقالت: كيف أصنع يا رسول الله؟ قال: «اقعدي أيامك التي كنت تحيضين فيهن كل شهر؛ فلا تصلين فيهن، ولا تصومين، ولا تدخلين مسجداً، ولا تقرئين قرآناً، فإذا مضت أيامك التي كنت تجلسين فيهن -فاجعلي ذلك أقصى أيامك التي كنت تجلسين فيهن- فاغتسلي للفجر، ثم استدخلي الكرفس واستذفري استذفار الرجل، [ثم صلي الفجر، ثم الظهر إلى آخر وقت واغتسلي ثم استدخلي الكرسف واستذفري استذفار الرجل]، ثم صلي الظهر وقد دخل أول العصر ثم صلي العصر، ثم أخري المغرب آخر وقته ثم اغتسلي واستدخلي الكرسف واستذفري استذفار الرجل ثم صلي المغرب وقد دخل وقت العشاء فصلي».

قال: فولت وهي تبكي وتقول: يا رسول الله لا أطيق ذلك، فَرَقَّ لها رسول الله -صلى الله عليه وآله وسلم-، وقال: «اغتسلي لكل طهر كما كنت تفعلين، واجعليه بمنزلة الجرح في جسدك، كلما حدث دم أحدثتِ طهوراً، ولا تتركي الكرسف والاستذفار، فإن طال ذلك فلتدخل المسجد، ولتقرأ القرآن، ولتصلِّ الصلوات، [ولتقض المناسك][299]») انتهى[300].

(299) ما بين القوسين ثابت في الأصل، وغير موجود في أمالي أحمد بن عيسى المطبوعة.

(300) أمالي أحمد بن عيسى، باب ما تؤمر به المستحاضة (1/ 80،81).

[186] **مجموع زيد بن علي** -رضي الله عنه-: حدثني زيد بن علي، عن أبيه، عن جده، عن علي -عليهم السلام- قال: أتت امرأةٌ رسولَ الله -صلى الله عليه وآله وسلم- فزعمت أنها تستفرغ الدم، فقال رسول الله -صلى الله عليه وآله وسلم-: «لعن الله الشيطان هذه ركضة من الشيطان في رحمك، فلا تدعي الصلاة لها»، قالت: فكيف أصنع يا رسول الله؟ قال -صلى الله عليه وآله وسلم-: «اقعدي أيامك التي كنت تحيضين فيهن كل شهر؛ فلا تصلين فيهن، ولا تصومين، ولا تدخلي مسجداً، ولا تقرئي قرآناً، وإذا مرت أيامك التي كنت [تجلسين] تحيضين فيهن -واجعلي ذلك أقصى أيامك التي كنت تحيضين فيهن- فاغتسلي للفجر؛ ثم استدخلي الكرسف واستثفري استثفار الرجل؛ ثم صلي الفجر، ثم أخري الظهر لآخر وقته؛ واغتسلي واستدخلي الكرسف واستثفري استثفار الرجل؛ ثم صلي الظهر وقد دخل أول وقت العصر؛ وصلي العصر، ثم أخري المغرب لآخر وقت؛ ثم اغتسلي واستدخلي الكرسف واستثفري استثفار الرجل، ثم صلي المغرب وقد دخل أول وقت العشاء ثم صلي العشاء»، قال: فولت وهي تبكي وتقول: يا رسول الله لا أطيق ذلك، فَرَقّ لها رسول الله -صلى الله عليه وآله وسلم-: وقال: «اغتسلي لكل طهر كما كنت تفعلين واجعليه بمنزلة الجرح في جسدك كلما حدث دم أحدثت طهوراً ولا تتركي الكرسف والاستثفار».

[قال الإمام زيد بن علي -صلوات الله عليهما-]: (فإن طال ذلك بها فلتدخل المسجد، ولتقرأ القرآن، ولتصل الصلاة، ولتقض المناسك). انتهى (301).

[187] **الهادي** -عليه السلام- **في الأحكام**: قال يحيى بن الحسين -صلوات الله عليه-: ليس في الاستحاضة عندنا وقت مؤقت غير ما تعلم المرأة في نفسها في أيام أقرائها، فإن كانت ممن قد حاضت وعرفت أيام أقرائها فلتحتسب لذلك،

---

(301) المجموع الحديثي والفقهي المسمى بمسند الإمام زيد بن علي طبعة مؤسسة الإمام زيد بن علي الثقافية ص(76)، وما بين القوسين زيادة من المطبوع.

فإن كان وقت قرئها لم تصل، ولم تصم، ولم تقرأ القرآن، ولم يغشها زوجها، فإذا نفدت أيام الأقراء صلت وصامت وقرأت وغشيها زوجها إن أحب، ويجب عليها إذا قعدت أيام أقرائها ثم أتت أيام طهرها أن تغتسل كما تغتسل عند الطهر من الحيض، ثم تحتشي قطناً، وتستثفر استثفار الرجل، ثم تصلي صلاتها؛ تؤخر الظهر إلى أول وقت العصر ثم تتوضأ وتحتشي وتستثفر ثم تصلي الظهر والعصر معاً، وكذلك تفعل في المغرب والعشاء الآخرة، وكذلك روي عن النبي -صلى الله عليه وآله وسلم- أنه أمر امرأة بذلك، وحد لها في أوقات صلاتها، وأمرها بالجمع بين الظهر والعصر، وبين المغرب والعشاء، في آخر وقت الأولى وأول وقت الأخرى. انتهى (302).

[188] **أمالي أحمد بن عيسى** -رضي الله عنه-: حدثنا محمد بن منصور، قال: حدثني أحمد بن عيسى، عن محمد بن بكر، عن أبي الجارود، قال قلت لأبي جعفر: امرأة طال بها حيضها قال: إذا جاءت حيضتها فلتدع الصلاة إلى أقصى ما كانت تجلس -فإنها تنقص وتزيد- ثم تغتسل وتصلي، ثم قال: قال رسول الله -صلى الله عليه وآله وسلم-: «ركضة من الشيطان» ثم قال: والله لقد عذبتموها إن اغتسلت بين كل صلاتين غسلاً، يجزيها الغسل الأول، وتوضأ عند كل صلاة، فإن كان كما تقولون فلتستدخل الكرسف. انتهى (303).

[189] **الجامع الكافي**: قال القاسم ومحمد: في المستحاضة يستمر بها الدم شهرين أو سنة وقد كان لحيضها أيام معروفة خمس أو سبع أو نحو ذلك قالا: تقعد عن الصلاة أيام أقرائها.

وروى محمد بإسناده، عن النبي -صلى الله عليه وآله وسلم- أنه قال:

---

(302) الأحكام في الحلال والحرام للإمام الهادي -رضي الله عنه- طبعة مكتبة أهل البيت (1/ 63، 64).

(303) أمالي أحمد بن عيسى، باب ما تؤمر به المستحاضة (1/ 82).

«المستحاضة تدع الصلاة أيام أقرائها ثم تغتسل وتصلي وتوضأ عند كل صلاة». انتهى[304].

[190] **الهادي -عليه السلام- في الأحكام**: حدثني أبي، عن أبيه القاسم بن إبراهيم -صلوات الله عليه- في المستحاضة كيف تصنع؟ وهل يأتيها زوجها؟.

قال: تقعد أيام أقرائها، ثم تغتسل، وتتوضأ لكل صلاة، ويغشاها زوجها إن أحب، وتستنقي من الدم إذا أراد أن يغشاها؛ فإن غلب حيضها فهو كدم جرح أو عرق لو كان بها، وأكثر الحيض عندنا ما تعرف المرأة وعلى ما جربت المرأة من نفسها؛ فإن كانت ممن لم يحضن قبل ذلك [قط] ثم نفست، أو استحيضت فعلى قدر أكثر ما في نسائها، وليس فيه عندنا وقت معلوم، كما قال غيرنا، ولسنا نوقت فيه وقتاً؛ غير أنها لا تجاوز عشراً، وبذلك أمر رسول الله -صلى الله عليه وآله وسلم- فاطمة ابنة أبي حبيش: «أن تقعد أيام أقرائها»[305]، ولم يوقت لها في

(304) الجامع الكافي (1/ 453).

(305) عن عائشة: أن فاطمة بنت أبي حبيش أتت رسول اللّه -صلى الله عليه وآله وسلم- فقالت: يا رسول الله، إني أستحاض فلا ينقطع عني الدم، فأمرها أن تدع الصلاة أيام أقرائها، ثم تغتسل وتتوضأ لكل صلاة، وتصلي؛ وإن قطر الدم على الحصير قطراً»، أخرجه المؤيد بالله في شرح التجريد.

وأخرج نحوه عن عائشة ابن حبان في صحيحه.

وعن عدي بن ثابت، عن أبيه، عن جده، عن النبي -صلى الله عليه وآله وسلم- قال: «المستحاضة تدع الصلاة أيام حيضها، ثم تغتسل وتتوضأ لكل صلاة».

وعن عدي بن ثابت، عن أبيه، عن علي -رضي الله عنه- مثله، أخرجهما المؤيد بالله -رضي الله عنه- في شرح التجريد.

نعم؛ وأخرج حديث عائشة السابق الدارمي بإسناده إلى عائشة قالت: المستحاضة تجلس أيام أقرائها ثم تغتسل غسلاً واحداً، وتتوضأ لكل صلاة.

وعن عائشة: سئل رسول الله -صلى الله عليه وآله وسلم- عن المستحاضة، فقال: «تدع الصلاة أيام أقرائها، ثم تغتسل غسلاً واحداً، ثم تتوضأ عند كل صلاة»، أخرجه ابن حبان في صحيحه.

نعم؛ أخرج حديث عدي بن ثابت، عن أبيه، عن جده، عن النبي -صلى الله عليه وآله وسلم- محمدُ بن منصور في أمالي أحمد بن عيسى. تمت من حاشية على الأصل.

ذلك وقتاً، والقياس في هذا لا يمكن إلا أن يتقحم فيه متقحم فيقول فيه برأيه. انتهى(306).

باب القول في الحائض ما تقضي

[191] **أمالي أحمد بن عيسى** -رضي الله عنه-: وحدثنا محمد، حدثنا أحمد بن عيسى، عن محمد بن بكر، عن أبي الجارود، قال: قلت لأبي جعفر: إن المغيرة لعنه الله يقول: إن العبد الصالح قال: ما بال الصيام يقضى ولا تقضى الصلاة.

قال أبو جعفر: كذب والله المغيرة على رسول الله -صلى الله عليه وآله وسلم- وعلى أزواجه وبناته، وعلينا وعلى نسائنا، والله ما صلاها نساء رسول الله -صلى الله عليه وآله وسلم- ولا بناته ولا نساؤنا، ولكن قد كن يؤمرن إذا كان ذلك أن يُحسنّ الطهور، ويستقبلن القبلة فيكبرن ويهللن. انتهى(307).

[192] **الهادي -عليه السلام- في الأحكام**: قال يحيى بن الحسين -صلوات الله عليه-: ومما وافق قولنا في ذلك من الروايات الصحيحة، عن النبي -صلى الله عليه وآله وسلم- أنه لم يأمر أحداً من نسائه بقضاء الصلاة، كما أمرهن بقضاء الصوم، وكذلك وعلى ذلك رأينا جميع مشائخ آل رسول الله -صلى الله عليه وآله وسلم- وعلمائهم، ولم نسمع بأحد منهم أوجب على حائض قضاء صلاتها، كما يوجبون عليها قضاء صيام ما أفطرت من أيامها.

حدثني أبي، عن أبيه أنه قال: (الحائض تقضي الصوم ولا تقضي الصلاة).

قال يحيى بن الحسين -رضي الله عنه- بلغنا عن أبي جعفر محمد بن علي بن الحسين -صلوات الله عليه- أنه قال: كان أزواج النبي -صلى الله عليه وآله

---

(306) الأحكام في الحلال والحرام للإمام الهادي -رضي الله عنه- طبعة مكتبة أهل البيت (1/64).

(307) أمالي أحمد بن عيسى، باب ما تؤمر به الحائض عند كل وقت صلاة من التسبيح (1/75،76).

وسلم- أمهات المؤمنين يرين ما يرى النساء فيقضين الصوم ولا يقضين الصلاة، وقد كانت فاطمة ابنة رسول الله -صلى الله عليه وآله وسلم- ترى ما يرى النساء فتقضي الصوم ولا تقضي الصلاة.

وبلغنا عن زيد بن علي -رحمة الله عليه-، عن آبائه، عن علي بن أبي طالب -عليه السلام- أنه قال: قال رسول الله -صلى الله عليه وآله وسلم-: «تقضي المستحاضة الصوم». انتهى (308).

[193] **الجامع الكافي**: قال محمد: (حكم الله وسنة رسوله أن الحائض والنفساء يقضيان الصوم ولا يقضيان الصلاة)، هذا إجماع علماء آل محمد -صلى الله عليه وآله وسلم-.

قال أبو عبد الله العلوي -رحمه الله- مؤلف **الجامع الكافي**[1/470]: حدثنا علي بن الحسن بن يحيى العلوي، وأبو حازم محمد بن علي الوشاء، قالا: نا أبو تمام عبد الله بن أحمد بن عبيد الأنصاري، قال: نا سليمان بن القاسم بن إبراهيم الحسني، قال: سألت القاسم عن الحائض يجب عليها إعادة الصلاة كما يجب عليها إعادة الصوم؟.

قال: لا، لم يوجب الله عليها إعادة الصلاة.

قال محمد: وأجمع علماء أمة محمد رسول الله -صلى الله عليه وآله وسلم- أن الحائض والنفساء في رمضان مفطرة أكلت أو لم تأكل، وعليها القضاء. انتهى.

[194] **مجموع زيد بن علي** -رضي الله عنه-: حدثني زيد بن علي، عن أبيه، عن جده، عن علي -عليهم السلام-: (أن الحائض تقضي الصوم ولا تقضي الصلاة)(309).

---

(308) الأحكام في الحلال والحرام للإمام الهادي -رضي الله عنه- طبعة مكتبة أهل البيت.
(309) عن عائشة قالت: (كنا نؤمر بقضاء الصوم ولا نؤمر بقضاء الصلاة)، متفق عليه. تمت من حاشية على الأصل.

[195] [صـ(77)] حدثني زيد بن علي، عن أبيه، عن جده، عن علي بن أبي طالب -عليهم السلام- قال: (إذا طهرت الحائض قبل المغرب قضت الظهر والعصر، وإذا طهرت قبل الفجر قضت المغرب والعشاء)(310). انتهى.

[196] **الجامع الكافي**[1/466]: وقال الحسن -عليه السلام- فيما حدثنا حسين، عن زيد، عن أحمد عنه روينا، عن علي - صلى الله عليه - أنه قال: (إذا طهرت الحائض بالليل قضت صلاة الليل، وإذا طهرت بالنهار قضت صلاة النهار). انتهى.

باب القول فيما للرجل من امرأته إذا كانت حائضاً

قد تقدم حديث أمالي أحمد بن عيسى، ومجموع زيد بن علي ما للرجل من امراته إذا كانت حائضاً، قال: (ما فوق الإزار، ولا تطلع على ما تحته(311))، في باب الغسل من الجنابة.

[197] **وفي الجامع الكافي**[1/463]: قال محمد: ذكر عن النبي -صلى الله عليه وآله وسلم- أن الحائض تحل لزوجها ما دون الإزار. انتهى.

[198] **الهادي** -عليه السلام- **في المنتخب**: في دنو الرجل من امرأته وهي وقت حيضتها إذا اجتنب موضع الحرث، وقد فعل ذلك رسول الله -صلى الله

---

(310) عن ابن عباس قال: (إذا طهرت قبل المغرب صلت الظهر والعصر، وإذا طهرت قبل الفجر صلت المغرب والعشاء). أخرجه الدارمي. تمت من حاشية على الأصل.

(311) عن عبدالله بن سعد الأنصاري، أنه سأل رسول الله -صلى الله عليه وآله وسلم-: ما يحل لي من امرأتي وهي حائض؟ فقال: «ما فوق الإزار»، أخرجه أبو داوود.
وعن عائشة، قالت: جاءت امرأة إلى رسول الله -صلى الله عليه وآله وسلم- سألته ما يحل للرجل من امرأته وهي حائض؟، قال: «ما فوق السرة»، أخرجه الطبراني في الأوسط.
وعن عائشة، قالت: كان رسول الله -صلى الله عليه وآله وسلم- إذا حضت يأمرني أن أتزر ثم يباشرني. متفق عليه عند الستة. تمت من حاشية على الأصل.

عليه وآله وسلم- بأم سلمة -رحمة الله عليها-.

وفي المنتخب أيضاً [صـ29]: قال الهادي -صلوات الله عليه-: لا يجوز للرجل أن يجامع امرأته إذا طهرت حتى تطهر كما قال الله -سبحانه-: ﴿حَتَّىٰ يَطْهُرْنَ﴾[البقرة:222]. انتهى(312).

باب القول في الرجل يأتي امرأته وهي حائض

[199] **المؤيد بالله -عليه السلام- في شرح التجريد**(313)[1/255]: وأما وجه قول القاسم -عليه السلام-: أن من وطئ امرأته في الحيض أجزته التوبة والاستغفار:

ما أخبرنا به أبو العباس الحسني -رحمه الله-، قال: أخبرنا علي بن محمد الروياني، والحسين بن أحمد البصري، -قال علي: أخبرني، وقال الحسين: حدثني- الحسين بن علي بن الحسن، قال: حدثنا زيد بن الحسن، عن أبي بكر بن أبي أويس، عن ابن ضميرة، عن أبيه، عن جده، عن علي -عليه السلام- أنه كان يقول: (الذي يأتي امرأته وهي حائض هو عاجز لا كفارة عليه إلا الاستغفار). انتهى.

هذا سند صحيح رجاله جميعاً من ثقات محدثي الشيعة.

---

(312) قال في المنتخب للإمام الهادي -رضي الله عنه- طبعة دار الحكمة اليمانية صـ(29)) قلت: فهل للرجل أن يدنو من امرأته في وقت حيضها؟

قال: نعم، إذا اجتنبَ موضع الحرث، وقد فعل ذلك رسول الله -صلى الله عليه وآله وسلم- بأم سلمة رحمة الله عليها.

قلت: فهل للرجل أن يواقع امرأته إذا نَقَت من الدم ورأت النقاء في موضع الحرث من قبل أن تغتسل وتَطَّهر بالماء؟

قال: لا، حتَّى تطهر بالماء، كما قال الله سبحانه: {حتى يطهرن}.

(313) هكذا في شرح التجريد وكتب فوق قوله ما أخبرنا لفظ فهو طنا وفي نسخة من نسخ شرح التجريد هكذا الوجه فيما قال القاسم وهذه النسخة هي الصواب إن شاء الله تمت مؤلف

[ترجمة الروياني والبصري، والحسين المصري، وأبي طاهر زيد بن الحسن]

وعلي بن محمد الروياني، والحسين بن أحمد البصري: وثقهما المؤيد بالله -عليه السلام-.

والحسين بن علي:

هو الحسين بن علي بن الحسن بن عمر بن علي بن الحسين بن علي بن أبي طالب -عليهم السلام- المعروف بالمصري، شقيق الناصر الحسن بن علي الأطروش -عليه السلام-.

وزيد بن الحسن:

هو زيد بن الحسن بن عيسى بن زيد بن علي بن الحسين بن علي بن أبي طالب، يكنى بأبي طاهر.

وأبو بكر بن أبي أويس، والحسين بن عبد الله بن ضميرة وأبوه وجده: قد مر الكلام عليهم.

[200] أمالي أحمد بن عيسى -رضي الله عنه- [3/ 39]: محمد بن جميل، عن إسماعيل بن صبيح، عن عمرو بن شمر، عن ليث، عن مجاهد، قال: أقبل رجل حتى قام على رأس علي فقال: إني أتيت امرأتي وهي على غير طهر، فما كفارة ما أتيت؟ فقال علي: (انطلق -فوالله ما أنت بصبور ولا قذور- فتصدق بدينار، واستغفر الله من ذنبك، ولا تعد لمثلها، ولا قوة إلا بالله). انتهى.

[201] المؤيد بالله -عليه السلام- في شرح التجريد [1/ 255- 256]: وأخبرنا أبو العباس الحسني، قال أخبرنا محمد بن بلال، قال: حدثنا محمد بن عبد العزيز، قال: حدثنا محمد بن جميل، قال: حدثنا إسماعيل بن صبيح، عن عمرو، عن ليث، عن مجاهد قال: أقبل رجل حتى قام على رأس علي، فقال: إني أتيت امرأتي وهي على غير طهر، فما كفار ما أتيت؟ فقال علي: (انطلق فوالله ما أنت بصبور ولا قذور، واستغفر الله من ذنبك، ولا تعد لمثلها، ولا قوة إلا بالله

العلي العظيم). انتهى.

رجال هذا الإسناد من ثقات محدثي الشيعة، وسيأتي الكلام عليهم جميعاً.

وليث: هو ابن أبي سليم.

ومجاهد: هو ابن جبر.

[202] **الجامع الكافي**[1/ 464]: قال القاسم -عليه السلام- :وإذا جامع الرجل امرأته وهي حائض فليس عليه إلا التوبة وترك العود، وإن تصدق بصدقة فنافلة حسنة، وقد ذكر عن ابن عباس يرفعه: «أن يتصدق بنصف دينار[314]»، إن صح الحديث.

وروى محمد حديث ابن عباس، عن النبي -صلى الله عليه وآله وسلم- فيمن أتى حائضاً: «إن كان دماً عبيطاً فليتصدق بدينار، وإن كان صفرة فنصف دينار». انتهى.

باب القول في النفاس وكم تقعد النفساء

[203] **أمالي أحمد بن عيسى -رضي الله عنه-**: وحدثنا محمد، حدثنا محمد بن راشد، عن إسماعيل بن أبان، عن غياث، عن جعفر، عن أبيه، عن علي - صلى الله عليه - قال: (وقت النفساء أربعون يوماً؛ فإذا جاوزت أربعين اغتسلت وصلت، وكانت بمنزلة المستحاضة تصوم وتصلي ويأتيها زوجها)[315].

---

(314) عن ابن عباس: أن رسول الله -صلى الله عليه وآله وسلم- أمر رجلاً غشي امرأته وهي حائض؛ أن يتصدق بدينارأو نصف دينار)، أخرجه محمد بن منصور في أمالي احمد بن عيسى، وأبو داوود والنسائي.

وعن ابن عباس، عن النبي -صلى الله عليه وآله وسلم- في الرجل يأتي امرأته وهي حائض، قال: «إن كان دماً عبيطاً فليتصدق بدينار، وإن كان صفرة فليتصدق بنصف دينار»، أخرجه محمد بن منصور في أمالي أحمد بن عيسى، وأخرج نحوه أبو داوود والترمذي.

وعن أبي هريرة: أن رسول الله -صلى الله عليه وآله وسلم- قال: «من أتى حائضاً في فرجها، أو امرأة في دبرها، أو كاهناً فقد كفر بما أنزل على محمد»، أخرجه الترمذي. تمت من حاشية على الأصل.

(315) أخرج المؤيد بالله في شرح التجريد ومحمد بن منصور المرادي في أمالي احمد بن عيسى =

انتهى[316].

الرجال:

أما محمد بن راشد: فقد تقدم، وهو من ثقات محدثي الشيعة.

وأما إسماعيل بن أبان:

فقال في الجداول: إسماعيل بن أبان، الوراق الأزدي، عن إسرائيل، وقيس بن الربيع، وخلق، وعنه عباد بن يعقوب، وعدة.

قال بعضهم: كان يتشيع، وثقه أحمد والبخاري، توفي سنة ست عشرة ومائتين، احتج به البخاري والترمذي. انتهى.

وقال في هامش الجداول عن خط المؤلف حاشية من على قوله والترمذي ما لفظه: وابن معين والحاكم أبو أحمد وجعفر الصايغ وغيرهم.

عداده في رجال الشيعة. انتهى.

وقد ذكره الوالد العلامة جمال الإسلام علي بن محمد العجري فسح الله في أجله في ثقات محدثي الشيعة[317].

بسنديهما إلى أنس قال: قال رسول الله -صلى الله عليه وآله وسلم- تقعد النفساء أربعين يوما إلا أن ترى الطهر قبل ذلك وعن مسة الأزدية، قالت: قلت لأم سلمة: هل كنتن سألتم رسول اللّه -صلى الله عليه وآله وسلم-، عن النفساء، كم تجلس في نفاسها؟ قالت: نعم سألناه، فقال رسول اللّه -صلى الله عليه وآله وسلم-: « تجلس أربعين ليلة، إلاَّ أن ترى الطهر قبل ذلك » أخرجه المؤيد بالله في شرح التجريد ومحمد بن منصور في أمالي أحمد بن عيسى والبيهقي في سننه وأبو داوود والترمذي وابن ماجة والدارمي والدارقطني وأحمد في مسنده كلهم بألفاظ متقاربة تمت من حاشية على الأصل.

(316) أمالي أحمد بن عيسى، باب كم تجلس النفساء في نفاسها (1/ 79).

(317) قال الحافظ ابن حجر في هدي الساري مقدمة فتح الباري في سياق من انتقد على البخاري إخراجه لهم في صحيحه (ص/ 551)، ط: (دار الكتب العلميَّة): «إسماعيل بن أَبَان الورَّاق الكوفيُّ، أحد شيوخ البخاري، ولم يكثر عنه، ووثَّقه النسائي، ومُطَيَّن، وابن معين، والحاكم أبو =

وأما غياث:

فقال في الجداول: غياث بن إبراهيم النخعي، أبو عبد الرحمن الكوفي، عن الصادق والأعمش ومجاهد وغيرهم، وعنه إسماعيل بن أبان، وابن جريج في رواية، وعلي بن الجعد، وآخرون.

جرح بسبب التشيع، ولا التفات إلى ذلك، فهو من ثقات الشيعة، وتوفي في عشر التسعين والمائة. انتهى، أخرج له محمد وأبو طالب.

[204] **الهادي** -عليه السلام- **في الأحكام**: بلغنا عن رسول الله -صلى الله عليه وآله وسلم- أنه قال: «تقعد النفساء أربعين يوماً إلا أن ترى الطهر قبل ذلك». انتهى (318).

[205] **الجامع الكافي**: وقال الحسن بن يحيى ومحمد: الذي نأخذ به أن تجلس النفساء عن الصلاة أربعين يوماً، ثم تغتسل وتصلي، إلا أن ترى الطهر قبل ذلك، روي ذلك عن النبي وعن علي -صلوات الله عليهما وعلى آلهما وسلم-. انتهى (319).

[206] **الهادي** -عليه السلام- **في الأحكام**: وكذلك بلغنا عن علي -عليه السلام- أنه قال: (وقت النفساء أربعون يوماً فإذا جاوزت الأربعين اغتسلت وصلت وكانت بمنزلة المستحاضة تصوم وتصلي ويأتيها زوجها). انتهى (320).

أحمد، وجعفر الصائغ، والدارقطني، وقال في رواية الحاكم عنه: أثنى عليه أحمد وليس بقوي، وقال الجوزجاني: كان مائلًا عن الحقِّ، ولم يكن يكذب في الحديث. قال ابن عدي: يعني ما عليه الكوفيون من التشيع. قال ابن حجر: الجوزجاني كان ناصبيًّا منحرفًا عن علي...». ورمز ابن حجر لمن روى له فأفاد أنهم: البخاري، وأبو داود، والترمذي. من هامش لوامع الأنوار.

(318) الأحكام في الحلال والحرام للإمام الهادي -رضي الله عنه- طبعة مكتبة أهل البيت (1/ 63).

(319) الجامع الكافي (1/ 472).

(320) الأحكام في الحلال والحرام للإمام الهادي -رضي الله عنه- طبعة مكتبة أهل البيت (1/ 63).

باب القول في أن الحيض والنفاس بمعنى واحد

[207] **الهادي -عليه السلام- في الأحكام:** قال يحيى بن الحسين -صلوات الله عليه-: والنفساء تطهر من النفاس كما تطهر الحائض من حيضها، لأن الحيض والنفاس واحد في المعنى، لما يأتي فيهما من الدماء، والعرب تدعو الحيض نفاساً، وفي ذلك ما يروى عن رسول الله -صلى الله عليه وآله وسلم- أنه كان[321] مع امرأة من نسائه فوثبت، فقال لها: «مالك أنفست» -يريد أحضت-، وفصحاء العرب تدعو الطمث نفاساً، والله تبارك وتعالى أوجب الغسل من الحيض فلذلك أوجبناه في النفاس، لأنه محيض في الأصل والمعنى، وإن اختلف بهما في اللفظ الأسماء. انتهى[322].

[208] **أمالي أحمد بن عيسى -رضي الله عنه-:** قال محمد: سمعت قاسم بن إبراهيم أو ثبت لي عنه يقول: إنما أوجبنا الغسل من النفاس كما أوجبنا الغسل من الحيض، لأن النفاس حيض؛ وإن خالف اسمه اسم الحيض، ذكر عن النبي -صلى الله عليه وآله وسلم- أنه كانت معه امرأة من نسائه في فراش فوثبت [فطمثت] فقال لها رسول الله -صلى الله عليه وآله وسلم-: «ما لَكِ، أنفست؟» وفصحاء العرب يدعون الطمث باسم النفاس، وقد أوجب الله الغسل من الحيض في كتابه، فأوجبناه في النفاس إن كان حيضاً اتباعاً لأمر الله عز وجل. انتهى[323].

---

(321) وعن أم سلمة، قالت: بينا أنا ورسول الله -صلى الله عليه وآله وسلم- في الخميلة إذ حضت، فانسللت، فأخذت ثياب حيضي، فقال رسول الله -صلى الله عليه وآله وسلم- «أنفست»؟ قلت: نعم، فدعاني إليه إلى الخميلة. أخرجه المؤيد بالله في شرح التجريد، وأخرج البخاري ومسلم نحوه عن أم سلمة، وأخرج مالك في الموطأ نحوه عن عائشة. تمت من حاشية على الأصل.

(322) الأحكام في الحلال والحرام للإمام الهادي -رضي الله عنه-، طبعة مكتبة أهل البيت (1/ 63).

(323) أمالي أحمد بن عيسى، باب في الجنب يطعم قبل أن يغتسل (1/ 80).

كتاب الصلاة

كتاب الصلاة

القول في المحافظة على الصلوات

القرآن الكريم: قال الله -سبحانه -: ﴿حَٰفِظُواْ عَلَى ٱلصَّلَوَٰتِ وَٱلصَّلَوٰةِ ٱلۡوُسۡطَىٰ وَقُومُواْ لِلَّهِ قَٰنِتِينَ ٢٣٨﴾[البقرة:238].

[209] **صحيفة علي بن موسى الرضى -عليهما السلام-** [صـ50]: عن أبيه، عن آبائه، عن علي -عليهم السلام-، قال: قال رسول الله -صلى الله عليه وآله وسلم-: «**لا يزال الشيطان ذاعراً من ابن آدم ما حافظ على الصلوات الخمس؛ فإذا ضيعهن تجرأ عليه وأوقعه في العظائم**» انتهى.

[210] **أبو طالب -عليه السلام- في الأمالي** [صـ308]: أخبرنا عبد الله بن عدي، قال: حدثنا محمد بن محمد بن الأشعث الكوفي، قال: حدثنا موسى بن إسماعيل بن موسى بن جعفر، قال: حدثني أبي إسماعيل بن موسى بن جعفر، عن أبيه، عن جده جعفر بن محمد، عن أبيه، عن جده علي بن الحسين، عن أبيه، عن علي -عليهم السلام- قال: قال رسول الله -صلى الله عليه وآله وسلم-: «**لا يزال الشيطان هائباً مذعوراً من المؤمن ما حافظ على الصلوات الخمس؛ فإذا ضيعهن تجرأ عليه فألقاه في العظائم**[324]» انتهى.

الرجال:

[ترجمة ابن عدي ووجه قبول روايته]

أما عبد الله بن عدي:

---

(324) أخرج نحوه الصدوق في عقاب الأعمال صـ(273) بسنده إلى الصادق عن أبيه عن آبائه عن أمير المؤمنين -عليهم السلام- قال: قال رسول الله -صلى الله عليه وآله وسلم-: «لا يزال الشيطان هائباً لابن آدم ذعراً منه ما صلى الصلوات الخمس لوقتهن فإذا ضيعهن اجترأ عليه فأدخله في العظائم» تمت حاشية من الأصل

فقال في الجداول: عبد الله بن عدي بن عبد الله بن محمد بن المبارك الجرجاني، أبو أحمد، ابن عدي، الإمام الحافظ الكبير، ويعرف أيضاً بابن القطان، صاحب الكامل، والجرح والتعديل.

عن محمد بن محمد بن الأشعث، وأبي عبد الرحمن النسائي، والحسن بن سفيان، وخلائق فوق الألف.

وعنه أبو طالب الحسني، وابن عقدة وهو شيخه، وأحمد بن محمد الهروي وخلق.

قال الخليل: كان عديم النظير حفظاً وعدالة.

وقال الساجي: حافظ لا بأس به، وثقه ابن عساكر.

وقال حمزة السهمي: كان حافظاً متقناً لم يكن في زمانه أحد مثله.

توفي سنة خمس وستين وثلاثمائة. انتهى.

فإن قيل: ما الوجه في قبول ابن عدي وهو على غير شرطكم؟

قيل له: الوجه في ذلك أنه لم ينفرد بالرواية عن محمد بن محمد بن الأشعث فقد تابعه غيره من الشيعة الأثبات لروايتهم لهذا السند المسلسل بالآل.

ثم إنه لم ينقل لنا فيما جرح به الشيعة إلا من طريق الخصوم.

ووجه ثالث: وهو أنا لم نرو عنه إلا ما كان بهذا الإسناد، والموجود من طريقه في أمالي أبي طالب قدر ثمانية عشر حديثاً لها شواهد صحيحة، فهذا هو الوجه في قبول روايته، والله الموفق.

[ترجمة محمد بن محمد بن الأشعث]

وأما محمد بن الأشعث:

فقال في الجداول: محمد بن محمد بن الأشعث الكوفي، أبو الحسن، نزيل مصر.

عن موسى بن إسماعيل عن آبائه، وعنه ابن عدي، وأبو محمد عبد الله بن محمد المعروف بابن السقا، ومحمد بن داوود بن سليمان الصوفي.

قال الذهبي: قال ابن عدي: كتبت عنه بها -أي بالكوفة- حمله شدة تشيعه أن أخرج إلينا نسخة قريباً من ألف حديث عن موسى بن إسماعيل بن موسى بن جعفر بن محمد، عن أبيه عن آبائه. انتهى.

واحتج به البيهقي في سننه الكبرى.

قال السيوطي: إيراد البيهقي له فائدة جليلة؛ فإنه التزم أن لا يخرج في تصانيفه عن وضاع سيما في الكبرى التي هي من أجل كتبه، ذكر معنى ذلك في جمع الجوامع، وكان سماع ابن عدي عليه بمصر في رمضان سنة خمس وثلاثمائة، وتوفي في جماد سنة أربع عشرة وثلاثمائة. انتهى.

[ترجمة موسى بن إسماعيل بن موسى بن جعفر، وآبائه]

وأما موسى بن إسماعيل:

فقال في الجداول: موسى بن إسماعيل بن موسى بن جعفر الصادق.

عن أبيه عن جده، وعنه محمد بن محمد بن الأشعث.

هو السيد الكبير الورع الصالح العالم، أحد كبار سادات المدينة، والمشهورين عند أهل البيت -عليهم السلام-، له قريب من ألف حديث، رواها شيعي الآل، وقد نال منه -أي من محمد بن محمد- النواصب [والمنحرفون](325). انتهى.

وأما والده إسماعيل:

فقال في الجداول: إسماعيل بن موسى بن جعفر الصادق عن أبيه وعنه ولده، قال ابن عنبه يقال لأولاده: الكلثوميون. انتهى.

---

(325) قال في الأصل والمترفين وكتب فوقها والمترفون ظن وما أثبتناه من الجداول.

وأما موسى بن جعفر الصادق:

فقال في الجداول: موسى الكاظم بن جعفر الصادق، الإمام الحجة، أبو الحسن المدني.

عن آبائه، وعنه عبد الله بن دينار، وأبناؤه -علي وإبراهيم وإسماعيل-، وأخواه -علي ومحمد-، وغيرهم.

كان من الأجواد الحكماء، والعباد الأتقياء، حبسه موسى الهادي فرأى علي بن أبي طالب في النوم يقول: يا موسى هل عسيتم إن توليتم أن تفسدوا في الأرض وتقطعوا أرحامكم، فانتبه من نومه وأمر بإطلاقه، ثم حبسه الرشيد، وقُتل بالسم أو غيره في الحبس. والله أعلم.

وقد دونت أخباره وأخبار ولده -عليهم السلام- عند أصحابنا. انتهى.

[211] صحيفة علي بن موسى الرضى -عليهما السلام-[ص451]: عن أبيه، عن آبائه، عن علي -عليهم السلام- قال: قال رسول الله -صلى الله عليه وآله وسلم-: «حافظوا على الصلوات الخمس؛ فإن الله عز وجل إذا كان يوم القيامة يدعو العبد فأول ما(326) يسأل عنه الصلاة؛ فإن جاء بها تامة وإلا زج به في النار». انتهى.

[212] أبو طالب -عليه السلام- في الأمالي[ص307]: أخبرنا أبو الحسين يحيى بن الحسين بن محمد بن عبيد الله الحسني -رحمه الله-، قال: حدثني علي بن محمد بن مَهْرَوَيه القزويني، قال: حدثنا أبو أحمد داوود بن سليمان الغازي، قال: حدثني علي بن موسى الرضا، قال: حدثني أبي موسى بن جعفر، عن أبيه جعفر بن محمد، عن أبيه محمد بن علي، عن أبيه علي بن الحسين، عن أبيه الحسين بن

---

(326) في صحيفة علي بن موسى المطبوعة: (فأول شيء يسأل عنه).

علي، عن أبيه علي بن أبي طالب -عليهم السلام-، قال: قال رسول الله -صلى الله عليه وآله وسلم-: «حافظوا على الصلوات الخمس؛ فإن الله تبارك وتعالى إذا كان يوم القيامة يدعو العبد فأول ما يسأل عنه(327) الصلاة؛ فإن جاء بها تامة وإلا زج به في النار». انتهى.

الرجال:

[ترجمة يحيى بن الحسين الحسني، وعلي بن مهرويه، وداود الغازي]

أما أبو الحسين يحيى بن الحسين بن محمد بن عبيد الله الحسني -رضي الله عنه- فهو من علماء آل محمد الأعلام، وثقاتهم الأخيار، -رضي الله عنه-، لم أقف له على تاريخ وفاة.

وأما علي بن مهرويه القزويني:

فقال في الجداول: علي بن محمد بن مهرويه، أبو الحسن القزويني، الفارسي، عن داوود بن سليمان الغازي، وجماعة، وسمع عليه صحيفة علي بن موسى أبو الحسن علي بن الحسن بن عبدالرحيم، والحافظ الحسن بن علي بندار، وعبد الرحيم التميمي بن إبراهيم الرازي، ذكر ذلك في تاريخ قزوين.

وقال الذهبي في ذكر داوود: له نسخة رواها عن علي بن محمد بن مهرويه الصدوق.

قلت: وممن روى عن علي بن محمد أبو العباس الحسني، ويحيى بن الحسين الحسني، توفي سنة خمس وثلاثين وثلاثمائة وقد نيف على المائة. انتهى.

وأما داوود بن سليمان الغازي:

فقال في الجداول: داوود بن سليمان بن يوسف الغازي، أبو أحمد القزويني

---

(327) في تيسير المطالب: (فأول ما يسأله عن الصلاة).

الجرجاني، عن علي بن موسى الرضي، وعنه علي بن محمد بن مهرويه القزويني.

قال في تاريخ قزوين: يقال داوود بن سليمان شيخ اشتهر بالرواية عن علي بن موسى الرضي، ويقال: إن علياً كان مستخفياً في داره مدة لبثه بقزوين، وله نسخة عنه يرويها أهل قزوين عن داوود، وكذبه شيخا النصب يحيى بن معين، والذهبي وقال: له نسخة موضوعة.

قال مولانا: وجه الرد لأخباره كونه روى أحاديث الشيعة وغيرها. انتهى.

[213] أمالي أحمد بن عيسى -عليهما السلام- [1/-106]: حدثنا إسماعيل بن موسى، عن شريك، عن إسماعيل، عن الحسن، قال: لما نزلت هذه: ﴿إِنَّ ٱلصَّلَوٰةَ تَنْهَىٰ عَنِ ٱلْفَحْشَآءِ وَٱلْمُنكَرِ﴾ [العنكبوت:45] قال رسول الله -صلى الله عليه وآله وسلم-: «من صلى صلاة فلم تنهه عن الفحشاء والمنكر لم يزدد بها من الله إلا بعداً». انتهى.

رجال هذا الإسناد من ثقات محدثي الشيعة وقد مر الكلام عليهم، إلا الحسن البصري فسيأتي الكلام عليه.

وإسماعيل الراوي عن الحسن هو ابن أبي خالد، قد مر الكلام عليه.

[214] صحيفة علي بن موسى الرضي -عليهما السلام- [ص-451]: عن أبيه، عن آبائه، عن علي -عليهم السلام- قال: قال رسول الله -صلى الله عليه وآله وسلم- لأصحابه: «لا تضيعوا صلاتكم؛ فإن من ضيع صلاته حشر مع قارون وفرعون وهامان، وكان حقاً على الله أن يدخله النار مع المنافقين، والويل لمن لم يحافظ على صلاته، وأدى سنة نبيه».

[215] وبهذا الإسناد؛ قال: قال رسول الله -صلى الله عليه وآله وسلم-: «من أدى فريضة فله عند الله دعوة مستجابة».

[216] وبه قال: قال رسول الله -صلى الله عليه وآله وسلم-: «**لا تزال أمتي بخير ما تحابوا، وأدوا الأمانة، واجتنبوا الحرام، وأقرأوا الضيف، وأقاموا الصلاة، وآتوا الزكاة، فإن لم يفعلوا ذلك ابتلوا بالسنين والقحط**». انتهى.

[217] **أمالي أحمد بن عيسى -عليهما السلام-**[1/ 160]: حدثنا محمد بن منصور، قال: حدثني أحمد بن عيسى بن زيد، عن حسين بن علوان، عن أبي خالد، عن زيد، عن آبائه، عن علي -عليهم السلام- قال: (الصلوات الخمس كفارات لما بينهن ما اجتنبت الكبائر، وهي قول الله -تبارك وتعالى-: ﴿إِنَّ ٱلْحَسَنَٰتِ يُذْهِبْنَ ٱلسَّيِّـَٔاتِ ۚ ذَٰلِكَ ذِكْرَىٰ لِلذَّٰكِرِينَ ١١٤﴾[هود:114]، فسألناه ما الكبائر؟ فقال: (قتل النفس المؤمنة، وأكل مال اليتيم، وقذف المحصنة، وشهادة الزور، وعقوق الوالدين، والفرار من الزحف، واليمين الغموس) انتهى.

ومثله في مجموع زيد بن علي -عليهما السلام-.

[218] **وفي نهج البلاغة** من كلام لأمير المؤمنين علي بن أبي طالب -صلوات الله عليه- : (تعاهدوا أمر الصلاة وحافظوا عليها، واستكثروا منها، وتقربوا بها، فإنها كانت على المؤمنين كتاباً موقوتاً، ألا تسمعون إلى جواب أهل النار حين سئلوا: ﴿مَا سَلَكَكُمْ فِى سَقَرَ ٤٢ قَالُوا۟ لَمْ نَكُ مِنَ ٱلْمُصَلِّينَ ٤٣﴾[المدثر:42-43]، وإنها لتحت الذنوب حت الورق، وتطلقها إطلاق الرِبَق(328)، وشبهها رسول الله -صلى الله عليه وآله وسلم- بالحَمَةِ تكون على باب الرجل فهو يغتسل منها في اليوم والليلة خمس مرات، فما عسى أن يبقى عليه من الدرن؟، وقد عرف حقها رجال من المؤمنين الذين لا تشغلهم عنها زينة متاع، ولا قرة عين من ولد ولا مال، يقول الله -سبحانه-: ﴿رِجَالٌ لَّا تُلْهِيهِمْ تِجَٰرَةٌ وَلَا بَيْعٌ عَن ذِكْرِ ٱللَّهِ وَإِقَامِ ٱلصَّلَوٰةِ

(328) الربق: هو حبل فيه عدة عرى، يشد به. تمت مؤلف.

وَإِيتَآءِ ٱلزَّكَوٰةِ ﴾[النور:37]، وكان رسول الله -صلى الله عليه وآله وسلم- نَصِباً[329] بالصلاة بعد التبشير له بالجنة، لقوله الله -سبحانه-: ﴿وَأْمُرْ أَهْلَكَ بِٱلصَّلَوٰةِ وَٱصْطَبِرْ عَلَيْهَا ﴾[طه:132]، فكان يأمر [بها] أهله ويصبر عليها نفسه)[330]. انتهى.

باب القول في أوقات الصلوات

القرآن الكريم: قال الله -سبحانه-: ﴿أَقِمِ ٱلصَّلَوٰةَ لِدُلُوكِ ٱلشَّمْسِ إِلَىٰ غَسَقِ ٱلَّيْلِ وَقُرْءَانَ ٱلْفَجْرِ إِنَّ قُرْءَانَ ٱلْفَجْرِ كَانَ مَشْهُودًا ﴿٧٨﴾﴾[الإسراء:78].

[219] **مجموع زيد بن علي -عليهما السلام-** [صـ82]: حدثني زيد بن علي، عن أبيه، عن جده، عن علي -عليهم السلام- قال: (نزل جبريل -عليه السلام- على النبي -صلى الله عليه وآله وسلم- حين زالت الشمس فأمره أن يصلي الظهر، ثم نزل عليه حيث كان الفيء قامة، فأمره أن يصلي العصر، ثم نزل عليه حين وقع قرص الشمس فأمره أن يصلي المغرب، ثم نزل عليه حين وقع الشفق فأمره أن يصلي العشاء، ثم نزل عليه حين طلع الفجر فأمره أن يصلي الفجر.

ثم نزل عليه من الغد حين كان الفيء على قامة من الزوال فأمره أن يصلي الظهر، ثم نزل عليه حين كان الفيء على قامتين من الزوال، فأمره أن يصلي العصر، ثم نزل عليه حين وقع القرص فأمره أن يصلي المغرب، ثم نزل عليه بعد ذهاب ثلث الليل فأمره أن يصلي العشاء، ثم نزل عليه حين أسفر الفجر فأمره أن يصلي الفجر، ثم قال: يا رسول الله ما بين هذين الوقتين وقت). انتهى.

[220] **الهادي -عليه السلام- في المنتخب** [صـ32]: أجمعوا جميعاً عن رسول الله -صلى الله عليه وآله وسلم- أنه قال: «أَمَّنِي جبريل عند البيت فصلى

---

(329) بفتح فكسر: أي تعباً. تمت مؤلف.

(330) نهج البلاغة خطب وكلام أمير المؤمنين علي بن أبي طالب -رضي الله عنه- صـ(317|316) طبعة دار الكتاب المصري ودار الكتاب اللبناني، الطبعة الرابعة.

بي الظهر حين زالت الشمس فكانت مقدار الشراك، ثم صلى بي العصر حين كان ظل كل شيء مثله، ثم صلى بي المغرب حين أفطر الصائم، ثم صلى بي العشاء حين غاب الشفق، ثم صلى بي الفجر حين حرم الطعام والشراب على الصائم.

قال: ثم صلى بي الغد الظهر حين كان ظل كل شيء مثله، ثم صلى بي العصر حين صار ظل كل شيء مثليه، ثم صلى بي المغرب حين أفطر الصائم، ثم صلى بي العشاء في ثلث الليل الأول، ثم صلى بي الفجر فأسفر، ثم التفت إليّ [جبريل] فقال لي: يا محمد هذا وقت الأنبياء [من] قبلك، الوقت فيما بين هذين الوقتين» انتهى.

[221] **الجامع الكافي** [2/ 11]: وقال الحسن بن يحيى -عليه السلام-: وسألتَ عن أوقات الصلوات؟

فإنا نروي في الخبر المشهور عن نبينا -صلى الله عليه وآله وسلم- أن جبريل نزل عليه فصلى به الفجر في أول يوم حين طلع الفجر، وصلى به الظهر حين زالت الشمس، وصلى به العصر حين صار ظل كل شيء مثله بعد الزوال، وصلى به المغرب حين غابت الشمس، وصلى به العشاء الآخرة حين غاب الشفق.

ثم عاد في اليوم الثاني: فصلى به الفجر حين أسفر، وصلى به الظهر حين صار ظل كل شيء مثله بعد الزوال، وصلى به العصر حين صار ظل كل شيء مثليه بعد الزوال، وصلى به المغرب في وقت واحد حين غابت الشمس، وصلى به العشاء الآخرة حين مضى ثلث الليل، وقال: ما بين هذين [الوقتين] (331) وقت. انتهى.

[222] **وفي الجامع الكافي أيضاً** [2/ 12]: وقال محمد: ذكر عن النبي -صلى الله عليه وآله وسلم- أن جبريل نزل عليه بمواقيت الصلاة؛ فصلى به الفجر حين طلع الفجر، وصلى به الظهر حين زالت الشمس، وصلى به العصر حين

---

(331) ما بين القوسين لا يوجد في الجامع الكافي المطبوع

صار ظل كل شيء مثله بعد ظل الزوال، وصلى به المغرب حين سقط القرص وغابت الشمس، وصلى به العشاء حين غاب الشفق.

ثم نزل عليه من الغد: فصلى به الفجر مسفراً، وصلى به الظهر حين صار ظل كل شيء مثله، وصلى به العصر حين صار ظل كل شيء مثليه بعد ظل الزوال، وصلى به المغرب حين سقط القرص.

[223] وفي حديث آخر: أنه صلى به المغرب قرب غيبوبة الشفق، وصلى به العشاء حين مضى من الليل ثلثه، وقال: «ما بين هذين الوقتين وقت» انتهى.

[224] وفي نهج البلاغة: قال أمير المؤمنين -عليه السلام-: أما بعد فصلوا بالناس الظهر حين تفيء الشمس من مربض العنز، وصلوا بهم العصر والشمس بيضاء حية في عضو من النهار، حين يسار فيها فرسخان، وصلوا بهم المغرب حين يفطر الصائم، ويدفع الحاج إلى منى، وصلوا بهم العشاء حين يتوارى الشفق إلى ثلث الليل، وصلوا بهم الغداة والرجل يعرف وجه صاحبه، وصلوا بهم صلاة أضعفهم، ولا تكونوا فتانين. انتهى (332).

[225] الجامع الكافي [2/ 9-10]: قال محمد: في حديث النبي -صلى الله عليه وآله وسلم- (أنه كان يصلي العصر والشمس بيضاء)، قال: يعني يوجد حرها.

وأجمعوا جميعاً على أن أول وقت المغرب إذا غربت الشمس، وتَبَيَّنَ دخول الليل وخروج النهار.

[226] وقال الحسن -عليه السلام-: روينا الخبر المشهور عن نبينا -صلى الله عليه وآله وسلم-، أن جبريل نزل عليه فصلى به المغرب في اليومين جميعاً في وقت واحد حين غابت الشمس.

---

(332) نهج البلاغة خطب وكلام أمير المؤمنين علي بن أبي طالب -رضي الله عنه- ص(426) طبعة دار الكتاب المصري ودار الكتاب اللبناني الطبعة الرابعة.

قال أحمد وعبد الله والحسن ومحمد: وأول وقت العشاء الآخرة إذا غاب الشفق.

قال الحسن ومحمد: وآخر وقتها إلى ثلث الليل.

وروي ذلك عن النبي -صلى الله عليه وآله وسلم-.

وفيه أيضاً [2/ صـ12]: قال الحسن أيضاً فيما روى ابن صباح عنه،- وهو قول محمد في المسائل، وسئلا عمن يقول: إن للصلوات الخمس ثلاثة مواقيت؟

فالذي اتصل بنا عن النبي -صلى الله عليه وآله وسلم- أنه صلى خمس صلوات في خمسة مواقيت إلا ما جمع بعرفة ومزدلفة.

وكذلك بلغنا عن علماء آل رسول الله -صلى الله عليه وآله وسلم- وإجماع علماء أمة محمد -صلى الله عليه وآله وسلم- أن للصلوات الخمس خمسة مواقيت إلا من علة أو عذر.

[227] وفيه أيضاً [2/ صـ17]: قال القاسم -عليه السلام-في رواية داوود[333] عنه-، وسئل عن مواقيت الصلوات الخمس.

فقال: اجتَزِ بما عليه جماعة آل رسول الله -صلى الله عليه وآله وسلم- لا يختلفون فيه، وقد كان بعض آل رسول الله -صلى الله عليه وآله وسلم- يقول: ما آخرُ وقت الصلاة إلا كأوله فيما ألزم الله العباد فيه فرضه.

وقال الحسن بن يحيى -عليه السلام-: الأوقات المختارات للصلوات هي

---

(333) هو السيد داود بن الإمام القاسم بن إبراهيم الرسي، كان سيداً شريفاً صدراً وحجة، روى عن أبيه القاسم، وأكثر عنه في الجامع الكافي، وعقبه بمكة والرملة ومصر. كما ذكره في الجداول – مخطوط-، ولم أجد له عقباً في كتب الأنساب في ذكر المعقبين من أولاد الإمام القاسم بن إبراهيم، والذي ذكره العمري في المجدي في الأنساب (75) أن داوود كانت له بنت، وذكر ابن فندق البيهقي في كتابه لباب الأنساب، صـ (449): أن داود وإبراهيم وإسحاق وعيسى بني القاسم درجوا، ولم يعقبوا، والله أعلم.

الأوقات التي نزل بها جبريل -عليه السلام- على النبي -صلى الله عليه وآله وسلم-، وَحَدَّها له في الأخبار المشهورة عنه -عليه السلام- وعلمها.

قال محمد: سألت أبا عبد الله أحمد بن عيسى -عليه السلام- عن قوله تعالى: ﴿أَقِمِ ٱلصَّلَوٰةَ لِدُلُوكِ ٱلشَّمْسِ إِلَىٰ غَسَقِ ٱلَّيْلِ وَقُرْءَانَ ٱلْفَجْرِ ۖ إِنَّ قُرْءَانَ ٱلْفَجْرِ كَانَ مَشْهُودًا ﴿٧٨﴾﴾[الإسراء:78] قال: زوالها. انتهى.

[228] **الهادي -عليه السلام- في الأحكام** [1/ 72 - 73]: قال يحيى بن الحسين -صلوات الله عليه- قال الله -سبحانه-: ﴿أَقِمِ ٱلصَّلَوٰةَ لِدُلُوكِ ٱلشَّمْسِ إِلَىٰ غَسَقِ ٱلَّيْلِ وَقُرْءَانَ ٱلْفَجْرِ ۖ إِنَّ قُرْءَانَ ٱلْفَجْرِ كَانَ مَشْهُودًا ﴿٧٨﴾﴾[الإسراء:78].

فكان قوله -سبحانه-: ﴿لِدُلُوكِ ٱلشَّمْسِ﴾ فرضاً لصلاة الظهر ودلوكها فهو زوالها.

وكان قوله: ﴿إِلَىٰ غَسَقِ ٱلَّيْلِ﴾ دليلاً على فرض المغرب، وغسق الليل: دخوله ودخوله فهو ظهوره وظهوره فهو ظهور الكواكب، كواكب الليل التي لا ترى إلا في الظلام، لا كواكب النهار الدرية التي قد ترى نهاراً في كل الأيام.

ولذلك، وفيه: ما قال الله عز وجل وذكر عن نبيه إبراهيم -صلى الله عليه- حين يقول: ﴿فَلَمَّا جَنَّ عَلَيْهِ ٱلَّيْلُ رَءَا كَوْكَبًا ۖ﴾[الأنعام:76] فذكر أن علامة الليل وغشيانه ظهور كوكب من كواكبه، وما لم يغسق الليل ويجن ويتبين بعض الكواكب فلا تجوز الصلاة ولا الإفطار.

وكان قوله: ﴿وَقُرْءَانَ ٱلْفَجْرِ ۖ إِنَّ قُرْءَانَ ٱلْفَجْرِ كَانَ مَشْهُودًا ﴿٧٨﴾﴾[الإسراء:78] دليلاً على فرض صلاة الصبح، ولا تجوز صلاة الصبح حتى يعترض الفجر ويتبين وينتشر نوره، وضوؤه في الأفق، وإذا انتشر وأنار واستطار، واستضاء لذوي الأبصار، وجبت الصلاة على المصلين، وبذلك حَكَم ربُّ العالمين.

ثم قال: ﴿وَٱلْعَصْرِ ﴿١﴾ إِنَّ ٱلْإِنسَٰنَ لَفِى خُسْرٍ ﴿٢﴾﴾[العصر:1،2] فذكر العصر

باسمها، فدل بذكره إياها وقسمه بها على توكيد ما بين رسول الله -صلى الله عليه وآله وسلم- من فرضها.

ثم قال: ﴿يَٰٓأَيُّهَا ٱلْمُزَّمِّلُ ۝١ قُمِ ٱلَّيْلَ إِلَّا قَلِيلًا ۝٢ نِّصْفَهُۥٓ أَوِ ٱنقُصْ مِنْهُ قَلِيلًا ۝٣ أَوْ زِدْ عَلَيْهِ وَرَتِّلِ ٱلْقُرْءَانَ تَرْتِيلًا ۝٤﴾ [المزمل:1-4]، ثم قال: ﴿۞ إِنَّ رَبَّكَ يَعْلَمُ أَنَّكَ تَقُومُ أَدْنَىٰ مِن ثُلُثَىِ ٱلَّيْلِ وَنِصْفَهُۥ وَثُلُثَهُۥ وَطَآئِفَةٌ مِّنَ ٱلَّذِينَ مَعَكَ ۚ وَٱللَّهُ يُقَدِّرُ ٱلَّيْلَ وَٱلنَّهَارَ ۚ عَلِمَ أَن لَّن تُحْصُوهُ فَتَابَ عَلَيْكُمْ ۖ فَٱقْرَءُوا۟ مَا تَيَسَّرَ مِنَ ٱلْقُرْءَانِ ۚ﴾ [المزمل:20]، فأمرهم بالقراءة لما تيسر من القرآن في قيامهم وصلاتهم، فدل بها افترض عليهم من القراءة في أي هذه الأوقات كان قيامهم فيه على فرض العتمة التي بينها الرسول -صلى الله عليه وآله وسلم- وهي العشاء التي سماها الله في قوله: ﴿وَمِنۢ بَعْدِ صَلَوٰةِ ٱلْعِشَآءِ ۚ﴾ [النور:58]، والعشاء فهي التي يدعوها الناس المتعة، فهذه الخمس الصلوات التي افترض الله على المؤمنين، وهذه الأوقات، فأوقات لهن، ودلالات على عددهن، وشواهد على ما سمي منهن . انتهى.

[229] **أمالي أحمد بن عيسى -عليهما السلام-** [1/ 100]: حدثني أحمد بن عيسى، عن محمد بن بكر، عن أبي الجارود، قال: حدثني عبد الله بن الحسن، قال: حدثني آبائي، قالوا: حدثنا بنو مدلج -حي من الأنصار- أنهم كانوا يصلون مع النبي -صلى الله عليه وآله وسلم- المغرب ثم ينصرفون، فيرمي أحدهم بسهمه فينظر إلى موقعه. انتهى.

رجال هذا الإسناد قد مر الكلام عليهم جميعاً، وهم من ثقات محدثي الشيعة.

[230] **وفي أمالي أحمد بن عيسى أيضاً** [1/ 101]: قال محمد: كان أحمد بن عيسى يصلي العصر بعد قامة بعد الزوال.

[قال]: ورأيت أحمد بن عيسى، وعبدالله بن موسى، وإدريس بن محمد وغير واحد من مشايخ بني هاشم يصلون العصر بعد قامة بعد الزوال لا يكادون يفرطون في ذلك.

قال محمد: سألت محمد بن جعفر بن محمد العريضي؛ فذكر فيها قريباً من ذلك.

[وبه قال] حدثني أبو الطاهر، عن إبراهيم بن عبد الله بن الحسن، أنه كان يقيس الشمس لوقت العصر وذكر نحواً من القامة.

[وبه قال] حدثني أبو الطاهر وغيره عن يحيى بن عبد الله، بنحو من ذلك.

وفيها أيضاً: قال محمد: كان عبد الله بن موسى يغلس بالفجر جداً.

[وبه قال] أخبرني عبد الله بن موسى، عن أبيه موسى: أنه كان يترصد الفجر في مكان مرتفع، فلما طلع الفجر وتبينه، أذن، ثم دخل البيت فركع ركعتي الفجر، ثم أقام وتقدم بنا، فقرأ البقرة وآل عمران، قال: عبدالله بن موسى ثم خرجت فرأيت النجوم.

قال: محمد وكذلك كان أحمد بن عيسى يغلس بصلاة الفجر. انتهى.

باب القول في الأوقات المكروهة

[231] **المرتضى** -عليه السلام- في النهي [مجموع المرتضى (2/_755)]: عن أبيه، عن آبائه، عن علي -عليه السلام- قال: نهى رسول الله -صلى الله عليه وآله وسلم- «عن الصلاة في ثلاثة أوقات -على ميت، أو نافلة-: عند طلوع الشمس حتى تعلو وتبياض، وعند قيام كل شيء في ظله، وهو اعتدال الشمس في السماء حتى تزول، وعند اصفرار الشمس حتى يدخل الليل». انتهى.

[232] **مجموع زيد بن علي** -عليهم السلام- [صـ83]: حدثني زيد بن علي، عن أبيه، عن جده، عن علي -عليه السلام-: (أنه كان يكره الصلاة في أربع أحيان: بعد صلاة الفجر حتى تطلع الشمس وترتفع، وبعد صلاة العصر حتى تغيب الشمس، ونصف النهار حتى تزول الشمس، ويوم الجمعة إذا قام الإمام على

المنبر). انتهى.

القاضي زيد في الشرح [1/ 290 – مخ]: قال القاسم -عليه السلام-: ولا بأس بالصلاة النافلة بعد العصر وبعد الفجر عند أئمة آل محمد -عليهم السلام- انتهى.

وفيه أيضاً: قال السيد المؤيد بالله: وسجود الشكر وصلاة النافلة قبل أن يصلي العصر، لا أعرف خلافاً في جوازه، وإنما يكره ذلك بعد الفراغ من العصر، والاعتبار بالفعل دون الوقت. انتهى.

باب القول في تأخير الصلاة عن وقتها

[233] **أمالي أحمد بن عيسى -عليهما السلام-** [1/ صـ106]: حدثني أحمد بن عيسى، عن حسين بن علوان، عن أبي خالد، عن زيد، عن آبائه، عن علي -عليهم السلام- قال: قال رسول الله -صلى الله عليه وآله وسلم-: «صلوا الصلاة لوقتها، فإنَّ تركَ الصلاة عن وقتها كفر». انتهى.

[234] **الناصر -عليه السلام- في البساط** [صـ97]: قال: وحدَّثنا محمد بن منصور، قال: حدَّثني أحمد بن عيسى بن زيد، عن حسين بن علوان، عن أبي خالد، عن زيد، عن آبائه، عن علي -عليه السلام-، قال: قال رسول الله -صلى الله عليه وآله وسلم-: «سيأتي على الناس أئمة بعدي يميتون الصلاة كميتة الأبدان، فإذا أدركتم ذلك فصلّوا الصلاة لوقتها، ولتكن صلاتكم مع القوم نافلة، فإنَّ تركَ الصلاة عن وقتها كفر» انتهى.

[235] **مجموع زيد بن علي -عليهما السلام-** [صـ83]: حدثني زيد بن علي، عن أبيه، عن جده عن علي -عليه السلام-، قال: قال رسول الله -صلى الله عليه وآله وسلم-: «سيأتي على الناس أئمة بعدي يميتون الصلاة كميتة الأبدان،

فإذا أدركتم ذلك فصلّوا الصلاة لوقتها، ولتكن صلاتكم مع القوم نافلة، فإنَّ تركَ الصلاة عن وقتها كفر»، انتهى.

[236] **أمالي أحمد بن عيسى -عليهما السلام-** [1/ 106]: أخبرنا محمد، [قال] حدَّثني أحمد بن عيسى بن زيد، عن حسين بن علوان، عن أبي خالد، عن زيد، عن آبائه، عن علي -عليه السلام-، قال: قال رسول الله -صلى الله عليه وآله وسلم-: «إنه سيأتي على الناس أئمة بعدي يميتون الصلاة كميتة الأبدان، فإذا أدركتم ذلك فصلّوا الصلاة لوقتها، ولتكن صلاتكم مع القوم نافلة، فإنَّ تركَ الصلاة عن وقتها كفر». انتهى.

[237] **مجموع زيد بن علي -عليهما السلام-** [صـ83]: حدثني زيد بن علي، عن أبيه، عن جده -عليهم السلام- عن علي بن أبي طالب كرم الله وجهه أنه سأله رجل ما إفراط الصلاة؟ قال: (إذا دخل وقت الذي بعدها). انتهى.

وقال الإمام الأعظم محمد بن القاسم بن إبراهيم -عليهم السلام-، في كتاب دعائم الإيمان [مجموع محمد بن القاسم، كتاب الشرح والتبيين (صـ62)]: وإنه ليفهم مَن عَقَل أنَّ مِن إجلال الآمر بالأمر وأصوبه والعمل به تعجيلَ ما يأمر به في أول أوقاته، وأن ذلك لَمِن إجلال الآمر وطاعته، فمن تلهى عن ذلك وأخره عن غير علة ولا عذر، فلم يُجِلّ ولم يوقِّر الآمر؛ فلا تؤخروا رحمكم الله الصلوات إلا عن شغل عارض، أو علة مانعة، أو غالب مرض، ومن أخر صلاة المغرب والعشاء الآخرة ونام عنهما، فَحَكَّم النوم على نفسه، وتَرَكَ أداء فريضة الله ربه في صلاته، فقد عَطَّل صلاته، وخرج من الدين، لأنه لا يدري لعله لا يستيقظ من نومه حتى يطلع الفجر، فيكون قد عطل صلاة المغرب والعشاء، وهما من مؤكد فرض الله ربه، فيكون يومئذ قد كفر وعطل صلاته حتى خرج الوقت آخره وأوله، فكان كالمرتد عن دينه [وخرج من الإسلام] بأيقن يقينه عند نفسه وعند غيره.

وإياكم أرشدكم الله ثم إياكم وتأخير الصلاة عن غير علة من العلل

المانعات، إلى آخر ما لها من الأوقات، واحذروا هذا فإنه من باب المعاصي والضلالات، عصمنا الله وإياكم من الضلالة بعد الهدى، وصرف عنا وعنكم التمادي في الغلو والغلط والإسراف والردى. انتهى.

باب القول في الجمع بين الصلاتين في السفر والحضر

[238] **الهادي -عليه السلام- في المنتخب** [صـ33] : وكذلك صح الخبر لنا عن رسول الله -صلى الله عليه وآله وسلم- أنه كان يجمع بين الظهر والعصر إذا زالت الشمس في السفر، وإذا حانت المغرب جميع بينها وبين العشاء. انتهى.

[239] **وفي أمالي أحمد بن عيسى -عليهما السلام-**[1/ 253]: وبه عن جعفر، عن قاسم: في المصلي المسافر يجمع بين الصلاتين الظهر والعصر في أول وقت الظهر بعد الزوال، والمغرب والعشاء إذا غربت الشمس، لأن الله يقول: ﴿أَقِمِ ٱلصَّلَوٰةَ لِدُلُوكِ ٱلشَّمۡسِ إِلَىٰ غَسَقِ ٱلَّيۡلِ﴾[الإسراء:78] وإن أخرهما حتى يصليهما فواسع، قد جاء الحديث عن النبي -صلى الله عليه وآله وسلم- «أنه خرج من سَرِف حين غربت الشمس فلم يصل المغرب حتى بلغ مكة»، وبينهما عشرة أميال أخر المغرب وهو لم يبلغ مكة حتى أظلم [وأبعد][334] . انتهى.

ومثله في الجامع الكافي عن القاسم بن إبراهيم -عليهما السلام-.

[240] **وفي الجامع الكافي**[2/ 21]: وروي عن النبي -صلى الله عليه وآله وسلم- أنه كان إذا كان في سفر فزالت الشمس وهو في المنزل صلى الظهر والعصر ثم ارتحل، وإذا ارتحل قبل أن تزول الشمس أخر الظهر حتى يبرد النهار ثم يجمع بين الظهر والعصر، وكان يؤخر المغرب إلى قريب من وقت العشاء، ثم يصلي المغرب ثم يقضي حاجته، ثم يصلي العشاء الآخرة إذا غاب الشفق وهو الحمرة.

[241] **وفيه أيضاً**[2/ 22]: وروى محمد بإسناده عن معاذ، أن النبي -صلى

(334) في الأصل (أو بَعُد)، وما أثبتناه من أمالي أحمد بن عيسى.

الله عليه وآله وسلم- كان في غزوة تبوك إذا ارتحل قبل زوال الشمس أخر الظهر حتى يجمعها إلى العصر ويصليهما جميعاً، ثم سار، وكان إذا ارتحل بعد الزوال صلى الظهر والعصر جميعاً ثم سار، وكان إذا ارتحل قبل غروب الشمس أخر المغرب حتى يصليها مع العشاء، وإذا ارتحل بعد المغرب عجل العشاء فصلاها مع المغرب. انتهى.

[242] **الهادي -عليه السلام- في الأحكام** [1/ 110]: قال يحيى بن الحسين -صلوات الله عليه-: من حضرته الصلاة وهو في المنزل فليجمع عند الزوال إذا أراد الرحيل، فليصل الظهر ثم ليصل العصر وإن أحب أن يتطوع بينهما فليفعل، وإن زالت الشمس وهو يسير فليؤخر الظهر ويمضي في سيره حتى يكون ظل كل شيء مثل نصفه أو مثله إن أحب، ثم لينزل فليصل الظهر والعصر معاً، وكذلك بلغنا عن رسول الله -صلى الله عليه وآله وسلم-.

وكذلك فليفعل في المغرب والعشاء ويجمع بينهما إذا كان نازلاً في المنزل حين تبين له النجوم الليلية، ولا ينظر في ذلك إلى ما بان من الدُّرِّية النهارية، وإن كان في المسير سار حتى يغيب الشفق، ثم ينزل عند غيبوبته أو قبل غيبوبته فيجمع بين صلاتيه.

حدثني أبي عن أبيه قال: يجمع من أراد الجمع قبل غيبوبة الشفق وبعده.

حدثني أبي عن أبيه أنه قال: لا بأس بالجمع بين الصلوات في السفر.

وقَلّ من صحبنا من مشائخ آل بيت محمد عليه و-عليهم السلام- في سفره إلا رأيناه يجمع في سفره إذا زالت الشمس بين ظهره وعصره، وكذلك يجمع بين المغرب والعشاء إذا أظلم وأغشى، وهذه العامة فكلهم يذكر أن رسول الله -صلى الله عليه وآله وسلم- جمع في الحضر من غير علة ولا مطر، وهم يجمعون إذا كانت الأمطار، ولم تكن علة ولا أسفار . انتهى(335).

(335) قال الإمام المنصور بالله القاسم بن علي العياني صلوات الله عليه في كتاب التنبيه والدلائل: =

[243] **وقال الهادي -عليه السلام- في المنتخب [صـ32]:** بعد أن روى حديث جبريل المتقدم ما لفظه: واعلم وفقك الله أنه لما صح هذا الخبر -أي حديث جبريل- عن رسول الله -صلى الله عليه وآله وسلم- أنه صلى الظهر في أول يوم حين زالت الشمس، وصلى العصر وظل كل شيء مثله.

ثم صلى من الغد الظهر وظل كل شيء مثله، وصلى العصر وظل كل شيء مثلاه، علمنا أنه قد صلى في أول يوم العصر في وقت صلاة الظهر التي صلاها من الغد، فأجاز -صلى الله عليه وآله وسلم- بفعله هذا صلاة الظهر في وقت [صلاة] العصر، وصلاة العصر في وقت صلاة الظهر؛ لأنه صلى الظهر

وعن الجمع الذي ذكر عن رسول اللّه -صلى الله عليه وآله وسلم- في الحضر والسفر، وهل يجب للإنسان أن يخلف الظهر إلى العصر، والمغرب إلى العشاء، على الدوام من غير علة، وهل الجمع في سائر الأسفار كالجمع في مزدلفة أم لا؟

الجواب: اعلم - رشُدت وسلِمت - أن الجمع الذي ذكر عن النبي -صلى الله عليه وآله وسلم- في السفر والحضر صحيح عنه لا اختلاف فيه.

فأما جمعه في الحضر: فدلالة منه صلى اللّه عليه على الفسحة للمتصرفين في المصالح، وتوسعة أبانها اللّه سبحانه في فعل نبيه صلوات اللّه عليه وعلى آله، وكذلك تخليف الظهر إلى العصر، والمغرب إلى العشاء، فهو تفضل أيضاً من اللّه سبحانه على المشتغلين في طاعته، وفيما لا غنى لهم عنه من طلب فضله، وكذلك المسافرون فذلك رفق بهم من رب العالمين.

فأما المتفكهون في مجالسهم، المتحدثون في الحديث بما لا يرضى خالقهم، المتشاغلون من الأشغال بمعاصي مولاهم الذي يملكهم، فأولئك ومن كان مثلهم في ضيق من أمورهم، بل يعاقبهم اللّه على ما كان من فعلهم، ولا يعذرهم فيما كان من شغلهم، إذ ليس في ذلك رضى لخالقهم.

وأما الجمع في سائر الأوقات التي تجمع فيها الصلوات، فيكون سبيل الجمع فيها كسبيل الجمع بمزدلفة، ولا رخصة لأحد في تأخير الأوقات، ولا في الجمع للصلوات، إلا عند عوارض المحن والعلات.

واحذر أيها الأخ الدخول تحت الرخص، فقد عرّفتك من رُخِّص له، ولا تعلّق بما تعلّق به كثير من العترة والشيعة، من كتاب صلاة يوم وليلة عن القاسم -رضي الله عنه-، فإن ذلك الكتاب لا يوجب رخصة لمن تفهّمه، وعرف مراد صاحبه، وقد كان أعلم الناس بمقال القاسم بن إبراهيم ابنه محمد -رضي الله عنه-، فلم يرخص في ذلك بل شدد فيه، وفيه خطب واسع في كتابه المعروف بكتاب الشرح والتبيين، وأنت تقف على ذلك إذا نظرته، وليس تعدمه إذا طلبته عند بعض إخوانك. تمت مؤلف.

والعصر وظل كل شيء مثله، فوجب بفعله هذا أن وقت الظهر كله وقت للعصر، ووقت العصر كله وقت للظهر، لأن من زوال الشمس إلى أن يصير ظل كل شيء مثله وقت واحد ممدود لا مرية فيه، وقد صلى رسول الله -صلى الله عليه وآله وسلم- في هذا الوقت الواحد الظهر والعصر عند زوال الشمس، [ومن فعل ذلك] فقد أدى الصلاتين في أوقاتهما؛ لأن أول الوقت كآخره، وآخر الوقت كأوله في تأدية صلاتهما غير متعد لفعل رسول الله -صلى الله عليه وآله وسلم-، وكذلك من صلاهما في آخر الوقت فقد صلاهما في أوقاتهما.

[244] **وفيه أيضاً [صـ34]: والدليل على صحة هذا القول وثباته**- أن رسول الله -صلى الله عليه وآله وسلم- جمع بين الظهر والعصر والمغرب والعشاء في المدينة من غير سفر ولا خوف ولا مطر-:

من ذلك: ما روى أبو بكر بن أبي شيبة الكوفي، قال: حدثنا أبو معاوية، عن الأعمش، عن حبيب بن أبي ثابت، عن سعيد بن جبير، عن ابن عباس، قال: (جمع رسول الله -صلى الله عليه وآله وسلم- بين الظهر والعصر والمغرب والعشاء بالمدينة في غير خوف ولا مطر).

قال قيل لابن عباس: ما أراد بذلك قال: أن لا تحرج أمته . انتهى.

رجال هذا الإسناد من ثقات محدثي الشيعة جميعاً.

وأبو بكر بن أبي شيبة: اسمه عبد الله بن محمد.

وأبو معاوية: هو هشيم بن بشير قد مر الكلام عليهما.

أما الأعمش -واسمه سليمان بن مهران-، وحبيب بن أبي ثابت، وسعيد بن جبير، فسيأتي الكلام عليهم.

[245] **وفي المنتخب أيضاً[صـ34]**: قال الهادي -عليه السلام-: فهذه أخبار صحيحة موافقة لكتاب الله أن وقت الظهر والعصر من زوال الشمس إلى

الليل ووقت المغرب والعشاء إلى الفجر، وهو قول جدي القاسم بن إبراهيم -رحمة الله عليه- وبه نأخذ. انتهى.

[246] **الجامع الكافي**[2/ 20]: وقال الحسن -عليه السلام-: والجمع بين الصلاتين رخصة فسحها رسول الله -صلى الله عليه وآله وسلم- لئلا تبطل صلاة أمته، وأحب الأمور إلينا إذا كنا في الحضر أن نلزم الأوقات التي نزل بها جبريل -عليه السلام-، وإن صلى مصل في الأوقات التي فسحها رسول الله -صلى الله عليه وآله وسلم- في السفر والحضر لم نضيق عليه من ذلك ما وسع رسول الله -صلى الله عليه وآله وسلم-؛ فإن رسول الله -صلى الله عليه وآله وسلم- صلى الظهر والعصر بعرفة بأذان واحد وإقامتين، وجمع بين المغرب والعشاء بمزدلفة، بعد أن سار أربعة أميال على التأيد، وغاب الشفق ودخل وقت العشاء الآخرة.

وروي عن النبي -صلى الله عليه وآله وسلم- أنه كان إذا كان في سفر فزالت الشمس وهو في المنزل صلى الظهر والعصر ثم ارتحل، وإذا ارتحل قبل [أن] تزول الشمس أخر الظهر حتى يبرد النهار؛ ثم يجمع بين الظهر والعصر، وكان يؤخر المغرب إلى قريب من وقت العشاء ثم يصلي المغرب ثم يقضي حاجته، ثم يصلي العشاء الآخرة إذا غاب الشفق وهو الحمرة.

وروي عن النبي -صلى الله عليه وآله وسلم- أنه جمع بين الظهر والعصر بالمدينة من غير علة، وجمع بين المغرب والعشاء في غير وقت معلوم، وقال: «لئلا تحرج أمتي». انتهى.

ويروى من حديث جعفر بن محمد -عليه السلام- أنه كان ربما صلى العصر على أربعة أقدام بعد الزوال، وروى الحديث المشهور عن ابن عباس أن النبي -صلى الله عليه وآله وسلم- جمع بين الصلاتين بالمدينة من غير علة، وقال: «لا تحرج أمتي»، قال: إن هذا الحديث كان قبل نزول جبريل. انتهى.

[قلت] قوله: كان قبل نزول جبريل الصواب بعد نزول جبريل؛ لأن نزول جبريل -عليه السلام- كان بمكة في أول الإسلام قبل الهجرة.

وفي بعض ألفاظ حديث جبريل -عليه السلام- المتقدمة قال -عليه السلام-: «أمني جبريل عند البيت» فهذا هو الوجه فيما ذكرنا، والله أعلم.

باب القول في أن الشفق الحمرة لا البياض

[247] **أمالي أحمد بن عيسى -عليهما السلام-**[1/ 53]: حدثنا محمد بن جميل، عن مصبح، عن إسحاق بن الفضل، عن عبد الله بن محمد، عن أبيه، عن جده، عن علي -صلوات الله عليه- قال: (ليس فجران إنما الفجر المعترض والشفق الحمرة لا البياض. انتهى.

الرجال:

[ترجمة محمد بن جميل، ومصبح بن الهلقام]

أما محمد بن جميل:

فقال في الجداول: محمد بن جميل، عن إسماعيل بن صبيح، وحسن بن حسين، وعايذ بن حبيب، وشريك، ومصبح بن الهلقام، وجمع من الشيعة.

وعنه محمد بن منصور فأكثر عنه، وعنه محمد بن عبد العزيز.

قال مولانا: والذي يظهر لي أنه من ثقات الشيعة، خرج له المؤيد بالله ووثقه، وقال ابن حجر في لسان الميزان: أنه ذكره ابن حبان في الثقات، وقال روى عنه عبد الكريم بن يعقوب، توفي في حدود المائتين، وذكره الذهبي والمزني انتهى.

وأما مصبح بن الهلقام:

فقال في الجداول: مصبح بن الهلقام: عن شريك، وحفص بن غياث، وقيس بن الربيع، وإسحاق بن الفضل كثيراً، وعِدة.

وعنه محمد بن جميل، وولده محمد البزار، ووثقه ابن حبان، وزعم الذهبي أنه مجهول، أكثر عنه شيخ الشيعة في الأمالي. انتهى.

[ترجمة إسحاق بن الفضل، وعبيد الله بن محمد]

وأما إسحاق بن الفضل:

فقال في الجداول: إسحاق بن الفضل بن ربيعة بن الحارث بن عبدالمطلب الهاشمي، أبو عبد الله.

عن أبيه، ومغيرة بن عقيل، وعبيدالله بن محمد بن عمر بن علي.

وعنه محمد بن علي، ومصبح بن الهلقام، وأبو غسان.

احتج به في كتاب المحيط، والمنصور بالله، وفي العلوم فأكثر، وأخرج له أبو نعيم في الدلائل، [ومحمد بن سليمان في المناقب]. انتهى.

عدَّهُ السيد العلامة المهدي بن الهادي اليوسفي الملقب بمهدي النوعة في كتابه الإقبال من ثقات محدثي الشيعة وعيونهم.

وأما عبيد الله بن محمد:

فقال في الجداول: عبيد الله بن محمد بن عمر بن علي بن أبي طالب.

عن أبيه وخاله زيد بن علي.

وعنه ابن خاله، وإسحاق بن الفضل، وابن المبارك.

أحد رجال التهذيب والخلاصة، واحتج به النسائي في مسند علي.

قلت: وكان آية زمانه، وأحد أتباع الإمام زيد بن علي وتلامذته. انتهى.

وقال القاضي العلامة أحمد بن صالح بن أبي الرجال -رضي الله عنه- في مطلع البدور ومجمع البحور ما لفظه:

السيد الإمام، عبد الله بن محمد بن عمر بن علي بن أبي طالب وصنوه العلامة

السيد الإمام عبيد الله بن محمد بن عمر بن علي -رضوان الله عليهما-، كانا سيدين إمامين في الفضائل، شهدا مع زيد بن علي الإمام الأعظم مشهده المشهور، وكانا أحد الوجوه فيهم، وهما أحد تلامذته، وذكرهما في رجال الزيدية الشيخ العلامة، ولي آل محمد، القاسم بن عبد العزيز بن إسحاق البغدادي -رحمه الله- في كتابه، وقال: كانا آية زمانهما. انتهى.

وأما بقية رجال الإسناد فقد تقدموا.

[248] **الجامع الكافي** [2/ 14]: قال أحمد بن عيسى، وعبد الله بن موسى، والقاسم، والحسن، ومحمد: الشفقُ: الحمرة لا البياض.

قال القاسم -عليه السلام-: إنما يقول الشفق: البياض من لا يعرف اللغة.

وقال محمد: الشفق الحمرة، وهو أن تذهب الحمرة كلها.

وروى محمد بإسناد عن علي -صلى الله عليه- قال: (الشفق الحمرة لا البياض) انتهى.

[249] **الهادي** -عليه السلام- في الأحكام [1/ 73]: والشفق: فهو الحمرة لا البياض، لأن البياض لا يغيب إلا بعد ذهاب جزء من الليل كبير. انتهى.

القاضي زيد بن محمد في الشرح [1/ 269 - 270 -مخ]: والشفق الحمرة لا البياض، نص عليه يحيى في الأحكام، والقاسم، وهو قول زيد بن علي، والناصر، وأبي يوسف، ومحمد ومالك والشافعي.

قال السيد المؤيد بالله: وهو قول جميع أهل البيت -عليهم السلام- لا يختلفون فيه. انتهى.

باب القول في الأذان وفضله

[250] **الجامع الكافي** [2/ 32]: قال الحسن بن يحيى -عليه السلام- أجمع أبرار العترة وصالح المسلمين على أن رسول الله -صلى الله عليه وآله وسلم- لم

يزل يؤذَّن له حتى قبضه الله إليه، ولم يزل لعلي بن أبي طالب -صلى الله عليه- وإلى يومنا هذا بإجماع أمة محمد -صلى الله عليه وآله وسلم-، فمن ادعى غير ذلك فعليه أن يأتي بالبينة وإجماع المسلمين، وإلا فهو مبطل. انتهى.

[251] **أمالي أحمد بن عيسى -عليهما السلام-** [1/ 89]: حدثنا محمد، حدثنا أحمد بن عيسى، عن حسين بن علوان، عن أبي خالد، عن زيد، عن آبائه، عن علي -عليهم السلام- قال: قال رسول الله -صلى الله عليه وآله وسلم-: «يأتي المؤذنون يوم القيامة أطول الناس أعناقاً، ينادون بشهادة أن لا إله إلا الله وأن محمد عبده ورسوله». انتهى.

[252] **مجموع زيد بن علي -عليهما السلام-** [صـ81]: حدثني زيد بن علي، عن أبيه، عن جده، عن علي -عليهم السلام- قال: قال رسول الله -صلى الله عليه وآله وسلم-: «يأتي المؤذنون أطول الناس أعناقاً يوم القيامة؛ ينادون بشهادة أن لا إله إلا الله، وأن محمداً عبده ورسوله، فلا يسمع المؤذنين شيءٌ إلا شهد لهم بذلك يوم القيامة، ويغفر للمؤذن مد صوته، وله من الأجر مثل المجاهد الشاهر سيفه في سبيل الله عز وجل» انتهى.

باب القول فيمن يؤذن للناس

[253] **أبو طالب -عليه السلام- في الأمالي**[صـ316]: أخبرنا أبو أحمد عبد الله بن عدي الحافظ، قال: حدثنا محمد بن محمد بن الأشعث الكوفي بمصر، قال: حدثنا موسى بن إسماعيل بن موسى بن جعفر، قال: حدثني أبي إسماعيل بن موسى بن جعفر، عن أبيه، عن جده جعفر بن محمد، عن أبيه، عن جده علي بن الحسين، عن أبيه، عن علي -صلوات الله عليهم- قال: قال رسول الله -صلى الله عليه وآله وسلم-: «لِيؤذِّنْ أفصحُكُم، وَلْيؤمَّنَّكُم أفقهُكُم» انتهى.

رجال هذا الإسناد قد مر الكلام عليهم جميعاً.

[254] **الجامع الكافي**[2/ 35- 36]: قال القاسم -عليه السلام-: لا بأس بأذان الأعمى، قد كان ابن أم مكتوم مكفوفاً، وكان يؤذن للنبي -صلى الله عليه وآله وسلم-.

قال محمد: وينبغي أن يكون المؤذن مأموناً، لا يُشرف على حَرَمِ المسلمين ولا يطلع إلى ما لا ينبغي له.

وروي عن النبي -صلى الله عليه وآله وسلم- أنه قال: «يؤذنُ لكم أقرؤوكم، ويؤمُّكم فقهاؤكم».

وبلغنا عن النبي -صلى الله عليه وآله وسلم- أنه قال: «اللهم أرشد الأئمة، واغفر للمؤذنين». انتهى.

وفي شرح القاضي زيد -رحمه الله- [1/ 357 **-مخ-**]: ولا بأس بأذان الأعمى وولد الزنا والمملوك، إذا كانوا من أهل المعرفة والأمانة، وهو الذي نص عليه في الأحكام، وهذا مما لا نعرف فيه خلافاً.

[وقال فيه (1/ 358) -مخ-]: ولا خلاف في أن حكم ولد الزنا وحكم من ولد لرشده سواء في سائر العبادات.

وفيه [1/ 361 **-مخ-**]: ولا خلاف أن المجنون لا يعتد بأذانه. انتهى.

باب القول في الأذان قبل الوقت

[255] **أمالي أحمد بن عيسى -عليهما السلام-**[1/ 96]: حدثنا حسن بن حسين، عن ابن أبي يحيى [المدني]، عن حسين بن عبد الله بن ضميرة، عن أبيه، عن جده، عن علي -عليه السلام- قال: (من أذن قبل الوقت أعاد). انتهى.

الرجال:

[ترجمة حسن العرني، وابن أبي يحيى]

أما حسن بن حسين:

فهو العرني، قال في الجداول: الحسن بن الحسين العرني، الكوفي الأنصاري.

عن حسين بن زيد، وحسين بن علوان، وقيس بن الربيع، وخلق كثير.

وعنه محمد بن جميل، وحسين النهدي، ومحمد بن بلال، وخلق.

عداده في ثقات محدثي الشيعة، كان من أتباع الإمام يحيى بن عبد الله ومبايعيه، أكثرَ في فضائل الوصي وأهله فمقتوه، توفي قبل المائتين. انتهى.

أخرج له الهادي إلى الحق في المنتخب، والمؤيد بالله، وأبو طالب، والمرشد بالله، ومحمد بن منصور، وأبو عبد الله العلوي، وصاحب المحيط.

وقال الوالد العلامة علي بن محمد العجري فسح الله في أجله في مجموعه، ما لفظه: الحسن بن الحسين العرني الكوفي الأنصاري، عن شريك، ويحيى بن المساور، وعيسى بن عبد الله بن محمد بن عمر، عن أبيه، عن جده، وحسين بن زيد، وحسين بن علوان، وقيس بن الربيع، وسفيان، وخلق.

وعنه محمد بن جميل، وأحمد بن محمد بن زيد الهاشمي، وجماعة.

هو أحد العلماء الذين بايعوا يحيى بن عبدالله بن الحسن، تكلم عليه الخصوم لما كان من محبي ورثه العلم، والراوين لفضائلهم.

وقال أبو حاتم: لم يكن بصدوق عندهم، كان من رؤساء الشيعة.

توفي قبل المائتين، خرج له الخمسة إلا الجرجاني. انتهى.

وأما ابن أبي يحيى:

فقال في الجداول: إبراهيم بن أبي يحيى محمد [بن يحيى] بن سمعان بن يحيى المدني، أبو إسحاق الأسلمي، المحدث، أحد الأعلام.

عن الصادق، وحسين بن ضميرة، وابن المنكدر، وخلق.

وعنه الشافعي، ومحمد بن منصور، ومحمد بن جميل، ومصبح، وخلق.

وكان من عيون الزيدية، وثقه الشافعي، وابن الأصبهاني، وقدحه الحشوية بالمذهب فلا يلتفت إلى ذلك، عَظَّمَهُ السلف والخلف من أصحابنا، عداده من ثقات الشيعة، ورجال الزيدية. انتهى.

قلت: وقد ترجم له القاضي العلامة أحمد بن صالح بن أبي الرجال -رحمه الله- ترجمة حافلة، وصدرُها: الشيخ المحدث، إمام العدلية، وحجة أهل الحديث؛ إبراهيم بن محمد بن أبي يحيى شيخ الإمام الشافعي -رحمه الله-، كان من علماء الزيدية، ورؤساء أهل العدل.

أما كونه عدلياً: فأشهر من الشمس على رؤوس الربا، كما ستعرفه من سياق ترجمته الآتية.

وأما كونه زيدياً: فنقله الشيخ العالم الزاهد ولي آل محمد القاسم بن عبد العزيز بن إسحاق بن جعفر البغدادي قدس الله روحه في الجنة وهو من الحفاظ والأثبات، وهو لا يمتري فيما نقله إلى آخر الترجمة. انتهى.

[256] الهادي -عليه السلام- في الأحكام[1/70]: وقد روي أن بلالاً أذن بليل فدعاه النبي -صلى الله عليه وآله وسلم- فقال: «ما حملك على أن تجعل صلاة الليل في صلاة النهار وصلاة النهار في صلاة الليل، عد فناد: إن العبد نام» فصعد بلال وهو يقول: ليت بلالاً ثكلته أمه، وابتل من نضخ دم جبينه.

قال: فنادى بلال: إن العبد نام فلما طلع الفجر أعاد».

وبلغنا عن علي بن أبي طالب -عليه السلام- أنه قال: (من أذن قبل طلوع الفجر أعاد، ومن أذن قبل الوقت أعاد). انتهى.

[257] الجامع الكافي[2/35]: وعن علي - صلى الله عليه - قال: (من أذن قبل الوقت أعاد). انتهى.

القاضي زيد في الشرح [1/ 370 —مخ-]: [مسألة: ولا يجوز الأذان للفجر

قبل دخول وقتها، ولا لسائر الصلوات قبل أوقاتها]، ولا خلاف أن الأذان لشيء من الصلوات سوى صلاة الفجر لا يجوز قبل دخول وقتها. انتهى.

وقال **المؤيد بالله -عليه السلام- في شرح التجريد** [1/ 268]: ويدل على ذلك: أنه لا خلاف في أن شيئاً من الصلوات سوى الفجر لا يجوز أن يؤذن له قبل وقته، فكذا الفجر قياساً على سائر الصلوات؛ بعلة أنه أذان جُعلَ دعاءً إلى الصلاة فلا يجوز أن يقدم على وقتها. انتهى.

باب القول في صفة الأذان وأنه وحي لا رؤيا

[258] **الهادي -عليه السلام- في المنتخب**[صـ30]:

الله أكبر، الله أكبر.

أشهد أن لا إله إلا الله، أشهد أن لا إله إلا الله.

أشهد أن محمداً رسول الله، أشهد أن محمداً رسول الله.

حي على الصلاة، حي على الصلاة.

حي على الفلاح، حي على الفلاح.

حي على خير العمل، حي على خير العمل.

الله أكبر الله أكبر.

لا إله إلا الله.

الذي صح لنا عن رسول الله -صلى الله عليه وآله وسلم- فهذا، وهو مثنى مثنى، وهم قد أجمعوا على أن الأذان مثنى مثنى، ورووه عن النبي -صلى الله عليه وآله وسلم- فتركوا قولهم بالتكرير بالتكبير عند روايتهم أنه مثنى مثنى، لأنه إذا قال: الله أكبر، الله أكبر، فهو مثنى وصح الخبر، فإذا أرادوا أكثر من ذلك أبطلوا الخبر، وأتوا في الأذان بما ليس فيه. انتهى.

[259] **وقال الهادي -عليه السلام- في الأحكام** [1/ 68-69]:

قال الله -تبارك وتعالى-: ﴿وَإِذَا نَادَيْتُمْ إِلَى الصَّلَوٰةِ اتَّخَذُوهَا هُزُوًا وَلَعِبًا ذَٰلِكَ بِأَنَّهُمْ قَوْمٌ لَّا يَعْقِلُونَ ﴿٥٨﴾﴾[المائدة:58] وقال -سبحانه-: ﴿يَا أَيُّهَا الَّذِينَ آمَنُوا إِذَا نُودِيَ لِلصَّلَوٰةِ مِن يَوْمِ الْجُمُعَةِ فَاسْعَوْا إِلَىٰ ذِكْرِ اللَّهِ وَذَرُوا الْبَيْعَ ذَٰلِكُمْ خَيْرٌ لَّكُمْ إِن كُنتُمْ تَعْلَمُونَ ﴿٩﴾﴾[الجمعة:9].

قال يحيى بن الحسين: الأذان والإقامة عندنا مثنى مثنى، والأذان أن يقول المؤذن: الله أكبر، الله أكبر.

أشهد أن لا إله إلا الله، أشهد أن لا إله إلا الله.

أشهد أن محمداً رسول الله، أشهد أن محمداً رسول الله.

حي على الصلاة، حي على الصلاة.

حي على الفلاح، حي على الفلاح.

حي على خير العمل، حي على خير العمل.

الله أكبر الله أكبر.

لا إله إلا الله.

وكذلك الإقامة مثنى مثنى، فإذا قال حي على خير العمل، قال:

قد قامت الصلاة قد قامت الصلاة

الله أكبر الله أكبر

لا إله إلا الله.

[260] **مجموع زيد بن علي -عليهما السلام- [صـ80]:** حدثني زيد بن علي، عن أبيه، عن جده، عن علي -عليهم السلام- قال: (الأذان مثنى مثنى، والإقامة مثنى مثنى، ويرتل في الأذان، ويحدر في الإقامة). انتهى.

[261] **الجامع الكافي** [2/ 43]: وقال القاسم -عليه السلام- في رواية داود والقومسي جميعاً عنه-: حدثنا علي بن محمد، عن ابن هارون، عن ابن سهيل، عن عثمان، عن القومسي عنه قال: أجمع آل رسول الله -صلى الله عليه وآله وسلم- على أن الأذان والإقامة مثنى مثنى. انتهى.

هذا سند صحيح، رجاله من ثقات محدثي الشيعة.

وداوود: هو ابن القاسم بن إبراهيم.

عن أبيه علومه أكثرها، روايته عن أبيه في الجامع الكافي متكررة، وكان من الديانة والفضل والعلم والدين والورع بمحل -رحمه الله تعالى-.

[262] **أمالي أحمد بن عيسى** -عليهما السلام- [1/ 93]: [حدثنا] جعفر بن محمد، عن قاسم بن إبراهيم، قال: أصح ما سمعنا في الأذان، يقول إذا أذن:

الله أكبر الله أكبر.

أشهد أن لا إله إلا الله، أشهد أن لا إله إلا الله.

أشهد أن محمداً رسول الله، أشهد أن محمداً رسول الله.

إلى آخر الأذان، مثنى مثنى.

والإقامة:

الله أكبر، الله أكبر.

أشهد أن لا إله إلا الله.

أشهد أن محمداً رسول الله.

حي على الصلاة.

حي على الفلاح.

قد قامت الصلاة قد قامت الصلاة

الله أكبر الله أكبر.

لا إله إلا الله.

يشفع الأذان ويوتر الإقامة لتعرف، ويجعل أصبعه السبابة من يده اليمنى في أذنه اليمنى، ويستدير في أذانه يمنة ويسرة، ويحول وجهه عن يمنيه ويساره إذا قال حي على الصلاة، حي الفلاح. انتهى.

جعفر بن محمد: هو النيروسي.

وما ذكره عن القاسم -عليه السلام- من أنه يوتر الإقامة فلعله في القديم من قوليه، وقد صح عن القاسم -عليه السلام- على أن الأذان والإقامة مثنى مثنى بما مر من رواية الجامع الكافي.

[263] الهادي -عليه السلام- في الأحكام [1/ 69]: حدثني أبي، عن أبيه، في الأذان والإقامة، قال: قد اختلف في ذلك، والأصح ما سمعنا فيه أنه مثنى مثنى. انتهى.

[264] القاضي زيد في الشرح [1/ 367-مخ-]: روى أبو العباس في النصوص، عن علي -عليه السلام-: (أن المؤذن يستقبل القبلة في التكبير والشهادتين)، وهو قول أصحاب أبي حنيفة ومذهب الشافعي وهو مما لا خلاف فيه. انتهى.

[265] الهادي -عليه السلام- في الأحكام [1/ 69]: قال يحيى بن الحسين -صلوات الله عليه-: والأذان فأصله أن رسول الله -صلى الله عليه وآله وسلم- علمه ليلة المسرى أرسل الله إليه ملكاً فعلمه إياه.

فأما ما يقول به الجهال: من أنه رؤيا رآها بعض الأنصار فأخبر بها رسول الله -صلى الله عليه وآله وسلم- فأمره أن يعلمه بلالاً؛ فهذا من القول محال لا تقبله العقول، لأن الأذان من أصول الدين، وأصول الدين فلا يعلمها رسول الله -صلى الله عليه وآله وسلم- على لسان بشر من العالمين. انتهى.

[266] **أمالي أحمد بن عيسى -عليهما السلام-**[1/ 90]: حدثني أحمد بن عيسى، عن محمد بن بكر، عن أبي الجارود، قال: حدثني أبو العلاء: قال: قلت لمحمد بن علي: يا أبا القاسم، ألا تحدثني عن الأذان فإنا نقول: إنما رآه رجل من الأنصار في المنام فأخبر به رسول الله -صلى الله عليه وآله وسلم- فأمره أن يعلم بلالاً، فأذّن.

قال: ففزع لذلك، وقال: ويحكم ألا تتقون الله عمدتم إلى أمر من جسيم أمر دينكم فزعمتم أنما رآه رجل في المنام رؤيا.

قال: قلت: فكيف كان إذاً.

قال: كان أن رسول -صلى الله عليه وآله وسلم- أسري به حتى انتهى إلى ما شاء الله من السماء، ففرضت عليه الصلاة، فبعث الله ملكاً ما رؤي في السماء قبل ذلك اليوم، فقال:

الله أكبر الله أكبر، فقال الله: صدق عبدي أنا أكبر.

ثم قال: أشهد أن لا إله إلا الله، فقال الله: صدق عبدي ما من إله غيري أنا الله لا إله إلا أنا.

ثم قال: أشهد أن محمداً رسول الله، فقال الله: صدق عبدي أنا أرسلته وأنا اصطفيته وأنا اجتبيته.

ثم قال: حي على الصلاة، فقال الله: صدق عبدي دعا إلى فريضتي، فمن مشى إليها راغباً فيها كانت كفارة لما مضى من ذنبه.

ثم قال: حي عليّ الفلاح، فقال الله: صدق عبدي فمني الفلاح والنجاح.

ثم قال: قد قامت الصلاة، فقال الله: صدق عبدي قد أقمتُها وحدَّدْتُها.

قال: فأَمّ رسول الله -صلى الله عليه وآله وسلم- يومئذ أهل السماء، فَتَمّ له

شرفه يومئذ على جميع الخلائق. انتهى.

الرجال:

أما محمد بن بكر، وأبو الجارود زياد بن المنذر: فقد مر الكلام عليهما.

[ترجمة أبي العلاء، ومحمد ابن الحنفية]

وأما أبو العلاء:

فقال في الجداول: خالد بن طُهمان،(بفتح الطاء المهملة وضمها، وسكون الهاء، وبميم، فألف، فنون)، أبو العلاء الخفاف، الكوفي.

عن محمد بن الحنفية، وعطية، وأنس، وحصين بن مالك.

وعنه أبو نعيم، والفريابي، وابن المبارك، وآخرون.

قال الخزرجي: شيعي.

وفي الكاشف: صدوق شيعي.

وقال أبو حاتم: من عتق الشيعة محله الصدق.

وقال ابن حبان في الثقات: يخطئ ويهم.

احتج به الترمذي، وسئل عنه أبو داوود فلم يذكره إلا بخير. انتهى.

قلت: هو من ثقات محدثي الشيعة، ذكره السيد العلامة المهدي بن الهادي اليوسفي -رحمه الله- المشهور بمهدي النوعه في الإقبال.

ومحمد بن علي:

هو محمد بن علي بن أبي طالب، الملقب بابن الحنفية، علمُه وجلالتُه وفضلُه وزهدُه وورعُه أشهرُ من الشمس على رؤوس الرَّبى.

[267] الجامع الكافي [2/ 32 - 33]: قال الحسن بن يحيى -عليه السلام-: سمعنا في الحديث: «أن الله بعث ملكاً من السماء إلى الأرض بالأذان».

وروى محمد بإسناد عن أبي جعفر -عليه السلام- أنه قال: من جهالة هذه الأمة أن يزعموا أن رسول الله -صلى الله عليه وآله وسلم- إنما عَلِم الأذان من رؤيا رآها رجل، وكذبوا -واللهِ- لما أراد اللهُ أن يعلم نبيه الأذان جاءه جبريل بالبراق.....، وذكر الحديث بطوله.

وعن محمد بن الحنفية -عليه السلام- أنه قال: (ألا تتقون الله عمدتم إلى أمر جسيم من أمر دينكم فزعمتم أنه رؤيا رآءها رجل في المنام...) وذكر حديث المعراج بطوله. انتهى.

[268] **صحيفة علي بن موسى الرضى -عليهما السلام- [صـ449]**: عن أبيه، عن آبائه، عن الحسين بن علي -عليهما السلام- قال: قال أمير المؤمنين علي بن أبي طالب -عليه السلام-: (لما بدأ رسول الله -صلى الله عليه وآله وسلم- بتعليم الأذان أتى جبريل بالبراق فاستصعب عليه، ثم أتاه بدابة يقال لها براقة، فاستصعبت عليه، فقال لها جبريل: اسكني براقة، فما ركبك أحد أكرم على الله منه، فكست.

فقال رسول الله -صلى الله عليه وآله وسلم-: «فركبتها حتى انتهيت إلى الحجاب الذي يلي الرحمن تبارك وتعالى فخرج ملك من رواء الحجاب فقال:

الله أكبر الله أكبر، [قال] فقلت: يا جبريل، ومن هذا الملك؟

قال: والذي أكرمك بالنبوة ما رأيت هذا المَلَك قبل ساعتي هذه.

فقال: الله أكبر الله أكبر، فنودي من وراء الحجاب: صدق عبدي أنا أكبر أنا أكبر.

قال رسول الله -صلى الله عليه وآله وسلم-: فقال الملك: أشهد أن لا إله إلا الله، أشهد أن لا إله إلا الله.

فنودي من وراء الحجاب: صدق عبدي؛ أنا الله لا إله إلا أنا.

قال رسول الله -صلى الله عليه وآله وسلم-: فقال الملك: أشهد أن محمداً رسول الله، أشهد أن محمداً رسول الله.

فنودي من رواء الحجاب: صدق عبدي، أنا أرسلتُ محمداً رسولاً.

قال رسول الله -صلى الله عليه وآله وسلم-: فقال الملك: حي على الصلاة، حي على الصلاة.

فنودي من وراء الحجاب: صدق عبدي ودعا إلى عبادتي.

قال رسول الله -صلى الله عليه وآله وسلم-: فقال الملك: حي على الفلاح، حي على الفلاح.

فنودي من وراء الحجاب: صدق عبدي ودعا إلى عبادتي، قد أفلح من واضب عليها.

قال رسول الله -صلى الله عليه وآله وسلم-: «أكمل الله لي الشرف على الأولين والآخرين». انتهى.

باب القول في التأذين بحي على خير العمل، وأن التثويب محدث

[269] الهادي -عليه السلام- في الأحكام [1/ 69]: قد صح لنا أن حي على خير العمل كانت على عهد رسول الله -صلى الله عليه وآله وسلم- يؤذن بها، ولم تطرح إلا في زمن عمر بن الخطاب، فإنه أمر بطرحها، وقال: أخاف أن يتكل الناس عليها، وأمر بإثبات الصلاة خير من النوم مكانها. انتهى.

[270] وقال في المنتخب [صـ30]: وأما حي على خير العمل فلم تزل في عهد رسول الله -صلى الله عليه وآله وسلم- حتى قبضه الله، وفي عهد أبي بكر حتى مات، وإنما تركها عمر وأمر فقيل له: لم تركتها، فقال: لئلا يتكل الناس عليها، ويتركوا الجهاد. انتهى.

[271] المؤيد بالله -عليه السلام- في شرح التجريد[1/ 273]: وأما التأذين بحيٍّ على خير العمل، فالدليل على صحته:

ما أخبرنا به أبو العباس الحسني، قال: أخبرنا علي بن الحسن الظاهري، قال: حدثنا محمد بن محمد بن عبد العزيز، قال: حدثنا عباد بن يعقوب، قال: أخبرنا عيسى بن عبد الله بن محمد بن عمر بن علي بن أبي طالب، قال: حدثنا أبي، عن أبيه، عن جده، عن علي -عليهم السلام- قال: سمعت رسول الله -صلى الله عليه وآله وسلم- يقول: «اعلموا أن خير أعمالكم الصلاة، وأمر بلالاً أن يؤذن بحي على خير العمل». انتهى.

الرجال:

[ترجمة علي بن الحسين الظاهري، ومحمد بن محمد بن عبد العزيز]

أما علي بن الحسين الظاهري:

فقال في الجداول: علي بن الحسن الظاهري، عن محمد بن عبد الله، والصواب: علي بن الحسين، أبو الفرج، الظاهري. انتهى.

قلت: وهو أبو الفرج الأصبهاني، وإليك ترجمته:

قال في الجداول: علي بن الحسين بن محمد بن الهيثم بن عبد الرحمن بن مروان بن عبد الملك بن مروان بن الحكم بن العاص الأموي، أبو الفرج الأصبهاني، صاحب المقاتل، وكتاب الأغاني.

عن يحيى بن إبراهيم العلوي، وحسين بن نصر، وعلي بن العباس، وجماعة من الشيعة.

وعنه محمد البغدادي، وأبو الحسين البتي، والسيد أبو العباس الحسني.

قال الذهبي: الظاهر أنه صدوق.

وقال أبو الحسين البتي: لم يكن أحد أوثق منه.

قلت: وأثنى عليه الذهبي في النبلاء، وقال: لا بأس به، وذكر روايته الدراقطني، وإبراهيم بن أحمد الطبري عنه وغيرهما وأحسن القول فيه ابن أبي الحديد توفي سنة ست وخمسين وثلاثمائة، عداده في ثقات محدثي الشيعة. انتهى.

وأما محمد بن محمد بن عبد العزيز:

فقال في الجداول: محمد بن محمد بن عبد العزيز، عن عباد بن يعقوب، وعنه علي بن الحسن الظاهري، وثقه المؤيد بالله. انتهى.

وأما عباد بن يعقوب: وبقية رجال الإسناد، فقد مر الكلام عليهم.

[272] **الجامع الكافي** [2/ 40]: وقال الحسن بن يحيى: أجمع آل رسول الله - صلى الله عليه وآله وسلم- على أن يقولوا في الأذان والإقامة حي علي خير العمل، وأن ذلك عندهم السنة، وقد سمعنا في الحديث أن الله سبحانه بعث ملكاً من السماء بأذان، وفيه حي علي خير العمل، ولم يزل النبي -صلى الله عليه وآله وسلم- يؤذن بحي على خير العمل حتى قبضه الله إليه، وكان يُؤَذَّنُ بها في زمن أبي بكر فلما ولي عمر قال: دعوا حي على خير العمل، لا يشتغل الناس عن الجهاد، فكان أول من تركها. انتهى.

[273] **أمالي أحمد بن عيسى -عليهما السلام-**[1/ 92]: حدثني أحمد بن عيسى، عن محمد بن بكر، عن أبي الجارود، قال سمعت أبا جعفر، قال: كان علي بن الحسين -عليهما السلام- إذا قال حي على الفلاح حي على الفلاح؛ قال: حي على خير العمل، حي على خير العمل.

قال: وكانت في الأذان فأمرهم عمر فكفوا عنها مخافة أن يتثبط الناس عن الجهاد، ويتكلوا على الصلاة. انتهى.

[274] وفيها أيضاً أي أمالي **أحمد بن عيسى -عليهما السلام-** [1/ 92]: حدثني أحمد بن عيسى، عن محمد بن بكر، عن أبي الجارود، عن حسان، قال: أَذَّنْتُ ليحيى بن زيد بخراسان فأمرني أن أقول حي علي خير العمل، حي على خير العمل.

قال محمد: سألت أحمد بن عيسى؛ قلت: تقول: إذا أذنتَ حي على خير العمل حي على خير العمل؟.

قال: نعم.

قلت: في الأذان والإقامة.

قال: نعم، ولكني أخفيها.

حدثني محمد بن جميل، عن نصر بن مزاحم، عن أبي الجارود، عن أبي جعفر، أنه كان يقول: حي على خير العمل في الأذان والإقامة. انتهى.

رجال هذين السندين من ثقات محدثي الشيعة، وقد مر الكلام عليهم، إلا حسان الرواي عن يحيى بن زيد، فكان من أصحابه وشيعته -رضي الله عنه-.

[275] **مجموع زيد بن علي -عليهما السلام-** [صـ80]: حدثني زيد بن علي، عن أبيه علي بن الحسين -عليهم السلام-: أنه كان يقول في أذانه: حي على خير العمل، حي على خير العمل. انتهى.

[276] **المؤيد بالله عليه في شرح التجريد** [1/ 273]: وروى أبو بكر بن أبي شيبة، قال: حدثنا حاتم بن إسماعيل، عن جعفر بن محمد، عن أبيه، وعن مسلم بن أبي مريم: أن علي بن الحسين كان يؤذن فإذا بلغ حي على الفلاح حي على الفلاح، قال: حي على حي العمل، ويقول: هو الأذان الأول. انتهى.

أبو بكر بن أبي شيبة، قد مر.

وحاتم بن إسماعيل، سيأتي، وهما من ثقات محدثي الشيعة.

وفي شرح القاضي زيد -رحمه الله- [1/ 378 — مخ]: والتأذين بحي على خير العمل ثابت بإجماع أهل البيت -عليهم السلام- لا يختلفون فيه، ولم يرو عن أحد منهم منعه وإنكاره، بل المعلوم من حالهم خلافه. انتهى.

وقال المؤيد بالله -عليه السلام- **في شرح التجريد** [1/ 270]: ومذهب يحيى بن الحسين، وعامة أهل البيت: التأذين بحي على خير العمل. انتهى.

وفي الجامع الكافي [2/ 44]: قال القاسم: فيما حدثنا علي، عن ابن هارون، عن ابن سهل، عن عثمان، عن القومسي، قال: سألت القاسم -عليه السلام- عن التثويب فلم يره، وقال: قولهم الصلاة خير من النوم محدث أحدثه عمر، أو في زمان عمر، وليس فيه حديث إلا حديث أحدثوه الآن ضعيف. انتهى.

وفيه أيضاً: كان أحمد بن عيسى والحسن بن يحيى -عليهم السلام- يقولان في الأذان: حي على خير العمل مرتين انتهى.

وقال أبو طالب -عليه السلام- **في التجريد**: قال القاسم -عليه السلام- الصلاة خير من النوم محدث ضعيف أحدثوها في زمان عمر. انتهى.

واعلم: أن التأذين بحي على خير العمل هو شعار أهل بيت رسول الله -صلى الله عليه وآله وسلم- لا يختلفون في ذلك، وقد استوفى الكلام عليه أبو عبد الله الحسني -رحمه الله- مؤلف الجامع الكافي، في كتابه المسمى بـ (التأذين بحي على خير العمل)، فقد روى التأذين بحي على خير العمل في كتابه المذكور عن النبي -صلى الله عليه وآله وسلم-، وعن علي، والحسن، والحسين، ومحمد بن الحنفية، وعلي بن الحسين، ومحمد بن علي الباقر، وزيد بن علي، والحسن بن يحيى بن الحسين زيد بن علي -صلوات الله عليه-، وعن أبي محذورة، وبلال، وجابر بن عبد الله الأنصاري، وابن عمر، وأبي رافع، وابن عباس، وغيرهم، بأسانيد كثيرة، وطرق مختلفة حد التواتر، فمن أحب معرفة ذلك فليراجع كتاب الاعتصام للإمام المنصور بالله القاسم بن محمد -عليه السلام- يرى العجب في

هذا الباب، فما ذكرناه في هذا الباب فهو قطرة من مطرة، ومُجَّة من لُجَّة، وكتب الزيدية الفقهية مشحونة بالروايات الكثيرة المتظافرة على أن الأذان بحي على خير العمل مشروع في الأذان والإقامة، وأن التثويب محدث أحدثه عمر، وأمر بطرح حي على خير العمل لئلا يتثبط الناس عن الجهاد، ويتكلوا على الصلاة، وذلك غير مرضي عند أئمة آل الرسول -صلى الله عليه وآله وسلم- لأن الأذان أصل من أصول الدين، وأصول الدين لا تبديل فيها ولا تحويل، ﴿لَا تَبْدِيلَ لِخَلْقِ ٱللَّهِۚ ذَٰلِكَ ٱلدِّينُ ٱلْقَيِّمُ﴾[الروم:30].

باب القول في التطريب بالأذان

[277] **أمالي أحمد بن عيسى -عليهما السلام-[1/ 95]**: حدثني أحمد بن عيسى، عن حسين بن علوان، عن أبي خالد، ، عن زيد بن علي، عن آبائه، عن علي -عليهم السلام-: أنه أتاه رجل فقال يا أمير المؤمنين؛ واللهِ إني لأحبك في الله.

قال: ولكني أُبغِضُك في الله.

قال: ولِمَ؟!

قال: لأنك تتغنى في أذانك، وتأخذ على تعليم القرآن أجراً، وقد سمعت رسول الله -صلى الله عليه وآله وسلم- يقول: «من أخذ على تعليم القرآن كان حظه يوم القيامة».

قال محمد: تتغنى في أذانك يعني تطرب. انتهى.

[278] **المؤيد بالله -عليه السلام- في شرح التجريد [1/ 278]**: والدليل على ذلك: ما أخبرنا به محمد بن عثمان النقاش، قال: حدثنا الناصر -عليه السلام-، قال: حدثنا محمد بن منصور، قال: حدثنا أحمد بن عيسى، عن حسين، عن أبي خالد، عن زيد بن علي، عن آبائه، عن علي -عليهم السلام-: أنه أتاه رجل فقال يا أمير المؤمنين: والله إني لأحبك في الله.

قال: ولكني أبغضك في الله.

قال: ولِمَ؟!

قال: لأنك تتغنى في الأذان، وتأخذ على تعليم القرآن أجراً وقد سمعت رسول الله -صلى الله عليه وآله وسلم- يقول: «من أخذ على تعليم القرآن أجراً كان حظه يوم القيامة» انتهى.

[279] **مجموع زيد بن علي -عليهما السلام-** [صـ81]: حدثني زيد بن علي، عن أبيه، عن جده -عليهم السلام-ن عن علي بن أبي طالب كرم الله وجهه: أنه أتاه رجل فقال أمير المؤمنين: والله إني لأحبك في الله.

قال: ولكني أبغضك في الله.

قال: وَلِمَ؟!.

قال: لأنك تغني بأذانك -يعني تُطَرِّبُه- وتأخذ على تعليم القرآن أجراً، وقد سمعت رسول الله -صلى الله عليه وآله وسلم- يقول: «من أخذ على تعليم القرآن أجراً كان حظه يوم القيامة». انتهى.

[280] **الجامع الكافي** [2/44]: قال أحمد بن عيسى -عليه السلام- قال رجل لعلي - صلى الله عليه - إني لأحبك، فقال [له] علي - صلى الله عليه -: ولكني أبغضك، قال، له: وَلِمَ:

قال: لأنك تتغني في أذانك، وتأخذ على تعليم القرآن أجراً، وقد سمعت رسول الله -صلى الله عليه وآله وسلم- يقول: «من أخذ على تعليم القرآن أجراً كان حظه يوم القيامة». انتهى.

[281] **علي بن بلال في شرح الأحكام** [إعلام الأعلام] (372): أخبرنا السيد أبو العباس -رحمه الله-، قال: أخبرنا أبو زبد العلوي، قال: حدثنا محمد بن منصور، قال: حدثنا أحمد بن عيسى، عن الحسين بن علوان، عن أبي خالد،

عن زيد بن علي، عن آبائه، عن علي -عليهم السلام-: أنه أتاه رجل؛ فقال يا أمير المؤمنين: إني لأحبك في الله.

قال: ولكني أبغضك في الله، قال: وَلِمَ؟!

قال: لأنك تتغني في الأذان، وتأخذ على تعليم القرآن أجراً، وقد سمعت رسول الله -صلى الله عليه وآله وسلم- يقول: «من أخذ على تعليم القرآن أجراً كان حظه يوم القيامة». انتهى.

رجال جميع أسانيد الباب قد تكلمنا عليهم، وهم من ثقات محدثي الشيعة جميعاً.

[282] **الهادي -عليه السلام- في الأحكام** [1/ 70]: حدثني أبي، عن أبيه، في التطريب في الأذان، قال: لا بأس بالتطريب، إذا أَتَمَّ وبَيَّنَ. انتهى.

وفي الجامع الكافي [2/ 45]، **وأمالي أحمد بن عيسى** [1/ 95]: عن القاسم نحوه.

باب القول في أخذ الأجرة على الأذان

[283] **المرتضى -عليه السلام- في النهي [مجموع المرتضى** 2/ 759]: عن أبيه، عن آبائه، عن علي -عليهم السلام-، قال: نهى رسول الله -صلى الله عليه وآله وسلم- عن الأذان بالأجرة.

[وروي عنه -صلى الله عليه وآله وسلم- أنه قال «ليس منا من فعل ذلك»]. انتهى.

[284] **الهادي -عليه السلام- في الأحكام**[1/ 70]: حدثني أبي، عن أبيه: (لا بأس بأخذ الجُعل على الأذان، إذا لم تُعقد على ذلك عقدةُ مشارطة). انتهى.

[285] **الجامع الكافي** [2/ 47]: قال القاسم في رواية داوود عنه: لا بأس بأخذ الجعل والأجرة على الأذان إذا لم يعقد ذلك عليه عقد مشارطة.

وقال محمد: يكره أن يأخذ المؤذن على أذانه أجراً، ذكر ذلك عن علي - صلى

الله عليه -. انتهى.

[286] أمالي أحمد بن عيسى -عليهما السلام- [1/96]: قال محمد بلغنا عن النبي -صلى الله عليه وآله وسلم- أنه نهى أن يؤخذ على الأذان أجر. انتهى.

بابا القول في متابعة المؤذن

[287] أمالي أحمد بن عيسى -عليهما السلام- [1/94]: حدثنا محمد، حدثني أحمد بن عيسى، عن حسين بن علوان، عن أبي خالد، عن زيد بن علي، عن آبائه، عن علي -عليهم السلام-، قال: (ثلاث لا يدعهن إلا عاجز: رجل سمع مؤذناً لا يقول كما يقول، ورجل لقي جنازة لا يسلم على أهلها، ويأخذ بجوانب السرير؛ فإنه إذا فعل ذلك كان له أجران، ورجل أدرك الإمام ساجداً لم يكبر ثم يسجد معه ولا يعتد بها). انتهى.

[288] مجموع زيد بن علي -عليهما السلام- [ص‍80]: حدثني زيد بن علي، عن أبيه، عن جده، عن علي -عليهم السلام-، قال: (ثلاث لا يدعهن إلا عاجز: رجل سمع مؤذناً ولا يقول كما يقول، ورجل لقي جنازة ولا يسلم على أهلها ويأخذ بجوانب السرير؛ فإنه إذا فعل ذلك كان له أجران، ورجل أدرك الإمام وهو ساجد ثم يسجد معهم ولا يعتد بها). انتهى.

[289] الجامع الكافي [2/50]: قال محمد: يستحب لمن سمع الأذان أن يقول كما يقول.

وروى بإسناده عن النبي -صلى الله عليه وآله وسلم-: أنه كان إذا سمع المؤذن قال كما يقول، فإذا بلغ حي على الصلاة، حي على الفلاح قال: لا حول ولا قوة إلا بالله.

وإذا بلغ الإقامة، قال: اللهم رب هذه الدعوة التامة، والصلاة القائمة، أعط

محمداً سؤله يوم القيامة، وبلغه الدرجة الوسيلة من الجنة، وتقبل شفاعته في أمته. انتهى.

باب القول فيمن سمع الأذان وهو في مسجد ثم خرج منه

[290] أبو طالب -عليه السلام- في الأمالي[صـ314]: أخبرنا أبو أحمد عبد الله بن عدي الحافظ، قال: حدثنا محمد بن محمد بن الأشعث الكوفي [بمصر]، قال: حدثنا موسى بن إسماعيل بن موسى بن جعفر بن محمد، عن أبيه، عن جده موسى بن جعفر، عن أبيه، عن جده محمد بن علي، عن أبيه، عن جده الحسين بن علي، عن أبيه علي -صلوات الله عليه-، قال: قال رسول الله -صلى الله عليه وآله وسلم-: «من سمع النداء وهو في المسجد فخرج منه فهو منافق إلا رجلاً يريد الرجوع إليه». انتهى.

رجال هذا الإسناد قد مر الكلام عليهم.

باب القول في عدم وجوب الأذان والإقامة على النساء

[291] مجموع زيد بن علي -عليهما السلام- [صـ81]: حدثني زيد بن علي، عن أبيه، عن جده، عن علي -عليهم السلام-، قال: (ليس على النساء أذان ولا إقامة). انتهى.

[292] أمالي أحمد بن عيسى -عليهما السلام-[1/98]: قال محمد ليس على النساء أذان ولا إقامة، وقد ذكر عن علي - صلى الله عليه - أنه قال: (ليس عليهن أذان). انتهى.

[293] الجامع الكافي[2/49]: قال القاسم -عليه السلام- ومحمد: ليس على النساء أذان ولا إقامة.

قال القاسم -عليه السلام-: ذكر عن علي - صلى الله عليه - أنه قال: (ليس عليهن ذلك). انتهى.

القاضي زيد في الشرح [1/ 360 — مخ]: وليس على النساء أذان ولا إقامة، نص عليه في الأحكام، وبه قال الناصر، والسيد المؤيد بالله، وأبو حنيفة وأصحابه، والشافعي، ولا خلاف فيه. انتهى.

[294] **المؤيد بالله -عليه السلام- في شرح التجريد** [1/ 280]: وليس على النساء أذان ولا إقامة، وهذا منصوص عليه في الأحكام.

والوجه في ذلك: أن الأذان والإقامة أمور شرعية ولم يستقر في الشرع وجوبها على النساء، إذ لم يثبت أن النبي -صلى الله عليه وآله وسلم- أمرهن بذلك.

وذكر أبو العباس الحسني -رحمه الله- في شرحه للأحكام أن علياً -عليه السلام- روي عنه (أن المرأة لا تؤذن ولا تؤم ولا تُنْكِح)، وإذا لم تؤذن لم تقم؛ لما روي عن النبي -صلى الله عليه وآله وسلم- من أذن فهو يقيم.

واستدل يحيى بن الحسين -عليه السلام- على ذلك بأن قال: إن الأذان هو الدعاء إلى الصلاة؛ وذلك برفع الصوت، وقد روي عن النبي -صلى الله عليه وآله وسلم- أنه قال: «النساء عي وعورات فاستروا عيهن بالسكوت وعوراتهن بالبيوت»، فلما أمر -صلى الله عليه وآله وسلم- بأن يسترن بالسكوت دل [ذلك] على أن لا أذان عليهن. انتهى.

قلت: والحديث المذكور وهو حديث «النساء عي.. » إلخ في الأحكام [1/ 122]، وأمالي المرشد بالله -عليه السلام- [(1/ 59) رقم (201)] بسند صحيح.

باب القول في مفتاح الصلاة

[295] **مجموع زيد بن علي -عليهما السلام-** [صـ85]: حدثني زيد بن علي، عن أبيه، عن جده، عن علي -عليهم السلام-، قال: قال رسول الله -صلى الله عليه وآله وسلم-: «مفتاح الصلاة الطهور، وتحريمها التكبير، وتحليلها

التسليم». انتهى.

[296] **الهادي -عليه السلام- في الأحكام**[1/ 75]: بلغنا عن رسول الله -صلى الله عليه وآله وسلم- أنه قال: «مفتاح الصلاة الطهور، وتحريمها التكبير، وتحليلها التسليم، ولا تجزي صلاة لا يقرأ فيها بفاتحة الكتاب وقرآن معها». انتهى.

باب القول في استقبال القبلة

القرآن الكريم: قال الله -سبحانه-: ﴿فَوَلِّ وَجۡهَكَ شَطۡرَ ٱلۡمَسۡجِدِ ٱلۡحَرَامِۚ وَحَيۡثُ مَا كُنتُمۡ فَوَلُّواْ وُجُوهَكُمۡ شَطۡرَهُۥۗ﴾[البقرة:144]

القاضي زيد -رحمه الله- في الشرح [1/ 296 -مخ-]: ولا خلاف أن من كان معايناً لها ففرضه التوجه إليها مع السلامة، ولا يجوز له أن يصلي إلى أي جهة شاء.

وفيه [1/ 296 -مخ-]: ولا يلزم التوجه إليها مع المسافة البعيدة بالإجماع.

وفيه [1/ 299 -مخ-]: ومن كان جاهلاً بالتحري ففرضه الرجوع إلى الغير، وبه قال أصحاب الشافعي وهذا مما لا خلاف فيه.

وفيه: وللخائف والمتطوع على الراحلة التوجه إلى أي جهة كانت، ولا خلاف في جواز ذلك.

وفيه [1/ 306 -مخ-]: قال أبو العباس: لو صلى إلى جهة بغير تحرٍ، فلما فرغ كان الأغلب على ظنه أنها جهة القبلة لم يجزه على مقتضى قول يحيى -عليه السلام-، وهو قول أبي حنيفة والشافعي.

وذلك لأنه مأمور بالتحري والعمل على الظن الحاصل عنده، وإذا تيقن الجهة فلا تجزيه إذا عمل على مجرد الظن من غير تحرٍ، وهذا مما لا خلاف فيه انتهى.

الجامع الكافي [2/ 84]: قال القاسم -عليه السلام-في رواية داوود عنه-: قد أمر الله سبحانه إذا أراد الرجل الدخول في صلاته أن يستقبل القبلة في مصلاه.

وسئل عمن صلى لغير القبلة في يومِ غَيْمٍ ثم علم بعد ذلك؛ هل عليه إعادة الصلاة؟.

فقال: يعيد ما كان في وقته، حسب.

وقال الحسن -عليه السلام-: البيت قبلة أهل الإسلام فإذا كنت بمكة فاستقبل البيت من أي جوانبه أحببت، وإن غبت عنه تحريت جهته؛ فإن لم تدر كيف التوجه إليه صليت بين المشرق والمغرب.

وقال محمد: قال الله -عز وجل-: ﴿فَوَلِّ وَجْهَكَ شَطْرَ ٱلْمَسْجِدِ ٱلْحَرَامِۚ وَحَيْثُ مَا كُنتُمْ فَوَلُّواْ وُجُوهَكُمْ شَطْرَهُۥ﴾[البقرة:144] فإذا أشكلت على المسافر القبلة تحرى جهة القبلة فإن تحرى في يوم غيم أو ليلة ظلماء فأخطأ ثم علم وهو راكع أو ساجد أنه على غير القبلة فإن كان منحرفاً قليلاً يميناً أو شمالاً انحرف في حال ركوعه إلى القبلة، وإن كان مستدبر القبلة استقبل الصلاة. انتهى.

باب صفة الصلاة والدخول فيها

الهادي -عليه السلام- في الأحكام[1/ 83]: قال يحيى بن الحسين -صلوات الله عليه- إن الصلاة كلها بنيت على اللفظ فيها بستة أصناف من القول والكلام، لا يجوز غيرهن في قعود ولا قيام، ولا ينطق فيها بسواهن، ولا يتكلم أبداً بغيرهن:

فأولهن: الدعاء إلى الصلاة، وهو الأذان، وذلك قول الله -سبحانه-: ﴿يَٰٓأَيُّهَا ٱلَّذِينَ ءَامَنُوٓاْ إِذَا نُودِيَ لِلصَّلَوٰةِ مِن يَوۡمِ ٱلۡجُمُعَةِ فَٱسۡعَوۡاْ إِلَىٰ ذِكۡرِ ٱللَّهِ وَذَرُواْ ٱلۡبَيۡعَۚ ذَٰلِكُمۡ خَيۡرٞ لَّكُمۡ إِن كُنتُمۡ تَعۡلَمُونَ ٩﴾[الجمعة:9].

والثاني: الافتتاح، وهو أن يقول المتوجه للصلاة:

الحمد الله الذي لم يتخذ ولداً ولم يكن له شريك في الملك ولم يكن له ولي من الذل، [وذلك قول الله عز وجل لرسوله -صلى الله عليه وآله وسلم-﴿وَقُلِ الْحَمْدُ لِلَّهِ الَّذِي لَمْ يَتَّخِذْ وَلَدًا وَلَمْ يَكُنْ لَهُ شَرِيكٌ فِي الْمُلْكِ وَلَمْ يَكُنْ لَهُ وَلِيٌّ مِنَ الذُّلِّ وَكَبِّرْهُ تَكْبِيرًا﴾ [الإسراء:111].]

والثالث: التكبير وهو تحريمها، وهو أمر[الله] لنبيه من بعد الافتتاح بالتكبير فقال من بعد قوله: ولم يكن له ولي من الذل وكبره تكبيراً [فأمره بالتكبير].

والرابع: وهو القرآءة فيها، وهو قوله -عز وجل-: ﴿فَٱقْرَءُواْ مَا تَيَسَّرَ مِنَ ٱلْقُرْءَانِ﴾[المزّمل:20].

والخامس: التسبيح، وذلك قوله -سبحانه-: ﴿سَبِّحِ ٱسْمَ رَبِّكَ ٱلْأَعْلَى ۝١ ٱلَّذِى خَلَقَ فَسَوَّىٰ ۝٢ وَٱلَّذِى قَدَّرَ فَهَدَىٰ ۝٣﴾[الأعلى:1،3].

والسادس: تحليلها، وهو التسليم؛ وذلك قوله -سبحانه-: ﴿فَإِذَا قُضِيَتِ ٱلصَّلَوٰةُ فَٱنتَشِرُواْ فِى ٱلْأَرْضِ وَٱبْتَغُواْ مِن فَضْلِ ٱللَّهِ وَٱذْكُرُواْ ٱللَّهَ كَثِيرًا لَّعَلَّكُمْ تُفْلِحُونَ ۝١٠﴾[الجمعة:10]، يريد بقوله: قضيت: فُرِغَ من أداء فرضها، وحل بالتسليم ما كان حراماً فيها، من كلام المتكلمين، وغيره من أفعال الفاعلين. انتهى.

وفي **الجامع الكافي** [2/ 88 - 89]: **قال محمد**: فرض الصلاة عندنا -الذي لا يزول عن العبد في حال من الأحوال إذا كان معه عقله-:

القيامُ إلى الصلاة لمن استطاع.

والتوجهُ إلى الكعبة: لقوله تعالى: ﴿فَوَلِّ وَجْهَكَ شَطْرَهُ﴾، وينوي حين يتوجه أن توجهه إلى الكعبة.

واللباسُ: لقوله -تعالىٰ-: ﴿يَٰبَنِيٓ ءَادَمَ خُذُواْ زِينَتَكُمۡ عِندَ كُلِّ مَسۡجِدٖ﴾ [الأعراف:31] يريد بذلك اللباس والتستر في الصلاة، ولا تجزي صلاة إلا بلباس يواري، إلا أن لا يقدر علىٰ ذلك.

والنيةُ: ينوي لصلاة الظهر أنها الظهر؛ يعتقد بنيته حين يكبر التكبيرة الأولىٰ لافتتاح الصلاة.

وتكبيرةُ الافتتاح: لقول النبي -صلىٰ الله عليه وآله وسلم- «تحريمها التكبير»، فليس بداخل في الصلاة حتىٰ يكبر.

والقرآءة في الركعتين: لقول النبي -صلىٰ الله عليه وآله وسلم-: «كل صلاة بغير قرآءة فهي خداج».

والركوعُ.

ورفعُ الرأس من الركوع حتىٰ يستوي قائماً.

والسجودُ.

ورفعُ الرأس من السجود حتىٰ يستوي قاعداً، ويستتم صلاته كذلك.

وقد روينا عن النبي -صلىٰ الله عليه وآله وسلم- وعن جماعة من أصحابه والتابعين أنهم قالوا إذا رفع رأسه من آخر سجدة فقد تمت صلاته.

وما سوىٰ ما سميناه بعد التكبيرة الأولىٰ؛ من الاستعاذة، والاستفتاح، وسائر التكبير؛ في الرفع، والخفض، وسمع الله لمن حمده، والتسبيح في الركوع، والسجود، والتشهد في الركعتين الأوليين في آخر الصلاة، والتسليم، فكل ذلك من سنن الصلاة لا ينبغي لأحد أن يتعمد ترك شيء من ذلك، وبلغنا عن النبي -صلىٰ الله عليه وآله وسلم- أنه قال: «مفتاح الصلاة الطهور». انتهىٰ.

الهادي[336] **-عليه السلام- في الأحكام**[1/ 77 - 78]: قال يحيى بن الحسين -رحمة الله عليه-: من قام في صلاته فافتتح ثم كبر، وجب عليه أن يقرأ بأم القرآن، وبما تيسر من السور معها.

ثم يكبر ويركع، فيقول في ركوعه: سبحان الله العظيم وبحمده -ثلاثاً-.

ثم يرفع رأسه من ركوعه، ويقول: سمع الله لمن حمده.

فإذا اعتدل قائماً خر لله ساجداً ثم قال: الله أكبر.

ثم سجد؛ فَمَكَّن جبهته من الأرض، ووضع أنفه مع جبهته على الأرض، وخوّى في سجوده، ومد ظهره، وسوى آرابه[337]، ونصب قدميه، وجعل كفيه حذاء خديه، وفَرَّج آباطه، وأبان عضديه ومرفقيه عن جنبيه، ثم قال في سجوده: (سبحان الله الأعلى وبحمده) -ثلاثاً-.

ثم قعد؛ فأفترش قدمه اليسرى، ونصب قدمه اليمنى.

فإذا اطمأنّ على قدمه اليسرى قاعداً [كبر] وسجد [السجدة] الثانية، فيسبح فيها بما سبح في السجدة الأولى، وفعل فيها ما فعل في الأولى.

ثم ينهض بتكبيرة حتى يستوي قائماً، ثم يقرأ بفاتحة الكتاب وبما تيسر له من سور المفصل وما أحب من القرآن، كما قال الله تبارك وتعالى: ﴿فَٱقۡرَءُواْ مَا تَيَسَّرَ مِنَ ٱلۡقُرۡءَانِۚ﴾[المزّمل:20].

وقد قيل: إنه يجزي مع الحمد أن يقرأ المصلي ثلاث آيات من أي القرآن شاء، وقال من قرأ ثلاث آيات: إنه قاس ذلك على سورة إنا أعطيناك الكوثر، فقال ثلاث آيات، وأحبُّ إلينا نحن أن يقرأ مع فاتحة الكتاب بسورة كاملة من

---

(336) صفة الصلاة عند الهادي -رضي الله عنه- تمت حاشية من الأصل.

(337) آرابه: أعضاؤه

المفصل.

ثم يخر راكعاً بتكبيرة فيطامن ظهره في ركوعه، ويفرج آباطه، ويسوي كفيه على ركبتيه، ويستقبل بهما القبلة، ولا يحرفهما على شيء من جوانب ركبتيه، ويُعَدِّلُ رأسه، ولا يكبه إلى الأرض جداً، ولا يرفعه إلى السماء رفعاً، يبتغي بين ذلك سبيلاً حسناً، ويسبح في ركعته هذه بما سبح به في الركعة الأولى.

ثم يرفع رأسه، ويقول: (سمع الله لمن حمده) فإذا اعتدل قائماً حتى ترجع مفاصل ظهره إلى مواضعها كبر وخر ساجداً ففعل في سجوده في ركعته الثانية كما فعل في سجدته في الركعة الأولى سواء سواء.

قال الهادي -عليه السلام-: إذا جلس المصلي في الركعتين الأوليين [من الظهر، أو في الركعتين من العصر، أو الركعتين] من المغرب، أو الركعتين الأوليين من العشاء، فأحسن ما سمعنا، وما أرى يتشهد به المصلي في جلوسه أن يقول:

(بسم الله، وبالله، والحمد الله، والأسماء الحسنى كلها لله، أشهد أن لا إله إلا الله، وحده لا شريك له، وأشهد أن محمد عبده ورسوله).

قال يحيى بن الحسين -صلوات الله عليه-: والذي صح لنا عن أمير المؤمنين -عليه السلام- عن النبي -صلى الله عليه وآله وسلم- أنه كان يسبح في الآخرتين، يقول: (سبحان الله، والحمد الله، ولا إله إلا الله، والله أكبر) يقولها ثلاث مرات، ثم يركع، وعلى ذلك رأينا مشايخ آل رسول الله -صلى الله عليه وآله وسلم- وعليهم، وبذلك سمعنا عن من لم نر منهم، ولسنا نضيق على من قرأ فيهما بالحمد، ولكنا نختار ما روي لنا عن أمير المؤمنين -عليه السلام-، وذلك أنا نعلم أنه لم يختر ولم يفعل إلا ما اختاره رسول الله -صلى الله عليه وآله وسلم- وفَعَلَه، ورسول الله -صلى الله عليه وآله وسلم- فلم يفعل إلا ما أمره الله -عزو جل- بفعله واختاره له في دينه.

قال يحيى بن الحسين -صلوات الله عليه-: فإذا جلس في آخر صلاته الأربع

أو الثلاث قال:

(بسم الله، وبالله، والحمد الله، والأسماء الحسنى كلها لله، أشهد أن لا إله إلا الله، وحده لا شريك له، وأشهد أن محمداً عبده ورسوله.

اللهم صل على محمد وعلى آل محمد، وبارك على محمد وعلى آل محمد، كما صليت وباركت على إبراهيم وعلى آل إبراهيم إنك حميد مجيد.

ثم يسلم وينصب إلى الله بما شاء من الدعاء، وبذلك حدثني أبي عن أبيه في التشهد، وكان يرويه عن زيد بن علي -عليه السلام-، عن آبائه، عن علي بن أبي طالب -عليه السلام-. انتهى.

كلام الهادي -صلوات الله عليه- نص عليه جميعاً في الأحكام، وإنما أتينا بهذه الجملة في كيفية الصلاة؛ لأن الأدلة المتعلقة بصفة الصلاة الآتية متضمنة لفصولها فلذلك رأينا إثباتها جملة.

باب القول في استفتاح الصلاة

[297] **أمالي أحمد بن عيسى -عليهما السلام-** [1/ 107]: أخبرنا محمد، قال: حدثني أحمد بن عيسى، عن حسين، عن أبي خالد، عن زيد، عن آبائه، عن علي -عليهم السلام-، قال: (كان إذا استفتح الصلاة قال: (الله أكبر، وجهت وجهي للذي فطر السموات والأرضَ، عالمَ الغيب والشهادة، حنيفاً، مسلماً، وما أنا من المشركين، إن صلاتي ونسكي ومحياي ومماتي لله رب العالمين، لا شريك له وبذلك أمرت، وأنا من المسلمين). انتهى.

[298] **المؤيد بالله -عليه السلام- في شرح التجريد** [1/ 377]: وأخبرنا محمد بن عثمان النقاش، قال: حدثنا الناصر -عليه السلام-، عن محمد بن منصور، قال: حدثنا أحمد بن عيسى، عن حسين، عن أبي خالد، عن زيد بن علي، عن آبائه، عن علي -عليهم السلام-، قال: (كان إذا افتتح الصلاة قال: الله أكبر،

وجهت وجهي للذي فطر السموات والأرض، عالم الغيب والشهادة، حنيفاً، مسلماً، وما أنا من المشركين، إلى قوله: وأنا من المسلمين). انتهى.

[299] **مجموع زيد بن علي -عليهما السلام-[صـ 85]:** حدثني زيد بن علي، عن أبيه، عن جده، عن علي -عليهم السلام-، أنه كان إذا استفتح الصلاة، قال: الله أكبر، وجهت وجهي للذي فطر السموات والأرض حنيفاً مسلماً، وما أنا من المشركين، إن صلاتي ونسكي ومحياي ومماتي لله رب العالمين، لا شريك له، وبذلك أمرت وأنا من المسلمين، أعوذ بالله من الشيطان الرجيم)، ثم يبتدئ ويقرأ. انتهى.

[300] **أمالي أحمد بن عيسى -عليهما السلام-[1/ 108]:** حدثني علي بن أحمد بن عيسى، عن أبيه، في استفتاح الصلاة؛ قال: يستفتح باستفتاح علي بن أبي طالب صلى الله عليه، وهو قوله: (وجهتُ وجهي للذي فطر السموات والأرض، حنيفاً، مسلماً، وما أنا من المشركين، إن صلاتي ونسكي ومحياي ومماتي لله رب العالمين، لا شريك له وبذلك أمرت، وأنا من المسلمين)، ثم يعوذ بالله من الشيطان الرجيم، ثم يقول: (بسم الله الرحمن الرحيم)، وإن شاء استفتح باستفتاح عبد الله بن مسعود، وهو قوله: سبحانك وبحمدك، إلى آخر الكلمات، وهن معروفة، وإن شاء جمعها كلها، وإن شاء بعضها، وقد جاء عن أبي جعفر محمد بن علي غير ذلك، وعن زيد بن علي -عليهما السلام- خلاف ما قال أبو جعفر، وكل ذلك يدل على السعة فيه. انتهى.

[301] **الجامع الكافي [2/ 97]:** قال أحمد والحسن ومحمد، يقول المصلي: (الله أكبر، وجهت وجهي للذي فطر السموات والأرض حنيفاً مسلماً، وما أنا من المشركين، إن صلاتي ونسكي ومحياي ومماتي لله رب العالمين، لا شريك له وبذلك أمرت وأنا من المسلمين)، ثم يتعوذ وهو استفتاح علي - صلى الله عليه - . انتهى.

[302] **أمالي أحمد بن عيسى -عليهما السلام-**[1/ 109]: [وبه عن] جعفر، عن قاسم بن إبراهيم، قال: روي عن النبي -صلى الله عليه وآله وسلم- في افتتاح الصلاة وجوه مختلفة، كلها حسنة:

روى حذيفة أنه سمعه يقول حين افتتح الصلاة: الله أكبر ذو الملكوت والجبروت والكبرياء والعظمة.

وذكر عن غيره قال: كان النبي -صلى الله عليه وآله وسلم- يقول: «سبحانك اللهم وبحمدك، وتبارك اسمك، وتعالى جدك، ولا إله غيرك».

وروي عن علي بن أبي طالب صلى الله عليه في حديث ابن أبي رافع افتتاح طويل.

قال محمد: الذي نأخذ به في استفتاح الصلاة وهو الذي سمعنا عن علي بن أبي طالب، وعن أبي جعفر، وعبد الله بن الحسن، وزيد بن علي، وجعفر بن محمد -عليهم السلام-، وهو: (وجهت وجهي للذي فطر السموات والأرض، إلى آخر الآيات الثلاث. انتهى.

[303] **الجامع الكافي** [2/ 97]: وقال الحسن -عليه السلام-في رواية ابن صباح عنه، وهو قول محمد-: الذي نأخذ به في الافتتاح؛ هو الذي سمعنا عن علي - صلى الله عليه -، وعن أبي جعفر، وزيد بن علي، وعبد الله بن الحسن، وجعفر بن محمد -عليهم السلام-، وهو: (وجهت وجهي إلى آخره).

وقال محمد في موضع آخر: وكذلك رأينا مشايخ آل رسول الله -صلى الله عليه وآله وسلم- ما خلا القاسم بن إبراهيم -عليه السلام- أنه كان يستفتح بالآية: الحمد الله الذي لم يتخذ ولداً إلى آخرها. انتهى.

[304] **أمالي أحمد بن عيسى -عليهما السلام-**[1/ 110]: قال محمد: ذكرت التعوذ لحسين بن عبد الله فرآه قبل التكبير.

قال محمد: الاستفتاح والتعوذ [عندنا] بعد التكبير، وكذلك سمعنا عن النبي -صلى الله عليه وآله وسلم-، وعن علي - صلى الله عليه -، وعن غيره من أهل البيت، وعن غيرهم. انتهى.

[305] **الجامع الكافي** [1/97]: وقال محمد الاستفتاح والتعوذ عندنا بعد التكبير، وكذلك سمعنا عن النبي -صلى الله عليه وآله وسلم-، وعن علي - صلى الله عليه -، وعن غيره من أهل البيت، وغيرهم. انتهى.

[306] **أمالي أحمد بن عيسى -عليهما السلام-** [1/110]: نا محمد، قال: حدثني أحمد بن عيسى، عن حسين، عن أبي خالد، عن زيد، عن آبائه، عن علي -عليهم السلام-، قال: (كان إذا استفتح الصلاة قال: الله أكبر، وجهت وجهي ...إلخ.

[وعن] أحمد، عن محمد بن بكر، عن أبي الجارود، قال: سألت أبا جعفر عن افتتاح الصلاة.

فقال: إذا أنت قمت فقل: الله أكبر، وجهت وجهي.

قال محمد: سألت أحمد بن عيسى عن استفتاح الصلاة؛ قبل التكبير أو بعد.

قال: بعده.

وبه قال سألت أحمد بن عيسى عن التعوذ؛ قبل التكبير أو بعد.

قال: بعده.

قال محمد: صليت خلف عبد الله بن موسى فكان يستفتح بعد التكبير.

حدثني إسماعيل بن إسحاق، قال: سألت أحمد بن عيسى عن استفتاح الصلاة قبل التكبير.

فقال: لا أعرف ذلك. انتهى.

باب القول فيمن قال الاستفتاح والتعوذ قبل التكبير

الهادي -عليه السلام- في الأحكام[1/ 75]: قال يحيى بن الحسين -صلوات الله عليه-: أحسن ما سمعنا في الافتتاح وما نراه، أن يستقبل المصلي القبلة، ثم يقول:

(أعوذ بالله السميع العليم، من الشيطان الرجيم)، ثم يقول:

(وجهت وجهي للذي فطر السموات والأرض، حنيفاً، مسلماً، وما أنا من المشركين، إن صلاتي ونسكي ومحياي ومماتي لله رب العالمين، لا شريك له وبذلك أمرت وأنا من المسلمين).

ثم يقول:

(الحمد الله الذي لم يتخذ ولداً، ولم يكن له شريك في الملك، ولم يكن له ولي من الذل)، ثم يكبر، فيقول: (الله أكبر)، ثم يقرأ، فيبتدئ بـ(بسم الله الرحمن الرحيم)، فهذا أحسن ما سمعنا في الافتتاح، وما تخرجه جدي القاسم بن إبراهيم -رضي الله عنه- من القرآن؛ وذلك أن الله -سبحانه- أمر نبيه -صلى الله عليه وآله وسلم- فقال: ﴿ ٱللَّهَ لَسَمِيعٌ عَلِيمٌ ﴿٤٢﴾ يُرِيكَهُمُ ٱللَّهُ فِي مَنَامِكَ قَلِيلٗا ﴾[الإسراء:110] يقول لا تجهر بالقراءة في صلاة الظهر والعصر، ولا تخافت بالقراءة في صلاة المغرب والعشاء والفجر، وابتغ بين ذلك سبيلاً، أي فصلاً تفصل بينهن بذلك، ثم قال يأمره إذا أراد الدخول في الصلاة: ﴿ وَلَوۡ أَرَىٰكَهُمۡ كَثِيرٗا لَّفَشِلۡتُمۡ وَلَتَنَٰزَعۡتُمۡ فِي ٱلۡأَمۡرِ وَلَٰكِنَّ ٱللَّهَ سَلَّمَ إِنَّهُۥ عَلِيمُۢ بِذَاتِ ٱلصُّدُورِ ﴿٤٣﴾ وَإِذۡ يُرِيكُمُوهُمۡ إِذِ ٱلۡتَقَيۡتُمۡ فِيٓ أَعۡيُنِكُمۡ قَلِيلٗا ﴾[الإسراء:111]، ثم أمره أن يكبر ويفتتح الصلاة بالتكبير، فقال: وكبره تكبيراً، وهو أن يقول المصلي: الله أكبر، ثم يبتدئ بالقراءة بفاتحة الكتاب ويتلوها بسورة مما تيسر من القرآن، فهذا أصح ما عندنا في الافتتاح وأحسنه وأشبهه بالتنزيل. انتهى.

الجامع الكافي [2/ 96]: قال الحسن -عليه السلام- وقد ذكر أيضاً عن زيد بن علي -عليهما السلام- أنه قال التعوذ قبل التكبير.

وقال القاسم -عليه السلام-: التعوذ والاستفتاح قبل التكبير، واحتج بالآية: ﴿وَلَوْ أَرَاكَهُمْ كَثِيرًا لَفَشِلْتُمْ وَلَتَنَازَعْتُمْ فِي الْأَمْرِ وَلَكِنَّ اللَّهَ سَلَّمَ إِنَّهُ عَلِيمٌ بِذَاتِ الصُّدُورِ (٤٣) وَإِذْ يُرِيكُمُوهُمْ إِذِ الْتَقَيْتُمْ فِي أَعْيُنِكُمْ قَلِيلًا﴾[الإسراء:111] يعني أنه يبدأ بالتعوذ، ثم الاستفتاح، ثم التكبير ثم القرآءة.

وفي رواية داوود عنه: يبدأ بالاستفتاح، ثم التكبير، ثم التعوذ، ثم القرآءة. انتهى.

أمالي أحمد بن عيسى -عليهما السلام-[1/ 110]: قال محمد: سمعت قاسم بن إبراهيم يقول: التكبير بعد الافتتاح، وذكر الآية ﴿فِي أَعْيُنِكُمْ﴾، وقال: التعوذ قبل التكبير. انتهى.

الهادي -عليه السلام- في المنتخب [صـ37 - 38]: قال -صلوات الله عليه- وقد روي في ذلك روايات كثيرة مختلفة متضادة، وإنما قلنا متضادة؛ لأن المختلفين رووا في الاستفتاح كلاماً ليس هو من القرآن، فلم نلتفت إلى رواياتهم، لما خصنا الله به من معرفة غوامض كتابه، فكان الذي ندبنا الله إليه في الافتتاح أمرَه لمحمد -صلى الله عليه وآله وسلم- حيث يقول: ﴿إِنَّ اللَّهَ لَسَمِيعٌ عَلِيمٌ (٤٢) إِذْ يُرِيكَهُمُ اللَّهُ فِي مَنَامِكَ قَلِيلًا﴾[الإسراء:110]، ثم أمره الله فقال -تبارك وتعالى-: ﴿وَلَوْ أَرَاكَهُمْ كَثِيرًا لَفَشِلْتُمْ وَلَتَنَازَعْتُمْ فِي الْأَمْرِ وَلَكِنَّ اللَّهَ سَلَّمَ إِنَّهُ عَلِيمٌ بِذَاتِ الصُّدُورِ (٤٣) وَإِذْ يُرِيكُمُوهُمْ إِذِ الْتَقَيْتُمْ﴾[الإسراء:111]، فدله على أن هذا هو الافتتاح للصلاة قبل التكبير، ثم قال له: كبره تكبيراً، فأمره بالتكبير بعد الافتتاح. انتهى.

باب القول في نية الصلاة

قد تقدم حديث «لا قول ولا عمل إلا بنية»، عند أبي طالب والناصر -عليهما السلام-، وحديث «الأعمال بالنية» في سلسلة الإبريز.

القاضي زيد -رحمه الله- **في الشرح** [1/ 385 - 386 -مخ-]: فرض الصلاة النية، نص عليه يحيى -عليه السلام-، وإليه ذهب الناصر والسيد المؤيد بالله، وأبو حنيفة، والشافعي، على أن وجوبها مجمع عليه.

وفيه [شرح القاضي زيد (1/ 389)-مخ-]: قال السيد المؤيد بالله: والنية على ضربين:

نية تسقط بها العبادة عن الذمة فقط وهي التي لا يحفظ الخلاف في أن القدر الكافي منها أن ينوي ظهراً أو غيره، والصوم فرضاً أو نفلاً أو نذراً أو غيره، على ما يكون من قصده. انتهى (338).

المؤيد بالله -عليه السلام- **في شرح التجريد**[1/ 366]: فرض الصلاة النية وتكبيرة الافتتاح.

قال يحيى بن الحسين -عليه السلام- في المنتخب [صـ36]: ينبغي لمن أراد الصلاة أن ينوي قبل التوجه لها وإن لم يفعل كانت النية المقدمة مجزية؛ فكان ذلك تصريحاً بإيجابها.

وحكى أبو العباس الحسني -رضي الله عنه- عن القاسم -عليه السلام-: أنه يجب أن ينويها قبل أن يقوم إليها. انتهى.

---

(338) والضرب الثاني من النية، قال القاضي زيد في شرحه (1/ 389) -مخ-: وقد تكون النية لاستحقاق الثواب على العبادة، وهذه لابد فيها من نية الصلاة أو الصوم، وإذا كان واجباً، وجوبها ظهراً، أو عصراً، أو كونها مصلحة في الدين، مع الانطواء على تعظيم الله سبحانه بالعبادة والتقرب إليه. انتهى .
وقال الإمام يحيى بن حمزة -رضي الله عنه- في الإنتصار صـ(3/ 183): والضرب الثاني: نية يُحرز بها الفضل، وزيادة الأجر؛ نحو أن ينوي بالصلاة مصلحة في الدين، وقربة إلى الله تعالى، واعترافاً بعظمته وجلاله.

باب القول في التكبيرة الأولى

قد مر حديث «تحريمها التكبير» عند الهادي، وأمالي أحمد بن عيسى، والجامع الكافي، ومجموع زيد بن علي -عليهما السلام-.

المؤيد بالله -عليه السلام- في شرح التجريد[1/ 366]: قال يحيى بن الحسين -عليه السلام- في المنتخب: لا خلاف أنّه من ترك التكبيرة الأولى فصلاته باطله.

وفيه [أي شرح التجريد (1/ 367)]: وأجمعوا على أن الصلاة تنعقد بقول القائل: الله أكبر، والظاهر من مذهب يحيى -عليه السلام- أن الصلاة لا تنعقد بغيره، لأنه قال في الأحكام، في باب الافتتاح [1/ 92] حاكياً عن الله -عز وجل-: ثم أمره أن يكبر ويفتتح الصلاة بالتكبير، فقال -سبحانه-: ﴿ فِيٓ أَعۡيُنِكُمۡ ﴾ وهو أن يقول المصلي: الله أكبر، فصرح بأن المراد بالأمر بالتكبير هو الله أكبر.

وحكي أبو العباس الحسني -رضي الله عنه- في كتاب النصوص، عن أحمد بن يحيى بن الحسين، أنه قال: إنْ قال: اللهُ أجل، أو أعظم، أجزأه، لأنه من التكبير [معنى]. انتهى.

وفي شرح القاضي زيد -رحمه الله-[(1/ 389)-**مخ**-]: [ومن فروض الصلاة]: والتكبيرة الأولى، ولا خلاف في وجوبها الآن. انتهى.

باب القول في رفع اليدين عند التكبيرة الأولى

[307] **مجموع زيد بن علي -عليهما السلام-** [صـ84]: حدثني زيد بن علي، عن أبيه، عن جده، عن علي -عليهم السلام-: (أنه كان يرفع يديه في التكبيرة الأولى إلى فروع أذنيه ثم لا يرفعها حتى يقضي صلاته). انتهى.

[308] **الجامع الكافي**[2/ 93]: قال أحمد، والقاسم، والحسن، ومحمد: (ومن السنة أن يرفع الرجل يديه في التكبير في أول الصلاة).

وفيه: قال الحسن -في رواية ابن صباح عنه، وهو قول محمد-: يرفعها حذاء

أذنيه، مفرجة أصابعه، ولا يجاوز بهما أذنيه ولا رأسه؛ لأن رسول الله -صلى الله عليه وآله وسلم- نهى عن ذلك، وقال: «إن أبليس حين أخرج من الجنة رفع يديه فوق رأسه». انتهى.

[309] أمالي أحمد بن عيسى -عليهما السلام- [1/112]: قال محمد: سمعت قاسم بن إبراهيم يكره أن يرفع يديه في خفض أو رفع بعد التكبيرة الأولى، وقال هو عمل، وذكر عن النبي -صلى الله عليه وآله وسلم- أنه نهى عن ذلك. انتهى.

الجامع الكافي [2/92]: قال محمد: رأيت أحمد بن عيسى يرفعهما إلى دون أذنيه، ويستقبل بهما القبلة، مفرجة أصابعه.

وقال إسماعيل بن إسحاق: صليت خلف أحمد بن عيسى -عليه السلام- فرفع يديه حين افتتح الصلاة فكانتا بحيال وجهه.

وقال القاسم -فيما روى داوود عنه-: يرفع يديه إذا كبر حذاء منكبيه، أو شحمة أذنيه. انتهى.

باب القول فيمن قال إن رفع الأيدي منسوخ

[310] المؤيد بالله -عليه السلام- في شرح التجريد [1/410]: فأما الأخبار الواردة في رفع اليدين عند التكبيرات فهي عندنا منسوخة بقوله -صلى الله عليه وآله وسلم-: «مالي أراكم رافعي أيديكم كأنها أذناب خيل شمس»، وبقوله: «اسكنوا في الصلاة». انتهى.

[310] الهادي -عليه السلام- في الأحكام [1/76]: قال يحيى بن الحسين -صلوات الله عليه-: ولا نرى أن يرفع المصلي يديه عند التكبير في الأولى ولا في غيرها، من ركوع ولا سجود، وفي ذلك ما روي عن رسول الله -صلى الله عليه وآله وسلم- أنه قال: «ما بال قوم يرفعون أيديهم كأنها أذناب خيل شمس، لإن لم ينتهوا ليفعلنّ الله بهم وليفعلن».

قال يحيى بن الحسين -رضي الله عنه- حدثني أبي عن أبيه، أنه قال: لا تُرفع اليدان عند التكبير، ولتسكن الأطراف، لأن الصلاة إنما هي خشوع وخضوع، والتسكن أقرب إلى الخضوع والخشوع، وأشبه بالتذلل لله سبحانه. انتهى.

وقال القاسم بن إبراهيم -عليه السلام- في جوابه على ولده محمد بن القاسم -عليهما السلام- ما لفظه [مجموع القاسم 2/ 601]: ورفع اليدين فقد اختلفت فيه الأقاويل، وإن أحب ذلك إلينا: أن يُسَكَّنا تسكين غيرهما؛ لأن تسكينهما هو خضوعهما، وكذلك تسكين العين فهو لها خشوع. انتهى.

[311] وقال الهادي -عليه السلام- في المنتخب [صـ38]: قد رويت في ذلك أخبار كثيرة عن النبي -صلى الله عليه وآله وسلم- «أنه كان يرفع يديه في التكبيرة الأولى إلى قريب من الأذنين أو الخدين أو المنكبين»، ورووا أيضاً في أخبارهم ضد هذا أن النبي -صلى الله عليه وآله وسلم- قال: «ما بال قوم يرفعون أيديهم في الصلاة كأنها أذناب خيل شمس لأن لم ينتهوا ليفعلن الله بهم وليفعلن»، وكذلك بلغنا عنه -عليه السلام- أنه لم يكن يرفع يديه في خفض ولا رفع في الصلاة، وكان -عليه السلام- يحب ويأمر بالسكون، فيقول: «اسكنوا في الصلاة» حتى أنه نظر إلى رجل يعبث بلحيته في الصلاة فقال: «لو خشع قلب هذا لخشعت جوارحه». انتهى.

وقال الهادي -عليه السلام- أيضاً في جوابه على الرازي [مجموع الهادي صـ602]: وسألتَ عن رفع اليدين في التكبير.

وهذا أمر لا يجيزه في الصلاة علماءُ آل رسول الله -صلى الله عليه وآله وسلم-، لأن الصلاة إنما هي خشوع وتذلل، لذي الجلال والطول، وإرسال اليدين والكف عن رفعهما أكبر في الذب لصاحبهما، وقد قيل: إن رفع اليدين فعال جاهلي، كانت قريش تفعله لآلهتها وأصنامها عند الوقوف تجاهها، والسلام منهم عليها، فإن يكن ذلك كذلك -والله أعلم- فلا ينبغي ولا يجوز [لمسلم أن يفعل ما يفعل للأصنام، مع ما في ذلك من قلة الخشوع لله، لأن الصلاة التي

فرضها الله فَرَضَ معها الخشوع والتذلل؛ فلما كان ترك رفع اليدين في الصلاة إلى الخشوع أقرب، ففعله دون غيره على المصلي لله أوجب]. انتهى.

باب القول في السكتات في الصلاة

[312] أمالي أحمد بن عيسى -عليهما السلام- [1/ 109]: حدثنا أبو كريب، عن حفص بن غياث، عن عمرو، عن الحسن، قال: (كان لرسول الله -صلى الله عليه وآله وسلم- ثلاثُ سكتات: إذا افتتح الصلاة، وإذا فرغ من فاتحة الكتاب، وإذا فرغ من القراءة قبل أن يركع). انتهى.

[الرجال]

[ترجمة أبي كريب، وحفص بن غياث]

أبو كريب: هو محمد بن العلى، الهمداني، الكوفي، الحافظ، أحد الأثبات والمشاهير، وثقه السيدان العالمان الفاضلان؛ علامة العصر عبد الله بن أمير المؤمنين الهادي لدين الله الحسن بن يحيى القاسمي -رحمه الله-، ومفتي الزيدية مجد الدين بن محمد بن منصور المؤيد -رحمه الله- فقالا -بالحرف الواحد-: محمد بن العلى الهمداني الكوفي أحد الأثبات. انتهى. توفي سنة ثمان وأربعين ومائتين.

أما حفص بن غياث:

فهو حفص بن غياث بن طلق بن معاوية، أبو عمر، النخعي الكوفي.

عن الصادق وسفيان وابن أبي ليلى وخلق، وعنه جمع من الشيعة، منهم مصبح بن الهلقام، وإسماعيل بن أبان الوارق، ومحمد بن جميل، [وخلق].

قال يعقوب بن أبي شيبة: ثقة ثبت، إذا حدث من كتابه.

وقال الذهبي: شيعي، [احتج به الجماعة].

قلت: الرجل من ثقات محدثي الشيعة، توفي سنة أربع وتسعين ومائة.

وأما عمرو بن ثابت الكوفي، والحسن أبي الحسن البصري: فهما من ثقات

محدثي الشيعة، وسيأتي الكلام عليهم.

[313] **الجامع الكافي** [2/ 209]: قال محمد كان علي - صلى الله عليه - يقف وقفة يسيرة بعد القرآءة، وجائز أن يصل قرآءته بتكبيرة، روي ذلك عن جماعة من الصحابة والعلماء، وروي بإسناد عن النبي -صلى الله عليه وآله وسلم-: (أنه كان له ثلاث سكتات: إذا افتتح الصلاة، وإذا فرغ من فاتحة الكتاب، وإذا فرغ من القرآءة قبل أن يركع). انتهى.

باب القول في النهي عن وضع الكف على الكف في الصلاة

[314] **المرتضى محمد بن يحيى -عليه السلام- في النهي** [**مجموع المرتضى** 2/ 760]: عن أبيه، عن آبائه، عن علي -عليهم السلام-، قال: «نهى رسول الله -صلى الله عليه وآله وسلم- أن يجعل الرجل يده على يده على صدره في الصلاة، [وقال ذلك فعل اليهود]، وأمر أن يرسلهما». انتهى.

[315] **الإمام القاسم بن محمد -عليه السلام- في الاعتصام** [1/ 362]: وفي كتاب المناهي لمحمد بن منصور المرادي؛ قال: «نهى رسول الله -صلى الله عليه وآله وسلم- أن يجعل الرجل يده في حقوه، أو يديه في حقويه، وقال: كذلك أهل النار في النار.

ونهى أن يجعل يده على يده على صدره وهو يصلي، أو يده على فيه وهو يصلي، وقال: كذلك المغلول، وأمر أن يرسل يديه إذا كان قائماً [في الصلاة].

ونهى أن يدخل إحدى يديه تحت الأخرى على صدره، وقال: ذلك فعل اليهود وأمر أن يرسلهما». انتهى(339).

(339) وذكر في الإعتصام تكملة البحث في نفس الصفحة ما لفظه: وذكر في فصل من فصول عزاها إلى القاسم بن إبراهيم عليهما السلام: وعن رسول الله -صلى الله عليه وآله وسلم- أنه قال: «إذا كنت في الصلوة قائماً فلا تضع يدك اليمنى على اليسرى، ولا اليسرى على اليمنى، فإن ذلك تكفير أهل الكتاب، ولكن أرسلها إرسالاً، فإنه أحرى أن لا تشغل قلبك عن الصلاة».

باب القول في القرآءة في الصلاة، والجهر ببسم الله الرحمن الرحيم

[316] **أمالي أحمد بن عيسى -عليهما السلام-** [1/ 114]: حدثني قاسم بن إبراهيم، عن أبي بكر بن أويس، عن حسين بن عبد الله بن ضميرة، عن أبيه، عن جده، عن علي -عليه السلام- أنه قال: (من لم يجهر في صلاته ببسم الله الرحمن الرحيم فقد أخدج صلاته). انتهى.

[317] **الهادي -عليه السلام- في الأحكام** [1/ 88]: حدثني أبي، عن أبيه القاسم بن إبراهيم -رحمه الله-، عن أبي بكر بن أبي أويس، عن الحسين بن عبد الله بن ضميرة، عن أبيه، عن جده، عن علي بن أبي طالب -عليه السلام- قال: (من لم يجهر في صلاته ببسم الله الرحمن الرحيم فقد أخدج صلاته). انتهى.

[318] **المؤيد بالله -عليه السلام- في شرح التجريد** [1/ 379]: واستدل يحيى -عليه السلام- بما رواه عن أبيه، عن جده، عن أبي بكر بن أبي أويس، عن حسين بن عبد الله بن ضميرة، عن أبيه، عن جده، عن علي -عليه السلام- أنه قال: (من لم يجهر في صلاته ببسم الله الرحمن الرحيم، فقد أخدج صلاته). انتهى.

[319] **مجموع زيد بن علي -عليهما السلام-** [صـ86]: حدثني زيد بن علي، عن أبيه، عن جده، عن علي -عليهم السلام-: (أنه كان يجهر ببسم الله الرحمن الرحيم). انتهى.

[320] **أمالي أحمد بن عيسى -عليهما السلام-**[1/ 122]: حدثنا محمد بن جميل، عن ابن أبي يحيى، عن حسين بن عبد الله بن ضمرة، عن أبيه، عن جده، عن علي - صلى الله عليه -: (أنه كان يجهر ببسم الرحمن الرحيم). انتهى.

[321] **الهادي -عليه السلام- في الأحكام** [1/ 89]: وبلغنا عن رسول الله -صلى الله عليه وآله وسلم- أنه قال: «كل صلاة لا يجهر فيها ببسم الله الرحمن الرحيم فهي آية اختلسها الشيطان». انتهى.

[322] **المؤيد بالله** -عليه السلام- في **شرح التجريد**[1/380]: ومما يدل على أن بسم الله الرحمن الرحيم آية من فاتحة الكتاب ومن كل سورة: أن المسلمين قد أجمعوا على إثباتها في كل سورة، وأجمعوا على أنها آية من كتاب الله في طس. انتهى.

[323] **الجامع الكافي**[2/100-102]: قال محمد: كان أحمد بن عيسى، وعبد الله بن موسى -عليهما السلام- يجهران ببسم الله الرحمن الرحيم في السورتين، وكذلك كان ولد علي - صلى الله عليه -.

وقال الحسن ومحمد: أجمع آل رسول الله -صلى الله عليه وآله وسلم- على الجهر ببسم الله الرحمن الرحيم في السورتين.

وقال الحسن -عليه السلام- في رواية ابن صباح عنه-، ومحمد في المسائل: وسئلا عمن لا يجهر ولا يقنت في الفجر، ويقول هذه بدعة؛ فقالا: نقول إن آل رسول الله -صلى الله عليه وآله وسلم- أجمعوا على الجهر ببسم الله الرحمن الرحيم في السورتين، وعلى القنوت في الفجر، فمن زعم أن آل رسول الله -صلى الله عليه وآله وسلم- أجمعوا على بدعة فقد أساء القول، وخالف ما روي عن النبي -صلى الله عليه وآله وسلم- واعتدى في القول.

وروى محمد: بأسانيده، عن النبي -صلى الله عليه وآله وسلم-: «أنه كان يجهر ببسم الله الرحمن الرحيم»، وروي الجهر أيضاً عن علي -صلى الله عليه-، والحسين بن علي، وابن عباس، وعلي بن الحسين، ومحمد بن علي، وزيد بن علي، وعبد الله بن الحسن، ومحمد وإبراهيم ابني عبد الله بن الحسن -عليهم السلام-، وعن جعفر بن محمد، وعمر بن علي بن الحسين، وأحمد بن عيسى، وعبد الله بن موسى -عليهم السلام-.

وعن أبي بكر، وعمر، وعمار، وابن عمر، وجابر بن عبد الله، وعبد الله بن الزبير.

وعن أبي عبد الله الجدلي(340)، وابن معقل(341)، وسعيد بن جبير(342)، وعطاء(343)، وطاووس(344)، ومجاهد(345)، والزهري(346)، وأبي عاصم

(340) أبو عبد اللّه الجدلي، من أصحاب أمير المؤمنين، وأحد خواصه وثقاته، أبو عبد الرحمن، عداده في ثقات محدثي الشيعة، واختلف في اسمه: فقيل: عبد اللّه بن عبدالله، وقيل: عبد بن عبد، وقيل: عبد الرحمن بن عبد، قال في التقريب: ثقة رمي بالتشيع، روى له أبوداود، والترمذي، والنسائي في فضائل الصحابة.

(341) عبد الله بن معقل بن مقرن المزني، أبو الوليد الكوفي، روى عن أبيه، وعن أمير المومنين، وابن مسعود، وثابت بن الضحاك، وروى عنه: أبو إسحاق السبيعي، ومالك بن إسماعيل، وعبد الرحمن بن الأصبهاني، وآخرون، قال العجلي: كوفي تابعي ثقة، من خيار التابعين، وقال ابن اسعد: كان ثقة قليل الحديث، توفي سنة (88)هـ. (معجم رجال الاعتبار (302).

(342) سعيد بن جبير بن هشام الأسدي بالولاء، الكوفي، أبو عبد الله، أحد عظماء الإسلام، ومن سادات التابعين علماً، وفضلاً، وصدقاً، وعبادة، حبشي الأصل، ولد سنة (45)هـ، خرج مع عبد الرحمن بن محمد بن الأشعث على عبد الملك بن مروان، وقبض عليه، وأرسل إلى الحجاج، فجرى بينهما حوار يكشف عن بطولة سعيد وجهاده ووقوفه ضد حكام الجور، فقتله الحجاج صبراً، ولم يلبث بعد مقتله إلا خمسة عشر يوماً حتى هلك، وله (تفسير)مفقود لم يصل إلينا إلا في الروايات التي تناقلتها الكتب المتأخرة، أخذ العلم عن ابن عباس، وابن عمر، وجعفر بن إياس، والأعمش، وذكره غير واحد: في رجال الشيعة، وعدَّه أبو العباس الحسني في من بايع الإمام الحسن بن الحسن الرضا، وعدَّه السيد صارم الدين وابن حابس، وابن حميد في ثقات محدثي الشيعة، وخرج له أئمتنا الخمسة، والشريف السيلقي، والجماعة، وكان استشهاده سنة (95)هـ.

(343) عطاء بن أسلم بن صفوان الجندي بن أبي رباح القرشي، مولاهم، أبو محمد المكي، ولد باليمن سنة (27)هـ ونشأ بمكة، وانتهت إليه فتوى أهلها، وإلى مجاهد في زمانهما، وكان فقيهاً عالماً، كثير الحديث، أدرك مائتين من الصحابة، روى عن ابن عباس، وأبي هريرة، وتوفي بمكة سنة (114)هـ، وله (تفسير القرآن) استخدمه الطبري، والثعلبي في تفسيرهما، وله أيضاً (غريب القرآن).

(344) طاووس بن كيسان الخولاني، الهمداني، اليماني، أبو عبد الرحمن، أمه من الفرس، من كبار التابعين، أدرك خمسين من الصحابة، محدث، فقيه، متقشف، زاهد، جريئ في الوعظ والإرشاد، ولد سنة (33)هـ، وكان معروفاً بمحبته للعترة، وعيناً في أصحاب ابن عباس، عده السيد صارم الدين الوزير: في رجال الشيعة، وكذلك الشهرستاني في الملل والنحل، وابن قتيبة في المعارف، وروى الذهبي عن سفيان الثوري أنه قال: كان طاووس يتشيع، توفي بمزدلفة سنة (106)هـ، وحمل عبد الله بن الحسن بن الحسن بنعشه على كاهله فسقطت قلنسوة كانت عليه.

(345) مجاهد بن جبر أبو الحجاج المكي، مولى بني مخزوم، تابعي، إمام في التفسير،ولد بمكة سنة (21)هـ، وسمع عائشة، وابن عمر، وابن عباس، وقرأ عليه في التفسير، وهو أحد القائلين بالمذهب العقلي في تفسير القرآن تنقل في الأسفار، واستقر بالكوفة، وله (تفسير) اعتمد عليه المفسرون، وفي حقل الفقه جعل للرأي منزلة هامة. روى عن سعيد بن جبير وطاووس بن كيسان وجابر بن عبد الله الأنصاري، وعنه الأعمش، وعكرمة، وعطاء، وليث بن أبي سليم، وغيرهم. خرج له أئمتنا الخمسة، والناصر للحق، والجماعة، وتوفي سنة (104)هـ.

(346) محمد بن مسلم بن عبيد اللّه بن عبد اللّه بن شهاب الزهري، أبو بكر: تابعي، من أهل =

النبيل[347]: أنهم كانوا يجهرون ببسم الله الرحمن الرحيم. انتهى.

[324] **الهادي -عليه السلام- في المنتخب** [صـ40]: ولقد علمتَ إن كنت ممن قد روى الأخبار أن الأمة روت بأجمعها أن النبي -صلى الله عليه وآله وسلم- قال: «ما كنت أعرف آخر هذه السورة من أول الأخرى حتى نزل علي جبريل ببسم الله الرحمن الرحيم» انتهى.

[325] **أمالي أحمد بن عيسى -عليهما السلام-** [ج4/ 261]: حدثنا محمد، قال: حدثني علي بن جعفر، عن أبيه، والرضا، قالا: [قال] أبو عبد الله جعفر بن محمد: التقية من ديني، ولا تقية عندي في شرب النبيذ، والمسح على الخفين، والجهر ببسم الله الرحمن الرحيم. انتهى.

[326] **الهادي -عليه السلام- في الأحكام** [2/ 300]: بلغنا عن جعفر بن محمد -رضي الله عنه- أنه قال: لا تقية في ثلاث: شرب النبيذ، والمسح على الخفين، والجهر ببسم الله الرحمن الرحيم. انتهى.

[327] **المؤيد بالله -عليه السلام- في شرح التجريد** [1/ 380]: وروى محمد بإسناده عن جعفر بن محمد، عن أبيه، عن جابر، قال: قال رسول الله -صلى الله عليه وآله وسلم-: «كيف تقول إذا قمت إلى الصلاة؟»، قال: أقول: الحمد لله رب العالمين. قال: «قل: بسم الله الرحمن الرحيم»، [وهذا يقتضي الوجوب].

المدينة، ومن الحفاظ والفقهاء، نزل الشام واستقر بها، وكان أحد أنصار الأمويين، دعاه الأمام زيد بن علي عليه السلام للخروج معه فأبى، وذكره المزي فيمن روى عن الأمام زيد بن علي (ع)، وكذلك أبو عبدالله العلوي، ذكره في اسماء التابعين الرواة عن الإمام زيد، قيل: إنه رأى عشرة من الصحابة. وثقه الجماعة وأطنبوا في مدحه، وهو عند أصحابنا ضعيف بسبب خدمته بني أمية، وموالاته الظلمة قيل مولده: سنه 50هـ. وقيل: سنه 56هـ. وقيل: سنه 58 هـ. ووفاته قيل: سنه 123هـ. وقيل: سنه 125هـ.

(347) الضحاك بن مخلد بن الضحاك الشيباني أبو عاصم النبيل، عن الصادق، وابي حنيفة وابن جريج وغيرهم، وعنه ابن المديني والبخاري وأحمد وغيرهم، وثقه أبو حاتم وابن سعد، وفي الإكمال: وقال الخليل القزويني: متفق عليه زهداً وعلماً وديانة، وقال الذهبي: أجمعوا على توثيقه، توفي سنة (212)هـ، احتج به الجماعة.

وروى محمد بن منصور: بإسناده عن جعفر، عن أبيه، عن علي -عليه السلام- أنه قال: (آية من كتاب الله تركها الناس؛ بسم الله الرحمن الرحيم). انتهى.

[328] **أمالي أحمد بن عيسى -عليهما السلام-** [1/ 115]: حدثنا إبراهيم بن محمد، عن محمد بن الحسين بن علي بن الحسين، عن أبيه، عن أبيه، عن جده، عن علي -عليه السلام-: (أنه كان يجهر ببسم الله الرحمن الرحيم). انتهى.

الرجال:

جميع الرجال المتقدم ذكرهم في الأسانيد التي في هذا الباب قد تقدم الكلام عليهم إلا رجال هذا الإسناد الأخير فنقول:

[ترجمة محمد بن إبراهيم بن ميمون]

أما إبراهيم بن محمد:

فهو إبراهيم بن محمد بن ميمون، قال السيد العلامة مجد الدين بن محمد بن منصور المؤيدي -رحمه الله- في لوامع الأنوار [1/ 471-ط3]:

ومنهم -أي من الرواة عن الصادق -عليه السلام- إبراهيم بن محمد بن ميمون، أبو إسحاق الفزاري، المتوفى عام اثنين وستين ومائة.

روى عن محمد بن الحسين بن علي ابن أخي الباقر، وعن عيسى بن عبد الله والد أبي الطاهر -عليهم السلام-.

وعن زيد بن الحسن الأنماطي، -وفي رواية الأنطاكي- الراوي عن أئمة آل محمد -عليهم السلام-:

الإمام الأعظم؛ ومن روايته عنه مناظرة هشام، والإمام محمد بن عبد الله النفس الزكية، والصادق -عليهم السلام-.

وعن سعيد[348] أخي معمر بن خثيم [الهلالي[349]، صاحبي الإمام الأعظم -عليه السلام-، والراويين عنه، وأخوهما جابر بن خُثَيْم[350]]؛ الراوي عن عبد الله بن الحسن -عليه السلام-.

وعن أبي عبد الله شريك بن عبد الله النخعي، المتوفى سنة سبع وسبعين ومائة.

أخرج له [أي لشريك] أئمتنا الأربعة المؤيد بالله وأبو طالب والمرشد بالله ومحمد بن منصور -عليهم السلام- وجماعة العامة.

وممن أخذ عنه [أي عن شريك]: يحيى بنُ عبد الحميد الحِمَّانِي، المتوفى سنة خمس وتسعين ومائة، أخرج له [أي للحماني] الإمام المؤيد بالله وأبو طالب

---

(348) سعيد بن خُثَيم الهلالي أحد فرسان الإمام زيد بن علي -عليهما السلام- الشجعان، الذي قَتَلَ الشَّاميَّ الذي كان يشتم فاطمةَ بنتَ رسول الله -صلى الله عليه وآله وسلم-، قال سعيد- بعدما قَتَلَ الشَّامي-: فركبتُ فأتيتُ زيدًا فجعل يُقَبِّلُ بين عينيّ، ويقول: أَدركتَ واللَّهِ ثأرنا، أدركتَ واللَّهِ شرفَ الدنيا والآخرة وذخرَها.

قال في الطبقات (مخ): «قال القاسم بن عبد العزيز في تعداد تلاميذ الإمام زيد بن علي: كان سعيدٌ ممن شَهِدَ مقتل الإمام زيد بن علي، وجاهد معه، وكان مُحَدِّثًا فاضلاً. قال في المقاتل: أدرك الحسينَ بنَ عليٍّ الْفَخِّيَّ، وخرج معه في سنة تسع وستين ومائة. قال السيّد أبو طالب عن السيّد أبي العباس الْحَسَني: وهو أَحدُ العلماء الذين تابعوا يحيى بن عبد الله بن الحسن بن الحسن -عليهم السلام- في سنة (169)، بعد قتل الفخي، وعَدَّه السيّد صارم الدين، وابن حُمَيْد، وابنُ حابس في ثقات محدثي الشيعة». انتهى من الطبقات.

وانظر: الجداول مختصر الطبقات (مخ)، تهذيب الكمال (3/ 154)، رقم (2246)، تهذيب التهذيب (4/ 20)، رقم (2388)، وفيهما: «قال ابن الجنيد، عن ابن معين: كوفي ليس به بأس، ثقة. قال: فقيل ليحيى: شيعي، قال [يحيى]: وشيعيٌّ ثقة، وقَدَريٌّ ثقة [أي عَدْلي]. روى له الترمذي، والنسائي. قال في التقريب: «صدوق رمي بالتشيع،...».

وانظر: الفلك الدوار (علوم الحديث) (ص/ 165)، المقاتل (ص/ 140)، في سيرة الإمام الأعظم زيد بن علي عليهما السلام، و(ص/ 456)، في سيرة الإمام الحسين بن علي الفخي -عليه السلام-، وغير ذلك.

(349) انظر مقاتل الطالبيين (ص/ 142)، الجداول (مخ).

(350) انظر: طبقات الزيدية (مخ)، الجداول (مخ). ملاحظة: ما بين القوسين مع الحواشي من لوامع الأنوار.

والمرشد -عليهم السلام- وجماعة العامة.

وعنه [أي الحماني] محمد بن فُضيل بن غزوان الضبي، المتوفى سنة خمس وتسعين ومائة، أخرج له [أي ابن فُضيل] الإمام الناصر للحق، وأئمتنا الخمسة -عليهم السلام-، وممن أخذ عنه [أي عن ابن فضيل] علي بن المنذر الطَّرِيقِي -بفتح الطاء، وكسر القاف-، المتوفى عام ستة وخمسين ومائتين، الأزدي، شيخ محمد بن منصور -رضي الله عنهم-.

وروى إبراهيم عن علي بن عابس الكوفي، وعن علي بن غراب الفزاري المتوفى سنة أربع وثمانين ومائة.

وروى إبراهيم عن علي بن هاشم بن البريد، المتوفى سنة ثمان ومائتين، المجاهد مع الإمام الحسين بن علي الفخي، وأبوه مع الإمام الأعظم -عليهم السلام-.

وإبراهيم بن محمد من أقدم أشياخ محمد بن منصور روى عنه بلا واسطة وبواسطة محمد بن جميل(351).

وأخرج لإبراهيم الإمام الناصر للحق -عليه السلام- في البساط وأئمتنا الخمسة إلا الجرجاني -عليهم السلام- انتهى.

قلت: عداده من ثقات محدثي الشيعة.

وأما محمد بن الحسين بن علي بن الحسين:

فقال في الجداول: محمد بن الحسين بن علي، والصواب محمد بن الحسن بن الحسين بن علي بن الحسين، أبو محمد السيلقي، عن أبيه، عن جده، وعنه ولده عبد الله، وإبراهيم بن محمد بن ميمون. انتهى.

أخرج له محمد بن منصور وأبو طالب.

(351) قال في الطبقات: «أحد مشائخ محمد بن منصور الذين أكثر الرواية عنهم. قال: والذي يظهر لي أنَّه من ثقات الشيعة. أخرج له المؤيد بالله، ووثقه محمد بن منصور، توفي في حدود المئتين».

وأما الحسن بن الحسين بن زين العابدين:

فقال في الجداول: الحسن بن الحسين بن زين العابدين، عن أبيه، عن جده.

وعنه ولده محمد، توفي بأرض الروم، وقد كان تولى مكة، وعقبه كثير ببلاد العجم. انتهى. أخرج له أبو طالب ومحمد.

وأما الحسين بن زين العابدين:

فقال في الجداول: الحسين بن علي بن الحسين بن علي بن أبي طالب، أبو عبد الله، عن أبيه، عن جده، وعن الباقر أخيه، وحسين بن زيد.

وعنه أولاده: الحسن ومحمد وعبيد الله وإبراهيم، وابن المبارك، ويحيى بن سلام، كان محدثا عفيفاً فاضلاً، توفى سنة سبع وخمسين ومائة، وعقبه عالم كثير. انتهى.

أخرج له المؤيد بالله وأبو طالب ومحمد بن منصور -رضي الله عنهم-.

وأما زين العابدين:

فهو أشهر من نار على علم، فعلمه وزهده وورعه وعبادته مشهور، وفي الدفاتر مسطور -صلوات الله عليه- وسلامه.

[329] **أمالي أحمد بن عيسى -عليهما السلام-**[1/ 121]: حدثنا عباد، عن أبي مالك الجنبي، عن عبد الله بن عطاء، عن أبي جعفر، أن رسول الله -صلى الله عليه وآله وسلم- كان يجهر ببسم الله الرحمن الرحيم.

[**وفي الأمالي أيضاً** (1/ 115)] حدثنا إبراهيم بن محمد، عن أبي مالك، عن عبد الله بن عطاء، وأبي حمزة الثمالي، عن أبي جعفر: أن رسول الله -صلى الله عليه وآله وسلم- كان يجهر ببسم الله الرحمن الرحيم. انتهى.

الرجال:

أما عباد بن يعقوب، وإبراهيم بن محمد بن ميمون، فهما من خيار الشيعة،

رضي الله عنهما، وقد تقدما.

[ترجمة أبي مالك الجنبي، وعبد الله بن عطاء، وأبي حمزة الثمالي]

وأما أبو مالك الجنبي:

فقال في الجداول: عمرو بن هاشم الجنبي، أبو مالك الكوفي، عن جويبر، وهشام بن عروة، والطبقة.

وعنه الحسن بن يحيى، وإبراهيم بن محمد بن ميمون، وعباد بن يعقوب، وولده عمار، قال أحمد: صدوق، واحتج به أبو داوود والنسائي. انتهى.

أخرج له محمد بن منصور والمؤيد بالله وعداده عندي من ثقات محدثي الشيعة ضعفه المائلون عن آل رسول الله -صلى الله عليه وآله وسلم- بلا مستند.

وأما عبد الله بن عطاء:

فقال في الجداول: عبد الله بن عطاء المكي، ويقال الطائفي أو الواسطي، أبو عطاء المدني، عن الباقر، وابن المنكدر، وابن إسحاق الشيباني.

وعنه الثوري، والحسن بن صالح، والسبيعي.

روى الذهبي عن الترمذي: أنه ثقة عند أهل الحديث.

وذكره ابن حبان في ثقاته.

وقال الذهبي: صدوق إن شاء الله، احتج به مسلم والأربعة. انتهى.

وأخرج له أبو طالب، ومحمد بن منصور، عداده في ثقات محدثي الشيعة، خرج مع الإمام محمد بن عبد الله النفس الزكية -عليه السلام-، لجهاد الظلمة حتى أدى ذلك إلى أن أنزل من نعشه -رحمه الله- فَصُلِبَ، ذكر ذلك أبو الفرج في المقاتل.

وأما أبو حمزة الثمالي:

فقال في الجداول: ثابت بن الثمالي أبي صفية دينار، أبو حمزة، عن الباقر هكذا في جامع الأصول وفي الأمالي، روى عنه الحسن بن راشد.

كان أبو حمزة من أصحاب زيد بن علي، والراوين عنه، والمبايعين له.

وقال الخزرجي: رافضي، عن أنس والشعبي، وعنه حفص بن غياث وشريك.

قلت: هو من رؤساء الشيعة وأعلامهم، على غيظ كل ناصبي، توفي بعد العشرين والمائة، احتج به أبو داوود وابن ماجة والنسائي في مسند علي. انتهى.

أخرج له محمد بن منصور، والمرشد بالله، والمؤيد بالله، وأبو عبد الله العلوي، وقد ذكره أبو القاسم عبد العزيز إسحاق الزيدي -رحمه الله- من تلامذة الإمام الأعظم زيد بن علي -عليهما السلام- والمبايعين له، وذكره أبو الفرج في المقاتل من أصحاب الإمام الأعظم.

وذكره القاضي العلامة أحمد بن صالح بن أبي الرجال -رحمه الله- في مطلع البدور ومجمع البحور فقال: الشيخ الكامل ثابت بن أبي صفية -رحمه الله- لعله أخو الأشعث بن أبي صفية الماضي ذكره، عده في الزيدية الشيخُ المخلصُ القاسم بن عبد العزيز البغدادي. انتهى.

[330] **وفي أمالي أحمد بن عيسى أيضاً**[1/ 116]: [حدثنا] الحكم بن سليمان، عن عمرو بن جميع، عن جعفر بن محمد، عن أبيه، عن جده، قال: قال رسول الله -صلى الله عليه وآله وسلم-: «صلاة لا يجهر فيها ببسم الله الرحمن الرحيم فهي آية اختلسها الشيطان».

[331] [وحدثنا] علي بن حكيم الأودي، عن عمرو بن ثابت، عن أبي إسحاق، عن الحارث، عن علي - صلى الله عليه -: (أنه كان يجهر ببسم الله الرحمن الرحيم). انتهى.

الرجال:

[ترجمة الحكم بن سليمان، وعلي بن حكيم الأودي]

أما الحكم بن سليمان:

فهو شيخ محمد بن منصور -رحمه الله-، روى عنه فأكثر، عداده من ثقات محدثي الشيعة، وقد روى الحكم في فضائل الوصي -عليه السلام- الكثير الطيب، راجع مناقب محمد بن سليمان الكوفي -رحمه الله- تعرف ذلك.

وأما عمرو بن جميع: فقد مر الكلام عليه.

وأما علي بن حكيم:

فقال في الجداول: علي بن حكيم الأودي، أبو الحسن الكوفي، عن شريك، ووكيع، وابن المبارك، وعمرو بن ثابت، إلى أن قال:

وعنه محمد بن منصور، وجعفر بن محمد الفريابي، ومحمد بن عثمان بن أبي شيبة، وغيرهم.

قال أبو حاتم: صدوق، ووثقه السيد الحافظ أحمد بن يوسف، وابن معين، توفي سنة إحدى وثلاثين ومائتين.

وأما عمرو بن ثابت، وأبو إسحاق السبيعي، والحارث: فقد تكلمنا عليهم.

باب القول في القرآءة في الصلاة

[321] **أمالي أحمد بن عيسى -عليهما السلام-** [1/ 112]: حدثني أحمد بن عيسى، عن حسين، عن أبي خالد، عن زيد، عن آبائه، عن علي -عليهم السلام- قال: (كل صلاة بغير قرآءة فهي خداج). انتهى.

[322] **مجموع زيد بن علي -عليهما السلام-** [صـ86]: حدثني زيد بن علي، عن أبيه، عن جده، عن علي -عليهم السلام- قال: (كل صلاة بغير قرآءة فهي

خداج). انتهى.

[323] **أمالي أحمد بن عيسى -عليهما السلام-**[1/ 112]: حدثني عبد الله بن موسى، قال: حدثني أبي، عن أبيه، قال: قال رسول الله -صلى الله عليه وآله وسلم-: «كل صلاة لا يقرأ فيها بفاتحة الكتاب فهي خداج».

[324] **الهادي -عليه السلام- في الأحكام**[1/ 88]: بلغنا عن رسول الله -صلى الله عليه وآله وسلم- أنه قال: «كل صلاة لا يقرأ فيها بفاتحة الكتاب فهي خداج».

[325] وكذلك بلغنا عن أمير المؤمنين علي بن أبي طالب -عليه السلام- أنه قال: (كل صلاة بغير قرآءة فهي خداج).

قال يحيى بن الحسين -صلوات الله عليه-: والخداج: فهي الناقصة التي لم تتم، وما لم يتم فهو باطل.

قال يحيى بن الحسين -رضي الله عنه-: وإنما أراد رسول الله -صلى الله عليه وآله وسلم- بذلك الصلاة كلها الأربع والثلاث، فأما إذا قرأ في ركعة أو ركعتين من تلك الصلاة فليست بخداج وهي تامة، لأن رسول الله -صلى الله عليه وآله وسلم- إنما أبطلها إذا لم يقرأ بشيء من القرآن في بعضها، وعلى ذلك إجماع آل رسول الله -صلى الله عليه وآله وسلم-، كلُّهم مجمعٌ على أن من نسي القراءة في إحدى ركعتيه سجد سجدتي السهو وكانت صلاته تامة، إذا كان قد قرأ في بعض الركعات. انتهى.

[326] **الجامع الكافي** [2/ 106]: قال محمد: أقل ما يجزي من القرآءة فاتحة الكتاب وثلاث آيات، فإن قرأ الحمد لله وآية طويلة مثل آية الكرسي أجزاه، والأفضل أن يقرأ السورة كاملة في ركعة، وإن قرأ ثلاث آيات من سورة أجزأه، فلا يجزي الإمام أن يقرأ ثلاث آيات من الحمد، ولكن يقرأ الحمد وثلاث آيات من غيرها، بلغنا عن النبي -صلى الله عليه وآله وسلم- أنه قال: «كل صلاة لا

يقرأ فيها بفاتحة الكتاب وقرآن معها فهي خداج».

[327] وروى بإسناده عن أبي سعيد عن النبي -صلى الله عليه وآله وسلم- «لا تجزي صلاة لا يقرأ فيها بفاتحة الكتاب وقرآن معها». انتهى.

[328] **الهادي -عليه السلام- في المنتخب [صــ45]**: والذي صح عندنا أن النبي -صلى الله عليه وآله وسلم- قال: «أقل ما يجزي في الصلاة أم الكتاب وثلاث آيات معها».

وقال: فيمن لم يقرأ الحمد في صلاته؛ لا تجزيه، لقول النبي -صلى الله عليه وآله وسلم-: «صلاة لا يقرأ فيها بأم الكتاب فهي خداج». انتهى.

[329] **أمالي أحمد بن عيسى -عليهما السلام-** [1/ 209] : وحدثنا محمد، حدثني أحمد بن عيسى، عن حسين بن علوان، عن أبي خالد، عن أبي جعفر، قال: «كان رسول الله -صلى الله عليه وآله وسلم- لا يقرأ المعوذتين في مكتوبة إلا ومعهما غيرهما».

[330] [وبه قال] حدثني محمد بن راشد، عن عيسى بن عبد الله، عن أبيه، عن جده، عن عمر بن علي، قال: (ربما قرأ علي بالمعوذتين في الفجر). انتهى.

القاضي زيد في الشرح[1/ 393 -مخ]: ولا خلاف أن في غير الصلاة لا تجب قرآءة.

[331] وفيه [1/ 411]: قال القاسم -عليه السلام- وإتمام السورة وأحب إلي لما قد ثبت (أن النبي -صلى الله عليه وآله وسلم- كان يتم السورة التي يقرأها مع أم القرآن)، ولا خلاف أنه غير واجب، فوجب أن يكون على الاستحباب، على أن ذلك مما لا خلاف فيه.

وفيه [1/ 426]: والجهر ببسم الله الرحمن الرحيم مشروع في الصلاة التي يجهر فيها بالقراءة، نص عليه يحيى -عليه السلام-، وهو المروي عن أمير

المؤمنين، وزيد بن علي، ومحمد بن علي، وجعفر بن محمد، ومحمد وإبراهيم ابني عبد الله بن الحسن، وأبيهما، وعبد الله بن موسى [بن عبد الله]، وأحمد بن عيسى، وإليه ذهب الناصر، وهو إجماع أهل البيت -عليهم السلام-.

وفيه [1/ 430]: أجمع المسلمون على إثباتها في كل سورة، وأجمعوا على أنها من القرآن في طس، وأجمعوا على إثباتها عند فاتحة كل سورة.

وفيه [1/ 431]: قال محمد بن يحيى -عليه السلام- أن من قرأ في وسط السورة فعليه أن يفصل بينها وبين فاتحة الكتاب ببسم الله الرحمن الرحيم، حكاه عنه أبو العباس.

قال السيد أبو طالب: وهي محمولة على الاستحباب، وذلك أن ما يقرأ المصلي بعد الفراغ من فاتحة الكتاب فهو منه ابتدأ بسورة أخرى وإن قرأ هو من وسطها، فينبغي أن يبتدئ بها؛ لأنها وإن كانت من كل سورة عندنا اختصت بأنها آية يفصل بها بين السورتين، [ولأن] عادة المسلمين جارية إذا أرادوا قرآءة القرآن كانوا يبتدئون ببسم الله الرحمن الرحيم، وإذا كان ذلك من عادة المسلمين استحب له أن يتبع عادتهم.

وفيه [2/ 64 – مخ]: قال محمد بن يحيى والمستحب في الفرائض أن يقرأ بالمفصل من سورة محمد -عليه السلام- إلى سورة الناس، وهذا مما لا خلاف فيه.

وفيه [2/ 108) –مخ]: وإن قرأ في صلاته بالمعوذتين مع فاتحة الكتاب أجزت نص عليه يحيى في المنتخب.

قال: (ع) وروى ابن سلام عن القاسم -عليه السلام- جواز الصلاة بالمعوذتين لأنهما من القرآن واستنكر ما روى عن ابن مسعود من حكمهما، وهذا مما لا خلاف فيه اليوم، وإنما يروى فيه الخلاف عن ابن مسعود. انتهى.

باب القول في التأمين في الصلاة

[332] الإمام المهدي -عليه السلام- في البحر[2/250]: مسألة: العترة جميعاً: والتأمين بدعة؛ لقوله -صلى الله عليه وآله وسلم- لمن شمت العاطس في الصلاة «لا يصلح فيها شيء من كلام الناس». انتهى.

الهادي -عليه السلام- في الأحكام[1/89]: قال يحيى بن الحسين -رضي الله عنه- ولم أر أحداً من علماء آل رسول الله -صلى الله عليه وآله وسلم- ولم أسمع عنه يقول آمين بعد قراءة الحمد في الصلاة، ولسنا نرى قولها في الصلاة؛ لأنها ليست من القرآن؛ وما لم يكن من القرآن فلا يجوز قوله، ولا الكلام به في الصلاة لإنسان.

حدثني أبي عن أبيه، أنه سئل: عن قول آمين في الصلاة.

فقال: ما نحب أن تقال لأنها ليست من القرآن. انتهى.

المؤيد بالله -عليه السلام- في شرح التجريد [1/400]: قال: ولا عندي أن يقول في صلاته بعد قراءة الحمد آمين. وهذا منصوص عليه في الأحكام والمنتخب وهو مذهب جميع أهل البيت -عليهم السلام- إلا ما يروي عن أحمد بن عيسى أنه أجازه، ومنع يحيى بن الحسين منه لأنه ليس من القرآن. انتهى.

أمالي أحمد بن عيسى -عليهما السلام-[1/126]: قال محمد: سألت أحمد بن عيسى عن آمين تقولها في الصلاة إذا فرغت من قراءة الحمد؟، فأومأ أنه لا يقولها، وكذلك قال قاسم بن إبراهيم لا يقولها. انتهى.

القاضي زيد -رحمه الله- في الشرح [2/92 —مخ]: قال الناصر -عليه السلام- في مسائل الديلم في التأمين: هذا مما لا يراه آل محمد -صلى الله عليه وآله وسلم- ولا يفعلونه وهو عندهم بدعة، ولا أقول إنه يفسدها.

قال أبو طالب: وروي عنه من غير هذا الطريق أنه يفسدها.

وفيه [2/ 93 – مخ]: قال القاسم -عليه السلام-: فأوثق ما عندهم فيه عن وائل بن حجر، ووائل هذا كان في عسكر علي -عليه السلام- وكان يكتب بأخباره وأسراره إلى معاوية، ووائل هو الذي فعل ما فعل.

قال أبو العباس: هذا من وائل فسق، والفاسق لا يحتج بسنده. انتهى.

قلت: هذا نص من أبي العباس الحسني -رحمه الله- أنه لا يحتج بسند فاسق التأويل.

الجامع الكافي [2/ 108]: وقال القاسم -عليه السلام- فيما روى داوود عنه: ليس يعجبنا قول آمين -يعني في الصلاة- وليست من معروف كلام العرب، والحديث الذي جاء فيها إنما هو عن وائل بن حجر، ووائل الذي فعل ما فعل.

وفيه [أي الجامع الكافي (2/ 107)]: أجمع أحمد والقاسم ومحمد على أن لا يقولوا في الصلاة آمين. انتهى.

المؤيد بالله -عليه السلام- في شرح التجريد [1/ 402]: على أن ما ذهبنا إليه هو إجماع أهل البيت -عليهم السلام-، وقد بيَّنَّا أن إجماعهم حجة.

فإن قيل: فقد روي ذلك عن أحمد بن عيسى فكيف ادعيتم إجماع أهل البيت؟!.

قيل له: روي عنه إجازة ذلك دون الاختيار له، فلا خلاف إذاً في أنه لا يقال في الصلاة على أن أهل البيت قد أجمعوا، والإجماع محكوم به في أي وقت العقد. انتهى.

باب القول في القيام في الصلاة

المؤيد بالله -عليه السلام- في شرح التجريد [1/ 372]: ومن فرضها: القيام والركوع والسجود.

قال يحيى بن الحسين في الأحكام: يصلي العليل على ما يمكنه إن أمكنه قائماً فقائماً، ومنع القائم أن يأتم بالقاعد، فنبه به على فرض القيام.

وقال في الأحكام -فيمن لحق الإمام ساجداً-: إنه قد فاتته الركعة؛ لأن الصلاة ركوع وسجود، فمن لم يدرك الركوع فقد فاتته الركعة، فنبه على فرضها، وذلك إجماع مما لا خلاف فيه، وقد قال الله -تعالى-: ﴿وَقُومُواْ لِلَّهِ قَٰنِتِينَ ٢٣٨﴾ [البقرة:238]، وقال -عز وجل-: ﴿وَإِذَا كُنتَ فِيهِمۡ فَأَقَمۡتَ لَهُمُ ٱلصَّلَوٰةَ فَلۡتَقُمۡ طَآئِفَةٞ مِّنۡهُم مَّعَكَ﴾ [النساء:102]، وقال: ﴿يَٰٓأَيُّهَا ٱلَّذِينَ ءَامَنُواْ ٱرۡكَعُواْ وَٱسۡجُدُواْ﴾ [الحج:77]، [فأوجبها]. انتهى.

القاضي زيد في الشرح [2/ 6 –مخ]: ومن فروض الصلاة: القيام وهو مما لا خلاف فيه، وهو معلوم من دين النبي -صلى الله عليه وآله وسلم- ضرورة، والأصل فيه قوله -تعالى-: ﴿وَقُومُواْ لِلَّهِ قَٰنِتِينَ ٢٣٨﴾، ولا خلاف أنه لا يجب في غير حال الصلاة. انتهى.

باب القول في صفة الركوع والسجود وما يقال فيهما من الذكر

[333] **مجموع زيد بن علي -عليهما السلام-** [صـ88]: حدثني زيد بن علي، عن أبيه، عن جده، عن علي -عليهم السلام- قال: (إذا صلى الرجل فليتفجج في سجوده، وإذا سجدت المرأة فلتحتفز ولتجمع بين فخذيها). انتهى.

[334] **الجامع الكافي**[2/ 114]: قال محمد: إذا فرغت من القرآءة فكبر وأنت تهوي للركوع، وإن شئت كبرت وأنت قائم، ثم تنحدر للركوع بعد إتمام التكبير، ذكر عن علي - صلى الله عليه - نحوه.

فإذا استويت راكعاً فأمكن راحتيك من ركبتيك، وافرُج أصابعك عليهما، ولا تلزق إحدى ركبتيك بالأخرى، وجاف ذراعيك عن فخذيك، ولا ترفع رأسك ولا تصوبه، وابسط صلبك، ويكون نظرك إلى موضع سجودك أو دونه، وإن ركع رجل فمكن راحتيه من ركبتيه، ولم يسبح شيئاً أجزأه ذلك، بلغنا ذلك عن علي - صلى الله عليه - ويستغفر ولا يعد لمثل ذلك. انتهى.

[335] **الإمام الناصر علي بن الحسين الشامي في نهج الرشاد:** وبإسناد إلى

الإمام المرتضى لدين الله محمد بن يحيى بن الحسين، عن أبيه الإمام الهادي، عن آبائه، عن علي كرم الله وجهه، قال: «نهى رسول الله -صلى الله عليه وآله وسلم- عن أن يفرش الرجل ذراعيه إذا صلى افتراش السبع، وأن ينقر الرجل في سجوده كنقر الديك، وأن يلتفت في صلاته التفات الثعلب». انتهى.

وهو في كتاب النهي للمرتضى -عليه السلام-، [**مجموع المرتضى 2/ 761**].

[336] **الهادي -عليه السلام- في المنتخب[صـ41]**: أخذنا بقول أمير المؤمنين في التسبيح في الركوع والسجود، والذي رواه علي بن رجاء، عن الحسن بن الحسين العرني، عن علي بن القاسم الكندي، عن محمد بن عبيد الله بن علي بن أبي رافع، عن أبيه، عن جده، عن علي بن أبي طالب -عليه السلام-: (أنه كان يقول في ركوعه: سبحان الله العظيم وبحمده، وفي سجوده: سبحان الله الأعلى وبحمده). انتهى.

[336] **وفي شرح التجريد للمؤيد بالله -عليه السلام-** [1/ 384]: وأخبرنا أبو العباس الحسني، قال أخبرنا محمد بن بلال، قال: حدثنا محمد بن عبد العزيز، قال: حدثنا الحسن بن الحسين العرني، عن علي بن القاسم الكندي، عن ابن أبي رافع، عن علي -عليه السلام-: (أنه كان إذا ركع قال: سبحان الله العظيم -ثلاث مرات-). انتهى.

الرجال:

[ترجمة علي بن رجاء، وعلي بن القاسم الكندي]

أما علي بن رجاء:

فقال في الجداول: **علي بن رجاء**؛ عن حسن بن حسين العرني، وعنه الهادي إلى الحق في المنتخب. انتهى. أخرج له الهادي -صلوات الله عليه-.

قلت: الرجل من ثقات محدثي الشيعة، وهو شيخ محمد بن سليمان الكوفي -

رحمه الله -، روى عنه في المناقب في فضائل الآل -عليهم السلام- كثيراً.

أما الحسن بن الحسين العرني: فقد تقدم، وهو من ثقات محدثي الشيعة.

وأما علي بن القاسم الكندي:

فقال في الجداول: علي بن القاسم الكندي الكوفي، عن محمد بن عبيد الله بن أبي رافع، عن أبيه، عن جده، وعن جعفر بن زياد، وعنه حسن بن حسين العرني، والحكم بن سليمان.

قال مولانا: وثقه المؤيد بالله، وناهيك برجل يروي عنه أئمة الهدى -الهادي والمؤيد بالله- وكفى بهما. انتهى.

أخرج له الهادي إلى الحق -عليه السلام-، ومحمد بن منصور -رضي الله عنه-، والمؤيد بالله -عليه السلام-.

[ترجمة محمد بن عبيد الله بن أبي رافع، وأبيه، وجده، ومحمد بن بلال الروياني]

وأما محمد بن عبيد الله:

فقال في الجداول: محمد بن عبيد الله بن أبي رافع، المدني، عن أبيه، وداوود، وأخيه، وغيرهم، وعنه ابنه معمر، وعمرو بن ثابت، وغيرهما.

قال ابن عدي: هو في عداد شيعة الكوفة.

قال مولانا: وثقه المؤيد بالله، توفي في عشر الخمسين والمائة، عداده في ثقات محدثي الشيعة، احتج به الهادي إلى الحق، والترمذي، ووثقه ابن حبان والحاكم. انتهى.

أخرج له الهادي إلى الحق -عليه السلام-، والمؤيد بالله، والمرشد بالله، وأبو طالب -عليهم السلام-.

وأما عبيد الله بن أبي رافع:

فقال في الجداول: وعبيد الله بن أبي رافع، كاتب الوصي، روى عنه، وأبيه وأبي هريرة، وعنه ولده عبد الله، والحسن بن محمد بن الحنفية، والباقر، وزيد، وكتب للحسن بعد الوصي، قال أبو حاتم: ثقة، احتج به الجماعة. انتهى.

أخرج له الهادي إلى الحق، والمؤيد بالله، وأبو طالب، والمرشد بالله، ومحمد.

وقال في الخلاصة: وعنه بنوه إبراهيم وعبد الله ومحمد. انتهى.

وأما أبو رافع:

فقال في الجداول: أبو رافع، مولى رسول الله -صلى الله عليه وآله وسلم-، زَوَّجَهُ مولاته سلمى، فولدت له عبيد الله، أسلم قبل بدر، وشهد أحداً والخندق وما بعدها، روى عن علي -عليه السلام-، وحذيفة.

وعنه ولده عبيد الله، وزين العابدين، وغيرهما، توفي في خلافة أمير المؤمنين.

قال ابن عبد البر: وهو الصواب إن شاء الله.

وأما أبو العباس الحسني -رحمه الله-: فقد مر.

وأما محمد بن بلال:

فقال في الجداول: محمد بن بلال الروياني، عن أحمد بن محمد بن سلام.

وعنه أبو العباس الحسني، والسيد حسين بن هارون.

قال مولانا: وثقه المؤيد بالله.

وأما محمد بن عبد العزيز:

فقال في الجداول: محمد بن عبدالعزيز بن الوليد، عن إسماعيل بن أبان، ويحيى الحماني، وعنه محمد بن بلال الروياني، وعلي بن الحسن بن سليمان البجلي. انتهى.

قلت: وهو ممن وثقه المؤيد بالله -عليه السلام-.

[337] **الهادي -عليه السلام- في المنتخب[صـ41]**: أقل ما يسبح في الركوع والسجود ثلاث، وكذلك ما روي عن النبي -صلى الله عليه وآله وسلم- في التسبيح ثلاث. انتهى.

باب القول في الاعتدال من الركوع والسجود

[338] **الإمام الناصر علي بن الحسين الشامي -رحمه الله- في نهج الرشاد**: وبالإسناد إلى الإمام أحمد بن عيسى بن زيد -عليهم السلام-، عن محمد بن علي الباقر، عن رسول الله -صلى الله عليه وآله وسلم- أنه قال: «لا تجزي رجلاً صلاةٌ لا يقيم ظهره فيها في الركوع والسجود». انتهى.

[339] **أمالي أحمد بن عيسى -عليهما السلام-[1/ 218]**: وبه قال محمد: وقال رسول الله -صلى الله عليه وآله وسلم-: «لا تجزي رجلاً صلاةٌ لا يقيم ظهره فيها في الركوع والسجود». انتهى.

[340] **أبو طالب -عليه السلام- في الأمالي[صـ238]**: أخبرنا أبو أحمد عبد الله بن عدي الحافظ، قال: أخبرنا محمد بن محمد بن الأشعث الكوفي، قال: حدثني موسى بن إسماعيل بن موسى بن جعفر، قال: حدثني أبي إسماعيل بن موسى بن جعفر، عن أبيه، عن جده جعفر بن محمد، عن أبيه، عن جده علي بن الحسين، عن أبيه، عن علي بن أبي طالب -عليهم السلام-، قال: قال رسول الله -صلى الله عليه وآله وسلم-: «لا إيمان لمن لا أمانة له، ولا دين لمن لا عهد له، ولا صلاة لمن لا يتم ركوعها وسجودها». انتهى.

[341] **المرتضى -عليه السلام- في النهي[مجموع المرتضى 2/ 761]**: عن أبيه عن آبائه عن علي -عليهم السلام- قال نهى رسول الله -صلى الله عليه وآله وسلم- الرجل إذا رفع رأسه من الركوع أن يسجد حتى يستوي قائماً، وقال -

صلى الله عليه وآله وسلم-: «من صلى صلاة لا يقرأ فيها بفاتحة الكتاب فهي خداج فهي خداج». انتهى.

[342] **أبو طالب** -عليه السلام- في **التحرير** [ص46]: وذكر القاسم -عليه السلام- في الفرائض والسنن: «أن النبي -صلى الله عليه وآله وسلم- كان يرفع من سجوده وهو يكبر مع رفعه، ثم يستوي قاعداً ويفترش قدمه اليسرى فيقعد عليها، فإذا اطمأن على قدمه اليسرى قاعداً كبر وسجد السجدة الثانية، يبتدئ بالتكبير قاعداً ويتمه ساجداً»، هكذا روى القاسم في الفرائض والسنن عن النبي -صلى الله عليه وآله وسلم-. انتهى.

[343] **الجامع الكافي** [2/120]: قال الحسن -عليه السلام-في رواية ابن صباح عنه، وهو قول محمد في المسائل-: ومن نقر في صلاته نقر الغراب فإنه يؤمر عندنا بالإعادة، بلغنا عن النبي -صلى الله عليه وآله وسلم- أنه قال: «لا تجوز صلاة رجل لا يقيم صلبه في الركوع والسجود».

قال محمد: إذا رفع رأسه من الركوع فليقم صلبه حتى يرجع كل عضو إلى مفصله، فإن سهى فانحط من ركوعه إلى سجوده، ثم ذكر بعد ما سجد أنه لم يرفع رأسه من الركوع فأحب إلينا أن يعيد، وإن رفع رأسه من السجدة الأولى فلم يعدل ظهره في قعوده فليعد الصلاة، لقول النبي -صلى الله عليه وآله وسلم-: «لا تجزي صلاة لا يقيم فيها ظهره في الركوع والسجود».

وقال محمد بن علي: إذا لم يقف حتى يرجع كل عضو منه إلى موضعه لعنه عضوه انتهى.

[344] **أمالي أحمد بن عيسى** -عليهما السلام- [1/218]: وبه قال محمد، وقال محمد بن علي: إذا لم يقف حتى يرجع كل عضو منه إلى موضعه لعنه كل عضو منه. انتهى.

[345] **الإمام الناصر علي بن الحسين الشامي -عليه السلام- في نهج الرشاد:** وبإسناد إلى الإمام القاسم بن إبراهيم -عليه السلام-، بإسناده إلى النبي -صلى الله عليه وآله وسلم-: «أنه كان إذا ركع وضع كفيه مفرقاً لأصابعهما على ركبتيه، واستقبل بهما القبلة، وتجافى في ركوعه حتى لو شاء صبي دخل بين عضديه، واعتدل حتى لو صُبَّ على ظهره ماء لم يسل». انتهى.

باب القول في قول الإمام والمنفرد (سمع الله لمن حمده)، والمؤتم (ربنا لك الحمد)

[346] **أبو طالب في الأمالي**[صـ306]: أخبرنا أبو أحمد علي بن الحسين الديباجي بغداد، قال: أخبرنا أبو الحسين علي بن عبد الرحمن بن عيسى بن ماتي، قال: حدثنا محمد بن منصور، قال: حدثنا عباد بن يعقوب، عن عمرو بن ثابت، عن عبد الله بن محمد بن عقيل، عن سعيد بن المسيب، عن أبي سعيد الخدري، قال: قال رسول الله -صلى الله عليه وآله وسلم-: «إذا قال إمامكم: الله أكبر، فقولوا: الله أكبر، فإذا ركع فاركعوا، وإذا قال: سمع الله لمن حمده، فقولوا: ربنا لك الحمد». انتهى.

رجال هذا الإسناد قد مر الكلام عليهم، وكذلك الحديث بطوله في باب القول في فضل الوضوء؛ من رواية أبي طالب -عليه السلام-، وأمالي أحمد بن عيسى -عليهما السلام-.

باب القول في النهي عن القرآءة في الركوع والسجود

[347] **مجموع زيد بن علي -عليهما السلام-** [صـ87]: حدثني زيد بن علي، عن أبيه، عن جده، عن علي -عليهم السلام- قال: (نهاني رسول الله -صلى الله عليه وآله وسلم- أن أقرأ وأنا راكع وأنا ساجد، وقال: «إذا ركعت فعظم الله -عز وجل-، وإذا سجدت فسبحه» انتهى.

[348] **الجامع الكافي** [2/120]: قال الحسن -عليه السلام-: فيما حدثنا محمد، عن زيد، عن أحمد، عنه.

وسئل عن الرجل يقرأ في ركوعه ما يبقى عليه من السورة.

فقال: روي عن علي - صلى الله عليه - أنه قال: (نهاني رسول الله -صلى الله عليه وآله وسلم- أن أقرأ وأنا راكع أو ساجد).

وقال محمد: فيمن قرأ آخر السورة وهو يهوي للركوع.

ذكر عن علي - صلى الله عليه -: (أنه كان يسكت سكتة بعد القراءة قبل أن ينحط للركوع). انتهى.

باب القول في تكبير النقل والسجود على سبعة أعضاء

[349] **مجموع زيد بن علي** -عليهما السلام- [صـ84]: حدثني زيد بن علي، عن أبيه، عن جده، عن علي -عليهم السلام-: (أنه كان يكبر في رفع وخفض).

وقال زيد: أنه كان يكبر في كل رفع وخفض. انتهى.

المؤيد بالله -عليه السلام- **في شرح التجريد** [1/387]: وأما التكبير إذا خر ساجداً فقد تظاهرت به الأخبار، وهو مما لا اختلاف فيه. انتهى.

وفي **مجموع زيد بن علي** -عليهما السلام- [صـ84]: وقال زيد بن علي -عليهما السلام-: والتكبيرة الأولى فريضة، وباقي التكبير سنة. انتهى.

[350] **الإمام الناصر علي بن الحسين الشامي** -رحمه الله- **في نهج الرشاد**: وبإسناد إلى الإمام نجم آل الرسول القاسم بن إبراهيم -عليه السلام- عن النبي -صلى الله عليه وآله وسلم- أنه قال: «أمرت أن أسجد على سبعة أعظم، ولا نكف شعراً ولا ثوباً». انتهى.

[351] الجامع الكافي[2/ 127]: قال محمد روي عن النبي -صلى الله عليه وآله وسلم- أنه قال: «أمرت أن أسجد على سبعة أعضاء: على الراحتين والقدمين» يعني بطون أصابعهما والركبتين والجبهة.

[352] وقال رسول الله -صلى الله عليه وآله وسلم-: «لا تجزي صلاة لا يصيب الأنف منها ما يصيب الجبين». انتهى.

[353] أمالي أحمد بن عيسى -عليهما السلام-[1/ 220]: وبه، قال: حدثنا محمد بن جميل، عن سفيان بن عيينة، عن ابن طاووس، عن أبيه، عن ابن عباس، قال: (أمر النبي -صلى الله عليه وآله وسلم- أن يُسجد على سبعة أعظم، ونهى عن كف الشعر والثياب واليدين والرجلين والركبتين والجبهة)، ووضع سفيان يديه على جبينه وأنفه وقال: هذا واحد. انتهى.

الرجال:

أما محمد بن جميل: فقد تقدم.

[ترجمة سفيان بن عيينة، وعبد الله بن طاووس، وأبيه]

وأما سفيان بن عيينة:

فقال في الجداول: سفيان بن عيينة بن ميمون، أبو محمد الهلالي الكوفي، عن عمرو بن دينار، وأبي إسحاق، وابن جدعان، وعطاء، وأمم.

وعنه الأعمش، وابن جريج، وشعبة، ومحمد بن جميل، وخلق.

كان إماماً ثبتاً حجة، عدلي المذهب، أثنى عليه أئمة الحديث، توفي سنة ثمان وتسعين، واحتج به الجماعة. انتهى.

أخرج له المؤيد بالله، وأبو طالب، والمرشد بالله، ومحمد بن منصور، وأبو عبدالله العلوي، والشريف السيلقي، وابن المغازلي.

وأما ابن طاووس: فهو عبد الله:

قال في الجداول: عبد الله بن طاووس بن كيسان، أبو محمد، عن أبيه وعطاء وعكرمة بن خالد المخزومي، وعنه: ابن جريج، والسفيانان.

عدلي المذهب، وثقه أبو حاتم والنسائي، توفي سنة اثنتين وثلاثين ومائة، احتج به الجماعة.

وأما طاووس:

فقال في الجداول: طاووس بن كيسان اليماني، الجندي، عن ابن عباس، وجابر، وعن الوصي في رواية المنصور بالله، وغيرهم، وعنه ابنه عبد الله، ومجاهد، وعمرو بن دينار، وغيرهم، وثقه ابن معين وغيره.

قال ابن سعد: ثبتاً مثل ابن سرين في أهل البصرة.

قلت: أجمع على جلالته وعلمه وزهده، وعداده في ثقات محدثي الشيعة، ما زال كامل آل محمد ملازماً لنعشه حتى دفن -رحمه الله-، توفي سنة ست ومائة، بمكة، احتج به الجماعة، انتهى. أخرج له أئمتنا الأربعة.

باب القول في إثبات القنوت

[354] **الجامع الكافي** [2/ 132]: وقال الحسن ومحمد: أجمع آل رسول الله -صلى الله عليه وآله وسلم- وعليهم على القنوت.

[355] وقال الحسن أيضاً -في رواية ابن صباح عنه، ومحمد في المسائل-: القنوت في الفجر والوتر عندنا سنة ماضية، وأجمع أهل بيت النبي -صلى الله عليه وآله وسلم- على القنوت في الفجر. انتهى(352).

---

(352) وقال المنصور بالله -رضي الله عنه- في الشافي يعد بعض الإجماعات للعترة -عليهم السلام- فمن ذلك مما يتعلق بالفروع، إجماعهم على نفي صلاة الجمعة خلف أئمة الجور، وعلى تحريم التلبس =

[356] أمالي أحمد بن عيسى -عليهما السلام- [1/142]: حدثنا محمد بن منصور، قال: حدثنا إسماعيل بن موسى، عن شريك، عن زبيد، عن عبد الرحمن بن أبي ليلى، قال: القنوت سنة ماضية. انتهى.

الرجال:

أما إسماعيل الفزاري، وشريك بن عبد الله: فقد تقدما.

[ترجمة زُبيد اليامي، وابن أبي ليلى]

وأما زُبَيْدُ:

فقال في الجداول: زُبَيد -مصغراً- بن الحارث اليامي(353)، أبو عبد الرحمن الكوفي، عن ابن أبي ليلى، وابن جبير، والشعبي، وخلق.

وعنه شعبة، والثوري، والأعمش، وخلق.

عداده من خلص الشيعة، وكان من تلامذة الإمام زيد بن علي، وأتباعه.

قال الذهبي: من ثقات التابعين فيه تشيع يسير.

قال القطان: ثبت.

وقال غير واحد: هو ثقة.

قلت: منهم ابن معين وأبو حاتم والنسائي، توفي سنة اثنين وعشرين ومائة، احتج به الجماعة. انتهى.

بهم، وعلى ترك المسح على الخفين، وعلى الجهر ببسم الله الرحمن الرحيم، وعلى القنوت في الصلاة بالقرآن، وعلى تكبير خمس على الجنائز، وعلى جهاد المحدثين في الإسلام، وعلى تحريم المسكر وأنواع الملاهي. انتهى بلفظه نقله من الشافي كاتبه بدر الدين الحوثي وفقه الله.

(353) سير أعلام النبلاء (6/ 109)، رقم (755)، تهذيب الكمال (3/ 10)، رقم (1942)، تهذيب التهذيب (3/ 276)، رقم (2071)، قال في التقريب: «ثقة، ثبت، عابد». أخرج له جماعة العامة. وانظر: تسمية من روى عن الإمام زيد (ص/ 68).

وأما ابن أبي ليلى:

فقال في الجداول: عبد الرحمن بن أبي ليلى الأنصاري، أبو عيسى الكوفي.

عن علي -عليه السلام-، وأم هاني، وأبي سعيد، وأدرك مائة وعشرين من الصحابة الأنصاريين، وعنه ابنه عيسى، والحكم بن عيينة، والأعمش، والشعبي.

ووثقه ابن معين والعجلي.

وقال الثوري: اتفقوا على توثقيه، هلك ليلة دجيل سنة ثلاث وثمانين.

عداده في ثقات محدثي الشيعة ضربه الحجاج ليسب علياً فلم يفعل، ثم خرج عليه مع الحسن الرضا. انتهى.

باب القول في القنوت بعد الركوع

[357] **المؤيد بالله -عليه السلام- في شرح التجريد** [1/ 314]: وأما ما يدل على أن القنوت في الوتر بعد الركوع:

فهو ما رواه محمد بن منصور، عن أحمد بن عيسى، عن حسين بن علوان، عن أبي خالد ، عن زيد بن علي، عن آبائه، عن علي -عليهم السلام-: «أنه كان يقنت في الوتر بعد الركوع». انتهى.

[358] **أمالي أحمد بن عيسى -عليهما السلام-**[1/ 139]: حدثنا محمد بن منصور، قال: حدثنا محمد بن عبيد، عن محمد بن ميمون، عن جعفر، عن أبيه: (أن علياً صلى الله عليه كان يقنت في الصبح بعد الركعة). انتهى.

الرجال:

أما محمد بن عبيد: فهو من رجال الشيعة وقد تقدم.

[ترجمة محمد بن ميمون الزعفراني]

وأما محمد بن ميمون:

فقال في الجداول: محمد بن ميمون الزعفراني الكوفي، أبو النضر المفلوج، عن الصادق، وهشام بن محمد، وعنه أبو كريب، وعبد العزيز بن إسحاق، وابن معين، ووثقه، ومحمد بن عبيد.

قال الدارقطني وأبو حاتم: ليس به بأس، ووثقه الحاكم، توفي عشر السبعين والمائة. انتهى.

أخرج له المؤيد بالله، وأبو طالب، ومحمد بن منصور رضي الله عنهم عداده عندي من ثقات محدثي الشيعة.

[359] الهادي -عليه السلام- في المنتخب [ص‍58]: قال يحيى بن الحسين -صلوات الله عليه- في القنوت: قد قال غيرنا أنه قبل الركوع، ولم يبلغنا ذلك إلا عن عثمان ومن قال بقوله، وأما قول علماء آل الرسول الله -صلى الله عليه وآله وسلم- وقولي أنا فالقنوت في الفجر بعد الركوع، وكذلك أيضاً في وتر العتمة. انتهى.

[360] محمد بن سليمان الكوفي -رحمه الله- في المناقب [ص‍1/738]: [حدثنا] أحمد بن السري، قال: حدثنا أبو الطاهر أحمد بن عيسى، قال: حدثنا الحسن بن علي، وحسين بن زيد، ومحمد بن جعفر قالوا: أجمع ولد فاطمة على (الجهر ببسم الله الرحمن الرحيم)، وعلى ترك المسح، وعلى ولاية علي، وعلى أن التكبير خمس، وعلى القنوت بعد الركوع. انتهى.

الرجال:

[ترجمة أحمد بن السري، والحسن بن علي أخي الإمام الفخي]

أما أحمد بن السري:

فهو أحمد بن السري المقري، شيخ محمد بن سليمان الكوفي، يروي عن أبي الطاهر وأحمد بن حماد وخلائق]، روى الكثير الطيب في فضائل الوصي -عليه السلام-.

وأما الحسن بن علي:

فهو أخو الإمام الحسين بن علي الفخي -عليه السلام-.

وأما الحسين بن زيد بن علي، والإمام محمد بن جعفر الصادق -عليهم السلام- فقد تكلمنا عليهما غير مرة، وهما من العلم والزهد والورع والفضل والدين بمحل عظيم -صلوات الله عليهم-.

[361] **أمالي أحمد بن عيسى -عليهما السلام-** [1/ 139]: حدثنا محمد، قال: حدثنا محمد بن علي، عن حسين الأشقر، عن شريك، عن عطاء، عن أبيه، أن علياً -عليه السلام- (كان يقنت في الوتر بعد الركوع). انتهى.

الرجال:

[ترجمة محمد بن علي العطار، وحسين الأشقر]

أما محمد بن علي بن خلف العطار:

فقال في الجداول: محمد بن علي بن خلف العطار، أبو عبد الله البغدادي، عن عيسى بن الحسين بن زيد بن علي، والحسن بن صالح، وحسين الأشقر، وغيرهم، وعنه محمد بن منصور، وجعفر بن محمد بن الحسين.

وثقه الناصر -عليه السلام-، قال مولانا: والمؤيد بالله، وناهيك بهما، ولا التفات إلى قول غيرهما، توفي في حدود الثلاث المائة. انتهى.

أخرج له المؤيد بالله، وأبو طالب، ومحمد بن منصور، والمرشد بالله، والناصر للحق، والجرجاني، وصاحب المحيط، وأبو عبد الله العلوي، وابن المغازلي -رضي الله عنهم-.

أما حسين الأشقر:

فقال في الجداول: الحسين بن الحسن الأشقر الفزاري، أبو عبد الله الكوفي، عن أبيه، وقيس بن الربيع، والحسن بن صالح، وغيرهم، وعنه أحمد بن معين، والحماني، وجماعة.

تكلم عليه النواصب كالجوزجاني، والذهبي، وعده ابن حبان في الثقات.

وعداده في ثقات محدثي الشيعة، توفي سنة ثمان ومائتين، احتج به النسائي. انتهى.

أخرج له الناصر للحق، ومحمد بن منصور، والمرشد بالله، وابن المغازلي، وصاحب المحيط.

وأما شريك بن عبد الله، وعطاء بن السائب: فهما من رجال الشيعة وقد تقدما.

[ترجمة السائب بن مالك]

وأما السائب -والد عطاء-:

فقال في الجداول: السائب بن مالك الكوفي، والد عطاء، عن علي -عليه السلام-، وعمار، وعنه عطاء، وأبو إسحاق وأبو البختري وثقه العجلي وابن حبان توفي رأس المائة احتج به الأربعة وعداده في خلص الشيعة انتهى. أخرج له محمد بن منصور المرادي رضي الله عنه.

[362] **الجامع الكافي** [2/ 238]: قال القاسم، وعبد الله بن موسى، والحسن، ومحمد: القنوت في الوتر بعد الركوع.

وقال الحسن -عليه السلام-: روي عن أمير المؤمنين - صلى الله عليه -: أنه كان يقنت في الوتر بعد الركوع.

وروى محمد بأسانيده، عن علي - صلى الله عليه -: أنه كان يقنت في الوتر بعد الركوع، وأنه كان يقنت قبل الركوع. انتهى.

[363] **أمالي أحمد بن عيسى -عليهما السلام-**[1/ 133]: وبه عن أحمد بن عيسى، عن حسين، عن أبي خالد، عن زيد، عن آبائه، عن علي -عليهم السلام-: (أنه كان يقنت في الوتر بعد الركوع).

[364] وبه عن أحمد، عن محمد بن بكر، عن أبي الجارود، قال: قلت لأبي جعفر: أخبرني عن القنوت، فقال: أما الوتر فبعد الركوع. انتهى.

[365] **المؤيد بالله -عليه السلام- في شرح التجريد [1/ 412]**: وأخبرنا أبو العباس الحسني -رضي الله عنه-، قال: أخبرنا محمد بن الحسين العلوي البصري، قال: حدثنا أبي، قال: حدثنا زيد بن الحسن، عن أبي بكر بن أبي أويس، عن ابن ضميرة، عن أبيه، عن جده، عن علي -عليه السلام-: (أنه كان يقنت في الصبح والوتر، يقنت فيهما في الركعة الأخيرة حين يرفع رأسه من الركوع). انتهى.

الرجال: أما أبو العباس الحسني -رضي الله عنه-: فقد تقدم.

[ترجمة محمد بن الحسين العلوي، ووالده، وزيد بن الحسن]

وأما محمد بن الحسين العلوي البصري:

فقال في الجداول: محمد بن الحسين بن علي بن عمر بن علي بن الحسين بن علي بن أبي طالب، أبو جعفر، عن أبيه، عن جده، وعنه أبو العباس الحسني، وإبراهيم بن محمد بن ميمون، والصواب محمد بن الحسن -مُكَبَّرَاً-. انتهى.

وقال في موضع آخر من الجداول: محمد بن الحسين العلوي العنزي، عن أبيه، وزيد بن الحسن، وعنه أبو العباس الحسني. انتهى.

قلت: هو ابن أخي الناصر -الحسين بن علي-عليهم السلام-.

وأما والده:

فقال في الجداول: الحسين بن علي بن الحسن بن علي بن عمر بن علي بن الحسين بن علي بن أبي طالب، المعروف بالمصري، أخي الناصر للحق، عن أبيه، وعن زيد بن الحسن، وأحمد بن يحيى الأودي، ومحمد بن الوليد، وغيره، وعنه الناصر، وعلي بن محمد البحري، ومحمد بن منصور بواسطة أبي الطاهر، كان مشهوراً بالمحدث، وكان يسمى الحسين الزيدي، لعل وفاته في العشر بعد الثلاث المائة. انتهى.

وأما زيد بن الحسن:

فقال في الجداول: زيد بن الحسن بن عيسى بن زيد بن علي بن الحسين بن علي

بن أبي طالب، أبو طاهر، عن أبي بكر بن أبي أويس، وعنه الحسين المصري، ومحمد بن الحسين العلوي. انتهى.

وأما أبو بكر بن أبي أويس، وابن ضميرة، عن أبيه، عن جده: فقد تقدموا جميعاً.

باب القول في القنوت قبل الركوع

[366] **أمالي أحمد بن عيسى** -عليهما السلام- [1/232]: وبه عن أحمد بن عيسى، عن حسين، عن أبي خالد، عن زيد، عن آبائه، عن علي -صلوات الله عليه-: (أنه كان يقنت في الوتر قبل الركوع حين كان محارباً لمعاوية لعنه الله). انتهى.

[367] **مجموع زيد بن علي** -عليهما السلام- [ص89]: حدثني زيد بن علي، عن أبيه، عن جده، عن علي -عليهم السلام-: أنه كان يقنت في الفجر قبل الركوع، وفي الوتر بعد الركوع، ثم قنت بالكوفة في الوتر قبل الركوع. انتهى.

[368] **أمالي أحمد بن عيسى** -عليهما السلام- [1/232]: وحدثنا محمد، حدثني أحمد بن عيسى، عن حسين بن علوان، عن أبي خالد، عن زيد، عن آبائه، عن علي - صلى الله عليه -: (أنه كان يقنت في الفجر قبل الركوع، وفي الوتر بعد الركوع). انتهى.

[369] **الجامع الكافي** [2/133]: قال أحمد -عليه السلام-: روى أهل البصرة عن علي - صلى الله عليه -: أنه قنت بعد الركوع، وروى أهل الكوفة أنه قنت قبل الركوع.

قال أحمد -عليه السلام-: وأما أنا فأقنت قبل الركوع، ثبت لنا ذلك عن علي -عليه السلام-، وأبي جعفر، وزيد بن علي -عليهم السلام-. انتهى.

[370] **أمالي أحمد بن عيسى** -عليهما السلام- [1/133]: قال محمد: سألت أحمد بن عيسى عن القنوت؛ قلت: تقنت قبل الركوع أو بعده؟

قال: قبل وبعد، قال: روى أهل البصرة عن علي - صلى الله عليه - أنه قنت

بعد الركوع، وروى أهل الكوفة عن علي – صلى الله عليه – أنه قنت قبل الركوع، والذي يأخذ به أحمد بن عيسى يقنت قبل الركوع. انتهى.

[371] **الجامع الكافي [2/ 133]**: وقال الحسن: روي عن علي أمير المؤمنين: (أنه كان يقنت في الفجر قبل الركوع وفي الوتر بعد الركوع). انتهى.

[372] **أمالي أحمد بن عيسى -عليهما السلام-[1/ 134]**: حدثني إسماعيل بن إسحاق، قال: سألت أحمد بن عيسى عن القنوت قبل الركعة أو بعدها؟.

فقال: أما أنا فأقنت قبلها، وقد ثبت ذلك عن علي، وعن أبي جعفر، وعن زيد بن علي -عليهم السلام-.

قال محمد: القنوت عندنا جائز قبل الركوع وبعد الركوع. انتهى.

[الرجال]:

[ترجمة إسماعيل بن إسحاق الأسدي أو الراشدي]

إسماعيل بن إسحاق، هو الأسدي:

قال في الجداول: إسماعيل بن إسحاق الأسدي، الكوفي، عن حسن بن حسين العرني، وعنه علي بن العباس الحميري، عداده في ثقات محدثي الشيعة. انتهى.

وقال علامة الآل، الوالد جمال الإسلام، علي بن محمد العجري فسح الله في أجله في مجموعه الذي في ذكر ثقات محدثي الشيعة ما لفظه:

إسماعيل بن إسحاق الأسدي الكوفي، عن حسن بن حسين العرني، وجماعة، وعنه ابن الأنباري، وأبو بكر الشافعي، وغيرهما، ذكره السيد صارم الدين، وابن حميد، وابن حابس في ثقات محدثي الشيعة. انتهى.

قلت: يحتمل أن الراوي عن أحمد بن عيسى -عليهما السلام- هو إسماعيل بن إسحاق الراشدي، وهو من ثقات محدثي الشيعة، ويحتمل أنه المترجم له آنفاً فهو ممن عاصر وأدرك الإمام أحمد بن عيسى -عليهما السلام-. والله أعلم.

[373] **مجموع زيد بن علي -عليهما السلام-** [صـ103]: حدثني زيد بن علي، عن أبيه، عن جده، عن علي -عليهم السلام-: أنه كان يقنت بالمدينة بعد الركوع، ثم قنت بالكوفة وهو يحارب معاوية قبل الركوع، وكان يدعو في قنوته على معاوية وأشياعه. انتهى.

[374] **أمالي أحمد بن عيسى -عليهما السلام-**[1/ 139]: حدثنا محمد بن منصور، قال: حدثنا محمد بن خلف، عن حسين الأشقر، عن حسن بن صالح، عن جعفر، عن أبيه، عن علي - صلى الله عليه -.

وعن أبي إسحاق، عن الحارث، عن علي - صلى الله عليه -، قال: القنوت في الفجر والوتر بعد القراءة قبل الركوع. انتهى.

الرجال:

أما محمد بن علي بن خلف العطار، وحسين الأشقر: فقد تقدما.

[ترجمة الحسن بن صالح بن حي]

وأما الحسن بن صالح:

فقال في الجداول: الحسن بن صالح بن حي الهمداني، أبو عبد الله الكوفي البكيلي، عن الصادق، ومحمد بن أبي ليلى، وابن نجيح، وأبي إسحاق السبيعي، وابن إسحاق، وخلق.

وعنه حسين بن زيد بن علي، ويحيى بن آدم، ونصر بن مزاحم، وابن المبارك، ووكيع، وخلق.

عداده في ثقات محدثي الشيعة، كان إماماً جليلاً عابداً زاهداً، مبايناً للظلمة، ختن(354) عيسى بن زيد، وإليه تنسب الصالحية، ولما توفي سنة تسع وستين

(354) قال في الصحاح: الختن: كل من كان من قبل المرأة مثل الأب والأخ وهم الأختان، هكذا عند العرب، وأما العامة: فختن الرجل عنده زوج ابنته وختنت الصبي من باب ضرب ونصر. تمت حاشية.

ومائة ونقل خبره إلى المهدي العباسي خر ساجداً.

وثقه أحمد، وابن معين، والنسائي، وابن حبان، وأثنى عليه غيرهم، احتج به الجماعة إلا أن البخاري في الأدب. انتهى.

أخرج له المؤيد بالله، وأبو طالب، والمرشد بالله، ومحمد بن منصور، رضي الله عنهم.

[375] **أمالي أحمد بن عيسى -عليهما السلام- [1/133]**: حدثنا محمد بن حسن، عن عبد الله بن موسى، عن أبيه عن علي -عليه السلام-: (أنه قنت قبل الركوع في الفجر). انتهى.

الرجال:

أما محمد بن الحسن: فهو الشيباني، صاحب أبي حنيفة.

قال في الجداول: محمد بن الحسن بن فرقد الشيباني بالولاء، الفقيه الحنفي، عن مالك الموطأ، والنفس الزكية السيرة، وعنه محمد بن منصور وغيره.

قال الدارقطني: لا يستحق الترك عندي، وهو من رجال العدل والتوحيد، وهو الذي قال للرشيد -لما أراد الغدر بيحيى بن عبد الله-: هذا أمان صحيح لا يجوز نقضه، فغضب عليه وضربه بالدواة، فشجه شجة خفيفة.

روى عبد الصمد العلوي أنه قال: أنا على مذهب زيد بن علي مهما أمنت على نفسي من أعدائه، فإن خفتهم فأنا على مذهب أبي حنيفة.

وقال ابن المدني: صدوق.

وقال الذهبي: قوي في مالك، وأثنى عليه الشافعي غاية الثناء، توفي سنة سبع وثمانين ومائة. انتهى.

أخرج له المؤيد بالله، ومحمد بن منصور، رضي الله عنهما.

[ترجمة الإمام عبد الله بن موسى الجون[355]]

وأما عبد الله بن موسى بن عبد الله بن الحسن بن الحسن بن علي بن أبي طالب -عليهم السلام-: فهو أحد الأئمة الذين اجتمعوا في بيت محمد بن منصور من أقطار متباينة؛ وهم القاسم بن إبراهيم، وأحمد بن عيسى، وعبد الله بن موسى، والحسن بن يحيى بن الحسين بن زيد بن علي، ومحمد بن منصور رحمهم الله، وفي هذا الاجتماع تمت البيعة بالإمامة العظمى للإمام القاسم بن إبراهيم، وفيه أمر القاسم -عليه السلام- أن يؤذن بحي علي خير العمل، وفيه أنهم صلوا الظهر وِحداناً، فلما بايعوا القاسم صلوا العصر جماعة، والقصة مشهورة، رواها علي بن بلال -رحمه الله- في تتمة مصابيح أبي العباس الحسني -رحمه الله-.

باب القول في القنوت بالقرآن

[376] **أمالي أحمد بن عيسى -عليهما السلام-**[1/ 135]: وحدثنا محمد، حدثنا إبراهيم بن محمد، ومحمد بن راشد، عن عيسى بن عبد الله، قال: أخبرني أبي، عن أبيه، عن جده، عن علي - صلى الله عليه -: أنه كان يقنت في الفجر بهذه الآية: ﴿قُولُوٓاْ ءَامَنَّا بِٱللَّهِ وَمَآ أُنزِلَ إِلَيۡنَا وَمَآ أُنزِلَ إِلَىٰٓ إِبۡرَٰهِـۧمَ وَإِسۡمَٰعِيلَ وَإِسۡحَٰقَ وَيَعۡقُوبَ وَٱلۡأَسۡبَاطِ﴾ إلى آخر الآية.

قال محمد فذكرت ذلك لأبي الطاهر فأقر به وقال: قد روي.

قال أبو جعفر: أخبرني حسن بن حسين بهذا عن علي -عليه السلام-، وأخبرني أنه هو يقنت بهذه الآية ويقول بعدها ﴿رَبَّنَآ ءَاتِنَا فِي ٱلدُّنۡيَا حَسَنَةٗ

---

(355) الإمام عبدالله بن الإمام موسى بن عبدالله بن الحسن بن الحسن السبط عليهم السلام. وكان نسيج وحده، ووحيد عصره، ونسيج دهره، وغرة أهل زمانه، وله من العلم والفضل والنسك والورع والكمال ما يعرفه الفضلاء، وكان المأمون قد طلبه بعد موت علي بن موسى الرضا، وتلطف في أمره برسالة ألفها إليه، وذكر فيها محبته لأهل البيت عليهم السلام، وذكر أنه يريد أن يقيمه مقام الإمام علي بن موسى الرضا، ويعقد له البيعة على العباسيين وغيرهم فأجابه الإمام عبد الله بن موسى برسالة طويلة، وبقي متوارياً إلى أن مات في أيام المتوكل العباسي البغيض.

وَفِي ٱلْأَخِرَةِ حَسَنَةً وَقِنَا عَذَابَ ٱلنَّارِ ﴿٢٠١﴾﴾[البقرة:201].

قال حسن بن حسين: فيكون أوله إيمان وآخره دعاء، فذكرت قول حسن بن حسين لإبراهيم بن محمد فأحب أن يجرد الآية، كما رويت عن علي -عليه السلام- انتهى.

[377] **المؤيد بالله عليه في شرح التجريد** [1/ 414]: وأخبرنا أبو العباس الحسني، قال أخبرنا عبد العزيز بن إسحاق، قال: حدثنا علي بن الحسن النخعي، قال: حدثنا سليمان بن إبراهيم المحاربي، قال: حدثنا نصر بن مزاحم، قال: حدثني إبراهيم بن الزبرقان، قال: حدثني أبو خالد الواسطي، عن زيد بن علي، عن آبائه، عن علي -عليهم السلام-: أنه كان يقنت في الفجر بهذه الآية ﴿ءَامَنَّا بِٱللَّهِ وَمَآ أُنزِلَ إِلَيْنَا وَمَآ أُنزِلَ إِلَىٰٓ إِبْرَٰهِـۧمَ﴾[البقرة:136] إلى آخر الآية. انتهى.

[378] **مجموع زيد بن علي -عليهما السلام-** [صـ89]: حدثني زيد بن علي، عن أبيه، عن جده، عن علي -عليهم السلام-: أنه كان يقنت في الفجر بهذه الآية: ﴿ءَامَنَّا بِٱللَّهِ وَمَآ أُنزِلَ إِلَيْنَا وَمَآ أُنزِلَ إِلَىٰٓ إِبْرَٰهِـۧمَ وَإِسْمَٰعِيلَ وَإِسْحَٰقَ وَيَعْقُوبَ وَٱلْأَسْبَاطِ وَمَآ أُوتِيَ مُوسَىٰ وَعِيسَىٰ وَمَآ أُوتِيَ ٱلنَّبِيُّونَ مِن رَّبِّهِمْ﴾[البقرة:136] إلى آخر الآية. انتهى.

[379] **الجامع الكافي** [2/ 138]: وقال محمد: في كتاب أحمد الذي نأخذ به في القنوت في الفريضة يقنت بشيء من القرآن، وكذلك سمعنا عن علي - صلى الله عليه -، وذكر محمد أن حسن بن حسين، وإبراهيم بن محمد بن ميمون كانا يريان القنوت بهذه الآية: ﴿ءَامَنَّا بِٱللَّهِ وَمَآ أُنزِلَ إِلَيْنَا﴾ إلى آخره، وكان إبراهيم يجرد الآية كما رويت عن علي - صلى الله عليه -، وكان حسن يقول بعدها: ﴿رَبَّنَآ ءَاتِنَا فِي ٱلدُّنْيَا حَسَنَةً وَفِي ٱلْأَخِرَةِ حَسَنَةً وَقِنَا عَذَابَ ٱلنَّارِ ﴿٢٠١﴾﴾[البقرة:201]، قال: فيكون أولها إيماناً وآخرها دعاء. انتهى.

باب القول في القنوت بالدعاء

[380] **أمالي أحمد بن عيسى -عليهما السلام-**[1/ 138]: حدثنا محمد بن منصور، قال: حدثني أحمد بن عيسى، عن حسين، عن أبي خالد، عن زيد، عن آبائه، عن علي - صلى الله عليه -، قال: كلمات علمهن جبريل رسول الله -صلى الله عليه وآله وسلم- قال يقولهن في قنوت الفجر وقنوت الوتر: «اللهم اهدني فيمن هديت، وعافني فيمن عافيت، وتولّني فيمن توليت، وبارك لي فيما أعطيت، وقني شر ما قضيت، إنك تقضي ولا يقضى عليك، ولا يذل من واليت، تباركت ربنا وتعاليت» قال: وزاد فيها رسول الله -صلى الله عليه وآله وسلم-: «اللهم إني أسألك الهدى والتقى والعفاف والغنى، وأعوذ بك من غلبة الدين وغلبة العدو وبوار الأيم».

قال أبو جعفر: فسألت أحمد بن عيسى عن بوار الأليم؟ قال: كسادها. انتهى.

[381] **المؤيد بالله -عليه السلام- في شرح التجريد** [1/ 413]: وأخبرنا محمد بن عثمان النقاش، قال أخبرنا الناصر -عليه السلام-، عن محمد بن منصور، عن محمد بن جميل، عن إسماعيل، عن عمرو، عن جابر، عن أبي جعفر، قال: كان رسول الله -صلى الله عليه وآله وسلم- يقول في القنوت: «لا إله إلا الله العلي العظيم، والحمد الله رب العالمين، وسبحان الله عما يشركون، والله أكبر أهل التكبير، والحمد الله الكبير، ربنا لا تزغ قلوبنا بعد إذا هديتنا وهب لنا من لدنك رحمة إنك أنت الوهاب، ربنا لا تؤاخذنا إن نسينا أو أخطأنا» إلى آخرها. انتهى.

الرجال:

أما محمد بن عثمان النقاش، ومحمد بن جميل: فقد تقدما.

[ترجمة إسماعيل اليشكري، وعمرو بن شمر، وجابر الجعفي]

وأما إسماعيل: فهو ابن صبيح اليشكري:

قال في الجداول إسماعيل بن صبيح اليشكري، عن أبي خالد، وإسرائيل

وعمرو بن شمر، وعنه أبو كريب، ومحمد بن جميل، وثقه ابن حبان.

توفي سنة تسع عشرة ومائتين، وأخرج له المؤيد بالله، وأبو طالب، ومحمد، والمرشد بالله، رضي الله عنهم.

عداده في ثقات محدثي الشيعة، ذكر ذلك السيد العلامة المهدي بن الهادي اليوسفي -رحمه الله- المشهور بمهدي النوعه في كتابه الإقبال.

وأما عمرو بن شمر:

فقال في الجداول: عمرو بن شمر الجعفي، أبو عبد الله الكوفي، الشيعي.

عن الصادق، وجابر الجعفي، والأعمش، والشعبي، وأبي إسحاق، والليث، وعنه أسيد بن زيد، وعلي بن الجعد، ومحمد بن زكريا المكي، وأبو الفضل المنقري، وأبو يحيى التيمي، وغيرهم، وقد تكلم فيه القوم لتشيعه.

قال مولانا وثقه المؤيد بالله، قلت: وصحح روايته لحديث تكبير أيام التشريق الحافظ ابن كثير في إرشاد الفقيه. انتهى.

أخرج له المؤيد بالله، والمرشد بالله، والجرجاني، رضي الله عنهم.

وأما جابر الجعفي:

فقال في الجداول: جابر بن يزيد الجعفي، عن أبي الطفيل، والشعبي، والحارث الأعور، والباقر، وخلق، وعنه شعبة، والسفيانان، وخلق.

وثقه شعبة، والثوري، ووكيع(356).

---

(356) ومما رواه الْمِزِّيُّ في تهذيب الكمال (1/ 430)، رقم (863)، وابنُ حجر في تهذيب التهذيب (2/ 43)، رقم (931) من تعديله: قال أبو نُعيم عن الثَّوْرِي: إذا قال جابرٌ: (حدَّثنا، وأَخبرنا) فذاك. وقال عبد الرحمن ابن مهدي، عن سفيانَ: كان جابرٌ وَرِعاً في الحديث، ما رأيتُ أَورعَ في الحديث منه. وقال إسماعيل ابن عُلَيَّة، عن شُعْبَةَ: جابر صدوق في الحديث. وقال يحيى بن أبي بكير عن شعبة: كان جابر إذا قال: (حدثنا، وسمعتُ)، فهو من أوثق الناس. وقال ابن أبي بكير =

قلت: عداده في ثقات محدثي الشيعة، ومن أكابر علمائهم، وقد نالوا منه لذلك، توفي سنة ثمان وعشرين ومائة، احتج به أبو داوود، والترمذي، وابن ماجة. انتهى.

أخرج له الناصر للحق، والمؤيد بالله، وأبو طالب، والمرشد بالله، وأبو عبد الله العلوي، والجرجاني، ومحمد، رضي الله عنهم.

[382] **مجموع زيد بن علي -عليهما السلام- [صـ89]**: حدثني زيد بن علي، عن أبيه، عن جده، عن علي -عليهم السلام- قال: كلمات علمهن جبريل -عليه السلام- رسول الله -صلى الله عليه وآله وسلم- يقولهن في قنوت الوتر: «اللهم اهدني فيمن هديت، وعافني فيمن عافيت، وتولني فيمن توليت، وبارك لي فيما أعطيت، وقني شر ما قضيت، إنك تقضي ولا يقضى عليك، وإنه لا يذل من واليت، ولا يعز من عاديت، تباركت ربنا وتعاليت». انتهى.

[383] **أمالي أحمد بن عيسى -عليهما السلام-** [1/ 137]: حدثنا محمد بن منصور، قال: أخبرنا جعفر، عن قاسم بن إبراهيم؛ في القنوت في الفجر والوتر، فقال: يدعو في الوتر بما روى عن الحسن بن علي - صلى الله عليهما- عن النبي - صلى الله عليه وآله وسلم-: «اللهم اهدني فيمن هديت، وعافني فيمن عافيت، وتولني فيمن توليت، وبارك لي فيما أعطيت، وقني شر ما قضيت، إنك تقضي ولا يقضى عليك، ولا يذل من واليت، سبحانك تباركت وتعاليت». انتهى.

[384] **الهادي -عليه السلام- في المنتخب** [صـ59]: قد روي في ذلك روايات، والذي نختار من ذلك ونقول به؛ ما يقنت به في الفجر من آي القرآن،

أيضاً عن زهير بن معاوية: كان إذا قال: (سمعتُ، أو سَألتُ)، فهو من أصدق الناس. وقال وَكِيْعٌ: مهما شككتم في شيء فلا تشكُّوا في أنَّ جابراً ثقة، حدثنا عنه مِسْعَر، وسفيان، وشُعْبَة، وحسن بن صالح. وقال محمد بن عبد الله بن عبد الحكم: سمعتُ الشافعيَّ يقول: قال سفيانُ الثوريُّ لشعبة: لئن تكلمتَ في جابرٍ الجُعْفِي لأتكلمنَّ فيك! انتهى. وانظر: تسمية من روى عن الإمام زيد من التابعين (صـ 48)، حاشية لوامع الأنوار(1/ 481).

وما روى أبو الجوزاء -أو الذي روى أبو الجوزاء- عن الحسن بن علي -عليهما السلام- قال: علمني رسول الله -صلى الله عليه وآله وسلم- كلمات أقولهن في الوتر: «اللهم اهدني فيمن هديت، وتولني فيمن توليت، وعافني فيمن عافيت، وبارك لي فيما أعطيت، وقني شر ما قضيت، إنك تقضي ولا يقضى عليك، لا يذل من واليت، ولا يعز من عاديت، تباركت ربنا وتعاليت»، قال: زاد فيها رسول الله -صلى الله عليه وآله وسلم-: «اللهم إني أسألك الهدى والتقى والعفة والغنى، وأعوذ بك من غلبة الدين، وغلبة العدو».

وقد قيل أنه كان يدعو بهذا الدعاء بعد التسليم وأحب إلينا أن يقوله من بعد التسليم من الوتر، ويقنت بعد الركوع بكتاب الله.

وقد قيل: إن ذلك كان قبل تحريم الكلام. انتهى.

[385] **الهادي -عليه السلام- في الأحكام** [1/ 91]: وإن شئت قَنَتّ بعد التسليم من الوتر بالقنوت الذي علمه النبي -صلى الله عليه وآله وسلم- ابنه الحسن بن علي -عليهما السلام-، ويروى عن علي بن أبي طالب -عليه السلام-، أنه قال: إن جبريل صلى الله عليه علم هذا القنوت النبي -صلى الله عليه وآله وسلم-، فعلمه النبي -صلى الله عليه وآله وسلم- ابنه الحسن، وهو: «اللهم اهدني فيمن هديت، وتولني فيمن توليت، وعافني فيمن عافيت، وبارك لي فيما أعطيت، وقني شر ما قضيت، إنك تقضي ولا يقضى عليك، لا يذل من واليت، ولا يعز من عاديت، تباركت ربنا وتعاليت»، قال: زاد فيها رسول الله -صلى الله عليه وآله وسلم-: «اللهم إني أسألك الهدى والتقى والعفة والغنى، وأعوذ بك من غلبة الدين، وغلبة العدو».

قال يحيى بن الحسين -عليه السلام-: وهذا القنوت يقنت به بعد التسليم من الوتر، [ولا نحبه قبل التسليم؛ لأنه ليس بقرآن، ولا يقنت في الصلاة إلا بما في كتاب الله].

وقد قيل: إن ما روي في هذا القنوت عن رسول الله -صلى الله عليه وآله وسلم- كان قبل تحريم الكلام في الصلاة. انتهى.

[386] **أمالي أحمد بن عيسى -عليهما السلام-** [1/233]: وبه عن أحمد بن عيسى، عن حسين، عن أبي خالد، عن زيد، عن آبائه، عن علي -عليه السلام-: أنه كان يقنت في الوتر قبل الركوع فيقول: «اللهم إليك رفعت الأبصار، وبسطت الأيدي، وأفضت القلوب، ودعيت بالألسن، وتحوكم إليك في الأعمال، اللهم افتح بيننا وبين قومنا بالحق وأنت خير الفاتحين، نشكو إليك غيبة نبينا، وكثرة عدونا، وقلة عددنا، وتظاهر الفتن، وشدة الزمان، اللهم فأعنا بفتح تعجله، ونصر تقربه، وسلطان حق تظهره، [يا] إله الحق. آمين». انتهى.

[387] **مجموع زيد بن علي -عليهما السلام-** [ص103]: حدثني زيد بن علي، عن أبيه، عن جده، عن علي -عليهم السلام-: أنه كان يقنت في الوتر قبل الركوع فيقول: «اللهم إليك رفعت الأبصار، وبسطت الأيدي، وأفضت القلوب، ودعيت بالألسن، وتحوكم إليك في الأعمال، اللهم افتح بيننا وبين قومنا بالحق وأنت خير الفاتحين، نشكو إليك غيبة نبينا -صلى الله عليه وآله وسلم-، وكثرة عدونا، وقلة عددنا، وتظاهر الفتن، وشدة الزمن، اللهم فأغثنا بفتح تعجله، ونصر تعز به وليك، ولسان الحق تظهره، إله الحق آمين رب العالمين». انتهى.

[388] **أمالي أحمد بن عيسى -عليهما السلام-** [1/140]: حدثنا محمد بن منصور، قال: حدثنا محمد بن عبيد، عن محمد بن كثير، عن جعفر، عن أبيه، أن رسول الله -صلى الله عليه وآله وسلم- كان يقنت في الظهر بعد أن يركع آخر ركعة، فيقول: «اللهم العن أبا سفيان بن حرب، وسهيل ذا الأنياب، اللهم العن الغواة العصاة من قريش، الذين عادوا نبيك، وجَهِدُوا أن لا يقال لا إله إلا الله». انتهى.

رجال هذا الإسناد جميعاً من ثقات محدثي الشيعة.

ومحمد بن عبيد: قد مر.

ومحمد بن كثير: سيأتي في باب القول في التشهد الأوسط.

[389] **الجامع الكافي** [2/ 129]: قال القاسم والحسن -عليهما السلام-: ويدعو في الوتر بما روى الحسن بن علي - صلى الله عليهما- عن النبي -صلى الله عليه وآله وسلم-: «اللهم اهدني فيمن هديت، وعافني فيمن عافيت، وتولني فيمن توليت، وبارك لي فيما أعطيت، وقني شر ما قضيت، إنك تقضي ولا يقضى عليك، ولا يذل من واليت»، وقال الحسن: «ولا يعز من عاديت، تباركت ربنا وتعاليت، سبحانك رب البيت». انتهى.

[390] **الهادي -عليه السلام- في المنتخب**[صـ59]: ومن أحب أن يقنت بقنوت علي بن أبي طالب -عليه السلام- قنت في الوتر، كذلك كان أمير المؤمنين يقول إذا رفع رأسه من الركوع: (اللهم إليك رفعت الأبصار، وبسطت الأيدي، وأفضت القلوب، ودعيت بالألسن، وتحوكم إليك في الأعمال، اللهم افتح بيننا وبين قومنا بالحق وأنت خير الفاتحين، نشكو إليك غيبة نبينا، وكثرة عدونا، وقلة عددنا، وتظاهر الفتن، وشدة الزمان، اللهم فأعنا بفتح تعجله، ونصر تعز به، وسلطان حق تظهره، إله الحق، آمين).

وأحب إلينا أن يكون هذا بعد التسليم، ولا يكون في الصلاة إلا قراءة، ولا أحسبه كان بصحيح عنه في الصلاة. انتهى.

[391] **الجامع الكافي** [2/ 230]: وروى محمد بإسناده عن علي - صلى الله عليه -، أنه كان يقول في قنوت الوتر: (اللهم إليك رفعت الأبصار، وبسطت الأيدي، وأفضت القلوب، ودعيت بالألسن، وتحوكم إليك في الأعمال، اللهم افتح بيننا وبين قومنا بالحق وأنت خير الفاتحين، نشكو إليك غيبة نبينا، وكثرة عدونا، وقلة عددنا، وتظاهر الفتن، وشدة الزمن، اللهم فأعنا بفتح تعجله، ونصر تعز به، وسلطان حق تظهره، إله الحق. آمين). انتهى.

[392] **الهادي -عليه السلام- في الأحكام**[1/ 91]: ومن أحب أن يقنت بقنوت علي بن أبي طالب -عليه السلام- فيقنت بعد التسليم من الوتر، كذلك كان أمير المؤمنين يقنت به وكان يقول: (اللهم إليك رفعت الأبصار، وبسطت الأيدي، وأفضت القلوب، ودعيت بالألسن، وتحوكم إليك في الأعمال، اللهم افتح بيننا وبين قومنا بالحق وأنت خير الفاتحين، نشكو إليك غيبة نبينا، وكثرة عدونا، وقلة عددنا، وتظاهر الفتن، وشدة الزمن، اللهم أعنا بفتح تعجله، ونصر تعز به، وسلطان حق تظهره، إله الحق. آمين)، وكان أمير المؤمنين يقنت بهذا فيلعن رجالاً يسميهم بأسمائهم، منهم: معاوية بن أبي سفيان، وعمرو بن العاص، وأبو الأعور السلمي، وأبو موسى الأشعري. انتهى.

[393] **الجامع الكافي** [2/ 230]: قال الحسن: وروي عن النبي -صلى الله عليه وآله وسلم- أنه كان يقول في القنوت: «الله أكبر، سبحان الله، والحمد الله، ولا إله إلا الله، والله أكبر، اللهم اغفر لي ذنبي، وللمؤمنين والمؤمنات، الأحياء منهم والأموات، من جميع الملائكة والروح، اللهم عذب الكفرة أهل الكتاب والمشركين، ومن يضارعهم من المنافقين، فإنهم يكذبون رسلك، ويصدون عن سبيلك، ويجعلون الحمد لغيرك، ويدعون معك إلهاً، لا إله غيرك تباركت وتعاليت عما يقولون علواً كبيراً». انتهى.

باب القول في التشهد الأوسط

[394] **أمالي أحمد بن عيسى -عليهما السلام-**[1/ 127]: حدثنا محمد، قال: حدثنا أحمد بن عيسى، عن حسين بن علوان، عن أبي خالد، عن زيد، أنه كان يقول في الركعتين الأولتين -يعني في التشهد-: (بسم الله، والحمد الله، والأسماء الحسنى، كلها لله، أشهد أن لا إله إلا الله، وحده لا شريك له، وأن محمداً عبده ورسوله). ثم ينهض. انتهى.

[395] **مجموع زيد بن علي -عليهما السلام-**[صـ88]: وكان زيد بن علي

يقول في التشهد في الركعتين الأولتين: (بسم الله، والحمد الله، والأسماء الحسنى، كلها لله، أشهد أن لا إله إلا الله، وحده لا شريك له، وأشهد أن محمداً عبده ورسوله). ثم ينهض. انتهى.

[396] **الهادي -عليه السلام- في الأحكام**[1/ 78]: فإذا قعدت للتشهد قل: (بسم الله، وبالله، والحمد الله، والأسماء الحسنى، كلها لله، أشهد أن لا إله إلا الله، وحده لا شريك له، وأشهد أن محمداً عبده ورسوله)، ثم ينهض إن كان في الأولتين. انتهى.

[397] **أمالي أحمد بن عيسى -عليهما السلام-**[1/ 127]: قال محمد ذكرت لقاسم بن إبراهيم التشهد في الركعتين الأولتين فرأى أن يتشهد بتشهد زيد بن علي -عليهما السلام- وهو: (بسم الله، والحمد الله، والأسماء الحسنى كلها لله، أشهد أن لا إله إلا الله، وحده لا شريك له، وأشهد أن محمداً عبده ورسوله). انتهى.

[398] **الجامع الكافي**[2/ 141]: قال القاسم -عليه السلام- ومحمد في كتاب أحمد: يتشهد في الأولتين بتشهد زيد بن علي وهو: (بسم الله، والحمد الله، والأسماء الحسنى، كلها لله، أشهد أن لا إله إلا الله، وحده لا شريك له، وأشهد أن محمداً عبده ورسوله).

وقال محمد في الصلاة: يقول في التشهد الأول: (التحيات لله، والصلوات والطيبات، أشهد أن لا إله الله، وحده لا شريك له، وأشهد أن محمداً عبده ورسوله)، ثم ينهض.

وقال الحسن بن يحيى: روي عن زيد بن علي أنه كان يقول في التشهد الأول: (بسم الله، والحمد الله، والأسماء الحسنى، كلها لله، أشهد أن لا إله إلا الله، وحده لا شريك له، وأشهد أن محمداً عبده ورسوله).

ويروي أن أمير المؤمنين كان يقول في التشهد في الركعتين الأولتين: (بسم

الله، والحمد لله، والأسماء الحسنى، كلها لله، التحيات لله الطيبات، والصلوات الزاكيات، الطاهرات، الغاديات، الرائحات، الناعمات، السابغات لله، ما طاب فلِلَّه، وأشهد أن لا إله إلا الله، وحده لا شريك له، وأن محمداً عبده ورسوله).

قال الحسن -عليه السلام-: ولم يكن أمير المؤمنين - صلى الله عليه - يصلي بالناس فيفعل شيئاً فيه ثقل على الناس، إنما كان يقول هذا الكلام في التطوع. انتهى.

[399] **المؤيد بالله -عليه السلام- في شرح التجريد** [1/ 396]: **والأصل فيه:** ما أخبرنا أبو الحسين علي بن إسماعيل -رحمه الله-، قال: حدثنا الناصر للحق الحسن بن علي -عليه السلام-، قال: حدثنا محمد بن منصور، عن إبراهيم بن محمد بن ميمون، عن محمد بن كثير، عن محمد بن عبد الله، عن أبي إسحاق، عن الحارث، عن علي -عليه السلام-، أنه كان يقول في التشهد في الركعتين الأولتين: (بسم الله، والحمد الله، والأسماء الحسنى، كلها لله، أشهد أن لا إله إلا الله، وحده لا شريك له، وأشهد أن محمداً عبده ورسوله). انتهى.

[400] **أمالي أحمد بن عيسى -عليهما السلام-** [1/ 128]: حدثنا إبراهيم بن محمد بن ميمون، عن محمد بن كثير، عن محمد بن عبيد الله، عن أبي إسحاق، عن الحارث، عن علي -عليه السلام-، أنه كان يقول في التشهد في الركعتين الأولتين: (بسم الله، والحمد الله، والأسماء الحسنى، كلها لله، أشهد أن لا إله إلا الله، وحده لا شريك له، وأشهد أن محمداً عبده ورسوله).

حدثنا إبراهيم بن محمد، عن محمد بن كثير، عن عمرو بن خالد، عن زيد بن علي، مثله. انتهى.

الرجال:

أما أبو الحسين علي بن إسماعيل الفقيه، وإبراهيم بن محمد بن ميمون: فقد تقدما.

[ترجمة محمد بن كثير، ومحمد بن عبيد الله]

وأما محمد بن كثير:

فقال في الجداول: محمد بن كثير القرشي الكوفي، أبو إسحاق، عن ليث، والحارث بن خضيرة، وعمرو بن خالد الواسطي، وعنه إبراهيم بن محمد بن ميمون، وأحمد بن عمر، و بن عبد الله المخزومي، مشاه ابن معين وقال: شيعيي لم يكن به بأس، قال مولانا: وثقه المؤيد بالله، أُنكر عليه حديث: «اتقوا فراسة المؤمن» وقد وجد له متابع؛ قال الحلبي: صحيح، ذكره في ترجمة بكر بن الحكم. انتهى.

وأما محمد بن عبيد الله:

فيحتمل أن يكون ابن أبي رافع المدني وقد مر.

ويحتمل أن يكون: محمد بن عبيد الله بن الزبير بن عمر بن درهم الأسدي الزبيري، مولاهم أبو أحمد الكوفي، عن عيسى بن طهمان، ويونس بن أبي إسحاق، ومسعر، والثوري، وإسرائيل، وخلق، وعنه أحمد، وعثمان بن أبي شيبة، وغيرهما، عداده من ثقات محدثي الشيعة، توفي سنة ثلاث ومائتين، والراجح لدي أنه محمد بن عبيد الله بن أبي رافع.

باب القول في رفع الأصبع في التشهد

[401] أبو طالب -عليه السلام- في الأمالي[صـ310]: وبه قال أخبرنا عبد الله بن عدي الحافظ، قال: حدثنا محمد بن محمد بن الأشعث الكوفي، قال: حدثني موسى بن إسماعيل بن موسى بن جعفر، قال: حدثني أبي إسماعيل بن موسى، عن أبيه، عن جده جعفر بن محمد، عن أبيه، عن جده علي بن الحسين، عن أبيه، عن علي -صلوات الله عليهم-، قال: قال رسول الله -صلى الله عليه وآله وسلم-: «الإشارة بالأصبع المسبحة في الصلاة، وفي الدعاء؛ مرضاة للرب تعالى، مقمعة للشيطان، وهي الإخلاص». انتهى.

رجال هذا الإسناد قد مر الكلام عليهم.

باب القول في الجهر بالقرآءة في الأولتين والتسبيح في الآخرتين

[402] **مجموع زيد بن علي -عليهما السلام- [صـ86]**: حدثني زيد بن علي، عن أبيه، عن جده، عن علي -عليهم السلام-: (أنه كان يعلن القراءة في الأولتين من المغرب والعشاء والفجر، ويُسِرُّ القراءة في الأولتين من الظهر والعصر، وكان يسبح في الآخرتين من الظهر والعصر والعشاء والركعة الأخيرة من المغرب). انتهى.

[403] **القاضي زيد في الشرح [2/ 64 -مخ]**: عن علي -عليه السلام- أنه كان يعلن القراءة في الركعتين الأولتين من المغرب والعشاء والفجر، ويسر في الأولتين من الظهر والعصر.

وتأول قوله -تعالى-: ﴿ٱللَّهَ لَسَمِيعٌ عَلِيمٌ ﴿٤٢﴾ يُرِيكَهُمُ﴾[الإسراء:110]، قال:

فمنع من المخافتة في صلاة الليل، والجهر في صلاة النهار، وهو مما لا خلاف فيه بين الأمة، وهو نقل الخلف عن السلف، فعلاً ورواية. انتهى.

[404] **المؤيد بالله -عليه السلام- في شرح التجريد [1/ 414]**: ويجهر بالقراءة في الركعتين الأولتين من المغرب والعشاء وفي الفجر، ويخافت بها في الظهر والعصر، وقد نبه يحيى بن الحسين علي ذلك في الأحكام، وتأول عليه قول الله تعالى: ﴿ٱللَّهَ لَسَمِيعٌ عَلِيمٌ ﴿٤٢﴾ يُرِيكَهُمُ﴾[الإسراء:110] فمنع المخافتة في صلاة الليل، والجهر في صلاة النهار، وهو مما لا خلاف فيه بين الأمة وهو نقل الخلف عن السلف، فعلاً ورواية. انتهى.

[405] **الهادي -عليه السلام- في الأحكام [1/ 78]**: الذي صح لنا عن أمير المؤمنين -عليه السلام-، عن رسول الله -صلى الله عليه وآله وسلم-: «أنه كان يسبح في الآخرتين يقول: «سبحان الله والحمد الله ولا إله إلا الله والله أكبر» -

يقولها ثلاث مرات-، وعلى ذلك رأينا مشايخ آل رسول الله -صلى الله عليه وآله وسلم-، وبذلك سمعنا عمن لم نر منهم، ولسنا نضيق على من قرأ فيهما بالحمد، ولكنا نختار ما روي لنا عن أمير المؤمنين -عليه السلام-، وذلك أنا نعلم أنه لم يختر ولم يفعل إلا ما اختاره رسول الله -صلى الله عليه وآله وسلم- وفعله، ورسول الله -صلى الله عليه وآله وسلم- فلم يفعل إلا ما أمره الله -عز وجل- بفعله واختاره له في دينه.

حدثني أبي، عن أبيه القاسم، أنه قال: يسبح في الركعتين الآخرتين، وقال علي ذلك رأينا مشايخ آل الرسول -صلى الله عليه وآله وسلم-، وكذلك روي عن أمير المؤمنين -عليه السلام-: أنه قال يسبح في الآخرتين في كل ركعة -ثلاثاً- يقول: سبحان الله، والحمد لله، ولا إله إلا الله، والله أكبر. انتهى.

[406] **أمالي أحمد بن عيسى -عليهما السلام-**[1/ 113]: حدثني جعفر، عن قاسم بن إبراهيم -في الركعتين الآخرتين يسبح فيهما أو يقرأ بفاتحة الكتاب-، قال: الذي رأيت عليه مشايخ آل الرسول -صلى الله عليه وآله وسلم- التسبيح، وكذلك روي عن علي -عليه السلام- أنه قال: (يسبح في الآخرتين؛ يسبح في كل ركعة -ثلاثاً-، يقول: (سبحان الله، والحمد لله، ولا إله إلا الله، والله أكبر)، ثم يكبر، وإن قالها مرة واحدة أجزأه ذلك.

وفيها [1/ 113]: قال محمد: سألت أحمد بن عيسى عن الركعتين الآخرتين من الظهر والعصر وما يشبههما يقرأ فيهما أو يسبح؟ فلم ير بأساً، أي ذلك فعلت وقال: كان القرآن يعني أعجب إليه.

وقال أحمد بن عيسى: قد روي التسبيح عن علي -رحمة الله عليه-.

وفيها أيضاً[1/ 113]: حدثني علي بن أحمد بن عيسى، عن أبيه، أن علياً -عليه السلام- كان يسبح في الركعتين الآخرتين من صلاته.

قلت: فكم التسبيح ؟قال: عشر تسبيحات وهي: (سبحان الله، سبحان

الله...إلخ).

قال: وروي عن النبي -صلى الله عليه وآله وسلم- القراءة في الآخرتين بالحمد في كل ركعة، وهو أحب إلينا، والتسبيح عندنا جائز. انتهى.

[407] **الهادي -عليه السلام- في المنتخب [صـ45]**: قد روي التسبيح عن علي بن أبي طالب -عليه السلام-، وروى علي عن النبي -صلى الله عليه وآله وسلم- أنه كان يقرأ في الأولتين من الظهر والعصر والمغرب والعشاء، ويسبح في الآخرتين، وإن قرأ الحمد فلا بأس بذلك. انتهى.

[408] **الجامع الكافي [2/ 110]**: سئل أحمد والقاسم -عليهما السلام- عن الركعتين الآخرتين من الظهر والعصر وما أشبههما؛ أيقرأ فيهما أو يسبح؟.

فقال أحمد: أي ذلك فعل فحسن، ولم ير به بأساً.

وروي أن علياً -صلى الله عليه- كان يسبح.

وقال محمد: وكان القرآن أعجب إليه.

وقال القاسم -عليه السلام-: الذي رأيت عليه مشايخ آل رسول الله -صلى الله عليه وآله وسلم- على التسبيح، وكذلك روي عن علي.

[قال أحمد: والتسبيح أن يقول: (سبحان الله سبحان الله -عشراً-.]

قال القاسم -عليه السلام-: والتسبيح أن يقول: سبحان الله، والحمد الله، ولا إله إلا الله، والله أكبر -ثلاثاً-، ثم يكبر، وإن قالها في كل ركعة مرة واحدة أجزأه ذلك. انتهى.

[409] **الهادي -عليه السلام- في الأحكام [1/ 82]**: لم نجد التسبيح إلا مُخَافَتَاً به، سنة فيه ماضية، وعليه من الرسول جارية.

وروى -عليه السلام- إجماع المسلمين على أن رسول الله -صلى الله عليه

وآله وسلم- لم تسمع منه قرآءة في الركعتين الآخرتين، وأنه خافت بها قال من القول فيهما.

وروى -عليه السلام- في موضع آخر إجماع الأمة على أنه لا يجهر في الآخرتين من كل أربع، ولا في الثالثة من المغرب.

[410] **وفي الأحكام أيضاً** [1/ 85]: قال يحيى بن الحسين -صلوات الله عليه-: وأفضل الذكر بعد القراءة ما اختاره من التسبيح الواحدُ الرحمن، وهو ما روي عن أمير المؤمنين علي بن أبي طالب -عليه السلام- أنه كان يسبح في الآخرتين، وهو: (سبحان الله، والحمد لله، ولا إله إلا الله، والله أكبر) يقول ذلك ثلاث مرات، فكل ذلك تصح لنا به الرواية عن سلفنا، ويصحح لنا التسبيح به في الآخرتين من صلاتنا. انتهى.

باب القول في صفة الجلوس في التشهد الأخير وما يقال فيه

[411] **الجامع الكافي** [2/ 140]: قال محمد: الذي رأيت عليه مشايخ آل رسول الله -صلى الله عليه وآله وسلم-؛ منهم أحمد بن عيسى، والقاسم بن إبراهيم، وغيرهما من آل رسول الله -صلى الله عليه وآله وسلم-، يجلسون على أقدامهم في التشهد، وروي عن النبي -صلى الله عليه وآله وسلم-: «أنه كان يجلس في الصلاة على رجله اليسرى وينصب اليمنى، ويكره أن يجلس على شقه الأيسر». انتهى.

[412] **الهادي -عليه السلام- في الأحكام** [1/ 85]: فإذا جلس في آخر صلاته الأربع أو الثلاث قال: (بسم الله، وبالله، والحمد الله، والأسماء الحسنى، كلها لله، أشهد أن لا إله إلا الله، وحده لا شريك له، وأشهد أن محمداً عبده ورسوله، اللهم صل علي محمد وعلى آل محمد، وبارك على محمد وعلى آل محمد، كما صليت وباركت على إبراهيم وعلى آل إبراهيم إنك حميد مجيد)، ثم يسلم

وينصب إلى الله بما شاء من الدعاء.

وبذلك حدثني أبي عن أبيه في التشهد، وكان يرويه عن زيد بن علي -رحمة الله عليه-، عن آبائه، عن علي بن أبي طالب -رحمة الله عليه-. انتهى.

وقال القاسم بن إبراهيم -عليه السلام- في جوابه على مسائل ولده محمد بن القاسم -عليهما السلام- ما لفظه [مجموع القاسم 2/ 600]: وأما التشهد فما قيل به فيه فجائز كله، التشهد الذي يذكر عن علي، والتشهد الذي يذكر عن ابن عباس، وما يذكر من ذلك عن ابن مسعود، وأحسن ما سمعنا به في ذلك عن علي وزيد بن علي: (بسم الله، وبالله، والحمد لله، والأسماء الحسنى، كلها لله، أشهد أن لا إله إلا الله، وحده لا شريك له، وأشهد أن محمداً عبده ورسوله، والصلاة على النبي -صلى الله عليه وآله وسلم-)، وقد سمعنا في آمين ما قد سمعتَ، ولم أسمع أحداً من العرب يتكلم في كلامه، ولا أحسبها(357) إلا من اللسان العبراني، وإنا لنمسك عنها وعن القول بها. انتهى.

[413] مجموع زيد بن علي -عليهما السلام- [صـ88]: حدثني زيد بن علي، عن أبيه، عن جده، عن علي -عليهم السلام- أنه كان إذا تشهد قال: (التحيات لله، والصلوات الطيبات الغاديات الرايحات الطاهرات الناعمات السابغات، ما طاب وطهر وزكي، وخلص ونمى فلله، وما خبث فلغير الله، أشهد أن لا إله إلا الله، وحده لا شريك له، وأشهد أن محمد عبده ورسوله، أرسله بالحق بشيراً ونذيراً، وداعياً إلى الله بإذنه وسراجاً منيراً، أشهد أنك نعم الرب، وأن محمداً نعم الرسول)، ثم يحمد الله ويثني عليه، ويصلي على النبي -صلى الله عليه وآله وسلم-، ثم يسلم عن يمينه وعن شماله: (السلام عليكم ورحمة الله، السلام عليكم ورحمة الله). انتهى.

---

(357) ونحو هذا ذكر ابن هشام في شذور الذهب تمت حاشية

[414] **أمالي أحمد بن عيسى -عليهما السلام-**[1/ 129]: أخبرنا محمد، حدثني أحمد بن عيسى، عن حسين بن علوان، عن أبي خالد، عن زيد، عن آبائه، عن علي -عليهم السلام-، قال: كان إذا تشهد قال: (التحيات لله، الصلوات الطيبات الغاديات الرائحات المنعمات السابغات الطاهرات، ما طاب وزكي فلله، أشهد أن لا إله إلا الله، وحده لا شريك له، وأشهد أن محمد عبده ورسوله، أرسله بالحق بشيراً ونذيراً بين يدي الساعة، أشهد أنك نعم الرب، وأن محمداً نعم الرسول) ثم يحمد الله ويثني عليه ويصلي على النبي -صلى الله عليه وآله وسلم-.

[415] **الجامع الكافي**[2/ 144-145]: قال الحسن -عليه السلام-: ويروي عن زيد بن علي -رضي الله عنه- أنه كان يقول في التشهد: (بسم الله، والحمد لله، والأسماء الحسنى، كلها لله، أشهد أن لا إله إلا الله، وحده لا شريك له، وأشهد أن محمداً عبده ورسوله، السلام عليك أيها النبي ورحمة الله وبركاته، السلام على محمد بن عبد الله، السلام على أنبياء الله ورسله، اللهم صل على محمد وعلى آل محمد كما صليت على إبراهيم وعلى آل إبراهيم إنك حميد مجيد، وبارك على محمد وعلى آل محمد كما باركت على إبراهيم وعلى آل إبراهيم إنك حميد مجيد، اللهم صلي على محمد، وتقبل شفاعته، واغفر لأهل بيت نبيك، وصل عليهم، السلام علينا وعلى المؤمنين والمؤمنات من غاب منهم ومن شهد، السلام علينا وعلى عباد الله الصالحين) انتهى.

باب القول في التسليم من الصلاة

[416] **الجامع الكافي** [2/ 146]: قال أحمد والقاسم والحسن ومحمد: ويسلم الرجل في الصلاة تسليمتين؛ تسليمة عن يمينه، وتسليمة عن شماله؛ السلام عليكم ورحمة الله، السلام عليكم ورحمة الله، إماماً كان أو غير إمام.

[وقال الحسن: وقد روي أيضاً السلام عليكم ورحمة الله وبركاته].

قال القاسم -عليه السلام- والحسن ومحمد: فإن كان وحده نوى بالسلام الملكين، وإن كان إماماً نوى بالسلام الملكين ومن خلفه من المصلين، وإن كان خلف إمام نوى به الملكين ومن عن يمينه ومن عن يساره، [إلا أن محمد قال ينوي به الملائكة والإمام ومن عن يمينه ومن عن يساره] ويدير وجهه إذا سلم إلى منكبيه وعن يساره مثل ذلك.

بلغنا أن النبي -صلى الله عليه وآله وسلم- كان يدير وجهه حتى يرى بياض خديه. انتهى.

[417] مجموع زيد بن علي -عليهما السلام- [صـ88]: حدثني زيد بن علي، عن أبيه، عن جده، عن علي -عليهم السلام-: أنه كان إذا تشهد قال: التحيات لله، إلى أن قال: ثم يسلم عن يمينه وعن شماله؛ السلام عليكم ورحمة الله، السلام عليكم ورحمة الله. وقد مَرّ. انتهى.

[418] أمالي أحمد بن عيسى -عليهما السلام- [1/ 200]: وبه، قال: حدثنا محمد بن منصور، قال أخبرني جعفر، عن قاسم بن إبراهيم، في تسليم الصلاة: يسلم تسليمتين تسليمة عن يمينه، وتسليمة عن يساره، إماماً كان أو غير إمام، ينوي بذلك الملكين إذا كان وحده، وإذا كان في جماعة كان السلام علي الملكين وعلى من معه من المصلين عن يمينه وعن يساره، وإذا كان إماماً كان السلام علي الملكين وعلى من خلفه من المصلين؛ يقول: السلام عليكم ورحمة الله، السلام عليكم ورحمة الله. انتهى.

القاضي زيد في الشرح [2/ 47 - مخ]: قال الناصر -عليه السلام- في الكبير: وجميع ذرية رسول الله -صلى الله عليه وآله وسلم- يرون بتسليمتين عن اليمين وعن الشمال في الجماعة، وإذا كان وحدهم يسلمون علي من عن يمينهم وعلى من عن شمالهم من المصلين والملائك الموكلين، وبه أقول وأفتي. انتهى.

[419] أمالي أحمد بن عيسى -عليهما السلام- [1/200]: حدثنا محمد بن منصور، قال: حدثنا محمد بن جميل، عن عاصم، عن مندل، عن الأعمش، عن أبي رزين(358) قال: صليت خلف علي -عليه السلام- فسلم عن يمينه وعن شماله، (السلام عليكم، السلام عليكم) ثم نهض فلم يقعد. انتهى.

الرجال:

أما محمد بن جميل: فقد مر.

[ترجمة عاصم، ومندل، وأبي رزين]

وأما عاصم:

فهو ابن عامر أحد رجال الشيعة، روى في فضائل العترة عن مندل بن علي، وغيره، وعنه محمد بن جميل، وغيره، لم أقف له على تاريخ وفاة.

وأما مندل:

فهو مندل بن علي العنزي، أبو عبد الله الكوفي، أحد الأعلام، قال في الجداول: عن ابن جريج، وحميد الطويل، والكلبي، والصادق، والأعمش، وجماعة، وعنه يحيى بن آدم، وجبارة، ومحمد بن جميل، وغيرهم.

قال العجلي: جائز الحديث.

وقال ابن معين: ليس به بأس.

وقال أبو حاتم: يحول من كتاب الضعفاء للبخاري.

وقال السيد أحمد بن يوسف: هو مُوَثَّق.

وقال العجلي: كان يتشيع، توفي سنة ثمان وستين ومائة. انتهى.

قلت: مندل من شيعة العترة النبوية والموالين لهم.

---

(358) في أمالي أحمد بن عيسى عن أبي زيد.

وأما أبو رزين:

فهو مسعود بن مالك الأسدي الكوفي، روى عن علي -عليه السلام-، وابن مسعود وعنه ابنه عبد الله، والأعمش.

شهد مشاهد أمير المؤمنين علي بن أبي طالب -عليه السلام- كلها، وتوفي في إمارة عبد الملك بن مروان.

باب القول في الخشوع في الصلاة

[420] **القاضي زيد في الشرح** [2/ 65 – مخ]: قال أبو العباس يضرب ببصره عند قيامه إلى موضع سجوده، وعند ركوعه إلى قدميه، وفي سجوده إلى أنفه، وفي جلوسه إلى حجره، وهو قول أ صحاب أبي حنيفة، ولا نعرف فيه خلافاً، وذلك لما ذكره القاسم -عليه السلام- في مسائل ابنه محمد -عليه السلام-: أن رسول الله -صلى الله عليه وآله وسلم- روي عنه «أنه كان إذا استوى في مصلاه المقام، اعتدل قائماً، منتصباً في صلاته، غاضاً طرفه، رامياً ببصره إلى موضع سجوده، وفي حال ركوعه إلى قدميه، وفي حال سجوده إلى أنفه، وفي حال جلوسه إلى حجره». انتهى.

[421] **وقال في المصابيح الساطعة**: من تفسير الأئمة الأطهار، للسيد العلامة عبد الله بن أحمد بن إبراهيم الشرفي -رحمه الله- في تفسير قوله -تعالى-: ﴿**ٱلَّذِينَ هُمۡ فِي صَلَاتِهِمۡ خَٰشِعُونَ ٢**﴾ [المؤمنون:2] ما لفظه: قال الإمام القاسم بن إبراهيم -صلوات الله عليه-: وحدثني محمد بن حاتم، قال: قال أبو محمد: قال علي بن أبي طالب -صلوات الله عليه- لعبد الله بن جعفر: (إذا قمت إلى الصلاة فارفع [بصرك] موضع سجودك، ثم استفتح بالقراءة، فتجعل لسانك ترجماناً لقلبك، لا يغيب قلبك عما يقول لسانك، لا تعبأ بشيء من شأنك إلا بما أنت فيه من صلاتك، ولا تذكر في تلاوتك غير ما تتلوه، ويكون همك الآية التي تتلوها، فإذا فرغت من القراءة وصرت إلى الركوع لم تذكر إلا التكبير، وحسن الخضوع،

وكذلك إذا اعتدلت في القيام لم تذكر إلا الركوع، وكان ذكرك السجود، فإذا فرغت من ركعة حفظتها، ثم ابتدأت الأخرى تصنع فيها كما صنعت في الأولى، لا تذكر غير قرأتك وغير حفظك، لأن الصلاة لا بد لها أن تحصي، لا يزاد فيها ولا ينقص منها، حتى تؤدي إلى الله -عز وجل- فرضك كما أمرك بعونه وتوفيقه.

[422] **وروى محمد بن القاسم -عليه السلام- في كتاب دعائم الإيمان** [مجموع محمد بن القاسم ص181]: عن كعب بن أبي كعب، قال: صلى النبي -صلى الله عليه وآله وسلم- وأسقط آية من القرآن، فلما انفتل من صلاته، قال للقوم: هل أسقطتُ من صلاتي شيئاً؟ فقالوا: لا ندري، قال أفيكم علي بن أبي طالب؟ قالوا: نعم، قال: يا علي أسقطت من القرآن شيئاً، قال نعم يا رسول الله آية كذا أو كذا، فقال النبي -صلى الله عليه وآله وسلم-: «إنما هلك من كان قبلكم بمثل هذا، يحضرون بأبدانهم وقلوبهم غائبة، إن الله لا يقبل صلاة عبد لا يحضر فيها عقله مع بدنه».

انتهى من المصابيح.

[423] **مجموع زيد بن علي -عليهما السلام-** [صـ92]:حدثني زيد بن علي، عن أبيه، عن جده، عن علي -عليهم السلام- قال: أبصر رسول الله -صلى الله عليه وآله وسلم- رجلاً يعبث بلحيته في الصلاة فقال: «أما هذا فلو خشع قلبه لخشعت جوارحه». انتهى.

[424] **أمالي أحمد بن عيسى -عليهما السلام-** [1/ 126]: [حدثني] أحمد بن عيسى، عن حسين بن علوان، عن أبي خالد، عن زيد، عن آبائه، عن علي -عليهم السلام- قال أبصر رسول الله -صلى الله عليه وآله وسلم- رجلاً يعبث بلحيته في الصلاة فقال: «أما هذا فلو خشع قلبه لخشعت جوارحه». انتهى.

[425] **المؤيد بالله -عليه السلام- في شرح التجريد**[1/ 400]: واستدل يحيى بن الحسين على ذلك: بما أخبرنا به أبو الحسين علي بن إسماعيل، قال: حدثنا الناصر

للحق الحسن بن علي -عليه السلام-، عن محمد بن منصور، قال: حدثنا أحمد بن عيسى، عن حسين بن علوان، عن أبي خالد، عن زيد بن علي، عن آبائه، عن علي -عليهم السلام- قال أبصر رسول الله -صلى الله عليه وآله وسلم- رجلاً يعبث بلحيته في الصلاة: فقال: «أما هذا فلو خشع قلبه لخشعت جوارحه» انتهى.

[426] الهادي -عليه السلام- في الأحكام [1/ 89]: قال يحيى بن الحسين -عليه السلام-: يكره للمصلي أن ينفخ في صلاته، أو يشير، أو يتفكر، أو يمسح وجبهته من تراب السجود أو يعبث بلحيته أو يفرقع أصابه أو يرفع أحد رجليه في قيامه على الأخرى أو يعبث بتنقية أنفه أو يلتفت في صلاته عن يمينه أو عن يساره.

وفي ذلك ما بلغنا عن رسول الله -صلى الله عليه وآله وسلم- أنه نظر إلى رجل يعبث بلحيته في صلاته فقال: «لو خشع قلبه لخشعت جوارحه». انتهى.

[426] وفي المنتخب له -عليه السلام- [صـ39]: قال -عليه السلام- وكان -عليه السلام- يحب ويأمر بالسكون فيقول اسكنوا في الصلاة، حتى أنه نظر إلى رجل يعبث بلحيته في الصلاة فقال: لو خشع قلب هذا لخشعت جوارحه). انتهى.

[427] الإمام الموفق بالله في الاعتبار وسلوة العارفين [صـ37]: أخبرني أبو الحسن الحسن بن علي بن محمد، أخبرنا أبو بكر محمد بن عمر الجعابي، حدثني القاسم بن محمد، عن أبيه، عن جعفر بن محمد، عن آبائه، عن الحسين بن علي -عليهم السلام-، قال سمعت رسول الله -صلى الله عليه وآله وسلم- قال: «إذا صليت فصل صلاة مودع، وإياك يا حسين وما تعتذر منه». انتهى.

الرجال:

[ترجمة الإمام الموفق بالله، وشيخه أبي الحسن، والجعابي]

أما الإمام الموفق بالله -عليه السلام-:

فقال في الجداول: الحسين بن إسماعيل بن زيد بن الحسن بن جعفر بن الحسن بن محمد بن جعفر بن عبد الرحمن الشجري بن القاسم بن الحسن بن زيد بن

الحسن بن علي بن أبي طالب الحسني، أبو عبد الله الموفق، المعروف بالشريف الجرجاني الشجري قيل فيه هو أفقه من القاسم بن إبراهيم روى عن السيد أبي طالب أجازه وعن أبي بكر أحمد بن إسماعيل وعبد الله بن أحمد بن حنبل وأمم كثير وعنه ولده المرشد بالله كتاب الاعتبار وسلوة العارفين توفي سنة عشرين وأربعمائة انتهى.

أخرج له المرشد بالله وصاحب المحيط.

وأما شيخه أبو الحسن:

فقال في الجداول: الحسن بن علي بن محمد بن جعفر بن الحسين الوبري، عن أبي بكر محمد الجعابي، وعنه الجرجاني. انتهى.

أخرج له المرشد بالله ووالده.

وقال السيد العلامة مجد الدين بن محمد بن منصور المؤيديد -رحمه الله- في (لوامع الأنوار)[1/ 667- 668] ما لفظه: قال فيه -أي في الاعتبار وسلوة العارفين الإمام الموفق بالله -عليه السلام- أخبرني أبو الحسن، الحسن بن علي بن محمد.

قلت: ابن جعفر بن الحسن الوبري، أفاد السيد الإمام في الطبقات وتبعه المولى فخر الإسلام في مختصرها الجداول ما في السند لا غير، والذي ترجح عندي فيه – مِن تصفح الروايات واعتماد الإمام عليه، وتكرر روايته عنه- أنه من الموالين لآل محمد -عليهم السلام-.

ومن رواياته في الكتاب[359] عن شيخه الآتي بالسند إلى جعفر بن محمد -عليه السلام- أنه قال: (كل راية في غير الزيدية فهي راية ضلالة).

وعن شيخه أيضاً بسند له آخر، إلى الإمام إبراهيم بن عبد الله بن الحسن بن الحسن -عليهم السلام-: (لو نزلت راية من السماء لم تنصب إلا في الزيدية).

---

(359) الاعتبار وسلوة العارفين (صـ 544).

وعن شيخه أيضاً بسند له آخر، عن جعفر بن محمد بن علي -عليهم السلام- ، قال: قال رسول الله -صلى الله عليه وآله وسلم- للحسين: «يا حسين يخرج من صلبك رجل يقال له زيد يتخطى هو وأصحابه رقاب الناس يوم القيامة غراً محجلين يدخلون الجنة»، انتهى بلفظه من لوامع الأنوار.

وأما أبو بكر، محمد بن عمر الجعابي -بلام التعريف، ثم جيم ثم عين مهملة ثم ألف، بعدها باء موحدة من أسفل ثم ياء باثنتين من أسفل-:

فقال في الجداول: محمد بن عمر بن محمد بن سليم أو سالم التميمي البغدادي، أبو بكر الجعابي الحافظ، عن محمد بن الحسن بن سماعة، ويوسف بن يعقوب، ومحمد بن يحيى المروزي، وطبقتهم، وعنه الدراقطني، وابن شاهين، وأبو عبد الله الحاكم، وأبو نعيم الحافظ.

روى أبو [علي](360) التنوخي: ما شاهدنا أحفظ من أبي بكر الجعابي لم يبق في زمانه من يتقدمه في الدنيا، عداده في ثقات محدثي الشيعة، وقد نالوا منه كغيره، توفي سنة خمس وخمسين وثلاثمائة. انتهى(361).

أخرج له الموفق بالله، والمرشد بالله -عليهما السلام-.

[ترجمة القاسم بن محمد بن عبد الله، وأبيه]

وأما القاسم بن محمد:

فقال في الجداول: القاسم بن محمد بن عبد الله بن محمد بن عمر بن علي بن أبي طالب، أبو أحمد الطبرستاني، عن أبيه، عن جده، وعنه أبو بكر الجعابي.

---

(360) الذي في الأصل: أبو القاسم، وما بين القوسين من سير أعلام النبلاء، وقال فيها بعد ذلك: وسمعت من يقول: إنه يحفظ مائتي ألف حديث، ويجيب في مثلها، إلا أنه كان يفضل الحفاظ بأنه كان يسوق المتون بألفاظها، وأكثر الحفاظ يتسمّحون في ذلك، وكان إماماً في معرفة العلل والرجال وتواريخهم ما يطعن على الواحد منهم، لم يبق في زمانه من يتقدمه.

(361) انظر ترجمته في سير أعلام النبلاء للذهبي (16/88) رقم (69)، ط: (مؤسسة الرسالة)، أو (12/242)، رقم الترجمة (3267)، ط: (دار الفكر).

دعا إلى نفسه وملك الطالقان، وكان يدعا بالملك الجليل. انتهى.

أخرج له المرشد بالله ووالده الموفق بالله.

وأما محمد بن عبد الله:

فقال في الجداول: محمد بن عبد الله بن محمد بن عمر بن علي بن أبي طالب، أبو القاسم، عن أبيه، عن الصادق، وعنه ولداه القاسم وجعفر. انتهى.

أخرج له المرشد بالله ووالده -عليهما السلام-.

مجموع زيد بن علي -عليهما السلام- [صـ93]: وقال زيد بن علي -عليهما السلام-: إذا دخلت في الصلاة فلا تلتفت يميناً ولا شمالاً، ولا تعبث بالحصى، ولا تفرقع أصابعك، ولا تنفض أناملك، ولا تمسح جبهتك، حتى تفرغ من الصلاة. انتهى.

أمالي أحمد بن عيسى -رضي الله عنه- [1/ 126]: حدثنا محمد، قال: حدثنا أحمد بن عيسى، عن حسين، عن أبي خالد، عن زيد بن علي -عليهما السلام-، قال: إذا دخلت في الصلاة فلا تنفض أناملك، ولا تنفخ في الصلاة، ولا تمسح جبهتك، حتى تفرغ من صلاتك. انتهى.

[428] **محمد بن منصور في الذكر** [50]: حدثنا محمد بن منصور، قال: حدثنا حسين بن نصر، عن خالد بن عيسى، عن حصين، عن جعفر، عن أبيه، أن النبي -صلى الله عليه وآله وسلم- قال: «ما زاد من الخشوع على ما في القلب فهو رياء». انتهى.

رجال هذا الإسناد قد تقدموا جميعاً.

[429] **الإمام القاسم بن محمد -عليه السلام- في الاعتصام** [2/ 14]: وفي كتاب المناهي لمحمد بن منصور المرادي قال:

نهى رسول الله -صلى الله عليه وآله وسلم- عن العبث في الصلاة، فرأى رجلاً يصلي وهويعبث بلحيته فقال: «أما إنه حظك من صلاتك»، وأمره إذا صلى فلا

يعبثن بشي فإنه يناجي ربه، وليخشع في صلاته، فمن لم يخشع قلبه فلا صلاة له.

ونهى أن يرمي الرجل ببصره وهو في الصلاة، وقال: «لا يجاوز أحدكم ببصره موضع سجوده».

ونهى عن التمطي في الصلاة، والتثاؤب، والقيء، والرعاف، والنعاس في الصلاة، فإنه من عمل الشيطان، فاجتهدوا في صلاتكم من ذلك.

ونهى أن يصلي الرجل وهو عاقص (362) شعره.

ونهى عن تسوية الحصى في الصلاة، وسمع رجلاً يقلب الحصى فلما سلم أقبل على القوم، ثم قال: «أيكم كان يقلب الحصى؟» فأَرَمَّ القوم [-أي سكتوا-] فقال رجل: أنا يا رسول الله؛ فقال: «أما أنه كان حظك من صلاتك».

ونهى أن يمسح موضع سجوده إذا كان في الصلاة وقال: «ليمسح أحدكم مرة واحدة أو ليدع، ولأن يكف عن تسوية الحصى أو مسح الأرض لموضع سجوده خير له من أن يكون له مائة ناقة سود الحدق» (363). انتهى.

باب المفسدات للصلاة وما نهي عنه فيها

التثاؤب والضحك في الصلاة:

[430] **مجموع زيد بن علي -عليهما السلام- [ص‍92]**: حدثني زيد بن علي، عن أبيه، عن جده، عن علي -عليهم السلام-، قال: (النعاس والتثاؤب في الصلاة من الشيطان، فإذا تثاءب أحدكم في صلاته فليضع يده على فيه، وإذا عطس أحدكم في الصلاة فليحمد الله في نفسه). انتهى.

---

(362) عقص الشعر ضفره وليه على الرأس تمت صحاح، وأصل العقص: إدخال أطراف الشعر في أصوله. تمت نهاية.

(363) هذه الثلاثة المنهيات الأخيرة مقدمة في الاعتصام على أول النص، وهو الأخير.

[431] **المرتضى -عليه السلام- في النهي [مجموع المرتضى 2/ 761]**: عن أبيه، عن آبائه، عن علي -عليهم السلام-، قال: نهى رسول الله -صلى الله عليه وآله وسلم- عن الضحك في الصلاة وقال: «من ضحك في صلاته أعاد». انتهى.

تحريم الكلام في الصلاة:

[432] **مجموع زيد بن علي -عليهما السلام- [صـ94]**: حدثني زيد بن علي -عليهما السلام-، عن أبيه، عن جده، عن علي -عليهم السلام-، في الرجل يتكلم في الصلاة ناسياً أو متعمداً: أنها تنقطع صلاته. انتهى.

[433] **أمالي أحمد بن عيسى -عليهما السلام- [1/ 124]**: أخبرنا محمد قال: حدثني أحمد بن عيسى، عن حسين بن علوان، عن أبي خالد، عن زيد، عن آبائه، عن علي -عليهم السلام-، قال: أقبل رسول الله -صلى الله عليه وآله وسلم- في أول عمرة اعتمرها، فأتاه رجل فسلم عليه وهو في الصلاة فلم يرد عليه، فلما سلم وانصرف، قال: «أين المسلم قبيل؟، إني كنت أصلي وأنه آتاني جبريل فقال: «انْهَ أمتك أن يردوا السلام في الصلاة». انتهى.

[434] **مجموع زيد بن علي -عليهما السلام- [صـ94]**: حدثني زيد بن علي، عن أبيه، عن جده، عن علي -عليهم السلام-، قال: أقبل رسول الله -صلى الله عليه وآله وسلم- في أول عمرة اعتمرها، فأتاه رجل فسلم عليه وهو في الصلاة فلم يرد عليه، فلما صلى وانصرف قال: «أين المسلِّم قبيل؟، إني كنت في الصلاة، وإنه آتاني جبريل -عليه السلام- فقال: انْهَ أمتك أن يردوا السلام في الصلاة». انتهى.

المرتضى محمد بن يحيى -عليه السلام- في الفقه [مجموع المرتضى (1/ 71)]: وقال بعض من ينظر في العلم من العامة: إذا سلم ولم يتكلم جاز له أن يبني على صلاته، وليس ذلك عندي بصواب ولا أجيزه، بل أرى أن كل من سلم في غير موضع التسليم أن صلاته قد انقطعت، ويجب عليه الإعادة؛ لأن رسول الله -صلى الله عليه وآله وسلم- يقول: «تحريم الصلاة التكبير وتحليلها التسليم» فإذا

سلم فقد قطع صلاته، ووجب عليه الابتداء. انتهى.

[435] الجامع الكافي [2/ 258]: قال محمد: ومن تكلم في الصلاة عامداً أو ساهياً أعاد الصلاة، فأما الحديث الذي جاء أن النبي -صلى الله عليه وآله وسلم- صَلّى بالناس الفجر ركعة ساهياً ثم انصرف، فقال له ذو الشمالين: يا رسول الله أنسيت أم رفعت الصلاة؟!، قال: «وما ذاك»، قال: صليت بنا ركعة، فطاف به النبي -صلى الله عليه وآله وسلم- على الصفوف، وقال: «أصدق هذا، زعم أني صليت واحدة»، قالوا: نعم، فرجع فصلى بالناس ركعة أخرى، ثم سجد سجدتي السهو، ثم سلم [قائماً].

فإنما هذا قبل أن ينزل تحريم الكلام في الصلاة.

وقال محمد: الأنين في الصلاة كلام، سمعت عن علي - صلى الله عليه - أن من أنَّ في صلاته فقد قطع الصلاة. انتهى.

الالتفات في الصلاة

[436] أمالي أحمد بن عيسى -عليهما السلام- [1/209]: أخبرنا محمد، حدثني محمد بن جميل، عن محمد بن فضيل، عن أبان، عن سعيد بن جبير، عن مسروق، عن حذيفة، قال: قال رسول الله -صلى الله عليه وآله وسلم-: «إذا التفت العبد في صلاته قال الله: (أي عبدي أنا خير مما التفت إليه)، فإن التفت الثانية، قال الله: (أي عبدي أنا خير مما التفت إليه)، فإن التفت الثالثة، قال الله: (عبدي أنا خير مما التفت إليه)، فإن التفت الرابعة أعرض الله عنه». انتهى.

محمد بن جميل: قد مر.

ومحمد بن فضيل، وأبان بن أبي عياش، وسعيد بن جبير، ومسروق بن الأجدع، سيأتي الكلام عليهم، وجميعهم من ثقات محدثي الشيعة.

[437] الجامع الكافي [2/ 242]: وقال الحسن -عليه السلام- في رواية ابن

صباح عنه، وهو قول محمد في المسائل -: ولا ينبغي للرجل أن يلتفت في صلاته يميناً ولا شمالاً، فإن فعل ذلك ناسياً أو ساهياً فليستغفر الله ولا يَعُدْ، ولا إعادة عليه.

[قال محمد] ذكر عن النبي -صلى الله عليه وآله وسلم- أنه كان لا يلتفت في صلاته يميناً ولا شمالاً، ولكنه كان يلمح بعينه أمامه. انتهى.

[438] المرتضى -عليه السلام- في النهي [مجموع المرتضى (2/ 758)]: عن أبيه، عن آبائه، عن علي -عليهم السلام-، قال: نهى رسول الله -صلى الله عليه وآله وسلم- أن يلتفت في صلاته تلفت الثعلب. انتهى.

النهي عن الصلاة لمن به حاجة إلى البول والغائط:

[439] المرتضى محمد بن يحيى -عليه السلام- في الفقه [مجموع المرتضى 1/ 78]: وسألت هل نهى رسول -صلى الله عليه وآله وسلم- أن يصلي الرجل وبه حاجة إلى البول والغائط.

قال محمد بن يحيى -عليه السلام-: هذا حديث صحيح عن رسول الله -صلى الله عليه وآله وسلم- أنه نهى عن ذلك، لما فيه من الزعج في الصلاة، وشغل القلب، ومما لا يؤمن قطع الوضوء والمعالجة في الصلاة، فلا نرى لأحد يفعل ذلك. انتهى.

[440] الجامع الكافي [2/ 252]: وقال محمد: إذا كان الرجل والمرأة في الصلاة فوجد في بطنه رزاً من بول أو غائط أو ريح، فكان ذلك يشغله عن شيء من حدود الصلاة حتى لا يتمه، فلينصرف فليتخفف مما يجد، ويتوضأ ويستقبل الصلاة، وإن كان ذلك لا يشغله عن حدود الصلاة فلا يضره.

وروى بإسناده عن النبي -صلى الله عليه وآله وسلم- أنه قال: «لا يقومنّ أحد إلى الصلاة وهو حقن حتى يتخفف».

وذكر عن علي -صلى الله عليه-: إن الرز في الصلاة حدث.

ومعنى ذلك عندنا: الذي يشغله ما به من بول أو غائط أوريح من حدود الصلاة. انتهى.

الرعاف في الصلاة:

قد مر حديث علي -عليه السلام- عند الهادي -عليه السلام-، وأمالي أحمد بن عيسى -عليهما السلام- «من رعف في الصلاة فليتوضأ وليستأنف» يعني يعيد الصلاة.

[441] **الجامع الكافي** [2/ 254]: قال محمد في المسائل -وهو قول الحسن فيما روى ابن صباح عنه-: ومن رعف في صلاته فإنا نرى له أن ينصرف فإذا انقطع رعافه عاد إلى موضعه، وتوضأ وضوءه للصلاة وأعاد الصلاة.

قال محمد: سمعنا عن علي - صلى الله عليه - أنه قال: (من رعف في الصلاة فيتؤضأ وليستأنف)، يعني يعيد الصلاة. انتهى.

البصاق في الصلاة والتوكي فيها:

[442] **مجموع زيد بن علي -عليهما السلام-** [صـ94]: حدثني زيد بن علي، عن أبيه، عن جده، عن علي -عليهم السلام- قال: (لا يبزقن أحدكم في الصلاة تلقاء وجهه ولا عن يمينه، وليبزقن عن شماله أو تحت قدمه اليسرى). انتهى.

هذا محمول علي أن الصلاة في غير المسجد.

أما المسجد فقد ورد النهي عن النخامة في المسجد أخرجه المرتضى محمد بن يحيى بن الحسين بن القاسم إبراهيم -عليهم السلام- في النهي.

[443] **وأخرج محمد بن منصور -رحمه الله- في الأمالي**- بسند صحيح كما سيأتي- عن علي -عليه السلام- قال: (إن المسجد ليلتوي عند النخامة كما يلتوي أحدكم إذا وقع به يعني ما يكره)، ونحوه في الجامع الكافي.

[444] وأخرج محمد أيضاً في الأمالي بسند صحيح أيضاً، عن جعفر عن أبيه قال: قال رسول الله -صلى الله عليه وآله وسلم-: «من وقر المسجد بنخامة لقي الله يوم القيامة ضاحكاً وأعطاه كتابه بيمنه» ونحوه في الجامع الكافي.

[445] **المرتضى -عليه السلام- في النهي**: عن أبيه، عن آبائه، عن علي -عليهم السلام-، قال: (نهى رسول الله -صلى الله عليه وآله وسلم- أن يصلي الرجل متوكياً). انتهى.

أنواع أخر من المفسدات:

القاضي زيد في الشرح [2/ 79 - مخ]: ولا خلاف أن العمل الكثير يفسد الصلاة، والقليل لا يفسدها.

وفيه [2/ 79 - مخ]: ومن الأفعال الكثيرة التي هي بالإجماع للصلاة مبطلة: الأكلُ والشربُ والمشي الممتد.

وفيه [2/ 83 - مخ]: قال السيد أبو الحسين: ولا يضع اليمنى على اليسرى، فإن ذلك مكروه عند أهل البيت -عليهم السلام-.

وفيه [2/ 87 - مخ]: لا يجوز تشميت العاطس في الصلاة هذا مجمع عليه.

وفيه [2/ 94 - مخ]: والتسليمة الواحدة لا تفسد بها الصلاة، للإجماع على أنها لا تفسدها. انتهى.

المؤيد بالله -عليه السلام- في شرح التجريد [1/ 418]: وقد اختلف في الفصل بين قليل الأفعال وكثيرها؛ مع الإجماع أن الكثير يفسد، والقليل لا يفسد.

وفيه: وأما تسوية الرداء: فلا خلاف في أنها من الأفعال اليسيرة؛ فإذا فعلها لئلا تنكشف عورته، أو موضع يستحب ستره من جسده لم يكره، وإذا فعلها

لغير ما ذكرناه كرهت. انتهى.

[446] **الجامع الكافي** [2/ 241]: قال الحسن -عليه السلام-: فيما حدثنا القاضي محمد بن عبد الله، عن زيد بن محمد، عن أحمد، عنه.

روى عن النبي -صلى الله عليه وآله وسلم- أنه كان يكره أن يرفع الرجل طرفه إلى السماء في الصلاة.

وفي تغميض العين [في الصلاة] كراهية، وإن فعل أجزأته صلاته. انتهى.

[447] **المرتضى -عليه السلام- في النهي** [**مجموع المرتضى** 2/ 760]: عن أبيه، عن آبائه، عن علي -عليهم السلام-، قال: نهى رسول الله -صلى الله عليه وآله وسلم- عن الإقعاء(364) في الصلاة [كإقعاء الكلب]. انتهى.

باب القول في الضعيف يعتمد على الشيء في الصلاة

[448] **أمالي أحمد بن عيسى -عليهما السلام-** [1/ 204]: وحدثنا محمد، حدثنا محمد، حدثني أحمد بن عيسى، عن محمد بن بكر، عن أبي الجارود، قال سمعت أبا جعفر يقول: كان لرسول الله -صلى الله عليه وآله وسلم- عود في الحائط حين كبر وضعف يعتمد عليه إذا قام يصلي، وها هو ذاك في المسجد اليوم. انتهى.

رجال هذا الإسناد من ثقات محدثي الشيعة، وقد مر الكلام عليهم.

[449] **الهادي -عليه السلام- في الأحكام** [1/ 115]: ولا بأس أن يعتمد الرجل على الأرض، أو على الجدار إذا نهض لصلاته إذا احتاج إلى ذلك لعلة أو كِبَر، وفي ذلك ما يروى عن رسول الله -صلى الله عليه وآله وسلم- من الأثر، أنه كان يعتمد على عود كان في قبلته حين ينهض في صلاته، وذلك العود اليوم

(364) الإقعاء: أن يلصق الرجل إليته بالأرض، وينصب ساقيه وفخذيه ويضع يديه على الأرض كما يفعل الكلب ويقال أقعى الكلب إذا جلس على إليته. تمت حاشية.

هو في قبلة مسجده بالمدينة -صلى الله عليه وآله وسلم-. انتهى.

[450] **المؤيد بالله -عليه السلام- في شرح التجريد**[1/ 417]: وأما الاعتماد على الجدار أو غيره عند النهوض في الصلاة: فقد اعتمد بذلك يحيى بن الحسين -عليه السلام- على ما رواه محمد بن منصور، عن أحمد بن عيسى، عن محمد بن بكر، عن أبي الجارود، قال سمعت أبا جعفر يقول: كان لرسول الله -صلى الله عليه وآله وسلم- عود في الحائط حين كبر وضعف يعتمد عليه إذا قام يصلي. انتهى.

باب القول في المصلى هل يتقي في السجود حر الأرض وبردها

[451] **الهادي -عليه السلام- في الأحكام**[1/ 112]: قال يحيى بن الحسين -عليه السلام-: ولا أحب السجود على كور العمامة، وقد جاء في ذلك عن النبي -صلى الله عليه وآله وسلم- النهي، فإن خشي الساجد حراً أو برداً ثَنَى طرفها ثم سجد على ما ثنى منها.

وفيه: حدثني أبي، عن أبيه، قال: لا بأس أن يتقيَ بثوبه حر الأرض وبردها، وقد روي ذلك عن رسول الله -صلى الله عليه وآله وسلم-.

[452] **الجامع الكافي** [2/ 129]: قال القاسم -عليه السلام- في رواية داوود عنه: وسئل هل يسجد في البرد ويداه في ثيابه؟

فقال: لا بأس أن يتقي برد الأرض وحرها، فقد روي ذلك عن النبي -صلى الله عليه وآله وسلم-.

وقال أيضاً في رواية داوود عنه: ولا أحب أن يسجد على كور العمامة إلا أن يخشى على نفسه ضرراً من حر أو برد، ولا بأس أن يتقي بثوبه حر الأرض وبردها فقد روي ذلك عن النبي -صلى الله عليه وآله وسلم-.

وقال الحسن -عليه السلام-: فيما حدثنا زيد عن زيد عن أحمد عنه: يكره السجود على كور العمامة، وروي عن النبي -صلى الله عليه وآله وسلم- أنه كان

قال: «يتوقى بثوبه حر الأرض وبردها.

وقال محمد: ذكر عن علي - صلى الله عليه - أنه كره السجود على كور العمامة، ولا بأس أن يسجد على ثوبه من الحر والبرد، ذكر ذلك عن النبي -صلى الله عليه وآله وسلم-، وعن أصحابه. انتهى.

باب القول في درء المارِّ ووضع السترة بين يدي المصلي

[453] **المؤيد بالله -عليه السلام- في شرح التجريد**[1/ 220]: واستدل يعني الهادي -عليه السلام- على ذلك: بما أخبرنا به أبو الحسين بن إسماعيل، قال: حدثنا الناصر -عليه السلام-، عن محمد بن منصور، قال: حدثنا أحمد بن عيسى، عن حسين، عن أبي خالد، عن زيد بن علي، عن آبائه، عن علي -عليه السلام- قال: (كانت لرسول الله -صلى الله عليه وآله وسلم- عنزة يتوكأ عليها ويغرزها بين يديه إذا صلى) قال: فصلى ذات يوم وقد غرزها بين يديه فمر بين يديه كلب ثم حمار ثم مرت امرأة، فلما انصرف قال: «قد رأيتُ الذي رأيتم وليس يقطع صلاة المسلم شيء، ولكن ادرؤوا ما استطعتم». انتهى.

[454] **أمالي أحمد بن عيسى -عليهما السلام-**[1/ 164]: وحدثنا محمد، حدثني أحمد بن عيسى، عن حسين، عن أبي خالد، عن زيد، عن آبائه، عن علي -عليهم السلام-، قال: (كانت لرسول الله -صلى الله عليه وآله وسلم- عنزة يتوكأ عليها ويغرزها بين يديه إذا صلى)، قال: فصلى ذات يوم فغرسها بين يديه فمر بين يديه كلب، ثم حمار، ثم مرت امرأة، فلما انصرف قال: «قد رأيت الذي رأيتم ليس يقطع صلاة المسلم شيء، وادرؤوا ما استطعتم». انتهى.

[455] **مجموع زيد بن علي -عليهما السلام-**[صـ104]: حدثني زيد بن علي، عن أبيه، عن جده، عن علي -عليهم السلام- قال: كانت لرسول الله -صلى الله عليه وآله وسلم- عنزة يتوكأ عليها ويغرزها بين يديه إذا صلى، فصلى ذات يوم فمر بين يديه كلب، ثم [مر] حمار، ثم مرت امرأة فلما انصرف -صلى الله عليه وآله وسلم- قال: «قد رأيت الذي رأيتم ليس يقطع صلاة المسلم شيء،

ولكن ادرؤوا ما استطعتم». انتهى.

[456] الهادي -عليه السلام- في الأحكام [1/99]: وبلغنا عن علي -عليه السلام- أنه قال: صلى بنا رسول الله -صلى الله عليه وآله وسلم- وقد غرز عنزته بين يديه فمر بين يديه كلب، ثم حمار، ثم مرت امرأة، فلما انصرف قال: «قد رأيت الذي رأيتم، وليس يقطع صلاة المسلم شيء، ولكن ادرؤوا ما استطعتم». انتهى.

[457] وقال الهادي -عليه السلام- في المنتخب: أحب إلي أن يصنع يديه مثل مقدمة الرحل، كما روي عن النبي -صلى الله عليه وآله وسلم-. انتهى.

[458] الجامع الكافي [1/71]: وروى محمد بإسناد عن النبي -صلى الله عليه وآله وسلم- أنه كانت له عنزة يتوكأ عليها ويغرزها بين يديه إذا صلى.

وعن النبي -صلى الله عليه وآله وسلم- أنه قيل له: إن الدواب تمر من بين أيدينا ونحن نصلي، فقال: «مثل مؤخرة الرحل تكون بين يدي أحدكم ثم لا يضره ما مر بين يديه».

وعن أبي سعيد، قال: أمرنا رسول الله -صلى الله عليه وآله وسلم- أن ندفع -يعني من يمر بين أيدينا- ونحن نصلي.

وعن أبي سعيد، قال: أمرنا أن لا نذر أحداً يمر بين أيدينا ونحن نصلي.

وروى محمد بإسناده عن النبي -صلى الله عليه وآله وسلم- أنه قال: «لا يقطع الصلاة شيء، ولكن ادرؤوا ما استطعتم». وعن علي -صلى الله عليه- مثله. انتهى.

[459] أمالي أحمد بن عيسى -عليهما السلام- [1/165]: حدثنا جعفر، عن قاسم بن إبراهيم، في الرجل يصلي في الفضاء من الأرض، قال: يخط بين يديه خطاً.

قال محمد: لا بأس بالصلاة إلى البعير والراحلة فقد فعل بعض أصحاب

رسول الله -صلى الله عليه وآله وسلم-. انتهى.

باب القول في الصلاة في أعطان الإبل

[460] **أمالي أحمد بن عيسى -عليهما السلام-**[1/ 165]: حدثنا محمد، حدثني أحمد بن عيسى، عن حسين، عن أبي خالد، عن زيد، عن آبائه، عن علي -عليهم السلام-: أن راعياً سأل النبي -صلى الله عليه وآله وسلم- قال: أصلي في أعطان الإبل، قال: «لا»، قال: أفأصلي في مرابض الغنم؟ قال: «نعم». انتهى.

[461] **مجموع زيد بن علي -عليهما السلام-** [صـ105]: حدثني زيد بن علي، عن أبيه، عن جده، عن علي -عليهم السلام- أن راعياً سأل النبي -صلى الله عليه وآله وسلم- فقال: أأصلي في أعطان الإبل؟ قال: «لا»، قال: أأصلي في مرابض الغنم؟ قال: «نعم». انتهى.

[462] **الجامع الكافي** [2/ 77]: وقال الحسن -عليه السلام-: فيما حدثنا زيد، عن زيد، عن أحمد، عنه: سئل عن الصلاة في معاطن الإبل، فقال: في ذلك كراهية.

وقال محمد: لا بأس بالصلاة في مراح الغنم والبقر، وأما مبارك الإبل فسمعنا عن النبي -صلى الله عليه وآله وسلم- نهى عن الصلاة فيها. انتهى.

[463] **الهادي -عليه السلام- في الأحكام**[1/ 99]: بلغنا عن رسول الله -صلى الله عليه وآله وسلم- أنه كره الصلاة في أعطان الإبل، ودمن الغنم.

قال يحيى بن الحسين -عليه السلام-: وليس ذلك عندنا بصحيح، حدثني أبي عن أبيه أنه [سئل عن الصلاة في أعطان الإبل ومراحات الغنم، قال: لا بأس به].

وقال: قد روى عن ابن المغفل وغيره أن النبي -صلى الله عليه وآله وسلم- نهى عن الصلاة في أعطان الإبل، وليس ذلك عندنا بصحيح. انتهى.

[464] **الجامع الكافي**[2/ 76]: قال القاسم -عليه السلام-: لا بأس بالصلاة في أعطان الإبل ودمن الغنم، وليس بصحيح ما روي عن النبي -صلى

الله عليه وآله وسلم- أنه كره الصلاة في أعطان الإبل؛ فإنها خلقت من الشياطين، وما أعجب هذه الرواية مخالفة لكتاب الله -عز وجل-: ﴿ثَمَٰنِيَةَ أَزْوَٰجٍۖ مِّنَ ٱلضَّأْنِ ٱثْنَيْنِ وَمِنَ ٱلْمَعْزِ ٱثْنَيْنِۗ﴾[الأنعام:143] إلى آخر الآية. انتهى.

باب القول فيما نهى عن الصلاة فيه من المواطن

[465] **أمالي أحمد بن عيسى -عليهما السلام-**[1/ 200]: وبه، قال: حدثنا محمد بن منصور، قال: أخبرنا جعفر، عن قاسم بن إبراهيم، قال: كرهت الصلاة في بيوت الحمام الداخلية لقذرها، ولم ينه عن الصلاة في بيوت الحمام الخارجة وكرهت الصلاة في المقابر، ونهى عن الصلاة على قارعة الطريق لمعنى المضرة بالمارة، وليست المضرة من أخلاق المسلمين، وقد قال رسول الله -صلى الله عليه وآله وسلم- «لا ضرر ولا ضرار في الإسلام». انتهى.

[466] **الهادي -عليه السلام- في الأحكام**[1/ 100]: حدثني أبي، عن أبيه، أنه سئل عن الصلاة في أعطان الإبل، ودمن الغنم؟.

فقال: لا بأس بذلك، وقد روي عن ابن المغفل وغيره أن النبي -صلى الله عليه وآله وسلم- نهى عن الصلاة في أعطان الإبل، وليس ذلك بصحيح عندنا.

[467] **الجامع الكافي** [2/ 77]: قال القاسم -عليه السلام-: كرهت الصلاة في بيوت الحمام الداخلة لقذرها، ولم ينه عن الصلاة في بيوت الحمام الخارجة، وكرهت الصلاة في المقابر، ونهى عن الصلاة في قارعة الطريق لمعنى المضرة بالمارة، وليست المضرة من أخلاق المسلمين، وقد قال -صلى الله عليه وآله وسلم-: «لا ضرر ولا ضرار في الإسلام».

وروى داوود، عن القاسم نحو ذلك، وزاد فيه: ولم ينه عن الصلاة في بيوت الحمام الخارجة النقية من الأقذار، التي ليس فيها قذر، ولا أَنْتَانٌ(365) مؤذية،

---

(365) في الجامع الكافي المطبوع ولا أبثار مؤذية

وإنما كرهت الصلاة في داخلها، ونهى عن الصلاة على قارعة الطريق لمعنى الأقذار، والإضرار بالمار، ولا بأس به إن لم يكن فيه ضرر عليه أو على مار، وكان مقامه في مسجده نقياً من الأقذار، وإنما كرهت الصلاة على المقابر لإكرام أهلها إن كانوا مؤمنين، ولقذرهم ونجاستهم إن كانوا كافرين. انتهى. ونحوه في الأحكام.

[468] **المرتضى محمد بن يحيى -عليهما السلام- في النهي [مجموع المرتضى (2/ 756-760)]**: عن أبيه، عن آبائه، عن علي -عليهم السلام-، قال: نهى رسول الله -صلى الله عليه وآله وسلم- عن الصلاة بين المقابر، ونهى عن الصلاة في الحمام، ونهى عن الصلاة خلف النائم.

[469] وروي عنه -صلى الله عليه وآله وسلم- بإسناد صحيح: أنه نهى عن الركوب على النمور، وعن الصلاة في الحرير، وقال: «النمور من متاع الكفار، وزينة من لا خلاق له»، ونهى أن يكون في قبلة المسجد حمام أو حِش أو مقبرة. انتهى.

[470] **أمالي أحمد بن عيسى -عليهما السلام- [1/ 200]**: حدثنا محمد بن منصور، قال: حدثنا محمد بن جميل، عن عاصم، عن مندل، عن ليث، عن الحكم، قال: قال علي -عليه السلام-: (لا يصلي في حمام، ولا تجاه قبور، ولا تجاه حش). انتهى.

رجال هذا الإسناد من ثقات محدثي الشيعة.

و**محمد بن جميل** قد مر، وكذلك **عاصم بن عامر** قاضي الإمام محمد بن محمد بن زيد -عليهم السلام- قد مر، وكذلك **مندل بن علي العنزي** قد مر.

أما **ليث**: فهو ابن أبي سليم فسيأتي الكلام عليه، وكذلك **الحكم بن عيينة** سيأتي إن شاء الله.

باب القول في الصلاة في ثوب واحد

[471] **أمالي أحمد بن عيسى -عليهما السلام-**[1/ 201 - 202]: حدثنا محمد بن منصور، قال: حدثني أحمد بن عيسى، عن محمد بن بكر، عن أبي الجارود، قال: سمعت أبا جعفر -عليه السلام- يقول: حدثني مولاي هذا أنه رأى الحسن بن علي -عليه السلام- صلى في ثوب واحد، وأن الحسن حدثه أنه رأى رسول الله -صلى الله عليه وآله وسلم- يصلي في ثوب واحد.

[472] [وبه قال] حدثنا محمد بن منصور، قال: حدثنا أحمد بن عيسى، عن محمد، عن أبي الجارود، قال: حدثني أبو جعفر، عن جابر بن عبدالله، قال: رأيت رسول الله -صلى الله عليه وآله وسلم- يصلي في ثوب واحد.

[473] حدثنا محمد بن منصور، قال: حدثنا أحمد بن عيسى، عن محمد، عن أبي الجارود، قال: قلت لأبي جعفر -عليه السلام-: إن المغيرة يقول لا تصل إلا بإزار ولو عقال تربط به وسطك، فقال: يا أبا الجارود، هو قول اليهود، صَلَّى رسولُ الله -صلى الله عليه وآله وسلم- في ثوب واحد.

[474] حدثني أحمد بن عيسى، عن محمد بن بكر، عن أبي الجارود، قال: قال أبو جعفر: رأيت جابر بن عبد الله الأنصاري -وأَمَّنَا في بيته- صَلَّى في ثوب واحد إلى جنبه مشجب، لو شاء أن يتناول منه ثوباً لتناوله.

[475] [حدثنا] أحمد، عن محمد بن بكر، عن أبي الجارود، قال: سألت محمد بن علي عن الرجل يصلي في القميص الواحد، فقال لا بأس.

[476] حدثني جعفر، عن قاسم بن إبراهيم، في الرجل يصلي في ثوب واحد، فقال: لا بأس بذلك، قد جاءت به الرواية عن النبي -صلى الله عليه وآله وسلم- وصحت، على أي حالٍ كان ذلك من جِدَةٍ أو إعسار. انتهى.

رجال هذا الإسناد من ثقات محدثي الشيعة، وقد مر الكلام عليهم.

[477] **وقال الهادي إلى الحق -عليه السلام- في الأحكام**[1/ 92]: وكذلك روي

عن رسول الله -صلى الله عليه وآله وسلم- أنه صلى بالناس آخر صلاة صلاها في مرضه الذي قبض فيه، في شملة خيبرية، عاقداً بين طرفيها في قفاه. انتهى.

باب القول في الصلاة في جوف الكعبة والسفينة

[478] **الجامع الكافي [2/ 80]**: قال القاسم -عليه السلام-: لا بأس بصلاة التطوع في الكعبة وفي الحجر، لأنه ذكر عن النبي -صلى الله عليه وآله وسلم- أنه صلى في الكعبة. انتهى.

[479] **مجموع زيد بن علي -عليهما السلام- [ص-110]**: حدثني زيد بن علي، عن أبيه، عن جده، عن علي -عليهم السلام-، قال: (إذا كنت في سفينة وكانت تسير فَصَلِّ وأنت جالس، وإن كانت واقفة فَصَلِّ وأنت قائم). انتهى.

[480] **أمالي أحمد بن عيسى -عليهما السلام- [1/ 171]**: حدثني أحمد بن عيسى، عن حسين، عن أبي خالد، عن زيد، عن آبائه، عن علي -عليهم السلام-، قال: (إذا ركبت السفينة فكانت تسير فصل وأنت جالس، وإن كانت واقفة فصل وأنت قائم). انتهى.

باب القول في صلاة العريان والصلاة في الماء والطين

[481] **مجموع زيد بن علي -عليهما السلام- [ص-106]**: حدثني زيد بن علي، عن أبيه، عن جده، عن علي -عليهم السلام- في العريان، قال: (إن كان حيث يراه أحد صلى جالساً؛ يومي إيماء؛ [ويجعل سجوده أخفض من ركوعه]، وإن كان حيث لا يراه أحد من الناس صلى قائماً). انتهى.

[482] **الجامع الكافي [2/ 66]**: وروى محمد بإسناده عن علي - صلى الله عليه - قال: (إذا كان العريان يراه أحد صلى جالساً، وإن كان لا يراه أحد صلى قائماً، [وإن كان في ماء أومئ إيماء])[366]. انتهى.

---

[366] ما بين القوسين غير موجود في الجامع الكافي المطبوع.

[483] **أمالي أحمد بن عيسى** -عليهما السلام-[1/252]: وقال قاسم، في الرجل يصلي في ماء وطين: يسجد على الطين والماء ما لم يكن في ذلك ما يضره، وقد ذكر عن النبي -صلى الله عليه وآله وسلم- أنه صلى في ماء وطين. انتهى.

[484] **الجامع الكافي** [2/82]: قال القاسم -عليه السلام-: إذا كان الرجل في ماء وطين سجد في الطين والماء، ما لم يكن في ذلك ما يضره، وقد ذكر عن النبي -صلى الله عليه وآله وسلم- أنه صلى في ماء وطين. انتهى.

باب القول في الصلاة على الراحلة

[485] **مجموع زيد بن علي** -عليهما السلام-[صـ110]: حدثني زيد بن علي، عن أبيه، عن جده، عن علي -عليهم السلام- أن النبي -صلى الله عليه وآله وسلم- كان يتطوع على بعيره في سفره حيث توجه بعيره، يومئ إيماء، ويجعل سجوده أخفض من ركوعه، وكان لا يصلي الفريضة ولا الوتر إلا إذا نزل. انتهى.

[486] **أمالي أحمد بن عيسى** -عليهما السلام-[1/253]: قال محمد بن جميل، عن مصبح، عن مندل، عن جعفر بن محمد، أن رسول الله -صلى الله عليه وآله وسلم- صلى الفريضة في يوم مطير على الدابة. انتهى.

رجال هذا الإسناد قد مر الكلام عليهم، وهم من ثقات محدثي الشيعة.

[487] **الجامع الكافي**[2/83]: وقال محمد: وإن كان على دابة في يوم مطير في سفر فلم يمكنه الصلاة على الأرض من الطين والماء صلى على ظهر دابته الفريضةَ، يومئ إيماء يجعل السجود أخفض من الركوع.

وروي بإسناد عن النبي -صلى الله عليه وآله وسلم- أنه صلى الفريضة(367) في يوم مطير على الدابة. انتهى.

---

(367) في الجامع الكافي المطبوع: أنه صلى الجمعة. ولعل الصواب ما في الأصل.

[488] أمالي أحمد بن عيسى -عليهما السلام- [1/ 227]: حدثنا محمد، قال: حدثني أحمد بن عيسى، عن حسين، عن أبي خالد، عن زيد، عن آبائه، عن علي -صلوات الله عليه-، أن رجلاً سأل النبي -صلى الله عليه وآله وسلم- فقال: يا رسول الله، هل تصلي على ظهر بعيرك؟، قال: «نعم، حيثما توجه بك بعيرك، إيماء يكون سجودك أخفض من ركوعك، صلاة التطوع، فإذا كانت المكتوبة فالقرار». انتهى.

[489] المؤيد بالله -عليه السلام- في شرح التجريد [1/ 327]: واستدل يحيى -عليه السلام- على ذلك بما رواه محمد بن منصور، عن أحمد بن عيسى، عن حسين عن أبي خالد، عن زيد، عن آبائه، عن علي -عليهم السلام-: أن رجلاً سأل النبي -صلى الله عليه وآله وسلم- فقال: يا رسول الله، هل أصلي على ظهر بعيري؟، قال: «نعم، حيث توجه في النوافل بك بعيرك، إيماء، ويكون سجودك أخفض من ركوعك، فإذا كانت المكتوبة فالقرار القرار». انتهى.

[490] أمالي أحمد بن عيسى -عليهما السلام- [1/ 227]: حدثني أحمد بن عيسى، عن حسين، عن أبي خالد، عن زيد، عن آبائه، عن علي -صلوات الله عليه-، قال: أقبل رسول الله -صلى الله عليه وآله وسلم- أول عمرة اعتمرها فأتاه رجل فقال: يا رسول الله، أتصلي على ظهر بعيرك؟، قال: «نعم، حيث توجه بك بعيرك، إيماء، يكون سجودك أخفض من ركوعك، صلاة التطوع، فإذا كانت المكتوبة فالقرار». انتهى.

[491] الهادي -عليه السلام- في الأحكام [1/ 123]: وقد بلغنا عن رسول الله -صلى الله عليه وآله وسلم- أنه كان يتطوع على ظهر راحلته حيثما توجهت به. انتهى.

[492] أمالي أحمد بن عيسى -عليهما السلام- [1/ 228]: حدثنا أحمد بن عيسى، عن محمد، عن أبي الجارود، قال: حدثني أبو جعفر، قال: أخبرني أبي، عن

أبيه، قال: (خرج رسول الله -صلى الله عليه وآله وسلم- في غزاة له فدعاء بماء فتوضأ على راحلته، ثم صلى يومئ إيماء، يجعل سجوده أخفض من ركوعه). انتهى.

[494] **الجامع الكافي**[2/ 86]: وقال الحسن -عليه السلام-: روي عن النبي -صلى الله عليه وآله وسلم- أنه كان ربما صلى صلاة الليل على راحلته حيثما توجهت به، يومئ إيماء، يجعل السجود أخفض من الركوع. انتهى.

[495] **أمالي أحمد بن عيسى -عليهما السلام-** [1/ 228]: حدثنا أحمد، عن محمد بن بكر، عن أبي الجارود، قال: سمعت أبا جعفر يقول: (صلى النبي -صلى الله عليه وآله وسلم- على ظهر ناقته أينما توجهت به، في التطوع في السفر).

[496] [حدثنا] أحمد بن عيسى، عن محمد بن بكر، عن أبي الجارود، قال: قال أبو جعفر: ربما رأيت أبي يدعو بوضوء فيتوضأ في محمله ثم يصلي صلاة رسول الله عليه -صلى الله عليه وآله وسلم-. انتهى.

جميع رجال أسانيد هذا الباب قد مر الكلام عليهم، وهم من ثقات محدثي الشيعة.

باب القول في صلاة العليل

[497] **مجموع زيد بن علي -عليهما السلام-** [صـ106]: حدثني زيد بن علي، عن أبيه، عن جده، عن علي -عليهم السلام-، قال: دخل رسول الله -صلى الله عليه وآله وسلم- على رجل من الأنصار وقد شبكته الريح، فقال: يا رسول الله، كيف أصلي؟، فقال: «إن استطعتم أن تجلسوه فأجلسوه، وإلا فوجهوه إلى القبلة، ومروه أن يومئ إيماء، ويجعل السجود أخفض من الركوع، وإن كان لا يستطيع القرآن فاقرؤوا عنده واسمعوه». انتهى.

[498] **المؤيد بالله -عليه السلام- في شرح التجريد** [1/ 415]: وروى محمد بن منصور، عن أحمد بن عيسى، عن حسين، عن أبي خالد، عن زيد، عن آبائه،

عن علي -عليهم السلام-، قال: دخل رسول الله -صلى الله عليه وآله وسلم- على رجل من الأنصار وقد شبكته الريح، فقال: يا رسول الله، كيف أصلي؟ فقال: «إن استطعتم أن تجلسوه فأجلسوه، وإلا فوجهوه إلى القبلة، وأمروه فليوم إيماء». انتهى.

[499] **مجموع زيد بن علي -عليهما السلام-** [صـ105]: حدثني زيد بن علي، عن أبيه، عن جده، عن علي -عليهم السلام-، قال: أتى رسول الله -صلى الله عليه وآله وسلم- فقيل له: إن عبد الله بن رواحة -رضي الله عنه- ثقيل، فأتاه وهو مغمي عليه، قال: فقال عبد الله بن رواحة: يا رسول الله أغمي علي ثلاثة أيام، فكيف أصنع بالصلاة؟، قال -صلى الله عليه وآله وسلم-: «صل صلاة يومك الذي أفقت فيه؛ فإنه يجزيك». انتهى.

[500] **أمالي أحمد بن عيسى -عليهما السلام-** [1/167]: حدثنا محمد، حدثني أحمد بن عيسى، عن حسين، عن أبي خالد، عن زيد، عن آبائه، عن علي -عليهم السلام-: قال أتى رسول الله -صلى الله عليه وآله وسلم- فقيل له: إن عبد الله بن رواحة ثقيل، فأتاه وهو مغمي عليه، قال: فقال عبد الله بن رواحة: يا رسول الله، أغمي عليه ثلاثة أيام، فكيف أصنع بالصلاة؟، فقال: «صل صلاة يومك الذي أفقت فيه، فإنه يجزيك». انتهى.

[501] **الهادي -عليه السلام- في المنتخب** [صـ48]: وكذلك أجمعوا جميعاً أن المغمى عليه لو مكث شهراً أو أقل أو أكثر لم يُعِدْ من الصلاة إلا اليوم الذي أفاق فيه، فإن أفاق وقد بقي من الشمس قدر ما يصلى ركعة من عصره قضى صلاة يومه ذلك، وكذا إن أدرك من ليلته مقدار ما يصلي ركعة من العتمة قبل طلوع الفجر قضى صلاة ليلته تلكن ولم يعد صلاة اليوم، فهذا إجماع آل رسول الله -صلى الله عليه وآله وسلم-. انتهى.

[501] **مجموع زيد بن علي -عليهما السلام-** [صـ106]: حدثني زيد بن

علي، عن أبيه، عن جده، عن علي -عليهم السلام-، قال: دخل رسول الله -صلى الله عليه وآله وسلم- على مريض يعوده فإذا هو جالس معه عود يسجد عليه قال فنزعه رسول الله -صلى الله عليه وآله وسلم- من يديه، وقال: «لا تعد، ولكن أومئ إيماء، ويكون سجودك أخفض من ركوعك». انتهى.

[502] **أمالي أحمد بن عيسى -عليهما السلام-** [1/ 169]: حدثني أحمد بن عيسى، عن حسين، عن أبي خالد، عن زيد، عن آبائه، عن علي -عليهم السلام-، قال: دخل رسول الله -صلى الله عليه وآله وسلم- على رجل من الأنصار وقد شبكته الريح، فقال: يا رسول الله، كيف أصلي؟، قال: «إن استطعتم أن تجلسوه فأجلسوه، وإلا فوجهوه إلى القبلة، ومروه فليومأ إيماء، وإن كان لا يستطيع أن يقرأ القرآن فاقرؤوا عنده وأسمعوه». انتهى.

[503] **صحيفة علي بن موسى الرضى -عليهما السلام-** [صـ450]: عن أبيه، عن آبائه، عن علي -عليهم السلام-، قال: قال رسول الله -صلى الله عليه وآله وسلم-: «إذا لم يستطع الرجل أن يصلي قائماً فليصل جالساً، فإن لم يستطع أن يصلي جالساً، فليصل مستلقياً على قفاه، ناصباً رجليه حيال القبلة، [يومئ إيماء]». انتهى.

[504] **أمالي أحمد بن عيسى -عليهما السلام-** [1/ 169]: أخبرنا محمد، حدثني أحمد بن عيسى، عن محمد بن بكر، عن أبي الجارود، قال: كنت عند أبي جعفر وعنده عبد الله ابنه، فجعل عبد الله يلوي يديه ويعالجني، قال: فحضرت الصلاة فقام عبد الله فتوضأ ثم جاء فجلس على وسادة فصلى عليها جالساً يومئ إيماء، فذكرت ذلك لأبي جعفر، فقال: إنه يصدع، ثم قال أبو جعفر: إن الرجل إذا صَدَعَ أو وُعِكَ كان في عذر، إن أبا لبابة أتى علياً -عليه السلام-، فقال: يا أبا الحسن ما يبلغ من وجع الرجل أن يصلي وهو جالس، فقال: مالك يا أبا لبابة أجهلت أم تجاهلت، أما رأيت رسول الله -صلى الله عليه وآله وسلم- يخرج إلينا حتى يأتي مصلاه هذا ثم يصلي وهو جالس، قال: بلى، قال: فلم تسألني. انتهى.

[505] **الجامع الكافي** [2/158]: وروى محمد بإسناده: أن أبا لبابة أتا علياً صلى الله عليه، فقال: يا أبا الحسن ما يبلغ من وجع الرجل أن يصلي وهو جالس؟ فقال: يا أبا لبابة، ما رأيت رسول الله -صلى الله عليه وآله وسلم- يخرج إلينا حتى يأتي مصلاه هذا ثم يصلي جالساً، فقال: بلى، قال: فَلِمَ تسألُني. انتهى.

القاضي زيد -رحمه الله- في الشرح [2/110- مخ]: يصلي العليل على ما يمكنه؛ قائماً إن أمكنه، وإن لم يمكنه فجالساً، وإذا عجز عن الركوع والسجود صلى بالإيماء، وهذا مما لا خلاف فيه.

وفيه [2/120 - مخ]: قال السيد المؤيد بالله: ويفسق المريض إذا ترك الصلاة مُومِياً، إذا أمكنه الطهارة والإيماء، وهذا ليس يظهر فيه الخلاف.

وفيه [2/118 - مخ]: قال زيد بن علي في مجموع الفقه: يصلي الأخرس راكعاً وساجداً، ويجزيه ما في قلبه، وهذا مما لا خلاف فيه. انتهى.

جميع رجال أسانيد هذا الباب من ثقات محدثي الشيعة، وقد مروا.

باب صلاة الجماعة والقول في فضلها

[506] **أبو طالب** -عليه السلام- في الأمالي [صـ556]: وبه، قال: حدثنا أبو عبد الله أحمد بن محمد الآبنوسي، قال: حدثنا أبو القاسم عبد العزيز بن إسحاق بن جعفر، قال: حدثنا علي بن محمد بن كأس النخعي، قال: حدثنا سليمان بن إبراهيم المحاربي، قال: حدثني نصر بن مزاحم المنقري، قال: حدثني إبراهيم بن الزبرقان التيمي، قال: حدثني أبو خالد الواسطي، قال: حدثنا زيد بن علي، عن أبيه، عن جده، عن علي -عليهم السلام- قال: قال رسول الله -صلى الله عليه وآله وسلم-: «لا تزال أمتي يُكَفُّ عنها ما لم يظهروا خصالاً: عملاً بالرياء[368]، وإظهار الرُّشا، وقطعاً للأرحام، وترك الصلاة في جماعة،

---

(368) بالمثناة من تحت لأنه في باب التحذير من الرياء -بالمثناة من تحت- يؤكد ذلك اقترانه بلفظ =

وترك البيت أن يؤم، فإذا ترك هذا البيت أن يؤم لم يناظروا». انتهى.

[507] **مجموع زيد بن علي -عليهما السلام-** [صـ90]: حدثني زيد بن علي، عن أبيه، عن جده، عن علي -عليهم السلام- قال: قال رسول الله -صلى الله عليه وآله وسلم-: «لا تزال أمتي يكف عنها البلاء ما لم يظهروا خصالاً؛ عملاً بالربا(369)، وإظهار الرشا، وقطع الأرحام، وقطع الصلاة في جماعة، وترك هذا البيت، أن يُؤَمّ فإذا ترك هذا البيت أن يؤم لم يناظروا». انتهى.

[508] **أمالي أحمد بن عيسى -عليهما السلام-** [1/ 161]: حدثني أحمد بن عيسى، عن حسين بن علوان، عن أبي خالد، عن زيد، عن آبائه، عن علي -عليهم السلام-، قال: قال رسول الله -صلى الله عليه وآله وسلم-: «لن تزال أمتي يكف عنها ما لم يظهروا خصالاً؛ عملاً بالربا(370)، وإظهار الرشا، وقطع الأرحام، وترك الصلاة في جماعة، وترك هذا البيت أن يؤم، فإذا تُرِك هذا البيت أن يؤم لم يُنَاظَرُوا». انتهى.

[509] **مجموع زيد بن علي -عليهما السلام-** [صـ90]: حدثني زيد بن علي، عن أبيه، عن جده، عن علي -عليهم السلام-، قال: (لا صلاة لجار المسجد لا يجيب إلى الصلاة، إذا سمع النداء). انتهى.

[510] **الهادي -عليه السلام- في الأحكام**[1/ 98]: قال يحيى بن الحسين -عليه السلام-: فضل الجماعة على الفرادى كفضل يوم الجمعة على سائر الأيام

العمل وهو أليق بالإسناد إلى الرياء -بالمثناة- بخلاف الربا -بالموحدة-، فإن الأنسب له لفظ المعاملة. تمت من حاشية على الأصل. [وذكره في تيسير المطالب في باب التحذير من الرياء بلفظ الرياء]

(369) النسخ في ذلك مختلفة ذكره في الروض تمت حاشية من الأصل.

(370) في أمالي أحمد بن عيسى المطبوع: (عملاً بالرياء)، وقال في حاشية الأمالي: الحديث رواه في المجموع الثقة، وفيه روايتان، (لا يزال - ولن يزال)، وقوله (بالرياء): روي بالباء الموحدة من أسفل، وهي نسخة الشريف الحسن بن عبد الله، وفي بعض نسخ المجموع بالياء المثناة، وهي نسخة القاضي جعفر بن أحمد بن عبد السلام.

وكذلك روى لنا وبلغنا عن أمير المؤمنين علي بن أبي طالب -صلوات الله عليه- قال: قال رسول الله -صلى الله عليه وآله وسلم-: «لن تزال أمتي يكف عنها ما لم يظهر خصالاً، عملاً بالرياء(371)، وإظهار الرشا، وقطع الأرحام، وترك الصلاة في جماعة، وترك هذا البيت أن يؤم، فإذا ترك هذا البيت أن يؤم لم يناظروا». انتهى.

[511] **أمالي أحمد بن عيسى -عليهما السلام-** [1/ 161]: حدثني أحمد بن عيسى، عن حسين، عن أبي خالد، عن زيد، عن آبائه، عن علي -عليهم السلام-، قال: (لا صلاة لجار المسجد لا يجيب إلى الصلاة إذا سمع النداء). انتهى.

[512] **مجموع زيد بن علي -عليهما السلام-** [صـ90]: حدثني زيد بن علي، عن أبيه، عن جده، عن علي -عليهم السلام-، أنه غدا على أبي الدرداء فوجده متصبِّحاً -يعني نائماً- فقال: ما لَكَ يا أبا الدرداء؟! قال: كان مني من الليل شيء فنمتُ، فقال علي -عليه السلام-: أفتركتَ صلاة الصبح في جماعة؟! فقال: نعم، فقال علي -عليه السلام-: يا أبا الدرداء، لَأَن أصليَ الفجر وعشاء الآخرة في جماعة أحبَّ إلي من أن أحيي ما بينهما، أو ما سمعت رسول الله -صلى الله عليه وآله وسلم-: «لو يعلمون ما فيهما لأتوهما ولو حبواً، **وإنهما ليُكَفِّران ما بينهما**». انتهى.

[513] **أمالي أحمد بن عيسى -عليه السلام-** [1/ 162]: حدثني أحمد بن عيسى، عن حسين، عن أبي خالد، عن زيد، عن آبائه، عن علي -عليهم السلام-: أنه غدا على أبي الدرداء فوجده متصبحاً، فقال له: ما لك؟ فقال: كان مني من الليل شيء، فنمتُ، فقال علي -عليه السلام-: أفتركت صلاة الصبح في جماعة؟! فقال: نعم، فقال علي -عليه السلام-: [أوَ ما سمعت رسول الله -صلى الله عليه وآله وسلم- وهو يقول: «لأن أصلي الفجر والعشاء الآخرة في

---

(371) الذي عندنا في نسخة الأحكام بالمثناة من تحت. تمت، وهو الصحيح. تمت مؤلف.

جماعة أحب إلي من أن أحيي ما بينهما]، يا أبا الدرداء] لو يعلمون ما فيهما لأتوهما ولو حبواً، وإنهما ليُكفِّران ما بينهما». انتهى.

[514] **الجامع الكافي** [2/ 176]: وروى محمد بإسناده عن علي -عليه السلام-: «لا صلاة لجار المسجد [لا يحضر الصلاة](372) إذا سمع النداء، إلا في المسجد».

[515] وعن علي -عليه السلام-: (لأن أصلي الفجر والعشاء في جماعة أحب إلي من أن أحيي ما بينهما). انتهى.

وفي الباب: حديث علي -عليه السلام-: (تحت ظل العرش يوم لا ظل إلا ظله)، عند الهادي، وأمالي أحمد بن عيسى، ومجموع زيد بن علي -عليهم السلام-، وقد مر.

وحديث أبي سعيد الخدري: «ألا أدلكم على ما يكفر الله به الخطايا»، عند أبي طالب، ومحمد بن منصور، والجامع الكافي، وقد مر في فضل الوضوء.

وحديث: «لما أسري بي إلى السماء قيل لي: فيمَ يختصم الملأ الأعلى»، عند محمد في الأمالي، والجامع الكافي، وقد مر.

وحديث: «الصلوات الخمس كفارات لما بينهن»، عند محمد في الأمالي، ومجموع زيد بن علي -عليهما السلام-، وقد مر في باب المحافظة على الصلوات الخمس.

باب القول في إمامة الصلاة من أحق بالإمامة

[516] **مجموع زيد بن علي -عليهما السلام-** [صـ91]: قال زيد بن علي -عليهما السلام- قال رسول الله -صلى الله عليه وآله وسلم-: «يؤم القوم أقرؤهم لكتاب الله، فإن كانوا في القرآءة سواء فأعلمهم بالسنة، فإن كانوا في السنة سواء فأكبرهم سناً». انتهى.

---

(372) ما بين القوسين لا يوجد في الجامع الكافي المطبوع.

[517] **زيد بن علي -عليهما السلام- في كتاب الحقوق[صـ282]**: وحق الله في أئمة المؤمنين في صلاتهم؛ أن يعرف لهم حقهم بما تقلدوه وبما قاموا به، وأن يدعو لهم بالإرشاد والهداية، وقد قال رسول الله -صلى الله عليه وآله وسلم-: «تخيروا الأئمة الوافدين(373) بكم إلى الله عز وجل». انتهى.

[518] **أمالي أحمد بن عيسى -عليهما السلام- [1/ 146]**:حدثنا محمد بن منصور، قال: حدثنا أبو طاهر، قال: حدثني أبي، عن أبيه، عن جده، عن علي -عليهم السلام-، قال: (كنت مع النبي -صلى الله عليه وآله وسلم-، قال: فأتى بني مُجَمِّم فقال: «مَن يؤمكم؟»، قالوا: فلان، قال: «لا يؤمنكم ذو خربة في دينه».

قال أبو جعفر: الذي يكون شبه الخدش. انتهى.

[519] **أبو طالب في الأمالي [صـ315]**: وبه حدثنا علي بن الحسين البغدادي الديباجي، قال: حدثنا أبو الحسين علي بن عبد الرحمن بن عيسى بن ماتي، قال: حدثنا محمد بن منصور، قال: حدثنا أبو الطاهر أحمد بن عيسى بن عبد اللّه بن محمد بن عمر العلوي، عن أبيه، عن جده، عن علي -عليه السلام-، قال: كنت مع النبي -صلى الله عليه وآله وسلم-، فأتى بني مجمم(374)، فقال: «من يؤمكم؟»، قالوا: فلان. قال: «لا يؤمنكم ذو خربة(375) في دينه ».

[520] **الهادي -عليه السلام- في الأحكام[1/ 94]**: وفي ذلك ما يروى عن النبي -صلى الله عليه وآله وسلم- أنه قال: «سركم أن تزكو صلاتكم فقدموا خياركم» وفي ذلك ما يروى عنه من القول -صلى الله عليه وآله وسلم- أنه أتى بني

---

(373) وفي نسخة مجموع الإمام زيد: فإنهم الوافدون.

(374) في تيسير المطالب في أمالي أبي طالب صـ(315) بني محجم، وفي الأحكام وأمالي أحمد بن عيسى والنور الأسنى ولوامع الأنوار: بني مجمم، على ما في الأصل، وفي شرح التجريد وأصول الأحكام والجواهر الدرية: بني مجمع.

(375) في تيسير المطالب في أمالي أبي طالب صـ(315) (ذو جرأة في دينه)، وكذا في شرح التجريد صـ(428) (ذو جرأة في دينه) وأثبتها في الأصل: ذو خربة.

مجمم فقال: «من يؤمكم فقالوا: فلان فقال لا يؤمنكم ذو جرأة في دينه» انتهى.

[521] **أبو طالب في التحرير[صـ51]**: روى زيد بن علي، عن أبيه، عن جده، عن علي -عليهم السلام- عن النبي -صلى الله عليه وآله وسلم- أنه قال: «يؤم القوم أقرؤهم لكتاب الله، فإن استووا في ذلك فأعلمهم بالسنة، فإن استووا فأكبرهم سناً»، وهكذا حكى علي بن العباس عن القاسم -عليه السلام-. انتهى.

[522] **المؤيد بالله -عليه السلام- في شرح التجريد[1/ 428]**: والأصل في ذلك - وهو ما اعتمده يحيى -عليه السلام- وهو: ما رواه محمد بن منصور، عن أبي الطاهر، قال: حدثني أبي، عن أبيه، عن جده، عن علي -عليه السلام-، قال: كنت مع النبي -صلى الله عليه وآله وسلم- فأتى بني مجمّع فقال: «من يؤمكم؟»، قالوا: فلان، قال: «لا يؤمنكم ذو خربة في دينه» (376). انتهى.

[523] **أبو طالب -عليه السلام- في الأمالي [صـ316]**:وبه قال أخبرنا أبو أحمد عبد الله بن عدي الحافظ، قال: حدثنا محمد بن محمد بن الأشعث الكوفي بمصر، قال: حدثنا موسى بن إسماعيل بن موسى بن جعفر، قال: حدثنا أبي إسماعيل بن موسى بن جعفر، عن أبيه، عن جده جعفر بن محمد، عن أبيه، عن جده علي بن الحسين، عن أبيه، عن علي -صلوات الله عليه-: قال: قال رسول الله -صلى الله عليه وآله وسلم-: «ليؤذن أفصحكم، وليؤمنكم أفقهكم». انتهى.

[524] **مجموع زيد بن علي -عليهما السلام- [صـ91]**: وقال زيد بن علي -عليه السلام-: لا يصلي خلف الحرورية، ولا خلف المرجئة، ولا القدرية، ولا من نصب حرباً لآل محمد. انتهى.

[525] **أمالي بن عيسى -عليهما السلام- [1/]**: حدثنا محمد بن منصور، قال: حدثنا أحمد بن عيسى، عن محمد بن بكر، عن أبي الجارود، قال: قال لنا أبو

---

(376) في شرح التجريد المطبوع صـ(428): (بني مجمع) و (ذو جرأة في دينه) وأثبتها في الأصل: (بني مجمم) و (ذو خربة).

جعفر -عليه السلام-: لا تصلوا خلف ناصب - ولا كرامة- إلا أن تخافوا على أنفسكم أن تشهروا، أو أن يشار إليكم، فصلوا في بيوتكم ثم اجعلوا صلاتكم معهم تطوعاً. انتهى.

[526] **الجامع الكافي** [2/162]: وقال الحسن -عليه السلام-: انتهى إلينا في الخبر المشهور عن النبي -صلى الله عليه وآله وسلم- أنه قال: «يؤمكم أقرؤكم لكتاب الله، وأفقهكم في دين الله، وأقدمكم هجرة، وأعلاكم سناً». انتهى.

وفيه: قال الحسن -عليه السلام-: أجمع آل رسول الله -صلى الله عليه وآله وسلم- على أن لا يقتدوا في الصلاة إلا بثقة موافق، ولا يقتدوا بالفاسقين في جمعة ولا جماعة.

وفيه: وروى محمد عن النبي -صلى الله عليه وآله وسلم- أنه قال: «لا يؤمنكم ذو خربة في دينه». انتهى.

[527] **الهادي** -عليه السلام- في **الأحكام** [1/122]: قال يحيى بن الحسين: لا يجوز أن يؤم المتيمم المتطهرين بالماء، وكذلك بلغنا عن رسول الله -صلى الله عليه وآله وسلم- أنه قال: «لا يؤم المتيمم المتوضيء بالماء».

[528] وبلغنا عن أمير المؤمنين علي بن أبي طالب -عليه السلام- أنه قال: (لا يؤم متيمم متوضئين). انتهى.

[529] **أمالي أحمد بن عيسى** -عليهما السلام- [1/192]: قال محمد بن منصور: من كانت به علة تحجبه عن بعض حدود الصلاة فلا يؤم أحداً، وقد روي عن علي -عليه السلام- أنه قال: (لا يؤم المقيدُ المطلقين، ولا يؤم المتيمم المتوضئين).

[530] قال بلغنا عن النبي -صلى الله عليه وآله وسلم- أنه قال: «يؤم القوم أقرأوهم لكتاب الله»، وروي «يؤمكم فقهاؤكم».

[531] قال: وبلغنا عن النبي -صلى الله عليه وآله وسلم- أنه قال: «اللهم

أرشد الأئمة».

[532] وفيها: أيضاً أخبرنا محمد بن جميل، عن عاصم، عن مندل، عن حجاج بن أرطأة، عن أبي إسحاق، عن الحارث، عن علي -عليه السلام-: «لا يؤم متيمم متوضئين». انتهى.

[533] **المؤيد بالله -عليه السلام- في شرح التجريد**[1/ 426]: وروي عن أمير المؤمنين -عليه السلام- أنه قال: (لا يؤم المتيمم المتوضئين)، ذكره عنه -عليه السلام- يحيى بن الحسين في الأحكام، ومحمد بن منصور في كتابه. انتهى.

[534] **مجموع زيد بن علي -عليهما السلام-** [صــ75]: حدثني زيد بن علي، عن أبيه، عن جده، عن علي كرم الله وجهه قال: «لا يؤم المتيمم المتوضئين، ولا المقيد المطلقين». انتهى.

رجال جميع أسانيد الباب قد مر الكلام عليهم، وهم من ثقات محدثي الشيعة، وكذلك حجاج بن أرطأة قد تقدم، وسيأتي في الكلام عليه إن شاء الله لزيادة الإيضاح وهو من ثقات محدثي الشيعة.

[535] **القاسم بن إبراهيم في جوابه على ولده محمد بن القاسم -عليهما السلام-** [**مجموع القاسم الرسي** 2/ 624]: وأما الصلوات فلا يجوز فيها أن يؤتم إلا بكل زكي برٍّ، بريء من الملاعب كلها والملاهي، ومن لم يعرض عن اللغو، -وهو كل لعب ولهو-، فليس من عباد الله الذين ذكرهم بالإعراض عن اللغو، فهم العباد لله كما قال -سبحانه-: ﴿وَعِبَادُ الرَّحْمَنِ الَّذِينَ يَمْشُونَ عَلَى الْأَرْضِ هَوْنًا وَإِذَا خَاطَبَهُمُ الْجَاهِلُونَ قَالُوا سَلَامًا (63)﴾[الفرقان:63] إلى قوله: ﴿وَالَّذِينَ لَا يَشْهَدُونَ الزُّورَ وَإِذَا مَرُّوا بِاللَّغْوِ مَرُّوا كِرَامًا (72)﴾ [الفرقان:72].

وقوله -سبحانه-: ﴿وَإِذَا سَمِعُوا اللَّغْوَ أَعْرَضُوا عَنْهُ وَقَالُوا لَنَا أَعْمَالُنَا وَلَكُمْ أَعْمَالُكُمْ﴾[القصص:55].

ومن الزور ولهو الأمور: الغناء والدف، واللعب والعزف، وما يعرض عن ذلك من سمعه وحضره، ولا من لم ينكر منكره، وقد ذكر أن رسول الله -صلى الله عليه وآله وسلم- كان يقول: «صوتان ملعونان فاجران في الدنيا والآخرة؛ صوت عند نعمة؛ لعب ولهو ومزامير شيطان، وصوت عند مصيبة خمش وجه، وشق جيب، ورنة شيطان».

قال محمد بن القاسم -عليه السلام-: وسألته عن رجل صلى خلف إمام [مخالف] أيقتدي بصلاته أم كيف يصنع؟.

قال -عليه السلام-: من صلى مع إمام لا يُقتدى به لم يصل بصلاته، وصلى صلاته لنفسه، وكذلك كان يفعل الصالحون من آل محمد -صلى الله عليه وآله وسلم-، لأن المصلي إنما يصلي صلاته على عقدة ونية وعلى مهلة، فإن صلى الصلوات بغير ذلك لم يكن له صلاة.

قال النبي -صلى الله عليه وآله وسلم-: «لا يؤمَّن فاجر براً، ولا أعرابي مهاجراً».

[وقال صلى الله عليه وآله «إن سركم أن تزكوا صلاتكم فقدموا خياركم»].

وقال -صلى الله عليه وآله وسلم-: «صلاتكم صلاة إمامكم إن صلى قاعداً فصلوا قعوداً، وإن صلى قائماً فصلوا قياماً»، وإذا لم تقبل صلاة الإمام لم تقبل صلاة من خلفه، وإنما يتقبل صلاة من اتقاه وخافه.

والتقوى: هي الإيمان، والبر والإحسان، ولا يثبت الإيمان بحكمه ولا باسمه، إلا لمن عُرف به، والمعرفة بذلك فلا تكون إلا بأحد الوجوه الثلاثة:

أما بعيان لذلك ومشاهدة.

وإما بأخبار متواترة مترادفة.

وإما بخبر من ذي ديانة، وثقة وطهارة وأمانة.

فمن لم يكن معرفة إيمانه بأحد هذه الوجوه الثلاثة الموصوفة، لم يكن حقيقة إيمانه أبداً عند أحد بمعلومة ولا معروفة. انتهى كلام نجم آل الرسول القاسم بن إبراهيم -عليهما السلام-.

القاضي زيد -رحمه الله- في الشرح [2/ 125 – مخ]: وإذا تقدم الابن على الأب برضاه جاز، وقد نص عليه القاسم -عليه السلام- في مسائل يحيى بن عبد الله القومسي، وهو مما لا خلاف فيه.

وفيه [2/ 126 – مخ]: ولا خلاف الآن أن البدوي كالحضري في جواز الصلاة خلفه إذا كان عارفاً بحدودها.

وفيه أيضاً: ويصح ائتمام المتنفل خلف من يصلي الفريضة بالإجماع. انتهى.

وفيه: ولا يصلي خلف المرأة بالإجماع، إلا ما يحكى عن أبي ثور، والإجماع السابق فعلاً يحجه، فإن من أيام الصحابة والتابعين لم يتقدم النساء الرجال.

وفيه: ولا بأس أن يأتم المقيم بالمسافر، وإذا سلم قام فأتم صلاته، نص عليه الهادي في الأحكام، ورواه فيه عن جده القاسم، وهذا مما لا خلاف فيه. انتهى.

باب القول في الإمام متى يكبر

[536] **الهادي -عليه السلام- في الأحكام** [1/ 99]:

[قال يحيى بن الحسين صلوات الله عليه]: إذا أقام المؤذن فقال حي على الصلاة، [حي على الصلاة]، قام الإمام ومن يريد الصلاة معه، فوقفوا في مواقفهم، واعتدلوا في صفوفهم، وقام الإمام أمامهم، فإذا قال: قد قامت الصلاة، كَبَّرَ الإمام ولم ينتظر شيئاً، وكذلك بلغنا عن أمير المؤمنين علي بن أبي طالب -رضي الله عنه- أنه قال: (كان رسول الله -صلى الله عليه وآله وسلم- إذا قال المؤذن قد قامت الصلاة كَبَّرَ ولم ينتظر شيئاً). انتهى.

[537] **مجموع زيد بن علي -عليهما السلام-** [صـ84]: حدثني زيد بن علي، عن أبيه، عن جده، عن علي -عليهم السلام-: (أنه كان إذا قال المؤذن: قد

قامت الصلاة، كبر ولم ينتظر). انتهى.

[538] **المؤيد بالله** -عليه السلام- **في شرح التجريد** [1/434]: روى محمد بن منصور، عن أحمد بن عيسى، عن حسين، عن أبي خالد، عن زيد بن علي، عن آبائه، عن علي -عليهم السلام- قال: (كان رسول الله -صلى الله عليه وآله وسلم- إذا قال المؤذن: قد قامت الصلاة، كَبَّرَ ولم ينتظر [شيئاً]). انتهى.

[539] **أمالي أحمد بن عيسى** -عليهما السلام- [1/163]: حدثنا محمد، حدثني أحمد بن عيسى، عن حسين، عن أبي خالد، عن آبائه، عن علي -عليهم السلام-، قال: (كان رسول الله -صلى الله عليه وآله وسلم- إذا قال المؤذن قد قامت الصلاة كبر ولم ينتظر انتهى.

[539] **المؤيد بالله** -عليه السلام- **في شرح التجريد** [1/434]: وروى محمد بن منصور، عن أحمد بن عيسى، عن حسين، عن أبي خالد، عن أبي جعفر، عن آبائه، عن علي -عليهم السلام-، قال: (كان إذا قال المؤذن: قد قامت الصلاة، كبر). انتهى.

[540] **أمالي أحمد بن عيسى** -عليهما السلام- [1/164]: [وبه عن] أحمد، عن حسين، عن أبي خالد، عن أبي جعفر، عن آبائه، عن علي -عليهم السلام- قال: (إذا قال المؤذن: قد قامت الصلاة، قد قامت الصلاة، كَبِّرْ). انتهى.

[541] **الجامع الكافي** [2/185]: وعن النبي -صلى الله عليه وآله وسلم- قال: «إذا قال المؤذن: قد قامت الصلاة، كبر ولم ينتظر».

وعن أبي جعفر -عليه السلام-: (إذا قال المؤذن: قد قامت الصلاة، حل افتتاحها بالتكبير، وحرم على أهل المسجد الكلام). انتهى.

[542] **أمالي أحمد بن عيسى** -عليهما السلام- [1/208]: حدثنا محمد بن جميل، عن إسماعيل بن صبيح، عن عمرو، عن جابر، عن أبي جعفر، قال: (إذا قال المنادي: قد قامت الصلاة، حل افتتاحها بالتكبير، وحرم على أهل المسجد الكلام). انتهى.

جميع رجال أسانيد الباب قد مر الكلام عليهم، وعمرو في السند الأخير هو ابن شمر، وجابر هو الجعفي، وقد مر الكلام عليهما.

باب القول في إقامة الصفوف وفضل الصف الأول وميامن الإمام

[543] **مجموع زيد بن علي -عليهما السلام- [صـ92]**: حدثني زيد بن علي، عن أبيه، عن جده، عن علي -عليهم السلام- قال: (أفضل الصفوف أولها وهو صف الملائكة -عليهم السلام-، وأفضل المقدم ميامن الإمام).

قال: وقال رسول الله -صلى الله عليه وآله وسلم-: «إذا قمتم إلى الصلاة فأقيموا صفوفكم، والزموا عواتقكم، ولا تدعوا خللاً فيتخللكم الشيطان كما يتخلل أولاد الحذف»[377]. انتهى.

[544] **أمالي أحمد بن عيسى -عليهما السلام-** [1/ 153]: حدثنا محمد بن منصور، قال: حدثني أحمد بن عيسى، عن حسين، عن أبي خالد، عن زيد، عن آبائه، عن علي -عليهم السلام- قال: (أفضل الصفوف أولها، وهو صف الملائكة، وأفضل المقدم ميامن الإمام).

قال: وقال رسول الله -صلى الله عليه وآله وسلم-: «إذا قمتم إلى الصلاة فأقيموا صفوفكم، والزموا عواتقكم، ولا تدعوا خللاً فيتخللكم الشيطان كما يتخلل أولاد الحذف». انتهى.

[545] **الهادي -عليه السلام- في الأحكام** [1/ 85]: قال يحيى بن الحسين -عليه السلام-: ويسوون مناكبهم، ولا يتركوا بينهم خللاً، ولا يختلفوا في مواقفهم، فإنه بلغنا عن رسول الله -صلى الله عليه وآله وسلم- أنه قال: «أقيموا

(377) الحذف -بفتح الحاء المهملة، وسكون الذال المعجمة-: صغار النعاج، والحذف -بالتحريك: ضرب من البط. تمت حاشية.

صفوفكم، ولا تختلفوا فيخالف الله بين قلوبكم». انتهى.

[546] **أمالي أحمد بن عيسى -عليهما السلام-**[1/ 153]: حدثنا محمد بن منصور، قال: حدثني أحمد بن عيسى، عن محمد بن بكر، عن أبي الجارود، قال سمعت أبا جعفر يقول: أقيمت الصلاة العشاء الآخرة فابتدأ الناس الصف الأول فازدحموا عليه، قال فالتفت إليهم رسول الله -صلى الله عليه وآله وسلم- فقال: «أقيموا صفوفكم، ولا تَخَالفوا فيخالف الله بين قلوبكم». انتهى.

[547] **الجامع الكافي** [2/ 177]: قال محمد: ينبغي أن يلي الإمام في الصلاة الأفضل فالأفضل، ويقال: إن الذي يليه هو أقرب إلى الرحمة، وقال رسول الله -صلى الله عليه وآله وسلم-: «ليليني(378) منكم أولوا الأحلام والنهى».

[548] وقال رسول الله -صلى الله عليه وآله وسلم-: «إذا قمتم إلى الصلاة فأتموا صفوفكم، والزموا عواتقكم، ولا تدعوا خللاً فيتخللكم الشيطان كما يتخلل أولاد الحذف»، يعني المعز الصغار من الغنم.

[549] وبلغنا أن النبي -صلى الله عليه وآله وسلم- أقبل بوجهه على الناس قبل أن يُكَبِّر فقال: «أقيموا صفوفكم -قالها ثلاثاً- فوالله لتقيمُنّ صفوفكم أو لتَختَلِفنّ قلوبُكم».

[550] وفيه قال محمد: بلغنا عن علي - صلى الله عليه -: أنه خرج وقد أقيم الصف للصلاة فقال: (استووا تستوي قلوبكم وتماسوا وتزاحموا»(379).

[551] **أمالي أحمد بن عيسى -عليهما السلام-**[1/ 154]: حدثنا محمد بن منصور، قال: حدثنا عبد الله بن داهر، عن عمرو بن جميع، عن جعفر، عن أبيه، عن جده -عليهم السلام-، قال: قال رسول الله -صلى الله عليه وآله وسلم-:

---

(378) راجع كلام محمد بن القاسم بن إبراهيم -عليهم السلام- في باب القول في اشتراط الإمام الأعظم في صلاة الجمعة تعرف صحة هذا الحديث فقد رواه هنالك تمت مؤلف

(379) في الجامع الكافي المطبوع (وتماسوا وتراحموا)

«فضل ميامن الصفوف على مياسرها كفضل صلاة الجماعة على صلاة الرجل وحده». انتهى.

[552] **الجامع الكافي** [2/ 179]: روى محمد بإسناده عن النبي -صلى الله عليه وآله وسلم- أنه قال: «فضل ميامن الصفوف على مياسرها كفضل صلاة الجماعة على صلاة الرجل وحده». انتهى.

باب القول في المؤتم أين يقف

[553] **أمالي أحمد بن عيسى -عليهما السلام-**[1/ 149]: حدثنا محمد بن منصور، قال: حدثني أحمد بن عيسى، عن حسين، عن أبي خالد، عن زيد، عن آبائه، عن علي -عليهم السلام-، قال: أتينا رسول الله -صلى الله عليه وآله وسلم- أنا ورجل من الأنصار فتقدمنا -صلى الله عليه وآله وسلم- وخلفنا خلفه يصلي بنا ثم قال: «إذا كان اثنان فليقم أحدهما عن يمين الآخر». انتهى.

[554] **المؤيد بالله -عليه السلام- في شرح التجريد** [1/ 429]: والأصل فيه ما أخبرنا أبو الحسين علي بن إسماعيل -رحمه الله-، قال: حدثنا الناصر للحق الحسن بن علي -عليه السلام-، عن محمد بن منصور، قال: حدثنا أحمد بن عيسى، عن حسين بن علوان، عن أبي خالد ، عن زيد بن علي، عن آبائه، عن علي -عليهم السلام- قال أتينا رسول الله -صلى الله عليه وآله وسلم- أنا ورجل من الأنصار فتقَدَّمَنَا، وخلَّفَنا خلفه ثم صلى بنا ثم قال: «إذا كان اثنان فليقم أحدهما عن يمين الآخر»(380). انتهى.

[555] **مجموع زيد بن علي -عليه السلام-**[صـ92]: حدثني زيد بن علي، عن أبيه، عن جده، عن علي -عليهم السلام- قال أمنا رسول الله -صلى الله عليه وآله وسلم- أنا ورجل من الأنصار فتقدمنا -صلى الله عليه وآله وسلم-، وخلفنا خلفه فصلى بنا ثم قال: «إذا كان اثنان فليقم أحدهما عن يمين الآخر». انتهى.

---

(380) في شرح التجريد المطبوع عن يمين الإمام

باب القول في حكم من صلى خلف الصف

المؤيد بالله -عليه السلام- في شرح التجريد [1/ 434]: فإذا دخل الرجل يريد الجماعة، ولم يجد في الصف مكاناً جذب من الصف رجلاً إلى خلفه وقام إلى جنبه، وعلى المجذوب أن يتأخر فإنه أفضل، ولا ينبغي لأحد أن يصلي وراء الصف وحده ولا لعلة، وذلك منصوص عليه في الأحكام.

ومن أصحابنا من ذهب إلى أنه لو صلى منفرداً خلف الصف لا لعذر كره وأجزته، والأقرب عندي على أصول يحيى بن الحسين -عليه السلام- أن صلاته تبطل، لأنه عاصي في الوقوف، ومتى كان المصلي في الوقوف والكون بحيث هو عاصياً فأصول أصحابنا تقتضي بطلان صلاته، كالمصلي إلى جنب المرأة، وكالمصلي بالمرأة لا رجل معها، وكالمصلي في الدار المغصوبة، وذلك أولى لأن الخبر الوارد عن النبي -صلى الله عليه وآله وسلم- يقتضيه، وهو:

[556] ما أخبرنا به أبو الحسين علي بن إسماعيل -رضي الله عنه-، قال: حدثنا الناصر للحق الحسن بن علي -عليه السلام-، عن محمد بن منصور، قال: حدثنا أحمد بن عيسى، عن حسين، عن أبي خالد، عن زيد، عن آبائه، عن علي -عليهم السلام-، قال: (صلى رجل خلف الصفوف فلما انصرف رسول الله -صلى الله عليه وآله وسلم- قال: «هكذا صليت وحدك ليس معك أحد؟!» قال: نعم، قال: «فأعد الصلاة». انتهى.

[557] **أمالي أحمد بن عيسى -عليهما السلام-**[1/ 154]: حدثنا محمد بن منصور، قال: حدثني أحمد بن عيسى، عن حسين، عن أبي خالد، عن زيد، عن آبائه، عن علي -عليهم السلام-، قال: (صلى رجل خلف الصف فلما انصرف رسول الله -صلى الله عليه وآله وسلم- قال: «هكذا صليت وحدك ليس معك أحد»، قال: نعم، قال: «فأعد الصلاة». انتهى.

[558] **الجامع الكافي**[2/ 196]: وعن علي – صلى الله عليه – قال: (صلى رجل

خلف الصفوف، فلما انصرف رسول الله -صلى الله عليه وآله وسلم- قال: «هكذا صليت وحدك ليس معك أحد»، قال: نعم، قال: «فأعد الصلاة». انتهى.

[559] **مجموع زيد بن علي -عليهما السلام- [صـ92]**: حدثني زيد بن علي، عن أبيه، عن جده، عن علي -عليهم السلام- قال: (صلى رجل خلف الصفوف فلما انصرف رسول الله -صلى الله عليه وآله وسلم- قال: «هكذا صليت وحدك ليس معك أحد»، قال: نعم، قال -صلى الله عليه وآله وسلم- «فأعد صلاتك». انتهى.

باب القول في القرآءة خلف الإمام

[560] **مجموع زيد بن علي -عليهما السلام- [صـ86]**: حدثني زيد بن علي، عن أبيه، عن جده، عن علي -عليهم السلام- قال: (كانوا يقرؤون خلف رسول الله -صلى الله عليه وآله وسلم- فقال: «خلطتم عليّ فلا تفعلوا». انتهى.

المؤيد بالله -عليه السلام- في شرح التجريد [1/ 440]: وروى محمد بن منصور القراءة فيما خافت فيه الإمام عن عبد الله بن موسى بن عبد الله، وعن أحمد بن عيسى، وذكر عن أبي الطاهر العلوي كراهة القراءة خلف الإمام فيما جهر، والقراءة خلفه فيما خافت.

قال: وذكر ذلك عن عبد الله بن الحسن، وروي عن زيد بن علي -عليه السلام-: إن كنت ورائي أو وراء علي بن أبي طالب -عليه السلام [يعني تأتم بي أو بعلي] - ولم نجهر فاقرأ. انتهى.

أمالي أحمد بن عيسى -عليهما السلام- [1/ 114]: قال محمد: سألت عبدالله بن موسى عن القراءة خلف الإمام فرأى القراءة فيما يخافت فيه الإمام، وكذلك رأى أحمد بن عيسى، وهو أيضاً قول قاسم بن إبراهيم يرى القراءة خلف الإمام فيما يخافت فيه.

وكره قاسم القراءة خلف الإمام فيما يجهر فيه بالقراءة.

وقال القاسم: قد أمر بالاستماع والإنصات، فإذا قرأ لم يستمع ولم ينصت.

قال محمد: وذاكرت أبا الطاهر القراءة خلف الإمام فرأى القراءة فيما يخافت فيه، وكره القراءة خلف الإمام فيما يجهر [فيه]، وذكر ذلك عن عبد الله بن الحسن -عليهما السلام-.

الجامع الكافي [2/ 188]: كان أحمد بن عيسى، وعبدالله بن موسى، والقاسم بن إبراهيم، وأبو الطاهر أحمد بن عيسى، والحسن بن يحيى -عليهم السلام-؛ يرون القراءة خلف الإمام فيما خافت فيه.

وكان القاسم وأبو الطاهر يكرهان القراءة خلف الإمام فيما جهر فيه بالقرآن.

قال القاسم: قد أمرنا بالاستماع والإنصات، فإذا قرأ فلم يستمع ولم ينصت انتهى.

القاضي زيد في الشرح [2/ 170 -مخ]: ولا يجهر المؤتم بالقراءة في الحال التي جهر فيها الإمام بالإجماع.

وفيه: ولا يجوز للإمام ترك القراءة بالإجماع. انتهى.

باب القول في الفتح على الإمام إذا طال تحيره

[561] **الهادي** -عليه السلام- **في الأحكام** [1/ 116]: حدثني أبي، عن أبيه، أنه سئل عن الإمام يتحير في قراءته فيقف؛ هل يَفتح عليه من خلفه؟.

فقال: إذا طال تحيره فلا بأس أن يفتح عليه من خلفه وما من فتح عليه بمخطئ، وقد روي عن أمير المؤمنين -رحمة الله عليه- أنه كان يأمر بذلك. انتهى.

[562] **المرتضى محمد بن يحيى** -عليه السلام- **في كتاب الفقه** [مجموع المرتضى 1/ 68]: ولا نرى لمن خلف الإمام أن يتكلم بشيء إلا أن يتلجلج الإمام في القراءة، ويسهو عن حرف يفلته فيتحير في طلبه، فلا بأس أن يفتح عليه من

ورآءه؛ لأن ذلك قد جاء عن رسول الله -صلى الله عليه وآله وسلم- وأمر به، وعلى ما ذكرنا لك نعتمد، وبه نأخذ. انتهى.

[563] **أمالي أحمد بن عيسى -عليهما السلام- [1/210]**: قال -يعني محمد بن منصور-: حدثني جعفر، عن قاسم بن إبراهيم: في الإمام يتحير في قراءته فيقف إذا طال تحيره؛ فلا بأس أن يفتح عليه من خلفه، وقد روي عن علي -عليه السلام- أنه كان يأمر بذلك. انتهى.

[564] **المؤيد بالله -عليه السلام- في شرح التجريد [1/439]**: لا بأس للمؤتم أن يفتح على الإمام إذا أشكلت عليه القراءة، وقد نص عليه يحيى بن الحسين -عليه السلام- في الأحكام، ورواه فيه عن جده القاسم -عليه السلام-، وذكر أنه مروي عن أمير المؤمنين -عليه السلام-. انتهى.

[565] **الجامع الكافي [2/208]**: قال القاسم -عليه السلام-: لا بأس أن يفتح على الإمام من خلفه إذا تحير في قراءته فطال تحيره، وقد روي عن علي -صلى الله عليه- أنه أمر بذلك. انتهى.

[566] **أمالي أحمد بن عيسى -عليهما السلام- [1/210]**: وبه، قال: حدثنا محمد بن جميل، عن حسن بن حسين، عن علي بن القاسم، عن ابن أبي رافع، عن أبيه، عن جده، عن علي -عليه السلام- قال: (إذا نسي الإمام آية وهو في الصلاة فلا يذكره من في الصف في الصلاة في شيء). انتهى.

رجال هذا الإسناد من ثقات محدثي الشيعة، وقد مر الكلام عليهم.

وحسن بن حسين؛ هو العرني، وعلي بن القاسم؛ هو الكندي، وابن أبي رافع؛ هو محمد بن عبيد الله بن أبي رافع.

[567] **الجامع الكافي [2/208]**: قال محمد: في كتاب أحمد يكره الفتح على الإمام، لأنه روي عن علي - صلى الله عليه - من وجه آخر أنه كرهه.

وقال في الصلاة الفتح على الإمام كلام وروى مثل ذلك عن علي - صلى الله عليه - انتهى.

[568] **أمالي أحمد بن عيسى -عليهما السلام-** [1/ 210]: قال محمد يكره الفتح على الإمام لأنه روي عن علي - صلى الله عليه - من وجه آخر أنه كرهه انتهى.

[569] **مجموع زيد بن علي -عليهما السلام-** [صـ94]: حدثني زيد بن علي، عن أبيه، عن جده، عن علي -عليهم السلام- قال: (التسبيح للرجال، والتصفيق للنساء في الصلاة) انتهى.

[570] **الجامع الكافي** [2/ 260]: قال محمد بن خليد: سألت محمداً عن تصفيق المرأة في الصلاة، فقال: يذكر عن النبي -صلى الله عليه وآله وسلم- أن التسبيح للرجال والتصفيق للنساء، تضع ظهر كفها اليمنى على بطن [كفها] اليسرى، وأراني كيف تصنع. انتهى.

باب القول في اللاحق يدرك الإمام راكعاً أو ساجداً

[571] **مجموع زيد بن علي -عليهما السلام-** [صـ97]:حدثني زيد بن علي، عن أبيه، عن جده، عن علي -عليهم السلام- قال: (إذا أدركت الإمام وهو راكع وركعت معه فاعتد بتلك الركعة، وإذا أدركته وهو ساجد [وسجدت معه] فلا تعتد بتلك الركعة).

[572] حدثني زيد بن علي، عن أبيه، عن جده، عن علي -عليهم السلام- قال: (اجعل ما أدركت مع الإمام أول صلاتك).

سألت زيد بن علي -عليه السلام- عن تفسير ذلك، فقال:

إذا أدركت مع الإمام ركعة من الصلاة وهو في الظهر أو العصر أو المغرب أو العشاء فأضف إليها أخرى ثم تشهد وهي الثانية لك، واقرأ فيها ما فاتك كما

كان يجب على الإمام أن يقرأ. انتهى.

أمالي أحمد بن عيسى -عليهما السلام-[1/ 203]: وبه، قال: حدثنا محمد قال: حدثني أحمد بن عيسى، عن محمد بن بكر، عن أبي الجارود، قال: سمعت أبا جعفر يقول: إذا انتهيت إلى الإمام وقد صلى الركعتين الأولتين فابدأ بالركعتين الأخريين، يقول: تستقبل صلاتك بهما وتقرأ فيهما. انتهى.

الجامع الكافي[2/ 187]: وعن أبي جعفر محمد بن علي -عليهما السلام- قال: إذا فاتك مع الإمام الركعتان الأوليتان فابدأ بالركعتين الأخريين، يقول: استقبل صلاتك بهما واقرأ فيهما. انتهى.

[573] **المؤيد بالله -عليه السلام- في شرح التجريد**[1/ 437]: وقلنا أنه يجعل ما أدرك مع الإمام أول صلاته: لما أخبرنا به أبو العباس الحسني -رضي الله عنه-، قال أخبرنا عيسى بن محمد العلوي، قال: حدثنا الحسين بن الحكم الحبري، قال: حدثنا حسن بن حسين العرني، عن علي بن القاسم الكندي، عن ابن أبي رافع، عن أبيه، عن جده، عن علي -عليه السلام-، قال: (إذا سبق أحدكم الإمام بشيء فليجعل ما يدرك مع الإمام أول صلاته، فليقرأ فيما بينه وبين نفسه، وإن لم يمكنه قرأ فيما يقضي). انتهى.

الرجال: أما أبو العباس الحسني، وشيخ الزيدية عيسى بن محمد العلوي فقد مرا.

[ترجمة الحسن بن الحكم الحبري]

وأما الحسين بن الحكم الحبري:

فقال في الجداول: الحسين بن الحكم بن مسلم، أبو عبد الله القرشي الكوفي، الرازي الحبري، عن حسن بن حسين الأنصاري العرني، وإسماعيل بن أبان، وحسين بن نصر، وعدة، وعنه الحسين بن علي المصري، وعيسى بن محمد شيخ

الزيدية، وابن ماتي، وغيرهم، توفي سنة ست وثمانين ومائتين، وقد صين من ألسنة النواصب. انتهى عداده في ثقات محدثي الزيدية الخلص.

وأما حسن بن حسين العرني، وبقية رجال الإسناد فقد مر الكلام عليهم في باب تسبيح الركوع والسجود.

القاضي زيد في الشرح [2/ 178 - مخ]: ومن لحق الإمام راكعاً كبر تكبيرة وينوي بها الدخول بها في الصلاة، ثم تكبيرة يركع بها معه، ويعتد بالركعة التي لحق الإمام فيها راكعاً، وهذا لا يحفظ فيه خلاف.

وفيه [2/ 178 - مخ]: وإن لحقه ساجداً أو سجد معه لم يعتد بتلك الركعة، ولا خلاف في ذلك.

وفيه [2/ 180 - مخ]: ويصلي اللاحق معه باقي صلاته ويقوم بقيامه، ويقعد بقعوده ولا يخالفه في شيء من ذلك، نص عليه في الأحكام، ولا خلاف فيه.

وفيه: ولا خلاف أن المنفرد لو ابتدأ الركعة الثانية والثالثة والرابعة لم تصح صلاته.

وفيه: وإذا بدأ المؤتم بالتكبير والركوع والسجود والتسليم بعد ما بدأ به الإمام ولحقه قبل فراغ الإمام منه جاز، وهذا مما لا خلاف فيه. انتهى.

المؤيد بالله -عليه السلام- في **شرح التجريد** [1/ 436]: وأيما رجل لحق الإمام راكعاً كبر تكبيرة ونوى بها الدخول في الصلاة، ثم كبر أخرى وركع، ثم صلى معه باقي صلاته؛ يقوم بقيامه، ويقعد بقعوده، ولا يخالفه في شيء من ذلك، فإذا سلم الإمام قام فأتم لنفسه ما بقي، واعتد بالركعة التي لحق الإمام فيها راكعاً.

نص يحيى بن الحسين في المنتخب على أن من لحق الإمام راكعاً كبر تكبيرتين.

ونص على سائر ما ذكرناه في الأحكام، وهذه الجملة مما لا أحفظ فيها خلافاً. انتهى.

وفيه: وقلنا: إنه يتبع الإمام في قيامه وقعوده ولا يخالفه في شيء منه، لقوله -صلى الله عليه وآله وسلم-: «إنما جعل الإمام ليؤتم به».

و[قوله] إنما يتم صلاته لنفسه إذا سلم الإمام، ويعتد بالركعة التي لحق الإمام فيها راكعاً، مما لا خلاف فيه. انتهى.

باب القول في النهي للإمام عن التطويل بالصلاة

[574] **المرتضى محمد بن يحيى -عليه السلام- في كتاب الفقه [مجموع المرتضى** 1/ 80]: هل يجوز للإمام إذا صلى بالناس أن يقرأ البقرة، أو يصلح لغيره إذا صلى وحده أن يقرأ بها؟.

قال محمد بن يحيى -عليه السلام-: لا يجوز للإمام أن يقرأ في صلاته بالناس بالبقرة لما في ذلك من الفساد على المصلي؛ من ذلك أن ينعس الناعس، ويمل المصلي، وتفسد نيته، مع ضعف الشيخ، وشغل ذي الحاجة، وإتعاب المريض، وقد يروى عن رسول الله -صلى الله عليه وآله وسلم- أنه قال: «صلوا في الجماعة بصلاة أضعفكم، ولا تطولوا، فإنّ وراءكم الشيخ الضعيف والمريض وذا الحاجة»، ولا أحب للمنفرد أن يقرأ صلاته الفريضة بالسور الطوال لما في ذلك من فساد نيته وتعبه وملالته، وقرآءة السور القصار أصوب في الصلاة بالناس، ومن قرأ الحمد وثلاث آيات استجزأ في ركعته بها، ولم يبلغنا عن رسول الله -صلى الله عليه وآله وسلم- أنه كان يقرأ بالسور الطوال في صلاة الفريضة، وإن قرأ رجل في نافلة بالسور الطوال فذلك غير محظور عليه، والمفصل فمن سورة محمد -صلى الله عليه وآله وسلم- والذين كفروا إلى قل أعوذ برب الناس. انتهى.

[575] **وفي نهج البلاغة**[صـ440]: في عهد أمير المؤمنين علي بن أبي طالب -عليه السلام- إلى الاشتر: وإذا أقمت في صلاتك للناس فلا تكونن مُنَفِّراً ولا مضيعاً، فإن في الناس من به العلة وله الحاجة، وقد سألت رسول الله -صلى الله

عليه وآله وسلم- حين وجهني إلى اليمن كيف أصلي بهم؟ فقال: «صل بهم كصلاة أضعفهم، وكن بالمؤمنين رحيماً». انتهى.

وفي النهج أيضاً: في كتابه إلى عماله: (وصلوا بهم صلاة أضعفهم، ولا تكونوا فتانين). انتهى. وقد مر في الأوقات.

باب القول في انحراف الإمام إلى الناس بعد التسليم

المرتضى محمد بن يحيى -عليه السلام- في كتاب الفقه [مجموع المرتضى (1/ 72)]: وسألت عن الإمام يسلم بعد كمال صلاته وفراغه منها، هل يقعد في موضعه وعلى مكانه فيسبح ويدعو؟.

قال محمد بن يحيى -عليه السلام-: نحب للإمام إذا سلم من صلاته أن ينحرف يسيراً عن مقامه، ويدعو بما أحب من دعائه، وكذلك رأينا السلف -صلوات الله عليهم-، وعايَنّا الهادي إلى الحق -صلوات الله عليه- إذا سلم انفتل إلى جانب المحراب حتى يخرج من وسطه ويصير جالساً إلى حرفه، ثم كان -صلوات الله عليه- يدعو بما أحب وبدا له، ثم ينصرف، وبذلك نأخذ، وعليه نعتمد، والله سبحانه الموفق للصواب، والمعين على الحق والسداد. انتهى.

باب القول في الإمام إذا فسدت صلاته هل تفسد على من خلفه؟

[576] **مجموع زيد بن علي -عليهما السلام-** [صـ97]: حدثني زيد بن علي، عن أبيه، عن جده، عن علي -عليهم السلام- قال: (صلى عمر بالناس الفجر فلما قضى الصلاة أقبل عليهم، فقال: أيها الناس: عمر صلّى بكم وهو جنب.

قال: فقال الناس: فما ترى يا أمير المؤمنين؟

فقال: عليّ الإعادة ولا إعادة عليكم.

فقال علي -عليه السلام-: (بل عليك وعليهم الإعادة، ألا ترى القوم يأتمون

بإمامهم، ويدخلون بدخوله، ويخرجون بخروجه، ويركعون بركوعه، ويسجدون بسجوده، فإن دخل عليه سهو دخل على من خلفه)، قال: فأخذ قوم بقول علي، وأخذ قوم بقول عمر. انتهى.

[577] **المؤيد بالله** -عليه السلام- **في شرح التجريد** [1/ 448]: قال: وأيما رجل صلى بقوم جنباً أو على غير طهور ناسياً ثم ذكر أعاد الصلاة وأعادوا، وهذا منصوص عليه في المنتخب والأحكام، وهو مما لا أحفظ فيه خلافاً بين أهل البيت -عليهم السلام-، وهو قول أمير المؤمنين -عليه السلام-. انتهى.

[578] **مجموع زيد بن علي** -عليهما السلام- [صـ97]: حدثني زيد بن علي، عن أبيه، عن جده، عن علي -عليهم السلام- قال: (إذا فسدت صلاة الإمام فسدت صلاة من خلفه). انتهى.

[579] **الهادي** -عليه السلام- **في المنتخب**[صـ49]: قال -عليه السلام-: فيمن صلى بالناس وهو جنب ناسياً أو على غير وضوء ناسياً؛ قد روي في ذلك عن عمر أنه قال: يجزيه أن يعيد هو وحده ولا يعيد من صلى معه، وروي عن علي بن أبي طالب -عليه السلام- أنه قال: (إذا صلى الإمام بالناس وهو جنب أو على غير وضوء أعاد وأعادوا جميعاً)، وهو قولي وقول علماء آل الرسول -عليهم السلام-. انتهى.

باب القول في التجميع في مسجد قد جمع فيه وسقوط الإذن والإقامة والتحية

[580] **أمالي أحمد بن عيسى** -عليهما السلام-[1/ 159]: حدثنا محمد، قال: حدثني أحمد بن عيسى، عن حسين، عن أبي خالد، عن زيد، عن آبائه، عن علي -عليهم السلام-: أنه أتاه رجلان فسلما عليه وهو في المسجد، فقال: صليتما، قالا: لا، قال: (ولكنا قد صلينا، فتنحيا وصليا وليؤم أحدكما صاحبه، ولا أذان عليكما ولا إقامة ولا تطوع حتى تبتدءا بالمكتوبة) انتهى.

[581] **المؤيد بالله -عليه السلام- في شرح التجريد**[1/ 445]: أخبرنا أبو الحسين علي بن إسماعيل -رضي الله عنه-، قال: حدثنا الناصر للحق الحسن بن علي -عليه السلام-، عن محمد بن منصور، قال: حدثنا أحمد بن عيسى، عن حسين، عن أبي خالد، عن زيد بن علي، عن آبائه، عن علي -عليهم السلام-: أنه أتاه رجلان فسلما عليه وهو في المسجد، فقال، أصليتما؟، قالا: لا، قال: (ولكنا قد صلينا، فتنحيا وصليا، وليؤم أحدكم صاحبه). [فأمرهما بالجماعة بعد ما صلى هو -عليه السلام- مع أصحابه لأن قوله: لكنا قد صلينا يدل على ذلك] انتهى.

[582] **مجموع زيد بن علي -عليهما السلام- [صـ98]**: حدثني زيد بن علي، عن أبيه، عن جده، عن علي -عليهم السلام-: أنه أتاه رجلان فسلما عليه وهو في المسجد، فقال -عليه السلام-: (أصليتما؟)، قال: لا، قال: (ولكنا قد صلينا، فتنحيا فصليا، وليؤم أحدكما صاحبه، ولا أذان عليكما ولا إقامة ولا تطوع، حتى تبدءآ بالمكتوبة). انتهى.

[583] **الجامع الكافي**[2/ 175]: وروى محمد بإسناد، عن علي - صلى الله عليه -: أنه أتاه رجلان في المسجد، فقال: أصليتما؟ قالا: لا، قال: (ولكنا قد صلينا)، قال: (فتنحيا فصليا، وليؤم أحدكما صاحبه، ولا أذان [عليكما] ولا إقامة ولا تطوع حتى تبدءا بالمكتوبة). انتهى.

باب القول فيمن صلى في غير المسجد أو فيه ثم أقيمت الصلاة

[584] **الهادي -عليه السلام- في المنتخب**[صـ44]: وقد روي عن النبي - صلى الله عليه وآله وسلم- في ذلك أنه دخل فصلى بالناس ورجل جالس في المسجد لم يصل معهم، فلما انصرف النبي -صلى الله عليه وآله وسلم- دعاه فسأله عن أمره، فقال: صليت يا رسول الله قبل أن تدخلوا، فأمره النبي -صلى الله عليه وآله وسلم- إذا كان مثل ذلك أن يصلي مع إمامه صلاة مبتدأة ولا يعتد بالأولى.

[585] **الجامع الكافي**[2/ 198]: وروى محمد بإسناد عن محجن الدئلي[381]: أنه كان جالساً مع النبي -صلى الله عليه وآله وسلم- فصلى، ثم رجع محجن في مجلسه كما هو، فقال له رسول الله -صلى الله عليه وآله وسلم-: «ما منعك أن تصلي مع الناس، ألست رجلاً مسلماً» قال: بلى يا رسول الله، ولكني قد كنت صليت في أهلي، فقال رسول الله -صلى الله عليه وآله وسلم-: «فإذا جئت فصل مع الناس وإن كنت قد صليت». انتهى.

[586] **مجموع زيد بن علي -عليهما السلام- [صـ98]**: حدثني زيد بن علي، عن أبيه، عن جده، عن علي -عليهم السلام- قال: (إذا صليت المغرب ثم حضرت أيضاً مع قوم فلم تستطع إلا أن تصلي معهم فصل معهم، فإذا سلم إمامهم فقم قبل أن تتكلم فاشفع بركعة وسجدتين وسلم). انتهى.

باب القول فيمن سلم تسليمتين قبل إتمام الصلاة والحدث فيها

الهادي -عليه السلام- في المنتخب[صـ44]: قال السائل -محمد بن سليمان الكوفي -رضي الله عنه-: فإن الرجل لما صلى وجلس في الثانية سهى فسلم تسليمتين عن اليمين وعن الشمال وهو جالس لم يتكلم، هل يجزئه أن يقوم فيبني على ما صلى؟.

قال: قد قال غيرنا أنه يجزيه.

وأما علماء آل الرسول وقولي أنا فلا أرى ذلك، وأُوجبُ عليه أن يستأنف الصلاة من أولها.

---

(381) قال في الطبقات ما لفظه: محجن بن أبي محجن الديلي - بكسر أوله، وسكون الحاء المهملة، وفتح جيم، وآخره نون - ابن ابي محجن الديلي - بكسر الدال المهملة، وسكون التحتية . قال في (الكاشف): صحابي، روى عن النبي -صلى الله عليه وآله وسلم-، وعنه: ابنه بسر بن محجن. أخرج له الجماعة، ومحمد بن منصور، والسيد أبو طالب.

قلتُ: ولأي علة ذلك؟.

قال: لأنهم قد أجمعوا جميعاً أن التكبير تحريم الصلاة، وأن التسليم تحليلها، فلما سلم هذا كان قد أحل صلاته، فليس يجزيه إلا أن يستأنفها استئنافاً. انتهى.

[587] **مجموع زيد بن علي -عليهما السلام-** [صـ93]:حدثني زيد بن علي، عن أبيه، عن جده، عن علي -عليهم السلام-، في الرجل تخرج منه الريح أو يرعف أو يذرعه القي وهو في الصلاة؛ (فإنه يتوضأ ويبني على ما مضى من صلاته فإن تكلم استأنف الصلاة، وإن كان قد تشهد فقد تمت صلاته). انتهى.

قلت: قد ثبت عن علي -عليه السلام- فيما رواه الهادي في الأحكام، ومحمد في الأمالي، وأبو عبد الله في الجامع الكافي، أنه قال: (من رعف وهو في الصلاة فلينصرف وليتوضأ وليأتنف الصلاة)، وقد مر هذا في نواقض الوضوء وفي مفسدات الصلاة.

[588] **أمالي أحمد بن عيسى -عليهما السلام-**[1/ 254]: وبه، قال: حدثنا محمد بن جميل، عن إسماعيل بن صبيح، عن إسرائيل، عن أبي إسحاق، عن عاصم، عن علي: في الرجل يتشهد مع الإمام فيخاف أن يحدث قبل أن يسلم الإمام.

قال: يسلم، وقد تمت صلاته. انتهى.

الرجال:

أما محمد بن جميل، وإسماعيل بن صبيح اليشكري: فقد مرا، وهما من ثقات محدثي الشيعة.

[ترجمة إسرائيل، وعاصم بن ضمرة]

وأما إسرائيل:

فقال في الجداول: إسرائيل بن يونس بن أبي إسحاق البيهقي، عن جده، وزيد بن علي، وجابر الجعفي، وخلق، وعنه نصر بن مزاحم، ووكيع، وأمم، وثقة

أحمد، وأثنى عليه غيره، وهو المراد حيث أطلق أصحابنا، توفي سنة اثنتين وستين ومائة، احتج به الجماعة. انتهى.

أخرج له الناصر للحق الحسن بن علي -رضي الله عنه-، والمؤيد بالله، وأبو طالب، والمرشد بالله، ومحمد بن منصور، وصاحب المحيط، وابن السمان.

قلت: كان إسرائيل هذا من أصحاب عيسى بن زيد -عليه السلام- ومن الشيعة -رضي الله عنه-، ذكره أبو الفرج الأصبهاني في المقاتل.

وأما أبو إسحاق السبيعي: فقد تقدم.

وأما عاصم: فهو ابن ضمرة:

قال في الجداول: عاصم بن ضمرة السلولي الكوفي، تابعي مشهور، عن علي، وعنه أبو إسحاق، وحبيب بن أبي ثابت، وثقه ابن المدني، والعجلي، وقال أحمد: هو عندي حجة.

وعداده في ثقات محدثي الشيعة، ومبايعي الإمام الحسن بن الحسن، توفي سنة أربع وسبعين ومائة. انتهى.

أخرج له المؤيد بالله، وأبو طالب، ومحمد بن منصور، والجرجاني.

باب القول في الرجل يهم في الصلاة فلم يدرِ كم صلى

[590] **مجموع زيد بن علي -عليهما السلام- [ص99]**: حدثني زيد بن علي، عن أبيه، عن جده، عن علي -عليهم السلام-، في الرجل يَهِمُ في الصلاة؛ فلا يدري أصلى ثلاثاً أم أربعاً: (فليتم الثلاث فإن الله تعالى لا يعذب بما زاد من الصلاة). انتهى.

[591] **الجامع الكافي [2/ 276]**: وقال الحسن: فيما حدثنا عن زيد عن أحمد، عنه: فيمن سهى في الصلاة، قول علي - صلى الله عليه -: (يبني على الأقل، فإن الله عز وجل لا يعذب على الزيادة، ويسجد سجدتي السهو).

وقال محمد: إذا تشهد في آخر صلاته ثم شك فلم يدر ثلاثاً صلى أم أربعاً قام فصلى ركعة بسجدتيها ويسجد للسهو؛ فإن أيقن بعد الركعة أن الذي شك فيه أولاً كان أربعاً لم تضره الركعة، بلغنا عن علي - صلى الله عليه - أنه قال: (اِبْنِ على الأقل، يقول: قد أيقنت بالثلاث فابنِ عليها واسجد سجدتي السهو)، وهو المأخوذ به، [وإن شك بعدما خرج من الصلاة أعاد الصلاة]. انتهى.

باب القول في الإمام يقرأ آية سجدة في الصلاة

الهادي -عليه السلام- في الأحكام[1/ 95]: قال يحيى بن الحسين -عليه السلام- لا أحب لمن قرأ في الصلاة الفريضة بسجدة أن يسجد؛ لأن السجدة زيادة في الفريضة ولا ينبغي أن يزاد فيها، كما لا ينبغي أن ينقص منها، والواجب يؤتى بها على ما فرض الله عليه؛ فإن فرضها لا زيادة فيه ولا نقصان، فإن ذلك أقرب إلى الهدى والإحسان.

وأما النوافل فصاحبها فيها مخير، ولا يضيق عليه ما فعل فيها من ذلك، وأحب الأمرين إلي أن لا يزيد فيما أقام فيه، ونوى من الصلاة أن يصليه نافلة ولا فريضة.

وقد قال غيرنا بغير ذلك، وروى فيه روايات ولسنا نلتفت إلى رواياته، ولا نفعل في صلاتنا ما يفعل في صلاته، لأن ذلك لا يصح لنا عن الرسول، ولا يثبت لنا في حجج العقول. انتهى.

[592] **أمالي أحمد بن عيسى -رضي الله عنه-** [1/ 173]: حدثني أحمد بن عيسى، عن حسين بن علوان، عن أبي خالد، عن زيد، عن آبائه، عن علي -عليهم السلام-، قال: كان رسول الله -صلى الله عليه وآله وسلم- يقرأ في الفجر يوم الجمعة؛ تنزيل السجدة ثم يسجد بها، ويكبر إذا سجد، وإذا رفع رأسه، وفي الثانية هل أتى على الإنسان. انتهى.

[593] **أمالي أحمد بن عيسى -عليهما السلام-**[1/ 152]: حدثنا محمد بن منصور، قال: حدثنا علي ومحمد ابنا أحمد بن عيسى، عن أبيهما؛ في السورة التي فيها السجدة؛ هل يقرأها الرجل في الفريضة؟.

قال: قرأ رسول الله -صلى الله عليه وآله وسلم- آلم تنزيل السجدة في صلاة الفجر، وقرأ علي - صلى الله عليه - سورة النجم ثم كبر وركع، ولا نرى بقرآءة السورة التي فيها السجدة في الفريضة بأساً.

حدثنا محمد بن منصور، قال: أخبرني جعفر، عن قاسم؛ في قراءة سورة السجدة في صلاة الفجر:

قال: ما يعجبنا أن يسجد في صلاة الفريضة سجدة زائدة قُرِأَت في سورة.

قال محمد بن منصور: لا بأس بقراءة السجدة في الفريضة ويسجد بها، وغيرها أحب إلي للإجماع. انتهى.

[594] **الجامع الكافي** [2/ 213]: قال أحمد بن عيسى -عليه السلام-: لا بأس بقراءة السورة التي فيها السجدة في الفريضة، قد قرأ رسول الله -صلى الله عليه وآله وسلم- آلم السجدة في صلاة الفجر، وقرأ علي - صلى الله عليه - سورة النجم في صلاة الفجر، فلما قرأ السجدة في آخر السورة سجد، ثم قام فقرأ إذا زلزلت الأرض، ثم كبر وركع.

وقال محمد: بلغنا أن علياً صلى الله عليه قرأ بسورة النجم في صلاة الفجر، فلما قرأ السجدة في آخر السورة سجد، ثم قام فقرأ إذا زلزلت الأرض ثم كبر وركع.

وبلغنا من وجه آخر خلاف ذلك في الكراهة.

وبلغنا أن النبي -صلى الله عليه وآله وسلم- قرأ آلم تنزيل السجدة في صلاة الفجر.

وقال محمد: وإن قرأ الإمام على المنبر سورة فيها سجدة نزل فسجد وسجدوا معه، بلغنا ذلك عن النبي -صلى الله عليه وآله وسلم-.

وقال -أي محمد-: فيما أخبرنا محمد، عن ابن عامر، عنه: وإذا قرأ الإمام السجدة وهو على المنبر نزل فسجد وسجد معه كل من كان في الخطبة سمعها أو لم يسمعها، لأن النبي -صلى الله عليه وآله وسلم- قرأ سورة فيها سجدة على المنبر فلما انتهى إلى السجدة نزل فسجد، وسجد القوم معه أجمعون. انتهى.

وفي **شرح التجريد للمؤيد بالله** -عليه السلام- [1/ 405]: فإن قيل: روي أن رسول الله -صلى الله عليه وآله وسلم- سجد في صلاة الصبح بتنزيل السجدة.

قيل له: يحمل أن يكون المراد به أنه صلى صلاة الصبح بتنزيل السجدة فعبر بالسجود عن الصلاة، كما يعبر عنها بالركوع؛ فيقال ركع بمعنى صلى، ويحتمل أن يكون الراوي أراد به ركعتي الفجر، فعبر عنها بصلاة الصبح، فأما النافلة فلم ير يحيى بن الحسين -عليه السلام- بأساً أن يسجد فيها للتلاوة؛ لأنه لو زاد في النافلة ما شاء من عدد الركعات لم يفسدها، فكذلك السجود، واستحب أن لا يسجد في النافلة أيضاً؛ لأنه يرى أن النوافل مثنى مثنى، وأنه هو المستحب فصار الاقتصار على ما هو الأصل منها هو المستحب. انتهى.

باب القول في عزائم سجود القرآن وما يقال في سجود التلاوة

[595] **مجموع زيد بن علي** -رضي الله عنه- [صـ111]: حدثني زيد بن علي، عن أبيه، عن جده، عن علي -عليهم السلام-، قال: (عزائم سجود القرآن أربع: آلم تنزيل السجدة، وحم السجدة، والنجم، واقرأ باسم ربك الذي خلق).

قال -عليه السلام-: وسائر ما في القرآن فإن شئت فاسجد، وإن شئت فاترك. انتهى.

[596] **أمالي أحمد بن عيسى** -عليهما السلام- [1/247]: حدثنا محمد،

حدثني أحمد بن عيسى، عن محمد بن بكر، عن أبي الجارود، قال: سمعت أبا جعفر، يقول: (العزائم في أربع: ألم تنزيل السجدة، والنجم، وحم السجدة، واقرأ باسم ربك الذي خلق).

قال: وسائرهن إن شئت فاسجد وإن شئت فلا. انتهى.

[597] **الجامع الكافي** [2/ 212]: قال القاسم -عليه السلام-: فيما حدثنا علي، عن ابن هارون، عن أحمد، عن عثمان، عن عبد الله بن منصور القومسي، قال: سألت القاسم -عليه السلام-: عن عزائم السجود ما هي؟.

فقال: ليس بعزائم، من شاء سجد، ومن شاء لم يسجد. انتهى.

[598] **وفي الوسائل العظمى** [1/ 688]، **للسيد العلامة يحيى بن المهدي**(382) -**رضي الله عنه**-: وبرواية آل محمد -عليهم السلام-، أنه كان -صلى الله عليه وآله وسلم- إذا سجد للتلاوة قال: «سبحان ربنا إن كان وعد ربنا لمفعولاً، اللهم إني عبدك، وابن عبديك، ناصيتي بين يديك، أتقلب في قبضتك، ماض فيّ حكمك، عدل فيّ قضاؤك، أصدق بكتابك، وأومن بدعوتك، أمرتني

---

(382) السيد العلامة الولي، العابد المتأله التقي، القطب الإيماني، والعالم الرباني، يحيى بن المهدي بن القاسم بن المطهر بن أحمد بن أبي طالب بن الحسن بن يحيى بن القاسم بن محمد بن القاسم بن الحسين بن محمد بن القاسم بن يحيى بن الحسين بن الحسين ذي الدمعة بن الإمام الشهيد زيد بن علي بن الحسين بن علي بن أبي طالب -عليهم السلام-، الزيدي نسباً ومذهباً، أحد العلماء الأبدال العباد المتألهين، الذين ينسب إليهم علم أهل البيت -عليهم السلام-، وهو مجتمع أسانيد العترة الطاهرة، كان عالماً، محققاً، متألهاً، زاهداً، عابداً، على طريقة شيخه، عابد اليمن إبراهيم بن أحمد الكينعي، في علمه، وفقهه، وتصوفه، وهو أحد عظماء إخوانه وخواصه، وقرأ على والده المهدي بن القاسم، وقرأ أيضاً كتب الأئمة وشيعتهم وغير ذلك عن الإمام الواثق بالله المطهر بن محمد بن المطهر. وقرأ أيضاً على الإمام المهدي لدين الله علي بن محمد العابد في مدينة ذمار، قرأ عليه كتباً فقهية، وبعد عمر زاخر بالطاعات، وحياة مفعمة بأنواع العبادات، وأيام وليال مباركات قطعها متردداً بين مكة والمدينة واليمن، وافته منيته، في أحب البلاد، وأشرف البقاع، مجاوراً حرم الله وبيته العتيق، حيث توفي رحمه الله ورضي عنه في مكة المكرمة، سنة (809)هـ، على الصحيح. انظر ترجمته في المقدمة لكتاب الوسائل العظمى، بتحقيقنا.

فعصيتُ، ونهيتني فأبيتُ، وهذا مقام العائذ بك من النار، لا إله إلا أنت، سبحانك إني كنت من الظالمين، عملتُ سوءاً وظلمتُ نفسي، فاغفر لي، إنه لا يغفر الذنوب إلا أنت». انتهى.

باب القول في الإمام إذا سلم أين يتطوع

[599] مجموع زيد بن علي -عليهما السلام- [ص-99]: حدثني زيد بن علي، عن أبيه، عن جده، عن علي -عليهم السلام-، أنه كان يكره أن يتطوع الإمام في الموضع الذي يصلي بالناس فيه حتى يتنحى أو يرجع إلى بيته. انتهى.

[600] أمالي أحمد بن عيسى -رضي الله عنه- [1/ 255]: أخبرنا محمد بن جميل، عن شريك، عن ميسرة، عن المنهال، عن عباد بن عبدالله، عن علي -عليه السلام-، قال: (إذا سلم الإمام لم يتطوع حتى يتحول من مكانه أو يتكلم). انتهى.

الرجال:

أما محمد بن جميل، وشريك بن عبد الله النخعي: فقد مرا، وهما من ثقات محدثي الشيعة.

[ترجمة ميسرة بن حبيب النهدي]

وأما ميسرة:

فهو ابن حبيب النهدي، أبو خازم الكوفي، أحد الأعلام، عن عدي بن ثابت، والمنهال بن عمرو، وغيرهما، وعنه شعبة، وإسرائيل، وشريك، وغيرهم، عداده من ثقات الشيعة، توفي في عشر الثلاثين والمائة.

وأما المنهال بن عمرو وعباد بن عبد الله الأسدي: فهما من ثقات محدثي الشيعة، وسيأتي الكلام عليهما.

باب القول في إمامة النساء

[601] **مجموع زيد بن علي -عليهما السلام- [صـ96]**: حدثني زيد بن علي، عن أبيه، عن جده، عن علي -عليهم السلام-، قال: (دخلت أنا ورسول الله -صلى الله عليه وآله وسلم- على أم سلمة -رضي الله عنها- فإذا نسوة في جانب البيت يصلّين، فقال رسول الله -صلى الله عليه وآله وسلم- يا أم سلمة؛ أي صلاة تصلّين؟ قالت: يا رسول الله؛ المكتوبة، قال رسول الله -صلى الله عليه وآله وسلم-: «أفلا أممتهن»، قالت: يا رسول الله، أو يصلح ذلك؟ قال: «نعم، تقومين وسطهن، لا هُنّ أمامَك ولا خلفَك، ولْيَكُنّ عن يمينك وعن شمالك». انتهى.

[602] **المؤيد بالله -عليه السلام- في شرح التجريد [1/ 433]**: واعتمد يحيى بن الحسين -عليه السلام- لذلك ما رواه محمد بن منصور، عن أحمد بن عيسى، عن حسين بن علوان، عن أبي خالد الواسطي، عن زيد، عن آبائه، عن علي -عليهم السلام-، قال: (دخلت أنا ورسول الله -صلى الله عليه وآله وسلم- على أم سلمة فإذا نسوة في جانب البيت يصلين، فقال رسول الله -صلى الله عليه وآله وسلم-: «يا أم سلمة أي صلاة تصلين»، قالت: يا رسول الله المكتوبة؛ قال: «أفلا أممتهن»، قالت: يا رسول الله، أيصلح ذلك؟ قال: «نعم، لا هُنَّ أمامَك ولا خلفَك، عن يمينك وعن شمالك[383]. انتهى.

[603] **الهادي -عليه السلام- في الأحكام [1/ 87]**: وفي ذلك ما بلغنا عن رسول الله -صلى الله عليه وآله وسلم- أنه دخل على أم سلمة وعندها نسوة يصلين -أو قد صَلَّين- فقال لها رسول الله -صلى الله عليه وآله وسلم-: «ألا أممتهن»، فقالت: يا رسول الله، أوَ يصلح ذلك؟ قال: «نعم، لا هن أمامك ولا خلفك، [ولكن] عن يمينك وعن شمالك». انتهى.

[604] **أمالي أحمد بن عيسى -عليهما السلام- [1/ 222]**: أخبرنا محمد، قال:

---

(383) في شرح التجريد المطبوع: «عن يمينك، وعن يسارك».

حدثني أحمد بن عيسى، عن حسين، عن أبي خالد، عن زيد، عن آبائه، عن علي -عليهم السلام-، قال: (دخلت أنا ورسول الله -صلى الله عليه وآله وسلم- على أم سلمة فإذا نسوة في جانب البيت يصلين، فقال رسول الله -صلى الله عليه وآله وسلم-: «يا أم سلمة أيّ صلاة يصلين»، قالت: يا رسول الله المكتوبة، قال: «أفلا أممتهن»، قالت: يا رسول الله، ويصلح ذلك، قال: «نعم، لا هُنّ أمامك ولا خلفك، وليَكُنَّ عن يمينك وشمالك». انتهى.

[605] **الجامع الكافي** [2/ 182]: قال القاسم -عليه السلام-؛ فيما حدثنا علي، عن أحمد، عن عثمان، عن القومسي، عنه، وهو قول محمد، إذا أَمَّت المرأةُ النساء فلتقم وسطهن، وهن عن يمينها وعن شمالها لا تَقدمُهن.

وروى محمد بإسناده نحو ذلك عن النبي -صلى الله عليه وآله وسلم-. انتهى.

باب القول في الدعاء دبر الصلوات

[606] **الجامع الكافي** [1/ 148]: قال الحسن: وسألت عن قوله: {فإذا فرغت فانصب وإلى ربك فارغب} فإنا سمعنا في ذلك - يعني فانصب لله تعالى في الصلاة، {وإلى ربك فارغب}: يعني الدعاء، ورفع اليدين في التكبيرة.

ويروى عن أمير المومنين - صلى الله عليه - أنه قال: (من أحب أن يكتال بالمكيال الأوفى فليقل إذا انصرف من الصلاة: (سبحان ربك رب العزة عما يصفون، وسلام على المرسلين، والحمد لله رب العالمين).

وقرآءة آية الكرسي دبر المكتوبات

[607] **أمالي أحمد بن عيسى -عليهما السلام-** [1/ 258]: [حدثنا] أحمد بن صبيح، عن حسين بن علوان، عن جعفر بن محمد، عن أبيه، عن علي -عليهم السلام-، قال: قال لي رسول الله -صلى الله عليه وآله وسلم-: «يا علي؛ اقرأ في دبر كل صلاة مكتوبة آية الكرسي فإنه لا يحافظ عليها إلا نبي أو صديق أو

شهيد». انتهى.

[608] **أبو طالب** -عليه السلام- **في الأمالي**[صـ313]: وبه، قال: حدثنا أبو أحمد علي بن الحسين بن علي الديباجي البغدادي، قال: حدثنا أبو الحسين علي بن عبد الرحمن بن عيسى بن ماتي، قال: حدثنا محمد بن منصور، قال: حدثنا أحمد بن صبيح، عن حسين، عن جعفر بن محمد، عن أبيه، عن علي -صلوات الله عليهم-، قال: قال رسول الله -صلى الله عليه وآله وسلم-: «يا علي، اقرأ في دبر كل صلاة مكتوبة آية الكرسي فإنه لا يحافظ عليها إلا نبي أو صديق أو شهيد». انتهى.

رجال هذا الإسناد، والذي قبله قد مر الكلام عليهم.

التسبيح والتهليل بعد الصلوات

[609] **قال علامة العترة محمد بن القاسم** -عليه السلام- **في كتاب الهجرة والوصية**: وذكر عن علي -عليه السلام- من وجوه كثيرة حديث مشهور معروف عند أهل البيت -عليهم السلام- والعامة، وقد سمعته غير مرة، أن علياً -عليه السلام- قال لفاطمة -عليها السلام-: إن الطحن واختدامك نفسك قد أجهدك فلو أتيت أباكِ فسألتيه خادماً، قالت: فانطلق معي، قال: فأتينا رسول الله -صلى الله عليه وآله وسلم- فذكرا ذلك له فقال: «ألا أدلكما على عمل خير لكما من ذلك؛ تُسبحانِ الله -إذا آويتما إلى فراشكما- ثلاثاً وثلاثين، وتحمدانه ثلاثاً وثلاثين، وتكبرانه أربعاً وثلاثين، فتلك مائة على اللسان وألف في الميزان».

فقال علي -عليه السلام-: فما تركتها منذ سمعتها من رسول الله -صلى الله عليه وآله وسلم- بعد كل صلاة فريضة، وعند كل نوم، قال له رجل: ولا ليلة صفين يا أمير المؤمنين؛ قال: ولا ليلة صفين. انتهى.

قال الإمام شرف الدين -عليه السلام- (384): بعد أن روى هذا التسبيح في

---

(384) كلام الإمام شرف الدين -رضي الله عنه- لم أجده في الأثمار، ولعله في شرح مقدمة الأثمار.

الأثمار عقيب الصلوات الخمس ما لفظه هذا الذكر الوارد فضله على هذا الترتيب مع التصور والتدبر أعظم الأذكار، وأشرف الأسرار، إلى آخر كلامه -عليه السلام- في تفسير هذا الذكر المأثور. انتهى من المصابيح بلفظه. [سورة الطور/ الآية 48].

[610] **مجموع زيد بن علي -عليهما السلام-** [صـ115]: حدثني زيد بن علي، عن أبيه، عن جده، عن علي -عليهم السلام-، أن النبي -صلى الله عليه وآله وسلم- دخل على بعض أزواجه وعندها نوى العجوة تسبح به، فقال -صلى الله عليه وآله وسلم-: «ما هذا»، قالت: أسبح عدد هذا كل يوم، فقال -صلى الله عليه وآله وسلم-: «لقد قلت في مقامي هذا أكثر من كل شيء سبحتِ به في أيامك كلها»، قالت: وما هو يا رسول الله؟ قال قلتُ: «سبحانك اللهم عدد ما أحصى كتابك، وسبحانك زنة عرشك، ومنتهى رضا نفسك». انتهى.

قوله: (بعض أزواجه)؛ قيل: هي أم سلمة، وقيل: عائشة.

وفي بعض الرويات من غير هذا الوجه: أنه دخل عليها بعد أن ارتفع الضحى، رواه محمد في الذكر [(156- رقم (369)].

[611] **محمد بن منصور المرادي -رحمه الله- في كتاب الذكر** [(174) رقم (406)]: حدثنا محمد بن منصور، قال: حدثنا محمد بن إسماعيل، قال: حدثنا عبد الله بن موسى، قال: أخبرنا ابن أبي ليلى، عن الشعبي، عن عبد الرحمن بن أبي ليلى، عن أبي أيوب الأنصاري، قال: قال رسول الله: «من قال: لا إله إلا الله وحده لا شريك له، له الملك وله الحمد، وهو على كل شيء قدير -عشر مرات- بعد صلاة الفجر؛ كان كعدل أربع رقاب من ولد إسماعيل». انتهى.

الرجال:

[ترجمة محمد بن إسماعيل الأحمسي]

أما محمد بن إسماعيل:

فهو محمد بن إسماعيل بن سمرة الأحمسي الكوفي، أحد الأثبات، أبو جعفر، عن ابن عيينة، وابن فضيل، وغيرهما، وعنه محمد بن منصور، فأكثر، وغيرُه.

قال في الجداول: وثقة السيد الحافظ أحمد بن يوسف الحديثي، والقاضي حسين أحمد السياغي. انتهى. توفي سنة ستين ومائتين.

وأما عبدالله بن موسى: فالصواب: عبيد الله بن موسى العبسي، أحد ثقات محدثي الشيعة، وسيأتي الكلام عليه.

وأما ابن أبي ليلى: فهو محمد بن عبد الرحمن بن أبي ليلى من ثقات محدثي الشيعة سيأتي الكلام عليه.

وأما الشعبي وعبد الرحمن بن أبي ليلى: قد مرا.

وأبو أيوب الأنصاري: سيأتي الكلام عليه، وجميعهم من ثقات محدثي الشيعة.

باب القول في الدعاء بعد صلاة الفجر والانصراف من الصلاة

[612] **مجموع زيد بن علي -عليهما السلام-** [صـ117]: حدثني زيد بن علي، عن أبيه، عن جده، عن علي -عليهم السلام-: أنه كان يقول إذا انصرف من الفريضة في الفجر بعد ما يدعو: «اللهم صل على محمد وعلى آل محمد، واجعل اللهم في قلبي نوراً، وفي بصري نوراً، وفي سمعي نوراً، وعلى لساني نوراً، ومن بين يدي نوراً، ومن خلفي نوراً، ومن فوقي نوراً، ومن تحتي نوراً، وعن يميني نوراً، وعن شمالي نوراً، اللهم أعظم لي النور يوم القيامة، واجعل لي نوراً أمشي به في الناس، ولا تحرمني نوري يوم ألقاك، لا إله إلا أنت». انتهى.

[613] **أبو طالب -عليه السلام- في الأمالي** [صـ344]: وبه قال: أخبرنا أبو أحمد عبد الله بن عدي الحافظ، قال: أخبرنا محمد بن محمد بن الأشعث الكوفي بمصر، سنة خمس وثلاثمائة، قال: حدثنا موسى بن إسماعيل بن موسى بن جعفر،

قال: حدثني أبي إسماعيل بن موسى، عن أبيه، عن جده جعفر بن محمد، عن أبيه، عن جده علي بن الحسين، عن أبيه، عن علي -صلوات الله عليهم- أن رسول الله -صلى الله عليه وآله وسلم- كان إذا أراد الانصراف من الصلاة مسح وجهه بيده اليمنى، ثم يقول: «اللهم لك الحمد، لا إله إلا أنت، عالم الغيب والشهادة، اللهم أذهب عني الهم والحزن والفتن، ما ظهر منها وما بطن».

وقال -صلى الله عليه وآله وسلم-: «ما أحد من أمتي يقول ذلك إلا أعطاه الله ما سأل». انتهى.

رجال هذا الإسناد من ثقات محدثي الشيعة، وقد مر الكلام عليهم.

باب القول في الجلوس بعد صلاة الفجر حتى تطلع الشمس

[614] أمالي أحمد بن عيسى -عليهما السلام- [1/216]: حدثنا محمد، حدثنا أحمد بن عيسى، عن حسين بن علوان، عن أبي خالد، عن محمد بن عمر بن علي ابن أبي طالب -عليهم السلام-، عن أبيه، عن علي بن أبي طالب، قال: قال رسول الله -صلى الله عليه وآله وسلم-: «من قعد في مصلاه الذي صلى فيه الفجر يذكر الله تعالى حتى تطلع الشمس كان كحاج بيت الله». انتهى.

[615] محمد بن منصور -رحمه الله- في الذكر [ص205]: حدثنا محمد، قال: حدثني أحمد بن عيسى بن زيد، عن حسين بن علوان، عن أبي خالد، عن محمد بن عمر بن علي أبي طالب، عن أبيه، عن علي بن أبي طالب، قال: قال رسول الله -صلى الله عليه وآله وسلم-: «من قعد في مصلاه الذي صلى فيه الفجر يذكر الله حتى تطلع الشمس كان كحاج بيت الله تعالى».

[616] حدثنا: محمد، قال: حدثنا حسين بن نصر، عن خالد بن عيسى، عن حصين، عن جعفر، عن أبيه، عن آبائه، أن النبي -صلى الله عليه وآله وسلم- قال: «ذكر الله ما بين صلاة الغداة إلى طلوع الشمس أنجحُ في طلب الرزق من الضارب في الأرض».

[617] حدثنا محمد، ثنا عبد الله بن داهر الرازي، عن عمرو بن جميع، عن جعفر، عن أبيه، عن جده، قال: قال جدنا رسول الله -صلى الله عليه وآله وسلم-: «والذي نفس محمد بيده لدعاء الرجل بعد صلاة الفجر أنجح في طلب الحاجة من الضارب في الأرض بماله». انتهى.

[618] **أبو طالب في الأمالي [صـ332]**: وبه قال: أخبرنا أبو أحمد علي بن الحسين بن علي الديباجي ببغداد، قال: أخبرنا أبو الحسين علي بن عبد الرحمن بن عيسى بن ماتي، قال: أخبرنا محمد بن منصور، قال: حدثنا عبد الله بن داهر، عن عمرو بن جميع، عن جعفر بن محمد، عن أبيه، عن جده، عن علي -صلوات الله عليه-، قال: قال رسول الله -صلى الله عليه وآله وسلم-: «والذي نفس محمد بيده لدعاء الرجل بعد صلاة الفجر إلى طلوع الشمس أنجح في الحاجة من الضارب بماله في الأرض» انتهى.

[619] **أمالي أحمد بن عيسى -عليهما السلام-** [1/ 216]: حدثنا عبد الله بن داهر، عن عمرو بن جميع، عن جعفر، عن أبيه، عن جده، قال: قال رسول الله -صلى الله عليه وآله وسلم-: «والذي نفس محمد بيده لدعاء الرجل بعد صلاة الفجر إلى طلوع الشمس أنجح في الحاجة من الضارب بماله في الأرض». انتهى.

[620] **مجموع زيد بن علي -عليهما السلام-** [صـ117]: حدثني زيد بن علي، عن أبيه، عن جده، عن علي -عليهم السلام- قال: قال رسول الله -صلى الله عليه وآله وسلم-: «من قعد في مصلاه الذي صلى في الفجر يذكر الله سبحانه يسبحه ويحمده حتى تطلع الشمس كان كالحاج إلى بيت الله، وكالمجاهد في سبيل الله عز وجل». انتهى.

[621] **وقال الإمام الأعظم محمد بن القاسم بن إبراهيم -رضي الله عنه- في كتاب الهجرة والوصية** [مجموع الإمام محمد بن القاسم، صـ (415)]: وذُكر يا بني عن جدكم الحسن بن علي -رضي الله عنه- حديث معروف عنه، قال: سمعه عن جده، قال: قال رسول الله -صلى الله عليه وآله وسلم-: «من صلى صلاة

الصبح ثم جلس يذكر الله إلى أن تطلع الشمس كان له ستراً من النار وحجاباً من النار». انتهى.

باب القول في التعقيب بعد صلاة المغرب وفضله

[622] **محمد بن منصور المرادي** -رحمه الله- **في الذكر** [209]: حدثنا محمد، قال: حدثني علي بن منذر، عن ابن فضيل، قال: ثنا أبان، عن الحسن، أو شهر بن حوشب، عن جابر بن عبد الله: أنهم صلوا المغرب ثم عقبوا فذكروا الله سبحانه، فسمعوا صوت النبي -صلى الله عليه وآله وسلم- وهو خارج إليهم من الحجرة، وهو يقول من هاهنا من هاهنا فقاموا إليه، فقالوا: ما ذاك يا رسول الله فقال: «إني وجدت ربي باهي بكم الملائكة يقول: انظروا إلى عبادي قضوا فريضة من فرائضي ثم عقبوا يذكروني». انتهى.

محمد في أول الإسناد: هو محمد بن منصور.

وعلي بن المنذر: هو الطريقي.

وابن فضيل هو محمد بن فضيل بن غزوان الضبي الكوفي.

والحسن هو البصري.

وشهر بن حوشب تابعي.

وجابر بن عبد الله، هو الأنصاري، صحابي.

وجميعهم من ثقات محدثي الشيعة، وسيأتي الكلام عليهم، إلا محمد بن منصور المرادي، فقد مر.

[623] **أمالي أحمد بن عيسى** -عليهما السلام- [1/258]: حدثنا أحمد بن صبيح، عن حسين بن علوان، عن جعفر، عن أبيه، قال: قال رسول الله -صلى الله عليه وآله وسلم-: «من كانت له حاجة إلى الله فليدع بها في صلاة العشاء الأخيرة فإنها صلاة لم يصلها أحد من الأمم قبلكم» انتهى.

باب السهو وسجدتيه على من يجب عليه سجود السهو

[624] **الجامع الكافي** [2/ 264]: قال الحسن -عليه السلام- فيما حدثنا زيد عن زيد عن أحمد عنه روى عن النبي -صلى الله عليه وآله وسلم-، وعن علي - صلى الله عليه -: (أن من سهى عن القنوت والتشهد سجد سجدتي السهو).

قال الحسن: وإن نسى القنوت حتى ركع فقد روى عن علي - صلى الله عليه - أنه قال: يسجد سجدتي السهو، وإن شك في السجدة الآخرة فلم يدر سجدها أم لم يسجدها فليسجدها قبل السلام ثم يتشهد ثم يسلم ثم يسجد للسهو.

وقال الحسن ومحمد: وإن نسي القراءة في الأولتين فليقرأ في الآخرتين وصلاته تامة ثم يسجد للسهو.

قال محمد: وروي نحو ذلك عن علي - صلى الله عليه - انتهى.

[625] **الهادي -عليه السلام- في الأحكام** [1/ 96]: قال يحيى بن الحسين -عليه السلام-: سجدتا السهو تجبان على من قام في موضع جلوس، أو جلس في موضع قيام، أو ركع في موضع سجود، أو سجد في موضع ركوع، أو سبح في موضع قراءة، أو قرأ في موضع تسبيح، وقد قيل: من سلم في غير موضع تسليم.

وروي عن النبي -صلى الله عليه وآله وسلم- أنه صلى بالناس الفجر فصلى ركعة ثم انصرف، فقام رجل يقال له ذو الشمالين، فقال: يا رسول الله، أنسيت أم رفعت الصلاة؟.

فقال: وما ذاك يا ذا الشمالين؛ فأخبره، فجعل يطوف به في الصفوف، فقال: «أصدق هذا، زعم أني صليت واحدة»، قالوا: نعم يا رسول الله، إنما صليت واحدة، قال: فجاء رسول الله -صلى الله عليه وآله وسلم- فصلى بالناس ركعة أخرى ثم سجد سجدتي السهو ثم سلم.

قال يحيى بن الحسين -عليه السلام-:لا أدري ما صحة هذا الحديث عن النبي -صلى الله عليه وآله وسلم- في الصلاة بعد التسليم، ولا أرى أنه صحيح

عن رسول الله -صلى الله عليه وآله وسلم-، بل أقول: إنه مَن نسي فسلم في غير موضع تسليم، ثم ذكر قبل أن يتكلم بكلام، أو يحرف وجهه عن ذلك المقام، أن صلاته قد انقطعت، ويجب عليه الاستئناف لها؛ فليبتدأ صلاته، وليؤدها على ما فرضت عليه من حدودها، فأما سجدتا السهو فلا يتمان صلاة ولا ينقصان منها، وإنما جعلتا مرغمتين للشيطان، ولا يكونان إلا من بعد التسليم والفراغ من الصلاة التي سهى فيها، فأما قبل التسليم فلا يجوز عندنا، لأنهما يكونان حينئذ زيادة في الصلاة، لأن التسليم هو تحليلها، وما كان من الفعل فهو لها ومنها.

حدثنا أبي، عن أبيه، أنه سئل عن سجدتي السهو قبل التسليم أم بعده؟

قال: سجدتا السهو بعد التسليم؛ لأنهما إن كانتا قبله كانتا زيادة في الصلاة، وإنما السجدتان بدل من السهو، وإرغام للشيطان، كما قال رسول الله -صلى الله عليه وآله وسلم- [وقد صح عن النبي -صلى الله عليه وآله وسلم-] أنه سجد سجدتي السهو بعد التسليم. انتهى.

[626] **مجموع زيد بن علي [صـ95]**: حدثني زيد بن علي، عن أبيه، عن جده، عن علي -عليهم السلام- قال: صلى بنا رسول الله -صلى الله عليه وآله وسلم- الظهر خمساً، فقام ذو الشمالين، فقال: يا رسول الله، هل زيد في الصلاة شيء؟ قال: «وما ذاك؟»، قال: صليت بنا خمساً، فاستقبل القبلة فكبر وهو جالس وسجد سجدتين ليس فيهما قرآءة ولا ركوع، وقال: «هما المرغمتان». انتهى.

[627] **أمالي أحمد بن عيسى -عليهما السلام- [1/ 156]**: حدثني أحمد بن عيسى، عن حسين، عن أبي خالد، عن زيد بن علي - صلى الله عليه — قال: صلى بنا رسول الله -صلى الله عليه وآله وسلم- الظهر خمس ركعات، فقال له بعض القوم: يا رسول الله، هل زيد في الصلاة شيء؟ قال: «وما ذاك؟»، قال: صليت بنا خمس ركعات، قال: فاستقبل القبلة فكبر وهو جالس وسجد سجدتين ليس فيهما قرآءة ولا ركوع، ثم سلم وكان يقول: «هما المرغمتان». انتهى.

[628] **المؤيد بالله -عليه السلام- في شرح التجريد** [1/ 462]: والأصل في ذلك: ما رواه محمد بن منصور، عن أحمد بن عيسى، عن حسين بن علوان، عن أبي خالد، عن زيد، عن آبائه، عن علي -عليهم السلام-، قال: صلى بنا رسول الله -صلى الله عليه وآله وسلم- الظهر خمس ركعات، فقال له بعض القوم: يا رسول الله، هل زيد في الصلاة شيء؟ قال: «وما ذاك؟»، قال: صليت بنا خمس ركعات، قال: (فاستقبل القبلة وهو جالس وسجد سجدتين ليس فيهما قرآءة ولا ركوع ثم سلم). انتهى.

[629] **الجامع الكافي** [2/ 276]: وعن علي - صلى الله عليه - قال: صلى بنا رسول الله -صلى الله عليه وآله وسلم- الظهر خمس ركعات، فقال له رجل: هل زِيدَ في الصلاة شيء؟، قال: «وما ذاك»، قال: صليت بنا خمس ركعات، فاستقبل القبلة فكبر وهو جالس، ثم سجد سجدتين، ثم سلم، وكان يقول: «هما المرغمتان». انتهى.

[630] **أمالي أحمد بن عيسى -عليهما السلام-** [1/ 157]: حدثنا محمد بن منصور، قال: حدثنا أحمد بن عيسى، عن محمد بن بكر، عن أبي الجارود، قال: سمعت أبا جعفر -عليه السلام- يقول: صلى رسول الله -صلى الله عليه وآله وسلم- الفجر بالناس فصلى ركعة ثم انصرف، قال: فقام رجل يقال له ذو الشمالين، [فقال: يا رسول الله أنسيت أم رفعت الصلاة؟ قال: «وما ذاك يا ذا الشمالين»،] (385) قال: إنك صليت ركعة، قال: فأخذ رسول الله -صلى الله عليه وآله وسلم- بيد ذي الشمالين فطوف به في الصفوف، فقال: «أصدق هذا زعم أني صليت واحدة»، قالوا: نعم يا رسول الله، إنما صليت واحدة، قال: فجاء رسول الله -صلى الله عليه وآله وسلم- فصلى بالناس ركعة أخرى، ثم سجد سجدتي السهو ثم سلم.

---

(385) ما بين القوسين ساقط في الأمالي المطبوع.

قال محمد بن منصور: هذا قبل أن ينزل تحريم الكلام في الصلاة. انتهى.

[631] **الجامع الكافي** [2/ 258]: قال محمد: ومن تكلم في الصلاة عامداً أو ساهياً أعاد الصلاة.

فأما الحديث الذي جاء أن النبي -صلى الله عليه وآله وسلم- صلى بالناس الفجر ركعة ساهياً ثم انصرف، فقال له ذو الشمالين: يا رسول الله، أنسيتَ أم رُفعتَ الصلاة؟ قال: «وما ذاك؟»، قال: صليت بنا ركعة، فطاف به النبي -صلى الله عليه وآله وسلم- على الصفوف، وقال: «أصدق هذا، زعم أني صليت واحدة»، قالوا: نعم، فرجع فصلى بالناس ركعة أخرى، ثم سجد سجدتي السهو، ثم سلم.

إنما هذا قبل أن ينزل تحريم الكلام في الصلاة. انتهى.

باب القول فيمن قام في موضع جلوس

[632] **أمالي أحمد بن عيسى -عليهما السلام-**[1/ 212]: أخبرنا علي بن أحمد بن عيسى، عن أبيه، قال: ذكر عن أمير المؤمنين -عليه السلام- أنه قال: (إذا قام المصلي في موضع جلوس ثم ذكر أنه كان ينبغي له أن يجلس؛ قال: يجلس ما لم يركع). انتهى.

[633] **الجامع الكافي** [2/ 273]:قال أحمد بن عيسى، ذكر عن أمير المؤمنين - صلى الله عليه - أنه قال: (إذا قام المصلي في موضع جلوس ثم ذكر أنه كان ينبغي له أن يجلس فليجلس ما لم يركع).

وروى محمد بن فرات، عن محمد بن منصور، قال: سئل أحمد بن عيسى؛ عمن قام في موضع جلوس فلما استوى قائماً ذكر؟.

قال: يجلس ثم يسجد سجدتي السهو.

وقال محمد: إذا سهى الرجل عن الجلوس في الركعتين الأولتين حتى استوى قائماً فليمض في صلاته ويسجد للسهو، وإن ذكر قبل أن يستوي قائماً [رجع] فقعد، وعليه سجدتا السهو.

وفيه: قال -يعني محمداً-: وقد روي أنه يجلس ما لم يركع في الثالثة.

وقال محمد: فيما أخبرنا محمد، عن ابن عامر، عنه: وإن سهى الإمام فقام في الركعتين فسبحوا به(386) فلم يجلس فإنه إذا قضى الصلاة سجد للسهو، وكذلك روي عن النبي -صلى الله عليه وآله وسلم- انتهى.

باب القول فيمن نسى القرآءة ونحوها في الصلاة

[634] **أمالي أحمد بن عيسى -عليهما السلام-** [1/ 132]:ونا محمد، حدثني أحمد بن عيسى، عن حسين، عن أبي خالد، عن زيد بن علي، قال: (صليت خلف أبي المغرب فنسي فاتحة الكتاب في الركعة الأولى فقرأها في الثانية).

حدثني أحمد بن عيسى، عن حسين، عن أبي خالد، عن زيد، عن آبائه، عن علي -عليهم السلام-، قال: (إذا دخل الرجل في الصلاة فنسي أن يقرأ حتى يركع فليستوِ قائماً ثم يقرأ ثم يركع ويسجد سجدتي السهو). انتهى.

القاضي زيد في الشرح: نص يحيى في الأحكام على أن من نسي القرآءة في إحدى ركعتيه سجد سجدتي السهو وكانت صلاته تامة إذا كان قد قرأ في بعض الركعات، وادعى أن ذلك إجماع آل رسول الله -صلى الله عليه وآله وسلم-.

وفيه: قال السيد أبو الحسين[2/ 194 –مخ]: ولا يمتنع أن يقال إن السجدتين تجبان في سهو المسنون والمفروض على سواء، وهذا مما لم نعرف فيه خلافاً.

وفيه [2/ 201 –مخ]: قال السيد أبو الحسين: قال القاسم في مسائل عبد الله

(386) في الجامع الكافي المطبوع: (فسبحوا له فلم يجلس).

بن الحسن: من ابتلي بكثرة الشك في صلاته مضى فيها، ولم يلتفت فيها إلى عارض شكه، ونص فيها على إبطال الصلاة إذا زاد فيها ركعة، ويجب أن يكون معناه أن يمضي على اليقين وهو الأقل، لأنه ليس المضي إلا على الأقل أو الأكثر، والمضي على الأكثر خلاف الإجماع.

وفيه[2/ 196 –مخ]: قال السيد أبو الحسين: إذا أيقن المصلي أنه زاد ركعة واحدة على سبيل العمد فإن هذه الزيادة تبطل الصلاة.

وفيه: ومحل سجود السهو آخر الصلاة بالإجماع، والخلاف هل قبل التسليم أو بعده.

وفيه[2/ 211 –مخ]: قال القاسم -عليه السلام- فيما حكاه عنه علي بن العباس: من سهي عن ركوعه كان كمن لم يصل [ركعة] إذا لم يعد فيركع، فإذا لم يركع لم يعتد بتلك الركعة، وذلك لأن الركعة من الصلاة لا تتم إلا بركوع وسجود، وهو مما لا خلاف فيه.

وفيه: لا خلاف أنه إذا قضى الركعة التي تركها قبل التسليم ناسياً أجزت صلاته. انتهى.

قال علامة العترة الوالد المحقق، علي بن محمد العجري فسح الله في أجله: ولزمه سجود السهو. انتهى.

باب القول في سجود السهو بعد التسليم

[635] **مجموع زيد بن علي -عليهما السلام- [صـ94]**: حدثني زيد بن علي، عن أبيه، عن جده، عن علي -عليهم السلام- قال: (سجدتا السهو بعد السلام، وقبل الكلام، تجزيان من الزيادة والنقصان). انتهى.

[636] **أمالي أحمد بن عيسى -عليهما السلام- [1/ 157]**: حدثنا محمد بن منصور، قال: أخبرنا جعفر، عن قاسم بن إبراهيم، قال: سجدتا السهو بعد

التسليم، وقد صح عن النبي -صلى الله عليه وآله وسلم- أنه سجد سجدتي السهو بعد التسليم. انتهى.

قلت: وقد مرت رواية الهادي -عليه السلام- عن أبيه بمثل ما ضمنا في أول الباب.

الجامع الكافي [2/ 277]: قال أحمد والقاسم ومحمد والحسن -فيما حدثنا زيد- عن زيد، عن أحمد، عنه: يسجد سجدتي السهو بعد السلام في الزيادة والنقصان.

وقال القاسم -عليه السلام-: صح عن النبي -صلى الله عليه وآله وسلم- أنه سجد سجدتي السهو بعد التسليم.

قال أحمد -عليه السلام-: قد كنت أسجد قبل التسليم وكان ذلك رأيي، فلما رأيت الإجماع عن أمير المؤمنين - صلى الله عليه -: أنه كان يسجد بعد التسليم صرت أسجد بعد السلام، في الزيادة والنقصان، وهذا مما يتسع فيه الاختلاف.

وقال محمد: سجدتا السهو بعد السلام وقبل الكلام إنما هما للزيادة والنقصان(387) وليستا في الصلاة، سمعنا عن النبي، وعن علي -صلوات الله عليه-صلى الله عليهما- أنهما قالا: (سجدتا السهو بعد السلام). انتهى.

الهادي -عليه السلام- في المنتخب[صـ42]: قال محمد بن سليمان الكوفي -رضي الله عنه- قلت: فإن سجد سجدتي السهو قبل التسليم ما يعمل، قال -عليه السلام-: بطلت صلاته ويبتدئ الصلاة من أولها.

قلت: ولأي علة بطلت صلاته، وقد رويت في ذلك روايات في سجدتي السهو قبل التسليم، قال: لم يصح ذلك عندنا، ولا هو مما يوجبه العقل. انتهى.

(387) في الجامع الكافي المطبوع إنما هما للصلاة وليستا في الصلاة

باب القول في صفة تشهد سجدتي السهو

مجموع زيد بن علي -عليهما السلام- [صـ96]: وقال زيد بن علي -عليهما السلام- في سجدتي السهو: يتشهد مثل ما يتشهد في الركعتين ثم يسلم. انتهى.

الجامع الكافي[2/ 279]: قال القاسم -عليه السلام-فيما حدثنا علي، عن محمد، عن أحمد، عن عثمان، عن القومسي، عنه، وهو قول الحسن -عليه السلام- ومحمد-: في سجدتي السهو تشهد وتسليم.

وقال محمد: إذا أراد الرجل أن يسجد للسهو فليبدأ فيهما بالتكبير ويسبح في السجود، ويتشهد إذا جلس تشهداً خفيفاً يقول: أشهد أن لا إله إلا الله، وحده لا شريك له، وأشهد أن محمد عبده ورسوله -صلى الله عليه وآله وسلم-، ثم يسلم تسليمتين عن يمينه وعن شماله. انتهى.

باب صلاة الجمعة القول في الصلاة الوسطى

[637] **الهادي -عليه السلام- في الأحكام**[1/ 104]: حدثني أبي، عن أبيه، قال: حدثنا أبو بكر بن أبي أويس، عن حسين بن عبد الله بن ضميرة، عن أبيه، عن جده، عن علي -عليه السلام- قال: (الصلاة الوسطى هي صلاة الجمعة، وهي في سائر الأيام الظهر). انتهى.

[638] **أمالي أحمد بن عيسى -عليهما السلام-**[1/ 176]: وحدثنا محمد، حدثني قاسم بن إبراهيم، قال: حدثنا أبو بكر بن أبي أويس، عن حسين بن عبد الله بن ضميرة، عن أبيه، عن جده، عن علي -عليه السلام- قال: (الصلاة الوسطى هي الجمعة وهي في سائر الأيام الظهر).

[وبه] قال محمد: سمعت القاسم بن إبراهيم، يقول: إنما أريد بالوسطى العظمى، كما قال تعالى: ﴿أَوْسَطُهُمْ﴾ يعني أوسطهم طريقة. انتهى.

باب القول في فضل يوم الجمعة والصلاة على النبي -صلى الله عليه وآله- فيها

أمالي أحمد بن عيسى -عليهما السلام- [2/ 309]: حدثني أحمد بن عيسى، عن حسين بن علوان، عن أبي خالد، قال: سمعت أبا جعفر، يقول: إن الأشياء تضاعف يوم الجمعة، وإني لأحب أن أكثر فيه من الصلاة والصدقة. انتهى.

[639] **مجموع زيد بن علي -عليهما السلام-** [صــ114]: حدثني زيد بن علي، عن أبيه، عن جده، عن علي -عليهم السلام- قال: قال رسول الله -صلى الله عليه وآله وسلم-: «من صلى عليّ صلاة صلى الله عليه بها عشر صلوات، ومحي عنه عشر سيئات، وأثبت له عشر حسنات، واستبقاه ملكاه الموكلان به، أيهما يبلغ روحي منه السلام».

[640] قال: وقال رسول الله -صلى الله عليه وآله وسلم-: «أكثروا من الصلاة علي يوم الجمعة فإنه يوم تضاعف فيه الأعمال، واسألوا الله تعالى لي الدرجة الوسلية من الجنة»، قيل: يا رسول الله، وما الدرجة الوسيلة من الجنة؟ قال: «هي أعلى درجة في الجنة لا ينالها إلا نبي وأرجوا أن أكون أنا هو. انتهى.

الهادي -عليه السلام- في الأحكام[2/ 400]: قال يحيى بن الحسين -عليه السلام-: من أكثر من ذكر الصلاة على رسول الله -صلى الله عليه وآله وسلم- كثرت رحمة الله له، ورفع [الله] درجته، ومحي سيئته، وإن أفضل أوقات الصلاة على النبي -صلى الله عليه وآله وسلم- ليوم الجمعة، وإن أفضل ساعات الجمعة لوقت الزوال وإن يوم الجمعة لأفضل الأيام، ومن أعظمها عند ذي الجلال والإكرام، وإن ليلة الجمعة لأفضل الليالي، وإن الأعمال لتضاعف في يوم الجمعة وليلتها، وإنما سمي يوم الجمعة؛ لاجتماع الناس فيه لأداء فرض الصلاة، كما أمرهم الله -عز وجل- حين يقول: ﴿يَـٰٓأَيُّهَا ٱلَّذِينَ ءَامَنُوٓاْ إِذَا نُودِىَ لِلصَّلَوٰةِ مِن يَوۡمِ ٱلۡجُمُعَةِ فَٱسۡعَوۡاْ إِلَىٰ ذِكۡرِ ٱللَّهِ وَذَرُواْ ٱلۡبَيۡعَۚ ذَٰلِكُمۡ خَيۡرٞ لَّكُمۡ إِن كُنتُمۡ تَعۡلَمُونَ

(٩)﴾[الجمعة:9].

[641] **قال يحيى بن الحسين -عليه السلام-**: ومن تعظيم الله -عز وجل- ذلك اليوم أن جعله للمسلمين عيداً، وفيه ما بلغنا عن النبي -صلى الله عليه وآله وسلم-، عن جبريل -عليه السلام-، أنه قال: «يوم الجمعة يوم القيامة، وفيه تقوم الساعة».

قال يحيى بن الحسين -عليه السلام-:ما زلت منذ رويت هذا الحديث يُدَاخِلُني في كل جمعة وجل [وخوف]، وما ذلك من سوء ظني بربي، ولا قلة معرفة مني برحمة خالقي، ولكن مخافة من لقائه، ولم أقم بما أمرني بالقيام به، وأنهض فيما حضني على النهوض فيه، وجعله لأكبر فرايضه علي، وأعظمها عندي ولدي، من مباينة الفاسقين، ومجاهدة الظالمين، والنصرة لدين رب العالمين. انتهى.

[642] **محمد بن منصور المرادي -رحمه الله- في الذكر[صـ65]**: حدثنا محمد، قال: حدثنا أحمد بن عيسى، عن حسين بن علوان، عن أبي خالد، عن زيد بن علي، عن علي -عليهم السلام-، قال: قال رسول الله -صلى الله عليه وآله وسلم-: «أكثروا من الصلاة والصدقة عليّ في يوم الجمعة، فإنه يوم تضاعف فيه الأعمال، واسألوا الله لي الدرجة الوسيلة من الجنة»، قيل: يا رسول الله، وما الدرجة الوسيلة من الجنة؟، قال: «هي أعلى درجة في الجنة لا ينالها إلا نبي، وأرجو أن أكون أنا هو». انتهى.

[643] **أمالي أحمد بن عيسى -عليهما السلام-** [1/ 171]: حدثني أحمد بن عيسى، عن حسين، عن أبي خالد، عن زيد، عن آبائه، عن علي -عليهم السلام-، قال: قال رسول الله -صلى الله عليه وآله وسلم-: «من صلى علي صلاة صلى الله عليه بها عشر صلوات، ومحي عنه عشر سيئات، وأثبت له عشر حسنات، واستبق ملكاه الموكلان به أيهما يبلغ روحي منه السلام».

[644] وقال رسول الله -صلى الله عليه وآله وسلم-: «أكثروا من الصلاة علي يوم الجمعة، فإنه يوم تضاعف فيه الأعمال، واسألوا الله لي الدرجة الوسيلة من الجنة»، قيل: يا رسول الله؟ وما الدرجة الوسيلة من الجنة؟ قال: «هي أعلى درجة في الجنة لا ينالها إلا نبي، وأرجو أن أكون أنا هو». انتهى.

[645] **أبو طالب -عليه السلام- في الأمالي**[صـ481]: وبه، قال: حدثنا أبو أحمد علي بن الحسين الديباجي، قال: حدثنا أبو الحسين علي بن عبد الرحمن بن عيسى بن ماتي، قال: حدثنا محمد بن منصور، قال: حدثني أحمد بن عيسى، عن حسين، عن أبي خالد، عن زيد بن علي، عن آبائه، عن علي -صلوات الله عليهم- قال: قال رسول الله -صلى الله عليه وآله وسلم-: «من صلى عليّ صلاة صلى الله عليه بها عشر صلوات، ومحى عنه بها عشر سيئات، وأثبت له بها عشر حسنات، واستبق ملكاه الموكلان به أيهما يبلغ روحي منه السلام».

[646] و[قال]: قال رسول الله -صلى الله عليه وآله وسلم-: «أكثروا من الصلاة يوم الجمعة فإنه يوم تضاعف فيه الأعمال، واسألوا الله لي الدرجة الوسيلة من الجنة»، قيل: يا رسول الله، وما الدرجة الوسيلة من الجنة؟ قال: «هي أعلى درجة في الجنة، ولا ينالها إلا نبي، وأرجو أن أكون أنا هو». انتهى.

[647] **الهادي -عليه السلام- في الأحكام**[1/ 103]: بلغنا عن النبي -صلى الله عليه وآله وسلم- أنه قال: «أكثروا من الصلاة علي يوم الجمعة فإن الأعمال تضاعف فيه». انتهى.

[648] **أمالي أحمد بن عيسى -عليهما السلام-**[1/ 248]: وبه قال: حدثني أحمد بن عيسى، عن محمد بن بكر، عن أبي الجارود، قال: قال أبو جعفر: قال رسول الله -صلى الله عليه وآله وسلم-: «من ذُكرتُ عنده ثم خطي الصلاة علي خطي يوم القيامة باب الجنة». انتهى.

[649] **محمد بن منصور -رحمه الله- في الذكر**[صـ69]:حدثنا محمد، حدثنا أبو

الطاهر أحمد بن عيسى، عن أبي ضمرة، عن جعفر، عن أبيه، قال: قال رسول الله – صلى الله عليه وآله وسلم –: «من نسي الصلاة علي خطي به طريق الجنة». انتهى.

[ترجمة أبي ضمرة أنس بن عياض]

وفي هذا الإسناد: أبو ضمرة أنس بن عياض:

قال في الجداول: أنس بن عياض الليثي، أبو ضمرة، عن الصادق، وأبي الطاهر أحمد، وعبد العزيز بن بكر، وخلق، وعنه والد الناصر؛ علي بن الحسين بن علي بن الحسين، ومخول بن إبراهيم، وثقه النسائي وجماعة، توفي سنة مائتين، احتج به الجماعة. انتهى عداده من ثقات محدثي الشيعة.

[650] **أبو طالب** -عليه السلام- في الأمالي [صـ481]: وبه قال: أخبرنا أبو أحمد عبد الله بن عدي الحافظ، قال: أخبرنا محمد بن الأشعث بمصر سنة خمس وثلاثمائة، قال: حدثني موسى بن إسماعيل بن موسى بن جعفر، قال: حدثنا أبي إسماعيل بن موسى بن جعفر، عن أبيه، عن جده جعفر بن محمد، عن أبيه، عن جده علي بن الحسين، عن أبيه، عن علي بن أبي طالب -عليهم السلام-، قال: قال رسول الله -صلى الله عليه وآله وسلم-: «صلاتكم عليَّ جواز دعائكم، ومرضاة لربكم، وزكاة لأعمالكم». انتهى.

[651] **محمد بن منصور** -رحمه الله- في الذكر [صـ71]: حدثنا محمد، حدثنا حسين بن نصر، عن خالد بن عيسى، عن حصين، عن جعفر، عن أبيه، قال: إذا دعا الرجل ولم يذكر النبي -صلى الله عليه وآله وسلم- رفرف الدعاء على رأسه، فإذا ذكر النبي -صلى الله عليه وآله وسلم- رُفع الدعاءُ. انتهى.

[652] **أبو طالب** -عليه السلام- في الأمالي [صـ484]: وبه قال: أخبرنا أبو أحمد عبد الله بن عدي الحافظ، قال: حدثنا محمد بن محمد بن الأشعث في سنة خمس وثلاثمائة، قال: حدثني موسى بن إسماعيل بن موسى بن جعفر، عن أبيه، عن جده موسى بن جعفر، عن أبيه جعفر بن محمد، عن أبيه، عن جده، عن علي

-عليهم السلام-، قال: قال رسول الله -صلى الله عليه وآله وسلم-: «من زار قبري بعد موتي كان كمن هاجر إلي في حياتي، فإن لم تستطيعوا فابعثوا إلي بالسلام فإنه يبلغني». انتهى.

[653] **محمد بن منصور -رحمه الله- في الذكر[صـ70]**: حدثنا محمد، حدثنا حسين بن نصر، عن خالد بن عيسى، عن حصين بن المخارق، عن جعفر بن محمد، عن أبيه، قال: «من صلى على محمد وآل محمد مائة مرة قضى الله له مائة حاجة». انتهى.

[654] **أبو طالب -عليه السلام- في الأمالي [صـ482]**: وبه، قال: حدثنا أبو عبد الله أحمد بن محمد البغدادي، قال أخبرنا أبو القاسم عبد العزيز بن إسحاق بن جعفر الزيدي، قال: حدثني علي بن محمد بن كاس النخعي الكوفي، وعدهن في يدي، قال: حدثني سليمان بن إبراهيم المحاربي جدي أبو أمي، قال: عدهن في يدي نصر بن مزاحم، قال نصر بن مزاحم: عدهن في يدي إبراهيم بن الزبرقان التيمي، قال إبراهيم بن الزبرقان: عدهن في يدي أبو خالد الواسطي، قال أبو خالد: عدهن في يدي زيد بن علي، قال زيد بن علي: عدهن في يدي علي بن الحسين، قال علي بن الحسين: عدهن في يدي الحسين بن علي، وقال الحسين بن علي: عدهن في يدي أمير المؤمنين علي بن أبي طالب، وقال علي: عدهن في يدي رسول الله -صلى الله عليه وآله وسلم-، وقال رسول الله -صلى الله عليه وآله وسلم-: «عدهن في يدي جبريل -عليه السلام-»، وقال جبريل: «هكذا أنزلت بهن من عند ربي العزة: «اللهم صل على محمد وعلى آل محمد، كما صليت على إبراهيم وعلى آل إبراهيم إنك حميد مجيد.

وبارك على محمد وعلى آل محمد كما باركت على إبراهيم وعلى آل إبراهيم إنك حميد مجيد.

وترحم على محمد وعلى آل محمد كما ترحمت على إبراهيم وعلى آل إبراهيم إنك حميد مجيد.

وتحنن على محمد وعلى آل محمد كما تحننت على إبراهيم وعلى آل إبراهيم إنك حميد مجيد.

وسلم على محمد وعلى آل محمد كما سلمت على إبراهيم وعلى آل إبراهيم إنك حميد مجيد».

قال أبو خالد: عدهنّ زيد بن علي -رضي الله عنه-، بأصابع الكف مضمومة واحدة واحدة مع الإبهام. انتهى.

[655] **محمد بن منصور -رحمه الله- في الذكر [صـ67]**: حدثنا محمد، حدثنا إسحاق بن إبراهيم البقار، وحرب بن الحسن، عن يحيى بن مساور، قال إسحاق بن إبراهيم: عدهن في يدي يحيى بن مساور، وقال يحيى: عدهن في يدي أبو خالد، قال أبو خالد: عدهن في يدي زيد بن علي، وقال زيد بن علي: عدهن في يدي علي بن الحسين، وقال علي بن الحسين: عدهن في يدي أبي الحسين، وقال الحسين: عدهن في يدي أبي علي بن أبي طالب، وقال علي: عدهن في يدي رسول الله -صلى الله عليه وآله وسلم-، وقال رسول الله-صلى الله عليه وآله وسلم-: «عدهن في يدي جبريل صلوات الله وسلامه عليهم أجمعين»، وجبريل قال: هكذا نزلت بهن من عند رب العزة:

«اللهم صل على محمد وعلى آل محمد كما صليت على إبراهيم وعلى آل إبراهيم إنك حميد مجيد.

اللهم وبارك على محمد وعلى آل محمد كما باركت على إبراهيم وعلى آل إبراهيم إنك حميد مجيد.

اللهم وترحم على محمد وعلى آل محمد كما ترحمت على إبراهيم وعلى آل إبراهيم إنك حميد مجيد.

وتحنن على محمد وعلى آل محمد كما تحننت على إبراهيم وعلى آل إبراهيم إنك حميد مجيد.

وسلم على محمد وعلى آل محمد كما سلمت على إبراهيم وعلى آل إبراهيم إنك حميد مجيد».

قال أبو جعفر: كان أحمد بن عيسى بن زيد إذا صلى على النبي -صلى الله عليه وآله وسلم- يقول: صلى الله على محمد وعلى آل محمد منا بالذي صلى الله عليه هو وملائكته المقربون وأنبياؤه المرسلون وعباده الصالحون. انتهى.

الرجال:

أما إسحاق بن إبراهيم البقار: فلم أقف له على ترجمة.

[ترجمة حرب بن الحسن، ويحيى بن مساور]

وأما حرب بن الحسن:

فقال في الجداول: حرب بن الحسن الطحان المحاربي، الشيعي الثبت، عن شاذان الطحان، ويحيى بن يعلى، وحسين الأشقر وغيرهم، وعنه محمد بن منصور، وأحمد بن قاسم، والحسن بن محمد بن سعيد، راوي الصلوات الخمس بـ (عَدَّهن في يدي)، احتج به الحاكم أبو عبد الله، والناصر، وعياض في الشفاء. انتهى.

أخرج له الإمام الناصر -عليه السلام-، ومحمد بن منصور، والمرشد بالله، وأبو عبد الله العلوي، وصاحب المحيط، رضي الله عنهم.

وأما يحيى بن مساور:

فقال في الجداول: يحيى بن المساور الهمداني، الكوفي التميمي، عن أبيه، والصادق، والإمام الحسين الفخي، وغيرهم، وعنه حرب بن الحسن، وعبد العزيز بن إسحاق، وحسن بن حسين العرني، قال الأزدي: كذاب.

كان يحيى بن مساور من رجال الزيدية، بايع يحيى بن عبد الله، وكان قد أعطاه يحيى ثلاث بدر، ثم إن يحيى احتاج فقال: لابن مساور احتل لي في ألف

دينار، فقال: ابعث برسول ومعه بغل، فوَجَّه إليه ابن مساور بالثلاث البدر، فقال له يحيى: ما هذا؟ فقال: هذا الذي أعطيتني علمت أنك ستحتاج، فقال: خذ بعضه، فقال ابن مساور: لا والله ما كان الله ليراني آخذ على حبكم درهماً واحداً. انتهى بتصرف.

أخرج له محمد بن منصور، وابن المغازلي، وصاحب المحيط.

[656] **مجموع زيد بن علي -عليهما السلام-** [صـ281]: حدثني أبو القاسم علي بن يحيى النخعي، قال: حدثني سليمان بن إبراهيم المحاربي -جدي أبو أمي-، قال: عدهن في يدي نصر بن مزاحم، وقال نصر بن مزاحم: عدهن في يدي إبراهيم الزبرقان، وقال إبراهيم بن الزبرقان: عدهن في يدي أبو خالد، وقال أبو خالد: عدهن في يدي زيد بن علي -عليه السلام-، وقال زيد -عليه السلام-: عدهن في يدي علي بن الحسين -عليه السلام-، وقال علي بن الحسين: عدهن في يدي الحسين بن علي -عليه السلام-، وقال الحسين بن علي: عدهن في يدي أمير المؤمنين علي ابن أبي طالب -عليه السلام-، وقال علي بن أبي طالب: عدهن في يدي رسول الله -صلى الله عليه وآله وسلم-، وقال رسول الله -صلى الله عليه وآله وسلم-: «عدهن في يدي جبريل -عليه السلام-»، وقال جبريل -عليه السلام-: هكذا نزلت بهن من عند رب العزة عزوجل:

«اللهم صل على محمد وعلى آل محمد كما صليت على إبراهيم وعلى آل إبراهيم إنك حميد مجيد.

وبارك على محمد وعلى آل محمد كما باركت على إبراهيم وعلى آل إبراهيم إنك حميد مجيد.

وترحم على محمد وعلى آل محمد كما ترحمت على إبراهيم وعلى آل إبراهيم إنك حميد مجيد.

وتحنن على محمد وعلى آل محمد كما تحننت على إبراهيم وعلى آل إبراهيم إنك

حميد مجيد.

وسلم على محمد وعلى آل محمد كما سلمت على إبراهيم وعلى آل إبراهيم إنك حميد مجيد».

قال أبو خالد: عدهن بأصابع الكف مضمومة واحدة واحدة مع الإبهام. انتهى.

[657] **محمد بن منصور المرادي في الذكر[ص-69]**: حدثنا محمد، قال: حدثنا حسين بن نصر، عن خالد بن عيسى، قال: أخبرني علي بن منصور، عن جعفر، عن أبيه، قال: قال رسول الله -صلى الله عليه وآله وسلم-: «من ذكرت عنده ولم يصل علي خطي به طريق الجنة». انتهى.

في هذا الإسناد علي بن منصور والذي يظهر أنه من رجال الشيعة ولعل الصواب علي بن جعفر الصادق والله أعلم.

[658] **في نهج البلاغة[ص-538]**: قال أمير المؤمنين صلوات عليه: (إذا كانت لك إلى الله حاجة فابدأ بمسألة الصلاة على رسول الله -صلى الله عليه وآله وسلم-، ثم سل حاجتك، فإن الله أكرم من أن يُسأل حاجتين فيقضي أحدهما ويمنع الأخرى). انتهى.

[659] **محمد بن منصور المرادي في الذكر[ص-69]**: حدثنا محمد، قال: حدثنا سفيان بن وكيع، عن حفص، عن جعفر، عن أبيه، قال: قال النبي -صلى الله عليه وآله وسلم-: «من نسي الصلاة علي خطي طريق الجنة».

[الرجال]:

[ترجمة سفيان بن وكيع]

في هذا الإسناد: سفيان بن وكيع، وحفص بن غياث:

أما حفص: فقد مر.

وأما سفيان:

فقال في الجداول: سفيان بن وكيع بن الجراح الرواسي، أبو محمد، عن أبيه، ويحيى بن آدم، وابن عيينة، وخلق، وعنه محمد بن منصور، وابن صاعد، والترمذي، وابن ماجة، وخلق، كان شيخاً صادقاً فاضلاً، إلا أنه قيل: ابتلي بوراق أفسد عليه، توفي سنة سبع وأربعين ومائتين. انتهى.

أخرج له الناصر للحق -عليه السلام-، وأبو طالب، ومحمد بن منصور، وأبو الغنائم النرسي.

قلت: وما ذكر من ابتلائه بالوراق الذي أفسد عليه فليس ذلك إلا من رواية الخصوم، فلا تقبل. والله أعلم.

باب القول في اشتراط الإمام الأعظم في صلاة الجمعة

[670] مجموع زيد بن علي -عليهما السلام- [صـ206]: حدثني زيد بن علي، عن أبيه، عن جده، عن علي -عليهم السلام- أنه قال: (خمسة أشياء إلى الإمام: صلاة الجمعة، والعيدين، وأخذ الصدقات، والحدود، والقصاص). انتهى.

أمالي أحمد عيسى -عليهما السلام- [1/ 173]: قال محمد: كتبت إلى أحمد بن عيسى أسأله عن السعي إلى الجمعة.

فكتب إلي، وعرفت خطَّه: إن الذي يجب من ذلك مع إمام العدل التقي الزكي، المقتدى به، وإن كنت لا أقدم على من دخل في غير ذلك وعمل به، لاختلاف الرواية عمن يوثق به، ويؤخذ عنه، فكأنه موضع رأيي، وأنا لا أدين فيه إلا مع إمام الهدى، هذا رأيي، ومبلغ علمي، والله أسأل التوفيق لما يحب يرضى، ولولا ثقتي بك لكان ترك الجواب في ذلك رأيي، لما عليه أهل زمانك من التقدم في ذلك والعجلة على من قال به بلا حجة ولا دلالة، والله المستعان) انتهى.

الجامع الكافي [2/ 319]: وقال القاسم -عليه السلام- فيما حدثنا علي، عن

ابن هارون، عن ابن سهل، عن عثمان، عن القومسي، قال: سألت القاسم عن الجمعة مع أئمة الجور. فقال: لا جمعة معهم.

وقال الحسن بن يحيى -عليه السلام-: أجمع آل رسول الله -صلى الله عليه وآله وسلم- أن لا يقتدوا في الصلاة إلا بثقة موافق ولا يقتدوا بالفاسقين في جمعة ولا جماعة. انتهى.

المؤيد بالله -عليه السلام- **في شرح التجريد**[1/522]: روي محمد بن منصور، بإسناده عن إبراهيم بن عبد الله بن الحسن أنه سئل عن الجمعة: هل تجوز مع الإمام الجائر؟

فقال: أما علي بن الحسين وكان سيدنا أهل البيت كان لا يعتد بها معهم، وهو مذهب جميع أهل البيت فيما عرفته، ومذهبنا أن إجماعهم حجة. انتهى.

القاضي زيد في الشرح[2/234 -مخ]: ويعتبر فيها الإمام نص عليه في المنتخب.

وقال فيه[2/234 -مخ]: إن الجمعة لا تنعقد إلا بقيام الإمام العادل المحق.

وقال في الأحكام: ويجب على أهل المدن والقرى أن يختاروا لأنفسهم من يقيم لهم الجمعة، ثم قال: وأنا أرى ذلك وأوجب عليهم إن كان واليهم إماماً عادلاً محقاً، وإليه ذهب السيد المؤيد بالله، والأظهر أنه إجماع أهل البيت -عليهم السلام-.

قال السيد المؤيد بالله أبو الحسين في الشرح: وهو مذهب جميع أهل البيت فيما عرفته.

وفي النصوص: فأما أئمة الجور فإن القاسم -عليه السلام- [في رواية عبد الله بن يحيى القومسي]: قد أَثَّمَ من صلاها معهم، وكذلك زيد بن علي، ومحمد بن عبد الله بن الحسن.

وروى محمد بن منصور، بإسناده عن إبراهيم بن عبد الله بن الحسن: أنه سئل عن الجمعة؛ هل تجوز مع الإمام الجائر؟

فقال: إن علي بن الحسين -وكان سيد أهل البيت -عليهم السلام- كان لا يعتد بها معهم.

وعن جعفر بن محمد: أنه سئل عن ذلك؛ فقيل له: أصلي خلفه وأجعله تطوعاً؟

فقال: لو قُبِلَ التطوع قُبِلَت الفريضة. انتهى.

[671] وقال الإمام محمد بن القاسم بن إبراهيم في كتاب دعائم الإيمان [مجموع محمد بن القاسم صـ 319] -بعد أن ساق الكلام في محاربة الظلمة الفساق من أهل القبلة، أئمة الجور، وبعد أن ذكر ما يفسدوا به على المؤمنين- **ما لفظه**:

ومع هذا كله أفسد عليهم جمعهم وأعيادهم؛ لأن الله جل ذكره إنما جعل القُوَّامَ بها المهتدين من أئمته، وحظرها على الفجرة من عباده، لقول نبيه -صلى الله عليه وآله وسلم- «يؤمكم خياركم»، ولقوله -عليه السلام-: «لا يؤمنكم ذو جراءة في دينه»، ولقوله -صلى الله عليه وآله وسلم- «لا يؤمن فاجر براً»،.

وبإجماع أمته أن العدل مستحق لها من آل محمد -عليهم السلام- واختلافهم في غيره، فلا يزول عن أحد فضل صلاة أوجبوها بإجماع لا باختلاف، فقد أجمعوا أن الذي يجب من الصلاة يوم الجمعة أربع ركعات، إلا أن يكون إمام عدل من آل محمد -عليهم السلام- وجماعة من المؤمنين ووقتاً، فإذا وجد ذلك زال فرض الأربع إلى الركعتين.

واختلفوا في الصلاة مع الإمام الجائر: فأكثر الأمة لا يجيزها.

والذين أجازوها إنما ذهبوا في ذلك إلى رواية شاذة، قد تأولها غيرهم على غير ما ذهبوا إليه، وهي روايتهم أن «الصلاة جائزة خلف كل بر وفاجر»:

فقال المخالفون لهم [في ذلك]: إن قول النبي -صلى الله عليه وآله وسلم- لا ينقض بعضه بعضاً، وقد روي أن سبب هذا القول منه -صلى الله عليه وآله

وسلم- إنما كان جواباً لهم عندما سألوه عن قوم كانوا يتقدمونهم في الصف الأول من المنافقين، فقالوا: يا رسول الله، هل يضرنا ذلك شيئاً، قال: «لا، الصلاة خلف كل بر وفاجر»، فإذا كان قُدَّامك في الصف الأول لا يضرك بعد أن يكون الإمام براً [مرضياً]، وإنما كانوا سألوه عن ذلك؛ لأنه كان أمرهم أن «يليه ذوو النهى منهم»، وكذلك السنة في كل عصر أن أخيار أهل المحالّ إنما يجب أن يكونوا الأئمة والمؤذنين، وهذا إنما يورث على من كان عليه العمل في زمن النبي -صلى الله عليه وآله وسلم- وأئمة الهدى، مع أن الإجماع قد ثبت من وجه الحجة لمن أنصف من نفسه؛ أنه لا يجوز الصلاة خلف أئمة الجور في حكم الله وحكم رسوله -صلى الله عليه وآله وسلم-.

وقال -أي الإمام محمد بن القاسم -عليهما السلام-[**مجموع محمد بن القاسم** ص321]: في تفسير قوله -تعالى-: ﴿**يَٰٓأَيُّهَا ٱلَّذِينَ ءَامَنُوٓاْ إِذَا نُودِيَ لِلصَّلَوٰةِ مِن يَوۡمِ ٱلۡجُمُعَةِ فَٱسۡعَوۡاْ إِلَىٰ ذِكۡرِ ٱللَّهِ**﴾[الجمعة:9] في الكتاب المذكور **ما نصه**:

وتفسير الآية دالة لمن فهم عن الله أنه لا يحل لهم السعي إلى البغاة الظلمة من عباده، لأنها إنما ندبت إلى ذكره لا إلى الصد عن ذكر الله، إنما هو الصلاة فإذا كان قد حضر الصلاة خلف من يدعو إليها بما قد أجمعوا على عدد من سمع النداء من هذا الظالم قبل تغلبه على الدار، وبان لهم فيهم بهذا أن الصلاة لم تجب بالنداء للنداء، وإنما تجب بما أجمعوا عليه؛ من مصر، وإمام عادل، وجماعة من المسلمين، في وقت، وإلا فلا جمعة ولا جماعة، وإنما تجب الصلاة أربع ركعات كما أوجبوا على من سمع نداء هذا الظالم قبل تغلبه على الدار وأهلها. انتهى.

باب القول في وقت صلاة الجمعة

[672] **مجموع زيد بن علي -عليهما السلام-** [صـ107]: حدثني زيد بن علي، عن أبيه، عن جده، عن علي -عليهم السلام-: أنه كان يصلي الجمعة والناس فريقان، فريق يقول: قد زالت الشمس، وفريق يقول: لم تزل، وكان هو -عليه السلام- أعلم. انتهى.

[673] **أمالي أحمد بن عيسى -عليهما السلام- [1/ 174]**: [وبه عن] عبد الله بن داهر، عن أبيه، عن جعفر، عن أبيه، قال: كان رسول الله -صلى الله عليه وآله وسلم- يصلي يوم الجمعة حين تزيغ الشمس من وسط السماء. انتهى.

[674] **وفيها أيضاً**: [وبه عن] أحمد، عن محمد [بن بكر]، عن أبي الجارود، قال سمعت أبا جعفر يقول: كان علي يصلي الجمعة ثم يقيل. انتهى.

أحمد: هو الإمام أحمد بن عيسى.

ومحمد: هو محمد بن بكر الهمداني الأرحبي.

وأبو الجارود: هو زياد بن المنذر، وقد مر الكلام عليهم.

وأما عبد الله بن داهر: فهو عبد الله بن داهر الرازي، كذلك قد مر الكلام عليه.

[ترجمة داهر بن يحيى الرازي]

وأما والده:

فقال في الجداول: داهر بن يحيى الرازي، أبو عبد الله الكوفي، عن الصادق، وسعد بن طريف، والأعمش، وعنه ولده عبد الله، روى حديث المنزلة، وحديث «هذا أول من آمن بي» إلى آخره، وغضه الذهبي كعادته.

قال مولانا -وقد أوردهما-: هذه الأحاديث قد رواها الثقات وليست موضوعة.

قال: وقد تكرر أن من روى فضيلة لعلي أو لأهل بيته من الشيعة تكلموا فيه. انتهى.

قال فيه الذهبي الناصبي: داهر رافضي بغيض، لا يتابع على بلاياه.

قلت: قد توبع. انتهى.

أخرج له المؤيد بالله، ومحمد بن منصور، و[صاحب] المحيط، رضي الله عنهم.

[675] **وفي أمالي أحمد بن عيسى -رضي الله عنه- أيضاً [1/174]**: أخبرنا

محمد، حدثني أحمد بن عيسى، عن محمد بن بكر، عن أبي الجارود، قال: حدثني أبو جعفر، قال: كان علي -عليه السلام- يصلي ركعتين قبل الجمعة من أجل أنه كان يهجر بها جداً، ثم يخطب، ثم ينزل فيصلي [الجمعة] ركعتين، ثم يقيل بعد الجمعة.

[676] [وبه عن] أحمد، عن محمد بن بكر، عن أبي الجارود، قال: سألت أبا جعفر عن الصلاة يوم الجمعة؛ قال: تبكر بها تصلي ركعتين عند زوال الشمس، ثم تصلي الجمعة.

[677] [وبه عن] أحمد بن عيسى، عن محمد بن بكر، عن أبي الجارود، قال: حدثني أبو جعفر، قال: كان الحسن بن علي - صلى الله عليه - يصلي الجمعة، يهجر بها جداً، ثم يقيل. انتهى.

الجامع الكافي [2/322]: قال محمد: وقت الجمعة مثل وقت الظهر في سائر الأيام، وآخر وقتها أن يصير ظل شيء مثله، ولكن يستحب أن يعجل بها يوم الجمعة إذا زالت الشمس.

[678] وروى محمد بإسناده عن النبي -صلى الله عليه وآله وسلم- أنه كان يصلي الجمعة حين تزيغ الشمس من وسط السماء.

[679] وعن علي - صلى الله عليه -: أنه كان يصلي ركعتين قبل الجمعة، لأنه كان يهجر بها جداً، كان يصلي الجمعة ثم يقيل بعدها.

[680] وعن الحسن بن علي -عليه السلام-: أنه كان يهجر بالجمعة جداً، ثم يقيل. انتهى.

باب القول في الخطبتين يوم الجمعة والإنصات حالهما

[681] **مجموع زيد بن علي[ص_107]**: حدثني زيد بن علي، عن أبيه، عن جده، عن علي -عليهم السلام-، عن النبي -صلى الله عليه وآله وسلم-: أنه كان يخطب قبل الجمعة خطبتين يجلس بينهما جلسة خفيفة. انتهى.

[682] **أمالي أحمد بن عيسى -عليهما السلام-** [1/177]: حدثنا محمد، حدثني أحمد بن عيسى، عن حسين، عن أبي خالد، عن زيد بن علي، قال: كان في المسجد جذم(388) نخلة يستند إليها رسول الله -صلى الله عليه وآله وسلم- إذا خطب الناس يوم الجمعة، فقال يوماً: «من يصنع لي منبراً؟»، فقال رجل: أنا أصنعه، فقال: «اجلس»، ثم قام آخر، فقال: أنا أصنعه، فقال: «اجلس»، ثم قام آخر فقال: أنا أصنعه، فقال: «اجلس»، ثم قام آخر فقال: أنا أصنعه إن شاء الله، فقال: «اصنعه، فإن المستثني معان موفق إن شاء الله، انطلق فاصنع لي منبراً مرقاتين والثالثة التي أجلس عليها، لكي أتبين من خلفي، ومن عن يميني، ومن عن شمالي، ويسمع الناس صوتي»، فلما جاء به أمره فوضعه في مقدم المسجد. فلما كان يوم الجمعة صعد المنبر فسلم على الناس، ثم قال: «آمين -ثلاث مرات-»، ثم نزل من المنبر، إلى جذع النخلة فضمها إليه، ثم صعد المنبر، فقال: «أيها الناس: إن جبريل أتاني فاستقبلني، ثم قال: يا محمد، من أدرك أبويه أو أحدهما فمات فدخل النار فأبعده الله، قل: آمين، فقلت: آمين.

ومن أدرك شهر رمضان فلم يغفر له فمات فدخل النار فأبعده الله، فقل: آمين، فقلت: آمين.

ومن ذكرتَ عنده فلم يصل عليك فمات فدخل النار فأبعده الله، قل: آمين، فقلت: آمين».

وأما النخلة حين احتضنتها؛ فإنها حنت حنين الناقة إلى ولدها لفراقي إياها، فلما احتضنتها دعوت الله فسكن ذلك منها، ولولا ذلك لحنّت حتى تقوم الساعة». انتهى.

[683] **محمد بن منصور -رحمه الله- في الذكر**[صـ66]:حدثنا محمد قال:

---

(388) أي قطعة، وجذم النخلة: المقطوع منها، وهو بالجيم المعجمة، وقد يكون بالمهملة، والمعنى واحد. تمت حاشية من الأصل.

حدثني أحمد بن عيسى بن زيد، عن حسين بن علوان، عن أبي خالد، عن زيد بن علي، عن آبائه، عن علي -رضي الله عنه وأرضاه-، قال: (لما كان يوم الجمعة صعد النبي -صلى الله عليه وآله وسلم- المنبر فسلم على الناس، ثم قال: «آمين -ثلاث مرات-»، ثم نزل من المنبر إلى جرم النخلة فضمه إليه، ثم صعد المنبر فقال: «أيها الناس: إن جبريل -عليه السلام- أتاني فاستقبلني ثم قال:

يا محمد من أدرك أبويه أو أحدهما فمات فدخل النار فأبعده الله، قل: آمين، فقلت: آمين.

ومن أدرك شهر رمضان فلم يغفر له فمات فدخل النار فأبعده الله، قل: آمين، فقلت: آمين.

ومن ذكرت عنده فلم يصل عليك فمات فدخل النار فأبعده الله، قل: آمين، فقلت: آمين».

وأما النخلة حيث احتضنتها؛ فإنها حَنّت حنين الناقة إلى ولدها لفراقي إياها، فلما احتضنتها دعوت الله فسكن ذلك منها، ولولا ذلك لحنّت إلى يوم القيامة». انتهى.

الجامع الكافي [2/ 320]: قال محمد: والخطبة يوم الجمعة واجبة قبل الصلاة كوجوب الصلاة، وهي: أن يخطب خطبتين قائماً، يفصل بينهما بجلسة خفيفة، وهي بمنزلة ركعتين، وإن صلى بهم بغير خطبة أعاد وأعادوا الصلاة، وإن ذكر بعد خروج الوقت أعادوا الظهر أربعاً. انتهى.

مجموع زيد بن علي -عليهما السلام- [صـ107]: وقال زيد بن علي: الأذان يوم الجمعة إذا صعد الإمام على المنبر، وإذا نزل أقام المؤذن. انتهى.

[684] **أمالي أحمد بن عيسى -عليهما السلام-** [1/ 189]: حدثنا محمد بن منصور، قال: حدثنا محمد بن عبيد، عن حاتم بن إسماعيل، قال: أخبرنا جعفر

بن محمد، عن أبيه، قال: كان رسول الله -صلى الله عليه وآله وسلم- يخطب قائماً، ثم يجلس، ثم يقوم فيخطب خطبتين. انتهى.

رجال هذا الإسناد من ثقات محدثي الشيعة.

ومحمد بن عبيد: قد مر.

وحاتم: سيأتي.

مجموع زيد بن علي -عليهما السلام- [صـ 83 - 131]: قال أبو خالد -رحمه الله- سألت زيد بن علي -عليهما السلام- عن الصلاة والإمام يخطب يوم الجمعة.

فقال: من السنة أن تستمع وتنصت، فإذا صليت لم تستمع ولم تنصت.

[685] حدثني زيد بن علي، عن أبيه، عن جده، عن علي -عليهم السلام-: (أنه كان يكره الصلاة في أربعة أحيان: بعد صلاة الفجر حتى تطلع الشمس وترتفع، وبعد صلاة العصر حتى تغيب الشمس، ونصف النهار حتى تزول الشمس، ويوم الجمعة إذا قام الإمام على المنبر). انتهى.

القاضي زيد في الشرح: ولا خلاف أن استماع الخطبة والإنصات لها مأمور به على الجملة.

وفيه: قال أبو العباس: فإن نعي الإمام إلى الخاطب وقد ابتدأ الخطبة أتم الجمعة، وقد نص عليه الهادي -عليه السلام- في المنتخب، وهو مما لا خلاف فيه.

وفيه: ذكر الشافعي أن أصحاب رسول الله -صلى الله عليه وآله وسلم- كانوا يركعون حتى يصعد المنبر فإذا صعد قطعوا الركوع، وكانوا يتكلمون حتى يبتدئ بالخطبة فإذا ابتدأ بها قطعوا الكلام. قال القاضي زيد: وهذا خبر عن الإجماع.

وفيه: قال أبو العباس: ويخطب الإمام قائماً، وهذا مما لا خلاف فيه، وعملُ المسلمين قد جرى به وتوارثوه خلفاً عن سلف. انتهى.

الهادي -عليه السلام- في الأحكام [1/ 103]: قال يحيى بن الحسين -صلوات الله عليه-: أستَحِبُّ للمصلين أن يصلوا ليلة الجمعة في المغرب؛ بسورة الضحى، وسورة إنا أنزلناه، وفي العتمة؛ بسورة الجمعة، وسورة المنافقين، وفي الصبح؛ بسبح اسم ربك الأعلى، وهل أتاك حديث الغاشية، فإذا زالت الشمس في أول وقت زوالها أتى الإمام والمسلمون معه المسجد، فإذا رقى الإمام على المنبر سكت كل من كان في المسجد، فإذا قال المؤذن: الله أكبر الله أكبر، في آخر أذانه، قام الإمام، فإذا قال المؤذن في آخر أذانه لا إله إلا الله، تكلم الإمام وانقطعت صلاة من كان من الناس يصلي، ووجب عليهم الاستماع والإنصات، فإذا خطب خطبته الأولى جلس جلسة خفيفة، ثم قام فخطب بالخطبة الأخرى التي يذكر الله فيها، ويصلي على النبي وعلى أهل بيته -صلى الله عليه وعليهم- ويدعو للمسلمين والمسلمات والمؤمنين والمؤمنات، فإذا فرغ نزل، وأقام المؤذن بالصلاة، فإذا قال: حي على الصلاة، وقف الإمام في مصلاه، واصطف المسلمون من ورائه، فإذا قال المؤذن: قد قامت الصلاة كبر الإمام، ثم قرأ [سورة] الحمد وسورة الجمعة، يجهر بقراءتهما، ثم يقرأ في [الركعة] الثانية بالحمد وسورة المنافقين، أو سورة سبح اسم ربك الأعلى، أو سورة الغاشية، أي ذلك فعل فله فيه كفاية وقدوة وأثر، فإذا سلم تنحى من مكانه يميناً أو يساراً فتطوع إن أحب التطوع، وإلا فانتشر في الأرض وانتشر معه المسلمون. انتهى.

باب القول فيما يقرأ في صلاة الجمعة والجهر بذلك والقنوت فيها

أمالي أحمد بن عيسى -عليهما السلام- [1/ 175]: وحدثنا محمد، حدثني أحمد بن عيسى، عن محمد بن بكر، عن أبي الجارود، قال: قال أبو جعفر: اقرأ في

الجمعة بسورة الجمعة، وسورة المنافقين.

[وبه عن] عبد الله بن داهر، عن أبيه، عن جعفر بن محمد، قال: اجهر بالقرآءة في الجمعة، فإنها سنة.

[وبه قال] حدثني جعفر، عن قاسم بن إبراهيم، قال: يقرأ في صلاة الجمعة بما تيسر وحضر، وإن قرأ بالجمعة وإذا جاءك المنافقون فحسن لما جاء فيه عن النبي -صلى الله عليه وآله وسلم-. انتهى.

[686] **مجموع زيد بن علي -عليهما السلام- [صـ107]**: حدثني زيد بن علي، عن أبيه، عن جده، عن علي -عليهم السلام-، قال: كان رسول الله -صلى الله عليه وآله وسلم- يقرأ في الفجر يوم الجمعة؛ تنزيل السجدة، ثم يسجد بها ويكبر إذا سجد وإذا رفع رأسه، وفي الثانية قرأ هل أتى على الإنسان حين من الدهر. انتهى.

المؤيد بالله -عليه السلام- في شرح التجريد[1/ 524]: وقلنا: إنه يجهر بالقراءة، لما رواه محمد بن منصور، بإسناده عن جعفر بن محمد -عليه السلام-، أنه قال: اجهروا بالقراءة في الجمعة، فإنها سنة.

وقوله إنها سنة تجري مجرى أن يرويه عن النبي -صلى الله عليه وآله وسلم-. انتهى.

الجامع الكافي[2/ 327]: قال القاسم -عليه السلام- يقرأ في صلاة الجمعة بما تيسر وحضر، وإن قرأ بالجمعة، وإذا جاءك المنافقون؛ فحسن، لما جاء فيه عن النبي -صلى الله عليه وآله وسلم-.

وفيه أيضاً: قال محمد: ويجهر الإمام بالقراءة في صلاة الجمعة والعيدين، في الركعتين جميعاً.

وروى محمد: بإسناده عن جعفر -عليه السلام- قال: اجهروا بالقراءة في الجمعة، فإنها سنة. انتهى.

أمالي أحمد بن عيسى -عليهما السلام- [1/ 176]: حدثني عبد الله بن داهر، عن أبيه، عن جعفر، عن أبيه، قال: القنوت يوم الجمعة سنة. انتهى.

الجامع الكافي [2/ 328]: قال محمد: جائز أن يقنت في صلاة الجمعة إذا فرغ من القراءة.

[687] وروى محمد، بإسناده عن النبي -صلى الله عليه وآله وسلم- أنه كان يقنت في الجمعة بعد القراءة، فيقول: لا إله إلا الله العظيم، الحمد لله رب العالمين، وسبحان الله عما يشركون، والله أكبر أهل التكبير والخير الكثير، ربنا لا تزغ قلوبنا بعد إذ هديتنا [وهب لنا من لدنك إنك أنت الوهاب]، ربنا لا تؤاخذنا إن نسينا أو أخطأنا إلى آخرها ثم يركع.

وعن أبي جعفر -عليه السلام-، قال: القنوت في الجمعة سنة. انتهى.

أمالي أحمد بن عيسى -عليهما السلام- [1/ 136]: حدثنا محمد بن منصور، قال: حدثني أحمد بن عيسى، عن محمد بن بكر، عن أبي الجارود، قال: سمعت أبا جعفر -عليه السلام-، قال: كل صلاة يجهر فيها بقراءة ففيها قنوت. انتهى.

القاضي زيد في الشرح: وصلاة الجمعة ركعتان، ولا خلاف في ذلك، ويجهر بالقراءة فيهما، ولا خلاف في ذلك وعمل المسلمين قد جرى به، توارثه خلف عن سلف. انتهى.

باب القول في المشي إلى الجمعة حافياً وتعليق النعلين باليسرى

[688] **أمالي أحمد بن عيسى -عليهما السلام- [1/ 173]:** أخبرنا محمد بن عيسى، عن حسين، عن أبي خالد، عن زيد، عن آبائه، عن علي -عليهم السلام- أنه كان يأتي الجمعة حافياً. انتهى.

[689] **مجموع زيد بن علي -عليهما السلام- [صـ125]:** حدثني زيد بن

علي، عن أبيه، عن جده، عن علي -عليهم السلام-: أنه كان يمشي حافياً في خمسة مواطن [ويعلق نعليه بيده اليسرىٰ][389] وكان يقول: إنها مواطن الله عز وجل، [فأحب أن أكون فيها حافياً][390]؛ إذا عاد مريضاً، وإذا شيع جنازة، وفي العيدين، وفي الجمعة. انتهىٰ.

[690] **أمالي أحمد بن عيسى -عليهما السلام-** [1/ 173]: [حدثنا] أحمد بن عيسىٰ، عن حسين، عن أبي خالد، عن زيد، عن آبائه، عن علي -عليهم السلام-: أنه كان إذا راح إلىٰ الجمعة يمشي حافياً، ويعلق نعليه بيده اليسرىٰ، ويقول: إنه موطن الله. انتهىٰ.

[691] **الهادي -عليه السلام- في الأحكام**[1/ 104]: قال يحيىٰ بن الحسين -صلوات الله عليه-: وأَستَحَبُّ لمن حضر الجمعة أن يغتسل قبل حضورها، وأستحب للإمام أن يأتيها راجلاً، وإن أمكنه كان حافياً، المرة بعد المرة، لأن ذلك قد روي عن أمير المؤمنين علي بن أبي طالب -صلوات الله عليه-: (أنه كان يفعله المرة بعد المرة)، ولا ينبغي أن يبطئ بصلاة الجمعة جداً، ولا أن يعجل فيها قبل زوال الشمس في أفق السماء.

وفيها أيضاً: قال يحيىٰ بن الحسين -صلوات الله عليه-: ينبغي للمسلمين أن يظهروا الزينة في يوم الجمعة؛ فيلبسوا خيار لباسهم، ويرتاشوا بأحسن رياشهم، ويتطيبوا بأطيب طيبهم، ويأكلو أطيب طعامهم، ويريحوا أنفسهم من أعمالهم.

وكذلك فليرفهوا علىٰ أرقائهم، لأنه يوم عظيم البركة، اختاره الله -عز وجل- لهذه الأمة، وفضله علىٰ سائر الأيام، وجعله عيداً لأهل الإسلام، يجب عليهم أن يفرقوا بينه وبين غيره من أيام دهرهم، لأن الله -عز وجل- فرق بينه وبين غيره من أيامهم، نعمة أنعم بها عليهم، وفضيلة بينها لهم وفيهم. انتهىٰ.

---

(389) ما بين القوسين غير موجود في المجموع الحديثي والفقهي للإمام زيد

(390) ما بين القوسين غير موجود في المجموع الحديثي والفقهي للإمام زيد

باب القول في التنفل قبل الجمعة وبعدها

[692] **مجموع زيد بن علي -عليهما السلام- [صــ107]**: حدثني زيد بن علي، عن أبيه، عن جده، عن علي -عليهم السلام-: (أنه كان يصلي بعد الجمعة ركعتين، ثم أربعاً، ثم يرجع فيقيل). انتهى.

الجامع الكافي [2/ 329]: قال الحسن -في رواية ابن صباح عنه، وهو قول محمد-: من صلى مع الإمام الجمعة أو الظهر فليصل قبلها أربعاً أو ثمانياً، ويصلي بعدها أربعاً -يعني ويفصل بينهن بتسليم-. انتهى.

باب القول في صيام يوم الجمعة

[693] **المرشد بالله -عليه السلام- في الأمالي [صــ366]**:وبه قال أخبرنا أبو القاسم عبد العزيز بن علي بن أحمد الأزجي، بقراءتي عليه، قال: حدثنا أبو بكر محمد بن أحمد بن محمد المفيد، قال: حدثنا محمد بن أحمد بن الهيثم بن صالح التميمي، قال: حدثنا جعفر بن محمد بن جعفر بن الحسن بن الحسن بن علي بن أبي طالب -عليهم السلام-، قال: حدثنا علي بن جعفر بن محمد، عن أخيه موسى بن جعفر، عن أبيه جعفر بن محمد، عن أبيه محمد بن علي، عن أبيه علي بن الحسين، عن أبيه الحسين بن علي، عن علي بن أبي طالب -عليهم السلام-، قال: قال رسول الله -صلى الله عليه وآله وسلم-: «من صام يوم الجمعة صبراً واحتساباً أعطي به عشرة أيام غراً زهراً لا تشاكل أيام الدنيا».

الرجال:

[ترجمة عبد العزيز بن علي الخياط، ومحمد بن أحمد المفيد، ومحمد بن أحمد بن الهيثم، وجعفر بن محمد بن الحسن]

أما أبو القاسم عبد العزيز بن علي:

فقال في الجداول: عبد العزيز بن علي بن أحمد بن المفضل الخياط، الحافظ، أبو

القاسم الأزجي، البغدادي، عن علي بن محمد بن كيسان النحوي، ومحمد بن إسماعيل الوراق، وطبقتهما، وعنه الإمام المرشد بالله، كان من أوسط الزيدية.

وقال ابن فهد: وكان صاحب حديث وسنة.

وقال الخطيب: كتبنا عنه وكان صدوقاً، توفي في محرم سنة أربع وأربعين وأربعمائة. انتهى. أخرج له المرشد بالله -عليه السلام-.

وأما أبو بكر محمد بن أحمد:

فقال في الجداول: محمد بن أحمد بن محمد بن يعقوب المعروف بالمفيد، عن محمد بن أحمد الروياني، والحسن بن عبد الله، ومحمد بن يحيى المروزي، وخلق.

وعنه عبد العزيز الأزجي، والحسن بن غالب المقري، وأبو محمد عبد الملك بن أحمد الجرجاني، أثنى عليه أبو نعيم الأصفهاني، والروياني، والماليني، واتهمه الذهبي، توفي سنة ثمان وسبعين وثلاثمائة، أكثر عنه المرشد في الأمالي. انتهى.

وأما محمد بن أحمد بن الهيثم:

فقال في الجداول: محمد بن أحمد بن الهيثم بن صالح التميمي، أبو الحسن، عن جعفر بن محمد بن الحسن، والحسين بن القاسم بن إبراهيم، وعنه أبو بكر المفيد، ومحمد بن هارون الهاشمي. انتهى.

قلت: والذي يظهر أنه من رجال الشيعة.

وأما جعفر بن محمد:

فقال في الجداول: جعفر بن محمد بن الحسن بن جعفر بن الحسن بن الحسن بن علي بن أبي طالب، أبو عبد الله، سمع الصحيفة لعلي بن الحسين على علي بن عبد الله بن عمر بن خطاب، سنة مائة وخمسة وستين (165هـ).

وروى عن علي بن موسى الرضي، وعيسى بن مهران، وطائفة، وعنه في

الصحيفة وغيرها محمد بن عبد الله بن المطلب الشيباني، وأبو الشيخ، وعبد العزيز بن إسحاق البقال. انتهى.

أخرج له محمد بن منصور، والمرشد بالله، وأبو عبد الله العلوي، وصاحب المحيط بالإمامة، رضي الله عنهم وبقية رجال الإسناد قد تقدموا جميعاً.

[694] **صحيفة علي بن موسى الرضي** -عليهما السلام- [ص—]: عن أبيه، عن آبائه، عن علي -عليهم السلام-، قال: قال رسول الله -صلى الله عليه وآله وسلم-: «من صام يوم الجمعة صبراً واحتساباً أعطي أجر عشرة أيام غر زهر لا تشابههن أيام الدنيا». انتهى.

[695] **الهادي** -عليه السلام- في الأحكام [1/225]: وكان يقول -عليه السلام- يعني أمير المؤمنين -عليه السلام-: (من كان متطوعاً صائماً يوماً من الشهر فليصم يوم الخميس، ولا يصوم يوم الجمعة، فإنه يوم عيد، فيجمع الله له يومين صالحين يوم صيامه، ويوم عيده، يشهده مع المسلمين).

وبلغنا عنه -عليه السلام- أنه قال: (لا تتعمدن صوم يوم الجمعة إلا أن يوافق ذلك صومك) انتهى.

باب القول في السفر يوم الجمعة

[696] **المرتضى محمد بن يحيى** -عليه السلام- في النهي [مجموع المرتضى 2/761]: عن أبيه، عن آبائه، عن علي -عليهم السلام-، قال: (نهى رسول الله -صلى الله عليه وآله وسلم- أن يسافر المقيم يوم الجمعة إذا حضرت الصلاة حتى يُجمِّع). انتهى.

في نهج البلاغة [ص—460]: من كتاب أمير المؤمنين -عليه السلام- إلى الحارث الهمداني -رضي الله عنه-: (ولا تسافر في يوم جمعة حتى تشهد الصلاة

إلا فاصلاً في سبيل الله، أو في أمر تعذر به). انتهى.

باب القول في اجتماع العيد والجمعة ومن قال لا جمعة ولا تشريق إلا في مصر جامع

[697] **مجموع زيد بن علي -عليهما السلام-** [صـ108]: حدثني زيد بن علي، عن أبيه، عن جده، عن علي -عليهم السلام-: أنه اجتمع عيدان في يوم، فصلى بالناس في الجَبَّانِ، ثم قال بعد خطبته: (إنا مجمعون بعد الزوال فمن أحب أن يحضر فذلك فضل الله يؤتيه من يشاء، ومن ترك ذلك فلا حرج عليه). انتهى.

[698] **الهادي -عليه السلام- في الأحكام** [1/ 121]: قال يحيى بن الحسين -صلوات الله عليه-: إذا اجتمع عيد وجمعة فمن شاء حضر الجمعة، ومن شاء اجتزأ عن حضورها بصلاة العيد وخطبته، وكذلك بلغنا عن رسول الله -صلى الله عليه وآله وسلم- أنه اجتمع على عهده عيدان؛ فصلى بالناس صلاة العيد وخطبهم، ثم قال: «من شاء فليأت الجمعة ومن شاء فلا يأت». انتهى.

[699] **الجامع الكافي** [2/ 329]: قال محمد: إذا وافق أحد العيدين الجمعة جاز للرعية أن تجتزئ بحضور أحدهما عن الآخر، بلغنا نحو ذلك عن علي - صلى الله عليه - انتهى.

[700] **مجموع زيد بن علي -عليهما السلام-** [صـ109]: حدثني زيد بن علي، عن أبيه، عن جده، عن علي -عليهم السلام-، أنه قال: (لا جمعة ولا تشريق إلا في مصر جامع). انتهى.

أمالي أحمد بن عيسى -عليهما السلام- [1/ 188]: حدثنا محمد، قال: حدثنا أحمد بن عيسى، عن محمد، عن أبي الجارود، قال: سألت أبا جعفر عن التشريق والجمعة في السواد.

فقال: لا تشريق ولا جمعة إلا في مصر وجماعة الناس. انتهى.

[701] **الجامع الكافي** [2/ 318]: قال محمد: ولا تجب الجمعة إلا بشروط خمسة: وهي إمام، وخطبة، وجماعة، ومصر جامع، ووقت، فإذا اجتمعت هذه الشروط فالجمعة ركعتان، بلغنا عن علي - صلى الله عليه – قال: (لا جمعة ولا تشريق إلا في مصر جامع).

وعن أبي الجارود، عن أبي جعفر، قال: (لا جمعة ولا تشريق إلا في مصر وجماعة الناس). انتهى.

القاضي زيد في الشرح: ويجب في مكانها أن يكون من قرى المسلمين، ولا خلاف فيه؛ لأن قرى الكفار لا تقام فيها الجمعات بالإجماع.

وفيه: أجمعوا على أن المواضع التي ليست بمواضع الاستيطان لا جمعة لهم فيها -[يعني المسلمين](391)-. انتهى.

باب صلاة العيدين

[702] **مجموع زيد بن علي -عليهما السلام-**[صـ108]: حدثني زيد بن علي، عن أبيه، عن جده، عن علي -عليهم السلام-: (أنه كان يصلي بالناس في الفطر والأضحى ركعتين، يبدأ ثم يكبر، ثم يقرأ، ثم يكبر خمساً، ثم يكبر أخرى، فيركع بها، ثم يقوم في الثانية فيقرأ، ثم يكبر أربعاً، ثم يكبر أخرى فيركع بها، فذلك اثنتا عشرة تكبيرة، وكان يجهر بالقرآءة وكان لايصلي قبلها ولا بعدها [شيئاً]). انتهى.

[703] **الهادي -عليه السلام- في المنتخب**[صـ62]: صلاة العيدين قبل الخطبة فإذا أراد الرجل أن يصلي بالناس؛ تقدم بهم قبل الخطبة فكبر التكبيرة

---

(391) ما بين القوسين تمت من المؤلف

الأولى، ثم افتتح القرآءة فقرأ الحمد وسورة، فإذا فرغ من قرآءته كبر بعد فراغه من قرآءته سبعاً، يذكر الله بين كل تكبيرتين، ويركع بالسابعة من التكبير، ثم يرفع رأسه ويسجد سجدتين، ثم يقوم في الثانية فيفتتح القرآءة بالحمد وسورة مما تيسر، فإذا فرغ من قرآءته كبر خمساً، ثم ركع بالخامسة، وكذلك يذكر الله في تكبيره في الثانية، فإذا سلم صعد المنبر فخطب فحمد الله وأثنى عليه، ويفعل في خطبته ما يفعل في خطبة الجمعة من الموعظة، ويذكر فضل يوم العيد، ويحث [الناس] على الذبائح إن كان في الأضحى، وإن كان يوم الفطر فيجب أن يحث على إخراج الفطرة، ويجلس بين الخطبتين جلسة خفيفة كما يجلس في الجمعة، ويكبر في خطبته الأولى سبع تكبيرات؛ يقول: الله أكبر الله أكبر لا إله إلا الله والله أكبر على ما [أولانا وأبلانا][392] وأحل لنا من بهيمة الأنعام، إذا كان في الأضحى، وإن كان في الفطر لم يذكر شيئاً في خطبته من ذبح بهيمة الأنعام، وكذلك صلاة العيدين جميعاً عندنا، وقد قال غيرنا: إنه يكبر التكبير كله قبل القرآءة ولم نلتفت إلى قولهم؛ وهذا الذي صح عندنا عن أمير المؤمنين -عليه السلام-. انتهى.

أمالي أحمد بن عيسى -رضي الله عنه-[1/ 238]: حدثنا محمد، قال أخبرنا جعفر، عن قاسم بن إبراهيم، في تكبير صلاة العيدين الفطر والأضحى؛ قد اختلفوا في ذلك، وفيه اختلاف عن أهل البيت، وكل واسع إن شاء الله، إلا أن الأكثر على سبع وخمس، وتواصل بين القراءتين. انتهى.

الهادي -عليه السلام- في الأحكام [1/ 119]: [وصلاة العيدين: ركعتان يبتدئ الإمام فيفتتح الصلاة][393]، ثم يقرأ [في الركعة الأولى] فاتحة الكتاب وسورة [معها] من المفصل، ويكبر سبع تكبيرات، يقول بين كل تكبيرتين: الله أكبر كبيراً، والحمد لله كثيراً، وسبحان الله بكرة وأصيلاً، [حتى يقول ذلك سبع مرات]، ثم يركع [بالثامنة، ثم يقوم]، ثم يسجد سجدتين، ثم يقوم فيقرأ فاتحة

---

(392) في المنتخب المطبوع: والله أكبر على ما هدانا وأولانا.

(393) ما بين القوسين ليس موجوداً في الأحكام المطبوع.

الكتاب وسورة، ثم يكبر خمساً على مثال ما كبر أولاً، ثم يركع [ثم يرفع رأسه] ثم يسجد سجدتين، ثم يتشهد ويسلم.

الجامع الكافي [2/ 338]: قال القاسم والحسن ومحمد: وتكبير صلاة العيدين سبع في الركعة الأولى وخمس في الركعة الثانية.

قال الحسن -عليه السلام-: كان أمير المؤمنين -صلى الله عليه- يكبر كذلك.

قال القاسم -عليه السلام-: اختلف أهل البيت وعلماء الأمة في تكبير صلاة العيدين، وكل واسع إن شاء الله تعالى، إلا أن الأكثر على سبع وخمس. انتهى.

[704] **أمالي أحمد بن عيسى -عليهما السلام-** [1/ 238]: قال محمد: تكبير صلاة العيدين عندنا خمس وسبع -اثنا عشرة تكبيرة في الفطر والأضحى سواء-، يبتدئ الإمام فيكبر تكبيرة الافتتاح، ثم يقرأ الحمد وسبح اسم ربك الأعلى وغيرها إن أحب ذلك، ثم يكبر تكبيرة ثانية، ثم يقول:

(أشهد أن لا إله إلا الله وحده لا شريك له، أهل الكبرياء والعظمة، وأهل الجود والجبرياء، وأهل العفو والرحمة، وأهل التقوى والمغفرة، وأشهد أن محمداً عبده ورسوله، اللهم إني أسألك في هذا اليوم الذي جعلته للمسلمين عيداً، وجعلته لمحمد ذكراً وذخراً ومزيداً، أن تصلي على محمد عبدك ورسولك أفضل ما صليت على أحد من خلقك، وأن تصلي على جميع ملائكتك ورسلك، وأن تغفر لنا وللمؤمنين والمؤمنات الأحياء منهم والأموات، اللهم إني أسألك من خير ما سألك المرسلون، وأعوذ بك من شر ما استعاذك منه المرسلون.

ثم يكبر الثالثة حتى يكبر سبع تكبيرات يركع بالسابعة مع تكبيرة الافتتاح، ثم يقوم فيقرأ الحمد وهل أتاك حديث الغاشية أو غيرها، ثم يكبر خمساً ويركع بالخامسة، ويدعو بين كل تكبيرتين كما وصفت لك.

سمعنا نحو هذا الدعاء عن أبي جعفر محمد بن علي أنه قال: قال علي: (هكذا علمني رسول الله -صلى الله عليه وآله وسلم-). انتهى. ومثله في الجامع الكافي.

[705] **مجموع زيد بن علي -عليهما السلام- [ص108]**: حدثني زيد بن علي، عن أبيه، عن جده، عن علي -عليهم السلام-: (أنه كان يخطب في العيدين خطبتين بعد الصلاة). انتهى.

[706] **أمالي أحمد بن عيسى -عليهما السلام- [1/188]**: حدثنا محمد، حدثنا إسماعيل بن موسى، عن شريك، عن أبي إسحاق، عن الحارث، عن علي -عليه السلام-، قال: (الموعظة والتذكرة والخطبة في العيدين بعد الصلاة). انتهى.

رجال هذا الإسناد قد تقدموا جميعاً، وهم من ثقات محدثي الشيعة.

[707] **المؤيد بالله -عليه السلام- في شرح التجريد [1/536]**: وروى محمد بن منصور، عن إسماعيل بن موسى، عن شريك، عن أبي إسحاق، عن الحارث، عن علي -عليه السلام-، قال: (الموعظة والخطبة والتذكير في العيدين بعد الصلاة). انتهى.

باب القول في عدم الأذان والإقامة في العيدين

[708] **أمالي أحمد بن عيسى -عليهما السلام- [1/188]**: حدثنا محمد بن منصور، قال: حدثنا محمد بن إسماعيل، عن ابن فضيل، عن غالب، عن عطاء، عن ابن عباس، قال: خرج رسول الله -صلى الله عليه وآله وسلم- يوم العيد [فصلى] بغير أذان ولا إقامة، ثم خطب الناس، وجلس بين الخطبتين، وكانت صلاته قبل الخطبة. انتهى.

الرجال:

أما **محمد بن إسماعيل**: فهو ابن سمرة الأحمسي.

وأما **ابن فضيل**: فهو محمد بن غزوان الضبي الكوفي، وقد مر الكلام عليهما، وهما من ثقات محدثي الشيعة.

وأما **غالب**: فهو ابن الهذيل الكوفي، الأودي، أبو الهذيل الشيعي، الثقة

الثبت، أحد الأعلام، رماه المائلون عن الآل بالرفض ولم يجدوا بداً من قبول حديثه هو وأمثاله من الشيعة فيما وافق أغراضهم.

وأما عطاء: فهو ابن السائب، أحد المشاهير، عداده من ثقات محدثي الشيعة، روى التفسير الغريب للإمام الأعظم أبي الحسين زيد بن علي -عليهما السلام-، كذلك قد مر الكلام عليه.

القاضي زيد في الشرح: وليس في صلاة العيدين أذان ولا إقامة، نص عليه في الأحكام، ولا خلاف فيه الآن. انتهى.

باب القول فيما يقرأ في صلاة العيدين

[709] أبو طالب -عليه السلام- في الأمالي [صـ324]: وبه قال: أخبرنا عبد الله بن محمد بن عدي الحافظ، قال: حدثنا محمد بن محمد بن الأشعث الكوفي بمصر، في شهر رمضان سنة خمس وثلاثمائة، قال: حدثني موسى بن إسماعيل بن موسى بن جعفر، عن أبيه، عن جده جعفر بن محمد، عن أبيه، عن جده، عن الحسين بن علي، عن أبيه علي بن أبي طالب -صلوات الله عليهم-، أن النبي -صلى الله عليه وآله وسلم- كان يقرأ في العيدين سبح اسم ربك الأعلى وهل أتاك حديث الغاشية. انتهى.

[710] **الجامع الكافي** [2/ 341]: قال محمد: ويقرأ في صلاة العيدين في الأولى بالحمد وسبح اسم ربك الأعلى وفي الثانية بالحمد وهل أتاك حديث الغاشية.

وروي ذلك عن علي - صلى الله عليه - وإن شاء قرأ غيرهما إن أحب ذلك. انتهى.

باب القول في صلاة العيدين في الجبان والتكبير عند الخروج

[711] **مجموع الإمام زيد بن علي -عليهما السلام- [صـ109]:** حدثني زيد بن علي، عن أبيه، عن جده، عن علي -عليهم السلام-، أن ناساً من أهل الكوفة شكوا إليه الضعف، فأمر رجلاً أن يصلي بهم في المسجد، وصلى هو بالناس في الجبان، وقال: لولا السنة لصليت في المسجد. انتهى.

[712] **الجامع الكافي [2/342]:** قال محمد والقاسم: وليس يجب على الإمام أن يستخلف في العيدين من يصلي بهم في المسجد، ولكنه حسن، بلغنا عن علي -صلى الله عليه- أنه خرج إلى الجبان، وأمر رجلاً أن يصلي بالناس في المسجد الجامع، يذكر أنه أراد بذلك التخفيف على الضعفاء ومن يشق عليه الخروج إلى الجبان، وينبغي لمن صلى بهم في المسجد بأمر الإمام أن يصلي مثل صلاة الإمام في الجبان من الخطبة والتكبير. انتهى.

القاضي زيد في الشرح: وفي الوافي قال -عليه السلام-: وأحب الخروج يومئذ إلى الجبانة مع إمام أو غير إمام، وذلك لأن عمل المسلمين قد جرى به. انتهى.

الهادي -عليه السلام- في الأحكام [1/119]: قال يحيى بن الحسين -صلوات الله عليه-: يجب على الإمام إذا كان يوم الفطر أن يخرج إلى ساحة بلده، أو إلى جانب منها، فيصلي بالناس ركعتين؛ يقرأ في الركعة الأولى بالحمد وسورة معها من مفصل القرآن، ثم يكبر سبع تكبيرات، يقول في كل تكبيرة: الله أكبر كبيراً، والحمد لله كثيراً، وسبحان الله بكرة وأصيلاً، حتى يقول ذلك سبع مرات، ثم يركع [بالسابعة](394)، ثم يقوم، ثم يسجد سجدتين، ثم يعود فيقوم فيقرأ الحمد وسورة، ثم يكبر خمساً على مثال ما كبر أولاً، ويركع ثم يرفع رأسه، ثم يسجد سجدتين، ثم يتشهد ويسلم، ثم يكبر دبر صلاته ثلاث تكبيرات، ثم ينهض فيعلوا

---

(394) في الأحكام المطبوع: ثم يركع بالثامنة.

راحلته ومنبره، فيخطب الناس ويكبر قبل أن يتكلم بالخطبة تسع تكبيرات، ويكبر بعد الفراغ منها سبع تكبيرات، ويخطبهم على إخراج فطرتهم، ويعلمهم أنها سنة من نبيهم، وأنها لازمة لهم واجبة عليهم، ويأمرهم بأدائها عن جميع عيالهم، حرهم ومملوكهم، صغيرهم وكبيرهم، ويذكر لهم كم هي، وكم يجب على كل إنسان منها، وهي صاع من تمر أو ذرة أو شعير أو زبيب أو صاع من بر. انتهى.

[713] **الجامع الكافي** [2/ 337]: قال الحسن -عليه السلام-: كان أمير المؤمنين -عليه السلام- يمضي في العيدين ماشياً ويجتمع هو وولده وخاصته من المسلمين فلا زال يكبر ويكبرون حتى يصير إلى المصلى.

[714] **وفيه أيضاً**: قال محمد بن منصور: بلغنا عن علي -عليه السلام- أنه خرج في العيد إلى المصلى في خمسين رجلاً، مشاة معتمين، يمشون بالسكينة والوقار، فلما أشرف على الجبان كبر وذكر الله تعالى، ومن معه حتى انتهى إلى المصلى. انتهى.

باب القول في الذهاب في طريق والرجوع من أخرى

[715] **الجامع الكافي** [2/ 338]: وروى يعني محمداً عن النبي -صلى الله عليه وآله وسلم- أنه كان إذا خرج في عيد وأخذ في طريق لم يرجع فيه.

قال محمد: [أحسبه] أحب أن يذكر الله في هذا الطريق وفي هذا. انتهى.

وقيل: إنه ليعطي المساكين ممن في الطريقين، هكذا وجدته في هامش الجامع الكافي. والله أعلم.

[716] **أمالي أحمد بن عيسى -رضي الله عنه-**[1/ 240]: وبه قال: أخبَرَنا محَمَّد، قال: حدّثني أحمد بن عيسى، عن محَمَّد بن بكر، عن أبي الجارود، قال: قال لي أبو جعفر: كان رسول الله -صلى الله عليه وآله وسلم- إذا خرج في عيد فأخذ في طريق لم يرجع فيه.

قال محمد: أحسِبُه -عليه السلام- أَحَبَّ أن يذكر الله في هذا الطريق وفي هذا انتهى.

وفي سيرة الهادي -عليه السلام- [1/ 316]: لعلي بن محمد العلوي -رحمه الله- قال: حدثني أبي محمد بن عبيد الله، قال: كان من تواضع يحيى بن الحسين ترك الكبر والتجبر، إلى أن قال: ورأيت يحيى بن الحسين يوماً وقد صلى الجمعة ثم انصرف فأخذ في طريق غير الذي سلكه.

فقلت له: جُعلت فداك هذا الطريق أوسع.

فقال لي: كان رسول الله -صلى الله عليه وآله وسلم- إذا أخذ في طريق رجع في غيرها، فأخذ يحيى بن الحسين في طريق غير الطريق الذي مضى فيه إلى المسجد. انتهى.

الرجال:

[ترجمة علي بن محمد العلوي، ووالده محمد بن عبيد الله]

أما علي بن محمد العلوي:

مؤلف سيرة الهادي -عليه السلام- فهو السيد الجليل الأطهر، العلامة جمال الدين، علي بن محمد بن عبيد الله بن عبد الله بن عبيد الله بن الحسين بن عبيد الله بن أبي الفضل، فمن أهل البيت العباس الشهيد بكربلاء، بن أمير المؤمنين، وسيد الوصيين، علي بن أبي طالب -صلوات الله وسلامه عليهم-، كان علي بن محمد من نجباء الناشئين في أيام الهادي -صلوات الله عليه-، ذوي المقامات الشهيرة بين يديه، وأحد الشهداء مع الهادي -عليه السلام- بنجران، فنقل من المعركة حياً إلى خيوان، وتوفي بها، وقبره مشهور مزور، وفيه يقول الهادي إلى الحق -صلوات الله عليه-:

قبر بخيوان حوى ماجداً ... منتخب الآباء عباسي
قبر علي بن أبي جعفر ... من هاشم كالجبل الراسي
من يطعن الطعنة خوارة ... كأنها طعنة جَسَّاسِ

وقد ترجم له القاضي العلامة أحمد بن صالح بن أبي الرجال -رحمه الله- في

مطلع البدور ترجمة شافية، وذكر فيها هذه الأبيات.

أما والده: فهو السيد العلامة الحبر، العديم النظير، القائم من أمور الهادي -عليه السلام- وكفايته في المهمات ما لم يقم به أحد، المجاهد الصابر حتى لقي الله عز وجل شهيداً حميداً، مشكوراً مبروراً، أبو جعفر، محمد بن عبيد الله العلوي، شهيد بني الحارث الطغاة بنجران -أخزاهم الله-.

وذلك أنهم أحاطوا بالدار الذي هو فيه -رضي الله عنه- فمنهم من يحرق الدار، ومنهم من يهدمه، ومنهم من يقاتل محمد بن عبيد الله وأصحابه في داخل الدار، ومنهم من يرجمه وأصحابه بالنار والحجارة، حتى استشهد هو وأصحابه رضي الله عنهم، وحزوا رأسه، ومَثَلُوا به -رضي الله عنه-، وكان استشهاده -رضي الله عنه- يوم الجمعة، في شهر ذي الحجة سنة خمس وتسعين ومائتين.

وقد ترجم له القاضي العلامة، أحمد بن صالح بن أبي الرجال -رحمه الله- في مطلع البدور ومجمع البحور، كما أشرنا إلى ذلك، فقال:

الشريف أبو جعفر محمد بن عبيدالله العباسي، العالم الكبير، الفاضل الشهير، فارس بني هاشم المفضال، خرج مع الهادي إلى الحق إلى الحجاز، وولي نجران فحاربه آل الحارث فكان له يوم كيوم الطف مع الحسين، وقبره بمدينة الأخدود بنجران من جهة النور، وعنده جماعة من أهله، ولا يتميز قبر أبي جعفر ويتعين.

وحفيده علي بن موسى المقبور بجامع صنعاء غربي الصومعة الكبرى، وقد تقدمت ترجمته في حرف العين. انتهى.

باب القول في الأكل قبل الخروج في عيد الفطر

[718] **أبو طالب -عليه السلام- في الأمالي**[صـ324]: أخبرنا أبو عبد الله محمد بن زيد الحسيني، قال: أخبرنا الناصر للحق الحسن بن علي -عليه السلام-، قال: أخبرنا محمد بن منصور، عن إسماعيل بن موسى الفزاري، عن شريك،

عن أبي إسحاق، عن الحارث، عن علي -صلوات الله عليه-، قال: (من السنة أن تخرج إلى العيدين ماشياً، وأن تأكل قبل أن تخرج).

[719] أخبرنا عبد الله بن محمد بن عدي الحافظ، قال: حدثنا محمد بن محمد بن الأشعث الكوفي بمصر، في شهر رمضان سنة خمس وثلاثمائة، قال: حدثني موسى بن إسماعيل بن موسى بن جعفر، عن أبيه، عن جده جعفر بن محمد، عن أبيه، عن جده، عن الحسين بن علي، عن أبيه علي بن أبي طالب -صلوات الله عليهم-: (أن رسول الله -صلى الله عليه وآله وسلم- كان إذا أراد أن يخرج إلى المصلى يوم الفطر يفطر على غبيرات(395) أو زبيبات). انتهى.

[ترجمة محمد بن زيد الحسيني]

رجال هذا الإسناد والذي قبله قد مر الكلام عليهم إلا محمد بن زيد الحسيني:

وهو **محمد بن زيد بن علي بن محمد بن جعفر بن محمد بن زيد بن علي بن الحسين بن علي بن أبي طالب**، عن الناصر للحق، وعنه أبو طالب، من فضلاء العترة النبوية وخيارهم لم أقف له على تاريخ وفاة، وقد روى عنه أبو طالب -عليه السلام- في الأمالي، فأكثر واعتمد عليه، وناهيك برجل تلميذه إمام واستاذه إمام.

[720] **الجامع الكافي [2/ 338]**: قال محمد: ويستحب أن يأكل الرجل يوم الفطر قبل أن يخرج إلى الجبان، ولا يأكل يوم النحر حتى يرجع.

وروي ذلك عن علي - صلى الله عليه -، وعن زيد بن علي -عليهما السلام-. انتهى.

---

(395) نوع من التمر تمت حاشية من الأصل

[721] أمالي أحمد بن عيسى -رضي الله عنه- [1/234]: [حدثنا] أحمد بن عيسى، عن حسين، عن أبي خالد، قال: خرجنا مع زيد بن علي يوم الفطر فدعى بماء فاغتسل، ثم دعى بطعام فطعم، ثم خرج يمشي ونحن معه، يكبر ويقول في تكبيره: (الله أكبر الله أكبر لا إله إلا الله والله أكبر الله أكبر ولله الحمد، والحمد لله على ما هدانا)، حتى جلس، وخرج الإمام فأذن المؤذن، وأقام ثم صلينا، فلما انصرفنا صلى بعدها أربع ركعات لم يفصل بينهن.

فقلت: بأبي أنت وأمي؛ ما هذا؟!.

قال: إني لم أقتد به، لأنه صلى بنا بأذان وإقامة، وليس فيها أذان ولا إقامة.

[722] وبهذا الإسناد إلى أبي خالد، قال: خرجنا مع زيد يوم أضحى، فدعى بماء فأفاض عليه، ثم لم يطعم شيئاً حتى خرج، فكبر ويقول في تكبيره: (الله أكبر الله أكبر لا إله إلا الله والله أكبر الله أكبر ولله الحمد، والحمد لله على ما هدانا)، وزاد فيه: حين بدأ (الله أكبر على ما رزقنا من بهيمة الأنعام) ثم قطعها حين أقبل، حتى جلس فخرج الإمام فأذن المؤذن وأقام، ثم صلينا، فلما انصرف صلى بعدها أربع ركعات لم يفصل بينهن، فسألته عن ذلك؟

فقال: إني لم اقتد به، لأنه أذن وأقام، وليس فيها أذان ولا إقامة. انتهى.

باب القول فيمن لا يشهد المصر من أهل القرى كيف يصنع

[723] أمالي أحمد بن عيسى -عليهما السلام- [1/249]: حدثني علي ومحمد ابنا أحمد بن عيسى، عن أبيهما: فيمن لا يشهد المصر في العيدين من أهل القرى.

فليس عليه ركعتا العيد، بل يصلي أربع ركعات، ويذكر عن أمير المؤمنين -عليه السلام- أنه قال: (إذا لم يشهد المصر مع الإمام فعليه أن يصلي أربع ركعات؛ ركعتان للعيد، وركعتان للخطبة»، وهو رأي أحمد بن عيسى. انتهى.

[724] الجامع الكافي [2/344]: قال أحمد بن عيسى -عليه السلام-: من لم

يشهد المصر في العيدين من أهل القرى مع الإمام فعليه أن يصلي أربع ركعات؛ ركعتان للعيد، وركعتان للخطبة، [يسلم في آخرهن]، بلغنا ذلك عن علي -صلى الله عليه-.

[725] وقال محمد: من فاته صلاة العيدين مع الإمام فليصل أربع ركعات يسلم في آخرهن، بلغنا ذلك عن علي - صلى الله عليه -، وعن زيد بن علي - عليه السلام-، وإن صلى ركعتين أجزأه. انتهى.

باب القول في تكبير التشريق

[726] **المؤيد بالله -عليه السلام- في شرح التجريد** [1/ 539]: ولا أعرف الخلاف فيه عن علي -عليه السلام-، ومذهبنا أنه إذا صح عنه وجب اتباعه، على أن محمد بن منصور روى عن أحمد بن عيسى، عن حسين بن علوان، عن أبي خالد، عن زيد، عن آبائه، عن علي -عليهم السلام-، قال: (لما بعثني رسول الله -صلى الله عليه وآله وسلم- قال لي: «يا علي، كَبِّر في دبر صلاة الفجر في يوم عرفة إلى آخر أيام التشريق [من] صلاة العصر». انتهى.

[727] **مجموع زيد بن علي -عليهما السلام-** [صـ109]: حدثني زيد بن علي، عن أبيه، عن جده، عن علي -عليهم السلام-: أن النبي -صلى الله عليه وآله وسلم- قال له: «يا علي، كبر في دبر كل صلاة الفجر يوم عرفة إلى آخر أيام التشريق إلى صلاة العصر». انتهى.

[728] **أبو طالب -عليه السلام- في الأمالي**[صـ321]: وبه، قال: حدثنا أبو أحمد علي بن الحسن الديباجي البغدادي، قال: حدثنا أبو الحسين علي بن عبدالرحمن بن عيسى بن ماتي، قال: حدثنا محمد بن منصور، قال: حدثنا أحمد بن عيسى، عن حسين بن علوان، عن أبي خالد، عن زيد بن علي، عن أبيه، عن جده، عن علي -عليهم السلام-، قال: (لما بعثني رسول الله -صلى الله عليه وآله وسلم- قال: «يا علي كبر في دبر كل صلاة من فجر يوم عرفة إلى آخر أيام

التشريق دبر العصر». انتهى.

[729] **أمالي أحمد بن عيسى** -عليهما السلام- [1/ 236]: حدثنا محمد، قال: حدثنا أحمد بن عيسى، عن حسين، عن أبي خالد، عن زيد، عن آبائه، عن علي - عليهم السلام-، قال: (لما بعثني رسول الله -صلى الله عليه وآله وسلم- قال لي: «يا علي كبر في دبر صلاة الفجر من يوم عرفة إلى آخر أيام التشريق صلاة العصر». انتهى.

[729] **الجامع الكافي** [2/ 346 - 347]: قال القاسم والحسن ومحمد: كان علي - صلى الله عليه - يكبر أيام التشريق من غداة يوم عرفة إلى صلاة العصر من آخر أيام التشريق.

قال محمد: يكبر لصلاة العصر ثم يقطع، فذلك ثلاث وعشرون صلاة، إذا انصرف من الفريضة، هذا الذي نأخذ به.

قال القاسم -عليه السلام-: وهذا أعجب الأقاويل إلينا، وقد قال ابن مسعود وابن عباس: خلاف ذلك وكل واسع. انتهى.

[730] **الهادي** -عليه السلام- **في الأحكام** [1/ 124]: فأما تكبير عيد الفطر فهو من حين يخرج الإمام إلى أن يبتدئ الخطبة.

وأما التكبير في عيد الأضحى فمن صلاة الصبح يوم عرفة إلى صلاة العصر من آخر أيام التشريق، وهو يوم النفر الأكبر، وكذلك بلغنا عن أمير المؤمنين أنه كان يفعل ذلك. انتهى.

باب القول في صفة تكبير التشريق

[731] **مجموع زيد بن علي** -عليهما السلام- [صـ109]: حدثني زيد بن علي، عن أبيه، عن جده، عن علي -عليهم السلام- قال: (التكبير: الله أكبر الله أكبر لا إله إلا الله والله أكبر ولله الحمد). انتهى.

[732] **الهادي -عليه السلام- في المنتخب**[صـ60]: أما قولي وقول علماء آل الرسول -عليهم السلام-: فيكبر إذا صلى الفجر يوم عرفة إلى آخر أيام التشريق وهو يوم الثالث من بعد الأضحى عند العصر، ويكبر في العصر ويقطع التكبير عندنا، فهو في ثلاث وعشرين صلاة، وهي هذه الأيام التي وصفنا.

قال السائل: قلت: فكيف يكبر؟

قال: يقول: (الله أكبر الله أكبر لا إله إلا الله والله أكبر ولله الحمد) بعد كل صلاة، وإن زاد في التكبير فقال: (ولله الحمد على ما هدانا وأولانا وأحل لنا من بهيمة الأنعام) فهذا أحب إلينا. انتهى.

الجامع الكافي [2/ 347]: قال القاسم ومحمد: التكبير في أيام التشريق أن يقول: الله أكبر الله أكبر لا إله إلا الله والله أكبر ولله الحمد.

وقال محمد: يقول هذا مرة واحدة دبر الفرائض.

وقال في الحج: إذا سلم كبر ثلاث تكبيرات.

وقال الحسن -عليه السلام-: التكبير: (الله أكبر الله أكبر لا إله إلا الله والله أكبر الله أكبر ولله الحمد على ما هدانا، والحمد الله على ما أبلانا وأولانا وما رزقنا من بهيمة الأنعام، ولا إله إلا الله ولا نعبد إلا الله مخلصين له الدين ولو كره المشركون). انتهى.

[733] **أمالي أحمد بن عيسى -عليهما السلام-**[1/ 236]: أخبرني جعفر، عن قاسم بن إبراهيم، قال: قول علي -عليه السلام- يبتدئ بتكبير أيام التشريق من غداة يوم عرفة إلى صلاة العصر من آخر أيام التشريق، وقد قال عبد الله بن مسعود وابن عباس خلاف ذلك، وكل ذلك واسع، فأعجبه إلينا ما جاء عن علي - صلى الله عليه -.

والتكبير أن يقول الله أكبر الله أكبر لا إله إلا الله والله أكبر ولله الحمد.

قال محمد الذي نأخذ به في التكبير قول علي - صلى الله عليه - من غداة يوم عرفة إلى آخر أيام التشريق يكبر صلاة العصر ثم يقطع فذلك ثلاثة وعشرون صلاة وصفه التكبير كما قال قاسم بن إبراهيم كذلك سمعنا عن علي - صلى الله عليه - انتهى.

باب صلاة السفر

[734] **مجموع زيد بن علي -عليهما السلام-** [صـ109]: حدثني زيد بن علي، عن أبيه، عن جده، عن علي -عليهم السلام-، قال: (إذا سافرت فصل الصلوات كلها ركعتين ركعتين(396) إلا المغرب فإنها ثلاث). انتهى.

[735] **المؤيد بالله -عليه السلام- في شرح التجريد** [1/ 494]: وروي عن أبي جعفر محمد بن علي بن الحسين -عليه السلام- قال: نزلت الصلاة على النبي -صلى الله عليه وآله وسلم- ركعتين ركعتين إلا المغرب فزاد رسول الله -صلى الله عليه وآله وسلم- للحاضر في الظهر والعصر والعشاء، وأقر للمسافر. انتهى.

القاضي زيد في الشرح [2/ 258 —مخ]: فرض المسافر ركعتان إلا المغرب، نص عليه في الأحكام، وهو مذهب القاسم -عليه السلام-، وزيد بن علي، ومحمد بن علي، وجعفر بن محمد، وأحمد بن عيسى، وإليه ذهب السيد [المؤيد بالله] أبو الحسين، وهو قول أبي حنيفة وأصحابه، ومالك، وهو قول عامة الصحابة. انتهى.

---

(396) وفي كتاب وقعة صفين لنصر بن مزاحم من النسخة المطبوعة سنة 1401هـ بتحقيق عبدالسلام هارون صـ(134) ما لفظه نصر: عمرو بن خالد، عن أبي الحسين زيد بن علي، عن آبائه، عن علي -رضي الله عنه-، قال: خرج علي وهو يريد صفين حتى إذا قطع النهر أمر مناديَه فنادى بالصلاة، قال: فتقدم فصلى ركعتين، حتى إذا قضى الصلاة أقبل علينا، فقال: (يا أيها الناس: ألا من كان مُشَيِّعَاً أو مقيماً فليتم الصلاة، فإنا قوم على سفر، ومن صحبنا فلا يصُم المفروض، والصلاة ركعتان). تمت مؤلف.

الهادي -عليه السلام- في الأحكام[1/ 105]: قال يحيى بن الحسين -صلوات الله عليه-: فأما قول من يقول: إنه لا قصر إلا في خوف؛ فلا يلتفت إليه، ولا يَعمل أحد عليه، بل القصر فرض من الله على كل مسافر، سافر في بر أو بحر، في برّ أو فجور، لأن أول ما افترض الله من الصلاة على المؤمنين افتراضها سبحانه عليهم ركعتين، ثم زاد فيها ركعتين آخرتين، فجعلها أربعاً في الحضر، وأقرها على فرضها الأول ركعتين في السفر، فصار للسفر فرض يجب أداؤه على المسافر، وصار للحضر فرض يجب إتمامه على الحاضر، فالمتم في سفره كالقاصر في حضره، لأن المتم في السفر لم يأت بما افترض الله عليه من فرضه، كذلك الناقص في الحضر لم يأت بما جعل الله عليه من الصلاة في حضره انتهى.

[736] **الجامع الكافي** [2/ 297]: قال أحمد بن عيسى والحسن ومحمد: صلاة السفر ركعتان إلا المغرب فإنها ثلاث، سن رسول الله -صلى الله عليه وآله وسلم- صلاة السفر ركعتين.

قال القاسم -عليه السلام-: على كل مسافر في بر أو بحر أن يصلي ركعتين.

وفي رواية داوود عنه: القصر [لازم] للمسافر.

وقال الحسن -عليه السلام-: وسئل عن أول صلاة كان يصليها النبي -صلى الله عليه وآله وسلم- من الفريضة، فإنه كان يصلي الصلوات ركعتين ركعتين إلا المغرب فإنه كان يصليها ثلاثاً، فلما حولت القبلة من بيت المقدس إلى مكة جعل الصلوات أربعاً أربعاً إلا المغرب والفجر.

وقال: الصلاة الأولى التي كنا نصليها ركعتين للمسافر.

وقال محمد: كل من رأينا من علماء آل الرسول -صلى الله عليه وآله وسلم- كانوا مجمعين على تقصير الصلاة في السفر، وكل من رأينا منهم كانوا يكرهون أن يتموا الصلاة في السفر ونحن نكره ذلك.

وقال: السنة التقصير في السفر في ثلاث صلوات؛ الظهر والعصر والعشاء، وأما المغرب والفجر فهما في السفر والحضر سواء.

[737] **وفيه** [2/220]: قال الحسن -عليه السلام-: ليس على المسافر صلاة النافلة بالنهار، ولا يدع صلاة الليل ثماني ركعات والوتر وركعتي الفجر وركعتين بعد المغرب، روي عن النبي -صلى الله عليه وآله وسلم-: (أنه لم يدع صلاة الليل في سفر ولا حضر). انتهى.

[738] **أمالي أحمد بن عيسى** -عليهما السلام- [1/179]: حدثنا عباد بن يعقوب، عن محمد بن فرات، قال: سمعت جعفراً -وسأله رجل عن الصلاة في السفر، فقال: صل الظهر ركعتين لا قبلها ولا بعدها، وصل العصر ركعتين لا قبلها ولا بعدها، وصل بعد المغرب ركعتين لا بد منها في سفر ولا حضر (397)، وصل العشاء ركعتين وثمان بآخر الليل وثلاث الوتر وركعتين قبل الفجر لا بد منهما في سفر ولا حضر (398)، ثم قال: هذه صلاة رسول الله -صلى الله عليه وآله وسلم-.

ومثله في الجامع الكافي.

[739] **وفيها أيضاً**: حدثنا محمد، قال: حدثنا عباد، عن يحيى بن سالم، عن أبي الجارود، قال: حدثنا أبو جعفر، قال: تخلف عثمان عاماً من تلك الأعوام [عن الحج] (399) فلما حضرت الصلاة، قال لعلي بن أبي طالب: تقدم يا أبا الحسن فصل بنا، قال: نعم إن شئتم صليتُ بكم صلاة رسول الله -صلى الله عليه وآله وسلم-. قالوا: لا والله إلا صلاة عثمان، فقال: لا والله لا أصلي بكم. انتهى.

قلت: وذلك أن عثمان كان يتم الصلاة، وعلي -عليه السلام- يريد أن

---

(397) قال في أمالي أحمد بن عيسى: (في سفر أو حضر).
(398) قال في أمالي أحمد بن عيسى: (في سفر أو حضر).
(399) ما بين القوسين في أمالي أحمد بن عيسى موضوع بين قوسين وذكره في الأمالي في كتاب الحج.

يقصرها كما كان رسول الله -صلى الله عليه وآله وسلم- يقصر في ذلك الموضع، وهذا عجيب من تَأَبِّي القوم من صلاة رسول الله -صلى الله عليه وآله وسلم- ورضائهم بصلاة عثمان.

[740] **وفيها أيضاً** [1/ 185]: حدثنا محمد بن منصور، قال: حدثني أحمد بن عيسى، عن حسين، عن أبي خالد، عن أبي جعفر، عن آبائه، عن علي -عليهم السلام-، قال: صلى النبي -صلى الله عليه وآله وسلم- بمكة ركعتين حتى رجع.

[741] حدثنا محمد بن منصور، قال: حدثنا أحمد بن عيسى، عن حسين، عن أبي خالد، عن زيد بن علي، عن آبائه، عن علي -عليهم السلام-، قال: صلى النبي -صلى الله عليه وآله وسلم- بمكة ركعتين حتى رجع.

[742] **وفيها أيضاً** [1/ 187]: حدثنا محمد بن منصور، قال: حدثنا سفيان بن وكيع، قال: حدثنا أبو معاوية عن حجاج، عن أبي إسحاق، عن الحارث، عن علي -عليه السلام-، قال: صليت مع النبي -صلى الله عليه وآله وسلم- صلاة الخوف ركعتين إلا المغرب ثلاثاً، وصليت معه صلاة السفر ركعتين ركعتين إلا المغرب ثلاثاً. انتهى.

رجاله هذا الإسناد من ثقات محدثي الشيعة وقد مر الكلام عليهم.

وأبو معاوية: هو هشام بن بشر السلمي.

وحجاج: هو ابن أرطأة.

وأبو إسحاق: هو السبيعي.

والحارث: هو ابن عبد الله الهمداني صاحب علي -عليه السلام-.

[743] **الهادي -عليه السلام- في الأحكام** [1/ 268]: قال يحيى بن الحسين

-عليه السلام-: ومن خرج من أهل مكة وغيرهم إلى عرفات قصر الصلاة، وذلك المجمع عليه عند علماء آل الرسول -صلى الله عليه وآله وسلم-.

وفيه أيضاً: حدثني أبي عن أبيه أنه سئل عن إتمام الصلاة بمنى.

فقال: لا يتمها من كان في حجه وسفره إلا أن يُجمع على مقام عشرة أيام، عند أهل البيت -عليهم السلام-، فإنهم يقولون من عزم على مقام عشرة أيام أتم. انتهى.

باب القول في أقل السفر

الهادي -عليه السلام- في الأحكام [1/ 106]: حدثني أبي، عن أبيه، أنه قال: أحسن ما سمعنا في القصر من القول قول الأكثر من آل رسول الله -صلى الله عليه وآله وسلم- أنهم قالوا في بريد، والبريد أربعة فراسخ بالميل الأول، وكذلك يقصر أهل مكة في خروجهم للحج إلى عرفة. انتهى.

الهادي -عليه السلام- في المنتخب [صـ51]: أما علماء آل الرسول صلى الله عليه وعليهم وقولي أنا ففي بريد تقصر الصلاة. انتهى.

أمالي أحمد بن عيسى -عليهما السلام- [1/ 180]: حدثني أحمد بن عيسى، عن محمد بن بكر، عن أبي الجارود، قال: سمعت أبا جعفر، يقول: إذا أردت سفراً فخرجت من البيوت فاقصر.

حدثني أحمد، عن محمد بن بكر، عن أبي الجارود، قال: سمعت أبا جعفر محمد بن علي، يقول: إذا سافر المسافر بريداً فليقصر.

حدثنا محمد بن علي بن الحسين بن زيد، قال: حدثنا علي بن جعفر بن محمد، عن حسين بن زيد، عن جعفر، عن أبيه، أنه سئل في كم يقصر المسافر؟.

قال: إذا كان سفرك أربعة وعشرين ميلاً، ثلاثين ميلاً، فاقصر [صلاتك].

قال محمد: سألت أحمد بن عيسى، عن المسافر في كم يقصر الصلاة؟

قال: في بريد.

قلت: ففي كم يتم إذا نوى الإقامة؟

قال: في عشرة، إذا نوى أن يقيم عشراً فليتم. انتهى.

رجال هذا الإسناد قد تقدموا جميعاً، إلا محمد بن علي بن الحسين، فقال في الجداول:

[ترجمة محمد بن علي بن الحسين بن زيد]

محمد بن علي بن الحسين بن زيد بن زين العابدين، عن علي بن جعفر بن محمد، وعلي بن موسى الرضى، وزيد بن الحسن، وعنه محمد بن منصور، وجعفر بن محمد بن جعفر. انتهى، أخرج له المرشد بالله، ومحمد بن منصور.

القاضي زيد في الشرح [2/ 264 -مخ]: وأقل السفر الذي يجب فيه القصر بريد، نص عليه الهادي -عليه السلام- في الأحكام، وقال فيه: هو اثنا عشر ميلاً، وهو قول القاسم -عليه السلام-، قال: هو أربعة فراسخ، واثنا عشر ميلاً بالميل الأول، وهو قول محمد بن علي، وأحمد بن عيسى -عليهم السلام-، رواه عنهما محمد بن منصور.

قال أبو العباس: وهو قول أبي جعفر وجعفر. انتهى.

الجامع الكافي [2/ 299]: قال محمد: وسألت أحمد، إذا كنت بمكة تتم الصلاة فخرجت إلى منى وعرفات أتتم الصلاة أم تقصر؟ فأشار إلي بالتقصير.

قال محمد: وسألت عبيد الله بن علي عن ذلك؟ فقال: تقصر.

فسألته عن الحجة في ذلك؟ فقال: هكذا السنة.

[744] قال محمد: حدثنا حسين بن معدان، عن محمد بن القاسم -صاحب

الطالقان- قال: نقصر إلى خمسة أيام، فإن أقام أكثر من خمسة أيام أتم، واحتج أن النبي -صلى الله عليه وآله وسلم- أقام بمكة وعرفات خمساً فقصر الصلاة.

وقال محمد: وقال قوم: تقصر الصلاة في بريد؛ اثنا عشر ميلاً.

[745] واحتجوا في ذلك: أن النبي -صلى الله عليه وآله وسلم- خرج من منى إلى عرفات فقصر.

وذكر عن النبي -صلى الله عليه وآله وسلم- أنه كان بمكة يتم الصلاة ثم خرج إلى منى وعرفات فقصر الصلاة.

وبلغنا عن جعفر بن محمد -عليهما السلام- نحو ذلك.

وقال محمد في الحج: صلى رسول الله -صلى الله عليه وآله وسلم- بمنى ركعتين.

[746] وروي عن أبي جعفر -عليه السلام- أن عثمان تخلف عاماً من الأعوام فلما حضرت الصلاة، قالوا لعلي -عليه السلام-: تقدم فصل بنا، قال: (نعم، إن شئتم صليت بكم صلاة رسول الله -صلى الله عليه وآله وسلم-)، قالوا: لا والله إلا صلاة عثمان، قال: (لا والله لا أصلي بكم). انتهى.

وفيه أيضاً [2/ 300]: وقال القاسم بن إبراهيم: يقصر المسافر الصلاة في بريد، ويفطر الصائم فيما يقصر فيه الصلاة، وهو عندنا بريد -اثنا عشر ميلاً- وهو أربعة فراسخ. انتهى.

القاضي زيد في الشرح [2/ 264 -مخ]: والمروي عن زيد بن علي، ومحمد بن عبد الله النفس الزكية: أنه مسيرة ثلاثة أيام، وإليه ذهب الناصر -عليه السلام-، وأبو عبد الله الداعي، والسيد المؤيد بالله، والسيد أبي طالب، وهو قول أبي حنيفة والثوري. انتهى.

المؤيد بالله -عليه السلام- **في شرح التجريد** [1/ 499]: وأقل السفر: بريد،

وهو منصوص عليه في الأحكام والمنتخب، وهو مذهب القاسم -عليه السلام- ، ورواه محمد بن منصور: عن أحمد بن عيسى، وعن أبي جعفر محمد بن علي.

والأصل فيه: أنه قد ثبت أن صلاة المسافر ركعتان، وثبت أن البريد سفر. انتهى.

وفيه: وهذا القول -أعني بأن أقل السفر مسيرة ثلاثة أيام- قد حكي عن عبد الله بن الحسن بن الحسن، وحكي لنا أن أبا عبد الله محمد بن الحسن الداعي -رضي الله عنه-، كان يذهب إليه ويختاره. انتهى.

باب القول في حد الإقامة التي يجب على المسافر فيها إتمام الصلاة

[747] مجموع زيد بن علي -عليهما السلام- [ص_110]: حدثني زيد بن علي -عليهما السلام-، عن أبيه، عن جده، عن علي -عليهم السلام-: أنه قال: (إذا قدمت بلداً فأزمعت على إقامة عشر فأتم). انتهى.

[748] أمالي أحمد بن عيسى -عليهما السلام- [1/ 179]: حدثنا ضرار بن صرد، عن عبد العزيز بن محمد، عن جعفر، عن أبيه، عن علي -عليه السلام-: قال: (يتم الذي يقيم عشراً، والذي يقول: اليوم أخرج، غداً أخرج؛ يقصر شهراً). انتهى.

الرجال:

[ترجمة ضرار بن صرد، وعبد العزيز بن محمد الجهني]

أما ضرار بن صرد:

فقال في الجداول ضرار بن صرد، أبو نعيم الكوفي الطحان، عن ابن المبارك، ويحيى بن يمان، وعائذ بن حبيب، وعنه محمد بن منصور، ومحمد بن شجاع، وجعفر بن الهذيل، وغيرهم.

قال أبو حاتم: صدوق، له أوهام رمي بالتشيع، وكان عارفاً بالفرائض، توفي سنة تسع وعشرين ومائتين، روى (علي عيبة علمي)، و(أنت تبين لأمتي ما اختلفوا فيه من بعدي)، و(إذا اختلف الناس كان ابن سمية مع الحق) فأنكروا عليه ذلك، احتج به الطبراني في الكبير، وابن عساكر. انتهى.

قلت: ذكره المهدي بن الهادي اليوسفي -رحمه الله- من ثقات الشيعة وعيونهم ذكره في الإقبال.

وأما عبد العزيز:

فقال في الجداول: عبد العزيز بن محمد بن عبيد الجهني، أو القضاعي، مولاهم أبو محمد المدني، الدراوردي الخارج مع الإمام محمد بن عبد الله، عن عطاء ونافع والصادق وعدة، وعنه الثوري وشعبة ووكيع وخلق، وثقه يحيى القطان، وابن معين، وابن سعد، وابن المديني، وقال أبو حاتم: صدوق في الحديث، وقال معن بن عيسى: يصلح أن يكون أمير المؤمنين، وضعفه غيرهم توفي سنة تسع وثمانين ومائة. انتهى.

قلت: هو أحد العلماء النافذة بصائرهم مع النفس الزكية -عليه السلام-، وممن خرج معه، ذكره أبو الفرج في المقاتل.

القاضي زيد في الشرح [2/ 264 -مخ-]: قال في مسائل النيروسي: والذي أجمع عليه أهل البيت أنه إذا نوى مقام عشرة أيام أتم، وإن لم ينو يقول: أخرج اليوم أو غداً قصر، حتى إذا استتم شهراً أتم ولو أقام يوماً. انتهى.

الجامع الكافي [2/ 306]: قال أحمد والقاسم والحسن ومحمد: إذا نوى المسافر إقامة عشرة أيام أتم الصلاة.

قال القاسم: عند أهل البيت لا يتم المسافر الصلاة إلا أن يجمع على مقام عشرة أيام.

وقال القاسم -عليه السلام- في رواية داوود عنه: أجمع أهل البيت على أن المسافر إذا نوى إقامة عشرة أيام أتم الصلاة.

وقال الحسن ومحمد: إذا قدم بلداً فقال اليوم أخرج غداً أخرج فليقصر حتى يأتي عليه شهر، فإذا أتى عليه شهر ولم يخرج فليتم الصلاة قال محمد بلغنا نحو ذلك عن علي - صلى الله عليه - انتهى.

الهادي -عليه السلام- في الأحكام[1/ 106]: حدثني أبي عن أبيه أنه قال أحسن ما سمعنا في القصر من القول قول الأكثر من آل رسول الله -صلى الله عليه وآله وسلم- أنهم قالوا في بريد والبريد أربعة بالميل الأول وكذلك يقصر أهل مكة في خروجهم للحج إلى عرفة.

قال ويتم المسافر إذا أتى بلداً فعزم على المقام فيه عشر أو أن لم يعزم [المقام] قصر شهراً ثم أتم بعد الشهر صلاته انتهى.

المؤيد بالله -عليه السلام- في شرح التجريد [1/ 503]: والمروي عن أحمد بن عيسى أن أقل الإقامة عشرة.

[749] **والأصل فيه**: ما رواه محمد بن منصور، عن ضرار بن صرد، عن عبد العزيز بن محمد، عن جعفر، عن أبيه، عن علي -عليه السلام-، قال: (يتم الذي يقيم عشراً، والذي يقول اليوم أخرج والغد أخرج يقصر شهراً). انتهى.

رجال هذا الإسناد قد مر الكلام عليهم في أول الباب.

باب صلاة الخوف وصفتها

[749] **الهادي -عليه السلام- في المنتخب** [صـ53]: فلا بد أن نقول ما روي عن رسول الله -صلى الله عليه وآله وسلم- في صلاة الخوف: وهي أن يقوم الإمام إذا كان كذلك فيكبر ويصف ورآءه نصف الناس أو أقل أو أكثر ثم يصلي بهم

ركعة، ثم يقوم في الركعة الثانية فيطول في قرآءته ويتم الفئة التي ورآءه صلاتها.

وهي ركعة أخرى ثم يسلمون إذا صلوا ركعتين واحدة مع الإمام وواحدة مع أنفسهم، ثم يمضون فيقومون في وجه العدو، وتأتي الفئة الأخرى فتقف وراء الإمام وهو في قراءته فيصلي بها الركعة التي هي له ثانية وهي لهم أوّلة، ثم يسلم الإمام ويقومون فيصلون الثانية لأنفسهم، ثم يسلمون ويعودون إلى مصافهم. انتهى.

[748] **أمالي أحمد بن عيسى -رضي الله عنه-**[1/ 195]: حدثنا محمد بن منصور، قال أخبرني جعفر، عن قاسم بن إبراهيم، في صلاة الخوف عند المسايفة والمطاردة كيف هي، قال الله -عز وجل-: ﴿وَإِذَا كُنتَ فِيهِمۡ فَأَقَمۡتَ لَهُمُ ٱلصَّلَوٰةَ﴾[النساء:102] الآية. يقول:

إذا كنت فيهم في سفر وخوف فأقمت لهم الصلاة، ﴿فَلۡتَقُمۡ طَآئِفَةٞ مِّنۡهُم مَّعَكَ فلتقم طائفة منهم معك﴾، يقول -سبحانه- من جميعهم: معك ﴿وَلۡيَأۡخُذُوٓاْ أَسۡلِحَتَهُمۡ﴾ كلهم من قام معك في الصلاة ومن لم يقم معك، ﴿فَإِذَا سَجَدُواْ﴾، يعني الذين معه في صلاتهم أخر سجدة منها فأتموا وفرغوا من صلاتهم وسلموا، ﴿وَلۡتَأۡتِ طَآئِفَةٌ أُخۡرَىٰ لَمۡ يُصَلُّواْ فَلۡيُصَلُّواْ مَعَكَ وَلۡيَأۡخُذُواْ حِذۡرَهُمۡ وَأَسۡلِحَتَهُمۡۗ﴾[النساء:102]كلهم من صلى معك ومن لم يصل منهم ولا يقال للطائفة الأخرى لم يصلوا إلا والطائفة الأولى قد صلوا ولا تصلى صلاة الخوف إلا في سفر ولا تصلي في الحضر:

وصلاة الخوف: أن يصلي الإمام بإحدى الطائفتين ركعة واحدة ثم يقومون فيتمون الركعة الثانية ثم يسلمون والطائفة الأخرى الواقفة للعدو في سلاحهم ليس لهم شغل سوى الموافقة والحراسة لأنفسهم وإخوانهم من عدوهم بالمصافة فإذا رجع إليهم من صلى منهم وقفوا للعدو موقفهم ولم يزولوا حتى يتم إخوانهم من الصلاة ما أتموا ويسلموا من صلاتهم كما يسلموا فتكون كل

طائفة قد أخذت من الصلاة مع الإمام ومن الحراسة لأنفسهم ولإخوانهم كالذي أخذت من ذلك الطائفة الأخرى فهذا أحسن الوصف في صلاة الخوف.

وكذلك صلى رسول الله -صلى الله عليه وآله وسلم- فيما صح عندنا بلغنا ذلك عنه في غزوة غزاها يقال لها ذات الرقاع انتهى.

[749] **مجموع زيد بن علي -عليهما السلام-** [صـ112]: حدثني زيد بن علي، عن أبيه، عن جده، عن علي -عليهم السلام- في صلاة الخوف قال يقسم الإمام أصحابه طائفتين فتقوم طائفة موازية للعدو ويأخذون أسلحتهم ويصلي بالطائفة التي معه ركعة وسجدتين فإذا رفع الإمام رأسه من السجدة الثانية فليكونوا من ورائهم ولتأت طائفة لم يصلوا فليصلوا معه ونكص هؤلاء فقاموا مقام أصحابهم فصلى بالطائفة الثانية ركعة وسجدتين ثم يسلم فيقوم هؤلاء فيقضون ركعة وسجدتين ثم يسلمون ثم يقفون موقف أصحابهم ويجيء من كان بإزاء العدو فيصلون ركعة وسجدتين ويسلمون انتهى.

قلت: ومثل رواية المجموع رواها في الجامع الكافي عن محمد ولم يعزها محمد عن أحد من الصحابة والتابعين وإنما قال وذكر في صلاة الخوف.

الجامع الكافي [2/311]: قال القاسم -عليه السلام- وسئل عن صلاة الخوف عند المسايفة والمطاردة كيف هي فقال: قال الله -عز وجل-: ﴿وَإِذَا كُنتَ فِيهِمْ فَأَقَمْتَ لَهُمُ ٱلصَّلَوٰةَ﴾ الآية يقول -عز وجل-: ﴿وَإِذَا كُنتَ فِيهِمْ﴾ في سفر وخوف فأقمت لهم الصلاة فلتقم طائفة منهم معك فإذا فرغوا من صلاتهم وسلموا فلتأت الطائفة الأخرى الذين لم يصلوا فليصلوا معك وليأخذوا حذرهم وأسلحتهم كلهم من كان يصلي معك ومن لم يصل منهم ولا يقال للطائفة الأخرى لم يصلوا إلا والطائفة الأولى قد صلوا.

وصفة صلاة الخوف: أن يصلي الإمام بإحدى الطائفتين ركعة واحدة ثم يقومون فيتمون الركعة الثانية يعني لأنفسهم ثم يسلمون والطائفة [الأخرى]

المواقفه للعدو في سلاحهم ليس لهم شغل سوى المواقفة والحراسة لأنفسهم ولإخوانهم من عدوهم بالمصافة فإذا رجع إليهم من صلى منهم وقفوا للعدو موقفهم ولم يزالوا حتى يتم إخوانهم من الصلاة ما أتموا وسلموا من صلاتهم كما سلموا فتكون كل طائفة قد أخذت من الصلاة مع الإمام ومن الحراسة لأنفسهم ولإخوانهم كالذي أخذت من ذلك الطائفة الأخرى، فهذا أحسن الوصف من صلاة الخوف، وكذلك صلى رسول الله -صلى الله عليه وآله وسلم- فيما صح عندنا بلغنا ذلك في غزوة ذات الرقاع(400) انتهى.

القاضي زيد في الشرح [2/ 370 -مخ]: لا خلاف في الجملة أن الصلاة التي تقام على عهد رسول الله -صلى الله عليه وآله وسلم- في حال الخوف كانت مخالفة لصلاة الأمن.

والأصل في ذلك: قوله -تعالى-: ﴿وَإِذَا ضَرَبْتُمْ فِي ٱلْأَرْضِ فَلَيْسَ عَلَيْكُمْ جُنَاحٌ أَن تَقْصُرُوا۟ مِنَ ٱلصَّلَوٰةِ إِنْ خِفْتُمْ أَن يَفْتِنَكُمُ ٱلَّذِينَ كَفَرُوٓا۟﴾ [النساء:101].

وقوله: ﴿وَإِذَا كُنتَ فِيهِمْ فَأَقَمْتَ لَهُمُ ٱلصَّلَوٰةَ﴾الآية، ولا خلاف أن هذه الصلاة مراد بقوله تعالى: ﴿وَإِذَا ضَرَبْتُمْ فِي ٱلْأَرْضِ﴾.

وفيه [2/ 381]: وإن باشر القتال وهو في الصلاة فضرب ضربة خفيفة أو تقدم أو تأخر تقدماً خفيفاً جاز، وإن طال ذلك وأكثر من الضرب والتقدم والتأخر بطلت صلاته، تخرجاً على نص الهادي -عليه السلام- أن العمل القليل في الصلاة لا يفسدها والكثير يفسدها.

قال السيد أبو طالب في التذكرة: وهو مجمع عليه. انتهى.

خاتمة في صلاة الخوف في المغرب

[750] **مجموع زيد بن علي -رضي الله عنه-**[صـ113]: حدثني زيد بن

(400) وهي عند الأكثر في جمادى سنة أربع من الهجرة تمت حاشية من الأصل

علي، عن أبيه، عن جده، عن علي -عليهم السلام- في صلاة الخوف في المغرب قال: «يصلي بالطائفة الأولى ركعتين، وبالطائفة الثانية ركعةً، وتقضي الطائفة الأولى ركعةً، وتقضي الطائفة الثانية ركعتين». انتهى.

[751] المؤيد بالله -عليه السلام- في شرح التجريد [1/512]: ويدل على ذلك: ما رواه زيد بن علي، عن أبيه، عن جده، عن علي -عليهم السلام-: في صلاة الخوف في المغرب قال يصلي بالطائفة الأولى ركعتين وبالطائفة الثانية ركعة. انتهى.

وفي شرح القاضي زيد [2/275 - مخ]: وروى أيضاً ابن أبي رافع، عن أبيه، عن جده، عن علي -عليه السلام-: في صلاة المغرب في الخوف؛ قال: (يصلي بطائفة ركعتين، ويصلي بالأخرى ركعة واحدة)، ولم يرو عن أحد من الصحابة خلافه. انتهى.

وفي مجموع زيد بن علي -رضي الله عنه- [ص—113]: حدثني زيد بن علي، عن أبيه، عن جده، عن علي -عليهم السلام- في صلاة المقيم صلاة الخوف قال: «يصلي بالطائفة الأولى ركعتين وبالطائفة الثانية ركعتين وتقضي كل طائفةٍ ركعتين». انتهى.

باب سنن الفرائض والقول في الوتر ووقته وأنه ليس بحتم

[751] أمالي أحمد بن عيسى -عليهما السلام- [1/231]،: قال: حدثنا محمد، قال: حدثنا أحمد بن عيسى، عن حسين، عن أبي خالد، عن زيد، عن آبائه، عن علي -صلوات الله عليه-، أنه أتاه رجل، فقال له: إن أبا موسى الأشعري يزعم أنه لا وتر بعد طلوع الفجر، فقال: «لقد أغرق في النزع، وأفرط في الفتيا، الوتر ما بين الصلاتين، الوتر ما بين الأذانين».

فسألته عن ذلك، فقال: (ما بين صلاة العشاء إلى صلاة الفجر، وما بين أذان الفجر إلى الإقامة)، وقال: (إن الوتر ليس بحتم، ولا ينبغي للعبد أن يتعمد

تركه، ومن رأى أنه يفرغ من وتره ومن الركعتين ومن الفجر قبل طلوع الشمس فليبدأ بالوتر). انتهى.

[752] **مجموع زيد بن علي -عليهما السلام- [صـ102]:** حدثني زيد بن علي، عن أبيه، عن جده، عن علي -عليهم السلام- قال: أتى رجل، فقال: إن أبا موسى الأشعري يزعم أنه لا وتر بعد الفجر.

فقال -عليه السلام-: (لقد أغرق في النزع وأفرط في الفتوى، الوتر ما بين الأذانين).

قال: فسألت زيد بن علي عما بين الأذانين؟ فقال: ما بين صلاة العشاء إلى صلاة الفجر إلى الإقامة.

وقال -عليه السلام-: الوتر ليس بحتم، ولا ينبغي للعبد أن يتعمد تركه، ومن رأى أنه يفرغ من وتره ومن ركعتي الفجر ومن الفجر قبل طلوع الشمس فليفعل وليبدأ بالوتر. انتهى.

[753] **المؤيد بالله -عليه السلام- في شرح التجريد [1/ 302]:** وأخبرنا محمد بن عثمان، قال: حدثنا الناصر للحق الحسن بن علي -عليه السلام-، قال: حدثنا محمد بن منصور، قال: حدثنا أحمد بن عيسى، عن حسين، عن أبي خالد، عن زيد بن علي، عن آبائه، عن علي -عليهم السلام- أنه أتاه رجل، فقال: إن أبا موسى الأشعري يزعم أنه لا وتر بعد طلوع الفجر.

فقال علي -عليه السلام-: (لقد أغرق في النزع وأفرط في الفتيا، الوتر ما بين الصلاتين وما بين الأذانين).

[فسألته عن ذلك، فقال: ما بين صلاة العشاء إلى طلوع الفجر، وما بين الأذانين] أذان الفجر وإقامته. انتهى.

[754] **الجامع الكافي [2/ 222]:** وروي عن أمير المؤمنين -صلى الله عليه-

أنه خرج أول ما طلع الفجر الأول فنظر إلى السماء، ثم قال: أين السائل عن الوتر؟، نعم، ساعة الوتر هذه.

وفيه: وبلغنا عن أمير المؤمنين -عليه السلام- أنه خرج حين انشق الفجر، فقال: أين السائل عن الوتر؟ نعم ساعة الوتر هذه.

وبلغنا عنه -عليه السلام- أنه قال: (الوتر ما بين الصلاتين، وما بين الأذانين) -يعني صلاة العشاء والفجر، وأذان الفجر والإقامة-.

وبلغنا عنه -عليه السلام-، أنه قيل له: إن أبا موسى يزعم أنه لا وتر بعد الفجر.

فقال علي - صلى الله عليه -: (لقد أغرق في النزع، وأفرط في الفتيا). انتهى.

وفيه [2/ 224]: وروى محمد بإسناد عن علي - صلى الله عليه - قال: (الوتر ليس بحتم، ولكنه سنة سنها رسول الله -صلى الله عليه وآله وسلم- فلا ينبغي أن يتعمد تركه، ومن رأى أنه يفرغ من وتره ومن الركعتين ومن الفجر قبل طلوع الشمس فليبدأ بالوتر). انتهى.

[755] **المؤيد بالله** -عليه السلام- في **شرح التجريد**[1/ 309]: وأخبرنا أبو الحسين بن إسماعيل، قال: حدثنا محمد بن الحسين، قال: حدثنا محمد بن شجاع، قال: حدثنا أبو نعيم، قال: حدثنا سفيان عن أبي إسحاق عن عاصم عن علي - عليه السلام- قال: (الوتر ليست بفريضة كالصلاة المكتوبة إنما هي سنة سنها رسول الله -صلى الله عليه وآله وسلم-). انتهى.

الرجال:

أما أبو الحسين بن إسماعيل:

فهو علي بن إسماعيل الفقيه، قد مر الكلام عليه، وهو من عيون الزيدية وثقاتهم.

[ترجمة محمد بن الحسين اليمان، ومحمد بن شجاع، وأبي نعيم، وسفيان الثوري]

أما محمد بن الحسين:

فقال في الجداول: محمد بن الحسين بن اليمان الحنفي، أبو جعفر، عن محمد بن شجاع، وعنه علي بن إسماعيل الفقيه، ذكره في طبقات الحنفية.

قال مولانا: خرج له المؤيد بالله ووثقه. انتهى.

وأما محمد بن شجاع:

فقال في الجداول: محمد بن شجاع الثلجي⁽⁴⁰¹⁾، أبو عبد الله البغدادي، عن ابن علية، ووكيع، وزيد بن الحباب، وخلائق، وعنه محمد بن الحسين بن اليمان، وأبو عوانة، وعلي بن الحسن البجلي، وطائفة.

قال المنصور بالله: هو المبرز على نظرائه من أهل زمانه فقهاً وورعاً، وثباتاً على رأي أهل العدل، وله تصانيف كثيرة.

قلت: تكلم عليه الحشوية ونالوا منه، وقالوا: كان ينال من أحمد.

وقال مولانا: ولا يبعد أنه من رجال الشيعة، مات ساجداً في صلاة العصر، سنة ست وستين ومائتين، خرج له المؤيد بالله ووثقه.

وأما أبو نعيم: فهو الفضل بن دكين:

قال في الجداول: الفضل بن دكين -واسمه عمرو- بن حماد بن زهير الليثي، مولى طلحة، أبو نعيم الكوفي الأحول، الحافظ العَلَم، عن الأعمش، وأبي حنيفة، وحماد بن سلمة وغيرهم، وعنه محمد بن صالح، والأحمسي، وأبو بكر وعثمان ابنا أبي شيبة، وأمم.

---

(401) بالمثلث والجيم تمت تقريب من حاشية على الأصل

أثنى عليه ووثقه غير واحد، توفي سنة سبع وعشرة ومائة، عداده في الزيدية، وثقات محدثي الشيعة، احتج به الجماعة. انتهى.

وأما سفيان: فهو الثوري:

قال في الجداول: سفيان بن سعيد الثوري، أحد الأعلام، عن الصادق، وأبي إسحاق، وسلمة بن كهيل، وخلق، وعنه شعبة وابن المبارك، ووكيع، وخلائق.

قال شعبة، ويحيى بن معين، وجماعة: سفيان أمير المؤمنين في الحديث.

قلت: أجمع على جلالته وإتقانه، مع الحفظ والضبط والمعرفة والزهد والورع، أحد ثقات الشيعة، وعلماء الزيدية، توفي سنة إحدى وستين ومائة، احتج به الجماعة، وكلما أطلق في كتب أصحابنا فهو المراد غالباً. انتهى.

وأما أبو إسحاق السبيعي، وعاصم بن ضمرة السلولي: فقد مر الكلام عليهما، وهما من ثقات محدثي الشيعة.

باب القول فيما يقرأ في الوتر وكم هو ركعات

[756] **مجموع زيد بن علي -عليهما السلام- [صـ102]**: حدثني زيد بن علي، عن أبيه، عن جده، عن علي -عليهم السلام-، قال: كان رسول الله -صلى الله عليه وآله وسلم- يوتر بثلاث ركعات لا يسلم إلا في آخرهن؛ يقرأ في الأولى سبح اسم ربك الأعلى، وفي الثانية قل يا أيها الكافرون، وفي الثالثة قل هو الله أحد والمعوذتين).

وقال: (إنما نوتر بسورة الإخلاص إذا خفنا الصبح فنبادره انتهى.

[757] **أمالي أحمد بن عيسى -رضي الله عنه- [1/228]**: حدثني أحمد بن عيسى، عن حسين، عن أبي خالد، عن زيد، عن آبائه، عن علي -صلوات الله عليهم-، قال: (كان رسول الله -صلى الله عليه وآله وسلم- يوتر بسبح اسم

ربك الأعلى، وقل يا أيها الكافرون وقل هو الله أحد والمعوذتين، ويقول: إنما نوتر بسورة الإخلاص إذا خفنا الصبح فنبادره). انتهى.

[758] أبو طالب -عليه السلام- في الأمالي [صـ311]: أخبرنا أبو الحسين علي بن إسماعيل الفقيه -رحمه الله-، قال: أخبرنا الناصر للحق الحسن بن علي -عليه السلام-، قال: أخبرنا محمد بن منصور، قال: حدثنا أحمد بن عيسى، عن حسين بن علوان، عن أبي خالد، عن زيد بن علي، عن أبيه، عن آبائه، عن علي -عليهم السلام-، قال: كان رسول الله -صلى الله عليه وآله وسلم- يوتر بسبح اسم ربك الأعلى، وقل يا أيها الكافرون، وقل هو الله أحد، والمعوذتين، وإنما نوتر بسورة الإخلاص إذا خفنا الصبح فنبادر بها. انتهى.

[759] الهادي -عليه السلام- في المنتخب [صـ59]: قال محمد بن سليمان الكوفي -رضي الله عنه-، قلت: فما يقرأ الرجل في وتر العتمة؟

قال -عليه السلام-: قد روي في ذلك روايات عن النبي -صلى الله عليه وآله وسلم- أنه كان يقرأ في الأولى من الوتر بسبح اسم ربك الأعلى، وفي الثانية بقل يأيها الكافرون، وفي الثالثة بقل هو الله أحد.

[760] وروي أيضاً عن علي بن أبي طالب -رحمه الله-: (أنه كان يوتر بتسع سور قصار من المفصل؛ في كل ركعة ثلاث سور)، وكل هذا عندنا واسع لأن القرآن كله مجزئ. انتهى.

[761] أمالي أحمد بن عيسى -عليهما السلام- [1/ 229]: وبه عن أحمد، عن محمد بن بكر، عن أبي الجارود، قال: قال أبو جعفر: كان علي -عليه السلام- يوتر بتسع سور: بثلاث في كل ركعة، وأما أنا فأوتر بقل هو الله أحد ثم قال أوتر بأي القرآن شئت كله طيب. انتهى.

[762] الجامع الكافي [2/ 226]: وقال الحسن -عليه السلام-: روي عن

علي - صلى الله عليه - أنه كان يقرأ في الوتر الحمد وسورة مما تيسر من القرآن، مثل: إذا جاء نصر الله، والفتح، وإذا زلزلت الأرض، وإنا أنزلناه، وقل هو الله أحد، وقل يأيها الكافرون، وأشباه ذلك.

وقال محمد: يستحب أن يقرأ في الركعة الأولى من الوتر فاتحة الكتاب وسبح اسم ربك الأعلى، وفي الثانية الحمد وقل يأيها الكافرون، وفي الثالثة الحمد وقل هو الله أحد، وجائز أن يوتر بقل هو الله أحد في الثلاث جميعاً إذا خفت الصبح.

وقد ذكر أيضاً أنه يقرأ في كل ركعة ثلاث مرات قل هو الله أحد.

[763] وروى محمد، بإسناده عن علي -صلى الله عليه وآله وسلم- أنه كان يوتر بتسع سور في ثلاث ركعات؛ في الأولى الهاكم التكاثر وسورة القدر والزلزلة، وفي الثانية العصر والهمزة والكوثر، وفي الثالثة الكافرون والنصر وقل هو الله أحد.

[764] وعن النبي -صلى الله عليه وآله وسلم- أنه كان يوتر بسبح اسم ربك الأعلى، وقل يأيها الكافرون، وقل هو الله أحد، والمعوذتين. انتهى.

باب القول في الدعاء دبر الوتر وعند انفلاق الفجر

[765] **مجموع زيد بن علي -عليهما السلام- [صـ16]**: حدثني زيد بن علي، عن أبيه، عن جده، عن علي -عليهم السلام-: أنه كان يقول حين يسلم من الوتر: (سبحان ربي الملك القدوس رب الملائكة والروح العزيز الحكيم -ثلاث مرات-)، يرفع بها صوته، وإذا انفجر الفجر، قال: (الحمد لله فالق الإصباح، رب الصباح، سبحان الله رب الصباح وفالق الإصباح، اللهم اغفر لي وارحمني وأنت أرحم الراحمين). انتهى.

باب القول فيمن كان يسلم في الركعتين من الوتر

[766] **أمالي أحمد بن عيسى -عليهما السلام- [1/ 330]:** قال محمد سألت عبد الله بن موسى؛ عما يعمل في الوتر يفصل الركعة أم لا؟.

فحدثني عن أبيه عن النبي -صلى الله عليه وآله وسلم- قال: «صلاة الليل مثنى مثنى والوتر واحدة».

قال محمد: وكان عبدالله يفصل الركعتين بالتسليم.

قال أبو جعفر محمد بن منصور: جائز أن يسلم في الركعتين من الوتر وجائز أن يصلها.

وفيها: قال محمد سألت أحمد بن عيسى عن الوتر؟

قلت: يفصل الركعتين بتسليم؟ قال: لا.

قال محمد: وكذلك، قال قاسم بن إبراهيم.

وفيها أيضاً: حدثنا محمد، حدثني أحمد بن عيسى، عن محمد بن بكر، عن أبي الجارود، قال: سمعت أبا جعفر يقول(402): يسلم في الركعتين من الوتر. انتهى.

[767] **الجامع الكافي[2 /227]:** قال أبو عبد الله العلوي مؤلف الجامع الكافي:

كان عبد الله بن موسى -عليه السلام- يفصل الركعتين من الوتر بالتسليم.

وروي عن أبيه عن النبي -صلى الله عليه وآله وسلم- أنه قال: «صلاة الليل مثنى مثنى والوتر واحدة».

وقال الحسن -عليه السلام-: روي عن أمير المؤمنين -عليه السلام- أنه كان يصلي ركعتين ثم يسلم ثم يكبر ويستفتح ويصلي الركعة الثالثة. انتهى.

_____

(402) قال في أمالي أحمد بن عيسى المطبوع: (سلم الرسول -صلى الله عليه وآله وسلم- في الركعتين من الوتر)

الهادي -عليه السلام- في المنتخب [صــ60]: قال محمد بن سليمان الكوفي -رحمه الله-: فهل يسلم الرجل في الركعتين الأولتين من الوتر أو لا يسلم؟.

قال الهادي -عليه السلام-: قد قال غيرنا من أصحاب الإمامة وغيرهم أنه يسلم في الأولتين، وأما قول علماء آل الرسول وقولي أنا فلا أرى أن يسلم الرجل في الوتر إلا في آخر صلاته. انتهى.

باب القول في ركعتي الفجر والمغرب

[768] **أمالي أحمد بن عيسى -عليهما السلام-** [1/ 214]: وبه قال: حدثني أحمد بن عيسى، عن الحسين، عن أبي خالد، عن زيد، عن آبائه، عن علي -عليهم السلام-، قال: (كان لا يصليهما حتى يطلع الفجر) -يعني ركعتي الفجر-. انتهى.

[769] **المؤيد بالله -عليه السلام- في شرح التجريد**[1/ 307]: وروى محمد بن منصور، عن أحمد بن عيسى، عن حسين، عن أبي خالد، عن زيد، عن آبائه، عن علي -عليهم السلام-، قال: (كان لا يصليهما حتى يطلع الفجر -يعني ركعتي الفجر-). انتهى.

[770] **مجموع زيد بن علي -عليهما السلام- [صــ99]**: حدثني زيد بن علي، عن أبيه، عن جده، عن علي -عليهم السلام- قال: (لا تدعن صلاة ركعتين بعد المغرب لا في سفر ولا في حضر، فإنها قول الله -عز وجل-: ﴿وَأَدۡبَٰرَ ٱلسُّجُودِ ٤٠﴾[ق:40]، ولا تدعن صلاة ركعتين بعد طلوع الفجر قبل أن تصلي الفريضة في سفر ولا في حضر فهي قوله -عز اسمه وجل ذكره-: ﴿وَإِدۡبَٰرَ ٱلنُّجُومِ ٤٩﴾. انتهى.

[771] **أبو طالب -عليه السلام- في الأمالي [صــ304]**: حدثنا أحمد بن محمد الآبنوسي ببغداد، قال: حدثنا أبو القاسم عبد العزيز بن إسحاق بن جعفر الكوفي، قال: حدثنا علي بن محمد النخعي، قال: حدثنا سليمان بن إبراهيم

المحاربي، قال: حدثني نصر بن مزاحم المنقري، قال: حدثنا إبراهيم بن الزبرقان التيمي، قال: حدثني أبو خالد الواسطي، قال: حدثني زيد بن علي، عن أبيه، عن جده، عن علي -عليهم السلام-، قال: (لا تدعن صلاة ركعتين بعد صلاة المغرب، فإنها قول الله -تعالى-: ﴿وَأَدْبَٰرَ ٱلسُّجُودِ ۝٤٠﴾، ولا تدعن صلاة ركعتين بعد طلوع الفجر، فهي قول الله: ﴿وَإِدْبَٰرَ ٱلنُّجُومِ ۝٤٩﴾. انتهى.

الرجال:

[ترجمة أحمد بن محمد الآبنوسي، وعبد العزيز بن إسحاق البغدادي]

أما أحمد بن محمد الآبنوسي:

فقال في الجداول: أحمد بن محمد البغدادي الآبنوسي، أبو عبد الله، عن عبد العزيز، شيخ الزيدية، وأبي الفرج الأصبهاني، هو أحد رواة المجموع روى عنه أبو طالب منه نحواً من سبعة عشر حديثاً، وهو من محدثي الشيعة، مات قبل الأربع المائة. انتهى.

وقال القاضي العلامة شيعي آل محمد، أحمد بن صالح بن أبي الرجال في مطلع البدور ومجمع البحور، ما لفظه: الشيخ المحدث الرحلة، شمس الدين، أحمد بن محمد البغدادي الآبنوسي -رحمه الله-، شيخ أبي طالب، ومن تلامذة شيخ الزيدية عبد العزيز بن إسحاق بن جعفر البغدادي -رحمهم الله جميعاً-. انتهى.

وأما عبد العزيز بن إسحاق:

فقال في مطلع البدور ومجمع البحور، ما لفظه: عبد العزيز بن إسحاق بن جعفر البغدادي -رحمه الله-، والد الشيخ القاسم الآتي ذكره إنشاء الله تعالى هو شيخ العلامة أحمد بن محمد البغدادي الآبنوسي الذي قرأ عليه الإمام أبو طالب الحسني والبغدادي الآبنوسي المذكور شيخ أبي العباس الحسني -رحمه الله-. انتهى.

قلت: وإليك ما قاله في ترجمة ولده القاسم بن عبد العزيز -رحمه الله-:

قال -رحمه الله-: العلامة الكبير، الفاضل الشهير، الشيخ العالم السعيد، ولي آل محمد، القاسم بن عبدالعزيز بن إسحاق بن جعفر البغدادي قدس الله روحه، كان رأساً في العلوم مهيمناً على المظنون منها والمعلوم، له كتاب إسناد مذهب الزيدية وتعدادهم، وذكر تلامذة زيد بن علي -عليه السلام- وأصحابه الذين أخذوا عنه العلم وشاركوا في العمل، روى عنه الإمام أبو طالب -عليه السلام- ، فأكثر بواسطة شيخه أحمد بن محمد البغدادي المعروف بالآبنوسي، وروى عنه بواسطة شيخه الإمام الأعظم أحمد بن إبراهيم الحسني -رحمه الله تعالى-. انتهى.

[ترجمة علي بن محمد النخعي، وسليمان المحاربي، ونصر بن مزاحم، وإبراهيم الزبرقان]

وأما علي بن محمد النخعي:

فقال في الجداول: علي بن محمد، ويقال: بن أحمد بن الحسن بن كأس النخعي، أبو القاسم القاضي بالرملة، يروي مجموعي الإمام زيد بن علي، عن جده أبو أمه سليمان بن إبراهيم المحاربي، وعن إبراهيم بن سليمان، وعن أحمد بن زكريا، وسمع عليه الحديث محمد بن المطلب الشيباني، والفقه عبد العزيز ابن إسحاق الزيدي، ذكره في التذكرة وطبقات الحنفية، توفي سنة أربع وعشرين وثلاثمائة.

قال مولانا: وثقه المؤيد بالله. انتهى.

وأما سليمان بن إبراهيم المحاربي:

فقال في الجداول: سليمان بن إبراهيم بن عبيد المحاربي، النخعي، أبو أسامة، عن نصر بن مزاحم المجموعين، وسمعها علي بن محمد بن كأس سنة خمس وستين ومائتين، وثقه المؤيد بالله، والقاضي جعفر. انتهى.

وأما نصر بن مزاحم المنقري:

فقال في الجداول: نصر بن مزاحم المنقري، هو الحافظ الحجة، أحد الأعلام،

العطار الكوفي، جامع أخبار صفين، ومحمد بن محمد بن زيد، يروي مجموعي الإمام زيد بن علي عن إبراهيم بن الزبرقان، عن أبي خالد، وعن أبي خالد بغير واسطة، وعن قيس، وإسرائيل، وشريك، وأبي الجارود، وغيرهم. وعنه سليمان المحاربي المجموعين، والحسن بن يحيى، وولده حسين بن نصر، ونوح بن حبيب، ومحمد بن جميل، وغيرهم.

قال أبو الفرج: كان ثبتاً في الحديث والنقل، من أكابر العلماء وأثباتهم.

وقال ابن أبي الحديد: ثقة ثبت صحيح النقل غير منسوب إلى الأهواء والأدغال، وهو من رجال أصحاب الحديث.

قلت: كان أحد شيعة الإمام محمد بن إبراهيم، وولاه محمد بن محمد بن زيد السوق، وقد نال منه النواصب، ولله السيد العلامة عبد الله بن علي الوزير فإنه لما وقف على ترجمة نصر في الميزان قال:

| في كفة الميزان ميل واضح | عن مثل ما في سورة الرحمن |
| فأجزم بخفض النصب وأرفع رتبة | للدين واكسر شوكة الميزان |

انتهى.

توفي سنة إحدى عشرة ومائتين. انتهى.

وأما إبراهيم بن الزبرقان:

فقال في الجداول: إبراهيم بن الزبرقان، عن أبي خالد، وعنه نصر بن مزاحم، وأبو نعيم، وثقه ابن معين، واعتمده أئمتنا. انتهى.

وقال علامة العترة جمال الآل علي بن محمد بن يحيى العجري -فسح الله في أجله- في مجموعه الذي في ذكر ثقات محدثي الشيعة، المنتزع من طبقات الزيدية، ما لفظه:

إبراهيم بن الزبرقان التيمي الكوفي، عن أبي خالد الواسطي مجموعي زيد بن

علي الفقهي والحديثي، وله رواية عن مجاهد، وعنه نصر بن مزاحم، وأبو نعيم الحافظ.

قال نصر: كان من خيار المسلمين، وكان خاصاً بأبي خالد.

وثقه ابن معين، واحتج به أئمتنا.

وقال ابن أبي الحديد: هو من رجال الحديث توفي سنة ثلاث ومائة. خرج له السيدان المؤيد بالله وأبو طالب. انتهى.

وأما أبو خالد: فقد مر.

باب القول فيما يقرأ في ركعتي الفجر والمغرب

[772] مجموع زيد بن علي -عليهما السلام- [ص_100]: حدثني زيد بن علي، عن أبيه، عن جده، عن علي -عليهم السلام-، أنه كان لا يصليهما حتى يطلع الفجر، وكان يقرأ فيهما بقل يأيها الكافرون وقل هو الله أحد. انتهى.

أمالي أحمد بن عيسى -عليهما السلام- [1/ 215]: وحدثنا محمد قال: حدثني أحمد بن عيسى، عن محمد بن بكر، عن أبي الجارود، قال: قال أبو جعفر: لا تدعن ركعتي الفجر في سفر ولا حضر.

وبهذا الإسناد، عن الباقر -عليه السلام- قال: اقرأ في ركعتي الفجر قل يأيها الكافرون، وقل هو الله أحد، وهما إدبار النجوم.

وبه إلى أبي جعفر الباقر -عليه السلام-، قال: اقرأ في الركعتين بعد المغرب قل يأيها الكافرون، وقل هو الله أحد. انتهى.

باب القول في الاتكاء بعد ركعتي الفجر على الجانب الأيمن وما يقال حاله من الذكر

[773] أمالي أحمد بن عيسى -عليهما السلام- [1/ 216]: وبه قال أخبرنا محمد، قال: حدثنا أحمد بن عيسى، عن حسين، عن أبي خالد، عن زيد، عن آبائه، عن علي -عليهم السلام-: (أنه كان إذا صلى الركعتين قبل الفجر وكان لا يصليهما حتى يطلع الفجر يتكئ على جانبه الأيمن، ثم يضع يده اليمنى تحت خده الأيمن مستقبل القبلة، ثم يقول: استمسكت بعروة الله الوثقى التي لا انفصام لها، واعتصمت بحبل الله المتين، أعوذ بالله من شر شياطين الإنس والجن، أعوذ بالله من شر تفرقه(403) والعرب والعجم، حسبي الله، توكلت على الله، الجأت ظهري إلى الله، طلبت حاجتي من الله، لا حول ولا قوة إلا بالله؛ اللهم اجعل لي نوراً في قلبي، ونوراً في قبري، ونوراً في سمعي، ونوراً في بصري، ونوراً في لساني، ونوراً في شعري، ونوراً في بشري، ونوراً في لحمي، ونوراً في دمي، ونوراً في عظامي، ونوراً في عصبي، ونوراً من بين يدي، ونوراً من خلفي، ونوراً عن يميني، ونوراً عن شمالي، ونوراً من فوقي، ونوراً من تحتي، اللهم أعظم لي نوراً -ثلاثاً-. انتهى.

[774] الجامع الكافي [2 /233]: وروى محمد بإسناده عن علي - صلى الله عليه -: (أنه كان إذا صلى الركعتين قبل الفجر يتكئ على جانبه الأيمن ثم يضع يده اليمنى تحت خده الأيمن مست.....قبل القبلة، ثم يقول: استمسكت بعروة الله الوثقى التي لا انفصام لها، واعتصمت بحبل الله المتين، أعوذ بالله من شر شياطين الإنس والجن، أعوذ بالله من شر تفرقة(404) العرب والعجم، حسبي الله، توكلت على الله، الجأت ظهري إلى الله، طلبت حاجتي من الله، لا حول ولا قوة إلا بالله، اللهم اجعل لي نوراً في قلبي، ونوراً في قبري، ونوراً في سمعي،

___
(403) قال في أمالي أحمد بن عيسى المطبوع (من شر فسقة العرب والعجم)
(404) قال في الجامع الكافي المطبوع (من شر فسقة العرب والعجم)

ونوراً في بصري، ونوراً في لساني، ونوراً في شعري، ونوراً في دمي، ونوراً في عظامي، ونوراً في عصبي، ونوراً من بين يدي، ونوراً من خلفي، ونوراً عن يميني، ونوراً عن شمالي، ونوراً من فوقي، ونوراً من تحتي، اللهم أعظم لي نوراً -ثلاثاً-. انتهى.

[775] **مجموع زيد بن علي -رضي الله عنه-**[صـ116]: حدثني زيد بن علي، عن أبيه، عن جده، عن علي -عليهم السلام-: (أنه كان لا يصلي الركعتين اللتين قبل صلاة الفجر حتى يعترض الفجر، وكان إذا صلاهما قال: استمسكت بعروة الله الوثقى التي لا انفصام لها واعتصمت بحبل الله المتين، أعوذ بالله من شر شياطين الإنس والجن، أعوذ بالله من شر فسقة العرب والعجم، حسبي الله، توكلت على الله، ألجأت ظهري إلى الله، طلبت حاجتي من الله، لا حول ولا قوة إلا بالله، اللهم اغفر لي ذنبي فإنه لا يغفر الذنوب إلا أنت». انتهى.

تنبيه: وأما سنة الظهر فقد تضمنتها صلاة الخمسين الآتية إن شاء الله، فإن الروايات الحاكية لصلاة الخمسين وصفتها مصرحة بسنة الظهر، وستأتي إن شاء الله تعالى بعد باب القضاء.

باب قضاء الصلوات

[776] **الجامع الكافي** [2/ 283]: قال القاسم -عليه السلام-: فيما حدثنا علي، عن محمد، عن أحمد، عن عثمان، عن القومسي عنه: ومن نسي صلاة حتى ذهب وقتها صلى مثلها عند ذكرها، كذلك جاء عن علي - صلى الله عليه -.

[777] وقال الحسن بن يحيى -عليه السلام-: وأما ما ذكرت من قولهم أنهم لا يأمرون بإعادة الصلاة الفائتة فهذا نقض للكتاب والسنة، أجمع المسلمون أن رسول الله -صلى الله عليه وآله وسلم- شغل عن صلاة العصر حتى فات وقتها، فقال لهم: «ملأ الله قبورهم ناراً شغلونا عن الصلاة الوسطى».

[778] وقال: «من يكلؤنا الليلة»، فقال بلال: أنا أكلؤكم فنام بلال حتى

طلعت الشمس وفاتته الصلاة في الوقت، فقام النبي -صلى الله عليه وآله وسلم- فتوضأ وأصحابه وصلى.

[779] واتصل بنا عن علي - صلى الله عليه - أنه قال: (من نام عن صلاة أو نسيها فكفارتها أن يقضيها إذا ذكرها، وإن كان في غير وقت)، وقال الله -عز وجل-: ﴿وَٱذْكُر رَّبَّكَ إِذَا نَسِيتَ﴾[الكهف:24]، وقال: ﴿وَأَقِمِ ٱلصَّلَوٰةَ لِذِكْرِىٓ ۝١٤﴾[طه:14] وفي قولهم: نقض الكتاب والسنة.

[780] وقال الحسن -عليه السلام-: ومن القضاء أن النبي -صلى الله عليه وآله وسلم- صلى المغرب والعشاء بمزدلفة.

[781] وقال محمد: بلغنا عن علي - صلى الله عليه - أنه سئل، ما إفراط الصلاة؟. قال: دخول وقت التي تليها.

[782] وروى بإسناد عن النبي -صلى الله عليه وآله وسلم- أنه قال: «من نسي صلاة أو نام عنها فكفارتها أن يصليها إذا ذكرها». انتهى.

[783] **مجموع زيد بن علي -عليهما السلام-** [صـ103]: حدثني زيد بن علي، عن أبيه، عن جده، عن علي -عليهم السلام- قال: كنا مع رسول الله -صلى الله عليه وآله وسلم- في سفر، فلما نزلنا، قال رسول الله -صلى الله عليه وآله وسلم-: «من يكلؤنا الليلة»، فقال بلال: أنا يا رسول الله، قال: فبات بلال مرة قائماً ومرة جالساً، حتى إذا كان قبل الفجر غلبته عيناه، فلم يستيقظ إلا بحر الشمس، فأمر رسول الله -صلى الله عليه وآله وسلم- الناس فتوضؤوا، وأمر بلالاً فأذن، ثم صلى ركعتين، ثم أمر بلالاً فأقام؛ ثم صلى بهم الفجر. انتهى.

[784] **أمالي أحمد بن عيسى -عليهما السلام-**[1/165]: وحدثنا محمد، حدثني أحمد بن عيسى، عن محمد بن بكر، عن أبي الجارود، قال: سمعت أبا جعفر يقول: بينا رسول الله -صلى الله عليه وآله وسلم- يسير في سفر إذ نزل، فقال: «من

يكلؤنا الليلة»، فقال رجل: أنا يا رسول الله، نم وأنا أكفيك الليلة، قال: فبات الرجل قائماً مرة، وجالساً مرة، حتى إذا كان في وجه الصبح غلبته عيناه فنام، فلم يستيقظ رسول الله -صلى الله عليه وآله وسلم- إلا بالشمس، فأمر رسول الله -صلى الله عليه وآله وسلم- الناس فتوضؤوا وصلوا الركعتين اللتين قبل الفجر، ثم صلى بهم رسول الله -صلى الله عليه وآله وسلم- الغداة. انتهى.

[785] **المؤيد بالله -عليه السلام- في شرح التجريد**[1/ 479]: فأما وجوب إعادة قضاء ما تركه الإنسان من الصلاة عامداً أو ناسياً على غير وجه الردة فلا خلاف فيه، وقال -صلى الله عليه وآله وسلم-: «من نسي صلاة أو نام عنها فليصلها إذا ذكرها». انتهى.

الهادي -عليه السلام- في المنتخب [صـ48]: قد قال غيرنا أنه يعيد مع كل صلاة صلاة، فأما أنا فقولي وقول علماء آل الرسول -عليهم السلام- أن كل ذلك مجز له إن إعاد مع كل صلاة صلاة ونوى أنها لما تقدم من نسيانه، أو صلاها في يوم واحد في موضع واحد إذا قدم النية لكل صلاة الفجر والظهر والعصر والمغرب والعشاء جاز له ذلك. انتهى.

[786] **وفي نهج البلاغة** [صـ459]: قال أمير المؤمنين -عليه السلام-وقد قال رجل بحضرته: أستغفر الله- فقال -عليه السلام-: (ثكلتك أمك أتدري ما الاستغفار؟.

الاستغفار درجة العليين، وهو اسم واقع على ستة معان:

أولها: الندم على ما مضى، إلى أن قال -عليه السلام-: والرابع: أن تعمد إلى كل فريضة ضيعتها فتؤدي حقها. انتهى.

القاضي زيد في الشرح [2/ 218 -مخ]: ومن ترك صلاة مفروضة عامداً أو ساهياً غير مستحل لتركها وجب عليه قضاؤها، نص عليه الهادي -عليه السلام- في الأحكام، وهذا مما لا خلاف فيه. انتهى.

[787] أمالي أحمد بن عيسى -عليهما السلام- [1/167]: حدثني جعفر، عن قاسم بن إبراهيم -في ركعتي الفجر إذا فاتت قبل صلاة الفجر ليست إعادتها بواجبة، وكذلك الوتر إذا فات، وإن أعاد ذلك فحسن جميل، وإن بعض أصحابنا ليؤكد في ذلك ويشدد.

قال محمد: يعيد ركعتي الفجر إن شاء بعد صلاة الفجر، وإن شاء بعد طلوع الشمس، وأما الوتر فيقضيه نهاراً، وكذلك سمعنا عن علي -عليه السلام- أنه قال: (إذا فاتك الوتر ليلاً فاقضه نهاراً). انتهى.

القاضي زيد -رحمه الله- في الشرح [2/222 -مخ-]: ومن فاتته النوافل قضاها استحباباً، نص عليه في المنتخب. انتهى.

[788] أمالي أحمد بن عيسى -عليهما السلام- [1/233]: حدثنا محمد، قال: حدثني أحمد بن عيسى، عن محمد بن بكر، عن أبي الجارود، قال: سألت أبا جعفر عن الوتر؛ ينام عنه الرجل أو ينساه.

قال: يوتر من النهار، وكان أبي علي بن الحسين يوتر عند زوال الشمس.

وقال زيد بن علي: ربما أوترت ضحى.

وبه قال: حدثني أبو الطاهر، عن حسين بن زيد، قال: سئل جعفر عن الوتر إذا فاته.

فقال: إذا زالت الشمس. انتهى.

[789] المؤيد بالله -عليه السلام- في شرح التجريد [1/484]: وإذا فاتته النوافل قضاها استحباباً وذلك منصوص عليه في المنتخب.

والأصل فيه: قوله -صلى الله عليه وآله وسلم-: «من نسي صلاة أو نام عنها فليقضها إذا ذكرها»، وهو عام في الفرض والنفل، وقد أجمعوا على أنه لا يقضي وجوباً، فثبت أنه يقضي استحباباً. انتهى.

[790] **الجامع الكافي** [2/285]: وروى -يعني محمداً- بإسناد عن النبي -صلى الله عليه وآله وسلم- أنه قال: «من نسي صلاة أو نام عنها فكفارتها أن يصليها إذا ذكرها». انتهى.

باب القول فيما يقضي المغمى عليه من الصلوات

[791] **الجامع الكافي** [2/287]: قال محمد: سألت أبا الطاهر أحمد بن عيسى عما يأخذ به بنو هاشم في المغمى عليه؟ وما الذي يجب عليه من ذلك؟

فقال: الصلوات التي أغمي عليه فيها، والصلاة التي أفاق فيها.

قال محمد: إذا أغمي على المريض يوماً أو أياماً حتى لم يعقل الفرائض، ثم أفاق، قضى صلاة يوم وليلة خمس صلوات إلى ما دون ذلك، وليس عليه أن يقضي أكثر ما كان من ذلك، بلغنا ذلك عن النبي -صلى الله عليه وآله وسلم-. انتهى.

القاضي زيد في الشرح [2/223 - مخ]: ويسقط القضاء عن المسلم إذا أغمي عليه أكثر من يوم وليلة بالاتفاق. انتهى.

الهادي -عليه السلام- **في الأحكام** [1/102]: فأما المغمي عليه؛ فإن أفاق في آخر نهاره أعاد صلاة يومه، وإن أفاق في آخر ليلته أعاد صلاة ليلته، وإن أغمي عليه يوماً أو يومين أو ثلاثاً ثم أفاق، ثم صلى صلاة ذلك الوقت الذي أفاق فيه، فإن أفاق نهاراً صلى صلاة ذلك النهار، وإن أفاق ليلاً صلى صلاة تلك الليلة.

حدثني أبي، عن أبيه، في المريض كيف يسجد، أيومي إيماء، أم يسجد على وسادة إذا لم يقدر على السجود على الأرض؟.

فقال: إن أطاق السجود على الأرض سجد عليها، وإن لم يمكنه ذلك لضعفه أومأ برأسه، وكان إيماؤه لسجوده أخفض من إيمائه لركوعه[405]. انتهى.

---

[405] نكتة: قال في البحر: مسئلة: ويقضي كما فات قصراً وجهراً وعكسهما.

=

باب تابع لباب القضاء

القاضي زيد في الشرح[2/ 222 -مخ]: قال محمد بن القاسم -عليه السلام-، عن أبيه: إن لم يُحِطْ بعدد ما فاته من الصلاة والصيام تحرى جهده، وزاد حتى يستغرقه.

قال السيد أبو طالب: وهذا مما لا خلاف فيه.

وفيه[2/ 224 -مخ]: ولا خلاف أن الطهر من الحيض إذا تجدد في آخر الوقت كان تجدده فيه كتجدده في آخر الوقت في أحكام الصلاة.

وفيه[2/ 226 -مخ]: قال أبو العباس: إذا فاتته صلاة في حال الصحة فقضاها في حال المرض فإنه يقضيها من قعود، كما يصلي فرض الوقت، وهو قول أبي حنيفة، ولا يعرف فيه خلاف.

وكذلك إذا فاتته في حال المرض فقضاها وهو صحيح قضاء صلاة الصحيح، لا خلاف فيه.

وفيه: ومن صلى جنباً أو محدثاً أو صلى قبل الوقت ساهياً أو متعمداً فعليه القضاء؛ نص عليه الهادي في الأحكام، وهذا مما لا خلاف فيه.

وفيه[2/ 228 -مخ]: ومن ائتم بجنب أو على غير طهارة فعليه الإعادة إذا علم بذلك، كما على الإمام، وهذا منصوص عليه في الأحكام والمنتخب.

وقال السيد أبو الحسين: وهذا مما لا أحفظ فيه خلافاً بين أهل البيت -عليهم السلام-، وهو قول أمير المؤمنين -عليه السلام-، وبه قال أبو حنيفة وأصحابه.

وفيه: وتكبير المؤتم قبل تكبير الإمام ليس من سنة الاقتداء بالإجماع.

قلت: وإن تغير اجتهاده في الأصح، لا من قعود وقد أمكنه القيام، والمعذور كيف أمكن، ولا أحفظ فيه خلافاً. تمت حاشية من الأصل.

وفيه [2/ 230 –مخ]: ومن أسلم في دار الحرب وعلم بوجوب الصلاة ولم يصل فعليه القضاء بالاتفاق. انتهى.

باب القول في صلاة الاستسقاء

[792] **مجموع زيد بن علي –عليهما السلام–** [صـ112]: حدثني زيد بن علي، عن أبيه، عن جده، عن علي –عليهم السلام–: أنه كان إذا صلى بالناس في الاستسقاء صلى مثل صلاة العيدين، وكان يأمر المؤذنين وحملة القرآن والصبيان أن يخرجوا أمامه، ثم يصلي بالناس مثل صلاة العيد، ثم يخطب ويقلب رداءه ويستغفر الله تعالى مائة مرة، يرفع بذلك صوته. انتهى.

[793] **المؤيد بالله –عليه السلام– في شرح التجريد** [1/ 547]: وأخبرنا أبو العباس الحسني، قال: أخبرنا محمد بن الحسين بن علي الحسيني، قال: أخبرنا أبي، قال: حدثنا زيد بن الحسين، عن أبي بكر بن أبي أويس، عن الحسين بن عبد الله بن ضميرة، عن أبيه، عن جده، عن علي –عليهم السلام–: (أنه كان يقول إذا استسقيتم فأحمدوا الله واثنوا عليه بما هو أهله وأكثروا من الاستغفار، فإنه الاستسقاء). [ولم يذكر الصلاة]. انتهى.

رجال هذا الإسناد قد تقدموا جميعاً .

ومحمد بن الحسين: هو ولد الحسين بن علي بن علي المعروف بالمصري شقيق الناصر للحق الحسن بن علي –عليه السلام–.

[794] **الجامع الكافي** [2/ 352]: قال محمد: بلغنا عن علي – صلى الله عليه – أنه كان يصلي في الاستسقاء ويخطب، وكان يقول: صلاة الاستسقاء قبل الخطبة، ويجهر بالقرآءة في صلاة الاستسقاء، ويقول: إذا استسقيتم فأحمدوا الله واثنوا عليه، بما هو أهله وأكثروا الاستغفار فإنه الاستسقاء. انتهى.

الهادي -عليه السلام- في الأحكام[1/ 118]: قال يحيى بن الحسين -صلوات الله عليه- الذي اختاره وأحبه في صلاة الاستسقاء أن يخرج المسلمون الذين في البلد الذين أصابهم الجدب إلى ساحة بلدهم فيجتمعون، ثم يتقدم إمامهم فيصلي بهم أربع ركعات؛ يسلم في كل اثنتين، وتكون قراءته في كل ركعة بسورة الحمد وإذا جاء نصر الله والفتح، وبهذه الثلاث الآيات من سورة الفرقان أولهن: ﴿وَهُوَ ٱلَّذِىٓ أَرْسَلَ ٱلرِّيَٰحَ بُشْرًۢا بَيْنَ يَدَىْ رَحْمَتِهِۦ ۚ وَأَنزَلْنَا مِنَ ٱلسَّمَآءِ مَآءً طَهُورًا ﴿٤٨﴾ لِّنُحْـِۧىَ بِهِۦ بَلْدَةً مَّيْتًا وَنُسْقِيَهُۥ مِمَّا خَلَقْنَآ أَنْعَٰمًا وَأَنَاسِىَّ كَثِيرًا ﴿٤٩﴾ وَلَقَدْ صَرَّفْنَٰهُ بَيْنَهُمْ لِيَذَّكَّرُوا۟ فَأَبَىٰٓ أَكْثَرُ ٱلنَّاسِ إِلَّا كُفُورًا ﴿٥٠﴾﴾ [الفرقان:48،50] وبآخر سورة الحشر من قوله: ﴿لَا يَسْتَوِىٓ أَصْحَٰبُ ٱلنَّارِ وَأَصْحَٰبُ ٱلْجَنَّةِ ۚ أَصْحَٰبُ ٱلْجَنَّةِ هُمُ ٱلْفَآئِزُونَ ﴿٢٠﴾﴾ [الحشر:20] إلى آخر السورة، فإذا صلى أربع ركعات وقرأ في كل ركعة بما سمينا من الآيات استغفر الله، واستغفره المسلمون، وجأروا بالدعاء، ومسالة الرحمة والمغفرة، وأحدثوا إلى الله توبة وسألوه القبول لتوبتهم والغفران لما تقدم من خطاياهم، ثم قال إمامهم:

اللهم إياك دعونا وقصدنا، ومنكم طلبنا، ولرحمتك تعرضنا، وأنت إلهنا وسيدنا، وخالقنا وراحمنا، فلا تخيب عندك دعاءنا، ولا تقطع رجاءنا، إنك أرحم الراحمين.

ثم يقلب شق ردائه الذي على منكبه الأيمن فيجعله على منكبه الأيسر، ويقلب الشق الذي على منكبه الأيسر فيجعله على منكبه الأيمن، ثم ينصرف وينصرف معه الناس إلى منازلهم، ويقرأ في طريقه وانصرافه ياسين حتى يختمها، ثم يقول: لا حول ولا قوة إلا بالله العلي العظيم عليه توكلنا وهو رب العرش العظيم -سبع مرات-، ثم يقرأ آخر آية من البقرة. انتهى.

باب القول فيما يستحب من الخطب في الاستسقاء

[795] **في نهج البلاغة** [صـ199]: ومن خطبة له -عليه السلام-: يعني أمير المؤمنين علي بن أبي طالب -عليه السلام-: (ألا وإن الأرض التي

تحملكم[406]، والسماء التي تظلكم، مطيعتان لربكم، وما أصبحتا تجودان [لكم] ببركتهما، توجعاً لكم، ولا زلفة إليكم ولا لخير ترجوانه منكم، ولكن أمرتا بمنافعكم فأطاعتا، وأقيمتا على حدود مصالحكم فقامتا، إن الله يبتلي عباده عند الأعمال السيئة بنقص الثمرات، وحبس البركات، وإغلاق خزان الخيرات ليتوب تائب، ويقلع مقلع، ويتذكر متذكر، ويزدجر مزدجر، وقد جعل الله الاستغفار سبباً لدرور الرزق، ورحمة الخلق، فقال ﴿ٱسۡتَغۡفِرُواْ رَبَّكُمۡ إِنَّهُۥ كَانَ غَفَّارٗا ١٠ يُرۡسِلِ ٱلسَّمَآءَ عَلَيۡكُم مِّدۡرَارٗا ١١ وَيُمۡدِدۡكُم بِأَمۡوَٰلٖ وَبَنِينَ﴾[سورة نوح: 10-12] فرحم الله امرأ استقبل توبته، واستقال خطيئته، وبادر منيته.

اللهم إنا خرجنا إليك من تحت الأستار والأكنان، وبعد عجيج البهائم والولدان، راغبين في رحمتك، وراجين فضل نعمتك، وخائفين من عذابك ونقمتك، اللهم فاسقنا غيثك، ولا تجعلنا من القانطين، ولا تهلكنا بالسنين، ولا تؤاخذنا بما فعل السفهاء منا يا أرحم الراحمين.

اللهم إنا خرجنا إليك، نشكو إليك، ما لا يخفى عليك، حين ألجأتنا المضائق الوعرة، وأجاأتنا المقاحط المجدبة، وأعيتنا المطالب المتعسرة، وتلاحمت علينا الفتن المستصعبة، اللهم إنا نسألك أن لا تردنا خائبين، ولا تقلبنا واجمين، ولا تخاطبنا بذنوبنا، ولا تقايسنا بأعمالنا، اللهم انشر علينا غيثك وبركتك ورزقك ورحمتك، واسقنا سقيا نافعة، مروية معشبة، تنبت بها ما قد فات، وتحيي بها ما قد مات، نافعة الحياء، كثيرة المجتنى، تروي بها العقيان، وتسيل البطنان، وتستورق الأشجار، وترخص الأسعار، إنك على ما تشاء قدير).

[796] **وفي نهج البلاغة أيضاً [صـ171]**: ومن خطبه -عليه السلام- في الاستسقاء:

اللهم قد انصاحت جبالنا، واغبرّت أرضنا، وهامت دوابُّنا، وتحيرت في

(406) في نهج البلاغة: (وإن الأرض التي تقلكم).

مرابضها، وعجت عجيج الثكالى على أولادها، وملَّت التردد في مراتعها، والحنين إلى مواردها.

اللهم فارحم أنين الآنّة، وحنين الحانة، اللهم فارحم حيرتها في مذاهبها، وأنينها في موالجها، اللهم خرجنا إليه حين اعتكرت علينا حدابير السنين، وأخلفتنا مخائل الجود، فكنت الرجاء للمبتئس، والبلاغ للملتمس، ندعوك حين قنط الأنام، ومنع الغمام، وهلك السوام، أن لا تؤاخذنا بأعمالنا، ولا تؤاخذنا بذنوبنا، وانشر علينا رحمتك؛ بالسحاب المنبعق، والربيع المغدق، والنبات المونق، سحاً وابلاً، تحيي به ما قد مات، وترد به ما قد فات.

اللهم سقيا منك محيية مروية، تامة عامة، طيبة مباركة، هنيئة مريعة، زاكياً نبتها، ثامراً فرعها، ناضراً ورقها، تنعش بها الضعيف من عبادك، وتحيي بها الميت من بلادك.

اللهم سقيا منك تعشب بها نجادُنا، وتجري بها وهادُنا، وتخصب بها جنابنا، وتقبل بها ثمارنا، وتعيش بها مواشينا، وتندى بها أقاصينا، وتستعين بها ضواحينا، من بركاتك الواسعة، وعطاياك الجزيلة، على بريتك المرملة، ووحشك المهملة، وأنزل علينا سماء مخضلة مدراراً، هاطلة يدافع الودق منها الودق، ويحفز القطر منها القطر، غير خلب برقها، ولا جهام عارضها، ولا قزع ربابها، ولا شفان ذهابها، حتى يخصب لإمراعها المجدبون، ويحيى ببركتها المسنتون، فإنك تنزل الغيث من بعد ما قنطوا وتنشر رحمتك وأنت الولي الحميد. انتهى.

باب القول في صلاة الكسوف

[797] **مجموع الإمام زيد بن علي -عليهما السلام- [صـ111]**: حدثني زيد بن علي، عن أبيه، عن جده، عن علي -عليهم السلام-، قال: سألت رسول الله -صلى الله عليه وآله وسلم- عن أفضل ما يكون من العمل في كسوف الشمس والقمر؟ فقال: «الصلاة وقرآءة القرآن». انتهى.

[798] الهادي -عليه السلام- في الأحكام[1/117]: حدثني أبي عن أبيه أنه سئل عن صلاة الكسوف؟ فقال قد اختلف في ذلك، وكل جائز، وقد ذكر عن النبي -صلى الله عليه وآله وسلم- أنه صلى ست ركعات في أربع سجدات، وذكر غير ذلك، ولم يصح لنا ذلك عنه، وذكر عن أمير المؤمنين علي بن أبي طالب -رضي الله عنه- أنه صلى في صلاة الكسوف عشر ركعات بأربع سجدات، رواية صحيحة عنه ولم يفعل ذلك، إلا بيقين أخذه عن رسول الله -صلى الله عليه وآله وسلم-. انتهى.

[799] أمالي أحمد بن عيسى -عليهما السلام-[1/222]: أخبرنا محمد، قال: حدثني أحمد بن عيسى، عن حسين بن علوان، عن أبي خالد، عن زيد، عن آبائه، عن علي -صلوات الله عليه-، قال: كان جبريل عند رسول الله -صلى الله عليه وآله وسلم- ذات ليلة إذ انكسف القمر، فقال رسول الله -صلى الله عليه وآله وسلم-: «يا جبريل، ما هذا؟ قال: أما إنه أطوع الله منكم، أما أنه لم يعص ربه مذ خلقته، وهذا آية وعبرة» فقال رسول الله -صلى الله عليه وآله وسلم-: «يا جبريل فما ينبغي عنده وما أفضل ما يكون من العمل قال الصلاة وقرآءة القرآن انتهى.

[800] مجموع زيد بن علي -عليهما السلام-[صـ111]: حدثني زيد بن علي، عن أبيه، عن جده، عن علي -عليهم السلام-: أنه كان إذا صلى بالناس صلاة الكسوف بدأ فكبر، ثم قرأ الحمد وسورة من القرآن، يجهر بالقرآءة ليلاً كان أو نهار، ثم يركع نحواً مما قرأ، ثم يرفع رأسه من الركوع فيكبر حتى يفعل ذلك خمس مرات، فإذا رفع رأسه من الركوع الخامس، قال: سمع الله لمن حمده، فإذا قام لم يقرأ، ثم يكبر فيسجد سجدتين، ثم يرفع رأسه؛ فيفعل في الثانية كما فعل في الأولى، يكبر كلما رفع رأسه من الركوع في الأربع، ويقول: سمع الله لمن حمده في الخامسة، ولا يقرأ في الركوع الخامس. انتهى.

[801] الهادي -عليه السلام- في المنتخب[صـ60]: قد روي في ذلك روايات عن النبي -صلى الله عليه وآله وسلم- أنه كان يصلي الكسوف ست

ركعات في أربع سجدات في كسوف الشمس ولم يصح لنا ذلك عنه -صلى الله عليه وآله وسلم-.

وروي عن أمير المؤمنين علي بن أبي طالب -عليه السلام- أنه صلى صلاة الكسوف عشر ركعات في أربع سجدات انتهى.

أمالي أحمد بن عيسى -عليهما السلام- [1/ 223]: أخبرني جعفر عن قاسم بن إبراهيم في صلاة الكسوف قال قد اختلف فيها وكل جائز.

وذكر عن النبي -صلى الله عليه وآله وسلم- أنه صلى ست ركعات في أربع سجدات.

وذكر(407) أنه صلى في الكسوف عشر ركعات في أربع سجدات، وقد قالوا يصلي ركعتين حتى ينجلي وكل ذلك حسن. انتهى.

[802] **المؤيد بالله -عليه السلام- في شرح التجريد** [1/ 544]: وقد ثبت ذلك عن أمير المؤمنين علي -عليه السلام-: بما رواه زيد بن علي، عن أبيه، عن جده، عن علي -عليه السلام-، أنه كان إذا صلى بالناس صلاة الكسوف بدأ فكبر، ثم قرأ الحمد لله وسورة من القرآن، فجهر بالقرآءة ليلاً كان أو نهاراً، ثم يركع نحواً مما قرأ، ثم يرفع رأسه من الركوع فيكبر حتى يفعل ذلك خمس مرات، فإذا رفع رأسه(408) من الخامسة، قال: سمع الله لمن حمده، فإذا قام لم يقرأ، ثم يكبر فيسجد سجدتين، ثم يرفع رأسه فيفعل في الثانية كما فعل في الأولى، يكبر كلما رفع رأسه من الركوع الأربع، ويقول: سمع الله لمن حمده في الخامسة، ولا يقرأ بعد الركوع الخامس، وهو رأي أهل البيت -عليهم السلام-

(407) هذه الرواية عن أمير المؤمنين -رضي الله عنه- كما ذلك في الجامع الكافي والأحكام للهادي -رضي الله عنه- وليست عن النبي -صلى الله عليه وآله وسلم- وهي في الأمالي على ما في الأصل فتأمل تمت مؤلف

(408) في شرح التجريد: (ثم يركع نحواً مما قرأ، ثم يرفع رأسه فيفعل في الثانية كما فعل في الأولى يكبر كلما رفع رأسه من الركوع الأربع ويقول في الخامس سمع الله لمن حمده).

ولا يختلفون فيه. انتهى.

[803] **الجامع الكافي** [2/ 350]: قال القاسم -عليه السلام- قد اختلف في صلاة الكسوف؛ فذكر عن النبي -صلى الله عليه وآله وسلم- أنه صلى ست ركعات في أربع سجدات، وذكر عن علي - صلى الله عليه - أنه صلى في الكسوف عشر ركعات في أربع سجدات، وقد قالوا يصلي ركعتين ركعتين حتى ينجلي، وكل ذلك حسن جائز إن شاء الله.

وقال محمد: وكذلك نقول كقول قاسم -عليه السلام- كل ذلك حسن.

بلغنا أن الشمس انكسفت ذات يوم على عهد علي - صلى الله عليه - فأمر المؤذنين أن يؤذنوا بالصلاة، ثم تقدم فصلى بهم صلاة رسول الله -صلى الله عليه وآله وسلم- ثم قرأ فأطال القرآءة، ثم ركع فكان ركوعه على قدر قرآءته، ثم كبر ثم ركع، ثم كبر ثم ركع، ثم كبر ثم ركع، ثم كبر ثم ركع، ثم كبر ثم ركع، فركع خمس ركعات، ثم سجد في الخامسة سجدتين، ثم قام في الثانية ففعل مثل ذلك يقوم بين كل ركعتين نحواً من قرآءته، وركوعه نحواً من سجوده، يقنت بين كل ركوعين ثم يجلس، وجلى الله كسوف الشمس.

وبلغنا أن القمر انخسف في عهد رسول الله -صلى الله عليه وآله وسلم- ذات ليلة وعنده جبريل، فقال النبي -صلى الله عليه وآله وسلم-: «يا جبريل ما هذا؟ قال: آية من آيات الله عزوجل، أما إنه أطوع لله عز وجل منكم، أما إنه لم يعص الله مذ خلقه، قال: فما أفضل ما يعمل عند ذلك؟ قال: الصلاة وقرآءة القرآن». انتهى.

باب القول في صلاة التسبيح

[804] **محمد بن منصور المرادي** -رحمه الله- **في كتاب الذكر** [198]: حدثنا محمد بن منصور، قال: حدثنا عبد الله بن داهر، عن عمرو بن جميع، عن أبان بن أبي عياش، عن سعيد بن جبير، عن أم سلمة -رضي الله عنها-، قالت: كان عندي

رسول الله -صلى الله عليه وآله وسلم- في ليلتي ويومي حتى إذا كان في الهاجرة جاءه إنسان فدق عليه الباب، فقال رسول الله -صلى الله عليه وآله وسلم-: «من هذا؟»، فقال: يا رسول الله، هذا العباس بن عبد المطلب، قالت: فقال رسول الله -صلى الله عليه وآله وسلم-: «الله أكبر، لأمر ما جاء، أدخلوه»، قالت: فلما أن دخل، قال: «يا عباس، يا عم النبي، ما جاء بك في الهاجرة»، قال: يا رسول الله بأبي أنت وأمي، ذكرتُ ما كان مني في الجاهلية فعرفت أنه لم يفرج عني بعد الله غيرك، قالت: فقال رسول الله -صلى الله عليه وآله وسلم-: «الحمد الله الذي ألقى ذلك في قلبك، ولو شاء لألقى ذلك في قلب أبي طالب، يا عباس، يا عم النبي، أما إني لا أقول لك [صـــل] بعد الفجر حتى تطلع الشمس، ولا بعد العصر حتى تغرب الشمس، صل أربع ركعات اقرأ فيهن بطوال المفصل، فإذا قرأت فقل: (الحمد الله، وسبحان الله، ولا إله إلا الله، والله أكبر)، تقولها خمسة عشر مرة، فإذا ركعت فقلها عشر، فإذا رفعت رأسك من الركوع فقلها عشراً، فإذا سجدت الأولى فقلها عشراً، فإذا رفعت رأسك من السجدة الأولى فقلها عشراً، فإذا سجدت الثانية فقلها عشراً، فإذا رفعت رأسك من السجدة الثانية قبل أن تقوم فقلها عشراً، فتلك خمسة وسبعون في كل ركعة، وثلاثمائة في أربع ركعات، والذي نفسي بيده لو كان ذنوبك يا عباس يا عم النبي عدد نجوم السماء، وعدد قطر السماء، وعدد أيام الدنيا، وعدد الشجر والمدر وعدد رمل عالج لغفرها الله لك»، فقال: يا رسول الله بأبي أنت وأمي، ومن يطيق ذلك؟! قال: «فقلها في كل يوم مرة»، قال: ومَن يطيق ذلك؟ قال: «فقلها في كل جمعة مرة»، قال: ومن يطيق ذلك؟ قال: «فقلها في كل شهر مرة»، قال: ومن يطيق ذلك؟ قال: «فقلها في كل سنة مرة»، قال: ومن يطيق ذلك؟ قال: «فقلها في عمرك مرة». انتهى.

الرجال:

أما عبد الله بن داهر، وعمرو بن جميع: فقد تقدما، وهما من ثقات محدثي الشيعة، رضي الله عنهما.

[ترجمة أبان بن أبي عياش، وسعيد بن جبير]

وأما أبان بن أبي عياش:

فقال في الجداول: أبان بن أبي عياش -فيروز-، عن أنس، وسعيد بن جبير، والحسن، ومجاهد، وخلق، وعنه محمد بن فضيل، وابن طهمان، وإسرائيل، وخلق، كان أبان من العُبَّاد الذي يسهر الليلَ بالقيام، ويطوي النهار بالصيام، أكثرَ من رواية فضائل الآل، فلذلك ضُعِّفَ، روى له أبو داوود.

قال مولانا: وثقه المؤيد بالله، توفي في حدود الأربعين ومائة. انتهى.

خرج له الهادي -صلوات الله عليه-، والشريف السيلقي، وابن السمان، ومحمد بن منصور رضي الله عنهم.

وقال في طبقات الزيدية: قلت: وأكثرُ رواياته في الفضائل، فلأجل ذا أنه وثقه المؤيد بالله توفي في حدود الأربعين ومائة انتهى.

وفي هامش الجداول بخط حي والدي العلامة حسن بن محمد العجري -رحمه الله-، عن خط المؤلف -رحمه الله-: ذكر الإمام القاسم بن محمد أن أباناً أخذ عن الإمام زيد بن علي، والباقر، والصادق، وعبد الله بن الحسن بن الحسن. انتهى.

وأما سعيد بن جبير:

فقال في الجداول: سعيد بن جبير الوالي، مولاهم الكوفي، أحد الأعلام، عن ابن عباس، وابن عمر، وأنس، وعائشة، وعبد الله بن المغفل، وعدي بن حاتم، وعنه عمرو بن دينار، وأيوب، وسلمة بن كهيل، وعطاء بن السائب، وعاصم، ومسروق، والمنهال، وخلق.

وثقه اللالكاني، وأثنى عليه غيره، عداده من ثقات محدثي الشيعة.

خرج علي الحجاج مع الإمام الحسن فظفر به فقتله سنة خمس وتسعين، وهلل

رأسه بعد أن بان، واحتج به الجماعة. انتهى.

[805] **الجامع الكافي** [2/ 238]: قال محمد: صلاة التسبيح أربع ركعات موصولة، لا يسلم إلا في آخرهن، وجائز أن يصليها بالليل والنهار، ما لم يكن وقت نهي عن الصلاة.

روي عن النبي -صلى الله عليه وآله وسلم- أنه قال لعمه العباس ولجعفر بن أبي طالب في صلاة التسبيح؛ -وهي أن يقرأ فاتحة الكتاب وسورة معها، ثم يسبح خمسة عشرة مرة: (سبحان الله، والحمد الله، ولا إله إلا الله، والله أكبر)، ثم يركع فيسبح بها عشراً، وإذا رفع رأسه من الركوع عشراً، وإذا سجد عشراً، وإذا رفع رأسه من السجود عشراً، وإذا سجد الثانية عشراً، وإذا رفع رأسه من السجود عشراً، فيكون ذلك خمساً وسبعين في كل ركعة-، قال: وقال النبي -صلى الله عليه وآله وسلم-: «فلو كانت ذنوبك مثل عدد نجوم السماء، وعدد قطر السماء، وعدد أيام الدنيا، وعدد رمل عالج، لغفرها الله لك، تصليها كل يوم مرة واحدة»، قال العباس: ومن يطيق ذلك يا رسول الله؟ قال: «فصلها كل جمعة»، قال: ومن يطيق ذلك يا رسول الله؟ قال: «فصلها كل شهر مرة»، قال: من يطيق ذلك يا رسول الله؟ قال: «فتصليها في عمرك مرة واحدة». انتهى.

[806] **أبو جعفر الهوسمي** -رحمه الله- **في شرح الإبانة**: فأما صلاة التسبيح: فهي ما علم النبي -صلى الله عليه وآله وسلم- جعفر بن أبي طالب حين قدم من الحبشة؛ وهي أربع ركعات بتسليمتين، بأي قراءة كانت، بلا أذان ولا إقامة، بثلاثمائة تسبيحة، في كل ركعتين مائة وخمسون، في كل ركعة خمس وسبعون، وتفتتح الصلاة بتكبيرة، ثم تقرأ بفاتحة الكتاب وأي سورة شئت، ثم تقول: (سبحان الله، والحمد لله، ولا إله إلا الله، والله أكبر)، خمس عشرة مرة، ثم تركع وتقول في الركوع عشر مرات، ثم ترفع رأسك وتقول عشر مرات، ثم تسجد وتسبح عشر مرات، ثم ترفع رأسك فتقول عشر مرات، ثم تسجد الثانية وتسبح عشر مرات، ثم ترفع رأسك وتقعد ساعة وتقول عشر مرات، ثم تقوم وتفعل

في الركعة الثانية والثالثة والرابعة كذلك، وتسلم في كل ركعتين منها، وتصلي هذه الصلاة متى أحببت في ليل أو نهار من الأوقات التي تجوز النافلة فيها.

قال: وروى أبو العباس الحسني، عن الهادي -عليه السلام- مثل ذلك، وقال النبي -صلى الله عليه وآله وسلم- لجعفر بن أبي طالب حين علمه هذه الصلاة: «ألا أحبوك، ألا أعطيك»، فتوهم الناس أنه يهب له مالاً عظيماً لأنه كان يوم فتح خيبر.

وروي أنه -صلى الله عليه وآله وسلم- قال: «لا أدري بأيهما أنا أشد فرحاً بقدوم جعفر أم بفتح خيبر»، ثم لما علمه قال: «هي خير لك من حمر النعم». انتهى.

باب القول في مكملات الخمسين

[807] أمالي أحمد بن عيسى -عليهما السلام-[1/241]: قال محمد: قال أحمد بن عيسى: ما أحب أن أقصر في الخمسين صلاة.

فقلت له: وكيف الخمسون صلاة؟

قال: ثمان قبل الظهر، وأربع الظهر، وثمان بعدها، وأربع العصر، وثلاث المغرب، وأربع بعدها، وأربع العشاء، وثمان صلاة الليل، وثلاث الوتر، وركعتي الفجر، وركعتي الفريضة، ثم قال أحمد بن عيسى: هذا عن علي -عليه السلام-، وعن زيد. انتهى.

[808] الجامع الكافي[2/234]: وقال الحسن -عليه السلام-: روي عن النبي -صلى الله عليه وآله وسلم- أنه أوصى علياً -صلى الله عليه- فقال: يا علي عليك بصلاة الخمسين.

وقال أحمد بن الحسن، ومحمد: وصلاة الخمسين: ركعتان قبل صلاة الفجر إذا طلع الفجر، وركعتان الفريضة، وثمان ركعات بعد الزوال وقبل الظهر، والظهر أربع، وبعدها أربع، منها ركعتا السنة، وأربع قبل العصر، والعصر أربع،

والمغرب ثلاث، وأربع بعدها، منها ركعتا السنة، والعشاء أربع، وثمان ركعات صلاة الليل بعد العشاء الآخرة، والوتر ثلاث.

قال أحمد: هذا عن علي، وزيد بن علي -عليهما السلام-. انتهى.

[809] مجموع زيد بن علي -عليهما السلام- [صـ101]: حدثني مولاي زيد بن علي -عليهما السلام-، قال: كان أبي علي الحسين -عليهما السلام- لا يفرط في صلاة خمسين ركعة في يوم وليلة، ولقد كان ربما صلى في اليوم والليلة ألف ركعة.

قلت: وكيف صلاة الخمسين ركعة؟

قال -عليه السلام-: سبعة عشر ركعة الفرائض، وثمان قبل الظهر، وأربع بعدها، وأربع قبل العصر، وأربع بعد المغرب، وثمان صلاة السحر، وثلاث الوتر، وركعتا الفجر.

قال -عليه السلام-: وكان علي بن الحسين -عليهما السلام- يعلمها أولاده. انتهى.

باب القول في صلاة الضحى

[810] الهادي -عليه السلام- في المنتخب [صـ63]: قال محمد بن سليمان الكوفي -رحمه الله-، قلت: فما تقول في صلاة الضحى؟

قال: قد روي في ذلك روايات أن النبي -صلى الله عليه وآله وسلم- صلاها يوم فتح مكة ركعتين، ولم يعد بعد ذلك بصلاتها، والمعنى عندنا في صلاته يوم فتح مكة إنما صلى في وقت الفتح شكراً لله، لا أنه قصد الضحى.

بل الصحيح عنه أنه -صلى الله عليه وآله وسلم- لم يصلها قط، وروي لنا عنه بالصحيح من الرواية: أنه نظر إلى رجل يصلي الضحى، فقال: «ما له ينحر الصلاة نحره الله»، وإنما صلاة الضحى كانت تعرف من بدو مكة وجفاتها، ثم استن بهم الجهال من بعد. انتهى.

[811] **الإمام القاسم بن محمد -عليه السلام- في الاعتصام** [2/ 104]: وقال القاسم بن إبراهيم -عليهما السلام- في كتاب صلاة يوم وليلة ما لفظه: وبلغنا عن كثير لا نحصيه: أن علياً -عليه السلام- رأى رجلاً يصلي ضحى، فقال: (ما له نحر الصلاة نحره الله).

قال: وبلغنا أن أبا جعفر محمد بن علي بن الحسين، كان يقول: ما صلى رسول الله -صلى الله عليه وآله وسلم- في مسجده الضحى قط.

وقال أيضاً: بلغنا أن علياً -عليه السلام- كان يقول كثيراً لبنيه: (يا بنيّ، لا أنهاكم عن الصلاة لما فيها من ذكر الله، ولكني أسخط لكم خلاف رسول الله -صلى الله عليه وآله وسلم-). انتهى.

[812] **أمالي أحمد بن عيسى -عليهما السلام-** [1/ 245]: حدثنا محمد، قال: حدثني أحمد بن عيسى، عن محمد بن بكر، عن أبي الجارود، قال: سألت أبا جعفر، عن صلاة الضحى.

فقال: إنما كان بدؤها أن النبي -صلى الله عليه وآله وسلم- لما قدم المدينة قال: «صلاة في مسجدي هذا أحب إلي من ألف صلاة فيما سواه إلا الكعبة»، قال: فكانت الأنصار إذا زارت النبي -صلى الله عليه وآله وسلم- أو جاء رجل منهم من ضيعته إلى المدينة صلى فيه، فأبصر الناس الأنصار يصلونها فصلوها، فأما رسول الله -صلى الله عليه وآله وسلم- فلم يصلها إلا يوم فتح مكة، فإنه صلاها يومئذ ركعتين، ثم قال: «استأذنت ربي في فتح مكة فأذن لي فيها ساعة من نهار، ثم أقفلها، ولم يحلها لأحد قبلي ولا يحلها لأحد بعدي، فهي حرام ما دامت السموات والأرض». انتهى.

[813] **مجموع زيد بن علي -عليهما السلام-** [صـ100]: حدثني زيد بن علي، عن أبيه، عن جده، عن علي -عليهم السلام-، قال: (ما صلى رسول الله -صلى الله عليه وآله وسلم- الضحى إلا يوم فتح مكة، فإنه صلاها يومئذ

ركعتين)، وقال: «استأذنت ربي في فتح مكة فأذن لي فيها ساعة من نهار، ثم أقفلها ولم يحلها لأحد قبلي، ولا يحلها لأحد بعدي، فهي حرام ما دامت السموات والأرض». انتهى.

أبو طالب -عليه السلام- في التحرير [صـ]: قال أبو العباس -رحمه الله-: روى القاسم -عليه السلام-، عن أمير المؤمنين علي -عليه السلام-: النهي عن صلاة الضحى.

قال: وروى جعفر بن محمد، عن أبيه -عليهما السلام-: أن النبي(409) -صلى الله عليه وآله وسلم- قال: «صلاة الضحى بدعة، وصلاة نوافل شهر رمضان في جماعة بدعة». انتهى.

[814] **أمالي أحمد بن عيسى -رضي الله عنه-**[1/ 246]: وبه قال: حدثني

---

(409) قال في الإنتصار للإمام يحيى بن حمزة -رضي الله عنه- روي عن جعفر الصادق عن أبيه الباقر عن علي -رضي الله عنه- عن الرسول -صلى الله عليه وآله وسلم- أنه خرج يوماً على بعض أصحابه في بعض ليالي رمضان وهم يصلون النوافل جماعة فقال صلاة الضحي بدعة وصلاة النوافل في رمضان جماعة بدعة وكل بدعة ضلالة وكل ضلالة في النار ثم قال قليل في سنة خير من كثير في بدعة انتهى.

قال ابن بهران والأثر أنه موقوف على علي -رضي الله عنه- إن صحت الروايه عنه انتهى من تخريج ابن بهران على البحر انتهى.

وفي تخريج الأحكام لشيخ الطائفة الجعفرية أبي جعفر محمد بن الحسن الطوسي في الجزء الثالث صـ69 المطبوعة سنة 1401هـ ما لفظه الحسين بن سعيد عن حماد بن عيسى عن حريز عن زراره وابن مسلم والفضل قالوا سألناهما عن الصلاة في رمضان نافلة بالليل جماعة فقالا إن النبي -صلى الله عليه وآله وسلم- كان إذا صلى العشاء الأخرة انصرف إلى منزله ثم يخرج من آخر الليل إلى المسجد فيقوم فيصلي فخرج في أول ليلة من شهر رمضان ليصلي كما كان يصلي فاصطف الناس خلفه فهرب منهم إلى بيته وتركهم ففعلوا ذلك ثلاث ليال فقام في اليوم الرابع على منبره فحمد الله وأثنى عليه ثم قال: « أيها الناس إن الصلاة بالليل في شهر رمضان النافلة في جماعة بدعة وصلاة الضحى بدعة ألا فلا تجتمعوا ليلاً في شهر رمضان لصلاة الليل ولا تصلوا صلاة الضحى فإن ذلك معصية ألا وإن كل بدعة ضلالة وكل ضلالة سبيلها إلى النار» ثم نزل وهو يقول: «قليل في سنة خير من كثير في بدعة» انتهى من حاشية من الأصل.

أحمد بن عيسى، عن محمد، عن أبي الجارود، قال: قال لي أبو جعفر: قال علي بن أبي طالب: (يا بني إني لا أنهاكم عن الصلاة، إن الله لا يعذب على الحسن، ولكن يعذب على السيئ). انتهى.

[815] **الجامع الكافي [2/ 237]**: قال الحسن بن يحيى -عليه السلام-: فيما حدثنا حسين القطان، عن زيد، عن أحمد عنه -وهو قول محمد-: وليست صلاة الضحى بسنة، وفيها فضل لمن صلاها.

وفيه: عن أبي الجارود، قال: سألت أبا جعفر عن صلاة الضحى.

فقال: إنما كان بدؤها أن النبي -صلى الله عليه وآله وسلم- لما قدم المدينة، قال: «صلاة في مسجدي هذا أحب إلي من ألف صلاة فيما سواه إلا الكعبة»، فكانت الأنصار إذا أرادت النبي -صلى الله عليه وآله وسلم- أو جاء الرجل منهم من ضيعته إلى المدينة صلى فيه، فأبصر الناس الأنصار يصلونها فصلوها، فأما رسول الله -صلى الله عليه وآله وسلم- فلم يصلها إلا يوم فتح مكة، فإنه صلاها يومئذ ركعتين. انتهى.

[816] **وقال القاسم بن إبراهيم -عليه السلام- في جوابات مسائل ولده محمد بن القاسم -عليهما السلام- [مجموع الامام القاسم بن ابراهيم 2/ 660]**: وسئل عن صلاة الضحى.

فقال: يصلي في ذلك من أراد ما أراد، وقد ذكر كما سمعت أن رسول الله -صلى الله عليه وآله وسلم- صلى الضحى يوم فتح مكة.

وجاء مع ذلك عن أبي جعفر محمد بن علي أنه كان يقول: والله ما صلى رسول الله -صلى الله عليه وآله وسلم- الضحى قط.

وجاء عن علي بن أبي طالب -صلوات الله ورحمته عليه- أنه كان يقول: (يا بني، إني لا أنهاكم عن الصلاة لله، ولكني أكره لكم خلاف رسول الله -صلى الله عليه وآله وسلم-).

باب القول في صلاة التراويح

[817] **مجموع زيد بن علي -عليهما السلام-** [صـ116]: حدثني زيد بن علي، عن أبيه، عن جده، عن علي -عليهم السلام-: (أنه أمر الذي يصلي بالناس صلاة القيام في شهر رمضان أن يصلي بهم عشرين ركعة، يسلم في ركعتين، ويراوح ما بين كل أربع ركعات، فيرجع ذو الحاجة، ويتوضأ الرجل، وأن يوتر لهم آخر الليل حين الانصراف). انتهى.

الجامع الكافي [2/ 237]: قال محمد، حدثني عبد الله بن موسى، عن أبيه، عن جده عبد الله بن حسن: أنه كان يصلي بأهله في منزله بالليل في شهر رمضان نحواً مما يُصَلَّي في المساجد التراويح.

قال عبد الله بن موسى -عليه السلام-: من أدركت من أهليَ كانوا يفعلونه.

وقال القاسم بن إبراهيم: أنا أفعله -يعني أنه يصلي بأهله-، وليس هو شيئاً مؤقتاً. انتهى.

أمالي أحمد بن عيسى -عليهما السلام- [1/ 246]: وبه، قال: حدثنا محمد، قال: حدثني عبد الله بن موسى، عن أبيه، عن جده عبد الله بن الحسن: أنه كان يصلي بأهله في منزله بالليل في شهر رمضان نحواً مما يُصَلَّي في المساجد التراويح.

وبه قال محمد: قال عبد الله بن موسى: من أدركت من أهلي كانوا يفعلونه.

وقال قاسم بن إبراهيم: أنا أفعله -يعني يصلي بأهله -،وليس هو بشيء مؤقت. انتهى.

الهادي -عليه السلام- في الأحكام [1/ 86]: لا يجوز لرجل أن يصلي بامرأة لا يكون معها رجل، إلا أن يكون رجل يصلي بأهله في منزله، فلا بأس أن يصلي الرجل بأهله وحرمه في منزله صلاة نافلة فقط. انتهى.

المؤيد بالله -عليه السلام- في شرح التجريد[1/433]: قال يحيى بن الحسين -عليه السلام- في الأحكام: لا يصلي الرجل بنساء لا رجل معهن إلا أن يكون رجل يصلي في بيته بحرمته صلاة نافلة فقط.

وفسره أبو العباس الحسني في شرح الأحكام: على صلاة الرجل نافلته في بيته بقرب حرمته، لا على وجه الإتمام وذلك قريب، لأن أصول يحيى بن الحسين تدل على أنه لا يرى ائتمام المرأة وحدها بالرجل على حال من الأحوال. انتهى.

باب القول في النهي عن صلاة التراويح

[818] الجامع الكافي[2/237]: وقال القاسم أيضاً - فيما حدثنا علي، عن ابن هارون، عن أحمد بن سهل، عن عثمان بن محمد، عن القومسي، قال: سألت القاسم بن إبراهيم -عليه السلام- عن القيام في شهر رمضان في جماعة؟

فقال: لا يعرفها، وذكر عن علي - صلى الله عليه - أنه نهى عن ذلك.

وقال الحسن بن يحيى -عليه السلام-: أجمع آل رسول الله -صلى الله عليه وآله وسلم- أن التراويح ليست بسنة من رسول الله -صلى الله عليه وآله وسلم-، ولا من أمير المؤمنين -عليه السلام-، وأن علياً قد نهى عنها، وأن الصلاة عندهم وحداناً أفضل، وكذلك السنة إلا في الفريضة فإن الجماعة فيها أفضل. انتهى.

[819] أبو طالب -عليه السلام- في التحرير[صـ]: قال أبو العباس -رحمه الله- روى جعفر بن محمد، عن أبيه -عليهما السلام-، أن النبي -صلى الله عليه وآله وسلم- قال: «صلاة الضحى بدعة، وصلاة نوافل شهر رمضان في جماعة بدعة». انتهى.

[820] الهادي -عليه السلام- في مجموعه[صـ603]: قال: وسألت عما روي عن النبي -صلى الله عليه وآله وسلم- أنه صلى التراويح في شهر رمضان ليلة واحدة، ثم أمر الناس بالانصراف إلى بيوتهم، وقد روى ذلك بعض الناس

وذكره، فلسنا نصحح شيئاً من ذلك لا ليلة ولا ليلتين، ولا نعرفه عنه ولا نرويه، ولم يبلغنا أنه صلى بالناس -صلى الله عليه وآله وسلم- تراويحاً ليلة ولا ليلتين، ولا ساعة ولا ساعتين، ولا ركعة ولا ركعتين، ولم يروه أحد من علمائنا، ولم يأثره عن النبي -صلى الله عليه وآله وسلم- أحد من آبائنا، ولو كان شيء من ذلك لروته آباؤنا عن آبائها وجدودها، ولما سقط عنهم شيء من ذلك ولأتوا به مصححاً عنه. انتهى.

قلت وبالله التوفيق: وما مر من رواية مجموع الإمام الأعظم زيد بن علي -عليهما السلام- عن علي -عليه السلام-: أنه أمر الذي يصلي بالناس القيام في شهر رمضان إلى آخره، فقد صح عنه -عليه السلام- أنه نهى عن ذلك بما ذكرنا من رواية الجامع الكافي.

وأيضاً: المشهور أن عمر أول من أحدث ذلك.

وأما ما رواه الإمام المرشد بالله -عليه السلام- في الأمالي -في الجزء الثاني [(2/ 60)رقم (1588)]، أن علياً -عليه السلام- أمر أن يُصَلّي بالناس في شهر رمضان، فإذا كان الوتر خرج فأوتر، فليس فيه دلالة على التراويح.

ثم إن في سنده عرفجة بن عبد الله، قال القطان: مجهول[410].

وعمر بن عبد الله بن يعلى بن مرة الثقفي، رموه بشرب الخمر، وقال بعضهم: منكر الحديث[411].

---

(410) انظر تهذيب التهذيب لابن حجر العسقلاني (7/ 177).

(411) قال الذهبي في ميزان الاعتدال (5/ 253): ضعفه أحمد ويحيى والنسائي، وقال البخاري: يتكلمون فيه، وقال الدارقطني: متروك، وقال زائدة: رأيته يشرب الخمر. وانظر أيضاً تهذيب الكمال للمزي (21/ 418)، والضعفاء والمتروكين للدار قطني ترجمة رقم (376)، التاريخ الكبير للبخاري (6/ ترجمة رقم (2065)، والجرح والتعديل لابن أبي حاتم (6/ ترجمة (638) وقال فيه: ضعيف منكر الحديث، وعلل الحديث (1/ 181) عن أحمد بن حنبل: ضعيف الحديث، وفي الضعفاء للعقيلي (134) عن أحمد بن حنبل: منكر الحديث.

أما الرواية الأخرى في الأمالي -أي أمالي المرشد بالله -عليه السلام- [(60/2)رقم (1589)]- عن الحسن، أن عمر بن الخطاب قال: لو جمعنا الناس على رجل في شهر رمضان يلحق الضعيف بالقوي، ومن لا يقرأ بمن يقرأ، فشاور أهل بدر، فأجمعوا على أن يفعل، فأمر أبياً أن يقوم بالناس فكانوا ينامون بعض الليل ويقومون بعضاً وينصرفون لسحورهم وحوائجهم، وكان يصلي بهم ثمان عشرة شفعاً فيسلم في كل ركعتين، ويمهلهم قدر ما يقضي الرجل حاجته ويتوضأ، وكان يقرأ خمس آيات وست آيات.

فمعارض بما ذكرنا من إجماع آل رسول الله -صلى الله عليه وآله وسلم- أن ذلك ليس سنة، ثم نهى علي -عليه السلام- عن ذلك، وقوله عندنا حجة، لا يجوز مخالفته.

ثم إن في سنده علي بن رستم، وهو مجهول.

باب القول في الاستخارة(412)

[821] **أبو طالب -عليه السلام- في الأمالي[صـ335]**: وبه قال أخبرنا أبو العباس أحمد بن إبراهيم الحسني -رحمه الله-، قال: حدثنا أبو زيد عيسى بن

---

(412) عن سعد بن أبي وقاص، قال: قال رسول الله -صلى الله عليه وآله وسلم-: (من سعادة ابن آدم استخارة الله، ومن شقاوته تركه استخارة الله تعالى) أخرجه الحاكم في المستدرك، وأخرجه أيضاً أحمد وأبو يعلى والترمذي والبزار وابن حبان بألفاظ متقاربة.
وعن جابر، قال: كان رسول الله -صلى الله عليه وآله وسلم- يعلمنا الاستخارة في الأمور كما يعلمنا السورة من القرآن، يقول: «إذا هَمَّ أحدكم أمراً فليركع ركعتين من غير الفريضة»، ثم ليقل: «اللهم إني أستخيرك بعلمك، وأستقدرك بقدرتك، وأسألك من فضلك العظيم، فإنك تعلم ولا أعلم، وتقدر ولا أقدر، وأنت علام الغيوب، اللهم إن كنت تعلم أن هذا الأمر خير لي في ديني ومعاشي وعاقبة أمري أو عاجل أمري وآجله فاقدره لي، ويسره لي، ثم بارك لي فيه، وإن كنت تعلم أن هذا الأمر شر لي في ديني ومعاشي وعاقبة أمري أو عاجل أمري وآجله، فاصرفه عني واصرفني عنه، واقدر لي الخير حيث كان، ثم رضني به» أخرجه البخاري، وأخرجه أيضاً أهل السنن، وصححه الترمذي، وابن أبي حاتم. تمت حاشية من الأصل.

محمد العلوي -رحمه الله-، قال: حدثنا محمد بن منصور، قال: حدثنا عبد الله بن موسى بن عبد الله بن الحسن، عن أبيه، عن جده، عن علي -صلوات الله عليهم-، قال: كان رسول الله -صلى الله عليه وآله وسلم- يعلم أصحابه الاستخارة كما يعلمهم السورة من القرآن كان يقول: «إذا أراد أحدكم أمراً فليسمه، وليقل: (اللهم إني أستخيرك فيه بعلمك، وأستقدرك فيه بقدرتك، وأسألك من فضلك، فإنك تعلم ولا أعلم، وتقدر ولا أقدر، وأنت علام الغيوب، اللهم ما كان من خير لي في أمري هذا فارزقنيه، ويسره لي، وأعني عليه، وحببه لي، وأرضني به، وبارك لي فيه، وما كان من شر لي فاصرفه عني، ويسر لي الخير حيث كان». انتهى.

رجال هذا الإسناد قد تقدم الكلام عليهم جميعاً.

[822] **الهادي -عليه السلام- في الأحكام**[1/ 398]: بلغنا عن رسول الله -صلى الله عليه وآله وسلم- أنه كان يعلم أصحابه الاستخارة كما يعلمهم السورة من القرآن وكان يقول إذا أراد أحدكم أمراً فليسمه وليقل: «اللهم إني أستخيرك بعلمك، وأستقدرك فيه بقدرتك، فإنك تعلم ولا أعلم، وتقدر ولا أقدر، وأنت علام الغيوب، اللهم ما كان خير لي من أمري هذا فارزقنيه، ويسره لي، وأعني عليه، وحببه إلي، ورضني به، وبارك لي فيه، وما كان من شراً لي فاصرفه عني ويسر لي الخير حيث كان».

[823] وبلغنا عن رسول الله -صلى الله عليه وآله وسلم- أنه قال: «من سعادة الرجل كثرة الاستخارة، ومن شقاوته ترك الاستخارة».

[824] وفيه: وبلغنا عن أمير المؤمنين علي بن أبي طالب -رحمة الله عليه- أنه قال: (ما أبالي إذا استخرت الله على أيّ جنبيّ وقعت). انتهى.

[825] **أمير المؤمنين -عليه السلام- في نهج البلاغة**[صـ393]: من وصيته لابنه الحسن -عليه السلام-: (وأخلص في المسألة لربك، فإن بيد العطاء

والحرمان، وأكثر من الاستخارة). انتهى.

وروى الوصية بأسرها أبو طالب -عليه السلام- في الأمالي، والموفق بالله -عليه السلام- في الاعتبار وسلوة العارفين.

باب القول في صلاة الغفلة(413)

[826] **أبو طالب -عليه السلام- في الأمالي [صــ309]**: أخبرنا أبو أحمد علي بن الحسين الديباجي البغدادي، قال أخبرنا أبو الحسين علي بن عبد الرحمن بن عيسى بن ماتي، قال: حدثنا محمد بن منصور، قال: حدثنا حسين بن نصر، عن خالد، عن حصين، عن جعفر بن محمد، عن أبيه -عليهما السلام-، قال: قال رسول الله -صلى الله عليه وآله وسلم-: «تبتلوا في ساعة الغفلة ولو بركعتين خفيفتين فإنهما تورثان دار الكرامة»، قيل: يا رسول الله، وما ساعة الغفلة؟ قال: «بين المغرب والعشاء». انتهى.

[827] **أمالي أحمد بن عيسى -رضي الله عنه-[1/ 258]**: أخبرنا حسين بن نصر، عن خالد، عن حصين، عن جعفر، عن أبيه، قال: قال رسول الله -صلى الله عليه وآله وسلم-: «تبتلوا في ساعة الغفلة ولو بركعتين خفيفتين فإنهما تؤرثان دار الكرامة» قيل: يا رسول الله، وما ساعة الغفلة؟ قال: «بين المغرب والعشاء». انتهى.

رجال هذا الإسناد والذي قبله من ثقات محدثي الشيعة وقد مر الكلام عليهم.

باب القول في فضل التطوع بالليل والنهار وعدد ذلك

[828] **الهادي -عليه السلام- في الأحكام[1/ 122]**: بلغنا عن رسول الله -صلى الله عليه وآله وسلم- أنه قال «من صلى ثماني ركعات في الليل سوى الوتر يداوم عليهن حتى يلقى الله بهن، فتح الله له اثني عشر باباً من الجنة». انتهى.

---

(413) أخرج حديثها الترمذي. تمت مؤلف.

[829] وفيه: عنه -صلى الله عليه وآله وسلم- أنه قال: «ركعتان في نصف الليل أفضل من الدنيا وما فيها ولولا أن أشق على أمتي لفرضتهما عليهم». انتهى.

[830] **وفي المنتخب للهادي -عليه السلام- [صـ56]**: وإنما صلاة الليل ثماني ركعات، وكذلك صح لنا عن رسول الله -صلى الله عليه وآله وسلم-، ثم الوتر بعد ذلك. انتهى.

[831] **أبو طالب -عليه السلام- في الأمالي[صـ307]**: وبه قال أخبرنا أبو أحمد علي بن الحسين بن علي الديباجي ببغداد، قال أخبرنا أبو الحسين علي بن عبد الرحمن بن عيسى، قال: حدثنا محمد بن منصور، قال: حدثنا علي ومحمد ابنا أحمد بن عيسى، عن أبيهما، عن حسين بن علوان، عن أبي خالد عمرو بن خالد، عن أبي هاشم، عن زاذان، عن سلمان، قال سمعت رسول الله -صلى الله عليه وآله وسلم- يقول: «من صلى ثماني ركعات من الليل والوتر يداوم عليهن حتى يلقى الله بهن فتح الله اثني عشر باباً من الجنة يدخل من أيها شاء». انتهى.

رجال هذا الإسناد قد تقدموا، وهم من الشيعة الأخيار رضي الله عنهم، إلا أبا هاشم وسلمان الفارسي:

فأما أبو هاشم وهو عبدالله بن محمد بن الحنفية، فسيأتي .

[ترجمة سلمان الفارسي]

وأما سلمان الفارسي: فقال في الجداول:

سلمان الفارسي، أبو عبد الله، ومولى رسول الله -صلى الله عليه وآله وسلم-، أول مشاهده الخندق، أحد فضلاء الصحابة ونقبائهم، أحد من اشتاقت الجنة إليه، ومن يرى تقديم الوصي، روى عنه زاذان وغيره، توفي بالمدائن سنة خمس وثلاثين. انتهى.

[832] **أمالي أحمد بن عيسى -عليهما السلام- [1/ 256]**: وبه، قال: حدثنا علي ومحمد ابنا أحمد بن عيسى، عن أبيهما، عن حسين، عن أبي خالد عمرو بن خالد، عن أبي هاشم، عن زاذان، عن سلمان -رضي الله عنه-، قال: سمعت رسول الله -صلى الله عليه وآله وسلم- يقول: «من صلى ثماني ركعات من الليل والوتر يداوم عليهن حتى يلقى الله بهن فتح الله له اثني عشر باباً من الجنة يدخل من أيها شاء».

[833] **وفيه**: وبه، قال: حدثنا علي ومحمد ابنا أحمد بن عيسى، عن أبيهما، عن حسين، عن أبي خالد، عن أبي هاشم، عن زاذان، عن سلمان -رضي الله عنه-، قال: سمعت رسول الله -صلى الله عليه وآله وسلم- يقول: «من صلى ست عشرة ركعة من النهار سوى صلاة الليل فتح الله له اثني عشر باباً من الجنة يدخل من أيها شاء». انتهى.

[834] **الجامع الكافي [2/ 235]**: وروى محمد بإسناد عن سلمان قال: قال رسول الله -صلى الله عليه وآله وسلم-: «من صلى ست عشرة ركعة من النهار فتح الله له اثني عشر باب من الجنة يدخل من أيها شاء، ومن صلى ثماني ركعات من الليل والوتر يداوم عليهن حتى لقي الله بهن فتح الله له اثني عشر باباً يدخل من أيها شاء». انتهى.

[835] **مجموع زيد بن علي -عليهما السلام- [صـ101]**: حدثني زيد بن علي، عن أبيه، عن جده، عن علي -عليهم السلام-، قال: (من صلى بالليل ثماني ركعات فتح الله له ثمانية أبواب من الجنة يدخل من أيها شاء). انتهى.

الهادي -عليه السلام- في الأحكام (414): صلاة الليل ثماني ركعات، وكذلك صح لنا عن رسول الله -صلى الله عليه وآله وسلم-. انتهى.

---

(414) هذا النص لا يوجد في كتاب الأحكام المطبوع، وذكر ذلك باللفظ في كتاب المنتخب (صـ56).

[836] **المؤيد بالله -عليه السلام- في شرح التجريد** [1/314]: واستدل في الأحكام بما رواه محمد بن منصور، عن علي ومحمد ابنا أحمد بن عيسى، عن أبيهما -عليهم السلام-، عن حسين، عن أبي خالد، عن أبي هاشم، عن زاذان، عن سلمان، قال: سمعت رسول الله -صلى الله عليه وآله وسلم- يقول: «من صلى ثماني ركعات من الليل والوتر يداوم عليهن حتى يلقى الله، فتح الله له اثني عشر باباً من الجنة يدخل من أيها شاء». انتهى.

وفيه: فأما ما ذكرناه من أن سائر النوافل يستكثر منها من يشاء: فلا خلاف فيه وعلى ذلك الصالحون من أهل البيت -عليهم السلام- وغيرهم انتهى.

[837] **مجموع زيد بن علي -عليهما السلام-** [ص101]: حدثني زيد بن علي، عن أبيه، عن جده، عن علي -عليهم السلام- قال: (ركعتان في ثلث الليل الأخير خير من الدنيا وما فيها). انتهى.

[838] **أمالي أحمد بن عيسى -عليهما السلام-** [1/243]: قال محمد: رأيت أحمد بن عيسى يصلي بالنهار أربعاً، فقلت له: تصلي صلاة النهار أربعاً أربعاً، أو ركعتين ركعتين؟ فقال: أربعاً أربعاً، فقلت: لا تفصل بين كل ركعتين بتسليم، قال: لا، وهكذا كان علي -عليه السلام- يفعل. انتهى.

[839] **مجموع زيد بن علي -عليهما السلام-** [ص100]: حدثني زيد بن علي، عن أبيه، عن جده، عن علي -عليهم السلام-، قال: (لما كان في ولاية عمر سئل عن تهجد الرجل في بيته وتلاوة القرآن، ما هو له؟ فقال: يا أبا الحسن ألست شاهدي حين سألت رسول الله -صلى الله عليه وآله وسلم-، فقلت: بلى، قال: فأد ما أجابني به رسول الله -صلى الله عليه وآله وسلم- فإنك أحفظ لذلك مني، فقلت: قال رسول الله -صلى الله عليه وآله وسلم-: «التهجد هو نور تنور به بيتك». انتهى.

[840] **الجامع الكافي** [2/235]: قال محمد بلغني أن علياً -عليه السلام- إذا

تعشى هجع هجعة يستعين بتلك على صلاة الليل، ويأمر من يوقظه. انتهى.

[841] **مجموع زيد بن علي -عليهما السلام- [ص_99]:** حدثني زيد بن علي، عن أبيه، عن جده، عن علي -عليهم السلام-: أنه كان يكره أن يتطوع الإمام في الموضع الذي يصلي بالناس فيه حتى يتنحى أو يرجع إلى بيته.

[842] وفيه حدثني زيد بن علي، عن أبيه، عن جده، عن علي -عليهم السلام-، قال: (صلاة الأوابين ثماني ركعات عند [تمام] الزوال قبل الظهر [بعد دخول وقته]). انتهى.

[843] **أمالي أحمد بن عيسى -عليهما السلام- [1/ 244]:** وبه، قال: حدثنا محمد، قال: حدثني أحمد بن عيسى، عن محمد بن بكر، عن أبي الجارود، قال سمعت أبا جعفر، يقول: كان رسول الله -صلى الله عليه وآله وسلم- يصلي من الليل في شبابه وقوته سبع عشرة ركعة حتى إذا كبر وثقل صلى ثلاث عشرة ركعة. انتهى.

[844] **الهادي -عليه السلام- في الأحكام [1/ 105]:** أجمع آل رسول الله -صلى الله عليه وآله وسلم- أن صلاة نوافل الليل والنهار مثنى مثنى. انتهى.

[845] **أمالي أحمد بن عيسى -عليهما السلام- [1/ 230]:** وبه قال محمد: سألت عبد الله بن موسى، عما يفعل في الوتر يفصل الركعة أم لا؟

فحدثني عن أبيه، عن النبي -صلى الله عليه وآله وسلم-: «قال صلاة الليل مثنى مثنى، والوتر واحدة».

[846] وفيه: وبه قال: أخبرني جعفر، عن قاسم بن إبراهيم، قال: صلاة الليل والنهار التطوع مثنى مثنى، صح هذا عندنا عن النبي -صلى الله عليه وآله وسلم-، وقد قال أهل العراق إن صلاة الليل مثنى وصلاة النهار أربعاً، وكل ذلك حسن. انتهى.

[847] **مجموع زيد بن علي -عليهما السلام- [صـ103]**: حدثني زيد بن علي، عن أبيه، عن جده، عن علي -عليهم السلام-، قال: (صلاة الليل مثنى مثنى، وصلاة النهار إن شئت مثنى وإن شئت أربعاً). انتهى.

[848] **أمالي أحمد بن عيسى -عليهما السلام- [1/ 226]**: وبه، قال: حدثنا محمد قال: حدثني أحمد بن عيسى، عن حسين بن علوان، عن أبي خالد، عن زيد، عن آبائه، عن علي -عليهم السلام-، قال: (لما كان في ولاية عمر؛ سئل عن تهجد الرجل في بيته وتلاوة القرآن ما هو له؟.

فقال: يا أبا الحسن؛ ألست شاهدي حين سألت رسول الله -صلى الله عليه وآله وسلم- فقلت بلى قال فإد ما أجابني به رسول الله -صلى الله عليه وآله وسلم- فإنك أحفظ لذلك مني، فقلت: قال: «نور تنور به بيتك». انتهى.

[849] **الجامع الكافي [2/ 236]**: وقال القاسم -عليه السلام-: صلاة الليل والنهار مثنى مثنى، صح هذا عندنا عن النبي -صلى الله عليه وآله وسلم-، وقد قال أهل العراق: صلاة الليل مثنى مثنى وصلاة النهار أربع، وكل ذلك حسن.

وفيه: قال القاسم -عليه السلام-: صلاة الليل ثلاث عشرة ركعة، منها الوتر ثلاث وركعتا الفجر، هكذا ذكر عن النبي -صلى الله عليه وآله وسلم-. انتهى.

كتاب المساجد

كتاب المساجد

القول في فضل المساجد[415]

[850] **مجموع زيد بن علي -عليهما السلام-** [صـ113]: حدثني زيد بن علي، عن أبيه، عن جده، عن علي -عليهم السلام-، قال: (أمر رسول الله -صلى الله عليه وآله وسلم- ببناء المساجد، وأن تُطَيَّب وتطهر وتنظف[416]، وأن

---

(415) عن جابر بن عبدالله، قال: قال رسول الله -صلى الله عليه وآله وسلم-: «المساجد سوق من أسواق الآخرة، من دخلها كان ضيف الله، قراؤه المغفرة، وتحيته الكرامة، فعيكم بالرَّتَاع» قيل: يا رسول الله، وما الرتاع؟ قال: «الدعاء والرغبة إلى الله»، أخرجه المرشد بالله في الأمالي.

وعن الحسن بن علي -رضي الله عنه-، قال: سمعت جدي رسول الله -صلى الله عليه وآله وسلم- يقول: «من أدمن الإختلاف إلى المساجد أصاب أخاً مستفاداً في الله، أو علماً مستظرفاً، أو كلمة تدله على الهدى، وأخرى تصرفه عن الردى، أو رحمة منتظرة، أو تركاً للذنوب» أخرجه المرشد بالله في الأمالي أيضاً.

وعن أنس قال: قال رسول الله -صلى الله عليه وآله وسلم-: «من أحب الله عز وجل أحب القرآن، ومن أحب القرآن أحبني، ومن أحبني أحب قرابتي وأصحابي، ومن أحب الله وأحب القرآن وأحبني وأحب قرابتي وأصحابي أحب المساجد، فإنها أفنية الله وأبنيته، أذن في رفعها، وبارك فيها، مباركة، مبارك أهلها، محفوظ أهلها، ميمونة، ميمون أهلها، هم في مساجدهم والله عز وجل في حوائجهم، هم في صلاتهم وفي ذكرهم والله عز وجل يحوط من ورائهم، وتكفل بأرزاقهم» أخرجه المرشد بالله في الأمالي.

عن علي -رضي الله عنه- قال: قال رسول الله -صلى الله عليه وآله وسلم-: «من بنى مسجداً من ماله بنى الله له بيتاً في الجنة»، أخرجه أبو طالب في الأمالي.

وعن أنس بن مالك عن النبي -صلى الله عليه وآله وسلم- قال: «من بنى لله مسجداً ولو كمفحص قطاة بنى الله له بيتاً في الجنة»، أخرجه أبو طالب في الأمالي أيضاً.

وعن أبي هريرة، قال: قال رسول اللّه -صلى الله عليه وآله وسلم-: «إن مما يلحق المؤمن من عمله وحسناته بعد موته: علماً تعلّمه ونشره، وولداً صالحاً تركه، أو مصحفاً ورَّثه، أو مسجداً بناه، أو بيتاً لابن السبيل، أو نهراً أكراه -أي حفره- أوصدقة أخرجها من ماله في صحته وحياته، تلحقه من بعد موته»، أخرجه أبو طالب في الأمالي أيضاً. تمت حاشية من الأصل.

(416) عن عائشة، قالت: أمرنا ببناء المساجد في الدور، وأن تنظف وتطيب. أخرجه أحمد وأبو داوود وابن ماجة وابن خزيمة والترمذي.

وعن سمرة بن جندب، قال: أمرنا رسول الله -صلى الله عليه وآله وسلم- أن نتخذ المساجد في
=

يجعل على أبوابها المطاهر)، قال: وقال رسول الله -صلى الله عليه وآله وسلم-: «من بنى مسجداً بنى الله له بيتاً في الجنة». انتهى.

[851] **الجامع الكافي [2/360]:** قال الحسن -عليه السلام- في رواية ابن صباح عنه، ومحمد-: وسئلا عما روي: «من بنى لله -عز وجل- مسجداً بنى الله له بيتاً في الجنة».

فقالا: نرجو أن يكون كذلك لمن قبل الله منه. انتهى.

ما يقال من الذكر عند دخول المسجد والخروج منه (417)

[852] **مجموع زيد بن علي -عليهما السلام- [صـ113]:** حدثني زيد بن علي، عن أبيه، عن جده، عن علي -عليهم السلام-: أنه كان إذا دخل المسجد قال: بسم الله، وبالله، السلام عليك أيها النبي ورحمة الله وبركاته، السلام علينا وعلى عباد الله الصالحين، السلام عليكم ورحمة الله وبركاته. انتهى.

[853] **أمالي أحمد بن عيسى -عليهما السلام- [1/162]:** حدثنا محمد، حدثني أحمد بن عيسى، عن حسين، عن أبي خالد، عن زيد، عن آبائه، عن علي

ديارنا، وأمرنا أن ننظفها. أخرجه أحمد والترمذي. تمت من حاشية على الأصل.
(417) عن فاطمة بنت رسول الله -صلى الله عليه وآله وسلم- قالت: كان رسول الله -صلى الله عليه وآله وسلم- إذا دخل المسجد قال: «بسم الله، اللهم اغفر لي ذنوبي، وافتح لي أبواب رحمتك»، وإذا خرج قال مثل ذلك، وقال: «اللهم افتح لي أبواب رزقك»، أخرجه محمد بن منصور المرادي في كتاب الذكر.
وعنها أيضاً صلوات الله عليها قالت: كان رسول الله -صلى الله عليه وآله وسلم- إذا دخل المسجد قال: «بسم الله، والسلام على رسول الله، اللهم اغفر لي ذنوبي، وافتح لي أبواب رحمتك»، وإذا خرج قال: «بسم الله، والسلام على رسول الله، اللهم اغفر لي ذنوبي، وافتح لي أبواب فضلك»، أخرجه المرشد بالله في الأمالي تمت.
وأخرج الحديث الأخير عن فاطمة: ابنُ أبي شيبة في مصنفه، والترمذي وابن ماجة وأخرجه ابن مردويه في الأدعية، وزاد بعد قوله «والسلام على رسول»: اللهم صل على محمد وعلى آل محمد. تمت من حاشية على الأصل.

-عليهم السلام-: أنه كان إذا دخل المسجد قال: (بسم الله، وبالله، السلام عليك أيها النبي ورحمة الله وبركاته، السلام علينا وعلى عباد الله الصالحين، السلام عليكم ورحمة الله وبركاته). انتهى.

[854] **الجامع الكافي**[2/ 354]: قال محمد: يستحب لمن دخل المسجد؛ أن يبدأ بإدخال رجله اليمنى ويؤخر اليسرى، ويقول: (بسم الله، والسلام رسول الله -صلى الله عليه وآله وسلم-، اللهم صل على محمد وعلى آل محمد، واغفر لي ذنوبي، وافتح لي أبواب رحمتك)، وإذا خرج من المسجد؛ قدم رجله اليسرى وأخر اليمنى، وقال: (بسم الله، والسلام على رسول الله -صلى الله عليه وآله وسلم-، اللهم صل على محمد وعلى آله محمد، واغفر لي ذنوبي، وافتح لي أبواب فضلك)، ذكر نحو ذلك عن النبي -صلى الله عليه وآله وسلم-. انتهى.

باب القول في النهي لمن أكل الثوم ونحوه أن يدخل المسجد

[855] **مجموع زيد بن علي -رضي الله عنه-**[صـ113]: حدثني زيد بن علي، عن أبيه، عن جده، عن علي -عليهم السلام-، أنه قال: دخل رجل المسجد وقد أكل الثوم فقال رسول الله -صلى الله عليه وآله وسلم-: «من أكل من هذا البقلة فلا يقربنّ مسجدنا». انتهى.

[856] **أمالي أحمد بن عيسى -عليهما السلام-**[1/ 163]: حدثني أحمد بن عيسى، عن حسين، عن أبي خالد، عن زيد، عن آبائه، عن علي -عليهم السلام-، قال: (دخل رجل من أهل اليمن وقد أكل الثوم، فتأذى به رسول الله -صلى الله عليه وآله وسلم- والمسلمون، فقال رسول الله -صلى الله عليه وآله وسلم-: «من أكل من هذه الشجرة فلا يقربن مسجدنا». انتهى.

[857] **الجامع الكافي**[2/ 358]: قال الحسن -عليه السلام-في رواية بن صباح عنه، وهو قول محمد في المسائل-: ينبغي لمن أتى المسجد أن يتجنب أكل الثوم والبصل والكراث وأشباه ذلك مما له رائحة من الطعام وغيره، فإن ذلك

قد كره ونهي عنه، وأكل الثوم والبصل والكراث عندنا حلال، وإنما كره النبي - صلى الله عليه وآله وسلم- ذلك لمن حضر الجماعة في المسجد، لئلا يتأذى به أحد من المسلمين. انتهى.

باب القول في التقاط الأذى من المسجد

[858] **مجموع زيد بن علي -عليهما السلام- [صـ272]**: حدثني زيد بن علي، عن أبيه، عن جده، عن علي -عليهم السلام-، قال: كانت جارية خلاسية تلتقط الأذى من مسجد رسول الله -صلى الله عليه وآله وسلم- فسأل عنها رسول الله -صلى الله عليه وآله وسلم-، فقالوا توفيت، ثم قال: «لذلك رأيت لها الذي رأيت؛ رأيت كأنها في الجنة تلتقط من ثمرها»، ثم قال رسول الله -صلى الله عليه وآله وسلم-: «من أخرج أذى من المسجد كانت له حسنة، والحسنة بعشر أمثالها، ومن أدخل أذى في المسجد كان ذلك عليه سيئة، والسيئة بواحدة». انتهى.

[859] **أبو طالب -عليه السلام- في الأمالي [صـ354]**: وبه، قال: حدثنا أبو عبد الله أحمد بن محمد البغدادي، قال: حدثنا أبو القاسم عبد العزيز بن إسحاق الكوفي، قال: حدثنا علي بن محمد النخعي، قال: حدثنا سليمان بن إبراهيم المحاربي، قال: حدثنا نصر بن مزاحم المنقري، قال: حدثني إبراهيم بن الزبرقان، عن أبي خالد الواسطي، قال: حدثني زيد بن علي، عن أبيه، عن جده، عن علي -عليهم السلام-، قال: (كانت جارية خلاسية تلتقط الأذى من مسجد رسول الله -صلى الله عليه وآله وسلم- ففقدها رسول الله -صلى الله عليه وآله وسلم- فسأل عنها، فقيل: توفيت، فقال: «لذلك رأيت لها الذي رأيت، كأنها في الجنة تلتقط ثمرها»، ثم قال رسول الله -صلى الله عليه وآله وسلم-: «من أخرج أذى من المسجد كانت له حسنة، والحسنة عشرة أمثالها، ومن أدخل أذى في المسجد كان عليه سيئة، والسيئة سيئة واحدة». انتهى.

رجال هذا الإسناد قد مر الكلام عليهم، وهم من ثقات محدثي الشيعة.

باب القول في النهى عن استطراق المسجد، وإنشاد الشعر والضالة فيه، وفي النخام فيه(418)

[860] المرتضى محمد بن يحيى بن الحسين في النهي [مجموع المرتضى 2/ 759]: عن أبيه، عن آبائه، عن علي -عليهم السلام-، قال:

---

(418) عن عمرو بن شعيب عن أبيه عن جده أن رسول الله -صلى الله عليه وآله وسلم- نهى عن الشراء والبيع في المسجد وأن تنشد فيه ضالة وأن ينشد فيه شعر ونهى عن الحلق قبل الصلاة يوم الجمعة أخرجه أبو داوود والترمذي.

وعن أبي هريرة قال قال رسول الله -صلى الله عليه وآله وسلم-: «إذا رأيتم من يبيع أو يبتاع في المسجد فقولوا لا أربح الله تجارتك وإذا رأيتم من ينشد ضالة فقولوا لا رد الله عليك» أخرجه الترمذي.

وعن ابن عمر عن النبي -صلى الله عليه وآله وسلم- قال:(خصال لا تنبغين في المسجد لا يتخذ طريقاً ولا يشير فيه سلاح ينتضل فيه قوس ولا ينثر فيه نبل ولا يمر فيه بلحم نيء ولا يضرب في حد ولا يقتص فيه من أحد ولا يتخذ سوقاً) أخرجه ابن ماجة.

وعن ابي هريرة أنه سمع النبي -صلى الله عليه وآله وسلم- يقول: (من سمع رجلاً ينشد ضالة في المسجد فليقل لا ردها الله عليك فإن المساجد لم تبن لهذا) أخرجه أبو داوود.

وعن بريدة أن رجلاً نشد في المسجد فقال من دعا إلى الجمل الأحمر فقال رسول الله -صلى الله عليه وآله وسلم- لا وجدت إنما بنيت المساجد لما بنيت له وفي رواية أنه قال الواجد غيرك أخرجه مسلم.

وعن جابر قال جاء رجل ينشد ضالة في المسجد فقال له رسول الله -صلى الله عليه وآله وسلم- لا وجدت أخرجه الترمذي.

وعن حذيفة قال قال رسول الله -صلى الله عليه وآله وسلم-: (من تفل تجاه القبلة جاء يوم القيامة وتفله بين عينيه) أخرجه أبو داوود وابن خزيمة وابن حبان.

وعن أبي أمامة قال قال رسول الله -صلى الله عليه وآله وسلم-: (من بصق في قبلته فلم يوارها جاء يوم القيامة وهي أحمى ما تكون حتى تقع بين عينيه) أخرجه الطبراني.

وعن ابن عمر قال قال رسول الله -صلى الله عليه وآله وسلم-: يبعث صاحب النخامة في القبلة يوم القيامة وهي في وجهه أخرجه ابن خزيمة والبزار وابن حبان وعن أنس عن النبي -صلى الله عليه وآله وسلم- قال البصاق في المسجد خطيئة وكفارته دفنه أخرجه الستة إلا الموطأ تمت حاشية من الأصل.

نهى رسول الله -صلى الله عليه وآله وسلم- أن تُجعلَ المساجد طرقاً.

ونهى عن أن ينشد الشعر في المسجد، وقال: «من فعل ذلك فقولوا له: رَضَّ الله فاك».

ونهى عن البيع والشراء في المسجد، وقال: «من فعل ذلك فقولوا له لا أربح الله تجارتك».

ونهى عن النخامة في المسجد.

ونهى أن يكون في قبلة المسجد حمام، أو حش، أو مقبرة». انتهى.

[861] الجامع الكافي [2/ 356]: قال الحسن -عليه السلام-: فيما حدثنا زيد، عن زيد، عن أحمد عنه في إنشاد الشعر في المسجد: لا بأس أن ينشد، من الشعر الحكمة، ويكره ما سوى ذلك، وروينا عن النبي -صلى الله عليه وآله وسلم- أنه نهى عن إنشاد الضالة في المسجد. انتهى.

[862] أمالي أحمد بن عيسى -عليهما السلام- [1/ 144]: حدثنا محمد بن منصور، قال: حدثنا حسين بن نصر، عن خالد بن عيسى العكلي، عن حصين بن المخارق، عن جعفر، عن أبيه -عليهما السلام- قال: قال رسول الله -صلى الله عليه وآله وسلم-: «من وقر المسجد بنخامته لقي الله يوم القيامة ضاحكاً وأعطاه كتابه بيمينه».

[863] وبهذا الإسناد إلى جعفر بن محمد، عن أبيه، عن علي -عليهم السلام-، قال: (إن المسجد ليلتوي من النخامة كما يلتوي أحدكم إذا وقع به)، -يعني ما يكره-. انتهى.

رجال هذا الإسناد من ثقات محدثي الشيعة وقد مر الكلام عليهم.

[864] الجامع الكافي [2/ 358]: وروى محمد، بإسناده عن النبي -صلى الله

عليه وآله وسلم- قال: «من وقر المسجد من نخامته لقي الله -عز وجل- يوم القيامة ضاحكاً وأعطاه كتابه بيمينه».

[865] وعن علي - صلى الله عليه - قال: (إن المسجد ليلتوي من النخامة كما يلتوي أحدكم إذا وقع به ما يكره). انتهى.

باب القول في النهي عن النوم في المسجد

[866] محمد بن سليمان الكوفي -رحمه الله- في المناقب [1/]: حدثنا محمد بن منصور، قال: حدثنا الحكم بن سليمان، قال: حدثنا أبو بكر بن عياش، عن حرام بن عثمان، عن محمد وعبد الرحمن ابني جابر بن عبد الله، عن أبيهما، قال: كنا نيام في المسجد ومعنا علي بن أبي طالب فدخل علينا رسول الله -صلى الله عليه وآله وسلم-، فقال: «قوموا لا تناموا في المسجد»، قال: فقمنا لنخرج، فقال: «أما أنت يا علي فنم، فإنه قد أُذِنَ لك، أما لتردن علي الحوض ومعك عصا عوسج لتذود عنه الناس». انتهى.

الرجال:

[ترجمة محمد بن سليمان الكوفي، وأبي بكر بن أبي عياش، وحرام بن عثمان]

أما محمد بن سليمان الكوفي:

فقال في الجداول: محمد بن سليمان الكوفي، عن محمد بن منصور، وعن الهادي إلى الحق المنتخب والفنون، وعنه محمد بن أبي الفتح، وكان من أعوان الهادي وولده الناصر، وتصانيفه تشهد بفضله وسعة اطلاعه. انتهى.

قلت: ومن أجلّ مصنفاته المنتخب ففيه ما يدل على علوم مرتبة في العلم مع إتقان وتحقيق، وكذلك مناقب أهل البيت له -رحمه الله- ففيها من الأحاديث النبوية، والآثار العلوية، بالأسانيد المرضية، ما يبهر الناظر، وقد اعتمدنا عليها في كتابنا هذا في عدة مواضع.

وأما محمد بن منصور المرادي: علامة العراق فقد تقدم الكلام عليه، وكذلك تقدم الكلام على شيخه العدل الثقة الثبت الشيعي الحكم بن سليمان.

وأما أبو بكر بن عياش:

فهو أحد الأعلام، الكوفي الثبت الثقة، الحناط، المقري بن سالم الأسدي مولاهم، قيل: اسمه كنيته، عن أبي إسحاق السبيعي، وكان حلساً من أحلاس بيته، وعنه ابن نمير، وعثمان بن أبي شيبة، وغيرهم من الشيعة، وعنه يحيى بن آدم وغيره، كان من العباد الذين يسهرون الليل بالقيام، والنهار بالصيام، أثنى عليه غير واحد من الشيعة، توفي سنة ثلاث وتسعين ومائة.

وأما حرام بن عثمان:

فقال في الجداول: حرام بن عثمان الأنصاري، عن ابني جابر بن عبد الله، وعنه معمر، وغيره، عداده في ثقات محدثي الشيعة.

قال ابن حبان: كان غالياً في التشيع، وقد نالوا منه كعادتهم فيمن روى فضيلة في أهل البيت. انتهى.

[ترجمة جابر بن عبد الله الأنصاري، وولديه محمد وعبد الرحمن]

وأما محمد وعبد الرحمن ابنا جابر بن عبد الله الأنصاري:

فهما يرويان عن أبيهما، وعنهما حرام بن عثمان وغيره، ضعفوهما بلا مستند، وهما أجل وأعظم ممن ضعفهما، وهما من الثقات الأثبات، رضي الله عنهما.

وأما والدهما: فهو الصحابي الجليل، ذو الفضل الشهير، قال في الجداول:

جابر بن عبد الله الأنصاري الخزرجي، الشيعي الكبير لأمير المؤمنين وأولاده، الزائر لقبر الحسين بعد كف بصره، روى عنه الباقر، وزيد بن علي، وابن المنكدر، وخلق، توفي سنة أربع أو ثلاث أو سبع أو ثمان وسبعين أقوال. انتهى.

باب القول في الأمر بسد الأبواب الشارعة إلى المسجد إلا باب علي - عليه السلام-

[867] **محمد بن سليمان الكوفي** -رحمه الله- في المناقب[1/ 528]: محمد بن منصور، عن عباد بن يعقوب، عن علي بن هاشم، عن فطر بن خليفة، عن عبد الله بن شريك، عن عبد الله بن أرقم، قال: خرجت في ركب إلى المدينة فلقينا سعد بن مالك فقال: كونوا عراقيين، كونوا كوفيين، قال: وكنت من أدنى القوم إليه، فقلت: إنا قوم كوفيون، فقال: كيف تركتم الناس؟

قال: قلت: بخير، عن أي شأنهم تسأل؟! قال: سمعتم صاحبكم -يعني علياً- يقول فيّ شيء، فقلت: أما أن يشتمك فلا، ولكن سمعته يقول: (اتقوا فتنة الأحيبش) فقال: حبش الرجال كثير، فقال: لا أزال أحب ذلك الرجل بعد ثلاث رأيتهن من النبي -صلى الله عليه وآله وسلم-:

بعث أبا بكر ببراءة، فلما بلغ بعض الطريق بعث علياً فأخذها منه، ثم سار بها فوجِد أبو بكر في نفسه، فقال له النبي -صلى الله عليه وآله وسلم-: «لا تجد في نفسك فإنه لا يؤدي عني إلا أنا أو رجل مني».

قال: وسد أبواب المسجد وأسكنه، فقال له العباس: يا رسول الله، سددت أبوابنا وأسكنت علياً، وهو من أحدثنا سناً، فقال: «ما أنا بالذي سددت أبوابكم وما أنا بالذي أسكنته».

قال: وخرج النبي -صلى الله عليه وآله وسلم- في غزوة تبوك وخلف علياً في أهله، فقال: يا رسول الله، أتخلفني وتخرج، فقال: «أما ترضى أن تكون مني بمنزلة هارون من موسى إلا أنه لا نبي بعدي». انتهى.

الرجال:

أما محمد بن منصور، وعباد بن يعقوب، وعلي بن هاشم بن البريد: فقد مر الكلام عليهم.

[ترجمة فطر بن خليفة، وعبد الله بن شريك، وعبد الله بن أرقم، وسعد بن أبي وقاص]

وأما فطر بن خليفة:

فقال في الجداول: فطر بن خليفة القرشي المخزومي، مولاهم أبو بكر الحناط، عن أبي الطفيل، وعطاء، ومجاهد، والشعبي، والحكم بن عتيبة، وأبي إسحاق، وعنه السفيانان، وأبو نعيم، وأبو الجارود، وغيرهم.

وثقه أحمد وابن معين والعجلي وابن سعد.

وقال في الكاشف: شيعي جلد صدوق، عداده في ثقات محدثي الشيعة، وقد نال منه بعض النواصب، توفي سنة ثلاث وخمسين ومائة، احتج به البخاري والأربعة. انتهى.

وأما عبد الله بن شريك العامري:

فقال في الجداول: عبد الله بن شريك العامري الكوفي، عن ابن عمر، والباقر، وسويد بن غفلة، وعنه السفيانان، وإسرائيل.

وثقه أحمد وابن معين وأبو زرعة، وعداده في ثقات محدثي الشيعة.

فصل من الكوفة مع أبي عبد الله الجدلي لخلاص ابن عباس وابن الحنفية لما أراد ابن الزبير إحراقهما. احتج به النسائي انتهى.

وأما عبد الله بن أرقم:

فهو عبد الله بن أرقم، ويقال: ابن أبي الرقيم، الكناني الكوفي، الشيعي الثقة الثبت، أحد الأعلام، عن علي -عليه السلام-، وسعد بن أبي وقاص، وغيرهما، وعنه عبد الله بن شريك العامري وغيره، روى [له] النسائي في الخصائص، قال البخاري: فيه نظر. انتهى.

قلت: هو من ثقات محدثي الشيعة، أهمله في الجداول وهو من رجال محمد بن سليمان الكوفي -رحمه الله-.

وأما سعد بن مالك: فهو سعد بن أبي وقاص:

قال في الجداول: سعد بن أبي وقاص، أسلم قبل فرض الصلاة، وشهد المشاهد كلها، واعتزل أمير المؤمنين، ولما وبخه معاوية على عدم سبه للوصي، قال: والله لا أسبه وقد سمعت رسول الله -صلى الله عليه وآله وسلم- يقول له: «أنت مني بمنزلة هارون من موسى» ونحو ذلك.

روى عنه خلق، توفي سنة خمس أو ثمان وخمسين انتهى.

باب القول في أن الجلوس في المسجد اعتكاف

[868] **أبو طالب -عليه السلام- في الأمالي [صـ212]**: أخبرنا أبي -رحمه الله-، قال: أخبرنا عبد الله بن أحمد بن سلام، قال أخبرنا أبي، قال: حدثنا أبو جعفر محمد بن منصور، قال: حدثنا عبد الله بن داهر، عن عمرو بن جميع، عن جعفر بن محمد، عن أبيه، عن جده، عن علي -عليهم السلام-، قال: قال رسول الله -صلى الله عليه وآله وسلم-: «النظر إلى البيت الحرام عبادة، والنظر في كتاب الله عبادة، والنظر في وجه العالم الطالب بعلمه وجه الله جل ذكره عبادة، والجلوس في المسجد اعتكاف». انتهى.

قد مر الكلام على رجال هذا الإسناد، وجميعهم من ثقات محدثي الشيعة.

باب القول في الجلوس في المسجد مع الفاقة

[869] **محمد بن سليمان الكوفي -رحمه الله- في المناقب [1/ 227]**: حدثنا خضر بن أبان، ومحمد بن منصور، وأحمد بن حازم، قالوا: حدثنا يحيى بن عبد الحميد الحِمَّاني، عن قيس بن الربيع، عن أبي هارون العبدي، عن أبي سعيد الخدري، قال: أصبح علي ذات يوم؛ فقال: يا فاطمة، هل عندك شيء تغذينيه؟،

فقالت: والذي أكرم أبي بالنبوة، وأكرمك بالوصية ما أصبح عندي شيء أغديكه، ولا كان ما أطعمناكه منذ يومين، إلا شيء كنت أوثرك به على نفسي وعلى ابنيّ -تعني حسناً وحسيناً-.

فقال علي: يا فاطمة ألا كنتِ أعلمتيني لأبيعكم شيئاً؟.

فقالت: يا أبا الحسن، إني كنت أستحيي من إلهي أن تكلف نفسك ما لا تقدر عليه.

فخرج علي من عند فاطمة واثقاً بالله حسن الظن بالله، فاستقرض ديناراً فأقرضه، فبينا الدينار في يد علي أراد أن يبتاع لعياله ما يصلحهم، فعرض له المقداد في يوم شديد الحر قد لوحته الشمس من فوقه، وآذته من تحته، فلما رآه علي أنكر شأنه، فقال: يا مقداد ما أزعجك في هذه الساعة من رحلك؟

فقال: يا أبا الحسن خل سبيلي، ولا تسألني عما ورائي.

فقال له: يا أخي لا يسعني أن تجاوزني حتى أعلم علمك.

فقال: يا أبا الحسن رغبة إلى الله وإليك أن تخلي سبيلي، ولا تكشفني عن حالي.

فقال: يا أخي يسرك أن تكتمني حالك.

فقال له: يا أبا الحسن أما إذا أبيت، فالذي أكرم محمداً بالنبوة وأكرمك بالوصية ما أُزعجني من رحلي إلا الجهد، ولقد تركت عيالي يتضاغون جوعاً، فلما سمعت العيال لم تحملني الأرض فخرجت مهموماً راكباً رأسي، فهذه حالي، فهملت عينا علي باكياً حتى بلت دموعه لحيته.

فقال: أحلف بالذي حلفتَ به ما أزعجني من رحلي غير الذي أزعجك من رحلك، ولقد أقترضت ديناراً فهاكه فقد آثرتك به على نفسي فدفع إليه الدينار، ثم رجع حتى دخل مسجد رسول الله -صلى الله عليه وآله وسلم- وصلى فيه الظهر والعصر والمغرب، فلما قضى رسول الله -صلى الله عليه وآله وسلم-

صلاة المغرب مر بعلي في الصف الأول فغمزه برجله، فقام علي متبعاً حتى لحقه على باب من أبواب المسجد، فسلم، فرد رسول الله -صلى الله عليه وآله وسلم- عليه السلام، فقال: يا أبا الحسن، هل عندك شيء تعشينا به، فنميل معك، فمكث مطرقاً لا يحيل جواباً حياء من رسول الله -صلى الله عليه وآله وسلم-، وهو يعلم ما كان من أمر الدينار، ومن أين أخذه، ومن أين وجهه -صلى الله عليه وآله وسلم-؟ وقد كان أوحى الله إلى نبيه أن يتعشى تلك الليلة عند علي، فلما نظر رسول الله -صلى الله عليه وآله وسلم- إلى سكوته، قال له: يا أبا الحسن، مالك لا تقول: لا فأنصرف عنك، أو تقول: نعم فأمضي معك، قال: حباً وتكرماً، بلى يا رسول الله اذهب بنا، فأخذ رسول الله -صلى الله عليه وآله وسلم- بيد علي فانطلقا حتى دخلا على فاطمة في مصلاها قد قضت صلاتها، وخلفها جفنة يفور دخانها، فلما سمعت كلام النبي -صلى الله عليه وآله وسلم- في رحلها خرجت من مصلاها، فسلمت عليه وكانت من أعز الناس عليه فرد السلام ومسّ بيده على رأسها، وقال: يا بنية، كيف أمسيت رحمك الله؟ عشينا غفر الله لك، وقد فعل، فأخذت الجفنة فوضعتها بين يدي رسول الله -صلى الله عليه وآله وسلم- وبين يدي علي بن أبي طالب -رضي الله عنه-، فلما نظر إلى لون الطعام وشم ريحه رمى فاطمة ببصره رمياً شحيحاً، فقالت فاطمة: سبحان الله يا أبا الحسن ما أشح نظرك وأشده، هل أذنبتُ فيما بيني وبينك ذنباً استوجب السخطة، فقال: وأي ذنب أعظم من ذنب أصبتيه، أليس عهدي بك اليوم الماضي تحلفين بالله مجتهدة ما طعمتِ طعاماً منذ يومين.

قال: فنظرت فاطمة إلى السماء، فقالت: إلهي يعلم ما في سمائه، ويعلم ما في أرضه، إني لم أقل إلا حقاً.

فقال: يا فاطمة، أنى لك هذه الطعمة التي لم أنظر إلى مثل لونه قط، ولم أشم مثل ريحه، ولم أكل مثله قط؟.

قال: فوضع رسول الله -صلى الله عليه وآله وسلم- كفه الطيبة المباركة بين كتفي علي، فغمزها، ثم قال: يا علي هذا بدل دينارك، هذا جزاء بدينارك، هذا من عند الله، إن الله يرزق من يشاء بغير حساب.

ثم استعبر النبي -صلى الله عليه وآله وسلم- باكياً، ثم قال: «الحمد الله الذي أبى لكما أن يخرجكما من الدنيا حتى يجريك يا علي في المثال الذي جرى في زكريا، ويجريَكِ يا فاطمة في مثل الذي جرت فيه مريم ابنة عمران {كلما دخل عليها زكريا المحراب وجد عندها رزقاً}. انتهى.

رجال هذا الإسناد من ثقات محدثي الشيعة الأخيار، وسيأتي الكلام على من لم نتكلم عليه في كتاب المناقب، إن شاء الله تعالى.

كتاب الجنائز

كتاب الجنائز

القول في ذكر الموت والاستعداد له

[870] أبو طالب -عليه السلام- في الأمالي [ص578]: وبه، قال: حدثنا أبو عبد الله أحمد بن محمد البغدادي، قال: حدثنا أبو القاسم عبد العزيز بن إسحاق بن جعفر، قال: حدثني علي بن محمد النخعي، قال: حدثني سليمان بن إبراهيم بن عبيد المحاربي، قال: حدثنا نصر بن مزاحم المنقري، قال: حدثني إبراهيم بن الزبرقان التيمي، قال: حدثني أبو خالد الواسطي، قال: حدثني زيد بن علي، عن أبيه، عن جده، عن علي -عليهم السلام- قال: قال رسول الله -صلى الله عليه وآله وسلم-: «من أكيس الناس»؟ قالوا الله ورسوله أعلم، قال: «أكثرهم ذكراً للموت وأشدهم له استعداداً» انتهى.

[871] مجموع زيد بن علي -عليهما السلام- [ص258]: حدثني زيد بن علي، عن أبيه، عن جده، عن علي -عليهم السلام-، قال: قال رسول الله -صلى الله عليه وآله وسلم-: «من أكيس الناس قالوا الله ورسوله أعلم قال أكثرهم ذكراً للموت وأشدهم له استعداداً». انتهى.

[873] أبو طالب -عليه السلام- في الأمالي [577ص]: وبه، قال: حدثنا أبو عبد الله أحمد بن محمد المعروف بالآبنوسي بغداد، قال: حدثنا أبو القاسم عبد العزيز بن إسحاق بن جعفر، قال: حدثني علي بن محمد بن كأس النخعي الكوفي، قال: حدثنا سليمان بن إبراهيم بن عبيد المحاربي، قال: حدثنا نصر بن مزاحم المنقري، قال: حدثنا إبراهيم بن الزبرقان التيمي، قال: حدثني أبو خالد الواسطي، قال: حدثني زيد بن علي، عن أبيه، عن جده، عن علي -عليهم السلام-، قال: قال رسول الله -صلى الله عليه وآله وسلم-: «أديموا ذكر هادم اللذات»، قالوا: وما هادم اللذات يا رسول الله؟، قال: «الموت فإنه من ذكر الموت سلا عن الشهوات، ومن سلا عن الشهوات هانت عليه المصيبات، ومن

هانت عليه المصيبات، سارع إلى الخيرات». انتهى.

[874] مجموع زيد بن علي -عليهما السلام- [صـ258]: حدثني زيد بن علي، عن أبيه، عن جده، عن علي -عليهم السلام-، قال: قال رسول الله -صلى الله عليه وآله وسلم-: «أديموا ذكر هادم اللذات»، قالوا: وما هادم اللذات يا رسول الله؟ قال: «الموت فإنه من أكثر ذكر الموت سلا عن الشهوات، ومن سلا عن الشهوات هانت عليه المصيبات، ومن هانت عليه المصيبات سارع إلى الخيرات». انتهى.

رجال هذه الأسانيد من أول الباب إلى هنا قد مر الكلام عليهم.

باب القول في الأمراض والأعواض وعيادة المرضى

[875] مجموع زيد بن علي -عليهما السلام- [صـ129]: حدثني زيد بن علي، عن أبيه، عن جده، عن علي -عليهم السلام-، قال: قال رسول الله -صلى الله عليه وآله وسلم-: «من مرض ليلة كفرت عنه ذنوب سنة، فإذا عوفي المريض في مرضه تحاتت عنه خطاياه كما تتحات ورق الشجر اليابس في اليوم العاصف». انتهى.

[876] أبو طالب -عليه السلام- في الأمالي [صـ572]: أخبرنا أبو الحسين يحيى بن الحسين بن محمد بن عبيد الله الحسني -رحمه الله-، قال: أخبرنا علي بن محمد بن مهرويه القزويني، قال: حدثنا داوود بن سليمان الغازي، قال: حدثنا علي بن موسى الرضى، عن أبيه جعفر، عن أبيه محمد، عن أبيه علي بن الحسين، عن أبيه الحسين بن علي، عن أبيه علي -صلوات الله عليهم-، قال: قال رسول الله -صلى الله عليه وآله وسلم-: «يقول الله -عز وجل-: أيما عبد من عبادي ابتليته ببلاء على فراشه فلم يشكُ إلى عواده أبدلته لحماً خيراً من لحمه، ودماً خيراً من دمه، فإن قبضته فإلى رحمتي، وإن عافيته عافيته وليس له ذنب»، فقيل: يا رسول الله، وكيف

ينبت لحم خير من لحمه؟ قال: «لحم لم يذنب من قبل». انتهى.

رجال هذا الإسناد قد مر الكلام عليهم.

[877] مجموع زيد بن علي -عليهما السلام- [صـ276]: حدثني زيد بن علي، عن أبيه، عن جده، عن علي -عليهم السلام-، قال: قال رسول الله -صلى الله عليه وآله وسلم-: «إذا أراد الله أن يصافي عبداً من عبيده صب عليه البلاء صباً، وثج عليه البلاء ثجاً، فإذا دعا قالت الملائكة: صوت معروف، وقال جبريل: يا رب، هذا عبدك فلان يدعوك فاستجب له، فيقول الله تبارك وتعالى: إني أحب أن أسمع صوته، فإذا قال: يا رب، قال: لبيك عبدي لا تدعوني بشيء إلا استجبت لك على إحدى ثلاث خصال: إما أن أعجل لك ما تسألني، وإما أن أدخر لك في الآخرة ما هو أفضل منه، وإما أن أدفع عنك من البلاء مثل ذلك»، ثم قال رسول الله -صلى الله عليه وآله وسلم-: «يؤتى بالمجاهدين يوم القيامة فيجلسون للحساب، ويؤتى بالمصلي فيجلس للحساب، ويؤتى بالمتصدق فيجلس للحساب، ويؤتى بأهل البلاء فلا ينصب لهم ميزان، ولا ينشر لهم ديوان، ثم يساقون إلى الجنة بغير حساب، حتى يتمنى أهل العافية أن أجسامهم قرضت بالمقاريض [في الدنيا]». انتهى.

[878] أبو طالب -عليه السلام- في الأمالي [صـ574]: وبه قال: أخبرنا أبو أحمد عبد الله بن عدي الحافظ، قال: أخبرنا محمد بن محمد بن الأشعث الكوفي بمصر، قال: حدثني موسى بن إسماعيل بن موسى بن جعفر، عن أبيه، عن جده موسى بن جعفر، عن أبيه، عن جده محمد بن علي، عن أبيه، عن جده الحسين بن علي، عن علي -عليهم السلام-، قال: قال رسول الله -صلى الله عليه وآله وسلم-: «أربعة يستأنفون العمل: المريض إذا برئ، والمشرك إذا أسلم، والمنصرف من الجمعة إيماناً واحتساباً، والحاج». انتهى.

رجال هذا الإسناد قد مر الكلام عليهم جميعاً.

[879] وفي أمالي أبي طالب أيضاً [صـ573]: وبه، قال: حدثنا أبو عبد الله أحمد بن محمد البغدادي الآبنوسي، قال: حدثنا أبو القاسم عبد العزيز بن إسحاق، قال: حدثنا علي بن محمد النخعي، قال: حدثني سليمان بن إبراهيم المحاربي، قال: حدثنا نصر بن مزاحم المنقري، قال: حدثنا إبراهيم بن الزبرقان التيمي، قال: حدثنا أبو خالد الواسطي، قال: حدثني زيد بن علي، عن أبيه، عن جده، عن علي -عليهم السلام-، قال: قال رسول الله -صلى الله عليه وآله وسلم-: «إذا أراد الله أن يصافي عبداً صب عليه البلاء صباً، وثج عليه البلاء ثجاً، فإذا دعا قالت الملائكة: صوت معروف، وقال جبريل: يا رب هذا عبدك فلان، فاستجب له، فيقول -عز وجل-: إني أحب أسمع صوته، فإذا قال: يا رب، قال: لبيك عبدي لا تدعوني بشيء إلا استجبتُ لك على إحدى ثلاث خصال: إما أن أعجل لك ما سألتني، وإما أن أدخر لك في الآخرة، وإما أن أدفع عنك من البلاء مثل ذلك»، قال رسول الله -صلى الله عليه وآله وسلم-: «يؤتى بالمجاهد يوم القيامة فيجلس للحساب ويؤتى بالمصلي فيجلس للحساب ويؤتى بالمتصدق فيجلس للحساب ويؤتى بأهل البلاء فلا ينصب لهم ميزان ولا ينشر لهم ديوان ثم يساقون إلى الجنة بغير حساب حتى يتمنى أهل العافية أن أجسامهم قرضت بالمقاريض في الدنيا». انتهى.

[880] المرشد بالله -عليه السلام- في الأمالي [2/391]: وبه قال أخبرنا القاضي أبو الحسين أحمد بن علي بن الحسن قراءة عليه، قال: أخبرنا أبو الفضل محمد بن عبد الله الشيباني،، قال: حدثنا أبو أحمد عبيد الله بن الحسن بن إبراهيم العلوي النصيبي، قال: حدثنا أبي، قال: حدثنا عبد العظيم بن عبد الله الحسني بالري، قال: حدثنا أبو جعفر؛ محمد بن علي، عن أبيه، عن آبائه، عن علي بن الحسين، عن الحسين بن علي، عن أمير المؤمنين -عليهم السلام-، قال: (إن المرض لا أجر فيه، ولكنه لا يَدَعُ على العبد ذنباً إلا حطه، إنما الأجر في القول باللسان، والعمل بالجوارح، وإن الله -عز وجل- بكرمه وفضله يدخل صادق السر والسريرة الصالحة في الجنة). انتهى.

الرجال:

[تراجم رجال سند الإمام المرشد بالله عليه السلام]

أما أبو الحسين: فهو على ما قال في الجداول:

أحمد بن علي بن الحسين التوزي: عن الحسن بن الحكم، ومحمد بن عبدالله الحافظ، ومحمد بن عمران المرزباني، وعنه المرشد، قال في الإكمال: ثقة. انتهى.

قلت: وقد اعتمد عليه المرشد بالله –عليه السلام–، وروى عنه كثيراً.

وأما أبو الفضل، ويقال: أبو المفضل، محمد بن عبدالله بن المطلب الشيباني: فسيأتي.

وأما أبو أحمد، عبيد الله بن الحسن بن إبراهيم العلوي:

فذكر في الجداول: أنه يروي عن أبيه، وعنه ولده أحمد. انتهى.

ولم أقف له على تاريخ وفاة.

وأما والده الحسن بن إبراهيم، ويقال: الحسين بن إبراهيم العلوي: فلم يزد في الجداول على ما في السند، ولم يذكر له تاريخ وفاة.

وأما عبد العظيم بن عبد الله الحسني:

فقال في الجداول: عبد العظيم بن عبدالله بن علي بن الحسن بن زيد بن الحسن بن علي بن أبي طالب، أبو محمد، عن أبيه، ومحمد بن علي الرضا، وعنه ولد أخيه محمد وحسين وإبراهيم العلوي، كان سيداً زاهداً، وقد خالف أهله في جواز الصدقة للهاشمي إذا منع الخمس، دفن بمسجد الشجرة بالري، وقبره مزور. انتهى.

وأما أبو جعفر محمد بن علي:

فهو بن علي الرضى بن موسى الكاظم بن جعفر الصادق، أبو جعفر، عن أبيه، وغيره، وعنه عبدالعظيم بن عبد الله الحسني.

قال في الجداول: يروي مسند أبيه، وعنه ولده علي، وعبد العظيم بن عبدالله، وجعفر بن هارون بن زياد، هو أحد الأئمة الاثني عشر، وقد كان المأمون زوجه ابنته، ونوه بذكره، توفي سنة عشرين ومائتين. انتهى.

وأما علي بن موسى الرضى وآبائه وزين العابدين بن سبط رسول الله -صلى الله عليه وآله وسلم- الحسين بن علي:

فعلمهم وفضلهم وجلالتهم وشهرتهم تغني عن التراجم عنهم، -صلوات الله عليهم ورضوانه-.

واعلم أنه إذا ورد في أحد الأسانيد أحد العترة ولم يعرف حاله فهو لدينا مقبول، لأن العترة -عليهم السلام- قد وثقهم الرسول -صلى الله عليه وآله وسلم- وأثنى عليهم، وفَضَّلهم على سائر الخلق، وأمر بالتمسك بهم، وجعلهم قرناء الكتاب، كما نطقت بذلك الأخبار الصحيحة المتواترة، ما لم يظهر من أحد ما يوجب عدم قبول روايته، وسقوطَ عدالته، فهو غير مقبول، فأعرض هذه النكته فإنك محتاج إليها، والله ولي التوفيق.

[881] **أمير المؤمنين -عليه السلام- في نهج البلاغة [صـ476]**: (جعل الله ما كان من شكواك حطاً لسيئاتك، فإن المرض لا أجر فيه، ولكنه يحط السيئات ويحتها حت الأوراق، فإنما الأجر في القول باللسان، والعمل بالأيدي والأقدام، وإن الله سبحان وتعالى يدخل بصدق النية والسريرة الصالحة من يشاء من عباده الجنة). انتهى.

[882] أبو طالب -عليه السلام- في الأمالي [صـ575]: وبه، قال: حدثنا أبو عبد الله أحمد بن محمد البغدادي، قال: حدثنا أبو القاسم عبد العزيز بن إسحاق بن جعفر، قال: حدثني علي بن محمد بن كاس النخعي، قال: حدثنا سليمان بن إبراهيم المحاربي، قال: حدثنا نصر بن مزاحم المنقري، قال: حدثنا

إبراهيم بن الزبرقان التيمي، قال: حدثنا أبو خالد الواسطي، عن زيد بن علي، عن أبيه، عن جده، عن علي -عليهم السلام-، قال: (مرضت فعادني رسول الله -صلى الله عليه وآله وسلم- فقال: «قل: اللهم إني أسألك تعجيل عافيتك، وصبراً على بلائك، وخروجاً إلى رحمتك»، قال: (فقلتها، فقمت فكأنما نشطت من عقال). انتهى.

[883] مجموع زيد بن علي -عليهما السلام- [صـ129]: حدثني زيد بن علي، عن أبيه، عن جده، عن علي -عليهم السلام-، قال: (مرضت فعادني رسول الله -صلى الله عليه وآله وسلم- فقال: «قل: اللهم إني أسألك تعجيل عافيتك وصبراً على بلائك وخروجاً إلى رحمتك»، قال: فقلتها، فقمت فكأنما نشطت من عقال. انتهى.

[884] الجامع الكافي [2/363]: روى محمد بإسناده عن علي -صلى الله عليه- أنه قال: «ما عاد مسلم مسلماً إلا صلى عليه سبعون ألف ملك من حين يصبح إلى أن يمسي، وجعل له خريف في الجنة».

[885] وعن النبي -صلى الله عليه وآله وسلم- قال: «عودوا مرضاكم، ومروهم بالدعاء لكم، فإن الله يستجيب لهم كما يستجيب للملائكة».

[886] وعن النبي -صلى الله عليه وآله وسلم- قال: «من حق المسلم: رد التحية، وإجابة الداعي، وعيادة المريض، وشهود الجنازة، وتشميت العاطس إذا حمد الله».

[887] وعن علي -صلى الله عليه- قال: (من حق المسلم على المسلم؛ أن يسلم عليه إذا مر [عليه]، وأن يشمته إذا عطس، وأن يجيبه إذا دعاه، وأن يعوده إذا مرض، وأن يتبع جنازته إذا مات). انتهى.

[888] الموفق بالله -عليه السلام- في الاعتبار وسلوة العارفين [صـ465]:

أخبرنا أبو الحسن الحسن بن محمد بن جعفر الوبري، أخبرنا أبو بكر الجعابي، حدثني القاسم بن محمد، حدثني أبي، عن أبيه عبد الله، عن أبيه محمد، عن أبيه عمر بن علي، عن أمير المؤمنين علي بن أبي طالب -عليه السلام-، قال: قال رسول الله -صلى الله عليه وآله وسلم- «للمسلم على أخيه ثلاثون حقاً؛ لا براءة له منها إلا بالأداء أو العفو له: يغفر زلته، ويرحم عبرته، ويستر عورته، ويقيل عثرته، ويقبل معذرته، ويرد غيبته، ويديم نصيحته، ويحفظ خلته، ويرعى ذمته، ويعود مرضته، ويشهد ميتته، ويجيب دعوته، ويقبل هديته، ويكافي صلته، ويشكر نعمته، ويحسن نصرته، ويحفظ حليلته، ويقضي حاجته، ويشفع مسألته، ويشمت عطسته، ويرشد ضالته، ويرد سلامه، ويبر إنعامه، ويصدق أقسامه، يواليه ولا يعاديه، وينصره ظالماً أو مظلوماً؛ أما نصرته ظالماً فيرده عن ظلمه، وأما نصرته مظلوماً فيعينه على أخذ حقه، ولا يسلمه، ولا يخذله، ويحب له من الخير ما يحب لنفسه، ويكره له من الشر ما يكره لنفسه».

ثم قال: سمعت رسول الله -صلى الله عليه وآله وسلم- يقول: «إن أحدكم ليدع من حقوق أخيه شيئاً فيطالبه به يوم القيامة فيقضى له عليه»(419).

---

(419) أخرج هذا الحديث الشيخ زين الدين العاملي الشهيد الثاني أحد رجال الإمامية الجعفرية المشهورين في كتابه (كشف الريبة عن أحكام الغيبة) في صـ76، فقال: أخبرنا الشيخ السعيد المبرور نور الدين علي بن عبد العالي الميسي قدس سره، ونور قبره، إجازة، عن شيخه المرحوم المغفور شمس الدين محمد المؤذن الجزيني، عن الشيخ ضياء الدين، عن والده الإمام العلامة المحقق السعيد شمس الدين أبي عبدالله الشهيد محمد بن مكي، عن والده المذكور، عن السيد عميد الدين عبدالمطلب، والشيخ فخر الدين ولد الشيخ الإمام الفاضل العلامة محيي المذهب جمال الدين الحسن بن يوسف المطهر، عن والده المذكور، عن جده السعيد شديد الدين يوسف بن علي المطهر، عن الشيخ المحقق نجم الدين أبي حامد محمد بن عبدالله بن علي بن زهرة الحلي، عن الشريف الفقيه عزالدين أبي الحرث محمد بن الحسن الحسيني البغدادي، عن الشيخ قطب الدين أبي الحسين سعيد بن هبة الله الراوندي، عن الشيخ أبي جعفر محمد بن علي بن المحسن الحلبي، عن الشيخ الفقيه أبي الفتح محمد بن علي الكراجكي، قال: حدثني أبو عبدالله الحسين بن محمد بن الصيرفي البغدادي، قال: حدثني القاضي أبو بكر محمد بن الجعابي، قال: حدثنا أبو محمد القاسم بن محمد بن جعفر من ولد عمر بن علي -رضي الله عنه-، قال =

رجال هذا الإسناد من ثقات محدثي الشيعة، وقد مر الكلام عليهم في باب القول في الخشوع في الصلاة.

[889] مجموع زيد بن علي -عليهما السلام- [صـ129]: حدثني زيد بن علي، عن أبيه، عن جده، عن علي -عليهم السلام-، قال: دخل رسول الله -صلى الله عليه وآله وسلم- على رجل من الأنصار مريض يعوده، فقال: يا رسول الله، ادع الله لي، فقال -صلى الله عليه وآله وسلم-: «قل: أسأل الله العظيم، رب العرش العظيم، وأسأل الله الكبير» فقالها ثلاث مرات فقام كأنما نشط من عقال.

[890] حدثني زيد بن علي، عن أبيه، عن جده، عن علي -عليهم السلام-،

حدثني أبي، عن أبيه، عن آبائه، عن أمير المؤمنين علي -رضي الله عنه-، قال -رضي الله عنه-: قال رسول الله -صلى الله عليه وآله وسلم-: «للمؤمن على أخيه ثلاثون حقاً لا براءة له منها إلا بأدائها أو العفو: يغفر زلته، ويرحم عبرته، ويستر عورته، ويقيل عثرته، ويقبل معذرته، ويرد غيبته، ويديم نصيحته، ويحفظ خلته، ويرعى ذمته، ويعود مرضته، ويشهد ميتته، ويجيب دعوته، ويقبل هديته، ويكافي صلته، ويشكر نعمته، ويحسن نصرته، ويحفظ حليلته، ويقضي حاجته، ويشفع مسألته، ويشمت عطسته، ويرشد ضالته، ويرد سلامه، ويطيب كلامه، ويبر إنعامه، ويصدق أقسامه، يواليه ولا يعاديه، وينصره ظالماً أو مظلوماً، أما نصرته ظالماً؛ فيرده عن ظلمه، وأما نصرته مظلوماً؛ فيعينه على أخذ حقه، ولا يسلمه، ولا يخذله، ويحب له من الخير ما يحب لنفسه، ويكره له من الشر ما يكره لنفسه»، ثم قال: سمعت رسول الله -صلى الله عليه وآله وسلم- يقول: «إن أحدكم ليدع من حقوق أخيه شيئاً فيطالبه به يوم القيامة فيقضى له عليه»، تمت من حاشية على الأصل عن المؤلف.

وذكر الزيلعي في نصب الراية في الجزء الثاني صـ257 ما لفظه: وروى أبو القاسم الأصفهاني في كتابه الترغيب والترهيب، من حديث أبي محمد القاسم بن محمد بن جعفر، حدثني أبي، عن أبيه محمد بن عبدالله، عن أبيه عمر، عن أبيه علي بن أبي طالب، قال: قال رسول الله -صلى الله عليه وآله وسلم-: «للمسلم على أخيه المسلم ثلاثون حقاً، لا براءة له منها إلا بالأداء أو العفو له: يغفر زلته، ويرحم عبرته، ويستر عورته، ويقيل عثرته، ويقبل معذرته، ويرد غيبته، ويديم نصيحته، ويحفظ خلته، ويرعى ذمته، ويعود مرضته، ويشهد ميتته، ويشمت عطسته، ويرشد ضالته، ويرد سلامه، ويطيب كلامه، ويبر إنعامه، ويصدق أقسامه، وينصره ظالماً أو مظلوماً، يواليه ولا يعاديه، ويحب له من الخير ما يحب لنفسه، ويكره له من الشر ما يكره لنفسه، إن أحدكم ليدع من حقوق أخيه شيئاً حتى العطسة يدع تشميته عليها فيطالبه يوم القيامة فيقضى له بها عليه». تمت من حاشية على الأصل عن المؤلف.

قال: (للمسلم على أخيه ست خصال: يعرف اسمه، واسم أبيه، ومنزله، ويسأل عنه إذا غاب، ويعوده إذا مرض، ويجيبه إذا دعاه، ويشمته إذا عطس). انتهى.

[891] وفيه: حدثني زيد بن علي، عن أبيه، عن جده، عن علي -عليهم السلام-، قال: قال رسول الله -صلى الله عليه وآله وسلم-: «من عاد مريضاً كان له مثل أجره، وكان في خرفة الجنة حتى يرجع».

[892] وبه، قال: قال رسول الله -صلى الله عليه وآله وسلم-: «عودوا مرضاكم، واشهدوا جنائزكم، وزوروا قبور موتاكم، فإن ذلك يذكركم بالآخرة». انتهى.

باب القول في الوصية عند حضور الموت

[893] **مجموع زيد بن علي -عليهما السلام- [صـ266]:** حدثني زيد بن علي، عن أبيه، عن جده، عن علي -عليهم السلام-، قال: لما ثقل رسول الله -صلى الله عليه وآله وسلم- في مرضه والبيت غاص بمن فيه، فقال: «ادعوا لي الحسن والحسين»، فدعوتهما، فجعل يلثمهما حتى أغمي عليه، قال: فجعل علي -عليه السلام- يرفعهما عن وجه رسول الله -صلى الله عليه وآله وسلم-، قال: ففتح عينيه، فقال: «دعهما يتمتعان مني وأتمتع منهما، فإنه سيصيبهما بعدي أثرة»، ثم قال: «يا أيها الناس: إني خلفت فيكم كتاب الله وسنتي وعترتي أهل بيتي، فالمضيع لكتاب الله كالمضيع لسنتي، والمضيع لسنتي كالمضيع لعترتي، أما إن ذلك لن يفترقا حتى ألقاه على الحوض». انتهى.

[894] **أبو طالب -عليه السلام- في الأمالي [صـ148]:** وبه، قال: حدثنا أبو عبد الله أحمد بن محمد الآبنوسي البغدادي، قال: حدثنا أبو القاسم عبد العزيز بن إسحاق بن جعفر، قال: حدثنا علي بن محمد النخعي الكوفي، قال: حدثنا سليمان بن إبراهيم بن عبيد المحاربي، قال: حدثنا نصر بن مزاحم المنقري، قال: حدثنا إبراهيم بن الزبرقان التيمي، قال: حدثني أبو خالد الواسطي، قال:

حدثني زيد بن علي، عن أبيه، عن جده، عن علي -عليهم السلام-، قال: (لما ثقل رسول الله -صلى الله عليه وآله وسلم- في مرضه والبيت غاص بمن فيه، قال: «ادعوا الحسن والحسين»، قال: فجعل يلثمهما حتى أغمي عليه، قال: فجعل علي -عليه السلام- يرفعهما عن وجه رسول الله -صلى الله عليه وآله وسلم-، قال: ففتح عينيه، فقال: «دعهما يتمتعان مني وأتمتع منهما، فإنهما سيصيبهما بعدي أثرة»، ثم قال: «أيها الناس إني قد خلفت فيكم كتاب الله وسنتي وعترتي أهل بيتي، فالمضيع [لكتاب الله كالمضيع لسنتي، والمضيع] لسنتي كالمضيع لعترتي، أما أن ذلك لن يفترقا حتى اللقاء على الحوض». انتهى.

[خبر وفاة النبي -صلى الله عليه وآله وسلم-]

[895] **أبوالعباس الحسني في المصابيح [صـ 245-251]، وعلي بن الحسين الزيدي في المحيط بالأمامة واللفظ للمصابيح ما عدا بعض السند فهو من الشافي للإمام المنصور بالله -عليه السلام- [4/501]، نقلاً عن المحيط بالإمامة:** أخبرنا أبو العباس أحمد بن إبراهيم الحسني، قال: حدثنا عبد الله بن الحسن الإيوازي، قال: حدثنا جعفر بن محمد بن شعبة النيروسي، قال: حدثنا موسى بن عبد الله بن موسى بن عبد الله بن حسن بن حسن، عن أبيه، عن جده، عن أبيه عبد الله بن الحسن -عليه السلام-، قال: لما نزلت سورة ﴿إِذَا جَآءَ نَصۡرُ ٱللَّهِ وَٱلۡفَتۡحُ ۝١﴾ [النصر:1] إلى آخرها، قال النبي -صلى الله عليه وآله وسلم-: «نعيت إليّ نفسي»، وعرف اقتراب أجله، فدخل منزله ودعا فاطمة -عليها السلام- فوضع رأسه في حجرها ساعة، ثم رفع رأسه وقال: «يا فاطمة، يا بنية، أشعرت أن نفسي قد نعيت إليّ»، فبكت فاطمه عند ذلك حتى قطرت دموعها على خد رسول الله -صلى الله عليه وآله وسلم- فرفع رأسه ونظر إليها، وقال «أما إنكم المستضعفون المقهورون بعدي فلا تبكين يا بنية، فإني قد سألت الله تعالى أن يجعلك أول من يلحق بي من أهل بيتي، وأن يجعلك سيدة نساء أمتي، ومعي في الجنة، فأُجبتُ إلى ذلك» فتبسمت فاطمة -عليها السلام- عند ذلك،

ونساء النبي -صلى الله عليه وآله وسلم- ينظرن إليها حين بكت وتبسمت، فقال بعضهن: ما شأنك يا فاطمة تبكين مرة وتبتسمين مرة؟ فقال النبي -صلى الله عليه وآله وسلم- «دعن ابنتي».

فلما مضى النصف من صفر سنة إحدى عشرة جعل النبي -صلى الله عليه وآله وسلم- يجد الوجع والثقل في جسده حتى اشتد به الوجع في أول شهر ربيع الأول، واجتمع إليه أهل بيته ونساؤه، فلما رأت فاطمة أباها قد ثقل دعت الحسن والحسين فجلسا معها إلى رسول الله -صلى الله عليه وآله وسلم-، ووضعت خدها على خد رسول الله -صلى الله عليه وآله وسلم- [وجعلت تبكي حتى أخضلت لحيته ووجهه بدموعها، فأفاق -صلى الله عليه وآله وسلم-] وقد كان أغمي عليه، فقال لها «يا بنية لقد شققت على أبيك»، ثم نظر إلى الحسن والحسين -عليهما السلام- فاستعبر بالبكاء وقال: «اللهم إني استودعكهم وصالح المؤمنين، اللهم إن هؤلاء ذريتي أستودعكهم وكل مؤمن»(420)، ثم عاد الثالثة ووضع رأسه، فقالت فاطمة: وا كرباه لكربك يا أبتاه، فقال لها -صلى الله عليه وآله وسلم- : «لا كرب على أبيك بعد اليوم» ثم أمر أن يصب عليه سبع قرب ماء من سبع آبار ففعل به فوجد خفة فخرج فصلى بالناس ثم قام يريد المنبر، وعلي والفضل بن العباس قد احتضناه حتى جلس على المنبر، فخطبهم واستغفر للشهداء ثم أوصى بالأنصار، وقال: «إنهم لا يرتدون على منهاجنا، ولا آمن منكم يا معشر المهاجرين الارتداد»، ثم رفع صوته حتى سمع جميع من في المسجد ووراءه يقول:

«يا أيها الناس: سعرت النار وأقبلت الفتن كقطع الليل المظلم، إنكم والله لا تتعلقون عليّ غداً بشيء، ألا وإني قد تركت الثقلين فمن اعتصم بهما فقد نجى، ومن خالفهما هلك وهوى».

---

(420) في المصابيح (أستودعكهم وصالح المؤمنين)

فقال عمر بن الخطاب: وما الثقلان يا رسول الله؟.

قال: «أحدهما أعظم من الآخر؛ كتاب الله طرف منه بيد الله وطرف بأيديكم، وعترتي أهل بيتي فتمسكوا بهما، لا تضلوا ولا تذلوا أبداً، فإن اللطيف الخبير أنبأني أنهما لن يفترقا حتى يردا علي الحوض، وإني سألت الله ذلك لهم فأعطانيه، ألا فلا تسبقوهم فتهلكوا، ولا تقصروا عنهم فتضلوا، ولا تعلموهم فإنهم أعلم منكم بالكتاب.

أيها الناس: احفظوا قولي تنتفعوا به بعدي وافهموا عني تنتعشوا لئلا ترجعون بعدي كفاراً يضرب بعضكم رقاب بعض، فإن أنتم فعلتم ذلك -ولتفعلن(421)- لتجدن من يضرب وجوهكم بالسيف» ثم التفت عن يمينه ثم قال: «وعلي بن أبي طالب، ألا وإني قد تركته فيكم، ألا هل بلغت؟ ألا هل بلغت؟».

فقال الناس: نعم يا رسول الله صلوات الله عليك، فقال: «اللهم اشهد».

ثم قال: «ألا أنه سيرد عليّ الحوض منكم رجال فيدفعون عني، فأقول يا رب أصحابي أصحابي، فيقول: يا محمد إنهم أحدثوا بعدك، وغَيَّروا سنتك، فأقول سحقاً سحقاً».

ثم قام ودخل منزله، فلبث أياماً يجد الوجع، والناس يأتونه ويخرج إلى الصلاة، فلما كان آخر ذلك ثقل، فأتاه بلال ليؤذنه بالصلاة، وهو ملقي ثوبه على وجهه، وقد تغطى به، فقال: الصلاة يا رسول الله، فكشف الثوب وقال: «قد أبلغت يا بلال فمن شاء فليصل»، فخرج بلال ثم رجع الثانية والثالثة وهو يقول: الصلاة يا رسول الله، فقال: «قد أبلغت يا بلال فمن شاء فليصل»، فخرج بلال وكان رأس رسول الله -صلى الله عليه وآله وسلم- في حجر علي بن أبي طالب -عليه السلام-، والفضلُ بن العباس بين يديه يروحه، وأسامة بن زيد بالباب يحجب عنه زحمة الناس، ونساء النبي -صلى الله عليه وآله وسلم- في

(421) في المصابيح المطبوع: (وستفعلون).

ناحية البيت يبكين، فقال: «اغربن عني يا صويحبات يوسف»، فلما رجع بلال ولم يقم رسول الله -صلى الله عليه وآله وسلم- بعثته عائشة بنت أبي بكر، فقالت: يا بلال مر أبا بكر فليصل بالناس.

ووجد رسول الله -صلى الله عليه وآله وسلم- خفة فقام فتمسح وتوضأ وخرج، وخرج معه علي والفضل بن العباس وقد أقيمت الصلاة وتقدم أبو بكر ليصلي، وكان جبريل -عليه السلام- الذي أمره بالخروج ليصلي بهم، وعلم ما يقع من الفتنة إن صلى بهم أبو بكر، وخرج رسول الله -صلى الله عليه وآله وسلم- يمشي بين علي والفضل، وقدماه تخطان بالأرض، حتى دخل المسجد، فلما رآه أبو بكر تأخر، وتقدم رسول الله -صلى الله عليه وآله وسلم- بالناس، فلما سَلَّم أمر علياً والفضل، وقال: «ضعاني على المنبر» فوضعاه على منبره، فسكت ساعة، ثم قال: «يا أمة أحمد: إن وصيتي فيكم الثقلان: كتاب الله وعترتي أهل بيتي، اعتصموا بهما تردوا على نبيكم حوضه، ألا ليذادنّ عنه رجال منكم فأقول سحقاً سحقاً»، ثم أمر علياً والفضل أن يدخلاه منزله، وأمر بباب الحجرة ففتح، ودخل الناس عليه، فقال: «إن الله لعن الذين اتخذوا قبور أنبيائهم مساجد»، ثم قال: «ائتوني بداوة وصحيفة أكتب لكم كتاباً لا تضلون بعدي أبداً».

فقال عمر بن الخطاب: إن رسول الله ليهجر، كتاباً غير كتاب الله يريد.

فسمع رسول الله -صلى الله عليه وآله وسلم- هذا القول فغضب، ثم قال لهم: «اخرجوا عني، وأستودعكم كتاب الله وأهل بيتي، فانظروا كيف تخلفوني فيهما، وأنفذوا جيش أسامة لا يتخلف عن بعثه إلا عاص لله ولرسوله»، ثم جعل يقول: «اتقوا الله فيما ملكت أيمانكم».

وخرج الناس وأغلق الباب الذي كان على الحجرة، فلما طلعت الشمس وانبسطت ثقل رسول الله -صلى الله عليه وآله وسلم- ورأسه في حجر علي -عليه السلام- والفضل يذب عن رسول الله -صلى الله عليه وآله وسلم- بين يديه، وأقبل رسول الله -صلى الله عليه وآله وسلم- على علي يساره يناجيه،

وتنحى الفضل فطالت مناجاته، فكان علي -عليه السلام- يقول: (إنه أوصاني وعلمني ما هو كائن بعده)، وقال له: (أنت مني بمنزلة هارون من موسى إلا أنه لا نبي بعدي، بَلِّغ عني تأويل القرآن، وأنت وصيي وخليفتي في أهلي وأمتي، من والاك فقد والاني، ومن عصاك فقد عصاني»، فلما فرغ من وصيته إياه أغمي عليه ثم أفاق، وهو يقول: «بالكأس الأوفى، وفي الرفيق الأعلى»، يقولها ثلاثاً.

ثم رجع الناس واجتمعوا على باب حجرة رسول الله -صلى الله عليه وآله وسلم- وفيهم عمر بن الخطاب في يده درة يضرب بها الناس، يقول: إن رسول الله -صلى الله عليه وآله وسلم- لا يموت، ورجل آخر من بني فهر، يقول: ﴿ وَمَا مُحَمَّدٌ إِلَّا رَسُولٌ قَدْ خَلَتْ مِن قَبْلِهِ ٱلرُّسُلُ أَفَإِيْن مَّاتَ أَوْ قُتِلَ ٱنقَلَبْتُمْ عَلَىٰٓ أَعْقَٰبِكُمْ ﴾ [آل عمران:144].

قال: والناس يبكون، وأرادوا الدخول على رسول الله -صلى الله عليه وآله وسلم- فأبى عليٌّ أن يأذن لهم، وجعل رسول الله -صلى الله عليه وآله وسلم- يقول أحياناً: «أين أنت يا جبريل أدن مني» وجبريل يجيبه، وهو يقول: يا محمد، أبشر فإنك قادم على ربك، ودنت منه فاطمة -عليها السلام- وهو مغمض العين فنادته: يا أبتاه تفديك نفسي، انظر إلي نظرة عسى كُرَبَ الموت تغشاني، ولا أراني إلا مفارقة الدنيا بعدك عن قريب أو معك، فسمع رسول الله -صلى الله عليه وآله وسلم- صوتها ففتح عينه، ثم رفع يديه فمسح خدها من الدمع ثم غمض عينيه ساعة، فقالت فاطمة: يا أبتاه نفسي لنفسك الفداء قد ذاب قلبي، ورقت كبدي، ولوددت أن نفسي خرجت قبل نفسك، ها أنا ذا بين يديك لا أراك تكلمني، اللهم صبرني، فسمع رسول الله -صلى الله عليه وآله وسلم- قولها ففاضت عيناه ثم قال: «ادن مني يا بنية» فدنت منه، وانكبت عليه وقد وضعت خدها على خده، فقال لها علي -عليه السلام-: تنحي عن رسول الله -صلى الله عليه وآله وسلم- لا تؤذيه، فتنحت وجلست ناحية تسترجع وتدعو.

ودنت عائشة فقالت: يا رسول الله بأبي أنت وأمي انظر إلي نظرة، وكلمني

كلمة واحدة وأوصني بأمرك فإني أراه آخر العهد منك ومن كلامك.

ففتح عينيه، فلما نظر إليها قال: «ادن مني»، فدنت منه فقال لها: «قد أوصيتك قبل اليوم، فاحفظي وصيتي، واحفظي أمري لك في لزوم بيتك، فلا تبدلي، يا عائشة تأخري عني».

قال: ثم دنت منه حفصة، فقالت: بأبي وأمي أنت اجعل لي نصيباً من كلامك، ولا تجعلني من أهون نسائك عليك، وأكرمني بكلمة تطيب بها نفسي طول حياتي.

ففتح رسول الله -صلى الله عليه وآله وسلم- عينيه ونظر إليها وقال: يا حفصة قالت لبيك يا رسول الله فقال لها: «قد أوصيتك قبل اليوم فاحفظي وصيتي ولا تبدلي أمري، واحفظي أمري لك في لزوم بيتك، قومي عني»، وكلم نساءه امرأة امرأة مثل ما كلمها.

ثم إن فاطمة -عليه السلام- جاءت بالحسن والحسين -عليهما السلام-، وقالت لهما: ادنوا من جدكما، فسلما عليه، فدنوا منه وقالا يا جداه -ثلاثاً- ثم بكيا، وقال له الحسن: ألا تكلمنا بكلمة، وتنظر إلينا نظرة، فبكى علي والفضل وجميع من في البيت من النساء وارتفعت أصواتهم بالبكاء، ففتح رسول الله -صلى الله عليه وآله وسلم- عينيه، وقال: «ما هذا الصوت؟» فقالت فاطمة: يا رسول الله هذان ابناك الحسن والحسين كلماك فلم تجبهما فبكيا وبكى من في البيت لبكائهما، فقال رسول الله -صلى الله عليه وآله وسلم- «ادنوا مني»، فدنا منه الحسن فضمه إليه وقبله، ودنا منه الحسين ففعل به مثل ذلك فبكيا ورفعا أصواتهما بالبكاء، فزجرهما علي -عليه السلام- وقال: لا ترفعا أصواتكما، فقال له رسول الله -صلى الله عليه وآله وسلم-: «مه يا علي»، ثم قال: «اللهم إني استودعكهما وجميع المؤمنين من أمتي»، وغمض رسول الله -صلى الله عليه وآله وسلم- عينيه فلم يدع علي -عليه السلام- أحداً يدنو منه.

فلما ارتفع النهار من يوم الاثنين شخص رسول الله -صلى الله عليه وآله وسلم- ببصره، فقال: [«اللهم الرفيق الأعلى»، وقال] الفضل: يا أبا الحسن أغمض عين رسول الله -صلى الله عليه وآله وسلم- وضم فاه فوضع علي يده على فم رسول الله -صلى الله عليه وآله وسلم- وقد خرجت نفسه من كف علي فردها إلى لحيته، وأراد أن يغمض عينيه فأبصرهما قد غمضتا، وضُمَّ فاه ويداه ورجلاه مبسوطتان، وإذا جبريل -عليه السلام- قد ولي ذلك منه، وهو في وسط البيت يسمعون حسه، ولا يرونه، فقبضه الله إليه يوم الاثنين من شهر ربيع الأول سنة إحدى عشرة. انتهى.

الرجال[422]:

---

(422) قال القاضي العلامة حواري آل محمد أحمد بن سعد الدين المسوري -رحمه الله- ما لفظه: عبدالله بن الحسن الإيوازي، من أصحاب الإمام الناصر للحق الكبير الأطروش الحسن بن علي بن الحسن بن علي بن عمر بن علي بن الحسين بن علي بن أبي طالب -عليهم السلام- أخذ عن الناصر -رضي الله عنه- وسمع نصوصه، وهو أحد مشائخ أبي العباس -رضي الله عنه- المشاهير، وحديث الوفاة هذا بطوله رواه بسند متصل، قال: حدثنا جعفر بن محمد بن شعبة النيروسي -يعني صاحب الإمام القاسم بن إبراهيم -رضي الله عنه-، الذي له إليه المسائل المشهورة بمسائل النيروسي- قال النيروسي: حدثني موسى بن عبدالله بن موسى بن عبدالله بن الحسن بن الحسن، عن أبيه، عن جده، إلى آخره، ورواه عن أبي العباس الحسني الشريف الحسين بن زيد بن إسماعيل الحسني رضوان الله عليه، ورواه عن الحسين بن زيد السيد أبو الحسن بن علي بن أبي طالب أحمد بن القاسم الحسني الملقب بالمستعين بالله، ورواه عن السيد الحسن المذكور الشيخُ العالمُ أبو الحسن علي بن الحسين بن محمد شاه سريجان صاحب كتاب المحيط بالإمامة، ورواه عن صاحب المحيط الفقيهُ العلامةُ زيد بن الحسن البيهقي البروقاني المشهور في إسناد الأئمة -عليهم السلام-، وهو زيد بن الحسن بن علي بن أحمد بن عبدالله الخراساني الزيدي، وكثير ما ينسب إلى جده الحسن من دون ذكر أبيه، وهو شيخ الإمام الأعظم المتوكل على الله أحمد بن سليمان أمير المؤمنين -رضي الله عنه-، وشيخ القاضي العلامة جعفر بن أحمد بن عبدالسلام، وشيخ شيخه أبي الحسن الكني رحمهم الله جميعاً، وغيرهم، قدم من خراسان إلى صعدة لزيارة قبر الهادي إلى الحق -رضي الله عنه- في سنة أربعين وخمسمائة، أيام الإمام أحمد بن سليمان، وأخذ عنه الإمام -رضي الله عنه-، وعقد بالمشهد الهادوي مجلساً في كل خميس وجمعة مدة سنتين ونصف، يملي فيه فضل العترة المطهرة فما أعاد حديثاً وناظر المطرفية الغوية في اليمن، ورجع إلى =

أما أبو العباس الحسني -رضي الله عنه-، فقد تقدم.

[ترجمة عبد الله الإيوازي، ومحمد النيروسي، والإمام موسى الجون]

وأما عبد الله بن الحسن الإيوازي:

فقال في الجداول: عبد الله بن الحسن الإيوازي الروياني، عن الناصر للحق نصوصه تحقيقاً.

وعن جعفر النيروسي، عن موسى بن عبد الله، عن آبائه، حديث الوفاة، وعنه أبو العباس الحسني، وأحمد النيروسي كان من العلماء الأخيار، وممن لازم الناصر، ووفاته بعد العشر والثلاث المائة. انتهى.

وأما جعفر بن محمد بن شعبة النيروسي:

فقد تقدم، وهو الرواي عن القاسم بن إبراهيم -عليه السلام- في الأمالي - أعني أمالي أحمد بن عيسى -عليهما السلام-.

وأما موسى بن عبد الله بن موسى:

فقال في الجداول: موسى الثاني بن عبد الله بن موسى الجون، أبو عمر، عن أبيه، وعنه ولده عبد الله، وجعفر بن محمد بن شعبة النيروسي، ومحمد بن منصور، وكان سيداً محدثاً، وكان من الزهادة والنسك في نهاية الوصف، أخذه سعيد الحاجب، فاجتمع خلق كثير من عرب فزارة لخلاصه، فسقاه سماً هنالك.

قال الشريف جعفر: قتل سنة ست وخمسين ومائة.

قال مولانا: وهو الصحيح. انتهى.

خرج له محمد بن منصور، وصاحب المحيط، وأبو العباس الحسني، رضي الله عنهم.

الحق على يديه خلق من العلماء وغيرهم، ثم أراد العود إلى دياره فبلغ جانب المخلاف السليماني فتوفي به -رحمه الله- وبرد مضجعه. انتهى بلفظه. تمت من حاشية من الأصل.

نعم: ولنورد سند صاحب المحيط بالإمامة لهذا الخبر العظيم -أعني خبر الوفاة- لنتكلم على رجاله قال صاحب المحيط -رضي الله عنه-:

حدثنا السيد أبو الحسين علي بن أبي طالب الحسني، قال: أخبرنا الشريف أبو الحسين زيد بن إسماعيل الحسني -رضي الله عنه-، قال: أخبرنا أبو العباس أحمد بن إبراهيم الحسني -رضي الله عنه-، قال: حدثنا عبد الله بن الحسن الإيوازي -رحمه الله-، قال: حدثنا جعفر بن محمد بن شعبة النيروسي، قال: حدثنا موسى بن عبد الله بن موسى بن عبد الله بن حسن بن حسن، عن أبيه، عن جده عبد الله بن حسن بن حسن، قال: لما نزلت: ﴿إِذَا جَآءَ نَصۡرُ ٱللَّهِ وَٱلۡفَتۡحُ ١﴾ [النصر:1]، إلى آخر الحديث بطوله.

[ترجمة صاحب المحيط بالإمامة]

فنقول: أما صاحب المحيط:

فقال في طبقات الزيدية [3/ 732]: علي بن الحسين بن محمد، المعروف بشياة سربيجان (423)، الشيخُ العالمُ أبو الحسن الزيدي، صاحب المحيط بأصول الإمامة، وهو كالشرح لكتاب الدعامة وإن كان على غير ترتيبه، يروي عن أبيه الحسين بن محمد، عن أبي يعلى حمزة بن سليمان، عن شيخ الزيدية عبد العزيز بن إسحاق الزيدي البقال، روايةً متسعة.

وعن أبيه، عن أبي يعلى، عن أبي طاهر [العنسي] (424) أيضاً، وعن أبيه عن القاضي عبد الجبار بن أحمد، وعن زيد بن إسماعيل بن محمد الحسني، عن السيد أبي العباس الحسني أحمد بن إبراهيم كذلك، وعن السيد أبي طالب [بن القاسم

(423) قال في الطبقات وعدة الأكياس والعقد الثمين: بلفظ (سريجان)، وقال في معجم البلدان: سريجان بلفظ تثنية سريج تصغير سرج بالجيم: من قرى أصبهان.
وقال في الشافي والثمار المجتناة وبلوغ الأرب في معرفة المذهب: بلفظ (سربيجان)، وقال في الشافي: مرة ثانية وبلوغ الأرب كذلك بلفظ (سريبجان). تمت من حاشية على الأصل.

(424) في الطبقات المطبوع (العقيبي) ولعله الصواب، وفي بعض نسخ الطبقات (القيسي).

الحسني، عن زيد بن إسماعيل، عن أبي العباس الحسني أيضاً، وعن السيد أبي الحسن علي بن أبي طالب] (425) الحسني، عن الشيخ أبي القاسم الأترابي، عن السيد الثائر أبي الفضل جعفر بن محمد، قال أخبرنا الناصر للحق الحسن بن علي.

وكذلك عن السيد أبي عبد الله يحيى بن الحسين الحسني، قال: حدثني الشريف أبو عبد الله محمد بن علي الحسني.

قلت: هو مؤلف الجامع الكافي وغيره.

وكذلك عن أبي علي الحسن بن علي الصفار بالري، وعن أبي طالب محمد بن زيد بن علي، عن(426) أبي شجاع الزيدي، عن القاضي عبد الجبار بن أحمد، وعن السيد الإمام أبي طالب يحيى بن الحسين الهاروني، وعن إسماعيل بن محمد التستري(427) الاسترابادي، وعن أبي جعفر محمد بن زيد بن القاسم الجعفري بآمل، وعن أبي حاجب محمد بن إسماعيل.

وروى عن ابن جرير الطبري.

قلت: ثم رواه عنه الشيخ الإمام أبو الحسن زيد بن علي البيهقي، وقال في الأصل: قرأ علي الفقيه الإمامُ أبو الحسين زيد بن علي -أعزه الله تعالى- هذا الكتاب من أوله إلى آخره، وهو كالشرح لكتاب الدعامة، وإن كان على غير ترتيبه، قراءة فهم وضبط وكتبه له علي بن الحسين بن علي بخط يده. انتهى.

قال القاضي: هو العلامة الكبير، رئيس العراق، وحجة الزيدية، أبو الحسن، صاحب كتاب المحيط بالإمامة، وهو كتاب حافل في مجلدين ضخمين على مذهب الزيدية -كثرهم الله تعالى-، ثم قال:

وقرأه عليه العلامة زيد بن الحسن البيهقي قراءة فهم وضبط، هكذا حققه

(425) ما بين القوسين زيادة من النسخة المطبوعة، وهو فيها زيادة من أحد نسخ الطبقات الخطية.
(426) في المطبوعة: (وابن أبي شجاع الزيدي)، وفي بعض النسخ كما هو في الأصل: (عن أبي شجاع).
(427) في المطبوعة (إسماعيل بن الحسن السري)، ولعل الصواب ما في الأصل هنا.

القاضي أحمد بن سعد الدين، والعلامة صاحب المحيط ممن قرأ على أبي الحسن علي بن أبي طالب الملقب بالمستعين. انتهى.

[ترجمة المستعين بالله علي بن أبي طالب الحسني الآملي]

وأما علي بن أبي طالب:

فقال في الطبقات أيضاً [3/ 695]: علي بن أبي طالب أحمد بن القاسم بن أحمد بن جعفر بن عبيد الله بن محمد بن عبد الرحمن الشجري بن القاسم بن الحسن بن زيد بن الحسن بن علي بن أبي طالب الحسني الآملي، الملقب بالمستعين بالله، السيد أبو الحسن أحد تلامذة السيد أبي طالب يحيى بن الحسين الهاروني؛ سمع عليه أماليه سنة إحدى وعشرين وأربعمائة، وكان سماعه عليه في شوال، ويروي عن أبي الحسين زيد بن إسماعيل الحسني، عن السيد أبي العباس أحمد بن إبراهيم الحسني، ويروي عن أبي القاسم علي بن محمد الأترابي، عن السيد الثائر في الله أبي الفضل جعفر بن محمد، عن الناصر الحسن بن علي الأطروش أحاديث جمة، رواها بهذا السند إلى الناصر عن مشايخه مرفوعة في كتاب المحيط بالإمامة.

وروى عن قاضي القضاة عبد الجبار بن أحمد الهمداني أماليه المعروفة.

وروى خبر الوفاة الطويل عن زيد بن إسماعيل، عن السيد أبي العباس الحسني، عن عبد الله بن الحسن الإيوازي، عن جعفر النيروسي، قال: حدثني موسى بن عبد الله بن موسى بن عبد الله بن الحسن بن الحسن بن علي بن أبي طالب، قال: حدثني أبي، عن أبيه عبد الله، قال: حدثني أبي عن أبيه عبد الله.

قلت: وتلامذته أبو الحسن علي بن محمد بن جعفر الحسني النقيب بإستراباذ، والشيخ إبراهيم بن إسماعيل بن إبراهيم شاه شاه(428)، والسيد أبو الحسن علي بن الحسين بن محمد الزيدي شياه سربيجان صاحب المحيط بالإمامة.

_____
(428) في الطبقات المطبوع (إبراهيم بن إسماعيل بن إبراهيم المعروف ببار ستان).

قال ابن عنبة: أما أحمد بن جعفر فبقية ولده في أبي الحسن علي بن أبي طالب أحمد بن القاسم بن أحمد بن جعفر.

قال ابن طباطبا: هو كثير الفضائل والعلوم، له قدم ثابت في كل علم، حفظ وتصوف، وله معرفة جيدة بالنسب، وكان نقيباً بطبرستان وبآمل -حرسه الله-، وكثر في العترة أمثاله، وله أولاد، وأخوه محمد له ولد، هذا كلامه. انتهى.

قال القاضي: هو السيد الكبير المسند، شيخ الحفاظ، أحد رجال الزيدية وأعلامهم، قرأ علي أبي الحسن زيد بن إسماعيل الحسني، وزيد قرأ على أبي العباس أحمد بن إبراهيم، ومن تلامذته أبو الحسن صاحب المحيط. انتهى ما ذكر في الطبقات بلفظه وبالله التوفيق.

[ترجمة زيد بن إسماعيل الحسني]

وأما زيد بن إسماعيل الحسني:

فقال فيها -أعني طبقات الزيدية[1/ 445]، ما لفظه:

زيد بن إسماعيل الحسني، أبو الحسين الشريف، سمع كتاب الأحكام للهادي -عليه السلام- على السيد أبي العباس الحسني، ورواه عنه محمد بن علي الجيلاني.

قال القاضي: السيد الأستاذ الفاضل، تلميذ السيد أبي العباس، وهو إمام جليل، سلمت(429) له الفضلاء، ونقل عنه النبلاء، ومن تلامذته الشيخ أبو الحسن علي بن أبي طالب؛ أحمد بن القاسم الملقب بالمستعين بالله، والشيخ أبو الحسن علي بن الحسين بن محمد بن شاه سربيجان صاحب المحيط بالإمامة. انتهى.

وأما بقية رجال الإسناد فقد مر الكلام عليهم.

---

(429) في المطبوع: تتلمذ له الفضلاء.

[كيفية الوصية عند الهادي عليه السلام]

[896] **الهادي -عليه السلام- في الأحكام**[1/ 126]: ينبغي لمن حضرته الوفاة أن يوصي ويشهد علي وصيته، ويكون أول ما يشهد عليه ويلفظ به ويدين الله به من شهادة الحق فيقول:

بسم الله الرحمن الرحيم، هذا ما أوصى به فلان بن فلان، أوصى أنه يشهد أن لا إله إلا الله، وحده لا شريك له، وأن محمداً عبده ورسوله -صلى الله عليه وآله وسلم-، أرسله بالهدى ودين الحق، لينذر من كان حياً، ويحق القول على الكافرين.

اللهم إني أُشهدك وكفى بك شهيداً، وأشهد حملة عرشك، وأهل سماواتك وأرضك، ومن خلقت وفطرت وصورت وقدرت: بأنك أنت الله لا إله إلا أنت وحدك لا شريك لك، وأن محمداً عبدك ورسولك، وأن الساعة آتية لا ريب فيها، وأن الله يبعث من في القبور، أقوله مع من يقوله، وأكفيه من أبى قبوله، ولا حولا ولا قوة إلا بالله العلي العظيم.

اللهم من شهد علي مثل ما شهدت عليه فاكتب شهادته مع شهادتي، ومن أبى فاكتب شهادتي مكان شهادته، واجعل لي به عهداً توفينيه يوم ألقاك فرداً، إنك لا تخلف الميعاد.

وهذا الكلام فهو شبيه بوصية أمير المؤمنين علي بن أبي طالب -عليه السلام- ثم يفرش فراشه مستقبل القبلة ثم يقول:

اللهم بارك لي في الموت، وفيما بعد الموت، وهون علي خروج نفسي، وسهل علي عسير أمري، بسم الله، وبالله، وعلى ملة رسول الله، حنفياً مسلماً وما أنا من المشركين.

ثم يوصي بما أحب من وصية، ولا يجاوز ثلث ماله إلا بإذن ورثته، ثم يشهد على وصيته شهوداً، ويدفعها إلى ثقة لينفذها بعد وفاته. انتهى.

[897] **محمد بن سليمان الكوفي -رحمه الله- في المناقب [1/ 336]**: محمد بن منصور، عن عباد، عن علي بن هاشم، عن الحسين بن علي، عن أبيه، قال:

لما كان يوم النبي -صلى الله عليه وآله وسلم- الذي قبض فيه كشف الكساء عن رأسه عند النسوة، ثم قال: «ادعوا لي أخي»، فأرسلت عائشة إلى أبي بكر، فجاء فلما سمع النبي -صلى الله عليه وآله وسلم- الخشف (430) كشف عن رأسه، فلما رأى أبا بكر أعاد الكساء على نفسه، قال: كأن رسول الله -صلى الله عليه وآله وسلم- لم يدعني وانصرف.

فكشف رسول الله -صلى الله عليه وآله وسلم- الكساء، ثم قال: «ادعوا لي أخي»، فأرسلت حفصة إلى عمر فلما سمع النبي -صلى الله عليه وآله وسلم- الخشف كشف رسول الله -صلى الله عليه وآله وسلم- عن رأسه، فلما رأى عمر أعاد الكساء، فقال عمر: كأن رسول الله -صلى الله عليه وآله وسلم- لم يدعني، وانصرف.

فكشف رسول الله -صلى الله عليه وآله وسلم- الكساء عن رأسه، فقال: «ادعوا لي أخي»، فأرسلت فاطمة إلى علي، فلما سمع رسول الله -صلى الله عليه وآله وسلم- الخشف كشف الكساء عن رأسه، فلما رأى علياً أدناه إليه، قال علي: فأعاد رسول الله -صلى الله عليه وآله وسلم- الكساء علينا ثم اتكى على يده ثم التقم أذني، فما زال يناجيني ويوصيني، ووجدت برد شفيته حتى قبض، وكان مما أوصى إلي: «أن لا يغسلني أحد غيرك، فإنه إن رآني أحد غيرك عمي بصره»، فقلت: يا رسول الله، كيف أقوى عليك؟ قال: «بلى، إنك ستعان علي»، قال: فقال علي: ما أردت أن أقلب من رسول الله -صلى الله عليه وآله وسلم- عضواً إلا قلب لي، قال: فأردت أن أنزع قميصه فنوديت أن دع القميص، فلما خرج علي، قال له عمر -ووجده على الباب-: أنشدك بالذي ولاك منه ما لم يول

(430) هو بالشين المعجمة: وهو الصوت أو الحركة والحس الخفي، يقال: خشف الجليد إذا سمع له صوت عند المشي. انتهى. والخشوف من الرجال: السريع، ومن السيوف الماضي. تمت مجد من حاشية على الأصل.

أحداً، هل استخلفك رسول الله؟، قال: نعم. انتهى.

هذا سند صحيح رجاله جميعاً من ثقات محدثي الشيعة، وقد مر الكلام عليهم.

ومحمد بن منصور، هو المرادي، وعباد هو ابن يعقوب الرواجني، وعلي بن هاشم هو ابن البريد.

والحسين بن علي: هو الإمام الحسين بن علي الفخي -صلوات الله عليه-.

ووالده: **هو علي بن الحسن بن الحسن بن علي بن أبي طالب -صلوات الله عليهم-**: الذي يضرب بعبادته المثل، وأحد المحبوسين في حبس الدوانيقي العباسي ظلماً وعدواناً، مع نبذة من أكابر أهل بيته وفضلائهم، والقصة مشهورة.

باب القول في توجيه الميت إلى القبلة وتلقينه كلمة التوحيد

[898] **مجموع زيد بن علي -عليهما السلام-** [صـ126]: حدثني زيد بن علي، عن أبيه، عن جده، عن علي -عليهم السلام-، قال: دخل رسول الله -صلى الله عليه وآله وسلم- على رجل من ولد عبد المطلب وهو يجود بنفسه، وقد وجهوه لغير القبلة، فقال: «وجهوه القبلة، فإنكم إذا فعلتم ذلك أقبلت عليه الملائكة، وأقبل الله عليه بوجهه، فلم يزل كذلك حتى يقبض»، قال: ثم أقبل رسول الله -صلى الله عليه وآله وسلم- فلقنه لا إله إلا الله وقال: «لقنوها موتاكم، فإنها من كانت آخر كلامه دخل الجنة». انتهى.

[899] **أمالي أحمد بن عيسى -عليهما السلام-** [2/ 410]: وأخبرنا محمد، حدثني أحمد بن عيسى، عن حسين، عن أبي خالد، عن زيد، عن آبائه، عن علي -عليهم السلام-، قال: (دخل رسول الله -صلى الله عليه وآله وسلم- على

رجل من ولد عبد المطلب وهو في السَّوْقِ، وقد وجه لغير القبلة، فقال: «وجهوه للقبلة، فإنكم إذا فعلتم ذلك أقبلت عليه الملائكة، وأقبل الله عليه بوجهه، فلم يزل كذلك حتى يقبض».

قال محمد: أقبل الله عليه برحمته. انتهى.

[900] **الجامع الكافي** [2/364]: ذكر عن علي -صلى الله عليه- قال: دخل رسول الله -صلى الله عليه وآله وسلم- على رجل في السَّوْقِ وقد وجه لغير القبلة، فقال «وجهوه القبلة، فإنكم إذا فعلتم ذلك أقبلت عليه الملائكة، وأقبل الله عليه بوجهه، فلم يزل كذلك حتى يقبض». انتهى.

[901] **المؤيد بالله** -عليه السلام- في **شرح التجريد** [1/553]: وذلك لما رواه زيد بن علي، عن أبيه، عن جده، عن علي -عليهم السلام-، قال: دخل رسول الله -صلى الله عليه وآله وسلم- على رجل من ولد عبد المطلب وهو يجود بنفسه، وقد وجهوه إلى غير القبلة، فقال: «وجهوه للقبلة». انتهى.

[902] **محمد بن منصور المرادي** -رحمه الله- في **الذكر** [ص134]: حدثنا محمد بن منصور، قال: حدثنا محمد بن راشد، قال: حدثنا عيسى بن عبد الله، قال: أخبرني أبي، عن أبيه، عن جده، عن علي -عليهم السلام-، قال: قال رسول الله -صلى الله عليه وآله وسلم-: «ليس على أهل لا إله إلا الله وحشة في قبورهم، كأني أنظر إليهم ينفضون التراب على رؤوسهم، يقولون: الحمد الله الذي صدقنا وعده». انتهى.

رجال هذا الإسناد من ثقات محدثي الشيعة، وقد مر الكلام عليهم.

باب النهي عن الصياح على الميت

[903] **أمالي أحمد بن عيسى** -عليهما السلام- [2/410]: أخبرنا محمد، حدثنا أحمد بن عيسى، عن حسين، عن أبي خالد، عن زيد، عن آبائه، عن علي -

عليهم السلام-، قال: أتي رسول -صلى الله عليه وآله وسلم- فقيل له هذا عبد الله بن رواحة ثقيل، فأتاه وهو مغمي عليه، فدعاه ثلاث مرات فلم يجبه، فقال: «اللهم عبدك إن كان قد انقضى أجله ورزقه وأثره فإلى جنتك ورحمتك، وإن كان لم ينقض أجله ورزقه وأثره فعجل شفاءه وعافيته».

فقال بعض القوم: يا رسول الله عجباً لعبد الله وتعرضه للشهادة ثم لم تقض له حتى يكون قبضاً على فراشه، فقال رسول الله -صلى الله عليه وآله وسلم- : «أتدرون من الشهيد من أمتي»، قالوا: نعم؛ الذي يقتل في سبيل الله صابراً محتسباً غير مُوَلٍ، فقال: «إن شهداء أمتي إذاً لقليل، الشهيد الذي ذكرتم، والطعين، والمبطون، وصاحب الهدم، والغريق، والمرأة تموت جمعاً».

قالوا: وكيف تموت المرأة جمعاً؟.

قال: «يعترض ولدها في بطنها».

قال فخرج النبي -صلى الله عليه وآله وسلم- فوجد عبد الله بن رواحة خفة في جسمه، قال: فقيل للنبي -صلى الله عليه وآله وسلم-: هذا عبد الله بن رواحة.

قال: فوقف، فقال: يا عبد الله، حدث بما رأيت، فقد رأيت عجباً.

قال: رأيت ملكاً من الملائكة بيده مقمعة من حديد تأجج ناراً كلما صرخت صارخة: يا جبلاه، أهوى بها(431) لهامتي أنت(432) جبلها؟!

فأقول: بل الله، فيكف بعد إهواء.

فإذا قالت: يا عزاه، أهوى بها لهامتي، أنت(433) عزها؟

(431) أي بالمقمعة. تمت مؤلف.

(432) أي أأنت. تمت مؤلف.

(433) أي أأنت. تمت مؤلف.

فأقول: بل الله، فيكف بعد إهواء.

فقال رسول الله -صلى الله عليه وآله وسلم-: «صدق، فما بال موتاكم يبتلون بقول أحياكم».

[904] [وبه، قال: حدثنا محمد، قال: حدثني] حمزة بن أحمد، قال: حدثني عمي، عن أبيه، عن جده، عن علي -عليه السلام-، قال: (لما مات إبراهيم أمرني رسول الله -صلى الله عليه وآله وسلم- فغسلته، وكفنه رسول الله -صلى الله عليه وآله وسلم- وحنطه، وقال لي: «احمله يا علي»، فحملته حتى جئت به إلى البقيع، فصلى عليه رسول الله -صلى الله عليه وآله وسلم- ثم قال لي: «انزل يا علي في قبره»، فنزلت، ودلاه عليّ رسول الله -صلى الله عليه وآله وسلم-، فلما أن رآه منصباً بكى رسول الله -صلى الله عليه وآله وسلم-، فبكى المسلمون لبكاء رسول الله -صلى الله عليه وآله وسلم- حتى ارتفعت أصوات الرجال على أصوات النساء، فنهاهم رسول الله -صلى الله عليه وآله وسلم- أشد النهي، وقال: «تدمع العين، ويحزن القلب، ولا نقول ما يسخط الرب، لولا أجل معدود، ويوم موعود، لاشتد حزننا عليك يا إبراهيم، وإنا بك لصبون[434]، وإن عليك لمحزونون»، ثم سوى قبره ووضع يده عند رأسه وغمزها حتى بلغت الكوع، وقال: «بسم الله ختمتك من الشيطان أن يدخلك» ثم قال لي: «يا علي، إن كان إبراهيم لنبياً».

قال عمي: فقلت لأبي كيف يكون[435]«إن كان لنبيئاً»، وقد قال الله[436] لا نبي بعده.

فقال: ألا ترى أنه مضى قبله وأن محمداً ختمه -صلى الله عليه وآله وسلم-.

---

(434) أي: حزينون، وفي أمالي أحمد بن عيسى: (لمصابون).

(435) أي قوله تمت مولف

(436) أي في قوله خاتم النبئين تمت مولف

[905] [وبه، قال: حدثنا محمد، قال: حدثني] حمزة بن أحمد، قال: حدثني عمي، عن أبيه، عن جده، عن علي -عليه السلام-، قال: قال رسول الله -صلى الله عليه وآله وسلم-: «لو أن إبراهيم عاش ما أذنت في قبطي يسترق ولا قبطية».

[906] [وبه، قال: حدثنا محمد، قال: حدثني] حمزة بن أحمد، قال: حدثتني عمتي، عن أمها أم حسين: أنها حضرت جعفر بن محمد عند وفاته، فقال: لا تلطمن علي خداً، ولا تشقن علي جيباً، فما من امرأة تشق جيبها إلا صدع لها في جنهم صدعاً كلما زادت زيدت، كلما زادت زيدت. انتهى.

الرجال:

أما حسين بن علوان، وأبو خالد: فقد تقدما.

[ترجمة حمزة بن أحمد، وعمه عبد العظيم، وبعض آبائه]

وأما حمزة بن أحمد، وعمه، ووالده: فإليك الكلام عليهم:

قال في الجداول: حمزة بن أحمد، عن أبيه، عن جده، وعنه عبد العظيم.

هو حمزة بن أحمد بن عبد الله بن علي بن الحسن بن زيد بن الحسن بن علي بن أبي طالب. انتهى.

قلت: الصواب وعن عبد العظيم عن أبيه عن جده، إن كان عبد العظيم عم حمزة، لأنه قد صرح بالتحديث عن عمه، وأما عمه فإن كان عبد العظيم بن عبد الله الحسني فقد مر في باب القول في الأمراض والأعواض، وإن كان غيره فسيأتي الكلام عليه بعد أن نتكلم على والد عبد العظيم وجده.

وأما والد عبد العظيم:

فقال في الجداول: عبد الله بن علي بن الحسن بن زيد بن الحسن بن علي بن أبي طالب؛ عن أبيه، وعنه ولده عبد العظيم، في غسل إبراهيم وتكفينه. انتهى.

وأما والد عبد الله:

فقال في الجداول: علي بن الحسن بن زيد بن الحسن بن علي بن أبي طالب، أبو عبد الله، حدثنا مرسلاً في موت إبراهيم، وعنه ولده عبد الله. انتهى.

قلت وبالله التوفيق: والذي ظهر لي أن حمزة بن أحمد؛ هو حمزة بن أحمد بن عبد الله بن محمد بن عمر بن علي بن أبي طالب، وعمه هو عيسى بن عبد الله بن محمد بن عمر بن علي بن أبي طالب، وليس كما ذكره في الجداول والطبقات من أنه حمزة بن أحمد بن عبد الله بن علي بن الحسن ...إلخ.

يؤيد ذلك: أن حمزة بن أحمد بن عبد الله بن محمد بن عمر بن علي يروي عن عمه عيسى بن عبد الله، ويروي عنه محمد بن عبد الله الحضرمي، ومحمد بن عبد الله الحضرمي شيخ محمد بن منصور، وكل منهما قد روى عن حمزة:

أما محمد بن منصور: فكما هنا.

وأما محمد بن عبد الله الحضرمي: فقد روى الطبراني في الأوسط حديثاً من طريق محمد بن عبد الله الحضرمي، عن حمزة بن أحمد بن عبد الله بن محمد، عن عمه عيسى بن عبد الله، عن أبيه، عن جده، عن علي -عليه السلام-، فهذا هو الوجه فيما ذكرنا، والله أعلم.

[907] **مجموع زيد بن علي -عليهما السلام- [ص126]:** حدثني زيد بن علي، عن أبيه، عن جده، عن علي -عليهم السلام-، قال: قال رسول الله -صلى الله عليه وآله وسلم-: «ليس منا من حلق، ولا من سلق، ولا من خرق، ولا من دعا بالويل والثبور».

قال زيد بن علي -عليه السلام-: **السلق:** الصياح، **والخرق:** خرق الجيب، **والحلق:** حلق الشعر.

[908] حدثني زيد بن علي، عن أبيه، عن جده، عن علي -عليهم السلام-:

أن النبي -صلى الله عليه وآله وسلم- نهى عن النوح. انتهى.

[910] **المؤيد بالله -عليه السلام- في شرح التجريد** [1/ 553]: ولا يحل الصياح عليه، ولا لطم الوجه، ولا خمشه، ولا شق الجيب، وهذا كله منصوص عليه في الأحكام.

واستدل: بما روي عن النبي -صلى الله عليه وآله وسلم- أنه قال: «صوتان ملعونان فاجران في الدنيا والآخرة؛ صوت رنة عند مصيبة، وشق جيب، وخمش وجه، ورنة شيطان، وصوت عند نعمة؛ صوت لهو ومزامير شيطان».

وروى زيد بن علي، عن أبيه، عن جده، عن علي -عليهم السلام-، قال: قال النبي -صلى الله عليه وآله وسلم-: «ليس منا من حلق ولا من سلق ولا من خرق ولا من دعا بالويل والثبور».

قال زيد بن علي -عليه السلام-: الحلق: حلق الشعر، والسلق: الصياح، والخرق: خرق الجيب.

[911] وروى أيضاً عن أبيه، عن جده، عن علي -عليهم السلام-: أن النبي -صلى الله عليه وآله وسلم- نهى عن النوح. انتهى.

[912] **الهادي -عليه السلام- في الأحكام** [1/ 127]: ولا ينبغي ولا يحل الصياح عليه، ولا الصراخ، ولا لطم الوجه، ولا خمشه، ولا شق الجيب.

وفي ذلك ما بلغنا عن رسول الله -صلى الله عليه وآله وسلم- أنه نهى عن ذلك أشد النهي؛ فقال -صلى الله عليه وآله وسلم-: «تدمع العين، ويحزن القلب، ولا نقول ما يسخط الرب».

قال: وبلغنا عن رسول الله -صلى الله عليه وآله وسلم- أنه قال: «صوتان ملعونان فاجران في الدنيا والآخرة: صوت عند مصيبة؛ شق جيب وخمش وجه ورنة شيطان، وصوت عند نعمة؛ صوت لهو ومزامير شيطان». انتهى.

[913] **الجامع الكافي**[2/ 459]: وروى محمد بأسانيده عن النبي -صلى الله عليه وآله وسلم- أنه قال: «ليس منا من ضرب الخدود، وشق الجيوب، ودعى بدعاء الجاهلية».

[914] وعنه -صلى الله عليه وآله وسلم-: أنه لعن الشاقة، والناشرة، والرانة.

وعنه -صلى الله عليه وآله وسلم-: «ليس منا من حلق أو سلق أو خرق».

قال محمد: الحلق: حلق الشعر، والسلق: اللطم، والخرق: خرق الجيب. انتهى.

[915] [**الهادي** -عليه السلام- **في الأحكام**[1/ 132]: لا أرى أنه يجوز هذا الفعل الذي يفعله الناس من الصياح على الجنازة بموت الميت والنعي له في الأسواق والطريق، ولكن يؤذن به من أرادوا الإيذان له بالرسل من أولياء الميت، وقد جاء عن رسول الله -صلى الله عليه وآله وسلم- الكراهية فيه:

حدثني أبي عن أبيه: أنه سئل عن الإيذان في الجنازة.

فقال: ما أحب أن يصرخ به، وقد جاء عن رسول الله -صلى الله عليه وآله وسلم-: أنه نهى عن النعي، وقال: «إنه من فعل الجاهلية».

ولا بأس بالإيذان بل ذلك حسن أن يؤذن به أصحابه وإخوانه ومعارفه وأقاربه. انتهى.

[916] **الجامع الكافي**[2/ 406]: قال القاسم -عليه السلام-: عن النبي -صلى الله عليه وآله وسلم- أنه نهى عن النعي، وقال: «إنه من فعل الجاهلية»، ولكن إن آذن به إخوانه وأقاربه فلا بأس به إن شاء الله، وما أحب أن يصرخ به. انتهى.

[917] **أمالي أحمد بن عيسى** -عليهما السلام- [2/ 426]: حدثنا محمد، أخبرنا جعفر، عن قاسم بن إبراهيم، في الأذان بالجنازة: ما أحب أن يصرخ به، وقد جاء

عن النبي -صلى الله عليه وآله وسلم- أنه نهى عن النعي، وقال: «إنه من فعل أهل الجاهلية»، ولكن إن آذن به إخوانه وأقاربه فلا بأس إن شاء الله. انتهى.

باب القول في الصبر عند المصيبة والاسترجاع

[918] الهادي -عليه السلام- في الأحكام[2/402]: قال يحيى بن الحسين -صلوات الله عليه- ليس من أهل الصبر من لم يصبر نفسه عن معاصي الله، ويصبرها على طاعة الله، وفي ذلك ما بلغنا عن رسول الله -صلى الله عليه وآله وسلم- أنه قال: «إن الله تبارك وتعالى إذا أحب عبداً ابتلاه، وإذا ابتلاه فصبر كافاه».

[919] وفي ذلك ما بلغنا عن أمير المؤمنين علي بن أبي طالب -عليه السلام-، أنه قال: قال رسول الله -صلى الله عليه وآله وسلم-: «ثلاث من كن فيه حرم الله لحمه على النار، وله الجنة: من إذا أصابته مصيبة استرجع، وإذا أنعم الله عليه بنعمة حمد الله عند ذكره إياها، وإذا أذنب استغفر الله». انتهى.

[920] مجموع زيد بن علي -عليهما السلام-[صـ271]: حدثني زيد بن علي، عن أبيه، عن جده، عن علي -عليهم السلام-، قال: قال رسول الله -صلى الله عليه وآله وسلم-: «إن الرجل لتكون له درجة [رفيعة] في الجنة لا ينالها إلا بشيء من البلايا تصيبه، حتى ينزل به الموت وما بلغ تلك الدرجة فيشدد عليه حتى يبلغها». انتهى.

باب القول في التعزية

[921] أمير المؤمنين -عليه السلام- في نهج البلاغة[صـ527]: وقد عزى الأشعث بن قيس في ابن له قال -عليه السلام-: (يا أشعث إن تحزن على ابنك فقد استحقت ذلك منك الرحم، وإن تصبر ففي الله من كل مصيبة خلف.

يا أشعث إن صبرت جرى عليك القدر وأنت مأجور، وإن جزعت جرى

عليك القدر وأنت مأزور.

[يا أشعث] ابنك سرك؛ وهو بلاء وفتنة، وأحزنك وهو ثواب ورحمة). انتهى.

[922] وفي النهج أيضاً: وقال -عليه السلام- على قبر رسول الله -صلى الله عليه وآله وسلم- ساعة دفن: (إن الصبر لجميل إلا عنك، وإن الجزع لقبيح إلا عليك، وإن المصاب بك لجليل، وإنه قبلك وبعدك لجلل). انتهى.

باب القول في غسل الميت وتعجيل دفنه

المؤيد بالله -عليه السلام- في شرح التجريد [1/ 556]: لا خلاف في وجوب غسل المسلمين إذا ماتوا، وكذا الكافر إذا شهد شهادة الحق؛ لأنه يصير بتلك الشهادة مسلماً. انتهى.

القاضي زيد في الشرح: وغسل من مات من المسلمين فرض على الكفاية، إلا الشهيد الذي يموت في المعركة فإنه لا يغسل، فهذا لا خلاف فيه، وهو معلوم من دين النبي -صلى الله عليه وآله وسلم-، والخلاف في غسل الشهيد الذي في المعركة. انتهى.

[923] **مجموع زيد بن علي -عليهما السلام-** [صـ118]: حدثني زيد بن علي، عن أبيه، عن جده، عن علي -عليهم السلام-، قال: قال رسول الله -صلى الله عليه وآله وسلم-: «من غسل أخاً له مسلماً فنظفه ولم يقذره، ولم ينظر إلى عورته، ولم يذكر منه سوءاً ثم شيعه وصلى عليه، ثم جلس حتى يدلى في قبره خرج من ذنوبه عطلاً». انتهى.

[924] **أمالي أحمد بن عيسى -عليهما السلام-** [2/ 414]: حدثني أحمد بن عيسى، عن حسين، عن أبي خالد، عن زيد، عن آبائه، عن علي -عليهم السلام-، قال: قال رسول الله -صلى الله عليه وآله وسلم-: «أيما امرأ مسلم غسل أخاً له

مسلماً فلم يقذره، ولم ينظر إلى عورته، ولم يذكر منه سوءاً، ثم شيعه وصلى عليه، ثم جلس حتى يدلى في حفرته خرج من ذنوبه عطلاً». انتهى.

[925] الهادي -عليه السلام- في الأحكام [1/127]: بلغنا عن رسول الله -صلى الله عليه وآله وسلم- أنه قال: «أيما امرأ مسلم غسل أخاه المسلم فلم يقذره، ولم ينظر إلى عورته، ولم يذكر منه سوءاً، ثم شيعه وصلى عليه ثم جلس حتى يدلى في قبره خرج عطلاً من ذنوبه».

قال يحيى بن الحسين -رحمة الله عليه-: لا ينبغي لمن مات في أول النهار أن يبيت إلا في قبره، ومن مات في أول الليل أحببنا له أن لا يصبح إلا في قبره، إلا أن يضر ذلك بأهله، إلا أن يكون غريقاً، أو صاحب هدم، أو مبرسماً، فإنا نحب التأني بهم، وقد بلغنا عن رسول الله -صلى الله عليه وآله وسلم- قريب من ذلك. انتهى.

[926] أمالي أحمد بن عيسى -عليهما السلام- [2/414]: [حدثنا] علي بن محمد بن حسين بن عيسى بن زيد، عن أبيه، عن عمر بن محمد، عن أبيه، قال: قال رسول الله -صلى الله عليه وآله وسلم-: «ادفنوا موتاكم بالنهار، فإن ملائكة النهار أرفق(437) من ملائكة الليل» انتهى.

الرجال:

أما علي بن محمد:

فهو علي بن محمد بن حسين بن عيسى بن زيد بن علي بن الحسين بن علي بن أبي طالب، يروي عن أبيه عن جده، وعنه محمد بن منصور المرادي.

وأما والده: محمد بن الحسين:

---

(437) في أمالي أحمد بن عيسى: (فإن ملائكة النهار أرأف من ملائكة الليل).

فهو يروي عن أبيه عن جده، وعمر بن محمد، وعنه ولده علي.

وأما عمر بن محمد: فيحتمل أنه عمر بن محمد بن علي بن أبي طالب، أو عمر بن محمد بن عمر بن أبي طالب أبو إبراهيم العلوي، وخلاصة القول أن هذه السلسة العلوية من الأخيار الأثبات الثقات، رضي الله عنهم.

باب القول في الشهيد وما ينزع عنه من الثياب

[927] **مجموع زيد بن علي -عليهما السلام- [صـ120]:** حدثني زيد بن علي، عن أبيه، عن جده، عن علي -عليهم السلام-، قال: قال رسول الله -صلى الله عليه وآله وسلم-: «إذا مات الشهيد من يومه أو من الغد فواروه في ثيابه، وإن بقي أياماً حتى تغيرَ جراحُه غُسِل». انتهى.

[928] **أمالي أحمد بن عيسى -عليهما السلام- [2/ 420]:** حدثنا محمد، حدثني أحمد بن عيسى، عن حسين، عن أبي خالد، عن زيد، عن آبائه، عن علي -عليهم السلام-، قال: قال رسول الله -صلى الله عليه وآله وسلم-: «إذا مات الشهيد من يومه أو من الغد فواروه في ثيابه، وإن بقي أياماً حتى تغير جراحته غسل». انتهى.

[929] **المؤيد بالله -عليه السلام- في شرح التجريد [1/ 557]:** وروى زيد بن علي، عن أبيه، عن جده، عن علي -عليهم السلام-، قال: لما كان في يوم بدر أصيبوا فذهبت رؤوس عامتهم فصلى عليهم رسول الله -صلى الله عليه وآله وسلم- ولم يغسلهم، وقال «انزعوا عنهم الفراء». انتهى.

قوله: (يوم بدر) الصواب يوم أحد، وهو الموافق للمشهور من الروايات، وهو المطابق لرواية المجموع الآتية.

[930] **مجموع زيد بن علي -عليهما السلام- [صـ120]:** حدثني زيد بن علي، عن أبيه، عن جده، عن علي -عليهم السلام-، قال: لما كان يوم أحد

أصيبوا فذهبت رؤوس عامتهم فصلى عليهم رسول الله -صلى الله عليه وآله وسلم- ولم يغسلهم، وقال: «انزعوا عنهم الفراء». انتهى.

[931] **أمالي أحمد بن عيسى -عليهما السلام-** [2/ 420]: [حدثني] أحمد بن عيسى، عن حسين، عن أبي خالد، عن زيد، عن آبائه، عن علي -عليهم السلام-، قال: لما كان في يوم بدر أصيبوا فذهب رؤوس عامتهم فصلى عليهم رسول الله -صلى الله عليه وآله وسلم-، وقال : «انزعوا عنهم الفراء». انتهى.

[932] **مجموع زيد بن علي -عليهما السلام-** [صـ120]: حدثني زيد بن علي، عن أبيه، عن جده، عن علي -عليهم السلام-، قال: (ينزع عن الشهيد الفرو والخف والقلنسوة والعمامة والمنطقة والسراويل إلا أن يكون أصابه دم فإن أصابه دم ترك ولم يترك عليه معقوداً إلا حل) انتهى.

[933] **أمالي أحمد بن عيسى -عليهما السلام-** [2/ 420]: [حدثني] أحمد بن عيسى عن حسين عن أبي خالد عن زيد بن عن آبائه علي -عليهم السلام- قال: (ينزع من الشهيد الفرو، والخف، والقلنسوة، والعمامة، والمنطقة، والسراويل إلا أن يكون أصابه دم، فإن أصابه دم ترك، ولم يترك عليه معقوداً إلا حُلّ). انتهى.

[934] **المؤيد بالله -عليه السلام- في شرح التجريد**[1/ 557]: وروى زيد بن علي، عن أبيه، عن جده، عن علي -عليهم السلام-، قال: (ينزع من الشهيد الخفُّ، والمنطقة، والقلنسوة، والعمامة، والفرو، والسراويل إلا أن يكون أصابه دم فإن كان أصابه دم ترك). انتهى.

[935] **الجامع الكافي** [2/ 375]: قال محمد: كل ميت من المسلمين يغسل إلا الشهيد الذي يقتل بالسيف فيموت في المعركة، فإنه يحنط ولا يغسل، ويدفن كما هو في ثيابه ودمه، وينزع عنه كل جلد كان عليه؛ من فرو وخفين أو حديد أو ذهب أو فضة.

وروى محمد نحو ذلك عن علي -صلى الله عليه-. انتهى.

باب القول في المحترق بالنار كيف يغسل

[936] أمالي أحمد بن عيسى -عليهما السلام- [2/421]: أخبرنا محمد، حدثني أحمد بن عيسى، عن حسين، عن أبي خالد، عن زيد، عن آبائه، عن علي -عليهم السلام-: أنه سئل عن رجل احترق بالنار؛ فأمرهم أن يصبوا عليه الماء صباً. انتهى.

[937] مجموع زيد بن علي -عليهما السلام- [صـ120]: حدثني زيد بن علي، عن أبيه، عن جده، عن علي -عليهم السلام-: أنه سئل عن رجل احترق بالنار؛ فأمرهم أن يصبوا عليه الماء صباً. انتهى.

باب القول في الرجل هل يغسل المرأة أو تغسله هي؟، وهل يُغسل أقل من النصف من بدن الإنسان؟

[938] مجموع زيد بن علي -عليهما السلام- [صـ119]: حدثني زيد بن علي، عن أبيه، عن جده، عن علي -عليهم السلام-: في رجل توفيت امرأته هل ينبغي له أن يرى شيئاً منها؟.

قال -عليه السلام-: (لا، إلا ما يرى الغريب). انتهى.

[939] أمالي أحمد بن عيسى -عليهما السلام- [2/417]: وأخبرنا محمد، حدثني أحمد بن عيسى، عن حسين، عن أبي خالد، عن زيد، عن آبائه، عن علي -عليهم السلام-: في رجل توفيت امرأته، هل ينبغي له أن يرى منها شيئاً؟

قال: (لا إلا ما يرى الغريب). انتهى.

[940] الهادي -عليه السلام- في الأحكام [1/128]: قال يحيى بن الحسين -صلوات الله عليه-: لا بأس أن يغسل الرجل امرأته أو تغسل المرأة زوجها ويتقيان النظر إلى العورة، وقد غسل علي بن أبي طالب -عليه السلام- فاطمة ابنة رسول الله -صلى الله عليه وآله وسلم-.

حدثني أبي، عن أبيه: في الرجل هل يغسل زوجته والمرأة هل تغسل زوجها؟

فقال: لا بأس بذلك، لأن علياً -عليه السلام- قد غسل فاطمة ابنة رسول الله -صلى الله عليه وآله وسلم- وعليها، [وعلى الأخيار من آلهما].

حدثني أبي، عن أبيه: في الرجل تموت ابنته في السفر وليس معها نساء.

فقال: يغسلها ويجتنب النظر إلى العورة.

قال الإمام محمد بن يحيى -عليه السلام-: وأوصى أبو بكر أن تغسله أسماء بنت عميس فغسلته.

قال يحيى بن الحسين -صلوات الله عليه-: إذا ماتت المرأة مع الرجال ولا محرم لها فيهم؛ يُمِّمَت إلا أن يكون الماء ينقيها بالسكب فيسكب الماء عليها سكباً، ولا تكشف لها يدٌ ولا رجلٌ ولا شعر، وإذا مات الرجل مع النساء سكبن الماء عليه سكباً. انتهى.

[941] **أمالي أحمد بن عيسى -عليهما السلام-**[2/ 417]: [حدثنا] جعفر، عن قاسم بن إبراهيم: تَغسلُ المرأةُ زوجها، والرجلُ امرأته؛ لأن علياً -رحمة الله عليه- قد غسل فاطمة، وغيره من الصحابة قد جوزوا ذلك، وغسَّلت أسماءُ بنت عميس أبا بكر، والنساء يغسلن الغلام الذي لم يحتلم إذا لم يكن معهن رجل. انتهى.

[942] **مجموع زيد بن علي -عليهما السلام-** [صـ120]:حدثني زيد بن علي، عن أبيه، عن جده، عن علي -عليهم السلام-، قال: أتى رسول الله -صلى الله عليه وآله وسلم- نفر فقالوا: يا رسول الله، إن امرأة معنا توفيت وليس معها ذو رحم محرم.

فقال -صلى الله عليه وآله وسلم-: «كيف صنعتم بها»، فقالوا: صببنا الماء عليها صباً، قال: «أما وجدتم من أهل الكتاب امرأة تغسلها»، قالوا: لا، قال: «أفلا يممتموها». انتهى.

[943] **أمالي أحمد بن عيسى -عليهما السلام-**[2/ 419]: [حدثني] أحمد بن

عيسى، عن حسين، عن أبي خالد، عن زيد، عن آبائه، عن علي -عليهم السلام-، قال: أتى رسول الله -صلى الله عليه وآله وسلم- نفر، فقالوا: إن امرأة معنا توفيت، وليس معها ذو محرم.

فقال: «كيف صنعتم؟»، قالوا: صببنا الماء عليها صباً، قال: «أما وجدتم امرأة من أهل الكتاب تغسلها»، قالوا: لا، قال: «أفلا يممتموها». انتهى.

[944] **الجامع الكافي** [2/ 382]: قال القاسم ومحمد: يغسل الرجل امرأته والمرأة زوجها، لأن علياً -صلى الله عليه- قد غسل فاطمة -عليه السلام-، وغسلت أسماء بنت عميس أبا بكر.

قال القاسم: وقد أجاز ذلك جماعة من الصحابة. انتهى.

القاضي زيد في الشرح: ويجوز للمرأة غسل زوجها، ولا نعرف فيه خلافاً بين الفقهاء.

وفيه: ولا خلاف أن البينونة إذا حصلت بينهما لا يجوز له غسلها. انتهى.

[945] **الهادي -عليه السلام- في المنتخب** [صـ68]: قال محمد بن سليمان -رضي الله عنه-: قلت: فهل يغسل الرجل زوجته ويدخلها قبرها؟.

قال: قد ذكر[438] ذلك غيرنا ولسنا نرى به بأساً، وقد غسل أمير المؤمنين -عليه السلام- فاطمة -رحمة الله عليها-، وكذلك روي أن أسماء بنت عميس غسلت أبا بكر. انتهى.

القاضي زيد في الشرح: حكى علي بن العباس إجماع أهل البيت -عليهم السلام- على أن الأقل أو النصف من بدن الإنسان إذا وُجِدَ لم يُغسَل، ولم يُصَلَّ عليه، وإن وجد الأكثر منه، أو النصف والرأس غسل، وصُلِّيَ عليه، وهو قول أبي حنيفة وأصحابه. انتهى.

---

(438) في المنتخب: (قد كره ذلك غيرنا).

باب في غسل من مات جنباً وفي الغريق والمصعوق كم يُتَربص بهما؟

[946] **الجامع الكافي** [2/ 377]: قال محمد: وهو قول القاسم -عليه السلام- ومن قتل في سبيل الله، وهو جنب غسل.

قال القاسم: قد غسلت الملائكة حنظلة بن أبي عامر يوم أحد، قتل وهو جنب.

[947] وروى محمد بإسناده أن النبي -صلى الله عليه وآله وسلم- نظر يوم أحد إلى حنظلة بن الراهب تغسله الملائكة، فقال: اسألوا أهله ما أمره؟ فسألوا امرأته؛ فقالت: خرج وهو جنب.

وفيه [2/ 381]: قال محمد: وإذا أشكل أمر الغريق والمصعوق فلم يدر مات أم لا؟ فليتربص به يوم وليلة، روي نحو ذلك عن النبي -صلى الله عليه وآله وسلم-(439)، [وإن لم يشكل لم ينهنه]. **انتهى**.

القاضي زيد في الشرح: قال القاسم -عليه السلام-: يغسل الجنب والحائض إذا ماتا على حالهما، نص عليه في النيروسي، وهو مما لا خلاف فيه.

وقد روي عنه -عليه السلام-: ييممان ثم يغسلان. والله أعلم.

وفيه: وإذا كان الميت جبناً، أو امرأة حائضاً، أجزأهما غسل واحد، ذكره أبو العباس الحسني في النصوص، ونبه عليه القاسم في مسائل النيروسي، وهو مما لا خلاف فيه. انتهى.

---

(439) وقد مر كلام .....عليه السلام في باب غسل الميت وتعجيل دفنه من كتابنا هذا نحو ذلك تمت مؤلف.

باب القول في الميت يوجد ولا يدري أمسلم هو أو كافر ما يفعل به وفي الخنثى ما يصنع به

القاضي زيد في الشرح: إذا وجد ميت ولا يدرى أمسلم أو كافر، فإن كان في قرية من قرى الإسلام، وعليه سيماء المسلمين صُلِّيَ عليه، وإن كان في قرية أهل الكفر وليس عليه سيماء المسلمين لم يصل عليه، ذكره علي بن العباس، عن علماء آل رسول الله -صلى الله عليه وآله وسلم-.

وفيه: وفي الوافي، قال علي بن العباس: أجمع علماء آل رسول الله -صلى الله عليه وآله وسلم- أن الخنثى إذا كانت له جارية تؤمر بغسله، وإن لم يكن له جارية اشتُري من ماله جارية حتى تغسله، وإن لم يكن له مال يمم كما ييمم المجدور. انتهى.

باب القول فيمن أحق أن يلي غسل الميت وصفة الغسل

القاضي زيد في الشرح: ويغسل الميت وليُّه وأولى الناس به من أهل بيته، نص عليه في الأحكام، ولا خلاف فيه.

وفيه: وإذا لم يوجد السدر فلا خلاف أنه يغسل بالماء والقراح انتهى.

[948] **الجامع الكافي**[1/ 367 - 371]: قال القاسم -عليه السلام- في رواية داوود عنه: غسل الميت يجزيء منه ما يجزيء من غسل الجنابة، ويوضئ قبل غسله.

قال محمد: وروي أن بعض بنات النبي -صلى الله عليه وآله وسلم- توفيت فجعل شعرها ثلاثة قرون، وجعل في وسط رأسها.

[949] قال محمد: وإن خرج من الميت شيء من قبله أو دبره أو فمه وأنفه مما ينقض عليه في الغسلة الأولى والثانية مضيت ولم تلتفت إليه، فإن حدث منه شيء بعد كمال الغسلة الثالثة غسلته غسلتين حتى تكون خمساً، ذكر ذلك عن النبي -

صلى الله عليه وآله وسلم-، فإن حدث في الرابعة والخامسة شيء لم يلتفت إليه، فإن حدث بعد ما تكمل [الغسلة] الخامسة غسلته أيضاً غسلتين حتى تكون سبعاً، ذكر ذلك عن النبي -صلى الله عليه وآله وسلم- فإن حدث شيء بعد الغسلة السابعة لم يلتفت إليه ومسحته ورفعته.

[950] وقال محمد أيضاً: سمعنا عن النبي -صلى الله عليه وآله وسلم- أنه أمر أن يمسح بطن المرأة إذا توفيت قبل أن توضئ إلا أن تكون حبلى. انتهى.

القاضي زيد في الشرح: وإن كان الميت امرأة حاملاً وفي بطنها ولد يتحرك وجب إخراج الولد، ولا نعرف فيه خلافاً، واختلفوا هل يكون الإخراج بالشق أو بالمعالجة. انتهى.

الهادي -عليه السلام- في الأحكام [1/ 139]: قال يحيى بن الحسين -صلوات الله عليه-: أول ما يبدأ به من أمره أن يوضع على المغتسل، ويمدد على قفاه مستلقياً، وجهه مستقبل القبلة، ثم تستر عورته، ويجرد من ثيابه، ثم يمسح بطنه ثلاث مسحات رفيقاً، إلا أن يكون الميت مرأة حاملاً فلا يمسح بطنها، ثم يَلُفُّ الغاسل على يديه خرقة، ثم ينقي الفرجين إنقاء نظيفاً؛ يسكب الماء على يديه سكباً، ويغسل به الفرجين غسلاً، ويتجنب النظر إلى العورة هو وغيره ممن يعينه، ولا يلي غسل الميت إلا أولى الناس به، وأطهر من يقدر عليه من أهل ملته، ثم يوضيه وضوء الصلاة؛ يغسل كفيه، ثم يغسل فمه، وأسنانه، وشفته، وأنفه، فينقي ما قدر عليه منه، ثم يغسل وجهه غسلاً لطيفاً، ثم يغسل ذراعه اليمنى إلى المرفق، ثم يغسل كذلك ذراعه اليسرى إلى المرفق، ثم يمسح رأسه، ثم يغسل قدميه إلى الكعبين؛ يبدأ باليمنى ثم باليسرى، ثم يغسل رأسه فينقيه، ثم يغسل بدنه يقلبه يميناً وشمالاً؛ يبدأ بميامنه قبل مياسره، ويستقصي على غلسه كله ظهره وبطنه، ثم يغسل بالحرض في ذلك الغسل وفي تلك الغسلة حتى يَنقى به، ثم يغسل عنه ذلك الحرض [كله]، ثم يغسل بالسدر ويبدأ برأسه فينقى ولحيته،

وإن كانت امرأة لم يسرح رأسها بمشط، ثم يغسل البدن كله بالسدر؛ جوانبه وظهره وبطنه، ثم يغسل عنه ذلك السدر، ثم يغسله غسلة ثالثة بماء فيه كافور، يغسل به جميع بدنه ورأسه ووجهه ويديه ورجليه، [وبطنه] وظهره، فإن حدث به [بعد ذلك] حدث أتم [الغسل خمس مرات، فإن حدث به حدث أتم] سبعاً، فما أتى بعد ذلك احتيل في رده عن الكفن بالكرسف، وما سقط من شعر الميت غسل ورد معه في كفنه. انتهى.

باب القول في تكفين الميت وعدد الأثواب التي يكفن فيها

القاضي زيد في الشرح: وفي الوافي: قال علي بن العباس: أجمع علماء آل رسول الله -صلى الله عليه وآله وسلم- أن الأكفان تجمر بعود، ثم يوضع الميت عليها، ويخرج رأسه من القميص ويعم. انتهى.

[951] **أمالي أحمد بن عيسى -عليهما السلام-**[2/ 415]: [حدثنا] علي ومحمد ابنا أحمد بن عيسى، عن أبيهما، قال: السنة في كفن الرجل ما كفن فيه النبي -صلى الله عليه وآله وسلم- قميص وإزار ولفافة، وأما المرأة فخمسه أثواب؛ أحدها خرقه تشد بها من السرة إلى الركبتين، إلا أن يكون بها أمر تحتاج إلى أكثر من ذلك لبعض العلل هذا أحسن ما أرى، وبه آخذ.

قال محمد: وهذا قول أحمد بن عيسى. انتهى.

[952] **الهادي -عليه السلام- في المنتخب** [صـ64]: قال -صلوات الله عليه-: أقل ذلك ثوب واحد يلف به لفاً، وقد فعل ذلك رسول الله -صلى الله عليه وآله وسلم- بعمه حمزة، وبعد ذلك ثوب وثوبان وأكثر، والأمر في ذلك واسع. انتهى.

[953] **الجامع الكافي** [2/ 391]: قال أحمد بن عيسى -عليه السلام-: السنة في كفن الرجل ما كفن فيه النبي -صلى الله عليه وآله وسلم- قميص وإزار ولفافة.

وقال القاسم -عليه السلام-: يكفن الرجل في ثلاثة أثواب إذا وجد، كما جاء عن النبي -صلى الله عليه وآله وسلم- أنه كفن في ثلاثة أثواب، ويكفن في ثوب واحد إذا لم يوجد له غيره، قد كَفَّن رسول الله -صلى الله عليه وآله وسلم- حمزة في برد وهي الشملة، كان إذا غطى رجليه بدا رأسه، وإذا غطى رأسه بدت رجلاه، فأمر رسول الله -صلى الله عليه وآله وسلم- أن يجعل على رجليه شيء من نبات الأرض.

وتكفن المرأة على قدر ما يمكن في السعة والجدة من ثوب أو ثوبين أو ثلاثة، وتخمر المرأة بخمار يعصب على رأسها عصباً، ويضم شعر الميتة ضماً بعضه إلى بعض، ولا يربط برباط من غيره. انتهى.

[954] وفيه[2/394]: وقال محمد: فيما حدثنا حسين، عن ابن وليد، عن سعدان، عنه، قال: من أدركت من آل رسول الله -صلى الله عليه وآله وسلم- كانوا لا يزيدون على ثلاثة أثواب في الكفن للرجال، وخمسة للنساء. انتهى.

[955] الهادي -عليه السلام- في الأحكام[1/133]: وقد روي أن رسول الله -صلى الله عليه وآله وسلم- كفن في ثلاثة أثواب، فإن لم يكن غير واحد أجزأ، وقد كفن رسول الله -صلى الله عليه وآله وسلم- عمه حمزة بن عبد المطلب -رضي الله عنه- في بردة خيبرية، إذا غطى بها رأسه انكشفت رجلاه، وإذا غطى بها رجليه انكشف رأسه، فغطي بها رأسه وجعل على رجليه شيئاً من نبات الأرض. انتهى.

[956] المؤيد بالله -عليه السلام- في شرح التجريد[1/573]: وقلت إنه يكفن في ثلاثة أثواب: لما روي عن زيد بن علي، عن أبيه، عن جده، عن علي -عليهم السلام-، قال: كفنت رسول الله -صلى الله عليه وآله وسلم- في ثلاثة أثواب: ثوبين يمانيين، أحدهما سحق، والآخر كان يتجمّل به. انتهى.

[957] **الهادي** -عليه السلام- في الأحكام [1/133]: حدثني أبي، عن أبيه، أنه سئل في كم يكفن الرجل والمرأة والصبي؟

فقال: يكفن الرجل في ثوب واحد إذا لم يوجد غيره، وفي ثلاث أثواب إذا وجدت، وقد كفن رسول -صلى الله عليه وآله وسلم- في ثلاث أثواب، وقد كفن رسول الله -صلى الله عليه وآله وسلم- عمه حمزة بن عبد المطلب -رضي الله عنه- في بردة خيبريه، وهي الشملة. انتهى.

القاضي زيد في الشرح: وإذا مات ميت ولم يكن بيت مال، فكفنه على المسلمين، وإليه ذهب السيد المؤيد بالله، على أن المسألة لا يعرف فيها خلاف.

وفيه: والكفن يجب من أصل التركة، وهو قبل الديون والوصايا، وهو قول أبي حنيفة وأصحابه، والشافعي، وعامة الفقهاء، على أن ذلك مما لا يعرف فيه خلاف الآن. انتهى.

[957] **الجامع الكافي** [2/400]: قال الحسن -عليه السلام- فيما روى ابن صباح عنه- وهو قول محمد: يبدأ بالكفن وما يحتاج إليه من حنوط وحفر وقبر وما يصلحه حتى يوارى في قبره، من جميع المال، فإن لم يترك إلا قيمة الكفن وعليه دين بدأ بالكفن وترك الدين.

قال محمد: قال علي -عليه السلام- وابن مسعود: الكفن من جميع المال. انتهى.

باب القول في المحرم يموت هل يغطى رأسه وهل يحنط؟

[958] **الجامع الكافي** [2/401]: قال محمد: سألت أحمد بن عيسى -عليه السلام- عن المحرم يموت، هل يغطي رأسه؟

فقال: لا، وذكره عن النبي -صلى الله عليه وآله وسلم-، إلا أن عائشة كانت ترى ذلك، فمال الناس إلى قولها.

وقال القاسم -عليه السلام-: في المحرم يموت هل يخمر رأسه؟

فقال: ذكر عن ابن عباس أن النبي -صلى الله عليه وآله وسلم- قال -في محرم وقصته ناقته فمات-: «كفنوه وحنطوه ولا تخمروا رأسه، فإنه يبعث يوم القيامة ملبياً».

وقال محمد: إذا مات المحرم غسل وكفن، ولا يقرب طيباً، ولا يغطى رأسه، كذلك سمعنا عن النبي -صلى الله عليه وآله وسلم- وبه نأخذ، ولا بأس أن يغطي وجهه إذا مات. انتهى.

وسيأتي ما بقي من الروايات في هذا الباب في كتاب الحج إن شاء الله.

باب القول في غسل النبي -صلى الله عليه وآله وسلم- وتكفينه ودفنه، وأن اللحد لنا والضرح لغيرنا

[960] أمالي أحمد بن عيسى -عليهما السلام-[2/415]: حدثنا محمد، حدثني أحمد بن عيسى، عن حسين، عن أبي خالد، عن زيد، عن آبائه، عن علي -عليهم السلام-، قال: لما أخذنا في غسل رسول الله -صلى الله عليه وآله وسلم- سمعت منادياً ينادي من جانب البيت: لا تخلعوا القميص، قال: فغسلنا رسول الله -صلى الله عليه وآله وسلم- وعليه القميص فلقد رأيتني أغسله وإن يد غيري لتردد عليه، وإني لأعان على تقليبه، ولقد أردت أن أكبه فنوديت أن لا تكبه. انتهى.

[961] مجموع زيد بن علي -عليهما السلام-[صـ127]: حدثني زيد بن علي، عن أبيه، عن جده، عن علي -عليهم السلام-، قال: لما أخذنا في غسل رسول الله -صلى الله عليه وآله وسلم- سمعت منادياً ينادي من جانب البيت: لا تخلعوا القميص، قال: فغسلنا رسول الله -صلى الله عليه وآله وسلم- وعليه القميص، فلقد رأيتني أغسله وإن يد غيري لتردد عليه، وإني لأعان على تقليبه، ولقد أردت أن أكبه فنوديت أن لا تكبه. انتهى.

[962] **الجامع الكافي** [2/374]: قال الحسن -عليه السلام- في رواية ابن صباح عنه، ومحمد: سمعنا عن علي صلى الله عليه أنه غسل النبي -صلى الله عليه وآله وسلم- في قميصه، وأنه نودي من جانب البيت: لا تخلعوا القميص، وهذا عندي صحيح.

وروى محمد بأسانيده: أن علياً غسل النبي -صلى الله عليه وآله وسلم- والفضل يمسكه، والعباس يصب الماء، وأسامة بن زيد ينقل الماء، وهم أدخلوه قبره، وأن علياً صلى الله عليه غسل النبي -صلى الله عليه وآله وسلم- وعلى يده خرقة، وأن النبي -صلى الله عليه وآله وسلم- قال لعلي: «لا يرى عورتي غيرك إلا ذهب بصره». انتهى.

[963] **أمالي أحمد بن عيسى -عليهما السلام-** [2/427]: [حدثنا] عباد بن يعقوب، عن حسين بن زيد، عن إسماعيل بن عبد الله بن جعفر، عن أبيه، عن علي -عليه السلام-، قال: أوصاني رسول الله -صلى الله عليه وآله وسلم- قال: «إذا أنا مت فغسلني بسبع قرب من بئري بين غرس [بقباء]»، قال أبو جعفر: قيل: غرس قريب من قباء]. انتهى.

رجال هذا الإسناد فيهم من قد تكلمنا عليه: وهو عباد بن يعقوب وحسين بن زيد بن علي.

ومنهم من لم نتكلم عليه: وهو إسماعيل بن عبد الله ووالده.

[ترجمة إسماعيل بن عبد الله بن جعفر الطيار، وأبيه]

فأما إسماعيل:

فقال في الجداول: إسماعيل بن عبد الله بن جعفر الطيار، عن أبيه، وعن أنس، حديث الطير، وعنه الحسين بن زيد، والحسين بن علي، وعبد الله بن مصعب، وابن أبي مليكة، وجمع. انتهى.

قلت: عده المهدي بن الهادي اليوسفي في الإقبال من ثقات محدثي الشيعة.

وأما والده: فهو من أصحاب رسول الله -صلى الله عليه وآله وسلم-، وأحد خواص أمير المؤمنين.

قال في الجداول: عبد الله بن جعفر الطيار، ولد بالحبشة، وأحد أسخياء الصحابة، روى عن النبي -صلى الله عليه وآله وسلم-، وأمه أسماء، وعنه ابناه، وجماعة. انتهى.

[964] **الهادي -عليه السلام- في الأحكام**[1/ 128]: بلغنا عن أمير المؤمنين علي بن أبي طالب -عليه السلام- أنه قال: لما أخذت في غسل رسول الله -صلى الله عليه وآله وسلم- سمعت منادياً ينادي من جانب البيت: لا تخلعوا القميص، قال: فغسلنا رسول الله -صلى الله عليه وآله وسلم- وعليه القميص، فلقد رأيتني أغسله وإن يد غيري لتردد عليه، وإني لأعان على تقليبه، ولقد أردت أكبه فنوديت أن لا تكبه.

وبلغنا عنه صلى الله عليه أنه قال: كفنت رسول الله -صلى الله عليه وآله وسلم- في ثلاثة أثواب: ثوبين يمانيين أحدهم سحق، وقميص كان يتجمل فيه. انتهى.

[965] **مجموع زيد بن علي -عليهما السلام-**[صـ128]: حدثني زيد بن علي، عن أبيه، عن جده، عن علي -عليهم السلام-، قال: كفنت رسول الله -صلى الله عليه وآله وسلم- في ثلاثة أثواب: ثوبين يمانيين أحدهما سحق، وقميص كان يتجمل به. انتهى.

[966] **أمالي أحمد بن عيسى -عليهما السلام-**[2/ 415]: حدثنا محمد، حدثني أحمد بن عيسى، عن حسين، عن أبي خالد، عن زيد، عن آبائه، عن علي -عليهم السلام-، قال: كفن رسول الله -صلى الله عليه وآله وسلم- في ثلاثة أثواب: ثوبين يمانيين أحدهما سحق، وقميص كان يتجمل فيه. انتهى.

[967] **الجامع الكافي [2/ 392]**: وروى محمد بأسانيد جيدة أن النبي -صلى الله عليه وآله وسلم- كفن في ثلاثة أثواب صحاريين، وبرد حبرة أحدهما سحق.

قال محمد: السحق: القديم. انتهى.

[968] **مجموع زيد بن علي -عليهما السلام-** [صـ127]: حدثني زيد بن علي، عن أبيه، عن جده، عن علي -عليهم السلام-، قال: لما قبض رسول الله -صلى الله عليه وآله وسلم- اختلف أصحابه أين يدفن؟ فقال علي -عليه السلام-: إن شئتم حدثتكم، فقالوا: حدثنا [يا أبا الحسن]؟ قال سمعت رسول الله -صلى الله عليه وآله وسلم- يقول: «لعن الله اليهود والنصارى كما اتخذوا قبور أنبيائهم مساجد، وإنه لم يقبض نبي إلا دفن مكانه الذي قبض فيه»، قال: فلما خرجت روحه -صلى الله عليه وآله وسلم- من فيه نَحَّوا فراشه، ثم حفروا موضع الفراش فلما فرغوا قالوا ما ندري أنلحد أم نضرح فقال علي -عليه السلام- سمعت رسول الله -صلى الله عليه وآله وسلم- يقول: «اللحد لنا والضرح لغيرنا» فألحدوا للنبي -صلى الله عليه وآله وسلم- انتهى.

[969] **المؤيد بالله -عليه السلام- في شرح التجريد**[1/ 590]: وقلنا أنه يلحد لموتى المسلمين: لما رواه زيد بن علي، عن أبيه، عن جده، عن علي -عليهم السلام-، قال: لما قبض رسول الله -صلى الله عليه وآله وسلم- وحفر له، قالوا: أنلحد أو نضرح، فقال علي -عليه السلام-: سمعت رسول الله -صلى الله عليه وآله وسلم- يقول: «اللحد لنا والضرح لغيرنا»، فلحد للنبي -صلى الله عليه وآله وسلم-. انتهى.

[970] **أمالي أحمد بن عيسى -عليهما السلام-**[1/ 432]: حدثنا محمد، حدثني أحمد بن عيسى، عن حسين، عن أبي خالد، عن زيد، عن آبائه، عن علي -عليهم السلام-، قال: لما قبض رسول الله -صلى الله عليه وآله وسلم- فقال القوم: ما ترون أين يدفن النبي -صلى الله عليه وآله وسلم-؟

فقال علي: إن شئتم حدثتكم، قالوا: حدثنا، قال سمعت رسول الله -صلى الله عليه وآله وسلم-: يقول: «لعن الله اليهود والنصارى كما اتخذوا قبور أنبيائهم مساجد، إنه لم يقبض نبي إلى دفن مكانه الذي قبض فيه»، قال: فلما خَرَجَتْ من فيه نَحَّوا فراشه، ثم حفروا موضع الفراش، فلما فرغوا قالوا: ما ترى أنلحد أم نضرح؟ فقال علي: سمعت رسول الله -صلى الله عليه وآله وسلم- يقول: «اللحد لنا، والضرح لغيرنا»، فألحد للنبي -صلى الله عليه وآله وسلم-. انتهى.

[970] **الهادي -عليه السلام- في الأحكام**[1/ 136]: قال يحيى بن الحسين -صلوات الله عليه-: الواجب على أمة محمد -صلى الله عليه وآله وسلم- أن تلحد لموتاها لحداً في جوانب القبور، إلا أن تكون القبور في موضع منها لا يطاق فيه اللحد ولا يتهيأ ولا يمكن، فيضرح له من بعد إبلاء العذر والجهد، مثل أهل مكة وماشابهها من البلاد.

وفي ذلك: ما بلغنا أنه لما قبض رسول الله -صلى الله عليه وآله وسلم-، قال القوم: ما ترون أين يدفن النبي -صلى الله عليه وآله وسلم-؟

فقال علي -رضي الله عنه-: إن شئتم حدثتكم، قالوا: حدثنا، قال: سمعت رسول الله -صلى الله عليه وآله وسلم- يقول: «لعن الله اليهود والنصار كما اتخذوا قبور أنبيائهم مساجد؛ إنه لم يقبض نبي إلا دفن مكانه الذي قبض فيه»، فلما خرجت من فيه نَحَّوا فراشه ثم حفروا له موضعه، فلما فرغوا، قالوا: ما ترى أنلحد أم نضرح؟

فقال علي: سمعت رسول الله -صلى الله عليه وآله وسلم- يقول: «اللحد لنا، والضرح لغيرنا»، فلحد للنبي -صلى الله عليه وآله وسلم-.

حدثني أبي عن أبيه: أنه سئل عن اللحد والضرح.

فقال: لحد للنبي -صلى الله عليه وآله وسلم- لحد، واللحد أحب إلينا؛ لأن

النبي -صلى الله عليه وآله وسلم- قال: «اللحد لنا والضرح لغيرنا»، أي لأهل الجاهلية من قريش ومن تابعهم من مشركي العرب. انتهى.

[971] **أمالي أحمد بن عيسى -عليهما السلام-**[2/ 432]: [حدثنا] جعفر، عن قاسم بن إبراهيم: في اللحد والضرح.

[قال]: اللحد أحب إلينا، ألحد للنبي -صلى الله عليه وآله وسلم-، وقال -عليه السلام-: «اللحد لنا والضرح لغيرنا»، وذلك أن أهل الجاهلية كانوا يضرحون.

قال محمد: الضرح أن يشق وسط القبر، لا بأس أن احتيج إليه لعلة بالميت فربما عظم بطن الميت فلا يحتمل اللحد. انتهى.

الهادي -عليه السلام- في المنتخب[صـ68]: قال السائل -رضي الله عنه- قلت فهل يلحد القبر في قبلته أن يضرح في وسطه.

قال -عليه السلام-: اللحد أحب إلي، وهو قولنا وقول علماء آل الرسول الله -صلى الله عليه وآله وسلم-، وإنما الضرح لأهل الذمة في وسط القبور، وقد لحد لرسول الله -صلى الله عليه وآله وسلم- لحداً. انتهى.

[972] **أمالي أحمد بن عيسى -عليهما السلام-**[2/ 433]: [حدثنا] إبراهيم بن محمد بن ميمون، قال: حدثنا عبد العزيز بن محمد الدراوردي، عن جعفر، عن أبيه، قال ألحد لرسول الله -صلى الله عليه وآله وسلم- لحداً، ونصب اللبن على قبره، وكفن في ثلاثة أثواب: ثوبين من بز البحرين أو عمان، وبردة حِبَرَة، ورفع قبره من الأرض قريباً من شبر، ورش على قبره، وجعل على قبره من حصباء العرصة. انتهى.

الرجال:

أما إبراهيم بن محمد بن ميمون: فقد تقدم وهو من خيار الشيعة رضي الله عنه.

[ترجمة عبد العزيز الدراوردي]

وأما عبد العزيز بن محمد الدراوردي:

فقال في الجداول: عبد العزيز بن محمد بن عبيد الجهني، والقضاعي، مولاهم أبو محمد المدني، الدراوردي، عن عطاء، ونافع، والصادق، وعِدة، وعنه الثوري، وشعبة، ووكيع، وخلق.

وثقه يحيى القطان، وابن معين، وابن سعد، وابن المدني.

وقال أبو حاتم: صدوق في الحديث.

وقال معن بن عيسى: يصلح أن يكون أمير المؤمنين، وضعفه غيرهم، توفي سنة تسع وثمانين ومائة. احتج به الجماعة. انتهى.

خرج له المؤيد بالله، وأبو طالب، ومحمد بن منصور، والمرشد بالله، رضي الله عنهم.

قلت: هو من شيعة آل محمد -عليهم السلام-، وممن خرج مع محمد بن عبد الله النفس الزكية -صلوات الله عليه-، هكذا ذكره أبو الفرج في المقاتل.

الجامع الكافي [2/ 443]: قال القاسم -عليه السلام- ومحمد: يستحب اللحد.

قال محمد: ويكره الشق، واللحد سنة للصغير والكبير.

قال القاسم -عليه السلام-: ألحد للنبي -صلى الله عليه وآله وسلم- وقال علي -صلى الله عليه-: (اللحد لنا والضرح لغيرنا)، وذلك أن أهل الجاهلية كانوا يضرحون. انتهى.

[973] وفي الجامع الكافي أيضاً [2/ 420]: قال القاسم - في رواية داود عنه-: وسئل كيف صلي على النبي؟

فقال: صلوا عليه أرسالاً صفاً صفاً بغير إمام كما كان يصلي على الجنائز في

حياته، فصلوا عليه بغير إمام يؤمهم، يصلي كل قوم لأنفسهم.

وقال علي -صلى الله عليه-: إن رسول الله كان إمامنا في حياته فلا يؤمه أحد في الصلاة عليه بعد موته. انتهى.

باب القول في جعل المسك في الحنوط

[974] **مجموع زيد بن علي** -عليهما السلام- [صـ128]: حدثني زيد بن علي، عن أبيه، عن جده، عن علي -عليهم السلام-، قال: كان عند علي -عليه السلام- مسك فَضُلَ من حنوط رسول الله -صلى الله عليه وآله وسلم- فأوصى أن يحنط به. انتهى.

[975] **أمالي أحمد بن عيسى** -عليهما السلام- [2/ 427]: نا محمد، حدثني جعفر، عن قاسم بن إبراهيم؛ في المسك في الحنوط، [قال]: رأيت آل محمد منهم من يكرهه، لأنه يقال: إنه ميتة، ومنهم من لا يرى به بأساً.

وقد ذكر أن النبي -صلى الله عليه وآله وسلم- جعل في حنوطه مسك.

وذكر عن علي أنه أمر أن يجعل في حنوطه مسك كان فضل عن حنوط رسول الله -صلى الله عليه وآله وسلم-. انتهى.

[976] **الهادي** -عليه السلام- في الأحكام[1 /133]: لا بأس أن يكون في حنوط الميت شيء من المسك، ولقد كرهه قوم، ولسنا نكرهه لما جاء فيه من الأثر: أنه كان في حنوط رسول الله -صلى الله عليه وآله وسلم-، وفي حنوط أمير المؤمنين -عليه السلام-.

[977] **المؤيد بالله** -عليه السلام- في شرح التجريد [1/ 573]: وقلنا أنه لا بأس أن يكون في الحنوط شيء من المسك، لما روى زيد بن علي، عن أبيه، عن جده، عن علي -عليهم السلام-، قال: كان عند علي -عليه السلام- مسك فضل من حنوط رسول الله -صلى الله عليه وآله وسلم- فأوصى أن يحنط به. انتهى.

الهادي -عليه السلام- في المنتخب [ص-64]: قال السائل محمد بن سليمان الكوفي -رضي الله عنه-، قلت: فما تقول في المسك في الحنوط.

قال -عليه السلام-: قد كره ذلك بعض الناس من آل محمد وغيرهم، ولسنا نرى به بأساً؛ لأنه قد كان في حنوط النبي -صلى الله عليه وآله وسلم-. انتهى.

القاضي زيد بن محمد -رحمه الله- في الشرح: وفي الوافي: قال علي بن العباس: وأجمع أهل البيت بأن الميت يحنط بكل شيء من الطيب إلا الورس والزعفران. انتهى.

الهادي -عليه السلام- في الأحكام [1/133]: حدثني أبي، عن أبيه، أنه سئل عن المسك في الحنوط.

فقال: قد رأيت آل محمد -صلى الله عليه وآله وسلم- منهم من يكرهه، ومنهم من لا يرى به بأساً، وقد ذكر أن النبي -صلى الله عليه وآله وسلم- جعل في حنوطه مسك، وذكر عن علي -عليه السلام- أنه أمر أن يجعل في حنوطه مسك كان فضل من حنوط رسول الله -صلى الله عليه وآله وسلم-. انتهى.

الجامع الكافي [2/397]: قال القاسم -عليه السلام-: رأيت آل محمد -صلى الله عليه وآله وسلم- منهم من يكره المسك في الحنوط؛ لأنه يقال إنه ميتة، ومنهم من لا يرى به بأساً، وقد ذكر أن النبي -صلى الله عليه وآله وسلم- جعل في حنوطه مسك، وذكر عن علي -صلى الله عليه-: أنه أمر أن يجعل في حنوطه مسك كان فضل من حنوط رسول الله -صلى الله عليه وآله وسلم-. انتهى.

باب القول في صفة حمل الجنازة والمشي خلفها

[978] مجموع زيد بن علي -عليهما السلام- [ص-121]: حدثني زيد بن علي، عن أبيه، عن جده، عن علي -عليهم السلام-، قال: (تحمل اليد اليمنى من الميت، ثم الرِّجْل اليمنى، ثم اليد اليسرى، ثم الرِّجْل اليسرى، ثم لا عليك أن لا

تفعل ذلك إلا مرة، فإذا حملت ثلاثاً فقد قضيت ما عليك، ثم ما زدت فهو أفضل، ما لم تؤذ أحداً).

[980] حدثني زيد بن علي، عن أبيه، عن جده، عن علي -عليهم السلام-: أن أسماء بنت عميس -رضي الله عنها- أول من أحدث النعش. انتهى.

[981] **أمالي أحمد بن عيسى -عليهما السلام-** [2/ 425]: [أخبرني] جعفر، عن قاسم بن إبراهيم:

في حمل الجنازة: يبدأ بميامنها، ثم يدور بها إن شاء في كل جانب، وأي ذلك فعل فلا يضيق عليه.

وفي المشي أمام الجنازة: يذكر عن علي المشي خلف الجنازة، وقال: (إنما أنت تابع ولست بمتبوع)، إلا من تقدمها لحملها. انتهى.

الهادي -عليه السلام- في المنتخب [صـ65]: قال -عليه السلام-: أما قولنا وقول علماء آل الرسول الله -صلى الله عليه وآله وسلم- فلا يتقدم أحد ممن يشيع الجنازة أمامها، ولكن يكونون كلهم خلفها، لأنهم مشيِّعون، والمشيِّع إنما يكون خلفاً، وليس يكون أماماً فاعلم ذلك. انتهى.

القاضي زيد في الشرح: قال القاسم -عليه السلام-: أَحَبُّ المشي إلى آل الرسول -صلى الله عليه وآله وسلم- أن يكون خلفها، إلا أن يتقدمها لحملها، واستدل بقول أمير المؤمنين: (إنما أنت تابع ولست بمتبوع)، وهو أحب ما في ذلك إلى آل رسول الله -صلى الله عليه وآله وسلم- إلا من تقدمها لحلمها. انتهى.

[982] **مجموع زيد بن علي -عليهما السلام-** [صـ125]: حدثني زيد بن علي، عن أبيه، عن جده، عن علي -عليهم السلام-: أنه كان يمشي حافياً في خمسة مواطن، ويعلق نعليه بيده اليسرى، وقال: هي مواطن الله عز وجل: إذا

عاد مريضاً، وإذا شيع جنازة، وفي العيدين، وفي الجمعة. انتهى.

[983] **أمالي أحمد بن عيسى -عليه السلام-** [2/ 424]: حدثنا محمد، حدثني أحمد بن عيسى، عن حسين، عن أبي خالد، عن زيد، عن آبائه، عن علي -عليهم السلام-، قال: ثلاث لا يدعهن إلا عاجز: رجل لقي جنازة لا يسلم على أهلها، ويأخذ بجوانب السرير؛ فإنه إذا فعل ذلك كان له أجران. انتهى.

[984] **مجموع زيد بن علي -عليهما السلام-** [ص125]: حدثني زيد بن علي، عن أبيه، عن جده، عن علي -عليهم السلام-: أنه كان إذا سار بالجنازة سار سيراً بين السيرين ليس بالعجل ولا بالبطيء. انتهى.

[985] **أمالي أحمد بن عيسى -عليهما السلام-** [2/ 425]: حدثنا محمد، حدثني أحمد بن عيسى، عن حسين، عن أبي خالد، عن زيد، عن آبائه، عن علي -عليهم السلام-: أنه كان يمشي في الجنازة حافياً. انتهى.

[986] **مجموع زيد بن علي -عليهما السلام-** [ص126]: حدثني زيد بن علي، عن أبيه، عن جده، عن علي -عليهم السلام-، قال: إذا لقيت جنازة فخذ بجوانبها، وسلم على أهلها؛ فإنه لا يترك ذلك إلا عاجز. انتهى.

[987] **أمالي أحمد بن عيسى -عليهما السلام-** [2/ 425]: [حدثني] أحمد بن عيسى، عن حسين، عن أبي خالد، عن زيد، عن آبائه، عن علي -عليهم السلام-: أنه كان يمشي في مواطن حافياً، ويعلق نعليه بيده اليسرى، وكان يقول: إنها مواطن الله فأحب أن أكون فيها حافياً: إذا عاد مريضاً، وإذا شيع جنازة. انتهى.

[988] **مجموع زيد بن علي -عليهما السلام-** [ص125]: حدثني زيد بن علي، عن أبيه، عن جده، عن علي -عليهم السلام-، قال: قام رسول الله -صلى الله عليه وآله وسلم- إلى الجنازة ثم نهانا عنه، وقال: «إنه من فعل اليهود». انتهى.

[989] **الجامع الكافي** [2/ 403]: قال القاسم -عليه السلام-: يذكر عن علي -صلى الله عليه- المشي خلف الجنازة، وقال: (إنما أنت تابع ولست بمتبوع إلا من تقدمها ليحملها).

قال القاسم -عليه السلام- في رواية داوود عنه: والمشي خلفها أحب ما في ذلك إلى آل رسول الله -صلى الله عليه وآله وسلم-، إلا من تقدمها ليحملها.

وقال الحسن -عليه السلام-: فيما حدثنا حسين، عن زيد، عن أحمد، عنه: والمشي خلف الجنازة أحب إلي، وروي ذلك عن النبي -صلى الله عليه وآله وسلم-. انتهى.

[990] **الهادي -عليه السلام- في الأحكام**[1/ 132]: حدثني أبي عن أبيه أنه سئل عن المشي أمام الجنازة.

فقال: ذكر عن أمير المؤمنين علي بن أبي طالب -عليه السلام- المشي خلفها، وأنه قال: (إنما أنت تابع ولست بمتبوع)، وهو أحب ما في ذلك إلى آل رسول الله -صلى الله عليه وآله وسلم- إلا من تقدمها لحملها. انتهى.

باب الصلاة على الميت هل يُصَلَّى على الأغلف

[991] **أمالي أحمد بن عيسى -عليهما السلام-** [2/ 423]: نا محمد، حدثني أحمد بن عيسى، عن حسين، عن أبي خالد، عن زيد، عن آبائه، عن علي -عليهم السلام-، قال: أتى رسولَ الله -صلى الله عليه وآله وسلم- رجلٌ من أهل الكتاب وهو شاب، فأسلم وهو أغلف، فقال له رسول الله -صلى الله عليه وآله وسلم-: «اختتن»، فقال: إني أخاف على نفسي، فقال: «إن كنت تخاف على نفسك فكف»، فمات وصلى عليه، وأهدى له فأكل. انتهى.

[992] **مجموع زيد بن علي -عليهما السلام-** [صـ123]: حدثني زيد بن علي، عن أبيه، عن جده، عن علي -عليهم السلام-، قال: أتى رجل رسول الله -

صلى الله عليه وآله وسلم- وهو شاب فأسلم وهو أغلف، فقال رسول الله -صلى الله عليه وآله وسلم-: «اختتن»، فقال: إني أخاف على نفسي، فقال -صلى الله عليه وآله وسلم-: «إن كنت تخاف على نفسك فاترك فكف» فمات وصلى عليه، وأهدي له فأكل. انتهى.

[993] **الهادي -عليه السلام- في الأحكام**[1/131]: وأما الأغلف فإن كان ترك الاختتان استخفافاً بسنة رسول الله -صلى الله عليه وآله وسلم- واطراحاً لما أوجب الله عليه من ذلك لم يصل عليه، وإن كان ترك ذلك لعلة من خوف على نفسه، أو ما يعذر به عند ربه؛ صلي عليه كما يصلى على غيره.

وفي ذلك: ما بلغنا عن رسول الله -صلى الله عليه وآله وسلم- أن رجلاً من أهل الكتاب أسلم وهو شاب وكان أغلف فقال له رسول الله -صلى الله عليه وآله وسلم- «اختتن»، فقال: أخاف على نفسي، فقال له: «إن خفت على نفسك فكف»، ثم أهدى إليه فأكل من هديته، ومات فصلى عليه. انتهى.

[994] **المؤيد بالله -عليه السلام- في شرح التجريد** [1/578]: ويدل على ذلك: ما أخبرنا به أبو الحسين بن إسماعيل، قال: حدثنا الناصر للحق -عليه السلام-، قال: حدثنا محمد بن منصور، قال: حدثنا أحمد بن عيسى، عن حسين، عن عمرو بن خالد، عن زيد بن علي، عن آبائه، عن علي -عليهم السلام-، قال: (لا تصل على الأغلف لأنه ضيع من السنة أعظمها، إلا أن يكون ترك ذلك خوفاً على نفسه). انتهى.

[995] **أمالي أحمد بن عيسى -عليهما السلام-** [2/423]: [وبه عن] أحمد بن عيسى، عن حسين، عن أبي خالد، عن زيد، عن آبائه، عن علي -عليهم السلام-، قال: (لا يصلى على الأغلف؛ لأنه ضيع من السنة أعظمها، إلا أن يكون ترك ذلك خوفاً على نفسه). انتهى.

[996] **مجموع زيد بن علي -عليهما السلام-** [صـ124]: حدثني زيد بن

علي، عن أبيه، عن جده، عن علي -عليهم السلام-، قال: (لا يصلى على الأغلف؛ لأنه ضيع من السنة أعظمها، إلا أن يكون ترك ذلك خوفاً على نفسه) انتهى.

الجامع الكافي [2/ 412]: ذكر عن النبي -صلى الله عليه وآله وسلم- أنه قال لرجل من أهل الذمة قد أسلم: «اختتن»، قال: إني أخاف على نفسي، قال: «إن كنت تخاف على نفسك فكف»، فمات فصلى عليه.

وذكر عن علي -صلى الله عليه- قال: (لا يصلى على الأغلف، لأنه ضيع من السنة عظيماً، إلا أن يكون ترك ذلك خوفاً على نفسه). انتهى.

باب القول في المولود متى يصلى عليه

[997] **أمالي أحمد بن عيسى -عليهما السلام-** [2/ 424]: حدثني أحمد بن عيسى، عن حسين، عن أبي خالد، عن زيد، عن آبائه، عن علي -عليهم السلام-، قال: (إذا استهل الصبي، -واستهلاله صياحه-، وشهد على ذلك أربع نسوة أو امرأتان مسلمتان؛ وَرِثَ ووُرِثَ وسُمِّيَ وصُلِّيَ عليه، وإذا وقع ولم يسمع له استهلال لم يورث ولم يصل عليه). انتهى.

[998] **مجموع زيد بن علي -عليهما السلام-** [صـ122]: حدثني زيد بن علي، عن أبيه، عن جده، عن علي -عليهم السلام-، أنه قال -في السقط لا يصلى عليه-، قال: (فإن كان تماماً قد استهل -واستهلاله صياحه- وشهد على ذلك أربع نسوة، أو امرأتان مسلمتان ورث وورث وسمي وصلي عليه، فإذا لم يسمع له استهلال لم يورث ولم يرث ولم يسم ولم يصل عليه). انتهى.

[999] **الجامع الكافي** [2/ 379]: وروى محمد بإسناده عن علي -عليه السلام-، وعن الحسين بن علي -عليه السلام-، وعن ابن عباس، أنهم قالوا: إذا استهل المولود وَرِثَ وَوُرِثَ وصلي عليه.

وعن علي -عليه السلام- قال: (استهلاله صياحه). انتهى.

الهادي -عليه السلام- في الأحكام [1/ 130]: قال يحيى بن الحسين -صلوات الله عليه-: إذا استهل المولود صُلِّي عليه وفعل به كما يفعل بالموتى، وورث وورث وسمي، فإن لم يستهل لم يجب له من ذلك شيء، -واستهلاله صياحه-، فإذا شهد على ذلك أربع نسوة وامرأتان تقيتان(440) مأمونتان كان أمره وحكمه مستهل). انتهى.

باب القول في الصلاة على المرجوم

[1000] **أمالي أحمد بن عيسى -عليهما السلام-** [2/ 422]: حدثنا محمد، أخبرني جعفر، عن قاسم بن إبراهيم، في المرجوم هل يصلى عليه؟.

أما المقر التائب المعترف؛ فلا اختلاف في الصلاة عليه، ويكفن، ويفعل به ما يفعل بموتى المسلمين، وكذلك روي عن رسول الله -صلى الله عليه وآله وسلم- أنه أمر بماعز بن مالك الأسلمي لما رجم.

[1001] وعن علي -رحمة الله عليه- في مرجومة رجمت من همدان: أن يكفنوها، ويغسلوها، ويصلوا عليها.

فأما المرجوم بالبينة؛ فمنهم من قال: يصلى عليه، ومنهم من قال: لا يصلى عليه؛ لأن الصلاة ترحم واستغفار، ومن أتى كبيرة مما يوجب بها النار لم يصل عليه، إذا كان غير تائب؛ لأنه ملعون يلعن، كما ذكر عن الحسين بن علي -رحمة الله عليه-، ودعاؤه على سعيد بن العاص حين مات.

وقد قال الله في المتخلفين عن النفير مع رسول الله -صلى الله عليه وآله وسلم-: ﴿ وَلَا تُصَلِّ عَلَىٰٓ أَحَدٖ مِّنۡهُم مَّاتَ أَبَدٗا وَلَا تَقُمۡ عَلَىٰ قَبۡرِهِۦٓۖ ﴾[التوبة:84] انتهى.

[1002] **الهادي -عليه السلام- في الأحكام** [1/ 130]: حدثني أبي، عن

---

(440) في الأحكام المطبوع (أو امراتان ثقتان)

أبيه، أنه سئل عن المرجوم؛ هل يصلى عليه؟

فقال: أما المقر التائب؛ فلا اختلاف في الصلاة عليه ويكفن، ويفعل به كما يفعل بموتى المسلمين، كذلك روي عن رسول الله -صلى الله عليه وآله وسلم- أنه أمر بماعز بن مالك الأسلمي لما رجم.

وعن أمير المؤمنين علي بن أبي طالب -عليه السلام- في مرجومة رجمت من همدان؛ فأمر بها أن تكفن وتغسل ويصلى عليها.

وأما المرجوم بالبينة، فمنهم من قال: يصلى عليه، ومنهم من قال: لا يصلى عليه؛ لأن الصلاة ترحم واستغفار، ومن أتى كبيرة مما يوجب له بها النار لم يصل عليه؛ لأنه ملعون، إذا كان غير تائب يُلعن، كما ذكر عن الحسين بن علي -عليهما السلام-، ودعائه على سعيد بن العاص حين مات، وقد قال الله -عز وجل- في المتخلفين: ﴿وَلَا تُصَلِّ عَلَىٰٓ أَحَدٍ مِّنْهُم مَّاتَ أَبَدًا وَلَا تَقُمْ عَلَىٰ قَبْرِهِۦٓ﴾[التوبة:84]. انتهى.

[1003] **الجامع الكافي** [2/ 409]: قال القاسم -عليه السلام-في الصلاة على المرجوم-: أما المرجوم بالبينة، فمنهم من قال: يصلى عليه، ومنهم من قال: لا يصلى عليه؛ لأن الصلاة ترحم واستغفار، ومن أتى كبيرة مما يوجب بها النار لم يصل عليه إذا كان غير تائب؛ لأنه ملعون يلعن، كما ذكر عن الحسين بن علي ودعائه على سعيد بن العاص حين مات، وقد قال الله في المتخلفين عن النبي -صلى الله عليه وآله وسلم-: ﴿وَلَا تُصَلِّ عَلَىٰٓ أَحَدٍ مِّنْهُم مَّاتَ أَبَدًا وَلَا تَقُمْ عَلَىٰ قَبْرِهِۦٓ﴾ [التوبة:84].

أما المرجوم المقر التائب المعترف؛ فلا اختلاف في الصلاة عليه ويكفن ويفعل به كما يفعل بموتى المسلمين، وكذلك روي عن النبي -صلى الله عليه وآله وسلم- أنه أمر بماعز بن مالك الأسلمي لما رجم.

وعن علي -عليه السلام- في مرجومة من همدان أن يكفنوها ويصلوا عليها. انتهى.

باب القول في عدم الصلاة على الفاسق والباغي

[1004] أمالي أحمد بن عيسى -عليهما السلام- [2/ 429]: قال محمد: قلت لأحمد بن عيسى، صلّى علي على من كان يحاربه؟ قال: لا، قلت: فتصلي أنت عليهم؟ قال: لا. انتهى.

[1005] الجامع الكافي [2/ 408]: قال محمد: قلت لأحمد بن عيسى -عليه السلام- صلى علي -عليه السلام- على كل من يحاربه.

قال: لا؛ قلت: فتصلي أنت عليهم، قال: لا، كأنه قالها بغلظة.

وكذلك قال القاسم بن إبراهيم.

وقلت لأحمد: ما تقول فيمن أسلم ولم يختتن من غير علة استخفافاً بسنة رسول الله -صلى الله عليه وآله وسلم- ؟ فلم ير الصلاة عليه.

وقلت له: إني أغسل الموتى، وربما دعيت إلى شارب المسكر، ولعله يسكر ويعمل المعصية، فأتقزز من غسله وأكرهه، وربما كان [له] ولي أستحيي منه فترى علي فيه شيئاً.

قال: لا شيء عليك، وأرى أن أغسله، وقال: السنة أن يغسلوا.

[1006] وفيه [2/ 416]: وعن مولى لبني هاشم، قال: مات سعيد بن العاص؛ فقلت: لا أشهد جنازة هذا الفاسق، ثم نظرت فإذا الحسين بن علي؛ فقلت لي بابن رسول الله -صلى الله عليه وآله وسلم- أسوة، فجئت فوقفت إلى جنبه فصلى [عليه] فسمعته يقول: اللهم املأ جوفه ناراً، وأملأ قبره ناراً، وأعد له عندك ناراً، فإنه كان يوالي عدوك، ويعادي وليك، ويبغض أهل بيت نبيك.

قال: فقلت: هكذا تصلون على الجنازة؟

فقال: هكذا نصلي على عدونا. انتهى.

القاضي زيد في الشرح: وفي الوافي: أجمع علماء آل الرسول -صلى الله عليه وآله

وسلم- أنه إذا وجد ميت في بيعة أو كنيسة لا يصلي عليه، إلا أن يكون عليه علامة المسلمين مثل أن يخضب اللحية؛ لأن أهل الذمة لا يخضبون لحاهم. انتهى.

باب القول في الصلاة على الشهيد

[1007] **أمالي أحمد بن عيسى -عليهما السلام-** [2/ 421]: [أخبرني] جعفر، عن قاسم بن إبراهيم، قال: يُصَلَّى على الشهيد؛ لأن النبي -صلى الله عليه وآله وسلم- صلى على حمزة وكبر عليه سبعين تكبيرة، يرفع قوم، ويوضع آخرون، وحمزة موضوع في مكانه، فكبر عليه وعلى من استشهد يوم أحد.

ومن لا يرى الصلاة على الشهيد كان مبتدعاً، ومن أحق بالصلاة والترحم عليه من الشهيد، وقد روي عن أنس أن النبي -صلى الله عليه وآله وسلم- لم يصل على قتلى أحد وقال: «أنا الشهيد عليهم»، وليس يصح هذا الحديث. انتهى.

[1008] **الهادي -عليه السلام- في الأحكام** [1/ 130]: حدثني أبي، عن أبيه، أنه سئل عن الشهيد؛ هل يصلى عليه أم لا يصلى عليه؟

فقال: الشهيد يصلى عليه؛ لأن النبي -صلى الله عليه وآله وسلم- صلى على عمه حمزة -رضي الله عنه-، وكبر عليه سبعين تكبيرة، يرفع قوم، ويوضع آخرون، وحمزة موضوع مكانه، يكبر عليه وعلى من استشهد يوم أحد، ومن لم ير الصلاة على الشهيد كان مبتدعاً ضالاً، ومن أحق بالصلاة والترحم عليه من الشهيد. انتهى.

[1009] **الجامع الكافي** [2/ 407]: قال القاسم -عليه السلام-: إن النبي -صلى الله عليه وآله وسلم- صَلّى على حمزة، وكبر عليه سبعين تكبيرة، يرفع قوم، ويوضع آخرون، وحمزة موضوع في مكانه، فكبر عليه وعلى من استشهد يوم أحد، ومن لم ير الصلاة عليه كان مبتدعاً، ومن أحق بالصلاة عليه والترحم من الشهيد.

وقد روى أنس أن النبي -صلى الله عليه وآله وسلم- لم يصلِّ على قتلى أحد، وقال: «أنا الشهيد عليهم»، وليس هذا الحديث بصحيح. انتهى.

باب القول في عدم الصلاة على سبعة ومنهم البخيل وآكل الربا

[1010] أمالي أحمد بن عيسى -عليهما السلام- [ج3ص194]: نا محمد، قال نا حسين، عن خالد، عن حصين، عن حسين بن زيد بن علي، عن زيد بن علي، عن علي بن الحسين -عليهما السلام-، قال: دُعي رسول الله -صلى الله عليه وآله وسلم- إلى جنازة رجل من الأنصار ليصلي عليها، فجاء حتى قام مقام الإمام، وتتامت الصفوف خلفه، ثم التفت إلى قومه وقرابته، فقال: «أي رجل صاحبكم» -وضم يده وبسطها-، فقالوا: بل هكذا، وضموا أيديهم، فخرق رسول الله -صلى الله عليه وآله وسلم- الصفوف، ثم قال: «صلوا على صاحبكم؛ إني نهيت عن الصلاة على سبعة: على البخيل، وآكل الربا، والمطفف، والباخس، ومخسر الميزان، والكاذب في المرابحة، وغاش الورق». انتهى.

رجال هذا الإسناد من ثقات محدثي الشيعة، وقد مر الكلام عليهم.

ومحمد في أول الإسناد هو ابن منصور المرادي.

وحسين هو ابن نصر بن مزاحم المنقري.

وخالد هو ابن عيسى العكلي.

وحصين هو ابن المخارق السلولي.

باب القول في الصلاة على الميت ودفنه في الأوقات المكروهة

الهادي -عليه السلام- في الأحكام [1/140]: أفضل الصلاة على الميت أوقات الصلوات المفروضات، والنهار كله والليل كله وقت للصلاة على الموتى، إلا الثلاثة الأوقات التي جاء النهي عن الصلاة فيها: وهي عند بزوغ الشمس حتى تستقل وتبياض، وعند اعتدالها حتى تميل إلى الزوال، وعند تدليها

وتغير لونها حتى يستتم غروبها. انتهى.

وفي المنتخب له -عليه السلام- [ص‍-65]: قال محمد بن سليمان الكوفي -رضي الله عنه-، قلت: فتكره الصلاة على الميت في وقت؟

قال -عليه السلام-: نعم في الثلاثة الأوقات التي جاء النهي فيها عن الصلاة من رسول الله -صلى الله عليه وآله وسلم-: وهي عند طلوع الشمس حتى ترتفع وتبيض، وعند اعتدالها حتى تزول، وعند تدليها حتى تغرب. انتهى.

باب القول فيمن أحق بالصلاة على الميت

[1011] **مجموع زيد بن علي** -عليهما السلام- [ص‍-123]: حدثني زيد بن علي، عن أبيه، عن جده، عن علي -عليهم السلام-: في رجل توفيت امرأته، هل يصلي عليها؟

قال: (لا عصبتها أولى بها). انتهى.

[1012] **أمالي أحمد بن عيسى** -عليهما السلام- [2/ 429]: ونا محمد، حدثنا أحمد بن عيسى، عن حسين بن علوان، عن أبي خالد، عن زيد، عن آبائه، عن علي -عليهم السلام-: في رجل توفيت امرأته؛ أيصلي عليها؟ قال: (لا، غيره أولى بها، عصبتها). انتهى.

[1013] **الجامع الكافي** [2/ 423]: قال محمد: الولي أولى بالصلاة من الزوج، وروي ذلك عن علي -عليه السلام-، وعن علي بن الحسين، وزيد بن علي -عليهما السلام-. انتهى.

[1014] **المؤيد بالله** -عليه السلام- **في شرح التجريد** [1/ 589]: وقلنا ذلك لما رواه زيد بن علي، عن أبيه، عن جده، عن علي -عليهم السلام-: في رجل توفيت امرأته فيصلي عليها؟ قال: (لا، عصبتها أولى بها). انتهى.

[1015] **القاضي زيد** -رحمه الله- **في الشرح**: قال أبو العباس الحسني في

النصوص: أولى الناس بالصلاة على الميت إمام المسلمين، عند القاسم، رواه عن ابن أبي أويس عن ابن ضميرة، عن أبيه، عن جده، عن علي -عليه السلام-، قال: (إذا حضر الإمام الجنازة فهو أحق بالصلاة عليها من أوليائها).

وهكذا حكى علي بن العباس في مجموعه عن القاسم -يعني أن الإمام أولى-.

وذكر علي بن العباس أنه إجماع آل الرسول -صلى الله عليه وآله وسلم-.

وذكر أيضاً أن الحاكم أولى عند آل الرسول -صلى الله عليه وآله وسلم-. انتهى.

[1016] الجامع الكافي [2/ 423]: قال محمد: ذكر عن زيد بن علي -عليهما السلام-، أنه قال: إذا توفيت المرأة صلى عليها أقرب الناس إليها من عصبتها، وليس لزوجها أن يصلي عليها إلا بإذن أهلها(441).

قال زيد: كانت تحت أبي امرأة من بني سليم [فماتت]، فاستأذن عصبتها، فقالوا: صل رحمك الله.

وفيه وروى محمد بإسناده عن علي -عليه السلام- قال: (الإمام أحق من صلى على الجنازة). انتهى.

باب القول في الإمام أين يقف من جنازة الرجل والمرأة

[1017] مجموع زيد بن علي -عليهما السلام- [صـ122]: حدثني زيد بن علي، عن أبيه، عن جده، عن علي -عليهم السلام-: أنه كان إذا صلى على جنازة رجل قام عند سرته، وإن كانت امرأة قام حيال ثدييها. انتهى.

القاضي زيد بن محمد -رحمه الله- في الشرح: ويقف الإمام من الميت عند صلاته عليه؛ إذا كان رجلاً عند وسطه، وإذا كانت امرأة عند صدرها، نص عليه

---

(441) في الجامع الكافي المطبوع: (إلا بإذن عصبتها).

في الأحكام والمنتخب.

وروى في الأحكام عن القاسم: أنه يقف من جنائز الرجال ما بين صدورهم وسررهم، ويقوم من المرأة ما بين صدرها ووجهها.

وفي مسائل النيروسي: يقف فيما بين السرة والصدر.

قال السيد أبو طالب: وقلنا: ويجب أن يكون إلى جانب الصدر، ما ذهب إليه يحيى هو مذهب الناصر والسيد المؤيد بالله، وهو رأي أهل البيت لا أحفظ عنهم فيه خلافاً.

قال أبو طالب: والأظهر أنه إجماع أهل البيت -عليهم السلام-. انتهى.

[1018] المؤيد بالله -عليه السلام- في شرح التجريد[1/ 585]: وقلنا: إنه يقف من الرجل عند السرة، ومن النساء عند اللبنة:

لما رواه زيد بن علي، عن أبيه، عن جده، عن علي -عليهم السلام-: أنه كان إذا صلى على جنازة رجل قام عند سرته، وإن كانت امرأة قام حيال ثدييها.

ولأنه رأي أهل البيت -عليهم السلام- لا أحفظ فيه عنهم خلافاً. انتهى.

[1019] الجامع الكافي[2/ 419]: وروى محمد عن النبي -صلى الله عليه وآله وسلم-: أنه صلى على امرأة فقام عند صدرها. انتهى.

باب القول في صفة الصلاة على الميت وكيف يصنع إذا اجتمع جنائز رجال ونساء

[1020] مجموع زيد بن علي -عليهما السلام- [صـ122]: حدثني زيد بن علي، عن أبيه، عن جده، عن علي -عليهم السلام-: في الصلاة على الميت.

قال: (تبدأ في التكبيرة الأولى: بالحمد والثناء على الله تبارك وتعالى، وفي الثانية: الصلاة على النبي -صلى الله عليه وآله وسلم-، وفي الثالثة: الدعاء

لنفسك وللمؤمنين والمؤمنات، وفي الرابعة: الدعاء للميت والاستغفار له، وفي الخامسة: تكبر ثم تسلم). انتهى.

[1021] أمالي أحمد بن عيسى [2/ 440]: ونا محمد، حدثني أحمد بن عيسى، عن حسين بن علوان، عن أبي خالد، عن زيد، عن آبائه، عن علي -عليهم السلام-: في الصلاة على الميت، قال: (يبدأ في التكبيرة الأولى: بالحمد والثناء على الله والصلاة على النبي وأهل بيته، ثم تقول في الثالثة(442): اللهم أنت خلقته وأنت هديته للإسلام، وتعلم سره وعلانيته، ولا نعلم عنه إلا خيراً، وأنت أعلم به، جئنا شفعاء فاغفر له، وتقول في الآخرة كما قلت في الأولى، وتنصرف). انتهى.

[1022] المؤيد بالله -عليه السلام- في شرح التجريد[1/ 583]: وروي عن زيد بن علي، عن أبيه، عن جده، عن علي -عليهم السلام-: في الصلاة على الميت، قال: (تبدأ في التكبيرة الأولى: بالحمد والثناء على الله تعالى، وفي الثانية: بالصلاة على النبي -صلى الله عليه وآله وسلم-، والثالثة: بالدعاء لنفسك وللمؤمنين والمؤمنات، وفي الرابعة: بالدعاء للميت والاستغفار له، وفي الخامسة: يكبر ثم تسلم). انتهى.

[1023] أمالي أحمد بن عيسى -عليهما السلام- [2/ 440]: [حدثني] أحمد بن عيسى، عن حسين، عن أبي خالد، عن زيد، عن آبائه، عن علي -عليهم السلام-، قال: (في الصلاة على الميت يبدأ بالتكبير والحمد والثناء على الله والصلاة على النبي وآله، ثم يقول في الثانية والثالثة: اللهم اغفر لصغيرنا وكبيرنا، وذكرنا وأنثانا، وحينا وميتنا، وشاهدنا وغائبنا، اللهم من توفيته منا فتوفه على الإيمان، ومن أبقيته منا فأبقه على الإسلام، ثم يسلم وينصرف). انتهى.

---

(442) في أمالي أحمد بن عيسى (وتقول في الثانية)

[1024] **الهادي -عليه السلام- في الأحكام**[1/ 134]: قال يحيى بن الحسين -رضي الله عنه-: ليس يضيق على المصلي ما قال في صلاته، ولا ما دعا به في تكبيره، بعد أن يصلي على الأنبياء والمرسلين، ويدعو للميت ويستغفر له، وقد يستحب [له] أن يقول في الأولة بعد أن يكبر: لا إله إلا الله وحده لا شريك له، له الملك وله الحمد، يحيي ويميت وهو حي لا يموت بيده الخير، وهو على كل شيء قدير، ثم يقرأ الحمد.

ثم يكبر، ثم يقول: اللهم صل على محمد عبدك ورسولك وخيرتك من خلقك، وعلى أهل بيته الطيبين الأخيار، الصادقين الأبرار، الذين أذهب الله عنهم الرجس وطهرهم تطهيراً، كما صليت وباركت على إبراهيم وعلى آل إبراهيم إنك حميد مجيد، ثم يقرأ: قل هو الله أحد.

ثم يكبر، ثم يقول: اللهم صل على ملائكتك المقربين، اللهم شرف بنيانهم، وعظم أمرهم، اللهم صل على أنبيائك المرسلين، اللهم أحسن جزاءهم، وأكرم عندك مثواهم، وارفع عندك درجاتهم، اللهم شفع محمداً في أمته، واجعلنا ممن تشفعه فيه برحمتك، اللهم اجعلنا في زمرته، وأدخلنا في شفاعته، واجعل موئلنا إلى جنته، ثم يقرأ: قل أعوذ برب الفلق.

ثم يكبر، ثم يقول: سبحان من سحبت له السموات والأرضون، سبحان ربنا الأعلى، سبحانه وتعالى، اللهم عبدك وابن عبديك، قد صار لديك، وقد أتينا معه مستشفعين له، سائلين له المغفرة، فاغفر له ذنوبه، وتجاوز عن سيئاته، وألحقه بنبيه محمد -صلى الله عليه وآله وسلم-، اللهم وسع عليه قبره، وأفسح له أمره، وأذقه رحمتك وعفوك، يا أكرم الأكرمين، اللهم ارزقنا حسن الاستعداد لمثل يومه، ولا تفتنا بعده، واجعل خير أعمالنا آخرها، وخير أيامنا يوم نلقاك.

ثم يكبر، ويسلم تسليمتين عن يمينه وعن يساره. انتهى.

[1025] **صحيفة علي بن موسى الرضى -عليهما السلام-** [صـ452]: عن

أبيه، عن آبائه، عن علي -عليه السلام-، قال: قال رسول الله -صلى الله عليه وآله وسلم-: «**يا علي إذا صليت على جنازة فقل**:

اللهم إن هذا عبدك، وابن أمتك، ماض فيه حكمك، ولم يكن شيئاً مذكوراً، زارك وأنت خير مزور.

اللهم لقنه حجته، وألحقه بنبيك، ونور له في قبره، ووسع عليه في مدخله، وثبته بالقول الثابت، فإنه افتقر إليك، واستغنيت عنه، وكان يشهد أن لا إله إلا أنت؛ فاغفر له.

اللهم لا تحرمنا أجره، ولا تفتنا بعده.

يا علي: إذا صليت على امرأة، فقل:

اللهم أنت خلقتها، وأنت أحييتها، وأنت أمتها، وأنت أعلم بسرها وعلانيتها، جئناك شفعاء لها، فاغفر لها.

اللهم لا تحرمنا أجرها ولا تفتنا بعدها

يا علي: إذا صليت على طفل فقل:

اللهم اجعله لأبويه سلفاً وذخراً، واجعله فرطاً، واجعله لهما نوراً ورشداً، واعقب والديه الجنة، إنك على كل شيء قدير». انتهى.

[1026] **مجموع الإمام زيد بن علي -عليهما السلام-** [صـ123]: حدثني زيد بن علي، عن أبيه، عن جده، عن علي -عليهم السلام-: (أنه كان يقول في الصلاة على الطفل: اللهم اجعله لنا سلفاً وفرطاً وأجراً). انتهى.

[1027] **أمالي أحمد بن عيسى -عليهما السلام-** [2/440]: ونا محمد، حدثني أحمد بن عيسى، عن حسين، عن أبي خالد، عن زيد، عن آبائه، عن علي -عليهم السلام-: (أنه كان يقول في الصلاة على الطفل: اللهم اجعله لنا سلفاً وفرطاً وأجراً). انتهى.

[1028] **الجامع الكافي** [2/428]: وقال محمد: بلغنا عن علي: أنه كان يقول إذا صلى على الميت:

اللهم اغفر لأحيائنا وأمواتنا، وألف بين قلوبنا، وأصلح ذات بيننا، واجعل قلوبنا على قلوب أخيارنا.

اللهم اغفر له، اللهم ارحمه، اللهم أرجعه إلى خير ما كان فيه، اللهم عفوك عفوك.

ثم يكبر الخامسة ثم يسلم).

[1029] وبلغنا عن النبي -صلى الله عليه وآله وسلم- أنه كان يقول: «اللهم اغفر لحينا وميتنا، وذكرنا وأنثانا، وصغيرنا وكبيرنا، وشاهدنا وغائبنا.

اللهم من أحييته منا فأحيه على الإسلام، ومن توفيته منا فتوفه على الإيمان».

[1030] وبلغنا عن النبي -صلى الله عليه وآله وسلم- أنه قال على الميت: «اللهم عبدك، وأنت خلقته، وأنت قبضت روحه، وأنت هديته للإسلام، وأنت أعلم بسره وعلانيته، وجئنا لنشفع له؛ فاغفر له».

[1031] وفيه [2/429]: وعن علي -عليه السلام-: (أنه كان يقول في الصلاة على الطفل: اللهم اجعله سلفاً وفرطاً وأجراً).

قال ابن عامر: قال محمد: الفرط السابق، لقول النبي -صلى الله عليه وآله وسلم- «أنا فرطكم على الحوض». انتهى.

القاضي زيد في الشرح: ولا يضيق على المصلي على الميت ما شاء من الدعاء، ذكره الهادي -عليه السلام-، وهو مما لا خلاف فيه. انتهى.

الهادي -عليه السلام- في **المنتخب**[ص67]: قال السائل -محمد بن سليمان الكوفي -رضي الله عنه- قلت: فإذا وقف الإمام ووضعت الجنازة وكبر الإمام ما يقول على الميت؟

قال -عليه السلام-: قد روي في ذلك روايات مختلفة، وقولي أنا وقول علماء آل الرسول -صلى الله عليه وآله وسلم- أن كل ما قال أو دعا به على الميت فواسع جائز ليس نضيق شيئاً من ذلك. انتهى.

[1032] **مجموع زيد بن علي -عليهما السلام-** [صـ122]: حدثني زيد بن علي، عن أبيه، عن جده، عن علي -عليهم السلام-، قال: (إذا اجتمع جنائز رجال ونساء جعل الرجال مما يلي الإمام، والنساء مما يلي القبلة). انتهى.

باب القول في عدد تكبير صلاة الجنازة

[1033] **الهادي -عليه السلام- في الأحكام** [1/ 134]: قال يحيى بن الحسين -صلوات الله عليه-: أجمع آل رسول الله -صلى الله عليه وآله وسلم- على أن التكبير على الجنائز خمس تكبيرات، وذكر عن النبي -صلى الله عليه وآله وسلم- أنه كان يكبر خمساً. انتهى.

[1034] **أمالي أحمد بن عيسى -عليهما السلام-** [2/ 441]: قال محمد: أجمع آل رسول الله -صلى الله عليه وآله وسلم- على الجهر ببسم الله الرحمن الرحيم، والقنوت، والتكبير على الجنائز بخمس، وعلى سل الميت من قِبَلِ رجليه، وعلى تربيع القبر، وعلى تفصيل علي بن أبي طالب بعد النبي -صلى الله عليه وآله وسلم-. انتهى.

[1035] **الجامع الكافي** [2/ 426]: قال أحمد بن عيسى -عليهما السلام- في رواية محمد بن فرات، عن محمد، عنه-: ويكبر على الجنائز خمساً.

وقال القاسم -عليه السلام- في رواية داوود عنه-: التكبير عن آل رسول الله -صلى الله عليه وآله وسلم- على الجنائز خمس عندنا، ومن كبر أربعاً كان بها مجتزياً.

وقال الحسن بن يحيى، ومحمد: أجمع آل رسول الله -صلى الله عليه وآله وسلم- على أن التكبير على الجنائز خمس تكبيرات.

وقال الحسن -عليه السلام- في رواية ابن صباح عنه-، وهو قول محمد في المسائل: بلغنا عن النبي -صلى الله عليه وآله وسلم-: أنه كبر على حمزة سبعين تكبيرة.

وبلغنا: أنه كبر خمساً وستاً وسبعاً وأربعاً.

وبلغنا عن علي -عليه السلام-: أن كبر خمساً وستاً وأربعاً، وكل ذلك عندنا جائز، غير أن أهل البيت قد اجتمع علماؤهم على التكبير على الجنائز خمساً، وهو قولنا.

وروى محمد بأسانيده، عن النبي -صلى الله عليه وآله وسلم-: أنه كبر خمساً، وكذلك عن أمير المؤمنين -عليه السلام-.

وعن الحسن بن علي، ومحمد بن الحنفية، وعلي بن الحسين، ومحمد وزيد ابني علي، وجعفر بن محمد، وموسى بن عبد الله، وعبد الله بن موسى بن عبدالله، وعبد الله بن موسى بن جعفر -عليهم السلام-: أنهم كبروا خمساً.

وعن ابن مسعود، وأبي ذر، ومعاذ، وزيد بن أرقم: مثل ذلك.

وعن علي بن الحسين -عليهما السلام-، وأبي جعفر -عليه السلام-، قال: إنما أخذ بتكبير الخمس من الصلوات الخمس. انتهى.

[1036] أمالي أحمد بن عيسى -عليهما السلام- [2/ 428]: [حدثنا] محمد بن راشد، عن عيسى بن عبد الله، عن أبيه، عن جده، عن عمر بن علي، عن علي: (أنه كبر على فاطمة -رضي الله عنها- خمساً، ودفنها ليلاً). انتهى.

رجال هذا الإسناد من ثقات محدثي الشيعة -رضي الله عنهم- وقد مر الكلام عليهم.

[1037] مجموع زيد بن علي -عليهما السلام- [صـ121]: حدثني زيد بن علي، عن أبيه، عن جده، عن علي -عليهم السلام-: (أنه كبر أربعاً وخمساً وستاً وسبعاً). انتهى.

[1038] **الهادي -عليه السلام- في المنتخب** [صـ66]: قال السائل -محمد بن سليمان الكوفي -رضي الله عنه-: وسألته كم يكبر على الميت؟

فقال: قد روي في ذلك روايات عن رسول الله -صلى الله عليه وآله وسلم- أنه كبر على شهداء أحد تسعاً تسعاً، وسبعاً سبعاً، وروي أنه كبر على حمزة بن عبد المطلب -عليه السلام- سبعين تكبيرة، ولهذا التكبير معنى فعله النبي -صلى الله عليه وآله وسلم- لذلك المعنى.

قلت: بَيِّن لي المعني ما هو؟

قال: لما وضع حمزة -عليه السلام- فكبر النبي -صلى الله عليه وآله وسلم- عليه كانت الجنائز توضع بعده واحداً بعد واحد، فكلما وضع فوج من القتلى اعتقد النبي -صلى الله عليه وآله وسلم- عليها تكبيراً غير ما مضى من التكبير على حمزة وغيره.

قلت: قد فهمت ذلك فكم التكبير على الجنائز؟

قال: أما قولي وقول علماء آل الرسول-صلى الله عليه وآله وسلم- فخمس تكبيرات، وقد قال غيرنا: التكبير أربع، ولسنا نرى ذلك.

وقد روي خمس تكبيرات عن زيد بن أرقم، عن النبي -صلى الله عليه وآله وسلم- أنه كبر خمساً.

وكذلك عن أمير المؤمنين -عليه السلام-، وقال: الصلوات خمس، ولكل صلاة تكبيرة). انتهى.

القاضي زيد في الشرح: ويكبر على الجنائز خمس تكبيرات، بإجماع أهل البيت -عليهم السلام-. انتهى.

[1039] **المؤيد بالله -عليه السلام- في شرح التجريد** [1/582]: وروى محمد -يعني ابن منصور- بإسناده عن عمر بن علي بن أبي طالب: أن علياً -عليه

السلام- كبر على فاطمة -عليها السلام- خمساً ودفنها ليلاً.

وروى أيضاً بإسناده، عن الحسن بن علي -عليه السلام-: أنه صلى على أبيه أمير المؤمنين -عليه السلام- فكبر خمساً.

وأن محمد بن الحنفية صلى على ابن عباس فكبر خمساً.

وفيه: فدل ذلك على أنه كان يرى التكبيرات خمساً، على أنه رأي أهل البيت -عليهم السلام- لا أحفظ عن أحد منهم خلافاً فيه. انتهى.

باب القول في رفع الأيدي عند التكبيرة الأولى في الجنازة ووضع الكف على الكف

[1040] **مجموع زيد بن علي -عليهما السلام-** [صـ122]: حدثني زيد بن علي، عن أبيه، عن جده، عن علي -عليهم السلام-: أنه كان يرفع يديه في التكبيرة الأولى ثم لا يعود. انتهى.

[1041] **الهادي -عليه السلام- في الأحكام** [1/ 135]: حدثني أبي، عن أبيه: أنه سئل عن التكبير على الجنازة كم هو؟ وبماذا يدعي في كل تكبيرة؟ وهل يرفع يديه في كل تكبيرة، أم لا؟

فقال: أما التكبير على الجنائز عن آل رسول الله -صلى الله عليه وآله وسلم- فخمس تكبيرات.

وقد ذكر عن النبي -صلى الله عليه وآله وسلم-: «أنه كبر على النجاشي خمساً، ورفع يديه في أول تكبيرة»، وبعد ذلك يسكن أطرافه كتسكينها في الصلاة.

ويقرأ في التكبيرة الأولى: بفاتحة الكتاب، ويصلي على النبي -صلى الله عليه وآله وسلم-.

وفي الثانية: يدعو للمرسلين والمسلمين، ويدعو فيما بقي للميت بما تيسر وحضر من الدعاء، ولا يترك في الدعاء للميت إذا كان من الأولياء. انتهى.

[1042] المؤيد بالله -عليه السلام- في شرح التجريد [1/ 583]: وقلنا إنه يرفع يديه في أول تكبيرة: لما رواه زيد بن علي، عن أبيه، عن جده، عن علي -عليهم السلام-: أنه كان يرفع يديه في التكبيرة الأولى ثم لا يعود. انتهى.

[1043] صحيفة علي بن موسى الرضا -عليهما السلام- [صـ452]: عن أبيه، عن آبائه، عن علي -عليهم السلام-: قال رأيت النبي -صلى الله عليه وآله وسلم- كبر على عمه الحمزة -عليه السلام- خمس تكبيرات، وكبر على الشهداء بعده خمس تكبيرات، فلحق بحمزة سبعون تكبيرة، ووضع يده اليمنى على اليسرى. انتهى.

باب القول في دفن الميت وكيف يوضع في اللحد وما يقال من الذكر عنده

[1044] مجموع زيد بن علي -عليهما السلام- [صـ124]: حدثني زيد بن علي، عن أبيه، عن جده، عن علي -عليهم السلام-، قال: (يُسَلُّ الرجل سلاً، ويستقبل بالمرأة استقبالاً، ويكون أولى الناس بالرجل في مقدمها، وأولى الناس بالمرأة في مؤخرها). انتهى.

[1045] أمالي أحمد بن عيسى -عليهما السلام- [2/ 438]: حدثنا محمد، حدثني أحمد بن عيسى، عن حسين، عن أبي خالد عن زيد عن آبائه عن علي -عليهم السلام- قال يسل الرجل سلاً، وتستقبل المرأة استقبالاً، ويكون أولى الناس بالرجل في مقدمه وأولى الناس بالمرأة في مؤخرها انتهى.

[1046] المؤيد بالله -عليه السلام- في شرح التجريد[1/ 591]: وقلنا يدخل الميت من جهة رأسه إلى القبر ويسل سلاً، ويحرف وجهه إلى القبلة، لما رواه زيد بن علي، عن أبيه، عن جده، عن علي -عليهم السلام-، قال: صلى رسول الله على جنازة رجل من ولد عبد المطلب فأمر بالسرير فوضع من قبل رجلي اللحد ثم أمر به فسل سلاً، ثم قال -عليه السلام-: «ضعوه في حفرته على جنبه الأيمن مستقبل القبلة، وقولوا: بسم الله، وبالله، وفي سبيل الله، وعلى ملة رسول الله –

صلى الله عليه وآله وسلم-، لا تكبوه لوجهه، ولا تلقوه لقفاه[443]). انتهى.

[1047] **مجموع زيد بن علي عليهما السلام**[صـ124- 125]: حدثني زيد بن علي، عن أبيه، عن جده، عن علي -عليهم السلام-، قال: (آخرُ جنازة صلى عليها رسول الله -صلى الله عليه وآله وسلم- جنازة رجل من بني عبد المطلب، كبر عليها أربع تكبيرات، ثم جاء حتى جلس على شفير القبر، ثم أمر بالسرير فوضع من قِبَلِ رجلي اللحد، ثم أمر فسل سلاً، ثم قال -صلى الله عليه وآله وسلم-: «ضعوه في حفرته لجنبه الأيمن مستقبل القبلة، وقولوا: بسم الله، وبالله، وفي سبيل الله، وعلى ملة رسول الله -صلى الله عليه وآله وسلم-، لا تكبوه لوجهه، ولا تلقوه لقفائه، ثم قولوا: اللهم لقنه حجته، وصَعِّد بروحه، ولَقِّه منك رضواناً»، فلما أُلقي عليه التراب، قام رسول الله -صلى الله عليه وآله وسلم- فحثى في قبره ثلاث حثيات، ثم أمر بقبره فربع، ورش عليه قربة من

(443) عن سعيد بن المسيب قال: حضرت ابن عمر في جنازة، فلما وضعها في اللحد قال: بسم الله، وفي سبيل الله، وعلى ملة رسول الله -صلى الله عليه وآله وسلم-، فلما أخذ في تسوية اللبن على اللحد قال: اللهم أجرها من الشيطان، ومن عذاب القبر، ومن عذاب النار، فلما استوى الكثيب عليه قام إلى جانب القبر ثم قال: اللهم جاف الأرض عن جثته، ولقها منك رضواناً، فقلت: شيء سمعته من رسول الله -صلى الله عليه وآله وسلم- أم شيء قلته من رأيك؟ قال: بل سمعته من رسول الله -صلى الله عليه وآله وسلم-أخرجه المرشد بالله في الأمالي.

وعن علي -رضي الله عنه-، قال: ماتت أمي فاطمة فجئت إلى النبي -صلى الله عليه وآله وسلم-، فقلت: ماتت أمي، فقال النبي -صلى الله عليه وآله وسلم-: «إنا لله وإنا إليه راجعون»، وأخذ عمامته ودفعها إليَّ، وقال: «كفنها بها، فإذا وضعتها على الأعواد فلا تُحدِثَنَّ شيئاً حتى آتي». فأقبل النبي -صلى الله عليه وآله وسلم- في المهاجرين والأنصار، وهم يمشون لا ينظرون إليه إعظاماً له، حتى تقدم رسول الله -صلى الله عليه وآله وسلم-، فكبر عليها أربعين تكبيرة، ثم نزل في قبرها ووضعها في اللحد، ثم قرأ آية الكرسي، ثم قال: «اللهم اجعل بين يديها نوراً، ومن خلفها نوراً، وعن يمينها نوراً، وعن شمالها نوراً، اللهم املأ قلبها نوراً. ثم خرج من قبرها »، فقال له المهاجرون: يا رسول الله، قد كبرت على أم علي ما لم تكبر على أحد. فقال رسول الله -صلى الله عليه وآله وسلم-: «كان خلفي أربعون صفاً من الملائكة، فكبرت لكل صف تكبيرة » أخرجه أبو طالب -رضي الله عنه- في الأمالي.

وعن ابن عباس قال: قال رسول الله -صلى الله عليه وآله وسلم-: «إذا مات لأحدكم الميّت فأحسنوا كفنه، وعجّلوا إنفاذ وصيته، وأعمقوا له في قبره، وجنبوه جار السوء»، قيل: يا رسول الله، وهل ينفع الجار الصالح في الآخرة؟ فقال: «هل ينفع في الدنيا؟»، قيل: نعم، قال: «فكذلك ينفع في الآخرة»، أخرجه محمد بن منصور في أمالي أحمد بن عيسى وأبو عبدالله العلوي في الجامع الكافي.

ماء، ثم دعا بما شاء الله أن يدعو له، ثم قال: «اللهم جاف الأرض عن جنبه، وصَعِّد روحه، ولقه منك رضواناً»، فلما فرغنا من دفنه جاءه رجل فقال: يا رسول الله، إني لم أدرك الصلاة عليه أفأصلي على قبره؟، قال: «لا، ولكن قم على قبره فادع لأخيك وترحم عليه واستغفر له». انتهى.

[1048] **أمالي أحمد بن عيسى -عليهما السلام-** [2/ 439]: [حدثني] أحمد بن عيسى، عن حسين، عن أبي خالد، عن زيد، عن آبائه، عن علي -عليهم السلام-، قال: (آخر جنازة صلى عليها رسول الله -صلى الله عليه وآله وسلم- جنازة رجل من ولد عبد المطلب كبر عليه أربع تكبيرات، ثم جاء حتى جلس على شفير القبر، ثم أمر بالسرير فوضع من قبل رجلي اللحد، ثم أمر به فسل سلاً، ثم قال: «ضعوه في حفرته لجنبه الأيمن، مستقبل القبلة، وقولوا: بسم الله، وبالله، وفي سبيل الله، وعلى ملة رسول الله، لا تكبوه لوجهه، ولا تلقوه لقفاه، -ضع يدك على أنفه حتى يستبين لك ذلك- ثم قولوا: اللهم لقنه حجته، وصعِّد روحه، ولقه منك رضواناً»، فلما ألقي عليه التراب قام رسول الله -صلى الله عليه وآله وسلم- فدعا بما شاء الله أن يدعو به، ثم قال: «اللهم جاف الأرض عن جنبه، وصعد روحه، ولقه منك رضواناً» انتهى.

[1049] **الجامع الكافي**[2/ 446]: وعن النبي -صلى الله عليه وآله وسلم- أنه شهد جنازة رجل من بني عبد المطلب فجلس على شفير القبر، وقال: «سلوه سلاً، ولا تكبوه لوجهه، ولا تبطحوه لقفاه، وضعوه على جنبه الأيمن، وقولوا: بسم الله، وفي سبيل الله، وعلى ملة رسول الله، اللهم صعد روحه، وجاف الأرض عنه، وأملأ جوفه وقلبه رضواناً».

وفيه [2/ 444]: قال الحسن ومحمد: أجمع آل رسول الله -صلى الله عليه وآله وسلم- على سل الميت من قبل رجلي القبر، وعلى تربيع القبر. انتهى.

الهادي -عليه السلام- في المنتخب [صـ67]: قال -عليه السلام- في حمل الميت-: أما قولي أنا وقول علماء آل الرسول -صلى الله عليه وآله وسلم- أنه

يسل سلاً من عند رجليه، وقد قال غيرنا أنه يستقبل من ناحية القبلة استقبالاً، ولسنا نرى ذلك. انتهى.

باب القول في ثواب من حثي على ميت وما يقال عنده من الذكر

[1050] أمالي أحمد بن عيسى -عليهما السلام- [2/ 435]: [حدثنا] حسين بن نصر، عن خالد بن عيسى، عن حصين، عن جعفر، عن أبيه، عن علي -عليهم السلام-: أنه كان إذا حثي على ميت قال: إيمان بك، وتصديق برسلك، وإيمان ببعثك، هذا ما وعد الله ورسوله، وصدق الله ورسوله، ثم قال: من فعل ذلك كان له بكل ذرة من تراب حسنة. انتهى.

رجال هذا الإسناد قد مر الكلام عليهم، وهم من ثقات الشيعة -رضي الله عنهم-.

[1051] الهادي -عليه السلام- في الإحكام [1/ 138]: قال يحيى بن الحسين -رضي الله عنه-: بلغنا عن رسول الله -صلى الله عليه وآله وسلم- أنه قال: «من حثى في قبر أخيه ثلاث حثيات من تراب كفر عنه من ذنوبه ذنوب عام».

[1052] وبلغنا عن أمير المؤمنين علي بن أبي طالب -عليه السلام-: أنه كان إذا حثى على ميت قال: (اللهم إيماناً بك، وتصديقاً برسلك، وإيقاناً ببعثك، هذا ما وعد الله ورسوله وصدق الله ورسوله)، ثم قال: من فعل ذلك كان له بكل ذرة من تراب حسنة. انتهى.

[1053] أمالي أحمد بن عيسى -عليهما السلام- [2/ 435]: [حدثنا] حسين بن نصر، عن خالد، عن حصين، عن جعفر، عن أبيه، قال: نهى رسول الله -صلى الله عليه وآله وسلم- أن يزاد على قبر ترابٌ لم يُخرج منه، وأن يوضع على النعش حنوط. انتهى.

باب القول في الصلاة على القبر

قد مر حديث المجموع أنه -صلى الله عليه وآله وسلم- لما فرغ من دفن رجل من ولد عبد المطلب جاءه رجل فقال: يا رسول الله، إني لم أدرك الصلاة أفأصلي على قبره؟.

قال: لا، ولكن قم على قبره فادع لأخيك وترحم عليه واستغفر له.

[1054] **أمالي أحمد بن عيسى -عليهما السلام-** [2/ 439]: نا محمد، حدثني أحمد بن عيسى، عن حسين، عن أبي خالد، عن زيد، عن آبائه، عن علي -عليهم السلام-، قال: توفي رجل من ولد عبد المطلب فصلى عليه رسول الله -صلى الله عليه وآله وسلم- ودفنه، ثم أتاه رجل فقال: يا رسول الله إني لم أدرك الصلاة عليه أفأصلي على قبره قال: «لا ولكن قم على قبر[أخيك] فادع لأخيك بخير». انتهى.

[1055] **الجامع الكافي** [2/ 433]: قال القاسم -عليه السلام- في رواية داوود عنه-، وهو قول محمد: لا بأس بالصلاة على الميت بعد ما يدفن، قد جاء عن النبي -صلى الله عليه وآله وسلم-: أنه صلى على قبر امرأة مسكينة ماتت، ولم يعلم بها النبي -صلى الله عليه وآله وسلم- إلا بعد ما دفنت.

[1056] وقال محمد: قد روي عن النبي -صلى الله عليه وآله وسلم- أنه صلى على قبر بعد ما دفن، وبه نأخذ.

[1057] وسئل محمد عن القبر بعد كم يصلي عليه؟

فقال: بلغنا أن سعد بن عبادة قدم بعد ما مات رجل بشهر فاستأذن النبي -صلى الله عليه وآله وسلم- في الصلاة عليه فأذن له. انتهى.

المؤيد بالله -عليه السلام- في شرح التجريد [1/ 585]: فصل يدل قوله -عليه السلام- يعني الهادي -عليه السلام-: من خشي أن تفوته الصلاة على الميت تيمم وصلى عليه؛ يدل على أنه لا يرى الصلاة على الميت ولا على القبر.

والوجه: أن الصلاة على الميت من فروض الكفاية، فإذا قام بها فريق سقط عن الباقين، فلو ثنيت لم تثن إلا على سبيل التطوع(444)، ولا يتطوع بالصلاة على الميت؛ لأنه لو جاز لصُلِّيَ على قبر النبي -صلى الله عليه وآله وسلم-، فلما أجمع الجميع على ترك الصلاة على قبره؛ صح ما ذكرناه.

فإن قيل: صلى عليه فريق بعد فريق.

قيل له: لا يمتنع كون الصلاة عليه خاصاً فرضاً على جميع من حضر.

يبين ذلك: أنهم صلوا عليه بغير إمام فبان أن كل واحد منهم كان يؤدي ما عليه.

[1058] وروى زيد بن علي، عن أبيه، عن جده، عن علي -عليهم السلام-، قال: صلى رسول الله -صلى الله عليه وآله وسلم- على جنازة ودفن الميت، فلما فرغ من الدفن جاء رجل فقال: يا رسول الله إني لم أدرك الصلاة عليه، أفاصلي على قبره؟

قال: «لا، ولكن قم على قبره فادع وترحم عليه»، فدل نهيه -صلى الله عليه وآله وسلم- على أنه لا يصلى على القبر. انتهى.

باب القول في دفن الجماعة في القبر الواحد

[1059] الهادي -عليه السلام- في الأحكام[1/ 138]: حدثني أبي عن أبيه في الرجلين والثلاثة إذا دفنوا في قبر واحد كيف يدفنون؟

فقال: لا يدفنون في قبر واحد ما وجد من ذلك بد، فإن دفنوا ضرورة حجز بينهم بحواجز من الأرض أو التراب، وقد أمر رسول الله -صلى الله عليه وآله وسلم- يوم أحد أن يدفنوا اثنين [اثنين]، وثلاثة [ثلاثة] في قبر واحد، وذلك أن أصحابه كثرت فيهم الجراحات. انتهى.

أمالي أحمد بن عيسى -عليهما السلام- [2/ 434]: ونا محمد، حدثني جعفر،

---

(444) في شرح التجريد: فلو ثبت لم يبق إلا طريق التطوع.

عن قاسم بن إبراهيم، قال: يؤخذ الميت إذا أُدخل في قبره من منكبيه وصدره ويحرف إلى القبلة تحريفاً ويوسد شيئاً من الثرى(445)، ولا يوسد بلبنة ولا حجر، ويُدخل من قبل رجليه ويسل.

وفي الرجلين والثلاثة والأربعة: لا يدفنون في قبر واحد ما وجدوا من ذلك بداً، وإن دفنوا ضرورة حجز بينهم بحاجز من الأرض، أو اللبن، أو التراب، وقد أمر رسول الله -صلى الله عليه وآله وسلم- يوم أحد أن يدفنوا اثنين وثلاثة في قبر واحد، وذلك أن أصحابه كثرت فيهم الجراحات، فعجزوا عن حفر القبور، فأمر بذلك. انتهى.

الجامع الكافي[2/ 449]: قال القاسم -عليه السلام-: لا يدفن الاثنان والثلاثة والأربعة في قبر واحد ما وجدوا من ذلك بداً، وإن دفنوا لضرورة حجز بينهم بحاجز من الأرض أو اللبن أو التراب، وقد أمر رسول الله -صلى الله عليه وآله وسلم- يوم أحد أن يدفنوا اثنين وثلاثة في قبر واحد، وذلك أن أصحابه كثرت فيهم الجراحات فعجزوا عن حفر القبور، فأمر بذلك. انتهى.

[1060] **المؤيد بالله -عليه السلام- في شرح التجريد** [1/ 592]: وأجزنا أن يدفن الجماعة في قبر واحد للضرورة: لما روي أن يوم أحد أصاب الناس فيه جهد شديد فشكوا ذلك إلى رسول الله -صلى الله عليه وآله وسلم- فقال: «احفروا، وأوسعوا، وأحسنوا، وادفنوا في القبر [الواحدِ](446) الاثنين والثلاثة». انتهى.

الهادي -عليه السلام- في المنتخب[صـ68]: قال محمد بن سليمان الكوفي -رضي الله عنه-: قلت: فهل يقبر جماعة في قبر واحد؟

قال -عليه السلام-: لا، إلا عند الضرورة.

(445) في أمالي أحمد بن عيسى: ويوسد شيئاً من التراب.

(446) ما بين القوسين لا يوجد في شرح التجريد

قلت: فإن اضطر الناس إلى ذلك.

قال: يدفن الثلاثة والأربعة في قبر واحد، ويحجز بينهم في القبر بالحجارة والتراب، حتى يتبين بعضهم من بعض، ولا يجمعون جميعاً، وقد فعل ذلك رسول الله -صلى الله عليه وآله وسلم- بشهداء أحد حين ضعف الناس من الحفر، لما بهم من الجراح، فدفن اثنين في قبر وثلاثة في قبر. انتهى.

باب القول في دفن ما سقط من ابن آدم

[1063] **أمالي أحمد بن عيسى -عليهما السلام-** [2/ 400]: حدثنا محمد، حدثني أحمد بن عيسى، عن حسين، عن أبي خالد، عن محمد بن عمر، عن أبيه، عن علي -عليه السلام-، قال: (واروا هذا -يعني الشعر- فإن كل شيء وقع من ابن آدم ميت، فإنه يأتي يوم القيامة لكل [عبد بكل][447] شعرة نور يوم القيامة).

[1064] [وبه عن] أحمد بن عيسى، عن حسين، عن أبي خالد، عن محمد بن عمر، عن أبيه: أنه رأى شعراً على العقبة، فقال: يوشك الناس أن يتركوا السنة، إنه ليس شيء يقع من الإنسان شعر ولا ظفر إلا وهو ميت، فليوارى. انتهى.

رجال هذا الإسناد من ثقات محدثي الشيعة، وقد مر الكلام عليهم.

الهادي -عليه السلام- في الأحكام[1/ 140]: حدثني أبي عن أبيه أنه سئل عن الميت يسقط منه ظفر أو شعر.

فقال: يستحب إن سقط من الميت شيء أن يرد في كفنه، ولا تقلم أظفاره. انتهى.

(447) ما بين القوسين لا يوجد في أمالي أحمد بن عيسى.

باب القول في الميت هل يفرش له في القبر؟، وهل يستتر القبر عند الدفن؟، وهل تجصص القبور؟

الجامع الكافي [2/ 448]: قال القاسم -عليه السلام- وسئل عن الميت هل يبسط في لحده ثوب أو لبد؟

فقال: لا يوضع الميت بعد تكفينه في القبر إلا على الأرض في لحده. انتهى.

الهادي -عليه السلام- في الأحكام[1/ 137]: حدثني أبي عن أبيه أنه سئل هل يبسط للميت ثوب أو لبد؟

فقال: لا يوضع الميت بعد تكفينه في قبره إلا على حضيض الأرض في لحده. انتهى.

الجامع الكافي [2/ 449]: وروى محمد بإسناده عن النبي -صلى الله عليه وآله وسلم- أنه مد على قبره ثوب صنعاني حتى فرغ من أمره.

قال أبو حنيفة: يسجى قبر المرأة، ولا يسجى قبر الرجل. انتهى.

الهادي -عليه السلام- في الأحكام[1/ 137]: حدثني أبي عنه أبيه: أنه سئل عن تطيين القبور، وتجصيصها، وإدخال الآجر فيها؟

فقال: أما الآجر فيكره إدخاله فيها، وكذلك التجصيص أيضاً يكره، ولا بأس بالتطيين. انتهى.

الجامع الكافي [2/ 453]: قال القاسم -عليه السلام-في رواية داوود عنه، وسئل هل يجوز أن يجعل على القبر لوح مكتوب عليه ليعرف القبر؟-:

فقال: لا بأس بحجر لتكون علماً، فهو أمثل من اللوح المكتوب عليه، وإن وضع عليه لوح فلا يضيق عليه.

وسئل عن البناء على القبور ليظلل به.

فقال: ما أحب أن يسقف عليها، ثم قال: وإن رسول الله -صلى الله عليه وآله وسلم- لفي سقف، مبني عليه. انتهى.

باب القول في وفاة أمير المؤمنين علي بن أبي طالب -عليه السلام- وفي بعض وصاياه

[1065] أمالي أحمد بن عيسى -عليهما السلام- [1/437]: وحدثنا محمد، حدثني أبو الطاهر، قال: بلغني عن عبد الله بن جندب، عن أبيه، قال: دخلت على أمير المؤمنين أسأل عنه فقمت قائماً ولم أجلس لمكان ابنته، فقبض ليلة الاثنين لإحدى وعشرين من شهر رمضان سنة أربعين من مهاجرة النبي -صلى الله عليه وآله وسلم- إلى المدينة، فكبر عليه الحسن بن علي -عليه السلام- خمساً.

[1066] [قال حدثني] أبو الطاهر، قال: حدثني أبي، عن أبيه، عن جده، عن الحسن بن علي، قال: دفنت أبي علي بن أبي طالب في حجلة -أو قال: في حجرة- من دور آل جعدة بن هبيرة. انتهى.

عبد الله بن جندب، ووالده جندب: من شيعة الوصي -عليه السلام- وأهل بيته -عليهم السلام-.

وأبو الطاهر: هو أحمد بن عيسى بن عبد الله بن محمد بن عمر بن علي بن أبي طالب -عليهم السلام-، هو وآباؤه -عليهم السلام- من خيار العلوية وثقاتهم، رضي الله عنهم.

[1067] الهادي -عليه السلام- في الأحكام [2/392]: قال يحيى بن الحسين -صلوات الله عليه-: بلغنا عن علي -عليه السلام- أنه دعا بنيه؛ وهم أحد عشر رجلاً: الحسن بن علي، والحسين، ومحمد الأكبر، وعمر، ومحمد الأصغر، وعباس، وعبد الله، وجعفر، وعثمان، وعبيد الله، وأبو بكر، بنو علي بن أبي طالب

عليه و-عليهم السلام- فلما اجتمعوا عنده قال:

يا بني؛ ليبر صغارُكم كبارَكم، وليرأف كبارُكم بصغاركم، ولا تكونوا كالأشباه، الغواة الجفاة، الذين لم يتفقهوا في الدين، [ولم يعطوا من الله اليقين]، كبيض[448] بيض في أدحي[449]، ويح الفراخ فراخ آل محمد -صلى الله عليه وآله وسلم- من خليفة مستخلف، وعتريف مترف، يقتل خلفي وخلف الخلف.

ثم قال: والله لقد علمت بتبليغ الرسالات، وتمام الكلمات، وتصديق العدات، ولَيُتِمَّنَّ الله نعمته عليكم أهل البيت.

ثم قال للحسن والحسين -عليهما السلام-: أوصيكما بتقوى [الله]، ولا تبغيا الدنيا، ولا تلويا على شيء منها، قولا الحق، وارحما اليتيم، وكونا للظالم خصماً، وللمظلوم عوناً، واعملا بالكتاب، ولا تأخذكما في الله لومة لائم.

ثم نظر إلى محمد بن الحنفية، فقال: هل فهمتَ ما أوصيتُ به أخويك؟

قال: نعم.

قال: أوصيك بمثله، وأوصيك بتوقير أخويك، وتعظيم حقهما، وتزيين أمرهما، ولا تقطعن أمراً دونهما.

ثم قال: أوصيكما به؛ فإنه شقيقكما وابن أبيكما، وقد علمتما منزلته كانت من أبيكما، وأنه كان يحبه فأحباه.

وكان آخر ما تكلم به بعد أن أوصى الحسن بما أراد: لا إله إلا الله، يرددها حتى قُبض -عليه السلام-، فقبض ليلة الاثنين، لإحدى وعشرين من شهر رمضان، من سنة أربعين من مهاجر النبي -صلى الله عليه وآله وسلم- إلى المدينة، فكبر عليه الحسن بن علي -رحمة الله عليه- خمساً. انتهى.

(448) في الأحكام المطبوع: كقيض بيض .

(449) أدحي الأرض: المنبسطة. تمت مؤلف.

[1068] **وفي نهج البلاغة** [صـ421]: ومن وصيته -عليه السلام- للحسن والحسين -عليهما السلام-، لما ضربه ابن ملجم لعنه الله:

أوصيكما بتقوى الله، وأن لا تبغيا الدنيا وإن بغتكما، وأن لا تأسفا على شيء منها زوي عنكما، وقولا الحق، واعملا للأجر، وكونا للظالم خصماً، وللمظلوم عوناً.

أوصيكما وجميعَ ولدي وأهلي ومن بلغه كتابي: بتقوى الله، ونظم أمركم، وصلاح ذات بينكم؛ فإني سمعت رسول الله -صلى الله عليه وآله وسلم- يقول: «صلاح ذات البين أفضل من عامة الصلاة والصيام»

الله الله في الأيتام؛ فلا تُغِبُّوا أفواههم، ولا يضيعوا بحضرتكم.

والله الله في جيرانكم؛ فإنها وصية نبيكم ما زال يوصينا بهم حتى ظننا أنه سيؤرثهم.

والله الله في القرآن؛ فلا يسبقكم بالعمل به غيركم.

والله الله في الصلاة؛ فإنها عمود دينكم.

والله الله في بيت ربكم؛ لا تخلوه ما بقيتم، فإنه إن ترك لم تناظروا.

والله الله في الجهاد بأموالكم وأنفسكم وألسنتكم في سبيل الله.

وعليكم بالتواصل والتباذل، وإياكم والتدابر والتقاطع.

لا تتركوا الأمر بالمعروف، والنهي عن المنكر؛ فيُوَلَّى عليكم شرارُكم، ثم تدعون فلا يستجاب لكم.

ثم قال: يا بني عبد المطلب؛ لا ألفيَنَّكم تخوضون دماء المسلمين خوضاً، تقولون: قُتل أمير المؤمنين، قتل أمير المؤمنين.

[ألا] لا تقتلن بي إلا قاتلي، انظروا إذا أنا مت مَن ضربتُه هذه؛ فاضربوه

ضربة بضربة، ولا يُمثل بالرجل؛ فإني سمعت رسول الله -صلى الله عليه وآله وسلم- يقول: «إياكم والمثلة ولو بالكلب العقور». انتهى.

وأخرج هذه الوصية -أعني من قوله: أوصيكما، إلى قوله: فلا يستجاب لكم- أبو طالب في الأمالي، وأبو الفرج في المقاتل، والموفق بالله في الاعتبار وسلوة العارفين، وأخرج فصولاً منها الهادي -عليه السلام- في الأحكام، ومحمد بن منصور في الأمالي، وأبو عبد الله العلوي في الجامع الكافي.

[1069] أمالي أحمد بن عيسى -عليهما السلام- [2/442]: وحدثنا محمد، قال: حدثنا عباد بن يعقوب، عن محمد بن سليمان، عن قيس بن الربيع، عن جابر، عن الشعبي، قال: ذكر عند علي -عليه السلام- مالك بن نباتة.

فقال: أما أوصي؟

قالوا: إرشادك أردنا يا أمير المؤمنين.

فقال: إذا أراد الرجل أن يوصي فليقل:

بسم الله الرحمن الرحيم، شهادة من الله شهد بها فلان بن فلان.

شهد الله أن لا إله إلا الله هو والملائكة وأولوا العلم قائماً بالقسط لا إله إلا هو العزيز الحكيم.

اللهم من عندك، وإليك، وفي قبضتك، ومنتهى قدرتك، يداك مبسوطتان تنفق كيف تشاء، وأنت اللطيف الخبير.

بسم الله الرحمن الرحيم، هذا ما أوصى به فلان بن فلان؛ أوصى أنه يشهد أن لا إله إلا الله، وحده لا شريك له، وأن محمداً عبده ورسوله، أرسله بالهدى ودين الحق؛ لينذر من كان حياً، ويحق القول على الكافرين.

اللهم إني أُشهِدُك وكفى بك شهيداً، وأُشهِدُ حملةَ عرشك، وأهل سماواتك،

وأهل أرضك، ومن ذريت وبريت وأنبت وأشجرت وأفطرت وأذريت وأجريت؛ بأنك أنت الله لا إله إلا أنت وحدك لا شريك له، وأن محمداً عبدك ورسولك، وأن الساعة آتية لا ريب فيها، وأن الله يبعث من في القبور، أقوله مع من يقول، وأكفيه من أبى، ولا حولا ولا قوة إلا بالله العلي العظيم.

اللهم من شهد على مثل ما شهدتُ عليه فاكتب شهادته مع شهادتي، ومن أباها كتبتَ شهادتي مكان شهادته، واجعل لي به عهداً توفينيه يوم ألقاك فرداً، إنك لا تخلف الميعاد.

قال: ثم يفرش فراشه مما يلي القبلة، ثم ليقل: على ملة رسول الله حنيفاً مسلماً، وما أنا من المشركين، وليوص كما أمر الله عزوجل. انتهى.

قوله: محمد بن سليمان؛ الصواب: محمد بن فضيل، هكذا نص عليه علامة العصر عبد الله بن الهادي -رحمه الله- في الجداول.

وهذا سند صحيح رجاله جميعاً من ثقات الشيعة رضي الله عنهم، وقد مر الكلام عليهم.

باب القول في أولياء الله كيف يحشرون

قال في شرح الأساس [عدة الاكياس (2/ 399)]: للسيد العلامة أحمد بن محمد بن صلاح بن محمد الشرفي -رحمه الله-[450] في فصل البعث ما لفظه:

[1070] **قال المرتضى -عليه السلام-**: فأما أولياء الله ومن لم يعصه من خلقه؛ مثل الأطفال وأهل الطاعة؛ فإن الله يبعثهم على أكمل سن وأحسن مقدار، في مقدار الأربعين سنة، على تلك الصورة يحشر الشيخ والصبي وجميع

---

(450) راجع تمام نسبه في التحف الفاطمية للسيد العلامة مجد الدين بن محمد بن منصور المؤيدي فسح الله في آجله [رحمة الله عليه ورضي عنه وجزاه عنا خيرا] صفحة (152) تمت مؤلف [وفي طبعة مكتبة أهل البيت راجع صفحة (321)].

المؤمنين، حدثني أبي -صلوات الله عليه-، عن أبيه -صلوات الله عليه-، عن جده، عن آبائه، عن علي -صلوات الله عليهم-، أنه قال: (يحشر الله أولياءه يوم القيامة في أكمل ما كانوا عليه في دنياهم، وفي سن أربعين سنة، ثم يوصلهم سبحانه إلى ما أعدّ لهم من ثوابه، وجزيل عطائه). انتهى.

باب القول في زيارة القبور وما يقال عندها من الذكر

[1071] صحيفة علي بن موسى الرضى -عليهما السلام- [ص445]: عن أبيه، عن آبائه، عن علي -عليهم السلام-، قال: قال رسول الله -صلى الله عليه وآله وسلم- «من مر على المقابر وقرأ قل هو الله أحد إحدى عشرة مرة ثم وهب أجره للأموات أعطي من الأجر بعدد الأموات». انتهى.

[1072] مجموع زيد بن علي -عليهما السلام- [ص263]: حدثني زيد بن علي، عن أبيه، عن جده، عن علي -عليهم السلام-: أنه كان يقول إذا دخل المقبرة: السلام على أهل الديار من المسلمين والمؤمنين، أنتم لنا فرط وإنا بكم لاحقون، وإنا إلى الله راغبون، وإنا إلى ربنا لمنقلبون). انتهى.

[1073] الجامع الكافي [2/ 462]: وعن علي -صلى الله عليه- أنه كان يقول إذا دخل المقابر: السلام على من في هذه الديار من المؤمنين والمسلمين، أنتم لنا فرط ونحن لكم تبع، وإنا بكم لاحقون، وإنا لله وإنا إليه راجعون).

[1074] وعن النبي -صلى الله عليه وآله وسلم- أنه خرج إلى البقيع فقال: «السلام عليكم ديار قوم مؤمنين، أنتم لنا فرط وإنا بكم لاحقون، اللهم لا تحرمنا أجرهم ولا تفتنا بعدهم».

[1075] وفيه أيضاً [2/ 457]: وقال القاسم: حدثني شيخ من بني هاشم -كان صواماً قواماً- عن أبيه، عن جده بسنده، قال: قال رسول الله -صلى الله عليه وآله وسلم-: «من زارني في حياتي أو زار قبري بعد وفاتي صَلَّت عليه

ملائكة الله اثني عشر ألف سنة».

[1076] وروى محمد بإسناده عن النبي -صلى الله عليه وآله وسلم- أنه قال: «من زار قبري وجبت له شفاعتي».

[1077] وعن أبي جعفر -عليه السلام-: أن فاطمة -عليها السلام- كانت تزور قبر حمزة، وتقوم عليه. انتهى.

[1078] **صحيفة علي بن موسى الرضى -عليهما السلام-** [صـ470]: عن أبيه عن آبائه، عن علي -عليهم السلام-، قال: (كأني بالقصور وقد شيدت حول قبر الحسين، وكأني بالأسواق وقد حفت حول قبره، ولا تذهب الليالي والأيام حتى يسار إليه من الآفاق، وذلك عند انقطاع بني مروان).

[1079] وبهذا الإسناد قال: سئل جعفر بن محمد -عليه السلام-، عن زيارة قبر الحسين -عليه السلام-، قال أخبرني أبي، قال: (من زار قبر الحسين بن علي عارفاً بحقه كتبه الله في أعلا عليين)، ثم قال: (إن حول قبره لسبعين ألف ملك شعثاً غبراً يبكون عليه إلى إن تقوم الساعة). انتهى.

[1080] **أبو طالب -عليه السلام- في الأمالي**[صـ484]: وبه قال أخبرنا أبو أحمد عبد الله بن عدي الحافظ، قال: حدثني محمد بن الأشعث في سنة خمس وثلاثمائة، قال: حدثني موسى بن إسماعيل بن موسى بن جعفر، عن أبيه، عن جده موسى بن جعفر، عن أبيه جعفر بن محمد، عن أبيه، عن جده، عن علي -عليهم السلام-، قال: قال رسول الله -صلى الله عليه وآله وسلم-: «من زار قبري بعد موتي كان كمن هاجر إليّ في حياتي، فإن لم تستطيعوا فابعثوا إلي بالسلام فإنه يبلغني». انتهى.

رجال هذا الإسناد قد مر الكلام عليهم.

[1081] **وفي أمالي أبي طالب أيضاً**[صـ168]: وبه قال أخبرنا أبو محمد

الحسن بن حمزة الحسني -رحمه الله-، قال: حدثنا أحمد بن عبد الله البرقي، قال: حدثني جدي أحمد بن محمد، عن أبيه، قال: حدثني الحسين بن زيد بن علي، عن آبائه، عن علي -صلوات الله عليهم- قال: قال لي رسول الله -صلى الله عليه وآله وسلم-: «من زار قبراً من قبورنا أهل البيت ثم مات من عامه الذي زار فيه، وَكَّل الله بقبره سبعين ملكاً يسبحون له إلى يوم القيامة». انتهى.

الرجال:

[ترجمة الحسن بن حمزة الحسيني، وأحمد بن عبد الله البرقي، وأحمد بن محمد البرقي، وأبيه]

أما الحسن بن حمزة:

فقال في الجداول: الحسن بن حمزة الحسيني، أبو محمد، عن أحمد بن عبد الله البرقي، وعنه أبو طالب.

هو الحسن بن حمزة بن العباس بن أحمد بن علي بن الحسين بن زين العابدين. انتهى.

أخرج له السيد أبو طالب -رحمه الله-: وهو من الثقات الأخيار.

وأما أحمد بن عبد الله البرقي:

فقال في الجداول: أحمد بن عبد الله البرقي، عن أبيه، وعلي بن الحكم، والحسن بن محبوب، والحسن بن يزيد النوفلي، وبشر بن عبد الله، وبكر بن صالح، والقاسم بن يحيى، وعنه محمد بن الحسن الصفار، وفي موضع من الأمالي أحمد بن عبد الله البرقي، عن جده أحمد بن محمد، وفي موضع منها أحمد بن محمد بن عيسى، عن محمد بن خالد البرقي، وفي موضع عن الحسن بن محبوب، وفي موضع من الأمالي أحمد بن محمد بن خالد البرقي، عن الحسن بن فضالة، وعن

الجميع محمد بن الحسن الصفار، وسيأتي ترجمة لأحمد بن محمد بن خالد المطوعي البرقي، وذكرها صاحب الطبقات، وكذا لأحمد بن محمد عيسى لكنه قال أبو جعفر القاسمي: ولعلهما صاحبا الترجمة وهو الأشبه، والنسبة إلى برقة يعني قرية بِقُمّ، وأهل قُمّ كلهم شيعة.

وأحمد المترجم له وثقه المنصور بالله. انتهى.

أخرج له أبو طالب.

وأما أحمد بن محمد بن خالد البرقي:

فقال في الجداول: أحمد بن محمد بن خالد البرقي، عن أبيه، وعلي بن نعمان، ويحيى بن يزيد النوفلي، وعنه حفيده أحمد بن عبد الله البرقي، ومحمد بن عبد الله بن يحيى.

قال ابن حجر: عالم الشيعة له تصانيف في الرفض، وقال الذهبي: من كبار الرافضة. انتهى.

أخرج له أبو طالب -عليه السلام-.

وأما والده:

فقال في الجداول أيضاً: محمد بن خالد البرقي، عن محمد بن أحمد بن أبي نصر، والحسين بن زيد بن علي، وعنه أحمد بن محمد الأشعري، وولده أحمد بن محمد، وذكره في الإكمال. انتهى. أخرج له أبو طالب -عليه السلام-.

قلت: الذي يظهر أن هؤلاء جميعاً من رجال الشيعة، فروايتهم متكررة في الأمالي في أحاديث كثيرة(451).

---

(451) أقول وبالله التوفيق لا يخفى أن ما ذكره علامة العصر -رحمه الله- يحتاج إلى نظر، وما سبب ذلك إلا لعدم المصادر لهولاء الرجال، للتو -بحمد الله- قد ظفرت بتراجمهم على التفصيل، =

[1082] الهادي -عليه السلام- في الأحكام [2/ 388]: حدثني أبي عن أبيه، أنه قال: حدثني رجل من بني هاشم -كان صواماً قواماً- عن أبيه، بسنده إلى النبي -صلى الله عليه وآله وسلم- أنه قال: قال رسول الله -صلى الله عليه وآله وسلم-: «من زارني في حياتي أو زار قبري بعد وفاتي صلت عليه ملائكة الله اثني عشر ألف سنة».

[1083] قال: وبلغنا عن الحسين -عليه السلام- أنه قال للنبي -صلى الله عليه وآله وسلم-: يا رسول الله؛ ما لمن زارنا؟

فقال رسول الله -صلى الله عليه وآله وسلم-: «من زارني حياً أو ميتاً، أو زار أباك حياً أو ميتاً، أو زار أخاك حياً أو ميتاً، أو زارك حياً أو ميتاً؛ كان حقيقاً على الله أن يستنقذه يوم القيامة».

[1084] قال: وبلغنا عنه -صلى الله عليه وآله وسلم- أنه قال: «من زار قبري وجبت له شفاعتي». انتهى.

***

رجال السند على ما يلي:
فأما الحسن بن حمزة: فهو على ما ذكره في الجدوال، حسيني، بل هو الحسن بن حمزة بن علي بن عبدالله بن محمد بن الحسين بن علي بن الحسين بن علي بن أبي طالب، أبو محمد الطبري، أحد رجال أهل البيت المعتمدين، كان فاضلاً أديباً عارفاً، وفقيهاً زاهداً ورعاً، كثير المحاسن، توفي سنة ثماني وخمسين وثلاث مائة.
وأما أحمد بن عبدالله البرقي: فالصواب أحمد بن أبي عبدالله البرقي.
وجده: أحمد بن محمد بن خالد بن عبدالرحمن بن محمد بن علي البرقي، أبو جعفر، أحد رجال الشيعة وثقاتهم، توفي سنة ثمانين ومائتين.
نعم أحمد بن عبدالله البرقي من رجال الشيعة وعيونهم.
وأما محمد بن خالد البرقي: فهو من ثقات محدثي الشيعة، روى في فضائل العترة الكثير الطيب، ولم أقف له على تاريخ وفاة. تمت مؤلف.

يقول مؤلفه غفر الله له ذنوبه، وأناله شفاعة جده محمد -صلى الله عليه وآله وسلم-:

انتهى الفراغ من الجزء الأول من (الصحيح المختار من علوم العترة الأطهار) ونقله من المسودة التي فرغنا منها يوم السبت لعله 26 أو 27 شهر رجب، عام 1374 هجرية، فليعلم.

نسخ 30 / شهر القعدة / 1395هـ، وذلك بمحروس هجرة ضحيان، حرسها الله بالصالحين.

وكتبه محمد بن الحسن العجري -رضي الله عنه-.